2024

9·7급 공무원시험 대비

유길준

공무원 교육학
진도별 모의고사

유길준 편저

커넥츠 공단기
gong.conects.com

멘토링

CONTENTS

Ⅰ. 진도별 모의고사

01 교육의 이해와 철학 진도별 모의고사 — 9
　제1회 교육의 이해와 철학 진도별 모의고사　10
　제2회 교육의 이해와 철학 진도별 모의고사　16
　제3회 교육의 이해와 철학 진도별 모의고사　22

02 서양교육사 진도별 모의고사 — 29
　제1회 서양교육사 진도별 모의고사　30
　제2회 서양교육사 진도별 모의고사　35
　제3회 서양교육사 진도별 모의고사　41
　제4회 서양교육사 진도별 모의고사　47

03 한국교육사 진도별 모의고사 — 53
　제1회 한국교육사 진도별 모의고사　54
　제2회 한국교육사 진도별 모의고사　60
　제3회 한국교육사 진도별 모의고사　66
　제4회 한국교육사 진도별 모의고사　72
　제5회 한국교육사 진도별 모의고사　78

04 교육사회학 진도별 모의고사 — 87
　제1회 교육사회학 진도별 모의고사　88
　제2회 교육사회학 진도별 모의고사　94
　제3회 교육사회학 진도별 모의고사　100
　제4회 교육사회학 진도별 모의고사　106
　제5회 교육사회학 진도별 모의고사　112
　제6회 교육사회학 진도별 모의고사　118

05 교육심리학 진도별 모의고사 — 125
　제1회 교육심리학 진도별 모의고사　126
　제2회 교육심리학 진도별 모의고사　132
　제3회 교육심리학 진도별 모의고사　138
　제4회 교육심리학 진도별 모의고사　144
　제5회 교육심리학 진도별 모의고사　150
　제6회 교육심리학 진도별 모의고사　157
　제7회 교육심리학 진도별 모의고사　164

06 생활지도 진도별 모의고사 — 171
- 제1회 생활지도 진도별 모의고사 — 172
- 제2회 생활지도 진도별 모의고사 — 178
- 제3회 생활지도 진도별 모의고사 — 185

07 통계·연구 진도별 모의고사 — 195
- 제1회 통계·연구 진도별 모의고사 — 196
- 제2회 통계·연구 진도별 모의고사 — 202
- 제3회 통계·연구 진도별 모의고사 — 208

08 교육과정 진도별 모의고사 — 215
- 제1회 교육과정 진도별 모의고사 — 216
- 제2회 교육과정 진도별 모의고사 — 222
- 제3회 교육과정 진도별 모의고사 — 228
- 제4회 교육과정 진도별 모의고사 — 234

09 교육평가 진도별 모의고사 — 241
- 제1회 교육평가 진도별 모의고사 — 242
- 제2회 교육평가 진도별 모의고사 — 248
- 제3회 교육평가 진도별 모의고사 — 254
- 제4회 교육평가 진도별 모의고사 — 259

10 교육방법 진도별 모의고사 — 265
- 제1회 교육방법 진도별 모의고사 — 266
- 제2회 교육방법 진도별 모의고사 — 272
- 제3회 교육방법 진도별 모의고사 — 278
- 제4회 교육방법 진도별 모의고사 — 284
- 제5회 교육방법 진도별 모의고사 — 290

11 교육행정 진도별 모의고사 — 297
- 제1회 교육행정 진도별 모의고사 — 298
- 제2회 교육행정 진도별 모의고사 — 304
- 제3회 교육행정 진도별 모의고사 — 311
- 제4회 교육행정 진도별 모의고사 — 318
- 제5회 교육행정 진도별 모의고사 — 325
- 제6회 교육행정 진도별 모의고사 — 331
- 제7회 교육행정 진도별 모의고사 — 337
- 제8회 교육행정 진도별 모의고사 — 343

CONTENTS

II. 진도별 모의고사 정답 및 해설

01 교육의 이해와 철학 정답 및 해설 ——————————————— 351
　[교육의 이해와 철학] 제1회 정답 및 해설　　352
　[교육의 이해와 철학] 제2회 정답 및 해설　　354
　[교육의 이해와 철학] 제3회 정답 및 해설　　357

02 서양교육사 정답 및 해설 ——————————————————— 361
　[서양교육사] 제1회 정답 및 해설　　362
　[서양교육사] 제2회 정답 및 해설　　364
　[서양교육사] 제3회 정답 및 해설　　367
　[서양교육사] 제4회 정답 및 해설　　369

03 한국교육사 정답 및 해설 ——————————————————— 373
　[한국교육사] 제1회 정답 및 해설　　374
　[한국교육사] 제2회 정답 및 해설　　376
　[한국교육사] 제3회 정답 및 해설　　379
　[한국교육사] 제4회 정답 및 해설　　382
　[한국교육사] 제5회 정답 및 해설　　385

04 교육사회학 정답 및 해설 ——————————————————— 389
　[교육사회학] 제1회 정답 및 해설　　390
　[교육사회학] 제2회 정답 및 해설　　392
　[교육사회학] 제3회 정답 및 해설　　395
　[교육사회학] 제4회 정답 및 해설　　398
　[교육사회학] 제5회 정답 및 해설　　401
　[교육사회학] 제6회 정답 및 해설　　405

05 교육심리학 정답 및 해설 ——————————————————— 411
　[교육심리학] 제1회 정답 및 해설　　412
　[교육심리학] 제2회 정답 및 해설　　415
　[교육심리학] 제3회 정답 및 해설　　418
　[교육심리학] 제4회 정답 및 해설　　421
　[교육심리학] 제5회 정답 및 해설　　424
　[교육심리학] 제6회 정답 및 해설　　427
　[교육심리학] 제7회 정답 및 해설　　430

진도별 모의고사

유길준 공무원 교육학
진도별 모의고사

06 생활지도 정답 및 해설 — 433
[생활지도] 제1회 정답 및 해설 — 434
[생활지도] 제2회 정답 및 해설 — 437
[생활지도] 제3회 정답 및 해설 — 440

07 통계·연구 정답 및 해설 — 445
[통계·연구] 제1회 정답 및 해설 — 446
[통계·연구] 제2회 정답 및 해설 — 449
[통계·연구] 제3회 정답 및 해설 — 452

08 교육과정 정답 및 해설 — 455
[교육과정] 제1회 정답 및 해설 — 456
[교육과정] 제2회 정답 및 해설 — 459
[교육과정] 제3회 정답 및 해설 — 462
[교육과정] 제4회 정답 및 해설 — 465

09 교육평가 정답 및 해설 — 469
[교육평가] 제1회 정답 및 해설 — 470
[교육평가] 제2회 정답 및 해설 — 473
[교육평가] 제3회 정답 및 해설 — 476
[교육평가] 제4회 정답 및 해설 — 479

10 교육방법 정답 및 해설 — 483
[교육방법] 제1회 정답 및 해설 — 484
[교육방법] 제2회 정답 및 해설 — 487
[교육방법] 제3회 정답 및 해설 — 490
[교육방법] 제4회 정답 및 해설 — 495
[교육방법] 제5회 정답 및 해설 — 498

11 교육행정 정답 및 해설 — 503
[교육행정] 제1회 정답 및 해설 — 504
[교육행정] 제2회 정답 및 해설 — 508
[교육행정] 제3회 정답 및 해설 — 512
[교육행정] 제4회 정답 및 해설 — 516
[교육행정] 제5회 정답 및 해설 — 520
[교육행정] 제6회 정답 및 해설 — 524
[교육행정] 제7회 정답 및 해설 — 528
[교육행정] 제8회 정답 및 해설 — 532

교육의 이해와 철학
진도별 모의고사

유길준 공무원 교육학
진도별 모의고사

제1회 교육의 이해와 철학 진도별 모의고사

1. 교육의 의미를 다음과 같이 주장하였다. 이와 같은 교육의 지향점과 유사한 교육관을 〈보기〉에서 골라 바르게 묶은 것은?

> 교육은 비사회화 상태의 아동을 사회화된 성인으로 성숙하게 하는 과정이다. 교육의 주된 목적은 개개인의 능력과 잠재성을 계발하는 것이 아니라 사회가 요구하는 능력과 재능을 계발한다.

― 보기 ―
ㄱ. 주입적 교육관 ㄴ. 내용중심 교육관
ㄷ. 자아실현형 교육관 ㄹ. 사회중심 교육관

① ㄱ, ㄴ, ㄹ ② ㄱ, ㄴ, ㄷ
③ ㄴ, ㄷ, ㄹ ④ ㄱ, ㄷ, ㄹ

2. 교육의 의미를 다음과 같이 정의했을 때, 일치되는 교육의 관점인 것은?

> 교육이란 사회적 공적 전통으로서의 '가치와 지식체계'를 '자발적인 방법'으로 성취할 욕구를 갖도록 전달하는 과정으로 보려고 한다.

① 주입으로서 교육관 ② 성년식으로서 교육관
③ 주형으로서 교육관 ④ 생활중심 교육관

3. 피터스(R. S. Peters)가 주장하는 '교육의 개념 기준' 가운데 다음의 내용에 해당하는 것은?

> ○ 공적 전통으로서 선험적으로 정당화 된 것이다.
> ○ 지식과 이해, 지적 안목변화를 위해 지식의 형식(forms of knowledge)을 제시하였다.
> ○ 형식논리학과 수학, 자연과학, 자기 자신과 다른 사람의 감정에 관한 이해, 심미적 경험, 종교적 주장, 도덕적 판, 철학적 이해 등을 제시하였다.

① 규범적 기준 ② 인지적 기준
③ 과정적 기준 ④ 도덕적 기준

4 다음의 내용을 주장한 학자는?

- 교육은 이론적 지식인 지식의 형식으로 입문시키는 것이 아니라 사회적 실제로 입문시키는 것이다.
- 이론적 지식과 합리성이 사회적 삶에서 성공을 보장하지 않음을 강조하였다.
- 교육은 행복한 삶을 추구하는 것이다.
- 행복한 삶이란 개인욕구를 최대한 만족하면서 살아가는 것이다.
- 개인의 욕구의 만족시키기 위해서는 사회현실에 맞게 실천적 이성과 실천적 합리성 개발이 중요하다.

① 허스트(Hirst)
② 피터스(peters)
③ 윌리스(Willis)
④ 듀이(Dewey)

5 다음 중에서 아동중심 교육관의 특징을 골라 바르게 묶은 것은?

ㄱ. 잠재가능성 실현   ㄴ. 방법중심 교육
ㄷ. 내용중심 교육   ㄹ. 흥미 보다 노력 강조
ㅁ. 선택과목 위주의 학습

① ㄱ, ㄴ, ㄷ
② ㄱ, ㄷ, ㄹ
③ ㄱ, ㄴ, ㅁ
④ ㄱ, ㄹ, ㅁ

6 다음과 같은 관점을 지향하는 교육 현상적 정의는?

- 교육에서 추구되어야 할 가치를 제시하는 입장의 정의로서, 가치지향적인 입장을 지닌다.
- 특정한 사회나 집단이 행하는 교육활동의 목적까지를 암시하므로 구체적인 교육활동에서 중요한 방향감과 목적의식을 줄 수 있다.

① 규범적 정의
② 조작적 정의
③ 기능적 정의
④ 약정적 정의

7 교육을 "인간행동의 계획적 변화"라고 하였을 때, 이와 같은 교육의 정의관점과 관련된 것을 〈보기〉에서 골라 바르게 묶은 것은?

---- 보기 ----
ㄱ. 관찰 가능한 명시적인 용어로 진술하는 조작적인 정의이다.
ㄴ. 교육은 현실적 존재를 이상적 존재로 만드는 과정이다.
ㄷ. 교육을 국가와 경제발전의 수단으로서 보는 입장이다.
ㄹ. 가치추구보다는 가치중립적 관점에서 객관적으로 접근한다.

① ㄱ, ㄴ
② ㄴ, ㄷ
③ ㄷ, ㄹ
④ ㄱ, ㄹ

8 다음과 같은 주장에 가장 가까운 교육의 정의는?

열두 명의 건강한 어린 아기와 그들을 키우기에 적절한, 내가 바라는 바의 여건을 갖춘 장소를 주면, 어느 아기든지 마음대로 골라서 내가 만들고자하는 어떤 전문가로든지 길러낼 수 있음을 보장하다. 그 아기의 재능, 취향, 성품, 능력, 그리고 조상의 직업과 인종의 여하에 관계없이, 의사, 법률가, 예술가, 판매원 그리고 심지어는 거지나 도둑으로도 만들 수 가 있다(John B. Watson).

① 조작적 정의
② 기능적 정의
③ 본질적 정의
④ 규범적 정의

9 교육의 관점을 수단적(기능적)인 관점에서 접근하였을 때 관련된 사항을 다음에서 골라 바르게 묶은 것은?

ㄱ. 국가발전의 도구로서 역할을 강조한다.
ㄴ. 인간을 현실적 존재에서 이상적 존재로 변화시킨다.
ㄷ. 불평등사회를 평등하게 구현하는 도구이다.
ㄹ. 교육은 인간의 도덕적인 인격을 함양하는 것이다.

① ㄱ, ㄴ
② ㄱ, ㄷ
③ ㄴ, ㄷ
④ ㄴ, ㄹ

10 교육사상가들의 사상적 배경에 따라 다양한 관점에서 교육을 정의하고 있다. 다음의 학자들이 공통으로 추구하는 교육의 관점은?

○ 케르셴슈타이너(G.M. Kerschensteiner)　○ 스프랑거(E. Spranger)
○ 딜타이(W. Dilthey)　○ 파울센(F. Paulsen)

① 인격성에 중점을 두는 입장
② 사회성에 중점을 두는 입장
③ 자연성에 중점을 두는 입장
④ 문화성에 중점을 두는 입장

11 교육의 기능을 본질적 기능과 수단적 기능을 구분하였을 때, 교육의 본질적 기능에 해당하는 주장을 다음에서 골라 바르게 묶은 것은?

ㄱ. 개인의 사회적 지위를 결정해주는 역할을 한다.
ㄴ. 문화의 전파와 변동을 가능하게 해주는 역할을 한다.
ㄷ. 교육은 합리적인 인간의 마음을 육성하는 것이다.
ㄹ. 인간의 전인적인 발달과 인격형성을 강조한다.

① ㄱ, ㄴ
② ㄴ, ㄷ
③ ㄷ, ㄹ
④ ㄱ, ㄹ

12 교육목적의 교육에 내재설에 관한 의미로 가장 타당한 것은?
① 보편적이면서 객관적인 목적이 존재한다는 것이다.
② 사회제도간의 기능적 상호작용을 강조하는 관점이다.
③ 사회주의 교육이 추구하는 교육목적을 의미하는 말이다.
④ 사회제도의 수단이 아닌 교육 그 자체에 내재한 가치를 말한다.

13 교육 목적의 교육에 외재설과 관련된 설명으로 옳은 것은?
① 교육의 본질적 개념을 내포하고 있다.
② 교육의 개념속에 포함된 가치를 의미한다.
③ 교육내부의 목적으로부터 교육이 통제를 받는다.
④ 교육을 다른 제도적 부문에 대한 수단으로 이해한다.

14 교육목적에 대한 다음의 견해 중 (가)와 (나)에 들어갈 알맞은 개념은?

> 교육의 목적은 두 가지로 구분할 수 있다. 예컨대 성장의 잠재 가능성을 실현하는 과정으로 보는 입장은 (가)으로 볼 수 있으며, 경제성장이나 직업적 능력의 획득과 같은 것은 (나)으로 볼 수 있다.

	(가)	(나)
①	의도적 목적	비의도적 목적
②	공식적 목적	잠재적 목적
③	본질적 목적	수단적 목적
④	암시적 목적	명세적 목적

15 다음 중에서 우리나라 헌법에 보장되는 교육에 관한 사항들을 모두 골라 바르게 묶은 것은?

> ㄱ. 교육의 기회균등 ㄴ. 의무교육
> ㄷ. 무상교육 ㄹ. 평생교육

① ㄱ
② ㄱ, ㄴ
③ ㄱ, ㄴ, ㄷ
④ ㄱ, ㄴ, ㄷ, ㄹ

16 다음 중에서 우리나라 헌법에 보장된 교육관한 사항이 아닌 것은?

① 평생교육의 진흥
② 영재교육의 진흥
③ 능력에 따른 교육의 기회균등
④ 교육의 자주성, 전문성, 정치적 중립성 보장

17 우리나라 「교육기본법」 2조(교육이념)에 포함된 내용이 아닌 것은?

① 홍익인간의 이념
② 모든 국민의 인격도야
③ 민주시민의 자질
④ 창의적 인간으로 자질

18 교육하고자하는 의도에 따라 교육을 형식적 교육(formal education)과 비형식적 교육(informal education)으로 구분할 때 비형식적 교육의 특징에 해당하는 것은 다음에 모두 고르면?

> ㄱ. 정규교육과정을 제외한 계획적 교육
> ㄴ. 표준화과 교육과정과 정해진 시간
> ㄷ. 졸업 후 반드시 자격증 수여를 전제함
> ㄹ. 실제 적용위주의 학습프로그램의 구성

① ㄱ, ㄴ ② ㄴ, ㄷ
③ ㄷ, ㄹ ④ ㄱ, ㄹ

19 그림은 렌줄리(J. Renzulli)가 제시한 영재 특성 모형이다. (가)에 해당하는 것은?

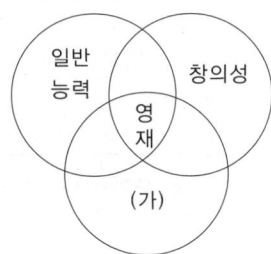

① 학업 성취도
② 과제 집착력
③ 정보처리 능력
④ 상위인지 능력

20 다음 중에서 우리나라의 영재교육법안에서 제시하고 있는 영재아동의 판별 기준을 모두 고르면?

> ㄱ. 특정학업의 적성   ㄴ. 생산적 또는 창의적 사고
> ㄷ. 예술적 능력   ㄹ. 높은 수준의 성취동기

① ㄱ   ② ㄱ, ㄴ
③ ㄱ, ㄴ, ㄷ   ④ ㄱ, ㄴ, ㄷ, ㄹ

제2회 교육의 이해와 철학 진도별 모의고사

1 다음 중에서 교육철학의 분석적 기능을 필요로 하는 것을 골라 묶은 것은?

> ㄱ. 영희는 만수보다 더 착한 아이이다.
> ㄴ. 민주주의를 통해서만 시민의자유가 실현된다.
> ㄷ. 영희는 거리를 지나다 만원권 지폐를 주어 주인을 찾아주었다.
> ㄹ. 어떤 힘으로도 움직이지 못하는 이 바위를 이 장비로는 움직일 수 있다.

① ㄱ, ㄴ ② ㄴ, ㄹ
③ ㄷ, ㄹ ④ ㄱ, ㄷ

2 다음의 주장에 정당성을 부여 해주는 인식론적 관점은?

> A와 B가 같고 B가 C와 같다면, A는 C와 같다는 사실이다. 이것은 어떤 실제적 사건이나 경험과는 무관하게 알 수 있다.

① 경험론 ② 합리론
③ 비판철학 ④ 상대론

3 다음의 내용과 관련된 라일(G. Ryle)의 지식의 유형은 무엇인가?

> ○ 물은 100℃에서 끓는다.
> ○ 지구는 태양의 주위를 공전한다.
> ○ 신은 존재한다.

① 사실적 지식 ② 방법적 지식
③ 논리적 지식 ④ 직접적 지식

4 라일(G. Ryle)의 지식의 유형가운데 명제적 지식은 경험적 검증이나 논리적 분석을 통해 그 진위를 밝힐 수 있어야 한다. 다음의 명제들 중 그 진위를 가리는 방식이 다른 것 하나는?

① 모든 사람은 죽는다.
② 지구는 태양 주위를 공전한다.
③ 삼각형의 내각의 합은 180°이다.
④ 물은 고체 상태에서 부피가 커진다.

5 다음 중에서 라일(G. Ryle)의 지식의 유형가운데 방법적 지식과 관련된 사항으로만 짝지어진 것은?

> ㄱ. 어떤 과제 수행의 절차에 관한 지식이다.
> ㄴ. 앎의 논리적 근거와 타당성을 확보해야한다.
> ㄷ. 객관적 경험과 서술적 표현을 전제로 한다.
> ㄹ. 앎이란 성취에 대한 정확성을 의미한다.

① ㄱ, ㄴ
② ㄴ, ㄷ
③ ㄷ, ㄹ
④ ㄱ, ㄹ

6 다음의 특징을 포괄하고 있는 교육철학사상은?

> ○ 영구불변의 실재에 반대하고 변화의 실재를 강조
> ○ 가치의 상대성과 진리의 도구화
> ○ 인간의 사회적·생물학적 본성
> ○ 생활하는 방법으로서의 민주주의
> ○ 비판적 지성의 가치

① 실존주의
② 실재주의
③ 실용주의
④ 자연주의

7 다음 중에서 실용주의 교육의 원리로 적절한 것은 골라 바르게 묶은 것은?

> ㄱ. 교육은 생명을 사회적으로 지속시키는 것이다.
> ㄴ. 아동은 미숙하지만 발전적 성장체로 보아야 한다.
> ㄷ. 아동의 내재적 본성의 완성을 강조한다.
> ㄹ. 교사는 학습에 참여자가 아니라 학습에 관찰자여야 한다.
> ㅁ. 교육의 과정은 끊임없는 경험의 재구성 과정이어야 한다.

① ㄱ, ㄴ, ㄷ
② ㄱ, ㄴ, ㅁ
③ ㄴ, ㄷ, ㅁ
④ ㄱ, ㄷ, ㅁ

8 다음 중 실용주의 교육사상의 진리관을 바르게 표현한 것은?

① 지식은 선험적 인지구조에 의해 구성된다.
② 지식은 이성적 사유를 통해 구축되는 논리적 체계이다.
③ 지식은 외부 세계에 대한 감각적 경험을 원천으로 한다.
④ 지식은 당면한 문제를 해결할 수 있는 현실적 적합성으로 증명된다.

9 다음 중에서 진보주의(Progressivism)교육철학에서 지향하고 있는 교육원리를 골라 바르게 묶은 것은?

> ㄱ. 지식 그 자체가 아동이 얻는 경험보다 중요하다.
> ㄴ. 교육은 아동의 현재 생활의 필요, 흥미, 욕구를 충족시켜야 한다.
> ㄷ. 교육은 사회적 이상과 신념을 효과적으로 전달하여야한다.
> ㄹ. 기존 사회체제에 적응하는 사람을 육성하기보다는 사회체제의 한계를 인식시켜야 한다.

① ㄱ, ㄴ
② ㄴ, ㄷ
③ ㄴ, ㄹ
④ ㄱ, ㄹ

10 다음 중에서 진보주의 교육의 원리를 설명한 것으로 옳은 것은?

① 교육은 가르칠 내용을 위주로 전개하는 것이 바람직하다.
② 교육의 목적, 교육의 형태 등의 유연성의 원리를 강조한다.
③ 문제해결은 한 번에 끝낼 수 있도록 세밀한 계획을 수립한다.
④ 사회적 관점에서 인간성을 통제하고 사회문화 유지를 강조한다.

11 진보주의 교육철학의 입장에서 교육 내용의 가치(중요성)는 일차적으로 무엇에 근거를 두고 있는가?

① 인간의 본능적 욕구를 충족시키는 것을 근거로 한다.
② 학습자의 필요를 자발적으로 충족시키는 것을 근거로 한다.
③ 지식 조직 분야에서 기본적이고 필수적인 것을 근거로 한다.
④ 인간의 정신과 성향 변화에 필요한 것을 근거로 한다.

12 다음 내용의 밑줄 친 부분과 관련된 진보주의 교육원리로 가장 적절한 설명은?

> 우리는 교육활동에 있어서 아동의 생활을 무시해서는 안 되며, <u>학습과정은 교사와 혹은 교과서에 의해 일방적으로 정해져도 안 되며</u>, 그들의 생활 속에서 배워야하며 학습은 학생의 성숙도에 맞추어 진행되어야 한다.

① 학습은 직접적으로 아동의 흥미와 관련되어야 한다.
② 내용의 이수보다 학습을 하는 방법이 더 중요하다.
③ 교사는 학습의 안내자, 조력자로서 역할을 해야 한다.
④ 학교는 경쟁보다는 협동을 강조하는 곳이어야 한다.

13 듀이(Dewey)는 '사회성 함양으로서 도덕교육'을 주장하였다. 이의 특징을 설명한 것으로 옳지 않은 것은?

① 도덕교육은 특정교과에서 집중적으로 학습해야한다.
② 실생활에서 활용할 수 있는 생활도덕을 강조하였다.
③ 사회성 개발의 차원에서 도덕교육이 실시되어야한다.
④ 아동들이 활동을 통해 스스로 도덕적 품성을 익혀야한다.

14 다음 중에서 듀이(J. Dewey)반성적 사고를 설명한 것으로만 묶은 것은?

> ㄱ. 궁극적인 변화를 추구한다.
> ㄴ. 과학적 탐구과정의 수단으로 활용될 수 있다.
> ㄷ. 문제해결과정에서 최초 목표에 대한 수정이 불가능하다.
> ㄹ. 개인의 내적 사고과정이므로 타인과의 상호작용에 가치를 두지 않는다.

① ㄱ, ㄴ
② ㄱ, ㄹ
③ ㄴ, ㄷ
④ ㄷ, ㄹ

15 다음과 같은 교육관을 추구한 교육학자는?

> ○ 교육은 경험의 계속적인 재구성이다.
> ○ 교육은 성장이다.
> ○ 교육은 사회적 과정이다.

① 듀이
② 코메니우스
③ 페스탈로찌
④ 헤르바르트

16 다음 중에서 본질주의(Essentialism) 교육이론의 기본적인 가정으로 가장 적절한 것은?

① 교육을 통한 문화유산 보존보다는 극복되어야 할 것이다.
② 본질주의자들은 변화의 가치를 전면적으로 거부하였다.
③ 교육에 있어서 인내와 노력, 통제와 훈련도 가치로운 것이다.
④ 교육에 있어서 아동의 흥미와 자발성은 인정되어서는 안 된다.

17 박 교사는 아이들의 교육에 있어서 다음과 같은 점을 강조하였다. 그가 지니고 있는 철학적 신념에 가장 가까운 것은?

> ○ 학습은 원래 강한 훈련을 수반하는 것이어야 한다.
> ○ 흥미는 과제를 수행·이수하는 과정과 결과로 생기는 것이다.
> ○ 학교는 무엇보다도 기본적인 지식을 가르치는 데 전념하여야 한다.

① 실존주의
② 비판주의
③ 본질주의
④ 재건주의

18 다음 중에서 항존주의(Perennialism) 교육이론의 특징을 설명한 것으로 옳은 것을 골라 바르게 묶은 것은?

> ㄱ. 참다운 인간성의 회복을 주창한다.
> ㄴ. 인문학과 자연과학을 중요시한다.
> ㄷ. 자유로운 지성인 육성을 목표로 하고 있다.
> ㄹ. 인간의 기본기능의 동일성을 강조하고 있다.

① ㄱ, ㄴ, ㄷ
② ㄱ, ㄴ, ㄹ
③ ㄱ, ㄷ, ㄹ
④ ㄴ, ㄷ, ㄹ

19 다음 중에서 항존주의 교육의 원리를 설명한 것으로 옳은 것은?

① 인간은 자유롭지만 욕망을 억제하는 방법을 배워야 한다.
② 교육의 내용은 시대의 상황을 충분히 고려한 것이어야 한다.
③ 문학, 철학, 역사 등은 배워야 하지만 과학은 배워서는 안 된다.
④ 인간의 항상적 본성은 감성이므로 감성을 키우는 것을 중요하다.

20 항존주의 교육철학에 대한 설명으로 옳지 않은 것은?

① 학생들에게 당면한 사회문제 해결에 도움을 주는 것을 가르쳐야한다.
② 고대, 중세의 절대적 가치인 진(眞)·선(善)·미(美)의 원리를 추구한다.
③ 학생들에게는 세계의 영원한 것들로서 친숙하게 해주는 기본 교과들을 가르쳐야 한다.
④ 이성은 인간의 최고의 속성이므로 사람들은 그 이성을 가지고 그의 본능적 성품을 선택된 목적을 지배하는데 사용해야 한다.

제3회 교육의 이해와 철학 진도별 모의고사

1 다음과 같은 내용과 관련된 교육철학 사조는?

> ○ 교육을 통한 새로운 사회 질서 창조를 강조한다.
> ○ 교육을 통해 윤리적인 힘을 키울 것을 주장한다.
> ○ 학교의 개방적인 분위기를 조성할 것을 주장한다.
> ○ 미래사회에 대한 인간의 능동적인 선택 강조한다.

① 실존주의 교육철학　　　　　　② 재건주의 교육철학
③ 인간주의 교육철학　　　　　　④ 진보주의 교육철학

2 다음 중에서 재건주의 교육철학의 원리를 설명한 것으로 적절한 것은?

① 과정을 중요시하며 궁극적인 목적은 소홀히 한다.
② 진보주의의 시행착오학습을 적극적으로 지지한다.
③ 사회문화를 후대에 전달하는데 교육의 초점을 두고 있다.
④ 사회문화 재건의 연구방법으로 행동과학적 방법을 제안한다.

3 다음 중에서 20세기 미국의 현대 교육사조에 대한 설명으로 틀린 것은?

① 진보주의 교육사상은 기초 지식의 학습을 소홀이 하였다.
② 본질주의 입장에서는 교과서가 중요한 의미를 지닌다.
③ 항존주의는 고전과 형이상학에 대한 비판에서 출발하였다.
④ 재건주의는 브라멜트(T. Brameld), 카운츠(G. Counts)등이 주장하였다.

4 다음 중에서 실존주의 교육이론은 설명한 것으로 옳은 것은?

① 교육적 인간상으로 관념주의적인 인간상을 추구한다.
② 비합리적인 교육에서 탈피하여야 한다고 주장한다.
③ 인간의 개성과 주체성을 최대한 존중하는 교육을 주장한다.
④ 인문학과 사회과학이 교육의 주된 내용이 될 것을 주장한다.

5 다음 중에서 실존주의 교육의 지식관으로 옳은 것을 골라 묶은 것은?

> ㄱ. 학습의 주체인 아동이 교과나 지식에 대해서 어떤 반응을 갖느냐가 중요한 것이다.
> ㄴ. 지식은 근본적으로 학습의 주체가 그것을 붙잡아서 자신의 생활 속에 넣을 때만 진리가 된다.
> ㄷ. 문학, 철학, 창작, 예능, 연극 등 인문학적 과목에서 탈피해야 한다.

① ㄱ, ㄷ
② ㄴ, ㄷ
③ ㄱ, ㄴ
④ ㄱ, ㄴ, ㄷ

6 박 교사는 다음에 제시된 적극적 교육과 소극적 교육을 모두 비판하였다. 그의 비판의 근거로 가장 적절한 교육철학 사상 (가)와 그 대안적 교육 (나)를 가장 바르게 제시한 것은?

> ○ 교육을 조형예술처럼 외부로부터의 적극적 작용으로 본다.
> ○ 교육을 동·식물의 사육이나 재배에서처럼 안으로부터의 자연적 성장과정에 따라가는 소극적 작용으로 본다.

　　　(가)　　　　(나)
① 진보주의 － 생활중심교육
② 비판철학 － 문제제기식 교육
③ 실존주의 － 비연속적 형식의 교육
④ 인간주의 － 열린교육

7 다음 중에서 실존주의 교육사상이 현대 교육에 주는 시사점으로 옳은 것으로만 짝지어진 것은?

> ㄱ. 학생 개개인의 개성을 존중하여 전인교육을 가능하게 하였다.
> ㄴ. 사회과학적 관점에서 자유를 획득하는 방법을 제시하였다.
> ㄷ. 인간학 부재의 교육학을 인간성 지향의 학문으로 발전하도록 촉구하였다.
> ㄹ. 대중인을 기르지 말고 주체적인 인간을 기르자고 주장하였다.

① ㄱ, ㄴ
② ㄱ, ㄴ, ㄷ
③ ㄴ, ㄹ
④ ㄱ, ㄷ, ㄹ

8 다음 중에서 실존주의 교육철학자인 부버(M. Buber)의 '만남의 교육'에 대한 설명으로 옳은 것은?

① 참다운 인간의 만남은 고립된 실존 속에서 고독한 삶의 방황을 통해서 이루어진다.
② 인간은 세계에 대하여 이중적 태도를 취하지만 세계는 항상 단일한 태도를 취한다.
③ '나-그것'의 세계는 경험과 인식과 이용의 대상이 되는 세계이며, 진정한 만남이 된다.
④ 세계와의 상호관계적인 만남이 '나-너'의 만남이며, 자신의 주체성을 의식 할 수 있다.

9 다음과 같은 내용의 교육관을 포괄하는 교육철학자는?

- 실존주의 교육철학자로 너와 나의 대화, 만남을 통한 교육을 강조하였다.
- 전인교육론과 관련되어 있다.
- 참다운 인간존재는 관계형성을 통해 드러난다고 보았다.

① 듀이(J. Dewey)   ② 배글리(W. Bagley)
③ 부버(M. Buber)   ④ 브라멜트(T. Brameld)

10 실존주의 교육철학자인 볼노오(O. F. Bollnow)의 비연속적 형식의 교육을 바르게 설명한 것은?

① 다양한 교육내용으로 학생의 조화적인 발달을 추구해야 한다.
② 교육의 내용은 인간에 내재적인 가능성을 단련하기 위해 필요하다.
③ 교육은 인간의 비약적·우발적인 변화의 가능성을 염두에 두어야 한다.
④ 교육과정은 학생의 개성과 특성에 맞게 계획적으로 구성되어야 한다.

11 인간주의 교육철학이 학교 학습에 주는 교육적 시사점으로 옳은 것은?

① 학습에 있어서 스스로의 발견학습을 강조한다.
② 교사는 학생들의 욕구충족에 주도적 역할을 한다.
③ 교사는 교육의 투입과 산출의 문제를 매우 중요시한다.
④ 교사는 교육목적 달성을 위해 체계적인 교수활동을 한다.

12 다음 중에서 분석철학의 교육적 관점을 설명한 것으로 옳은 것은?

① 지식의 상대성과 주관성을 강조한다.
② 학문이 지니는 보편성을 거부한다.
③ 교사가 주장하는 지식은 객관적이어야 한다.
④ 교육에서 가치성, 규범성, 도덕성을 강조한다.

13 서양의 분석적 교육철학(Analytic Philosophy of Education)의 교육적 의의(意義)를 제시한 것으로 옳지 않은 것은?

① 교육을 통해 인간 자신의 내적 세계를 탐색하여 자신의 주체적 자각과 결단을 강조하였다.
② 종래의 사변적·선험적·종합적 교육철학방법을 거부하고 새로운 철학방법론을 제기하였다.
③ 교육철학을 하나의 독립적이고 객관적인 학문분야로 성립시키기 위한 노력을 하였다.
④ 교사들에게 명료하게 생각하고 말하도록 촉구하는 계기를 마련하였다.

14 다음과 같은 비판을 받고 있는 교육철학의 유형은?

○ 언어의 투명성에 대해 지나치게 신뢰한다.
○ 교육의 가치지향성을 충분히 고려하지 못한다.
○ 교육적 언어의 역사적·사회적 측면을 소홀히 한다.

① 분석철학　　　　　　　② 실존주의
③ 구조주의　　　　　　　④ 교육 현상학

15 비판이론(Critical Theory)의 관점에서 다음 내용이 의미하는 것에 가장 가까운 개념은?

○ 비판이론의 중심개념이다.
○ 교육의 목적보다는 수단에 몰두하는 것이다.
○ 교육의 방법 및 능률성에 치중하는 것이다.
○ 초래하는 기형과 제약으로부터 해방될 필요가 있다.

① 과학적 접근의 거부　　② 민중에 대한 계몽
③ 도구적 합리성 비판　　④ 수정 마르크스주의

16 다음 중에서 프레리(Freire)의 문제제기식 교육(Problem posing education)에 대한 설명으로 옳은 것은?

① 교육내용은 학생들에게 저장되어야 할 내용이다.
② 문제제기식 교육은 억압에 순응하는 교육을 말한다.
③ 학습자 스스로 독자적인 학습활동의 형태를 말한다.
④ 교사와 학생은 지식의 재창조자로서 자신을 발견한다.

17 다음 중에서 포스트모더니즘(Post-modernism)의 교육적 특징을 모두 고르면?

ㄱ. 열린 지식을 강조
ㄴ. 개별화 학습과 열린교육을 강조
ㄷ. 주체적이고 창조적인 인간을 양성
ㄹ. 합리적인 타당한 준거에 의한 자아육성

① ㄱ, ㄴ, ㄷ
② ㄴ, ㄷ
③ ㄴ, ㄷ, ㄹ
④ ㄱ, ㄴ, ㄷ, ㄹ

18 포스트모더니즘의 교육적 특성을 설명한 것으로 옳은 것은?

① 현대공교육은 비교적 성공적인 교육이라고 평가한다.
② 보편 타당한 지식을 추구하는 지적 탐구활동을 거부한다.
③ 인간의 합리적 이성발달이라는 측면에서 자유교양 교육을 지지한다.
④ 근보주의(foundationalism)와 본질주의(essentialism)를 지지한다.

19 20세기 중반 이후 전 세계적으로 진행되고 있는 포스트모더니즘(Post-modernism)의 설명으로 옳지 않은 것은?

① 전통을 중시한다.
② 자아의 해체를 주장하는 문화논리이다.
③ 대중들이 유희적인 행복감을 향유하는 문화논리이다.
④ 거대담론을 거부하고 자신의 주변적인 문제에 관심을 둔다.

20 다음과 같은 이념을 추구하는 교육 사조는?

○ 자신 속의 여러 욕구나 감정, 생각 등을 의식하여 대립하는 것을 조화시키고 통합해 간다.
○ 자신과 타인, 자신과 사회 등의 관계를 전체적으로 보아 대립되는 견해를 조화시킨다.
○ 자신과 세계, 인간과 자연과의 관계를 생각하여 조화롭게 살아가는 길을 찾는다.

① 행동주의 교육
② 본질주의 교육
③ 실존주의 교육
④ 홀리스틱 교육

서양교육사
진도별 모의고사

유길준 공무원 교육학
진도별 모의고사

제1회 서양교육사 진도별 모의고사

1. 서양의 고대 그리스시대 교육사상적 배경이 되었던 사회·문화적 특징을 〈보기〉골라 바르게 묶은 것은?

    ―― 보기 ――
    ㄱ. 인간중심 사상   ㄴ. 현세주의 사상
    ㄷ. 지혜와 미의 완전성추구   ㄹ. 실리주의와 실용주의

    ① ㄱ, ㄴ, ㄷ   ② ㄱ, ㄴ, ㄹ
    ③ ㄱ, ㄷ, ㄹ   ④ ㄴ, ㄷ, ㄹ

2. 다음 중에서 스파르타 교육의 특징을 설명한 것으로 옳은 것은?

    ① 교육은 주로 사설학원을 중심으로 이루어졌다.
    ② 군사교육과 자기실현을 교육목적으로 하였다.
    ③ 국가에 충성하는 용감한 군인 육성을 강조하였다.
    ④ 시범, 모방, 강의법, 문답식 교육방법을 활용하였다.

3. 스파르타의 여성교육에 대한 설명으로 옳지 않은 것은?

    ① 교육은 현모양처의 육성에 한정되었다.
    ② 여성에게도 군사 교육이 실시되었다.
    ③ 지역별로 반을 만들어 교육을 했다.
    ④ 교육방법을 주로 모방과 시범이었다.

4. 다음 중에서 아테네의 교육적 특성을 설명한 것으로 가장 옳은 것은?

    ① 시민에게 필요한 개인적인 교양교육을 강조하였다.
    ② 국가사회 보다는 철저하게 개인교육에 주력하였다.
    ③ 전기의 군사교육은 후기에 지적 교육으로 전환되었다.
    ④ 여성교육이 강조되었고 사회적 지위도 보장되었다.

5 전기아테네 교육의 특징을 설명한 것으로 옳은 것은?

① 소피스트에 의한 지적 교육이 활발하였다.
② 국가를 위한 유용한 시민육성을 강조하였다.
③ 교육방법면에서 문답법과 강의법이 유행하였다.
④ 기술교육이나 직업교육에 관심이 매우 높았다.

6 후기 아테네 교육의 특징을 설명한 것으로 옳은 것은?

① 신체와 정신의 조화를 매우중요시하였다.
② 아테네 청년들은 웅변술에 관심이 많았다.
③ 국가유지를 위한 군사적 훈련을 중요시하였다.
④ 실용적인 지식으로 문학과 음악이 강조되었다.

7 아테네의 교육기관을 설명한 것으로 옳지 않은 것은?

① 바라크라는 국가의 공동 교육장이 있었다.
② 초등학교로 체육학교와 음악학교가 있었다.
③ 신체단련을 위한 중등의 공립체육관이 있었다.
④ 후기에는 웅변술을 가르치는 수사학교가 매우 성행하였다.

8 다음 중에서 그리스시대 소크라테스(Socrates, 469-399 B.C)의 교육사상으로 옳은 것을 모두 고르면?

> ㄱ. 지식의 본질을 개인적인 것이라고 주장하였다.
> ㄴ. 교육방법으로 반어법과 산파술을 사용하였다.
> ㄷ. 지덕(知德)의 일치를 표방하여 조화(調和)를 강조하였다.
> ㄹ. 교육은 지식의 부여의 과정이며 교사의 그 안내자로서 역할을 하여야 한다.

① ㄱ, ㄴ, ㄷ, ㄹ   ② ㄴ, ㄷ, ㄹ
③ ㄴ, ㄷ   ④ ㄴ, ㄹ

9 소크라테스(Socrates, 469-399 B.C)의 교육방법에서 회상설 혹은 상기설이 현대 교육방법에 주는 시사점으로 가장 적절한 것은?

① 교사에 의한 강의법
② 문답을 통한 대화법
③ 교재를 통한 독서법
④ 실험을 통한 실증법

10 다음 중에서 플라톤(Platon)의 교육사상에 관련된 것을 모두 고르면?

> ㄱ. 엘리트주의 교육을 추구
> ㄴ. 7자유과를 중요시 함
> ㄷ. 민주적 정치제도에 합당한 교육을 추구
> ㄹ. 최초의 남녀평등 교육을 주장
> ㅁ. 이상적 자유교육을 주장

① ㄱ, ㄴ, ㄷ, ㄹ
② ㄱ, ㄷ, ㄹ, ㅁ
③ ㄱ, ㄴ, ㄹ, ㅁ
④ ㄱ, ㄴ, ㄷ, ㅁ

11 플라톤(Platon)의 교육사상에 대한 설명으로 옳은 것은?

① 남성과 여성의 교육은 달라야 한다고 보았다.
② 신체, 습관, 이성을 교육의 주요 요소로 파악하였다.
③ 계층에 관계없이 모든 사람에게 동일한 교육을 실시해야 한다.
④ 사회계급에 맞는 개인의 능력과 덕을 길러 이상국가를 실현하고자 하였다.

12 아리스토텔레스(Aristoteles)의 교육사상과 관련 있는 것을 모두 고르면?

> ㄱ. 이성은 인간을 인간답게 하는 근본적인 요소이다.
> ㄴ. 발달 단계에 따른 교육을 주장하였다.
> ㄷ. 개인을 완성시키는 요소로 자연, 습관, 이성을 강조하였다.
> ㄹ. 국민교육은 국가의 학(學)인 철학에 의해서 규정된다고 주장하였다.

① ㄱ, ㄴ
② ㄱ, ㄴ, ㄷ
③ ㄱ, ㄴ, ㄹ
④ ㄱ, ㄴ, ㄷ, ㄹ

13 다음과 같은 내용을 주장한 그리스시대 교육사상가는?

> ○ 웅변가의 자질은 수사학을 통해 길러진다고 주장하였다.
> ○ 수사학교를 설립하여 논쟁의 이론만이 아닌 실천을 강조하였다.
> ○ 절대적인 진리를 부정하고 변화하는 환경을 제대로 파악하고 현명하게 대처하는 능력을 중시하였다.

① 소크라테스(Socrates) ② 플라톤(Platon)
③ 이소크라테스(Isocrates) ④ 아리스토텔레스(Aristoteles)

14 고대 그리스 시대의 교육에 대해 설명한 것으로 옳지 않은 것은?

① 플라톤은 여성교육을 소홀히 했다.
② 아리스토텔레스는 자유교육을 주장하였다.
③ 이소크라테스는 수사학교를 세웠다.
④ 소피스트는 공동체보다 개인의 이익을 더 중시하였다

15 다음 중에서 로마(Rome)시대의 교육에 대한 설명으로 옳은 것은?

① 공화정시대의 교육은 지적 교육을 통한 애국심 함양을 강조하였다.
② 제정로마시대는 공적인 대화를 위한 언어적 숙달능력을 강조하였다.
③ 문화적으로 그리스에 동화되었으나 라틴어 숙달을 매우 중요시하였다.
④ 그리스의 정치, 도덕, 문학, 철학, 예술 등을 교육을 통해 전수하였다.

16 다음 중에서 로마시대 교육의 특징을 설명한 것으로 옳은 것은?

① 왕정시대에는 중앙집권적 정치발달로 공교육이 매우 융성했다.
② 공화정시대에는 그리스문화의 침투로 로마의 고유교육은 소멸되었다.
③ 제정시대 교육은 정복의 시기로서 군사교육이 가장 활발하였다.
④ 후기로마시대는 로마의 고유의 교육보다 그리스적 교육이 성행했다.

17 다음과 같은 교육적 특징을 지니고 있었던 로마시대는?

- 교육목적 : 선량한 시민과 선량한 군인
- 교육내용 : 주로 12동판법, 3R's, 음악, 종교의식
- 교육형태 : 가정교육과 사회교육
- 교육제도 : 계층차별적 교육제도

① 왕정시대 ② 공화정시대
③ 후기로마시대 ④ 제정로마시대

18 다음 중에서 제정로마 시대의 교육의 특징만을 고른 것은?

ㄱ. 지적 발전을 지도하는데 교육의 목적이 있었다.
ㄴ. 비형식적 교육이 형식적 교육으로 전환되었다.
ㄷ. 언어능력과 공적 담화 및 토론 능력을 강조하였다.
ㄹ. 도덕적 성격, 신체적 강건, 합리적 사고를 강조하였다.

① ㄱ, ㄴ, ㄷ ② ㄱ, ㄴ, ㄹ
③ ㄱ, ㄷ, ㄹ ④ ㄴ, ㄷ, ㄹ

19 다음 중에서 로마(Rome)시대의 학교 교육을 설명한 것으로 옳은 것은?

① 초등교육은 국가의 지원 하에 비교적 지속적으로 발전하였다.
② 중등 문법학교는 호머의 시(詩)가 주요 교과 내용이었다.
③ 수사학교는 로마정부의 적극적인 제정지원으로 크게 발전하였다.
④ 고등교육에서는 철학학교에 의해 법률과 철학을 위주로 발달하였다.

20 다음의 설명에 관련된 교육이론은 제시한 교육사상가는?

- 개인주의적이고 세계주의적인 교육론을 주창
- 선량한 품성을 지닌 인간 육성을 주창
- 개성중심과 아동중심 교육을 강조함
- 서양교육사상 최초로 체벌교육을 반대함

① 플라톤(Platon) ② 퀸틸리안(Quintilian)
③ 세네카(Ceneca) ④ 프로타르코스(Ploutarchos)

제2회 서양교육사 진도별 모의고사

1 다음 중에서 중세 교육사상에 대한 특징을 모두 고르면?

> ㄱ. 국가주의적 교육이 성행하였다.
> ㄴ. 초현실주의적인 교육이 성행하였다.
> ㄷ. 육체와 영혼을 중시하여 체육, 성경을 중시하였다.
> ㄹ. 하류시민에게도 교육이 확대되었다.

① ㄱ, ㄷ   ② ㄴ, ㄹ
③ ㄴ, ㄷ   ④ ㄷ, ㄹ

2 다음 중에서 예비문답학교의 특징을 설명한 것으로 옳은 것은?

① 아동들을 위한 초등학교였다.
② 교육의 기간은 6년이었다.
③ 이교도 교화를 목적으로 하였다.
④ 교수법으로 설명식 교수법을 강조하였다.

3 다음과 같은 특징을 지닌 중세시대 교육기관은?

> ○ 순수한 기독교 교육기관의 성격을 띠었다.
> ○ 성격상 사범학교적인 특성을 지닌 학교였다.
> ○ 신학, 희랍의 철학, 수사학, 천문학, 문학 등을 배웠다.

① 문답학교   ② 고급문답학교
③ 수도원학교   ④ 본산학교

4 다음과 같은 특징을 지닌 중세시대 교육기관은?

> ○ 기독교 교육기관 중에서 가장 고등 교육기관이었다.
> ○ 기독교철학인 스콜라 철학의 온상지였다.
> ○ 입학에 있어서 사회적 차별이 있었다.

① 수도원학교 ② 사원학교
③ 문답학교 ④ 고급문답학교

5 다음 중에서 중세 수도원학교에 대한 설명으로 옳은 것은?

① 간단한 읽기와 쓰기를 중심으로 교육이 이루어졌다.
② 수도사를 양성하는 교육기관으로 일반인 교육은 하지 않았다.
③ 오늘날의 지역사회 학교와 흡사한 기능을 지니고 있었다.
④ 중세시대의 최고의 고등교육기관으로 스콜라 철학의 온상지였다.

6 다음 중에서 스콜라 철학의 교육적 공헌을 제시한 것으로 옳은 것은?

① 주정주의 교육을 강화하여 기독교신앙의 발달에 공헌하였다.
② 중세시대 중등교육의 발달과 지식교육을 크게 보급시켰다.
③ 문예부흥의 계기를 마련하여 인문주의 교육에 영향을 주었다.
④ 교육방법면에서 논리적 반박과 논문작성의 방법이 사용되었다.

7 다음 중에서 카알(Karl Charles)의 교육정책과 관련된 것만으로 묶여져 있는 것은?

> ㄱ. 그리스어와 라틴어 교육의 부활
> ㄴ. 3R's의 기초교육보급과 서민교육장려
> ㄷ. 기사도 교육의 보급과 실시
> ㄹ. 서양 최초의 의무교육령 선포

① ㄱ, ㄴ, ㄷ ② ㄱ, ㄴ, ㄹ
③ ㄱ, ㄷ, ㄹ ④ ㄴ, ㄷ, ㄹ

8 다음 중에서 중세기 서양의 기사도 교육의 특징을 설명한 것으로 옳은 것은?

① 형식적인 기사학교를 중심으로 교육이 이루어졌다.
② 교육내용은 기사 7예를 중심으로 구성되었다.
③ 교육방법은 교재를 통한 주입식 교육이 특징이었다.
④ 현실적 필요보다도 기독교적 이상의 실현을 강조하였다.

9 다음 중에서 서양의 중세기 대학발달의 배경으로 가장 옳은 것은?

① 이슬람 세계와의 접촉과 문화의 유입
② 귀족들의 학문적 탐구의 적극적 관심
③ 카알대제에 의한 세속적 교육의 보급
④ 기독교 교육기관의 급진적인 세속화

10 다음 중에서 중세대학의 성격으로 적절한 것을 모두 고르면?

ㄱ. 세속적 학문에 흥미를 가진 이지(理知)의 집단
ㄴ. 부유층의 자녀들의 여가를 학문 수련 집단
ㄷ. 그리스어를 입학자격에서 매우 중요시함
ㄹ. '나라 안의 나라'라고 불릴 정도로 자치권을 지님

① ㄱ, ㄴ
② ㄱ, ㄷ
③ ㄴ, ㄹ
④ ㄱ, ㄹ

11 다음 중에서 중세기 서양의 대학에 부여된 특권을 모두 고르면?

ㄱ. 교수와 학생은 병역, 세금. 부역이 면제되었다.
ㄴ. 교회나 국가로부터 치외법권적인 특권이 있었다.
ㄷ. 대학을 졸업한자에게 교사면허증이 주어졌다.
ㄹ. 자유롭게 여행할 수 있는 신분이 보장되었다.
ㅁ. 국가로부터 대학운영비 전액을 지원 받았다.

① ㄱ, ㄴ, ㄷ, ㄹ
② ㄱ, ㄷ, ㄹ, ㅁ
③ ㄱ, ㄴ, ㄹ, ㅁ
④ ㄴ, ㄷ, ㄹ, ㅁ

12 다음 중에서 중세대학발달의 원인을 모두 골라 바르게 묶은 것은?

```
ㄱ. 사라센 문화의 영향
ㄴ. 스콜라 철학의 영향
ㄷ. 기사교육에 대한 관심 증가
ㄹ. 도시의 발달과 시민 계급의 형성
ㅁ. 학자들의 지적 탐구심의 발로
```

① ㄱ, ㄴ, ㄷ
② ㄴ, ㄷ, ㄹ, ㅁ
③ ㄱ, ㄴ, ㄹ, ㅁ
④ ㄱ, ㄴ, ㄷ, ㄹ, ㅁ

13 중세 후반기 시민교육에 대한 설명으로 옳은 것은?

① 사회계층에 따라 다른 학교를 다녔다.
② 시민교육은 평민중심으로 보편화되었다.
③ 근대시민교육으로 이행하는 기반이 되었다.
④ 교육의 내용은 실제생활과는 거리가 멀었다.

14 서양의 중세 도제교육에 대한 설명으로 옳은 것은?

① 국가적인 차원에서 이루어진 체계적인 기술교육이다.
② 시민계급 자제들이 입문하였던 직업교육의 형태이다.
③ 시민적 교육이지만 입학 자격은 국가에서 부여하였다.
④ 학년제를 기초로 하는 형식적인 교육기관에 해당한다.

15 서구 유럽의 중세시대 교육에 대한 설명으로 가장 적절하지 않은 것은?

① 기사를 양성하는 기사도 교육이 체계화 되었다.
② 초기의 대학은 조합(길드)의 형태로 발전하였다.
③ 문답학교는 수도사를 양성하는 교육기관이었다.
④ 도제제도는 수공업 기술자를 양성하기 위한 제도였다.

16 다음 중에서 문예부흥의 형성 배경으로만 짝지어진 것은?

ㄱ. 봉건제도의 몰락과 인간적인 자각
ㄴ. 스콜라 철학을 통한 지성의 발달
ㄷ. 합리적이고 이성적 능력의 중요성 강조
ㄹ. 시민권확립과 교육의 기회균등 사상 확대

① ㄱ, ㄴ, ㄷ ② ㄱ, ㄴ
③ ㄱ, ㄴ, ㄷ, ㄹ ④ ㄱ, ㄷ

17 다음 중에서 개인적인 인문주의 특징을 바르게 제시한 것은?

① 서민들이 중심이 되어 나타난 인간자각 운동이다.
② 교육내용에서 감정의 주관적인 세계를 중요시하였다.
③ 교육방법으로 여전히 구두토론 방법이 중요시되었다.
④ 교육목적은 보편적이면서 절대적인 사상을 중요시하였다.

18 다음의 내용을 특징으로 하는 인문주의 유형은?

○ 교육목적으로 종교적 경건, 도덕적 의무를 강조
○ 교육내용으로 성서문학과 고전문학을 융합 함
○ 교육방법으로 학습자의 흥미와 필요, 능력을 중시함
○ 학년별 학급편성의 효시가 됨

① 언어적 인문주의 ② 개인적 인문주의
③ 사회적 인문주의 ④ 신인문주의

19 다음과 같은 교육적 특징을 포괄하고 있는 인문주의 교육사상은?

교육목적	훌륭한 문체와 정확한 표현형식을 발육시킴
교육내용	키케로의 작품
교육방법	훈련, 기억, 반복, 모방 등 경화과정, 우아하고 유창한 라틴어 문장의 교수에 집중

① 언어적 인문주의 ② 개인적 인문주의
③ 사회적 인문주의 ④ 신인문주의

20 다음의 내용과 같은 교육사상을 강조한 학자는?

- 경건한 마음과 선량한 행위양식에 익숙하게 한다.
- 빈부와 남녀차별 없는 교육의 기회균등을 주장하였다.
- 태아교육과 조기교육의 교육적 가치와 가정교육을 강조하였다.
- 유희와 경기 및 체조의 교육적 가치의 중요성 강조하였다.

① 에라스무스(Erasmus) ② 비베스(Vives)
③ 아그리코라(Agricola) ④ 빗토리노(Vittorino)

제3회 서양교육사 진도별 모의고사

1 다음 중에서 루터(Luther)의 종교개혁이 교육에 미친 영향을 바르게 제시한 것은?

① 중등교육의 발전을 억제하고 초등의무교육의 발전에 주력하게 하였다.
② 실용적 교육을 억제하고 종교적 교육을 강화하는 계기를 마련하였다.
③ 귀족교육의 발전은 억제하고 보통교육을 진흥하는 계기를 마련하였다.
④ 초등교육의 국가 책임론을 강조하여 근대 공교육운동의 계기를 마련하였다.

2 다음 중에서 서양의 종교개혁이 교육에 미친 영향을 모두 고르면?

> ㄱ. 모국어 교육의 확산에 영향을 주었다.
> ㄴ. 교육의 민주화와 직업교육발전의 계기가 되었다.
> ㄷ. 종교적인 교육보다 세속적인 교육이 확대되었다.
> ㄹ. 교육의 운영권을 교회에서 국가로 이관시키는 계기가 되었다.

① ㄱ, ㄴ, ㄷ   ② ㄱ, ㄴ, ㄹ
③ ㄱ, ㄷ, ㄹ   ④ ㄴ, ㄷ, ㄹ

3 서양의 종교개혁시기의 교육과 가장 관계가 깊은 것은?

① 교육의 과학화 운동이 본격화 되었다.
② 칼뱅은 고타교육령에 영향을 주었다.
③ 전인교육이 교육이념으로 발달하였다.
④ 공교육제도발달에 영향을 주었다.

4 다음 중에서 실학주의 교육사상의 태동배경을 가장 바르게 설명한 것은?

① 지리상의 발견과 인쇄술의 발달을 그 배경으로 하고 있다.
② 종교개혁 사상의 형식주의에 강한 반발로 태동하게 되었다.
③ 경험론의 대두와 귀납법과 같은 정신과학의 발달이 그 배경이 된다.
④ 근대 산업사회의 발달에 필요한 과학기술의 필요성에 의해 발달하였다.

5. 다음 중에서 서양의 실학주의 교육사상의 특징으로 옳은 것을 골라 바르게 묶은 것은?

> ㄱ. 외교에 필요한 언어습득, 역사, 정치, 법률, 자연과학 연구를 권장하였다.
> ㄴ. 광범위한 교과과정을 요구하며, 모국어가 중요한 위치를 차지하였다.
> ㄷ. 교육방법으로 관찰에 의한 감각훈련, 귀납적 방법이 주장되었다.
> ㄹ. 체계적인 학교교육 보다 가정교육의 중요성을 강조하였다.

① ㄱ, ㄴ, ㄷ
② ㄱ, ㄴ, ㄹ
③ ㄱ, ㄷ, ㄹ
④ ㄴ, ㄷ, ㄹ

6. 다음 중에서 인문적 실학사상의 교육에 대한 설명으로 옳은 것은?

① 그리스·로마 고전을 중요한 교육내용으로 삼는다.
② 실생활에 참여를 통해 상류사회 신사육성을 강조한다.
③ 고전의 가치를 비판하고 실제적인 시민생활을 강조한다.
④ 모국어 교육을 라틴어 교육에 비해 더 중요시하였다.

7. 다음과 같은 특징을 지니고 있는 교육사상은?

> ○ 학자나 전문가가 아닌 풍부한 교양을 지닌 신사양성을 강조하였다.
> ○ 교육내용으로 고전어, 라틴어, 현대어, 역사, 철학, 여행, 사회적 접촉, 체육 등을 강조하였다.
> ○ 서적중심교육을 반대하여 활동중심교육을 주장하였다.
> ○ 학교교육 보다 가정교사에 의한 교육을 강조하였다.
> ○ 상류계급의 교육이라는 한계점을 지니고 있다.

① 자연주의 교육
② 언어적 인문주의
③ 사회적 실학주의
④ 감각적 실학주의

8 다음 중에서 서양의 감각적 실학주의 교육사상의 특징을 모두 고르면?

ㄱ. 실물과 회화(繪畫)와 표본을 통한 지식습득을 강조하였다.
ㄴ. 고전을 실제 생활을 준비하는 도구로서 활용하였다.
ㄷ. 공적 생활에 실제적으로 참가시키는 교육을 강조하였다.
ㄹ. 교육방법에 있어서 과학적 심리적 방법 주장하였다.

① ㄱ, ㄴ　　② ㄱ, ㄷ
③ ㄱ, ㄹ　　④ ㄴ, ㄹ

9 다음 중에서 감각적 실학주의의 교육방법을 모두 고르면?

ㄱ. 개별교육과 암기학습 및 토의와 독서
ㄴ. 단계별 학습과 학년별 학습
ㄷ. 관찰과 감각훈련 및 귀납법
ㄹ. 실천에 의한 학습

① ㄱ, ㄴ　　② ㄴ, ㄷ, ㄹ
③ ㄷ, ㄹ　　④ ㄱ, ㄷ, ㄹ

10 다음 중에서 서양의 실학주의가 교육에 미친 영향으로만 짝지어진 것은?

ㄱ. 인식의 기초로 직관의 중요성을 강조하는 계기가 되었다.
ㄴ. 근대국민교육제도와 통일학교사상에 영향을 주었다.
ㄷ. 근대 교육의 기조인 아동존중 교육에 영향을 주었다.
ㄹ. 종교적 신앙을 배제한 실과학교가 탄생하게 되었다.

① ㄱ, ㄴ, ㄷ　　② ㄱ, ㄴ, ㄹ
③ ㄱ, ㄷ, ㄹ　　④ ㄴ, ㄷ, ㄹ

11 다음에서 설명하고 있는 교육사조로 가장 적절한 것은?

- 교육내용으로 과학과 모국어를 중시했다.
- 시청각 중심의 교육방법을 채택하여 합리적이고 과학적인 교육을 하였다.
- 이 사조를 대표하는 사람인 코메니우스는 감각에 의존하는 실물학습을 강조하였다.

① 실학주의　　　　　　　　② 인문주의
③ 실존주의　　　　　　　　④ 본질주의

12 다음과 같은 교육을 주장한 실학주의 사상가는?

- 조기교육주장
- 자연과학적인 실용적 교육존중
- 아동의 존중과 개성교육
- 체벌교육의 배격
- 대자연과 접하는 여행을 강조

① 베이컨(Bacan)　　　　　② 몽테뉴(Montaigne)
③ 라트케(Ratke)　　　　　④ 코메니우스(Comenius)

13 다음과 같은 교육론을 주창한 실학주의 교육사상가는?

- "인간의 지식과 인간의 힘은 귀일한다"고 역설하였다.
- 지식중심 교육을 지양하고 체험을 통한 올바른 인식론을 강조하였다.
- 교육내용으로 자연에 관한 지식이 참되고 성과 있는 지식이라고 주장하였다.
- 학문적 방법으로 귀납적 방법을 제창하였다.

① 베이컨(Bacan)　　　　　② 몽테뉴(Montaigne)
③ 라트케(Ratke)　　　　　④ 코메니우스(Comenius)

14 다음과 같은 교수법을 주장한 실학주의 사상가는?

- 교육은 자연의 진보에 따라 해야 한다.
- 암기를 시켜서는 안 되고 강제적인 교수는 피한다.
- 교수에는 일정의 형식을 취하는 것이 좋다.
- 관찰과 귀납에 의한 방법으로 지식을 가르친다.
- 언어학습은 모국어로부터 시작하여야 한다.

① 로크(Locke) ② 베이컨(Bacon)
③ 라트케(Ratke) ④ 밀턴(Milton)

15 다음 중에서 코메니우스(Comenus)의 교육론으로 옳지 않은 것은?

① 인간교육의 단계로 4단계 단선학제를 제시하였다.
② 교육목표로 바른지식, 도덕, 경건한 신앙을 제시하였다.
③ 교수법의 관점으로 객관적 자연주의를 채택하였다.
④ 학생에 대한 사랑과 온정보다 책망과 충고를 강조하였다.

16 다음의 교육론을 주장한 교육사상가는?

- 학교교육보다 가정교육을 중요시하였다.
- 학습과정은 감각, 기억, 추리의 세 단계로 구분하였다.
- 이성의 훈련은 교육의 과정에서 가장 중요하다고 주장하였다.
- 학습은 즐거워야하며 엄격한 훈련은 반대하였다.

① 로크(Locke) ② 코메니우스(Comenius)
③ 베이컨(Bacon) ④ 밀턴(Milton)

17 다음의 내용과 관련이 있는 교육사상가는 누구인가?

> ○ 체·덕·지가 조화를 이룬 교양 있는 신사(紳士)양성
> ○ "건강한 신체에 건강한 정신이 깃든다."는 신체적 단련주의
> ○ 체육교육에 영향

① 루소 ② 페스탈로치
③ 코메니우스 ④ 로크

18 다음의 내용과 관련된 의무 교육령은?

> ○ 모든 지역 남녀 아동은 1년간의 취학의무가 있다.
> ○ 5세에 달하면 취학해야한다.
> ○ 아동의 취학은 매년 정기적으로 해야 한다.
> ○ 아동의 취학에 따른 부모의 책무로서 12세 이하 문자미해독자의 취학을 불이행할 경우 처벌한다.

① 고타교육령 ② 꽁도르세안
③ 메사츄세츠교육령 ④ 루터 교육안

19 서양의 계몽사조의 관점에서 교육을 설명한 것은?

① 인간의 감정과 정서를 도야하는데 교육의 목적을 두었다.
② 종교와 이성적 판단에 유리한 과목이 주된 교육내용이었다.
③ 비판적·분석적 능력을 기르는 것에 교육방법의 중점을 두었다.
④ 자유주의적 사상에 근거하여 교육의 대중화에 크게 기여하였다.

20 다음 중에서 서양의 계몽주의 교육사상을 설명한 것으로 옳은 것은?

① 사회계몽을 통해 교육을 대중화 시켰다.
② 모국어보다는 라틴어 교육을 중요시했다.
③ 계몽주의는 초자연적인 교육을 추구하였다.
④ 이성적 능력을 중시하여 철학과 과학을 강조하였다.

제4회 서양교육사 진도별 모의고사

1 서양의 자연주의 교육의 일반적인 특징을 설명한 것으로 옳지 않은 것은?

① 교육의 목적과 내용에 있어서 학습자의 특징을 고려한다.
② 교육과정에 자연의 법칙을 발견·형성·응용하는 것을 말한다.
③ 인간의 본성을 지성으로 보고 지성적 능력 함양에 역점을 둔다.
④ 아동의 자발성을 억압하고 과보호적인 양육태도를 비판하였다.

2 다음 중에서 루소(J. J Rousseau) 교육사상의 특징이 바르게 짝지어진 것은?

> ㄱ. 학습의 가치보다는 성격의 요소를 중요시하였다.
> ㄴ. 비사회적이고 고립적인 인간의 양성을 목적으로 하였다.
> ㄷ. 사회적 요소를 완전히 무시하고 아동만을 강조하였다.
> ㄹ. 기르고자 하는 인간상으로 도덕적 자유인을 제시하였다.

① ㄱ, ㄴ ② ㄱ, ㄹ
③ ㄴ, ㄷ ④ ㄷ, ㄹ

3 루소(J. J Rousseau)의 자연주의적 교육관을 설명한 것으로 옳은 것은?

① 정신의 완성을 신체의 완성보다 중요시하였다.
② 자유주의적 관점에서 여성해방운동을 전개하였다.
③ 감각훈련을 위한 실제의 경험과 활동을 중요시하였다.
④ 아동에 대한 지도와 보호를 철저히 할 것을 강조하였다.

4 루소(J. J Rousseau)의 발달단계에 따른 교육을 제시한 것으로 옳은 것은?

① 유아의 양육은 유모를 통해서 길러야 할 것을 강조하였다.
② 아동기 교육은 실물과 언어의 조화로운 교육을 강조하였다.
③ 청년전기는 과학과목을 교사로부터 배우도록 하였다.
④ 청년후기는 사회학·심리학·윤리학·정치학 등을 배우도록 하였다.

5 루소(J. J Rousseau)의 교육사상에 대해 바르게 설명하고 있는 것을 모두 고르면?

> ㄱ. 남녀평등교육을 주장하였다.
> ㄴ. 어렸을 때는 신체단련에 치중하고 나중에 사회적 규범을 학습하게 하였다.
> ㄷ. 발달 단계에 따른 교육을 실시할 것을 주장하였다.
> ㄹ. 자연의 법칙에 따라 아동교육을 5단계로 실시할 것을 주장하였다.
> ㅁ. 교육이란 아동의 생득적 특징과 능력이 최대한 발휘될 수 있도록 돕는 과정으로 보았다.

① ㄱ, ㄴ, ㄷ　　　　　　　　② ㄴ, ㄹ, ㅁ
③ ㄴ, ㄷ, ㅁ　　　　　　　　④ ㄱ, ㄴ, ㄹ

6 코메니우스(J. A. Comenius)와 루소(J. J. Rousseau)의 공통점에 해당하는 것은?

① 자연의 법칙에 따른 아동교육을 강조하였다.
② 교육에서 도덕성 함양을 주목적으로 하였다.
③ 신(神)과 인간의 조화를 추구한 교육을 강조하였다.
④ 교육의 국가 관리를 중시하여 공교육의 의무화를 주장하였다.

7 다음 중에서 바제도우(J. B. Basedow)의 범애학교(Philanthropinum)가 18세기 초등학교 교육에 가져온 변화로 적절한 것을 고르면?

> ㄱ. 실물에 관한 지식이 강조되었다.
> ㄴ. 게임이 학교의 교과로 도입되었다.
> ㄷ. 교과의 선정에 있어서 유용성이 강조되었다.
> ㄹ. 학생의 학년별 조직이 시작되었다.

① ㄱ, ㄷ, ㄹ　　　　　　　　② ㄴ, ㄷ, ㄹ
③ ㄱ, ㄴ, ㄷ　　　　　　　　④ ㄱ, ㄴ, ㄹ

8 다음 중 19세기 신인문주의 교육사상의 배경과 관련된 것으로만 짝지어진 것은?

| ㄱ. 국가주의 사상 | ㄴ. 낭만주의 사상 |
| ㄷ. 사회본위 사상 | ㄹ. 합리주의 사상 |

① ㄱ, ㄴ, ㄷ
② ㄱ, ㄷ, ㄹ
③ ㄱ, ㄴ, ㄹ
④ ㄴ, ㄷ, ㄹ

9 다음과 같은 내용의 교육사상을 주장한 교육사상가는?

○ 학습의 완성보다 생활에 대한 준비를 강조
○ 수, 형, 어를 초등교육의 기본내용으로 제시
○ 방법의 원리로 직관과 합자연의 원리를 강조
○ 심리학적 방법에 의한 교육을 강조

① 페스탈로찌(J. H. Pestalozzi)
② 루소(J. J. Rousseau)
③ 헤르바르트(J. F. Herbart)
④ 프뢰벨(F. Frobel)

10 헤르바르트(J. F. Herbart)의 교육사상의 특징을 바르게 기술한 것은?

① 인도주의적 교육사상을 설파하였다.
② 최고의 인간성으로 이성을 강조하였다.
③ 경험에 의한 직관교육을 강조하였다.
④ 신체적인 양호와 실용적 지식을 강조하였다.

11 다음의 내용의 교육관을 추구한 교육사상가는?

○ 실천철학과 표상심리학을 토대로 과학적 교육학의 학문적 체계를 최초로 수립하였다.
○ 교수 4단계설을 주장하였다.
○ 교육의 목적을 도덕품성의 도야에 두고, 다면적 흥미의 조화로운 계발을 중시하였다.

① 루소(J. J. Rousseau)
② 헤르바르트(J. F. Herbart)
③ 칸트(I. Kant)
④ 코메니우스(J. A. Comenius)

12 다음과 같은 교육이론은 전개한 교육사상가는?

> ○ 관념론과 범신론에 입각한 교육사상을 전개
> ○ 교육의 목적으로 인간의 자연성을 계발을 강조
> ○ 인간의 성장에 진화론적 원리를 적용
> ○ 진리를 의미하는 학습도구를 활용한 교육을 강조

① 루소(J. Rousseau) ② 프뢰벨(F. Frobel)
③ 피이테(J. Fichte) ④ 듀이(J. Dewey)

13 다음 중에서 꽁도르세(M. Condorcet)가 주장한 교육안을 바르게 제시한 것은?

① 교육에 대한 정치적 개입을 허용하고 있다.
② 국가에 의한 강제 취학의 의무를 강조하고 있다.
③ 국민교육은 국가의 당연한 책무라고 주장하고 있다.
④ 복선형 교육제도와 남녀 평등 교육을 강조하고 있다..

14 산업혁명 시기 영국의 조교학교(Monitorial School)의 성격을 설명한 것으로 옳은 것은?

① 영국정부에서 운영한 공립초등학교이다.
② 소년 노동자들의 불량화를 막기 위한 학교이다.
③ 빈민아동을 위한 교육으로 무종파주의 학교이다.
④ 부녀자 공장취업을 위해 유아를 대신 교육하는 학교이다.

15 다음과 같은 내용의 국민교육제도론을 주장한 사상가는?

> ○ 남녀차별 없는 평등교육을 강조
> ○ 생활과 직결되는 국민교육제도 강조
> ○ 전 인격적인 성격형성을 강조
> ○ 빈곤계급의 자녀에 대한 무상교육

① 오웬(R. Owen) ② 만(Horace Mann)
③ 버나드(H. Bernard) ④ 꽁도르세(M. Condorcet)

16 다음 중 각국의 국민교육제도의 성립에 대한 설명으로 옳은 것은?

① 독일은 고전교육 위주의 초등학교 교육이 발달하였다.
② 프랑스는 시민혁명 직후 초등의 의무·무상교육이 실시되었다.
③ 영국은 유럽 내에서 가장 먼저 공교육제도를 확립하였다.
④ 미국의 최초의 의무교육은 매사추세츠주에서 입법화되었다.

17 프랑스 대혁명이 근대 교육에 미친 영향이라고 볼 수 없는 것은?

① 공교육 이념의 제도화
② 교육에 대한 국가의 통제권 강화
③ 교육 내용과 방법의 스콜라주의적 재편
④ 교육은 인간의 기본적 권리라는 관념의 확산

18 서양의 근대교육에 관한 진술로 옳은 것은?

① 프랑스에서는 대혁명(1789) 이전에 의무·무상·세속의 근대 공교육 이념이 제도화되었다.
② 프로이센에서는 19세기 초에 '교육은 국가의 일'이라는 원칙 아래 국가교육의 체제가 갖추어졌다.
③ 미국에서는 남북전쟁(1861~1865) 이후에 동부지역 중심으로 근대 공교육 제도가 최초로 도입되었다.
④ 영국에서는 산업혁명으로 축적된 국부와 노동운동 활성화에 힘입어 일찍이 단선형 통일학제가 정비되었다.

19 서양 근대 학교제도의 등장 배경에 대한 설명으로 적절하지 않은 것은?

① 시민계층의 권리 의식이 고조됨에 따라 교육에 대한 보다 많은 욕구가 표출되었다.
② 민족국가가 출현함에 따라 모든 국민을 대상으로 하는 공민교육의 필요성이 대두되었다.
③ 사회가 급속히 산업화됨에 따라 노동 생산성의 증진을 위한 대규모 교육이 필요하게 되었다.
④ 교회와 국가가 분리되는 과정에서 구교도 신앙의 이완 현상을 방지하기 위해 체계적인 종교교육의 필요성이 대두되었다.

20 다음 중에서 교육자 호레이스 만(Horace Mann)과 관련 있는 사항만을 묶은 것은?

ㄱ. 교육은 국민의 기본적 권리에 속한다고 강조함
ㄴ. 전통적인 고전중심의 일반교육을 강조 함
ㄷ. 미국의 공립학교(Common School)운동을 주도함
ㄹ. 미국 최초의 근대적 의무교육제도 성립에 공헌함
ㅁ. 아동노동의 해악을 시정하기 위한 공장법 제정에 앞장섬

① ㄱ, ㄴ, ㄹ
② ㄱ, ㄷ, ㄹ
③ ㄴ, ㄷ, ㅁ
④ ㄴ, ㄹ, ㅁ

한국교육사
진도별 모의고사

유길준 공무원 교육학
진도별 모의고사

제1회 한국교육사 진도별 모의고사

1 삼국시대 교육의 특징을 설명한 것으로 가장 옳은 것은?

① 지배질서와 교육은 불교의 사상체계에 근간을 두었다.
② 불교는 민간교육사상의 형태로 지배계급과 무관하였다.
③ 삼국의 교육은 정복적·군사적 성격을 띤 교육을 하였다.
④ 불교와 유교는 형식적인 학교교육의 발달에 크게 공헌하였다.

2 다음의 특징을 포괄하고 있는 전통사회의 교육기관은?

> ○ 교육의 목적은 관리 양성을 목적으로 하였다.
> ○ 교육대상은 귀족자제들을 교육했을 것이라 추측된다.
> ○ 교육내용은 유교 경서(經書)와 사서(史書), 문학, 무예도 학과용을 교육하였을 것으로 추측된다.

① 성균관   ② 국자감
③ 태학   ④ 국학

3 다음의 내용은 우리나라 전통사회 학교에 대한 사료(史料)이다. 이 학교의 특징을 〈보기〉에서 모두 고르면?

> 풍속에 서적을 사랑하여 고기를 파는 백정이나 마구간에서 말먹이는 등의 천한 일을 하는 집에 이르기까지 각 지방에 대옥을 짓고·····················(중략)
> 자제들은 미혼 전에 주야로 이곳에서 독서하고 활쏘기를 익혔다. 그 읽는 책에 오경(五經)·삼사(三史)·한서(漢書), 범엽(范曄)의 후한서(後漢書)·삼국지(三國志), 손성(孫盛)의 진춘추(晋春秋)·옥편(玉篇)·자림(字林)이 있으며 또한 문선(文選)이 있었는데 이를 더욱 애지중지 하였다.

┌─────────────── 보기 ───────────────┐
ㄱ. 일반 대중에게도 교육이 사학의 형태로 널리 발전하였다.
ㄴ. 입학자격은 서민 자제와 지방 호족의 미혼 자제들 있었다.
ㄷ. 교육의 내용은 통경습사(通經習射)하는 문무 일치 교육이었다.
ㄹ. 교육의 형식은 비형식적 교육의 형태로 초등에서 대학에 이르는 수준이었다.
└────────────────────────────────┘

① ㄱ
② ㄱ, ㄴ
③ ㄱ, ㄴ, ㄷ
④ ㄱ, ㄴ, ㄷ, ㄹ

4 다음 중에서 고구려의 경당 교육이 신라의 화랑도 교육과 다른 점을 골라 바르게 묶은 것은?

┌────────────────────────────────┐
ㄱ. 교육기관으로서의 역할   ㄴ. 평민층 자제를 위한 교육기관
ㄷ. 군사적인 훈련으로 활쏘기를 함   ㄹ. 형식적 교육기관의 형태
└────────────────────────────────┘

① ㄱ, ㄴ
② ㄱ, ㄷ
③ ㄴ, ㄹ
④ ㄷ, ㄹ

5 다음의 내용은 백제와 관련된 자료이다. 이를 토대로 짐작할 수 있는 백제의 교육은?

┌────────────────────────────────┐
○ 박사 왕인(王仁)이 일본에 논어(論語)와 천자문(千字文)을 전했다.
○ 박사 고흥(高興)으로 하여금 서기(書記)를 쓰게 했다.
└────────────────────────────────┘

① 박사는 불교의 학문에 능통한 사람이었을 것이다.
② 백제는 고유의 교육제도를 지니고 있었을 것이다.
③ 고구려와 마찬가지고 고등교육기관이 있었을 것이다.
④ 백제의 박사제도는 고구려로부터 도입되었을 것이다.

6 다음 중에서 신라의 화랑도 교육에 대한 설명으로 가장 옳은 것은?

① 군사적인 지도자를 양성하는 제도이다.
② 교육은 집단적이며 활동적인 면을 강조한다.
③ 신라 정부가 직접 운영하는 국립대학 형태였다.
④ 유교, 불교, 도교 등 외래사상이 주된 이념이다.

7 다음 중에서 신라의 화랑도 교육에 대한 설명으로 적절한 것을 골라 바르게 묶은 것은?

> ㄱ. 화랑도 교육의 내용은 문무일치 교육이었다.
> ㄴ. 화랑도는 전인교육의 사상을 내포하고 있다.
> ㄷ. 교육의 방법은 개별적인 수양에 초점을 두었다.
> ㄹ. 화랑도 조직은 귀족과 평민계급을 서로 연결하는 역할을 하였다.

① ㄱ, ㄴ, ㄷ
② ㄱ, ㄴ, ㄹ
③ ㄱ, ㄷ, ㄹ
④ ㄴ, ㄷ, ㄹ

8 다음과 같은 특징을 지닌 우리나라 전통사회 교육기관은?

> ○ 논어(論語)와 효경(孝經)을 필수로 하였다.
> ○ 문묘(文廟)를 설치하여 석전의 예를 행하였다.
> ○ 교육과정에 유학과와 기술과가 있었다.
> ○ 장학을 위해 녹읍(祿邑)을 두어 물질적 원조를 하였다.

① 고구려의 태학
② 통일신라의 국학
③ 고려의 국자감
④ 조선의 성균관

9 통일 신라의 국학에 대한 설명으로 옳은 것은?

① 국학은 과거시험을 준비하는 교육기관이었다.
② 기술교육을 천시하여 기술교육은 하지 않았다.
③ 국학은 순수한 유교학문을 연구하는 기관이었다.
④ 국학의 졸업시험으로 독서삼품과라는 제도가 있었다.

10 신라 원효(元曉)의 교육사상 중 "자학자습(自學自習)에 의한 내적자각의 교육이론에 연결되는 것은?

① 불교교리 강화의 사상
② 유심연기의 사상
③ 실천궁행의 사상
④ 평화애호의 사상

11 다음 중에서 고려시대 교육의 특징을 설명한 것으로 옳은 것은?

① 치국(治國)과 수신(修身)의 도로서 유교를 숭상하였다.
② 고려의 정신적 교육적 기반은 유교사상을 토대로 하였다.
③ 형식적인 유학적 교육체제를 형성한 시대라고 할 수 있다.
④ 개국 초 서당과 향교가 설립되어 학교발전에 큰 역할을 하였다.

12 다음 중에서 고려시대의 학교 교육에 대한 설명으로 옳은 것은?

① 고려의 교육제도에는 중등교육기관이 존재하지 않았다.
② 고려의 학교교육은 과거제도와 체계적으로 연계되어 있다.
③ 국가가 감독하는 체계적이고 조직적인 사립학교가 있었다.
④ 유교교육은 지배계급에만 허용되고 일반서민에게는 금지 되었다.

13 다음 중 고려의 개국 초 교육진흥정책에 대한 설명으로 적절한 것은?

① 광종은 지배계급만의 관리선발제도인 과거제도를 도입하였다.
② 성종은 지방의 호족들이 독자적으로 교육을 운영할 수 있도록 하였다.
③ 성종은 전국적인 규모의 지방교육을 담당할 권학관 제도를 마련하였다.
④ 고려는 국초에 수도인 개경에 학교를 세우고 서민의 자제를 교육하였다.

14 다음과 같은 특징을 포괄하고 있는 전통사회 교육기관은?

- 일종의 종합대학의 성격으로 단과대학 6과가 결합되었다.
- 엄격한 신분적 차등에 따라 입학을 허가하였다.
- 양현고(養賢庫)를 두어 교육재정을 확보하였다.
- 교육기능과 문묘기능을 겸하였다.

① 고구려의 태학
② 신라의 국학
③ 고려의 국자감
④ 조선의 성균관

15 다음 중에서 고려시대 국자감의 특징을 설명한 것으로 옳은 것을 골라 바르게 묶은 것은?

> ㄱ. 과거시험을 통해 국자감의 입학 자격을 부여 하였다.
> ㄴ. 문답형태의 계발식 교육방법을 주로 사용하였다.
> ㄷ. 문과 이과 공통으로 논어, 효경을 필수과목으로 부과하였다.
> ㄹ. 예종 때 무학재 설치를 하여 무관을 양성한 기록이 있다.

① ㄱ, ㄴ, ㄷ
② ㄱ, ㄷ, ㄹ
③ ㄱ, ㄴ, ㄹ
④ ㄴ, ㄷ, ㄹ

16 고려시대 국자감에 대한 설명으로 옳지 않은 것은?

① 국자감은 유학부와 기술부의 이원체제로 운영되었다.
② 국자감의 유학부에서는 논어와 주역을 필수교과로 하였다.
③ 예종 때에 국자감에 설치한 7재는 무학도 포함되어 있었다.
④ 국자감은 향사의 기능을 가진 문묘와 강학의 기능을 가진 학당이 별도로 있었다.

17 고려의 학당(學堂)에 대한 교육적 특성을 바르게 기술한 것은?

① 향교와 대등한 위치에 있었고 교육내용도 비슷한 수준이었다.
② 중앙과 지방에 유학을 장려하기 위한 중등수준의 교육기관이다.
③ 국자감과 마찬가지로 문묘와 교육기능을 담당하는 교육기관이다.
④ 국가가 관여하지 않았으며 각 고을에 사립학교 형태로 설립되었다.

18 고려시대의 지방교육에 관해 바르게 기술한 것은?

① 고려의 향교는 중앙집권적인 교육체제를 시도한 정책이다.
② 고려 초기 지방에 교육수준은 비교적 보잘것없는 상태였다.
③ 향교는 미풍양속의 교정을 주목적으로 설립된 지방 학교이다.
④ 태조원년 권학관(勸學官) 제도를 두고 지방유학을 장려하였다.

19 다음 중에서 고려시대 향교의 특징을 골라 바르게 묶은 것은?

ㄱ. 교육목적은 지방유학전파와 지방민 교화였다.
ㄴ. 문묘 없이 교육의 기능만을 지니고 있었다.
ㄷ. 우수한자는 국자감에서 공부할 수 있도록 하였다.
ㄹ. 지방호족들이 중심이 되어 운영되는 교육기관이다.

① ㄱ, ㄷ ② ㄱ, ㄴ
③ ㄱ, ㄹ ④ ㄷ, ㄹ

20 고려시대 교육기관 중 다음과 같은 교육적 특징을 지니고 있는 것은?

○ 지방에 세워진 중등관학이다.
○ 문묘기능이 왕성하였고 학업기능도 담당하였다.
○ 조선시대에도 유교교육의 선봉에 섰다.

① 서당(書堂) ② 학당(學堂)
③ 향교(鄕校) ④ 12공도

제2회 한국교육사 진도별 모의고사

1. 다음과 같은 특징을 지니고 있는 전통사회의 교육기관은?

   - 교육의 목적은 주로 과거준비였다.
   - 신급제자 교관등용제도가 있었다.
   - 각촉부시(刻燭賦詩)라는 교육방법을 사용하였다.

   ① 국자감 ② 향교
   ③ 12도   ④ 학당

2. 고려시대 국가가 설립한 교육기관이 아닌 것은?

   ① 국자감(國子監)   ② 12도(十二徒)
   ③ 향교(鄕校)   ④ 학당(學堂)

3. 다음의 사료(史料)는 고려시대 학교에 관한 기록이다. 이것은 어떤 학교에 대한 기록인가?

   "마을의 거리에는 경관과 서사(書社)들이 두 세 개 서로 마주보고 있으며, 민간의 미혼 자제가 무리를 이루어 선생에게 경서를 배우며, 좀 더 성장하면 유(類)대로 벗을 택하여 사관(寺觀)으로 가서 강습하고 아래로 졸오동치(卒伍童穉)도 역시 향선생에게 배운다."

   － 고려도경 중에서 －

   ① 향교   ② 서당
   ③ 12도   ④ 학당

4 다음 중에서 고려시대 과거제도의 특징으로 옳은 것을 모두 고른 것은?

> ㄱ. 응시자격에 있어서 일부 계층 외에는 누구나 응시할 수 있었다.
> ㄴ. 과거초기부터 학교교육과 유기적 연관을 맺었다.
> ㄷ. 학교교육내용은 과거시험내용과 크게 관련이 없었다.
> ㄹ. 상고주의(尙古主義)와 사대주의(事大主義) 사상을 낳게 했다.

① ㄱ, ㄴ, ㄹ
② ㄱ, ㄹ
③ ㄴ, ㄹ
④ ㄴ, ㄷ, ㄹ

5 다음 중에서 고려시대의 과거제도에 관련된 설명으로 적절한 것을 모두 고르면?

> ㄱ. 과거제도는 학교교육과 무관하게 운영되었다.
> ㄴ. 문예와 경학 가운데 문예를 중요시하였다.
> ㄷ. 과거중시의 풍조는 사립학교발전에 크게 영향을 주었다.
> ㄹ. 무인을 천시하여 무과를 두지 않았다.

① ㄱ, ㄴ, ㄷ
② ㄱ, ㄴ, ㄹ
③ ㄴ, ㄷ, ㄹ
④ ㄱ, ㄷ, ㄹ

6 다음의 교육론을 주장한 우리나라 전통사회 교육사상가는?

> ○ 인의(仁義)와 인륜 도덕을 갖춘 선비를 양성을 강조하였다.
> ○ 경업(敬業), 성명(誠明), 대중(大中), 대화(大和), 진덕(進德), 빙문(聘問)의 학문 방법을 주창하였다.

① 최치원
② 최충
③ 지눌
④ 이색

7 다음과 같은 교육사상을 주장한 우리나라 전통사회 교육사상가는?

- 충(忠), 효(孝), 예(禮), 신(信), 경(敬), 성(誠)의 6가지 수양 강목을 강조하였다.
- 엄격한 친애를 강조하여 인격적 감화를 통한 학생지도를 실시하였다.
- 양현활동으로 섬학전을 마련하여 인재양성의 사용할 수 있도록 하였다.

① 안향 ② 최충
③ 이색 ④ 정몽주

8 고려시대 교육사상가 가운데 안향이 관학(官學)을 부흥하기 위해 설치한 제도는?

① 서적포 ② 섬학전
③ 수서원 ④ 양현고

9 고려시대 사상가 이색(李穡)이 추구한 교육이념으로 옳지 않은 것은?

① 불심유성동일관(佛心儒性同一觀)에 입각한 심신성명(心身性命)의 구명을 강조하였다.
② 주자학의 철학을 기초로 치지궁행(致知躬行)과 충군신의인(忠君信義人)을 주창하였다.
③ 과거제도에 무과를 둘 것을 강조하여 문무겸비인(文武兼備人)을 교육적 인간상으로 제안하였다.
④ 마음이란 선한 말과 선한 행동을 보고 생기는 것이며, 이러한 마음을 유지하기 위해 노력하는 것이 경(敬)과 의(義)이다.

10 다음의 내용과 관계가 깊은 고려의 사상가는?

- 교육이념을 불심유성동일관(佛心儒性同一觀)에 입각한 심신성명(心身性命)의 구명(究明)에 두었다.
- 강의, 토론, 판별, 절충, 합치 과정 등의 5단계로 교육방법을 제시하여 내용 이해와 개성 존중을 중시하였다.
- 과거제에 무과를 둘 것을 강조하여 문무겸비인(文武兼備人)을 교육적 인간상으로 제시하였다.

① 최충 ② 안향
③ 이색 ④ 정몽주

11 다음 중에서 고려시대 사상가 지눌(知訥)의 교육사상을 골라 바르게 묶은 것은?

> ㄱ. 치지궁행(致知躬行)과 충군신의인(忠君信義人) 강조하였다.
> ㄴ. 문무를 겸비한 인간육성을 강조하고 5단계 교수법을 주창하였다.
> ㄷ. 선정(禪定)과 지혜(知慧)를 함께 추구하는 교육을 강조하였다.
> ㄹ. 먼저 깨닫고 그런 연후에 닦는 선오후수(先悟後修)를 강조하였다.

① ㄱ, ㄴ
② ㄴ, ㄷ
③ ㄷ, ㄹ
④ ㄱ, ㄹ

12 다음 중에서 조선시대 교육의 사회문화적 배경을 기술한 것으로 옳은 것은?

① 학문적으로 성리학이 크게 융성하여 조선사회의 교육과 통치의 근본이념이 되었다.
② 조선사회는 정치적인 체제에서 중앙집권적 체제를 추구하였으나 교육은 지방 분권체제를 추구하였다.
③ 문화적으로 관료문화를 형성하였으나, 지방호족들에 대한 배려를 하여 지방교육에도 관심을 기울였다.
④ 불교는 철저히 탄압하였으나 유교, 노자, 장자 사상 등은 교육에서 중요한 위치를 차지하고 있었다.

13 다음 중에서 조선시대의 교육적 특징 바르게 추론한 것을 골라 묶은 것은?

> ㄱ. 배타적인 성리학 위주의 교육이 실시되었다.
> ㄴ. 지방교육은 중앙에서 관리파견 직접 감독하였다.
> ㄷ. 교육은 상층계층인 양반층을 위주로 이루어졌다.
> ㄹ. 평민들이 실제로 과거에 응시하는 경우가 많았다.
> ㅁ. 기술교육은 중인이 담당하였으나 예술교육은 양반들이 하였다.

① ㄱ, ㄴ, ㄷ
② ㄱ, ㄷ, ㅁ
③ ㄱ, ㄴ, ㅁ
④ ㄴ, ㄷ, ㅁ

14 다음 중에서 조선시대 교육에 관한 설명으로 옳은 것을 골라 바르게 묶은 것은?

┌───┐
│ ㄱ. 학교교육을 통해 유교적 관리를 양성하는 것이 교육의 주된 목적이었다. │
│ ㄴ. 교육의 이념으로 수기치인(修己治人)의 도(道)를 강조하였다.   │
│ ㄷ. 관학에서는 문묘(文廟) 보다는 사묘(祠廟)를 중요시하였다.   │
│ ㄹ. 사상의 핵심은 우주의 근원과 인간의 심성에 관한 것이었다.   │
└───┘

① ㄱ, ㄴ, ㄷ ② ㄱ, ㄴ, ㄹ
③ ㄱ, ㄷ, ㄹ ④ ㄴ, ㄷ, ㄹ

15 조선시대 성균관의 교육적 특징을 설명한 것으로 옳은 것은?

① 유학과와 잡학이 결합된 종합대학이었다.
② 재회(再會)를 통해서 동료학생을 징계하였다.
③ 조정을 비방하는 유소(儒疏)를 올릴 수 있었다.
④ 유생들 전원이 생원·진사시의 합격자들이었다.

16 다음 중에서 조선시대 성균관의 특징을 설명한 것으로 적절한 것을 골라 바르게 묶은 것은?

┌───┐
│ ㄱ. 유교의 보급과 통치체제에 필요한 관리양성을 양성하였다.   │
│ ㄴ. 교육내용으로 사서(四書)와 오경(五經)을 채택하였다.   │
│ ㄷ. 모든 양반자제들에게 입학할 수 있는 자격을 주었다.   │
│ ㄹ. 입학정원의 부족으로 치열한 경쟁시험을 치러야 했다.   │
└───┘

① ㄱ, ㄴ   ② ㄱ, ㄷ
③ ㄱ, ㄴ, ㄷ ④ ㄱ, ㄷ, ㄹ

17 조선시대 성균관에 관한 설명으로 적절하기 않은 것은?

① 성균관의 시험과목은 과거시험과목과는 다소 거리가 있었다.
② 성균관은 소과의 합격자인 생원과 진사들이 진학할 수 있었다.
③ 강독(講讀)은 사서오경(四書五經)을 구제(九濟)로 만들어 교육을 하였다.
④ 성균관의 시설은 문묘(文廟)와 명륜당이 가장 중심이 되는 건물이다.

18 조선시대 성균관의 특징을 설명한 것으로 적절한 것을 골라 바르게 묶은 것은?

> ㄱ. 성균관의 재정은 양현고에서 관리를 하였다.
> ㄴ. 기숙제 학교로서 유생들은 엄격한 생활을 하였다.
> ㄷ. 단계별 과목을 이수하게 되면 무시험 진급을 하였다.
> ㄹ. 유생들의 상소는 일반상소에 비해 엄격히 제한하였다.

① ㄱ, ㄴ
② ㄴ, ㄹ
③ ㄴ, ㄷ
④ ㄷ, ㄹ

19 조선시대 성균관의 전반적인 특징을 설명한 것으로 옳은 것은?

① 운영을 위한 재원은 어장 수입과 노비신역이 주된 재원이었다.
② 성균관의 입학을 위해 모든 지원생이 입학시험을 치러야 했다.
③ 조선의 유생들은 성균관에 진학하는 것을 대단히 선호하였다.
④ 고강과 제술로 시험을 치러 우수자는 문과(대과) 초시를 면제하였다.

20 다음 중에서 성균관의 입학하는 방법에 대해 적절한 것을 골라 바르게 묶은 것은?

> ㄱ. 사학(四學)학생 중에서 우수자가 진학할 수 있었다.
> ㄴ. 생원과 진사의 자격을 취득하면 입학할 수 있었다.
> ㄷ. 현직관도 시험을 보지 않고 입학할 수 있었다.
> ㄹ. 대부분 무시험으로 성균관에 진학할 수 있었다.

① ㄱ, ㄴ, ㄷ
② ㄱ, ㄴ, ㄹ
③ ㄱ, ㄷ, ㄹ
④ ㄴ, ㄷ, ㄹ

CHAPTER 제3회 한국교육사 진도별 모의고사

1 다음 중에서 성균관 유생들의 학교생활에 관해 바르게 제시한 것을 골라 묶은 것은?

> ㄱ. 사서오경(四書五經) 및 노장(老壯), 불경(佛經), 백가자집(百家子集)을 읽었다.
> ㄴ. 유생들의 상소는 초기에는 주로 척불 상소였으나 중기 이후 정치문제가 주요관심사였다.
> ㄷ. 주색·재물에 관한 이야기를 할 수 없었으며, 말을 탈 수 없었다.
> ㄹ. 유생들의 자치활동으로 상소가 있었으며, 내용의 경중대소를 가리지 않고 접수하였다.

① ㄱ, ㄴ, ㄷ
② ㄱ, ㄴ, ㄹ
③ ㄱ, ㄷ, ㄹ
④ ㄴ, ㄷ, ㄹ

2 다음 중에서 조선시대 성균관 운영의 특징을 설명한 것으로 옳은 것을 모두 고르면?

> ㄱ. 출석제도로서 원점제(圓點制)라는 규정이 있었다.
> ㄴ. 유교의 보급과 통치체제에 필요한 관리양성을 양성하였다.
> ㄷ. 자유로운 비판정신을 지닐 수 있도록 상소를 허용하였다.
> ㄹ. 생활지도의 방법으로 강(講), 순고(旬考) 등이 있었다.

① ㄱ
② ㄱ, ㄷ
③ ㄱ, ㄴ, ㄷ
④ ㄱ, ㄴ, ㄷ, ㄹ

3 다음 글에서 밑줄 친 ①~④에 해당하는 용어를 잘못 표현한 것은?

> 성균관의 유생들은 정부의 실정 등의 문제에 ①연명하여 상소를 올렸다. ②상소의 주동이 되는 사람은 유생을 거느리고 대궐 앞에 엎드려 소를 올리기도 하였다. 유생들은 그들의 주장이 관철되지 않거나 보복이 있을 때는 ③식당에 가지 않거나, ④기숙사에서 모두 나오거나, 성균관에서 나오는 등의 방법을 위하였다. 특히, 유생들이 성균관에서 나오면 여론화되어 상인들이 가게 문을 닫고 호응하거나 동정하였다.

① 유소(儒疏)
② 소두(疏頭)
③ 재회(齋會)
④ 공재(空齋)

4 다음의 특징을 포괄하고 있는 전통사회 교육기관은?

> ○ 중등수준의 교육기관으로 문묘가 없다.
> ○ 구임법을 제정하여 교관직의 안정을 도모하였다.
> ○ 교육내용은 경술(經術)과 문예(文藝)였다.
> ○ 성적불량학생에 대한 교관 책임제도가 있었다.

① 경당(扃堂) ② 서원(書院)
③ 사학(四學) ④ 향교(鄕校)

5 조선시대 4부학당의 교육에 관한 설명으로 적절한 것을 골라 묶은 것은?

> ㄱ. 4부학당의 학령은 성균관의 학식에 따른다.
> ㄴ. 가장 기본적인 교육내용을 소학을 중요시하였다.
> ㄷ. 토론식과 계발식 방법을 교수법으로 활용하였다.
> ㄹ. 문묘기능 없이 교육의 기능만을 담당하였다.

① ㄱ, ㄴ, ㄷ ② ㄱ, ㄴ, ㄹ
③ ㄱ, ㄷ, ㄹ ④ ㄴ, ㄷ, ㄹ

6 조선시대 사학(四學)에 대한 설명으로 옳지 않은 것은?

① 경서 중에서 소학은 필수과목이었다.
② 향교와 같이 중등교육을 담당하였다.
③ 성균관과 같이 명륜당과 문묘를 갖추고 있었다.
④ 입학 후 15세 이상이 되어 학문이 우수하면 성균관에 입학할 수 있었다.

7 다음과 같은 특징을 포괄하고 있는 전통사회의 교육기관은?

> ○ 유학교육기관   ○ 공교육기관
> ○ 교육과 교화기능을 수행 ○ 통치체제에 필요한 관료자원의 확보
> ○ 장학행정관으로 제독관 제도를 둠

① 국학   ② 성균관
③ 향교   ④ 학당

8 다음 중에서 조선시대 향교의 교육적 특성으로 옳은 것을 골라 바르게 묶은 것은?

> ㄱ. 향교의 교과목으로 소학이 가장 중요시되었다.
> ㄴ. 유교이념에 따른 미풍양속 정립의 기능이 있었다.
> ㄷ. 지방 인재 육성과 지방민 교화를 위한 학교이다.
> ㄹ. 향교재정은 중앙정부의 호조에서 직접 관장하였다.

① ㄱ, ㄴ, ㄷ   ② ㄱ, ㄴ, ㄹ
③ ㄱ, ㄷ, ㄹ   ④ ㄴ, ㄷ, ㄹ

9 향교(鄕校)에 대한 설명으로 옳지 않은 것은?

① 향교는 조선시대에 처음 설치된 관학 교육기관이다.
② 향교에 대한 관리와 감독은 지방수령의 기본업무 중 하나이다.
③ 향교의 기능은 크게 제례(祭禮)와 강학(講學)의 두 가지로 나뉜다.
④ 향교의 교생은 양반 이외에 일반 양인(良人) 신분도 등록할 수 있었다.

10 다음 중에서 조선시대 잡학교육에 대한 설명으로 올바른 것은?

① 중앙의 각 행정기관이 담당한 기술교육이다.
② 잡학 교육을 받은 무시험을 관직에 진출하였다.
③ 잡학 교육의 주 대상은 중인 계급 이었다.
④ 군자지학(君子之學)을 추구하는 사람들을 대상으로 하였다.

11 조선시대의 잡학교육에 대한 설명으로 옳은 것은?

① 조선 초에는 기술교육이 활발하게 이루어졌다.
② 기술을 담당할 관리의 선발은 예조에서 주관하였다.
③ 후기에 이르면 실학의 영향으로 기술교육이 보편화되었다.
④ 중인계급위주의 기술교육은 과학기술의 발달을 제약하였다.

12 조선시대의 서원의 교육적 특징으로 옳은 것을 골라 바르게 묶은 것은?

> ㄱ. 서원은 향교와 같이 중등 교육기관의 성격이 분명하다.
> ㄴ. 국가에 필요한 선비를 양성하는 것이 교육의 목적이었다.
> ㄷ. 주입식교육을 탈피하여 능력별로 문답식 교육을 하였다.
> ㄹ. 명유공신(名儒功臣)을 숭배하고 청년자제를 교육하였다.

① ㄱ, ㄴ, ㄷ
② ㄱ, ㄴ, ㄹ
③ ㄱ, ㄷ, ㄹ
④ ㄴ, ㄷ, ㄹ

13 다음 중에서 조선시대 서원의 교육적 특성으로 적절한 것을 골라 바르게 묶은 것은?

> ㄱ. 서원의 교육목적은 선현봉사(先賢奉祀)와 후진교육이었다.
> ㄴ. 서원은 학문적 수준에서 보면 초등 및 중등 수준이었다.
> ㄷ. 서원은 까다로운 학령이나 학칙의 구속에서 벗어나 공부하기 편리하였다.
> ㄹ. 서원의 교원문제는 서원자체에서 해결했으며 특별한 법적인 규제는 없었다.

① ㄱ, ㄴ, ㄷ
② ㄱ, ㄷ, ㄹ
③ ㄱ, ㄴ, ㄹ
④ ㄴ, ㄷ, ㄹ

14 조선시대 서원의 기능을 설명한 것 중 교육적 기능에 해당하는 것을 다음에서 골라 묶은 것은?

> ㄱ. 사림의 도학자를 모시는 봉사기능으로 분향과 향사가 있었다.
> ㄴ. 원생의 수준에 따라 유교경전을 공부하는 강학의 기능이 있었다.
> ㄷ. 자율성, 자발성에 의해 성리학 학문과 윤리를 몸으로 체득하는 장수가 있었다.
> ㄹ. 지역사림들의 사회적 지위를 유지하고 농민에 대한 지배력강화의 기능을 지니고 있었다.

① ㄱ, ㄴ
② ㄱ, ㄷ
③ ㄴ, ㄷ
④ ㄷ, ㄹ

15 다음 중에서 조선시대 서당의 관한 설명으로 가장 옳은 것은?

① 서원에 부속된 형태로만 운영된 사설 초등학교였다.
② 각 지방의 향교에 부속된 초등 수준의 교육기관이었다.
③ 16세기부터 서당계가 마련되어 일반백성에게 널리 퍼졌다.
④ 서당은 발달에 있어서 지배계급인 양반들이 관여하였다.

16 다음 중에서 조선시대 서당의 교육적 성격 설명한 것으로 옳은 것을 골라 바르게 묶은 것은?

> ㄱ. 유학의 기초를 공부하여 과거를 통하여 입신양명을 추구하는 교육기관
> ㄴ. 사학이나 향교에 입학하기 위한 초보적인 교육을 실시하는 교육기관
> ㄷ. 유학의 기초교육과 향사의 기능을 지니고 있는 교육기관
> ㄹ. 유학교육의 기능과 지역의 문화에 영향을 미치는 교화기관으로서 교육기관
> ㅁ. 일정한 설립의 기준하에 개인이나 지역주민들이 공동으로 출자하여 설립·운영하는 교육기관

① ㄱ, ㄴ, ㄷ
② ㄱ, ㄴ, ㄹ
③ ㄱ, ㄴ, ㅁ
④ ㄱ, ㄹ, ㅁ

17 다음 중에서 서당의 교육적 특징을 설명한 것으로 가장 옳은 것은?

① 향촌사회에 생활근거를 둔 사족(士族)과 백성이 주체가 되어 설립되었다.
② 서당의 입학 자격은 신분 제한이 없었으나 천인, 노비는 입학이 제한되었다.
③ 서당의 교과목은 소학(小學)을 기본과목으로 하고 천자문과 사서(四書)배웠다.
④ 모든 서당은 학력이 우수하고 연령이 높은 학생을 정식 조교로 채용하였다.

18 다음에 기술된 조선시대 교육기관에 대한 설명으로 잘못된 것은?

> 먼저 천자문(千字文)으로 글자를 익히고, 다음은 동몽선습(童蒙先習) 등으로 글자를 붙여서 음독(音讀)하는 것을 익힌다. 다음으로 구독(句讀)의 문리(文理)와 문장(文章)의 뜻을 풀이하고, 다음 단계는 스승 없이 혼자서 읽고 해독할 수 있도록 한다.

① 능력에 따른 개별 학습이 이루어졌다.
② 성균관 입학을 목적으로 한 공립 교육기관이었다.
③ 교육과정은 크게 강독, 제술 및 습자로 구성되었다.
④ 학동 중 우수한 아이를 접장으로 뽑아 훈장을 보좌하였다.

19 다음 중에서 조선시대 서당의 중요교재에 해당하지 않는 것은?
① 천자문(千字文) ② 유합(類合)
③ 동몽선습(童蒙先習) ④ 논어(論語)

20 조선시대 학자들의 저술 중에서 문자를 구체적 사물과 관련시켜 제시하지 않는 『천자문』의 문제점을 비판하며 편찬된 한자학습용 교재는?
① 박세무의 『동몽선습(童蒙先習)』
② 이 이의 『격몽요결(擊蒙要訣)』
③ 최세진의 『훈몽자회(訓蒙字會)』
④ 장 혼의 『아희원람(兒戲原覽)』

제4회 한국교육사 진도별 모의고사

1 다음 중에서 서당의 여러 유형가운데 향촌전체 주민들이 공동으로 참여한 서당은 어떤 것인가?
① 유지독영서당
② 향촌조합 서당
③ 관립서당
④ 동족조합서당

2 전통적인 교육기관인 경당(扃堂), 12공도, 서원(書院)의 공통점으로 적합한 것은?
① 국가가 직접 통제하지 않는 사립학교이다.
② 문무를 겸비한 인재를 양성하는 교육기관이다.
③ 일반 서민들을 주요 대상으로 하는 교육기관이다.
④ 조선시대 향교(鄕校)와 비슷한 성격의 교육기관이다.

3 조선시대 과거제도의 특징을 다음에서 골라 바르게 묶은 것은?

> ㄱ. 문무 양과를 균형 있게 운영하였다.
> ㄴ. 진사시를 억제하고 생원시를 중시하였다.
> ㄷ. 학교의 체제를 과거제도와 유기적으로 연결시켰다.
> ㄹ. 문무 양과 모두 대과 소과로 구분하여 운영하였다.

① ㄱ, ㄴ
② ㄱ, ㄷ
③ ㄱ, ㄴ, ㄷ
④ ㄱ, ㄴ, ㄷ, ㄹ

4 조선시대 과거제도에 대한 설명으로 맞는 것은 어느 것인가?
① 문무 양과는 모두 대과와 소과를 두었다.
② 국가 기술을 담당할 관리의 선발은 초시만으로 이루어졌다.
③ 생원시와 진사시의 합격자에게는 성균관의 입학자격을 부여하였다.
④ 문과의 과거시험은 강경(講經)과 제술(製述)방법이 균형 있게 유지되었다.

5 다음에서 조선시대 과거제도에 대한 설명으로 옳은 것으로만 묶은 것은?

> ㄱ. 문과의 대과(大科)는 초시, 복시, 전시의 세 번의 시험으로 이루어졌다.
> ㄴ. 잡과는 해당 관청에서 실시하였으며, 대개 중인계층이 응시하였다.
> ㄷ. 문무양반 관료체제가 형성되어 무과를 실시하였으며, 초시와 복시로 이루어졌다.
> ㄹ. 문과 중 소과(小科)는 생원과와 진사과로 구분되며, 합격자에게는 홍패가 수여되었다.

① ㄱ, ㄴ
② ㄱ, ㄷ
③ ㄷ, ㄹ
④ ㄴ, ㄷ, ㄹ

6 다음에서 설명하는 조선시대의 학규(學規)는?

> 권근이 제정한 것으로, 사학(私學) 교원을 관학의 훈도 또는 교수로 채용하거나 그 학생을 강제로 옮기는 일이 없도록 감사와 수령이 이를 잘 지켜야 한다는 내용으로서, 사학의 독자성을 공인한 것이다.

① 학교사목(學校事目)
② 향학사목(鄕學事目)
③ 구재학규(九齋學規)
④ 진학절목(進學節目)

7 조선시대의 학규(學規)에 대해 옳게 설명한 것은?

① 권학사목 - 조익이 만든 것으로 서당에 관한 규칙을 정하였다.
② 학교모범 - 권근이 지은 것으로 조선 초기의 학령을 보충하였다.
③ 구재학규 - 예조에서 만든 것으로 성균관의 교육단계를 구체적으로 서술하였다.
④ 원점절목 - 예조에서 만든 것으로 도성과 지방이 모든 학교에 관하 규칙을 정하였다.

8 다음과 같은 교육론을 전개한 우리나라 전통사회 교육사상가는?

> ◦ 공(公), 근(勤), 관(寬), 신(信)의 덕목을 교육방침으로 강조하였다.
> ◦ 소학(小學)을 학교교육에서 필수과목으로 할 것을 주장하였다.
> ◦ 입학도설을 통해 직관교수 방법을 제시하고 감각적 교육의 효과를 강조하였다.

① 권근
② 정극인
③ 이이
④ 이황

9 조선시대 성리학자 이황(李滉)의 교육사상으로 적절한 것을 골라 바르게 묶은 것은?

ㄱ. 입지(立志)와 개인적인 수양과 체험을 중요시하였다.
ㄴ. 지적 행위와 실천 행위를 보다 넓고 깊게 철저화한 개념으로 경(敬) 사상을 강조하였다.
ㄷ. 사물의 법칙을 인식하는 것 보다 우주의 근원이 되는 생명력을 인식하는 것을 중시하였다.
ㄹ. 교육에서 치인(治人)과 사회적 실천에 대한 측면을 매우 중요시하였다.

① ㄱ, ㄴ, ㄷ
② ㄱ, ㄴ, ㄹ
③ ㄱ, ㄷ, ㄹ
④ ㄴ, ㄷ, ㄹ

10 다음 (   )안에 들어가 알맞은 말은?

조선의 대유학자이자 교육가인 퇴계 이황은 유교교육의 일반적 목적과 같이 인(仁)을 체득한 사람인 성현이 되는 것에 교육목적을 두었으며, 부단히 기질을 변화시키는 것을 중요시 하였다. 보다 구체적으로는 (   )을(를) 제시하고 있는데, (   )이란(란) 지적 행위와 실천 행위를 보다 넓고 깊게 철저화한 개념으로서 일신의 주재인 심(心)을 다시금 주재하는 것이다.

① 각(覺)
② 경(敬)
③ 성(誠)
④ 지(志)

11 조선시대 성리학자 율곡 이이(李珥)는 '입지(立志)'의 이념을 평생을 통해 지속적으로 행위나 저서를 통해서 강조하고 있다. 다음 중에서 '입지(立志)'를 현대의 교육적 의미로 해석할 때 그 의미에 가장 가까운 것은?

① 자기주도 학습에 의한 자아실현
② 현실위주의 생활중심적인 교육
③ 영원 불변의 진리습득을 위한 단련
④ 지식의 형식을 중요시하는 지식교육

12 다음의 내용은 율곡 이이가 「학령(學令)」을 보완하기 위해 만든 『학교모범(學校模範)』 중의 한 구절이다. 빈 칸에 들어갈 책을 순서대로 바르게 나열한 것은?

> 독서의 순서는 먼저 (가)으로 근본을 배양한 뒤 (나)과 『근사록』으로 큰 틀을 잡고, 그 다음으로 『논어』·『맹자』·『중용』 및 5경을 읽되 틈틈이 역사책과 선현들의 성리학 서적을 읽어 의지와 취향을 넓히고 식견을 정밀하게 한다.

	(가)	(나)
①	효경(孝經)	심경(心經)
②	효경(孝經)	대학(大學)
③	소학(小學)	심경(心經)
④	소학(小學)	대학(大學)

13 다음 중에서 조선시대 실학사상의 특성을 설명한 것으로 옳은 것은?

① 조선의 과학기술 발전에 크게 공헌하였다.
② 교육에 있어서 남녀의 기회균등을 주장하였다.
③ 조선의 관리선발제도 개혁에 크게 공헌하였다.
④ 윤리적 측면에서 경험적인 실천윤리를 강조하였다.

14 조선 후기 실학사상을 주요특징으로 옳은 것은?

① 청나라의 고증학을 수용하였다.
② 교육에서 성리학적 실천예학을 강조하였다.
③ 학교교육에서 관리양성의 기능을 배제하였다.
④ 교육제도에 있어서 서구식 보편교육을 수용하였다.

15 조선후기 실학사상의 교육사적 의미를 설명한 것으로 옳은 것은?

① 현실적인 문제에 기반을 두고 점진적인 교육개혁을 강조하였다.
② 중국의 사서(史書)중심의 교육내용을 서구과학으로 대신하려 하였다.
③ 교육의 보편적 사상에 입각하여 계층과 성차별의 철폐를 주장하였다.
④ 유학사상을 포기하고 한국역사와 유용한 과학을 중심과목으로 하였다.

16 다음 중에서 유형원(柳馨遠)의 공거제(貢擧制)에 대한 설명으로 옳은 것은?

① 신분에 관계없이 시험을 통해 관리를 선발하는 제도이다.
② 성균관의 우수한 학생이 추천을 통해서 관리로 진출하는 제도이다.
③ 학교교육과 관계없이 능력위주의 경쟁시험을 통해 관리를 선발하는 제도이다.
④ 과거제의 대안으로 능력과 인격의 차등을 두어 관직을 부여하는 제도이다.

17 다음 중에서 조선 후기 실학자 이익(李瀷, 1681~1763)의 교육론에 해당하는 것으로만 묶은 것은?

> ㄱ. 일신(日新), 득사(得師), 호문(好問)을 산교육이라고 하였다.
> ㄴ. 교육내용에 우리역사를 가르치고 시험과목으로 채택할 것을 주장하였다.
> ㄷ. 천민에게도 과거에 응시할 수 있는 기회를 주어야 한다고 주장하였다.
> ㄹ. 천자문의 비교육적이라서 읽어서는 안 된다는 불가독설(不可讀說)을 주장하였다.
> ㅁ. 사소절(士小節)을 통해 아동교육에 대한 구체적인 법규를 제안하였다.

① ㄱ, ㄴ, ㄷ
② ㄱ, ㄴ, ㄹ
③ ㄱ, ㄴ, ㅁ
④ ㄴ, ㄷ, ㅁ

18 다음에서 설명하고 있는 사상가와 관계가 깊은 것은?

> ○ 경세치용의 학풍을 이어받았으며, 봉건 사회의 여러 가지 모순에 대해 개혁을 주장하였다.
> ○ 교육에서는 학제(學制)의 개혁을 주장하였고, 교육방법에서 질의응답을, 교육내용에서 주체적인 내용을 강조하였다.

① 숭례(崇禮)사상과 가정교육의 중요성을 강조하였다.
② 면(面)에 학교를 두고 의무교육을 실시할 것을 주장하였다.
③ 향상과 방상을 두어 누구에게나 동등한 교육기회를 부여하였다.
④ 소학을 우리 실정에 맞게 저술하였고 아동의 능력에 따라 교수해야 한다고 하였다.

19 조선후기 실학사상가인 정약용의 교육사상을 가장 바르게 제시한 것은?

① 국가의 부강을 위하여 기술교육의 중요성을 강조하였다.
② 교육적 인간상으로 주체성 있는 역사 의식인을 상정하였다.
③ 가정교육의 중요성을 강조하고 도시교육이 폐해를 지적하였다.
④ 공교육의 확립이 교육의 정상화 방안으로 중요함을 지적하였다.

20 실학자 정약용(丁若鏞 ; 1762~1836)의 교육사상을 설명한 것으로 옳지 않은 것은?

① 중국의 역사책인 사략(史略)과 천자문 교육을 강조하였다.
② 소득의 향상과 국가의 부강을 위해 기술습득을 강조하였다.
③ 수기위천하인(修己爲天下人)을 교육적 인간상으로 상정하였다.
④ 교육내용에서 우리의 역사와 문학을 가르칠 것을 주장하였다.

제5회 한국교육사 진도별 모의고사

1 다음 중에서 조선 후기 정약용의 교육사상을 설명한 것으로 옳은 것은?

① 이론학, 훈고학, 문장학 등 퇴폐한 학문적 경향을 비판했다.
② 조선사회가 지니고 있는 학문 그 자체의 본질을 거부했다.
③ 덕행(德行)에서 효제자(孝悌慈)의 덕목을 특히 중요시 하였다.
④ 교육에 있어서 자신 몸과 마음의 수양을 가장 중요시하였다.

2 정약용은 아동문자 학습서인 천자문(千字文)이 비교육적이라고 비판하였다. 그 이유를 다음에서 고르면?

> ㄱ. 문자가 체계적으로 배열되어 있지 않다.
> ㄴ. 발달 수준에 맞지 않아 단순암기에 그치고 있다.
> ㄷ. 아동이 학습하기에 글자의 수가 너무 많다.
> ㄹ. 글자의 전개가 사물에 대한 일관된 이해를 방해한다.

① ㄱ, ㄴ, ㄷ   ② ㄱ, ㄴ, ㄹ
③ ㄱ, ㄷ, ㄹ   ④ ㄴ, ㄷ, ㄹ

3 다음과 같이 유학자의 학문하는 태도를 주장한 조선후기 실학자와 그 저서를 바르게 짝은 것은?

> 학(學)이란 지(知)와 행(行)의 총명(總名)이다. 배운다는 것은 성인을 배우는 것이다. 성인은 태어나면서부터 지(知)가 있고, 편한 마음으로 행하니 인륜의 극치를 이룬다. 성인의 도를 배운다는 것은 성인의 지와 행을 구하는 것에 불과하며, 일상의 일륜 밖에 있는 것이 아니다.

① 유형원 - 반계수록   ② 이 익 - 곽우록
③ 박지원 - 열하일기   ④ 안정복 - 하학지남

4 조선후기 실학자 박지원(1737-1805)의 교육론을 설명한 것으로 옳은 것은?

① 소학(小學)을 우리 실정에 맞게 체계화 하였다.
② 천자문(千字文) 불가독설(不可讀設)을 주장하였다.
③ 목민관의 직책은 백성을 가르치는데 있다고 주장하였다.
④ 과거시험 주기를 3년에서 5년으로 연장할 것을 제안했다.

5 다음에서 설명하는 조선시대의 교육사상가는?

> ○ 교육적 인간상으로 내행수결인(內行修潔人)을 제시하였다.
> ○ 일상 속에서 소절(小節)을 닦지 않으면 대의(大義)를 이룰 수 없다고 보았다.
> ○ 「사소절」('사람답게 사는 즐거움')을 저술하여 조선시대 도덕 교과서의 역할을 하였다.

① 이이   ② 이덕무
③ 정약용   ④ 홍대용

6 실학자 홍대용(洪大容)이 주장한 다음 내용에 대한 교육적 의미를 가장 적절하게 나타낸 것은?

> 전국을 9도로 하고, 1도는 9군으로, 1군을 9현으로 1현을 9사로, 1사는 9면으로, 서울을 9부로 구분하였다. 도부터 면에 이르기까지 각급 학교를 설립할 것을 주장하고, 특히 면에는 '재(齋)'라는 학교를 두고, 면안의 8세 이상의 전 아동들을 교육시킬 것을 제기하였다.

① 갑오개혁 당시에 발표되었던 초등교육제도이다.
② 당시 조선정부에서 실시한 의무교육 제도이다.
③ 중국식 의무교육제도를 조선에 수입한 것이다.
④ 우리나라 최초의 의무 교육안의 의미를 지닌다.

7 다음 중에서 조선시대 실학자 최한기(崔漢綺, 1803~1877)의 교육사상에 대한 설명으로 옳은 것끼리 묶은 것은?

> ㄱ. 기학(氣學)에 수학을 접목시켜 설명하였다.
> ㄴ. 전통적 성리학의 이(理)의 절대성을 부정하였다.
> ㄷ. 신기(神氣)는 단지 물질의 근원적 요소라고 하였다.
> ㄹ. 학습의 원리로서 운화(運化)의 기(氣)'를 제안하였다.

① ㄱ, ㄴ ② ㄱ, ㄷ
③ ㄴ, ㄷ ④ ㄷ, ㄹ

8 다음 중에서 개화기 고종의 「조선교육입국조서」에 나타난 신교육사상의 특징을 골라 바르게 묶은 것은?

> ㄱ. 교육의 실용화 사상   ㄴ. 교육의 보편주의 이념
> ㄷ. 교육입국사상   ㄹ. 교육의 관념적 이상주의

① ㄱ, ㄴ, ㄷ ② ㄱ, ㄴ, ㄹ
③ ㄱ, ㄷ, ㄹ ④ ㄴ, ㄷ, ㄹ

9 조선의 개화기 신교육사상의 특성을 설명한 것으로 옳은 것은?
① 여성과 특수아에게도 학교교육의 기회를 부여하였다.
② 전통적 교육을 개량시켜 근대적 교육으로 전환하였다.
③ 교육의 근대화의 주도적인 역할을 국가가 담당하였다.
④ 교육의 '문명주의', '형식주의', '윤리지상주의'를 강조하였다.

10 다음 중에서 우리나라 갑오개혁 시기의 교육개혁의 특징으로 옳은 것을 골라 바르게 묶은 것은?

> ㄱ. 중앙교육행정 기구로 학무아문을 설치하였다.
> ㄴ. 군자의 도를 유지시키면서 신교육을 실시할 것을 강조하였다.
> ㄷ. 소학교, 중학교, 전문학교, 대학으로 연결되는 교육체제가 구상되었다.
> ㄹ. 성균관을 폐지하고 3년제 근대적인 대학으로 개편하였다.

① ㄱ, ㄴ, ㄷ ② ㄱ, ㄴ, ㄹ
③ ㄱ, ㄷ, ㄹ ④ ㄴ, ㄷ, ㄹ

11 다음 중에서 1895년 고종이 발표한 「조선교육입국조서」에 대해 옳은 것을 모두 고르면?

> ㄱ. 구교육과 신교육의 분수령을 이루었다.
> ㄴ. 교육의 3대 강령으로 덕육·지육·체육을 제시하였다.
> ㄷ. 신교육을 통한 과학적 지식과 실용을 추구하였다.
> ㄹ. 근대식 학제(學制)를 마련하는 계기가 되었다.

① ㄱ, ㄴ, ㄷ ② ㄴ, ㄷ, ㄹ
③ ㄱ, ㄴ, ㄹ ④ ㄱ, ㄴ, ㄷ, ㄹ

12 다음 중에서 우리나라 근대적 신교육기관의 선구적 역할을 하였던 학교들에 대한 설명으로 적절한 것을 골라 바르게 묶은 것은?

> ㄱ. 교육의 실용화 사상을 반영하여 동문학(同文學)이 설립되었다.
> ㄴ. 원산학사는 서양의 근대적 학교를 직수입한 대표적인 학교이다.
> ㄷ. 우리나라 최초의 소학교는 갑오개혁 이후 설립된 관립소학교이다.
> ㄹ. 육영공원은 우리정부에서 의욕적으로 설치한 최초의 근대적 학교이다.

① ㄱ, ㄷ ② ㄱ, ㄹ
③ ㄴ, ㄹ ④ ㄷ, ㄹ

13 다음 중에서 조선정부에 의해 설치된 육영공원에 대한 설명으로 틀린 것은?

① 육영공원의 강의용어는 영어였으며 교과서도 영어로 쓰여진 것이었다.
② 학생의 신분은 양반고관의 자제나 혹은 고관들이 추천한 사람들이었다.
③ 일본, 및 청나라와 외교적인 관계를 개선하는 방법으로 하나로 도입되었다.
④ 서양제도 도입을 통해 나라의 기틀을 바로 잡아보려는 의도에서 설립되었다.

14 다음과 같은 교육요지로 설립된 개화기 우리나라 교육기관은?

- 정신단련과 덕조의 연마에 용의할 것
- 존왕애국의 지기(志氣)를 기르고, 충효의 대의를 밝게 함.
- 규율과 질서를 보수하고 사표로서의 위의를 보함.
- 위생에 유의하고 체조에 힘써 신체의 건강을 증진케 함.
- 교수의 방법을 체득하게 함.

① 한성사범학교　　　　　　　② 외국어 학교
③ 관립소학교　　　　　　　　④ 육영공원

15 조선정부가 1895년 발표한 성균관 관제의 특징을 바르게 제시한 것은?

① 유교적 과목을 폐지하고 근대적 교과목으로 전환하였다.
② 성균관에 경학과를 설치하여 교육기능만을 담당하게 하였다.
③ 성균관의 문묘기능을 폐지하고 교육기능만을 유지하였다.
④ 성균관을 폐지하고 근대적 대학으로 개편 할 것을 공포하였다.

16 개화기 선교계의 사학의 사회적 기여를 제시한 것으로 옳은 것을 골라 바르게 묶은 것은?

ㄱ. 남녀평등 사상 보급　　　ㄴ. 직업교육의 보급
ㄷ. 민족의 자주성 확립　　　ㄹ. 교육의 계급의식의 촉진

① ㄱ, ㄴ, ㄷ　　　　　　　　② ㄱ, ㄴ, ㄹ
③ ㄱ, ㄷ, ㄹ　　　　　　　　④ ㄴ, ㄷ, ㄹ

17 19세기 중반 이후 개화기에 등장한 선교계의 신식(新式) 학교에 관한 설명으로 옳지 않은 것은?

① 서우사범학교는 장로교파에서 설립한 최초의 선교계 교사양성 교육기관이었다.
② 장로교 선교사들이 설립한 것으로는 제중원 부설 의학교, 언더우드학당, 그리고 정동여학당 등이 있다.
③ 배재학당과 이화학당은 감리교 선교사인 아펜젤러(H. G. Appenzeller)와 스크랜튼(M. F. Scranton)이 각각 설립하였다.
④ 천주교에서는 충청북도 제천에 배론신학교(성요셉신학당)를 설립하여 철학, 라틴어를 중심으로 다양한 서양 학문과 문물을 함께 교육하였다.

18 다음 중에서 원산학사에 대한 교육사적 의미를 설명한 것으로 거리가 먼 것은?

① 정부의 근대화정책에 의한 우리나라 최초의 근대적 학교이다.
② 정세변화에 대응하기 위한 우리나라 최초의 근대적 학교이다.
③ 일제에 대항하기 위하여 지방민들이 자발적으로 설립한 학교이다.
④ 서당을 개량하여 근대학교로 발전시킴으로써 전통을 계승하였다.

19 다음 중에서 근대 민족사립학교의 교육활동에 나타난 공통된 교육정신을 골라 바르게 묶은 것은?

> ㄱ. 국권회복을 위한 민족운동의 지도자 양성
> ㄴ. 배일애국교과에 의한 민족의식의 고취
> ㄷ. 과외활동을 통해 애국사상의 함양
> ㄹ. 국민정신 개혁을 통한 민주주의 의식 고취

① ㄱ, ㄴ, ㄷ
② ㄱ, ㄴ, ㄹ
③ ㄱ, ㄷ, ㄹ
④ ㄴ, ㄷ, ㄹ

20 다음 중에서 일제의 통감부가 우리나라에서 추진했던 우민화정책과 관련된 대표적인 사례를 골라 바르게 묶은 것은?

> ㄱ. 소학교 수업연한을 4년으로 단축
> ㄴ. 사립학교의 통제령
> ㄷ. 고등교육기관 설립 일체 불허
> ㄹ. 소학교를 보통학교로 개칭

① ㄱ, ㄴ, ㄷ
② ㄱ, ㄷ, ㄹ
③ ㄱ, ㄴ, ㄹ
④ ㄴ, ㄷ, ㄹ

21 다음 중에서 우리나라 주권 침해기의 교육에 관한 설명으로 옳은 것은?

① 동화정책의 일환으로 관립과 공립학교를 축소하였다.
② 동화교육의 일환으로 일본어를 전학년에 걸쳐 학습을 시켰다.
③ 통감부는 보통학교를 소학교로 개칭하고 수업연한을 단축하였다.
④ 고등교육기관의 설립은 금지하였으나 중등교육기관 설립은 활발하였다.

22 다음 중에서 일제의 제 1 차 조선교육령 시행시기의 교육정책을 골라 바르게 묶은 것은?

> ㄱ. 우리말을 외국어처럼 취급하였다.
> ㄴ. 학교 관리층에 한국인을 참여시켰다.
> ㄷ. 보통교육 및 실업교육에 치중하였다.
> ㄹ. 교육제도는 복선제로 운영하였다.

① ㄱ, ㄴ, ㄷ
② ㄱ, ㄴ, ㄹ
③ ㄱ, ㄷ, ㄹ
④ ㄴ, ㄷ, ㄹ

23 다음 제 2차 조선교육령시기(문화정책기)시기의 교육적 특징을 설명한 것으로 옳은 것은?

① 전시동원체제하에 육군지원병 제도를 실시하였다.
② 종래 폐지되었던 한국어가 필수과목으로 채택되었다.
③ 소학교 수업연한을 4년으로 단축하여 우민화를 꾀하였다.
④ 초등학교의 명칭을 국민학교로 개칭하고 민족말살정책을 강화했다.

24 제2차 조선교육령 시행시기의 민족교육운동에 대한 설명으로 옳은 것은?

① 문맹퇴치운동은 전국민을 대상으로 하였다.
② 민립대학 설립운동이 활발하게 일어났다.
③ 중산층 자제를 대상으로 한 야학이 성행하였다.
④ 야학과 문맹퇴치운동은 일제의 통제를 받지 않았다.

25 다음 중에서 황국신민화시기 교육정책에 대한 설명으로 거리가 먼 것은?

① 형식상 수의과목이던 한국어 교육을 완전히 배제하였다.
② 신사참배를 강요하고 응하지 않는 학교는 강력히 응징하였다.
③ 일본인을 위한 사범학교와 한국인을 위한 사범학교를 하나로 통합하였다.
④ 관립학교인 경성제국대학을 창설하여 조선인의 항거를 회유하려하였다.

교육사회학
진도별 모의고사

유길준 공무원 교육학
진도별 모의고사

제1회 교육사회학 진도별 모의고사

1 교육에 대한 기능론적 이해방식을 제시한 것으로 옳은 것은?

① 교육이 사회의 변동에 독립되어 있다.
② 학교는 사회저항정신을 대표하는 기관이다.
③ 교육은 사회의 무질서적인 속성에 기여한다.
④ 교육은 한 사회가 지니는 집합의식을 전수한다.

2 다음 중에서 구조기능주의 관점의 사회관과 교육관을 골라 바르게 묶은 것은?

> ㄱ. 사회를 유기체에 비유하여 각 부분이 제 각기 기능을 수행한다.
> ㄴ. 사회는 그 지속과 번영을 위하여 질서와 균형, 안정을 추구한다.
> ㄷ. 사회의 각 부분에 사람을 적절히 배치하는 것이 교육의 임무이다.
> ㄹ. 교육내용의 사회적 조직에 대해 관심을 갖는다.

① ㄱ, ㄴ, ㄷ 　　② ㄴ, ㄷ, ㄹ
③ ㄱ, ㄷ, ㄹ 　　④ ㄱ, ㄴ, ㄹ

3 기능주의적 관점에서 학교교육과정을 가장 잘 설명하고 있는 것은?

① 학교에서 가르쳐지는 모든 지식은 사회적 구성물이다.
② 지식의 발달에 영향을 미치는 사회적 조건에 관심을 갖는다.
③ 교육제도 안에서 지식이 선정·조직되는 과정을 주요한 연구주제로 삼고 있다.
④ 교육과정의 선정과 조직을 규정하는 것은 합의된 사회적 가치와 목적을 전제로 하고 있다.

4 기능주의 관점에서 학교의 사회선발 기능을 바르게 설명한 것은?

① 학교의 사회선발은 공정하지 못하며 특정한 계급의 자녀들에게 유리하다.
② 학교는 사회선발의 방법으로 능력주의를 전제로 공정한 평가를 한다.
③ 학교교육보다는 귀속적 지위에 의한 사회적 지위획득을 강조하고 있다.
④ 학교는 사회의 불평등을 영속화시키는 대표적 기관으로서 역할을 한다.

5 다음 중에서 기능주의 교육관에 해당되는 것을 모두 고르면?

> ㄱ. 교육의 기능은 재능 있는 사람들을 분류·선발하고 기능적 불평등을 정당화한다.
> ㄴ. 학교는 현대 전문가 사회에서 제반 역할을 수행하는데 필요한 각종 지식·기술·가치규범을 함양하도록 한다.
> ㄷ. 능력별 분류에 의한 서로 다른 교육적 성취는 장래성인 사회의 직업적 분화에 도움을 준다.
> ㄹ. 교육 개혁에서 점진적인 개량주의를 택하며, 변화하는 사회에의 적응을 강조한다.

① ㄱ
② ㄱ, ㄴ
③ ㄴ, ㄷ, ㄹ
④ ㄱ, ㄴ, ㄷ, ㄹ

6 다음의 내용과 가장 관계가 깊은 교육적 관점은?

> ○ 사회의 질서 유지 측면을 강조하고 질서는 구성원의 합의된 가치나 관점에 의해 유지된다.
> ○ 세습적 지위나 권위보다도 개인의 능력과 업적 및 노력의 정도가 가장 중요하게 취급된다.

① 학교는 불평등한 사회구조를 유지하고 심화시키는 역할을 수행한다.
② 학교에서 가르치는 것은 지배집단이 선호하는 가치·태도·규범 등이다.
③ 학교는 재능 있는 사람들을 합리적으로 분류·선발하여 사회에 제공해 준다.
④ 학교는 객관적이고 중립적인 기관이 아니며 지배집단의 이익과 관련을 맺고 있다.

7 다음의 내용과 관련 있는 교육의 사회적 기능은?

> 학교교육은 사회로부터 영향을 받기도 하지만 경우에 따라서는 학교교육이 사회에 적극적으로 영향을 미친다는 점에서 그 능동성을 찾아볼 수 있다. 예를 들면, 전근대적인 사회에서 팽배했던 비과학적인 사고방식이나 미신에서 벗어나기 위해서는 새로운 지식이나 기술이 요청된다. 특히 현대 사회와 같이 급변하는 사회에 있어서 사회변화는 의도적으로 바람직한 방향으로 이루어져야 하고 이는 학교교육의 적극적인 역할을 통해서 이루어진다.

① 문화전승
② 사회혁신기능
③ 사회통합기능
④ 사회충원기능

8 다음의 내용에 가장 적합한 교육과 사회관계의 논의는 무엇인가?

> ○ 교육받은 노동자가 경쟁해야하는 노동시장은 완전한 것이라고 가정하여 보다 좋은 교육을 받은 사람은 보다 좋은 직업을 갖는다.
> ○ 상대적으로 높은 미래의 소득을 위해 현재의 소득을 희생한다.

① 교육발전론　　　　　　　　　② 선발가설이론
③ 문화적 재생산이론　　　　　　④ 인간자본론

9 다음과 같은 비판을 받는 교육사회학 이론은 어떤 것인가?

> ○ 능력과 가정배경이 통제된다면 교육과 미래의 수입사이의 관계는 학교에서 배운 것이 직업 수행에 미치는 영향 때문인 것으로 가정하고 있으나 반드시 그렇지는 않다.
> ○ 교육적 투자가 사람들의 인지적 능력을 높인다고 볼 수 있으나 이 같은 인지적 능력이 교육과 직업 또는 교육과 수입 사이의 관계를 설명할 수 있는가는 그렇게 분명한 것은 아니다.

① 근대화이론　　　　　　　　　② 갈등이론
③ 지위경쟁이론　　　　　　　　④ 인간자본론

10 슐츠(T. Schultz)의 인간자본론(Human capital)에 관한 설명으로 옳지 않은 것은?

① 교육을 국가발전의 수단으로 사용하려는 측면이 있다.
② 교육받은 노동자가 경쟁해야하는 노동시장은 완전한 것이라고 가정한다.
③ 사용자들이 근로자의 고용과정에서 좀 더 능력 있는 사람을 선택할 수 있는 선발장치로만 작용한다고 주장한다.
④ 국가의 경제·정치·사회 각 부문의 발전을 자극하여 촉진시키기 위하여 교육의 양과 질을 계획적으로 조정하는 것을 말한다.

11 다음 중에서 뒤르껭(E. Durkheim)의 교육론에 부합하는 것끼리 묶은 것은?

> ㄱ. 교육은 사회화의 기능을 수행한다.
> ㄴ. 교사의 권위를 세우기 위해서 체벌은 불가피하다.
> ㄷ. 학교교육은 사회적 기능을 수행하기 때문에 국가가 관여해야 한다.
> ㄹ. 시대가 바뀌더라도 도덕교육의 내용은 변하지 않는다.

① ㄱ, ㄷ ② ㄱ, ㄹ
③ ㄴ, ㄷ ④ ㄴ, ㄹ

12 드리본(R. Dreeben)의 학교사회화 내용 중 다음에 해당하는 규범은?

> ○ 시험시간에 부정행위를 못하게 한다.
> ○ 숙제를 다른 사람이 대신 하지 못하도록 하고, 평가는 개인별로 실시한다.
> ○ 학교에서 학생들 스스로 과제를 처리하게 하고, 자신의 행동에 대한 책임을 지게 한다.

① 특정성(specificity) ② 성취성(achievement)
③ 독립성(independence) ④ 보편성(universalism)

13 파슨스(T. Parsons)가 「학교사회화 이론」에서 주장한 교육과 사회에 대한 설명 중 적절하지 못한 것은?
① 교육적 자격요건이 사회경제적 지위를 결정한다고 주장하였다.
② 사회화와 사회선발을 학교교육의 주요 기능으로 제시하고 있다.
③ 교육은 사회적 불평등으로 인한 갈등과 긴장을 해소하는 기능을 강조한다.
④ 사회체제 유형변수 가운데 학교는 감정중립-특수성-귀속성의 특징을 지니고 있다.

14 학교교육을 역사적 유물론(Historical materialism)의 관점에서 접근 하였을 때, 학교 교육의 주된 기능을 바르게 제시한 것은?
① 학교는 각 사회구성원들의 능력에 맞는 사회적 위치를 배분한다.
② 학교는 사회체제를 유지하기 위해 사회구성원들에게 공동체 의식을 형성시킨다.
③ 학교는 각 개인이 차지할 경제적 위치에 알 맞는 가치, 태도, 의식을 형성시킨다.
④ 학교는 점진적이고 누적적으로 변화하는 사회발전에 기여하는 제도이다.

15 다음 중 갈등론적 관점에서 학교교육의 사회적 역할만으로 짝지어진 것은?

> ㄱ. 자본주의의 생산력을 유지하기 위한 노동력 재생산
> ㄴ. 자본주의의 계급구조를 유지하기 위한 계급 재생산
> ㄷ. 계급구조에 따른 층화된 의식구조의 지속적인 재생산
> ㄹ. 학력과 능력에 따라 사회적 지위를 결정하는 기능

① ㄱ, ㄴ, ㄷ
② ㄴ, ㄷ, ㄹ
③ ㄴ, ㄹ
④ ㄱ, ㄴ, ㄷ, ㄹ

16 갈등론적 관점에서 학교교육을 바르게 기술한 것은?

① 학교는 사회통제 기제나 분배구조를 변화시키는 기관이다.
② 학교는 객관적이고 보편적이며, 정치적으로 중립적 기관이다.
③ 학교는 학습실패의 원인을 개인의 능력의 탓으로 돌리고 있다.
④ 학교에서 학습의 성공과 실패를 사회의 구조 문제에서 찾는다.

17 다음에서 나타내고 있는 이론이 비판 하고 있는 것이 아닌 것은?

> ○ 보모세대의 경제력과 권력, 즉 사회자본을 자식 세대에게 전수시킨다.
> ○ 학교는 지배집단의 문화자본을 재창조하고 정당화하는 역할을 수행한다.
> ○ 교육제도는 권력과 특권의 세습이 부정되고 있는 사회에서 계급관계의 구조를 만들어내는 교묘한 제도이다.

① 사회 각 부문 간의 합의를 중시하여 조화를 추구한다.
② 학교가 학생들에게 자본주의 경제체제하의 가치관을 전수시키며 사회의 불평등을 심화시킨다.
③ 학교에서는 사회지배계급이 강조하는 문화를 교육을 통해 전수함으로써 불평등한 사회적 관계를 재생산한다.
④ 교육의 과정에서 같은 성취도를 보인 학생이라고 해도 이후 신분지위 획득에는 가정의 배경에 따라 다르게 나타나고 있다.

18 보올즈와 긴티스(S. Bowles & H. Gintis)의 경제적 재생산이론의 관점에서 학교교육의 기능을 바르게 제시한 것은?

① 작업장에서의 사회적 관계는 학교에서의 사회적 관계에 그대로 반영되어 있다고 주장한다.
② 학교교육은 자본주의 사회체제에서 독립된 독자적인 기능을 지니고 있는 기관으로 취급하고 있다.
③ 학교교육은 아동들에게 문화적인 위계의식을 암암리에 주입시켜 자본주의의 불평등한 관계를 존속 시킨다.
④ 학교교육은 피지배계급의 자녀들에게 자본주의 사회의 구조적인 모순인 불평등한 사회관계에 저항하도록 가르친다.

19 보올스와 긴티스(S. Bowles & H. Gintis)의 경제적 재생산이론에 나타난 학교교육관을 바르게 설명한 것은?

① 학교교육은 사회 불평등을 해소하고 있다.
② 학교교육은 학생을 능동적이며, 인격적 존재로 대우하고 있다.
③ 학교교육은 하위 계급의 학생에게 비판적 의식을 심어주고 있다.
④ 학교교육은 능력주의(meritocracy) 이념을 통해 계급적 모순을 은폐하고 있다.

20 다음의 내용이 설명하는 갈등이론은?

> ○ 학교 간 또는 학교 내에서 나타나는 사회관계의 차이는 부분적으로 학생의 사회적 배경 및 미래의 경제적 지위를 반영한다. 흑인이나 소수 민족이 집중되어 있는 학교는 열등한 직업 및 지위의 특성을 반영하여 억압적이고 임의적이고 혼돈된 내부 질서와 강압적 권위구조를 지니고 있으며 발전 가능성이 지극히 제한되어 있다.
> ○ 부유한 지역의 학교에서는 학생의 활발한 참여와 선택이 허용되며 직접적인 감독이 적고 내면화된 통제 규범에 중점을 둔 가치 체계를 중시하지만, 노동자의 자녀가 다니는 학교에서는 통제된 행동과 규칙의 준수를 강조하는 경향이 압도적이다.

① 종속 이론   ② 지위집단이론
③ 급진적 저항이론   ④ 경제적 재생산 이론

교육사회학 진도별 모의고사

1. 다음의 내용과 가장 가까운 교육사회학의 이론은?

> ○ 높은 사회집단은 우월성이 인정되는 문화적 활동에 참여함으로써 그들의 높은 지위가 정당화된다.
> ○ 학교교육을 통해 행사되는 상징적 폭력의 결과로 자본주의 사회질서가 유지된다.
> ○ 지배계급의 하비투스(habitus)문화가 교육을 통해 합법적으로 자식 세대에 전수된다고 주장한다.

① 저항이론 ② 문화적 재생산이론
③ 교육자율이론 ④ 국가론적 이론

2. 다음 중에서 부르디외(P. Bourdieu)의 문화적 재생산이론에 부합하는 것끼리 묶은 것은?

> ㄱ. 교사가 행하는 폭언을 상징적 폭력이라 한다.
> ㄴ. 문화 자본은 가정에서 지출하는 사교육비를 말한다.
> ㄷ. 학업 성취는 가정에서 습득한 문화의 영향을 받는다.
> ㄹ. 졸업자·학위·자격증 등은 제도화된 문화 자본에 속한다.

① ㄱ, ㄴ ② ㄴ, ㄷ
③ ㄷ, ㄹ ④ ㄱ, ㄹ

3. 다음의 현상을 설명하는 데 가장 적합한 교육이론은?

> ○ 사회계층별로 독특한 문화를 가지고 있다.
> ○ 학교 교육과정은 하류계층보다 중상류계층의 문화를 더 많이 반영하고 있다.
> ○ 예컨대, 학교에서는 대중음악보다 고전음악을 중시하는데, 고전음악은 하류계층보다 중상류계층이 더 많이 향유한다.
> ○ 따라서, 중상류계층 학생의 학업성취가 하류계층 학생보다 더 높다.

① 저항이론 ② 발전교육이론
③ 문화적 재생산이론 ④ 상징적 상호작용이론

4 다음의 글을 가장 잘 설명하는 교육사회학 이론은?

> 학교에서는 '상징적 폭력'을 행사하여 지배와 종속을 강화하는데, 이는 자본가 계급의 '하비투스(habitus)'를 노동자 계급의 아동들에게 주입하여 기존의 질서를 유지시켜 나간다는 것이다.

① 기능이론 ② 경제재생산 이론
③ 문화재생산이론 ④ 저항이론

5 보르디외(P. Bourdieu)의 문화자본으로 다음의 내용이 나타내는 것은?

> ○ 개인의 문화적인 소비에 대한 취향과 선호를 이루는 '성향'들이라고 할 수 있다.
> ○ 개인 안에 내면화된 사회구조하고 할 수 있다.

① 하비투스적 문화자본 ② 객관화된 문화자본
③ 제도화된 문화자본 ④ 예술적 문화자본

6 다음은 알뛰세(L. Althusser)가 사회구성체론에서 주장한 것이다. (가)에 들어갈 적절한 말은?

> 국가의 구조가운데 상부구조는 억압적 국가기구(Re-pressive State Apparatus : RSA)와 이데올로기적 국가기구(Ideological State Apparatus : ISA)로 구성되며, 특히 이데올로기적 국가 기구(Ideological State Apparatus : ISA)의 역할은 (가)를 통하여 암묵적으로 이데올로기를 조정·통제한다. 대표적 기구로 가족·종교·문화·미디어·교육 등이 여기에 속한다.

① 자발적 합의 ② 문화적 헤게모니
③ 강제적 통제 ④ 대응적 관계

7 다음과 이론은 주장한 학자는?

> ○ 문화적 헤게모니의 매개자로 교육
> ○ 학교교육과정의 이데올로기 문제를 분석
> ○ 상부구조의 상대적 자율성을 인정

① 알뛰세(L. Althusser) ② 애플(M. Apple)
③ 파슨스(T. Parsons) ④ 하버마스(J. Habermas)

8 윌리스(P. Willis)의 저항이론에서 노동자계급의 자녀가 다시 노동자계급이 되는 이유는?
① 공부를 잘하면 계층이동을 할 수 있다고 착각하기 때문에
② 모범생들로부터 주도권을 완전히 장악하지 못하기 때문에
③ 학교의 권위에 대항할 만한 반학교문화를 만들지 못하기 때문에
④ 남성우월주의적인 육체노동문화를 자신의 이상적 가치관으로 받아들이기 때문에

9 번스타인(B. Bernstein)의 교육과정과 사회변동의 관계를 설명한 것으로 옳은 것은?
① 학교 교육과정의 구조가 강하면 학생의 요구가 존중된다.
② 집합형 교육과정에서는 학생들 상호간에 교류가 활발하게 된다.
③ 통합형 교육과정에서는 학교교사들의 자율재량권이 늘어나게 된다.
④ 사회부분간의 분류가 강한시대에는 학교교육의 자율성을 상실하게 된다.

10 다음 중에서 해석학적 접근의 특징을 기술한 것으로 옳은 것은?
① 인간상호간의 주관적인 의미 분석에 중점을 두는 접근이다.
② 과학적 연구를 통한 보편적 법칙의 발견을 목적으로 하고 있다.
③ 교육을 정치·경제에 대한 종속변수에 관점에서 접근하고 있다.
④ 생산력, 생산관계, 상부구조 계급관계 등이 주요 연구 관점이 된다.

11 다음 중에서 상징적 상호작용이론의 기본전제에 대한 설명으로 옳은 것은?
① 개인에게 미치는 사회문화적 규범을 매우 강조하고 있다.
② 사회는 인간의 상호작용을 결정하는 가장 중요한 요소이다.
③ 사회는 인간들의 상호작용의 결과로서 나타나는 산물이다.
④ 개인에게 있어서 사회는 모든 사회적 행동의 가장 중요한 기준이다.

12 다음의 연구와 관련된 교육사회학적 연구방법은?

> ○ 사회언어학자인 번스타인(B. Bernstein)은 하류계층의 특징인 제한된 어법과 중류계층의 특징인 세련된 어법이 가정의 사회화에서 기인되는 것으로 보고 어떻게 학교에서 사회계급관계가 재생산되는가를 연구했다.
> ○ 로젠탈(R. Rosenthal)과 제콥슨(L. Jacobson)의 연구결과에 의하여 교사가 학생을 인식하는 모습에 근거하여 자기충족예언이라 했다.

① 민속방법론 ② 상징적 상호작용론
③ 역사적 연구법 ④ 사회성 측정법

13 다음 중에서 민속방법론적 교육사회의 관심사를 가장 바르게 나타낸 것은?
① 학교에서의 사회적 사실은 상황 부가적이다.
② 학교연구에 있어서 양적인 해석을 강조한다.
③ 사회구조와 학교의 역할에 관심을 집중한다.
④ 과학적 지식의 탈상황적 관점을 강조하고 있다.

14 문화기술지(ethnography)라는 연구방법을 적용하여 학교에서의 '집단 따돌림' 현상을 연구하고자 한다. 유념해야 할 사항으로 가장 적절한 것은?
① 연역적 접근이 이루어지도록 한다.
② 자료의 수집은 주로 설문조사를 활용한다.
③ 학생의 입장에서 현실 상황을 이해하도록 노력한다.
④ 전체적인 상황을 거시적으로 파악하는 데 역점을 둔다.

15 신교육사회학의 특징을 기술한 것으로 옳은 것은?
① 학교와 교육에 대한 경영적·효율적·기술적 접근을 강조한다.
② 교육과 사회불평등에 대한 재편성을 통해 평등과 자율을 추구한다.
③ 학업성취와 교육과정에 대해 객관주의적이고 심리적인 분석을 강조한다.
④ 교육내용에 있어서 과학적 탐구에 입각한 객관적·보편적 지식을 강조한다.

16 다음 중에서 신교육사회학의 교육과정에 대한 관점을 설명한 것으로 옳은 것을 모두 고르면?

> ㄱ. 학교의 교육과정을 지배집단의 이해관계를 반영하고 지배집단의 이권을 세대에 걸쳐 유지하는 실질적인 도구로 파악하고 있다.
> ㄴ. 학교의 교육과정이 지배집단의 자녀들이 학업성취를 용이하게 함으로써 그들의 기득권을 유지시키는데 기여하고 있다고 주장하였다.
> ㄷ. 교육의 불평등 원인에 대한 연구로써, 사회평등구현을 위한 수단으로 학교교육과정에 대한 적극적 관심에 출발한 연구이다.
> ㄹ. 학교의 교육과정을 현대의 업적주의이념을 바탕으로 한 장래의 직업적·사회적 지위를 배분하는 사회적 선발기관으로 여긴다.

① ㄱ
② ㄱ, ㄴ
③ ㄱ, ㄴ, ㄷ
④ ㄱ, ㄴ, ㄷ, ㄹ

17 비판적 교육과정 사회학자들의 지식관을 다음에서 골라 바르게 묶은 것은?

> ㄱ. 학교의 지식은 사회성과 지식의 존재구속성, 그리고 상대성이 특징이다.
> ㄴ. 학교의 지식은 국가 사회에 꼭 필요한 것들로 구성되어 있다.
> ㄷ. 학교의 필수적인 지식들은 학생들에게 다가올 미래를 준비시키는 내용이다.
> ㄹ. 교과간의 관계는 임의적이고 인위적이며 교육을 통제하는 집단의 편의와 이익을 위하여 존재한다.

① ㄱ, ㄴ
② ㄴ, ㄷ
③ ㄷ, ㄹ
④ ㄱ, ㄹ

18 번스타인(B. Bernstein)은 사회집단에 의해 구성된 언어모형 중 어떤 모형은 학교에서 지식의 전달에 채택이 되고 어떤 모형은 배제되고 있다는 것을 주장하였다. 다음 중 학교에서 사용되는 어법에 관한 설명으로 가장 옳은 것은?

① 모든 학생들이 공통적으로 사용한다.
② 아동을 차별적으로 사회화하는 도구이다.
③ 보편적이고 객관적인 성격을 띠고 있다.
④ 학생들의 보편적 사회화의 도구이다.

19 다음의 내용과 관련 깊은 학자는?

> 진석은 대화할 때, 논리적이며 추상적이고 문법과 문장 규칙이 정확한 정교화된 언어를 구사하고 있다. 이와 달리 철수는 문법과 문장이 부정확하고 의미가 분명하지 않은 제한된 언어를 사용하고 있다. 이러한 언어 능력 차이로 인해 학교에서 진석은 철수보다 학업 성적이 우수한 것으로 나타났다.

① 영(M. F. D. Young)
② 애플(M. Apple)
③ 번스타인(B. Bernstein)
④ 콜린스(R. Collins)

20 맥닐(J. McNeil)은 학교 교육의 두 가지 과제(지식 전달과 학생 규율)가 어떻게 관련을 맺어 미국 특유의 교수방법이 나타나게 되는 지를 다음과 같이 분석하였다. 이것이 결과적으로 초래하는 교육의 사회적 현상을 바르게 해석한 것은?

> 교사들이 학생들의 불만으로 최소한으로 줄여 학습의 질서를 유지하기 위해 단편화, 신비화, 생략, 방어적 단순화로 특징지을 수 있는 교수방법을 사용하게 된다는 점을 발견하였다. 이유는 빈약한 처우 수준을 무릅쓰면서까지 학생들에게 지적 자극을 줄 경우 학습에서 벌어질 토론과 무질서를 정돈할 수고를 하고 싶어 하지 않기 때문이라고 하였다.

① 교사들의 사회적 처우에 개선을 가져왔다.
② 정치·경제의 재생산에 기여하게 되었다.
③ 학교의 교육여건이 현저하게 개선되었다.
④ 학생들의 보편적 사회화에 도움이 되었다.

교육사회학 진도별 모의고사

1. 블라우(P. Blau)와 던컨(O. Duncan)의 '지위 획득 모형'에서 지위 획득에 가장 큰 영향을 미치는 요인은?
   ① 본인의 교육 수준
   ② 본인의 첫 번째 직업
   ③ 아버지의 교육 수준
   ④ 아버지의 직업

2. 교육과 사회평등에 대해 다음과 같은 주장과 거리가 먼 이론인 것은?

   > ○ 교육은 위대한 평등 장치이다.
   > ○ 저소득층을 위한 적극적인 보상교육을 실시한다.
   > ○ 교육은 사회적 상승이동을 촉진함으로써 사회평등에 이바지 한다.
   > ○ 직업적 위세가 높은 부모를 둔 자녀들은 사회적 지위가 높은 사람을 의미 있는 타인으로 모델링하고 이들을 통해 교육적 직업적 포부수준이 높아진다.

   ① 기능주의
   ② 교육투자설
   ③ 평등화론
   ④ 사회 재생산 이론

3. 다음 중에서 갈등주의자들이 주장하는 개인의 사회계층이동을 가장 잘 나타낸 것은?
   (○: 거의 영향 없음; +: 다소 영향 있음; ++: 많은 영향 있음)

   ① 가정배경 —+— 사회적 지위
           +   +
           학교교육

   ② 가정배경 —○— 사회적 지위
           +   ++
           학교교육

   ③ 가정배경 —○— 사회적 지위
           +   ○
           학교교육

   ④ 가정배경 —++— 사회적 지위
           +   +
           학교교육

4 다음의 그래프는 카노이(M. Carnoy)가 제시한 시간의 흐름에 따른 학교급 단계의 수익률을 나타낸 것이다. 다음 중에서 교육의 기회균등과 사회평등과 관련하여 그 의미를 적절하게 제시한 것은?

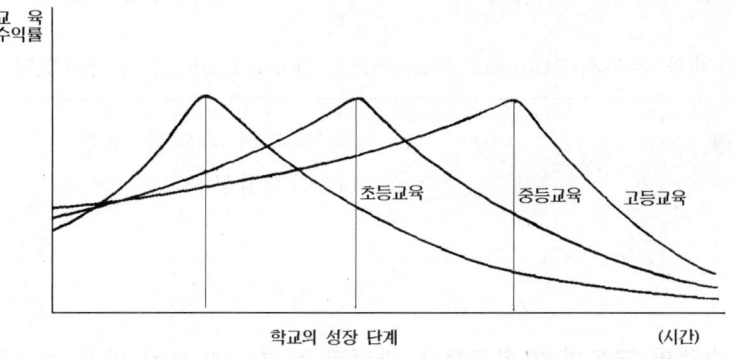

(단, 그래프상의 초등, 중등, 고등교육 표시는 보편화시점)

① 사회평등과 교육의 기회확대는 관련이 거의 없다.
② 사회계층별로 같은 학교급은 교육수익률의 차이가 없다.
③ 하류층에 대한 교육의 기회확대는 사회평등에 공헌하다.
④ 교육의 기회확대는 사회평등과 수익률에 큰 영향을 준다.

5 다음은 라이트와 페론(Wright & Perrone)의 교육 연한에 따른 고용주와 노동자간의 연간 소득의 차이를 분석한 그래프이다. 이것이 교육과 사회평등에 관해 주는 시사점으로 가장 옳은 것은?

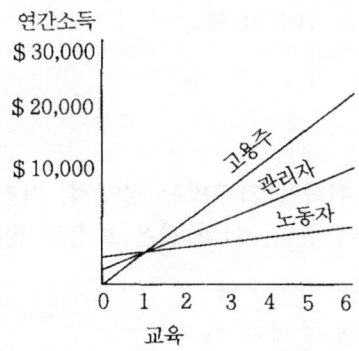

① 교육이 사회평등에 공헌하고 있다.
② 교육은 기존의 계급구조를 재생한다.
③ 사회평등과 교육은 아무런 관련이 없다.
④ 사회평등을 위해 교육을 반드시 받아야한다.

6 다음 내용을 포괄하는 '교육과 사회평등' 이론은?

> ○ 사회자본론에 근거한 이론이다.
> ○ 학생의 교육 및 직업에 대한 기대와 포부가 제도적으로 권위 있는 사람과 사회적 관계형성에 관련된다.
> ○ 스탠튼-살라자와 돈부시(Staneon-Salazar & Dornbusch)가 주장하였다.

① 지위획득 모형 ② 교육의 수익률 모형
③ 연줄모형 ④ 인간자본론

7 허용적 평등수준의 교육의 기회균등에 관련된 설명으로 옳지 않은 것은?

① 교육적 선발은 최종적인 만기 선발을 하여야 한다.
② 특정집단에게만 교육의 기회가 주어지는 것을 반대한다.
③ 모든 사람이 각기 능력에 따른 교육의 기회를 주어야 한다.
④ 교육을 받아야할 양은 그의 능력에 비례한다고 주장한다.

8 교육의 기회균등이론 중에서 보장적 평등에 대한 설명으로 옳은 것은?

① 중등수준의 교육이 보편화되는 단계이다.
② 학교간의 모든 교육조건을 균등하게 한다.
③ 사회구조의 불평등해소가 교육평등의 조건이다.
④ 사회계층 간의 교육의 불평등을 완전히 해소할 수 있었다.

9 교육의 평등을 실현하기 위해 취학을 가로막는 경제적, 지리적, 사회적 제반 장애를 제거해 줌으로써 취학을 보장해 주어야 한다. 이와 같은 보장적 정책에 대한 설명으로 옳은 것은?

① 학교간의 차이가 성적의 차이를 가져온다.
② 능력에 따라 교육기회를 보장해 주어야 한다.
③ 사회계층 간의 교육의 불평등이 현저히 개선되었다.
④ 학습결과에 대한 평등도 보장해 주어야 한다.

10 다음 중에서 교육조건의 평등에 관한 가장 적절한 주장은?
① 상급학교 진급의 균등화를 위해 학교간이 차이를 없애야 한다.
② 교육의 기회의 확대를 위해 교육제도를 단선화 해야 한다.
③ 모든 사람에게 능력에 따라 교육의 기회를 균등하게 해야 한다.
④ 학교를 다니는 것만이 아니라 학습의 결과까지를 균등하게 해야 한다.

11 교육조건의 평등 수준에서 교육의 기회균등에 대해 바르게 제시한 것은?
① 입시교육의 해소방안으로 학생을 각 학교에 균등하게 배분한다.
② 학생들의 가정배경에서 오는 문화 실조 현상을 예방하자는 것이다.
③ 학생들의 교과 성적의 차이에 따른 차별교육을 반대하는 것이다.
④ 학교여건의 차이가 상급학교의 기회분배에 영향을 줄 수 있다는 것이다.

12 콜맨(J. S. Coleman)의 교육불평등에 관한 보고서인 「교육기회의 균등」에서 도출된 연구결과로 적절하지 않은 것은?
① 이 연구결과로 인해 보상교육정책이 수립되었다.
② 학교의교육여건이 학업성취도에 큰 영향을 미치지 않는다.
③ 학생들의 친구집단은 학업성적 차이에 별다른 영향을 주지 않는다.
④ 학교에서 불우한 계층의 열등한 학업성취는 고착되고 강화되는 경향이 있다.

13 교육의 기회균등과 교육격차에 관한 콜맨(J. S. Coleman)의 연구보고서에서 학업성취에 있어서 가장 중요한 요인이라고 본 것은?
① 학생의 가정환경　　　　　② 학교 시설
③ 교사의 자질　　　　　　　④ 교육과정의 질

14 다음과 같은 특징을 지닌 교육의 기회균등의 단계는?

> ○ 우수한 학생보다 열등한 학생에게 더 좋은 교육조건을 제공한다.
> ○ 저소득층에 대해서 문화실조를 예방하기 위한 교육을 시행한다.

① 허용적 평등 ② 보장적 평등
③ 조건의 평등 ④ 보상적 평등

15 "교육의 결과는 평등해야 한다."는 평등론적 교육사회학의 입장으로 인하여 나타날 수 있는 교육의 직접적인 변화하고 보기 어려운 것은?

① 무상교육이 확대된다.
② 사회적 약자의 성공가능성이 높아진다.
③ 전체국민의 평생학습 총량이 늘어난다.
④ 취학전 어린이들을 위한 보상교육이 확대된다.

16 교육의 기회평등의 여러 관점을 설명한 것으로 가장 적절한 것은?

① 도시와 농촌의 교육의 격차는 교육의 결과의 불평등에서 찾을 수 있다.
② 허용적 평등이론은 교육받을 능력에 있는 사람에게 여건을 마련해 주는 것이다
③ 보장적 수준의 평등은 교육기회의 확대와 기회분배 개선에 크게 이바지하였다.
④ 허용적 평등은 타고난 능력에 따라 교육의 기회를 적절히 분배해야 한다는 것이다.

17 다음의 (가)와 (나)에 해당되는 교육의 평등관은?

(가)	(나)
• 허용적 평등만으로는 교육평등의 실현에 어려움이 있다. • 경제적 능력이 없는 사람에게도 교육기회를 주자는 입장이다. • 수학능력은 있으나 경제적·사회적·장소적 장애요인을 제거해 주자는 입장이다.	• 사회정의, 공정성을 추구하기 위한 평등이다. • 능력이 낮은 학생에게 교사가 더 많은 시간과 노력을 기울여야 한다는 원리이다. • 역차별의 원리를 적용시킨 교육평등관이다.

	(가)	(나)
①	보상적 평등	보장적 평등
②	보상적 평등	허용적 평등
③	과정적 평등	보상적 평등
④	보장적 평등	보상적 평등

18 다음 중 '능력주의' 관점에서 교육의 불평등 원인은?

① 타고난 지능에 차이에서 찾는다.
② 불평등한 사회구조에서 찾는다.
③ 혈연, 지연 등에서 기인한 이다.
④ 가정의 문화 환경의 결핍에서 찾는다.

19 다음의 내용과 가장 밀접한 사상적 경향은?

○ 공립학교의 비효율적 운영의 근본 원인은 학교교육체제내의 획일적 통제에 있으며, 이것은 선택과 경쟁이라는 방식을 통해 해결될 수 있다.
○ 새로운 학교형태를 도입하여 학교 간의 경쟁을 강화하고, 민간 주도의 교육서비스를 확대한다.

① 낭만주의 ② 생태주의
③ 신자유주의 ④ 신마르크스주의

20 '자율성의 확대와 경쟁의 강화'를 원칙으로 교육개혁이 이루어져야 한다는 주장에 가장 부합하는 것은?

① 무상 의무교육의 확대 ② 유치원 교육의 공교육화
③ 자립형 사립고등학교의 확대 ④ 대학 입시에서의 지역 할당제 도입

제4회 교육사회학 진도별 모의고사

1 교육의 불평등을 '문화환경'에서 찾았을 때, 그 설명으로 가장 적절한 것은?
① 학생들의 학업성적의 차이는 아동이 처한 환경 때문이다.
② 학생들 각자는 누구나 나름대로 독특한 능력을 타고난다.
③ 가정배경은 학생들의 지능지수에 별다른 영향을 주지 못한다.
④ 학생들의 학업성적을 결정하는 가장 중요한 요인은 학교의 조건이다.

2 다음 중에서 젠크스(C. Jenckes)와 동료학자들의 연구인 『불평등』에 근거하여볼 때, 학생의 학업성취에 가장 큰 영향을 주는 2가지 요인을 고르면?

ㄱ. 가정의 사회경제적 배경	ㄴ. 학생의 인지적 능력
ㄷ. 교사의 질	ㄹ. 학교의 물리적 시설 및 환경
ㅁ. 능력별 반편성	

① ㄱ, ㄴ ② ㄱ, ㄹ
③ ㄷ, ㅁ ④ ㄹ, ㅁ

3 다음 사례에 나타난 학업성취도와 가정환경의 관계를 가장 잘 설명해 주는 이론은?

> 진영이의 학업성적은 매우 우수하다. 사실 진영이의 가정은 경제적으로 어렵고, 부모님의 교육 수준도 낮은 편이다. 그렇지만 부모님이 자녀교육에 대해 관심과 열의가 높아서, 평소 진영이의 공부를 잘 도와주는 것은 물론 대화도 자주 나눈다. 진영이는 이러한 부모님이 있어서 든든하다.

① 콜먼(J. Coleman)의 사회자본론
② 콜린스(R. Collins)의 계층경쟁론
③ 뒤르껭(E. Durkheim)의 아노미이론
④ 애플(M. Apple)의 문화적 헤게모니론

4 학업성취 결정요인 중 하나인 가정배경은 경제자본, 문화자본, 사회자본, 인간자본 등으로 구성된다. 이 가운데 사회자본의 예로 가장 적절한 것은?

① 부모의 경제적 지원 능력
② 부모의 지적 능력 또는 교육 수준
③ 가정에서 형성된 취향이나 심미적 태도
④ 부모와 자녀 사이의 상호 신뢰와 유대감

5 호퍼(E. Hopper)의 교육선발 분류 방식에 의하면, 우리나라 대학 수학능력시험의 성격은 어느 것에 해당하는가?

① 조기 선발
② 선발 대상의 특수주의
③ 선발 기준의 집단주의
④ 형식성이 강한 선발

6 학교팽창에 관한 '학습욕구이론'에 대한 설명으로 옳은 것은?

① 학교팽창의 원인을 자본가 계급의 이익을 추구하는데서 찾는다.
② 하급학교 학습욕구를 충분히 충족시켜 주어야 한다는 전제가 필요하다.
③ 직업사회의 지식과 기술수준이 날로 향상됨으로 학력상승이 일어난다.
④ 학교팽창의 원인을 국가유지와 보존과 정치적 통합의 필요성에서 찾는다.

7 다음 〈표〉는 연도별 취업인구의 직업 분포의 추이를 나타낸 자료이다. 이 자료의 내용에 가장 합당한 학력상승이론은?

직 업	연 도						
	1955	1965	1975	1980	1985	1990	1995
전문, 기술직	1.6	2.8	3.5	5.3	7.3	8.7	10.3
농림, 수산, 수렵직	79.5	56.8	46.9	34.0	24.6	18.1	14.6

① 학습욕구이론
② 기술·기능이론
③ 지위경쟁이론
④ 국민통합이론

8 다음과 같은 내용으로 비판을 받고 있는 학력 상승의 이론은?

> ○ 직장에서 담당하고 있는 일의 수준이 학력 수준에 비하여 낮은 경우가 있다.
> ○ 직장에서 담당하고 있는 역할이 대학에서 전공하지 않은 분야의 일인 경우가 많다.

① 지위경쟁이론　　　　　　　② 기술·기능이론
③ 학습욕구이론　　　　　　　④ 국민통합론

9 슐츠(T. Schultz)의 인간자본론과 가장 근접한 학교팽창이론은?
① 학습욕구이론　　　　　　　② 지위경쟁이론
③ 기술기능이론　　　　　　　④ 신마르크스이론

10 다음 중에서 학교교육의 팽창에 관한 지위경쟁이론과 관련된 요소들로만 묶여져 있는 것은?

> ㄱ. 교육의 사회경제적 지위획득 수단
> ㄴ. 사회적 지위집단간의 갈등
> ㄷ. 교육의 본질적인 기능 중시
> ㄹ. 교육의 공급자 입장을 충분히 고려
> ㅁ. 엘리트문화에 대한 일반 대중의 반응

① ㄱ, ㄴ, ㄷ　　　　　　　② ㄱ, ㄴ, ㄹ
③ ㄱ, ㄴ, ㅁ　　　　　　　④ ㄱ, ㄹ, ㅁ

11 다음 중에서 지위경쟁이론과 관계되는 것만으로 묶여진 것은?

> ㄱ. 입시위주의 교육　　　　ㄴ. 교육재정의 압박
> ㄷ. 교육의 질적 상승　　　　ㄹ. 교육받은 실업자 증가
> ㅁ. 상급교육의 무시　　　　ㅂ. 학습과정의 형식화

① ㄱ, ㄴ, ㄷ, ㅁ　　　　　② ㄱ, ㄴ, ㄹ, ㅂ
③ ㄱ, ㄴ, ㄹ, ㅁ　　　　　④ ㄱ, ㄴ, ㅁ, ㅂ

12 다음의 내용과 관련된 학교 팽창의 원인과 가장 관련이 있는 것은?

> ○ 사립대학교의 대부분은 종교적 신념이나 설립자 정신을 보급시킬 목적으로 설립이 된다.
> ○ 학교는 권력 있는 지위집단이 그들의 자녀들에게 특정한 문화적 가치를 전수시키기 위해 설립된다.

① 대학을 들어가야 생산에 필요한 월등한 기술을 지닐 수 있다.
② 학교의 팽창은 지배집단이 이익을 도모하기 위해 필수적이다.
③ 하류층 계급도 지배문화 갖기 위해서는 대학에 진학해야한다.
④ 대학을 통한 고등기술의 습득은 높은 수입을 보장받을 수 있다.

13 다음의 특징을 포괄하는 학력 상승 이론은?

> ○ 졸업장은 공인된 품질 보증서
> ○ Dore의 '졸업장병'(Diploma disease)
> ○ Collins는 학력에 따른 임금 격차를 신임장 효과(credential effect)라고 함

① 인간 자본론   ② 국민 통합론
③ 지위경쟁이론   ④ 기술·기능이론

14 신마르크스적 관점에서 학력상승의 원인을 가장 적절하게 제시한 것은?

① 지배계급의 이익을 위해 비롯되었다.
② 고학력에 대한 개인의 열망에서 비롯된다.
③ 조직내의 직위간의 지위경쟁으로부터 기인한다.
④ 민족국가 형성이라는 정치적 요인에서 비롯되었다.

15 학교의 팽창을 정치단위인 국가의 이데올로기 통합에서 찾는 '국민통합론'의 특징을 설명한 것으로 옳지 않은 것은?

① 학교팽창에 관한 기능이론 및 지위경쟁이론을 비판한다.
② 오늘날 고등교육의 팽창에 관한 근거를 제공해준다.
③ 공업화와 산업인력과 관련된 학교팽창을 인정한다.
④ 교육의 정치적 이데올로기 형성 기능을 중요시한다.

16 다음 중에서 교육의 팽창에 대한 '국민통합론적 관점'을 모두 고르면?

ㄱ. 정치적 측면의 이론   ㄴ. 경제적 측면의 이론
ㄷ. 고등교육의 팽창   ㄹ. 공교육제도 확대
ㅁ. 보통교육제도   ㅂ. 국가적 이데올로기

① ㄱ, ㄴ, ㄷ, ㅁ ② ㄴ, ㄷ, ㅁ, ㅂ
③ ㄴ, ㄷ, ㄹ, ㅂ ④ ㄱ, ㄹ, ㅁ, ㅂ

17 학력상승에 대한 사회학적 주장이 바르게 연결된 것은?

① 인간자본론 - 자본가 계급의 요구에 의한 무상의 교육의 확대
② 기술기능이론 - 지적 욕구의 추구
③ 지위경쟁이론 - 졸업장병
④ 학습욕구이론 - 과학기술의 발달

18 인간 발달에서 요구되는 문화적 요소의 결핍·과잉 및 시기적 부적절성에서 지적·사회적·인간적 발달상실을 나타내는 것은?

① 문화접변 ② 문화기대
③ 문화실조 ④ 문화지체

19 다음 내용이 가리키는 문화변화의 현상은?

○ 휴대폰을 많이 사용함으로써 생활이 편리해졌지만, 무분별한 사용으로 인해 타인에게 불쾌감을 주는 경우가 자주 발생한다.
○ 자동차 보급률은 급속하게 증가되고 있지만, 안전 운행에 대한 운전자들의 교통 의식은 제자리에 머물고 있다.

① 문화전승 ② 문화접변
③ 문화실조 ④ 문화지체

20 문화변화와 교육 간의 관계에 대한 설명으로 옳지 않은 것은?
① 문화전파는 모든 종류의 문화모방, 문화차용, 문화전이 등을 포함하는 개념이다.
② 문화접변은 한 문화가 다른 문화와 장기간 접촉하여 한쪽 또는 양쪽의 문화가 변하는 현상을 말한다.
③ 문화실조는 문화의 구성부분 간의 변동의 차이로 말미암아 생기는 문화격차에서 오는 현상이다.
④ 문화기대는 문화가 그 속에 태어난 개인에게 그와 같은 생활방식 또는 그 행동방식으로 행동할 것을 기대하고 요구하는 것이다.

제5회 교육사회학 진도별 모의고사

1 성인교육(Andragogy)의 기본 전제를 다음에서 모두 고르면?

> ㄱ. 학습욕구에 대한 필요성 인지
> ㄴ. 축적된 학습자의 경험의 학습자원화
> ㄷ. 직업획득, 승진 등 강력한 외적 동기
> ㄹ. 자기주도성의 지속적인 향상 및 축적

① ㄱ, ㄴ
② ㄴ, ㄷ
③ ㄱ, ㄴ, ㄹ
④ ㄱ, ㄴ, ㄷ, ㄹ

2 성인교육 원리에 대한 노올즈(M. Knowles)의 견해로 바르지 않은 것은?

① 문제중심학습
② 경험중심학습
③ 의미 있는 학습경험
④ 표준화된 교육과정

3 성인교육의 특징에 관한 린드만(E. Lindeman)의 주장과 관련이 없는 것은?

① 경험에 기반을 둔 학습의 흥미와 필요성
② 실제적인 생활중심 지향적인 학습경험
③ 연령 증가에 따른 개인차의 점진적 감소
④ 자신의 삶을 스스로 주도해 가는 자기주도성

4 성인교육(Andragogy)에 대한 특징으로 옳은 것은?

① 학습에 있어서 학습자 주도적이다.
② 강의식 교수법이 주된 방법이다.
③ 미래지향적 학습지향성을 갖는다.
④ 학습자는 교사에게 의존하는 경향성이 강하다.

5 평생교육에 대한 랑그랑(P. Lengrand)의 견해와 가장 부합하는 것은?

① 사회적 인재를 선발하고 배치한다.
② 사회문화의 정수를 뽑아 전수한다.
③ 전문교육을 제외한 일반교양교육이다.
④ 사회 전체가 교육의 기회를 제공한다.

6 다음 중에서 1965년 랭그랑(P. Lengrand)이 성인교육추진 국제회의에서 제시한 평생교육이념과 구현방향을 모두 고르면?

> ㄱ. 전생애를 통한 교육의 기회제공
> ㄴ. 인간발달의 통합을 위한 다양한 교육 통합
> ㄷ. 노동일수 조정, 교육휴가, 문화 휴가 등의 조치
> ㄹ. 학교의 지역사회학교 및 지역문화센터로서 역할 권장

① ㄱ, ㄴ   ② ㄴ, ㄷ
③ ㄱ, ㄴ, ㄷ   ④ ㄱ, ㄴ, ㄷ, ㄹ

7 다음 중에서 평생교육의 사회적인 필요성 제시한 것으로 옳은 것을 모두 고르면?

> ㄱ. 지식과 기술이 폭발적으로 증가하고 있다.
> ㄴ. 고도산업화에 따른 인간소외, 비인간화 경향이 심각한 문제로 등장하였다.
> ㄷ. 지식편중 교육으로 인한 전인교육의 왜곡을 극복하기 위함이다.
> ㄹ. 학력위주의 사회에서 능력위주의 사회로 변화되고 있다.

① ㄱ, ㄷ   ② ㄴ, ㄷ
③ ㄴ, ㄷ, ㄹ   ④ ㄱ, ㄴ, ㄹ

8 다음 중에서 평생교육의 내적 필요성으로만 짝지어진 것은?

> ㄱ. 국제화·개방화 시대에 국가경쟁력 강화
> ㄴ. 학벌위주의 사회에서 능력위주의 사회로 전환
> ㄷ. 관료조직에 의한 강제적 교육의 실시에 대한 개선
> ㄹ. 지식편중 교육에 의한 전인 교육의 파행적 운영의 개선

① ㄱ, ㄴ, ㄹ
② ㄴ, ㄷ, ㄹ
③ ㄱ, ㄴ, ㄷ, ㄹ
④ ㄷ, ㄹ

9 다음 중에서 평생교육의 기본 원리에 대한 설명으로 적절한 것을 모두 고르면?

> ㄱ. 교육의 평등성과 민주성을 기본 이념으로 한다.
> ㄴ. 인생의 각 단계에 교육의 계속성을 추구해야 한다.
> ㄷ. 학습의 내용, 방법에 있어 신축성과 다양성을 중시해야 한다.
> ㄹ. '모든 사람을 위한 교육'이 이루어질 때까지 학교교육의 기회가 확대되어야 한다.

① ㄱ
② ㄱ, ㄴ
③ ㄱ, ㄴ, ㄷ
④ ㄱ, ㄴ, ㄷ, ㄹ

10 기능적 문해(functional literacy) 교육의 의미 가장 가까운 것은?

① 초등 단계를 지나 중등 단계에서도 이루어져야 한다.
② 교양 교육에 머물지 말고 기술 교육과 통합되어야 한다.
③ 국제 경쟁력이 있는 기능인을 양성하는 데 핵심적인 기여를 해야 한다.
④ 일상생활에 필요한 기본 능력을 두루 갖추어 주는 교육이 되어야 한다.

11 평생교육에 대한 설명 중 틀린 것은?

① 발달과업에 따른 계속적 학습을 중시한다.
② 명제적 지식을 방법적 지식보다 중시한다.
③ 정규교육에 대한 비판으로 평생교육이 등장하였다.
④ 궁극적 목적은 개인 및 사회공동체 차원의 삶의 질 향상이다.

12 데이브(R. H. Dave)가 주장하는 평생교육의 특징 가운데 다음의 내용에 해당하는 것은?

> 평생교육은 개인적·사회적 양차원에서 인간의 삶의 질을 나선형으로 향상시킨다는 목적에서 학교뿐만 아니라 학교 밖에서 이루어지는 모든 교육에 정통성을 부여해야 한다.

① 전체성 ② 통합성
③ 융통성 ④ 민주성

13 데이브(R. H. Dave)는 평생교육의 개념적 특성을 다양하게 제시 하였다. 다음의 내용과 관련된 평생교육의 개념적 특징은?

> 형식적·비형식적 교육 또는 일반교육과 직업교육분야가 고루 안배된 교육과정을 마련하여 학습자가 언제든지 학습할 수 있는 환경을 마련해 주어야 한다.

① 전체성(totality) ② 교육기회(opportunity)
③ 교육동기(motivation) ④ 교육력(educability)

14 데이브(R. Dave)가 제시한 평생교육이 개념적 특징 중 다음 글과 가장 관련이 있는 것은?

> 최대의 학습효과를 올리기 위하여 자기주도 학습을 도모하되, 이를 위하여 학습방법, 평가방법 등의 개선에 주목한다.

① 전체성(totality)
② 융통성(flexibility)
③ 기회와 동기부여(opportunity and motivation)
④ 교육가능성(educability)

15 다음 중에서 유네스코(UNESCO) 보고서 「학습 : 내재된 보물(Learning: The Treasure Within)」(1996)에 제시된 평생교육의 '네 가지 기둥(4 pillars)'을 고르면?

> ㄱ. 알기 위한 학습(learning to know)
> ㄴ. 존재하기 위한 학습(learning to be)
> ㄷ. 행동하기 위한 학습(learning to do)
> ㄹ. 활력화를 위한 학습(learning to empower)
> ㅁ. 함께 살기 위한 학습(learning to live together)

① ㄱ, ㄴ, ㄷ, ㅁ ② ㄱ, ㄴ, ㄹ, ㅁ
③ ㄱ, ㄷ, ㄹ, ㅁ ④ ㄴ, ㄷ, ㄹ, ㅁ

16 다음 중에서 평생교육의 이론적 배경인 「학습사회이론」에 대한 기구나 학자의 주장이 바르게 진술된 것을 고르면?

> ㄱ. 유네스코는 1972년에 '소유를 위한 학습(learning to have)'을 강조하는 학습사회를 주장하였다.
> ㄴ. 허친스(R. Hutchins)는 노동시장의 변화에 대응한 인적자원 개발을 강조하는 학습사회를 주장하였다.
> ㄷ. 카네기 고등교육위원회는 1973년 직업교육을 포함시키는 광의의 입장의 학습사회를 강조하였다.
> ㄹ. 일리치(I. Illich)는 학습자원을 쉽게 활용할 수 있도록 지역 차원의 연계된 학습망에 기초한 학습사회를 주장하였다.

① ㄱ, ㄴ ② ㄱ, ㄷ
③ ㄴ, ㄷ ④ ㄷ, ㄹ

17 평생교육제도 가운데 순환교육(recurrent education)에 대한 설명으로 잘못된 것은?

① 유급 교육휴가제는 순환교육 제도 가운데 하나이다.
② 교육-노동-여가활동의 순환적 반복이 가능한 교육제도이다.
③ 학교에서의 학습과 일터에서의 학습이 상호 보완적으로 이루어진다.
④ 유네스코(UNESCO)에서 저개발국의 교육 발전을 지원하기 위한 목적으로 제안하였다.

18 경제협력개발기구(OECD)에 의하여 구상된 혁신적 교육프로그램으로, 사회에 진출한 사람들을 다시 정규교육 기관에 입학하게 하여 재학습의 기회를 주는 교육은?
① 존재를 위한 교육 ② 순환교육
③ 학습사회 이론 ④ 생애교육

19 우리나라의 평생학습도시 사업에 대한 설명으로 옳지 않은 것은?
① 평생학습도시는 광역시·도마다 한 곳씩 선정한다.
② 전국평생학습도시협의회를 두어 연계·협력할 수 있다.
③ 주민자치센터를 기초단위 평생교육의 장으로 활용하고 있다.
④ 평생학습도시로 선정되면 지방자치단체의 대응투자를 원칙으로 국고가 지원된다.

20 우리나라『평생교육법』에 규정된 평생학습도시에 관한 규정으로 옳지 않은 것은?
① 국가는 지역사회의 평생교육 활성화를 위하여 특별자치시, 시·군 및 자치구를 대상으로 평생학습도시를 지정 및 지원할 수 있다.
② 평생학습도시 간의 연계·협력 및 정보교류의 증진을 위하여 전국평생학습도시협의회를 둘 수 있다.
③ 전국평생학습도시협의회의 구성·운영에 필요한 사항은 교육부령으로 정한다.
④ 평생학습도시의 지정 및 지원에 필요한 사항은 교육부장관이 정한다.

제6회 교육사회학 진도별 모의고사

1 평생학습도시에 대한 설명으로 옳은 것은?

① 평생학습도시의 효시는 1968년 애들러(M. Adler)가 학습 사회론을 제창하면서 부터이다.
② 1979년에 평생학습도시를 최초로 선언한 도시는 영국의 뉴캐슬이다.
③ 평생학습도시의 유형 중 '산업혁신형'은 지방자치단체가 종합적으로 광범위한 재생 전략을 기본 특징으로 하는 도시이다.
④ 우리나라의 경우 1999년 경기도 광명시가 최초로 평생학습도시를 선언한 후 국가 단위의 학습도시사업이 전개되고 있다.

2 다음의 설명에 해당하는 평생교육제도 모형은?

- 사상적 기초는 개인주의이다.
- 교육에 드는 비용은 학습자가 주로 부담한다.
- 교육에 대한 국가 통제력은 약하다.

① 시장모형　　　　　　　　② 통제모형
③ 복지모형　　　　　　　　④ 사회주의모형

3 성인학습 이론 중 다음의 특성에 가장 부합되는 이론은?

- 경험, 비판적 성찰, 발달이 핵심 요소이다.
- 학습자의 내부에서 발생하는 인지적 과정을 집중적으로 규명한다.
- 자신을 구속하는 자기 신념, 태도, 가치로부터 자신을 해방시킨다.

① 실천학습(action learning)
② 경험학습(experience learning)
③ 전환학습(transformative learning)
④ 자기주도학습(self-directed learning)

4 다음 중에서 현행 「평생교육법」에서 규정한 정규교육과정을 제외한 조직적인 교육활동의 범주를 모두 고르면?

┌───┐
│ ㄱ. 학력보완 교육   ㄴ. 성인문해 교육   │
│ ㄷ. 직업능력 향상교육   ㄹ. 성인 진로개발 역량향상 교육 │
└───┘

① ㄱ, ㄴ
② ㄱ, ㄷ
③ ㄱ, ㄴ, ㄷ
④ ㄱ, ㄴ, ㄷ, ㄹ

5 다음 중에서 현행 「평생교육법」에 규정되어 있는 "평생교육기관"에 해당하는 것을 골라 바르게 묶은 것은?

┌───┐
│ ㄱ. 현행법에 따라 인가·등록·신고 된 시설·법인 또는 단체 │
│ ㄴ. 평생직업교육을 실시하는 학원   │
│ ㄷ. 학교교과 교습을 실시하는 학원   │
│ ㄹ. 유치원에서 실시하는 유아교육   │
└───┘

① ㄱ, ㄴ
② ㄱ, ㄷ
③ ㄴ, ㄷ
④ ㄷ, ㄹ

6 현행 『평생교육법』에 규정된 "문해교육"의 의미를 바르게 설명한 것은?

① 교양교육과 전문교육을 포함하는 교육을 의미한다.
② 일상생활을 영위하는 데 필요한 문자해득교육만을 의미한다.
③ 일상생활을 영위하는 데 필요한 직업적 전문교육을 의미한다.
④ 문자해득 능력, 기초생활능력 등을 갖출 수 있는 조직화된 교육을 말한다.

7 현행 『평생교육법』에 규정되어 있는 평생교육 이용권에 대한 설명으로 옳은 것은?

① 주로 저소득층에 대한 교육비 지원을 위해 제공된다.
② 국가와 지방자치단체는 이용하고자 하는 사람의 신청을 받아 평생교육이용권을 발급한다.
③ 평생교육 이용권은 평생교육이용권자가 언제, 어디서든지 이용할 수 있도록 현금으로 지급한다.
④ 평생교육 이용권의 발급에 관한 여러 가지 필요한 사항은 교육부령으로 정한다.

8 국민의 평생교육, 특히 취업자의 계속교육을 촉진하기 위해 개별적으로 취득한 학력, 학위, 자격 등 인증된 학습 경험과 학교 외 교육 등에서 얻은 학습 경험을 누적 기록, 관리하고 이를 객관적으로 인증하기 위한 제도는?

① 직업 능력 인증제도
② 독학 학위 취득 제도
③ 학습 계좌제도
④ 문하생학력 인증제도

9 현행 「평생교육법」에 규정된 평생교육사 제도에 대한 설명으로 옳지 않은 것은?

① 평생교육사의 자격증은 1급부터 3급 자격증이 있다.
② 평생교육사는 평생교육에 대한 기획·진행·분석·평가 및 교수업무를 수행한다.
③ 평생교육사는 현행 고등교육법에 규정된 정규대학에서만 양성할 수 있다.
④ 초·중·고등학교는 평생교육을 실시할 경우 평생교육사를 채용 할 수 있다.

10 우리나라의 현행 평생교육사 제도에 대한 설명으로 옳지 않은 것은?

① 교육부 장관은 거짓이나 부정한 방법으로 평생교육사 자격을 취득하거나 다른 사람에게 평생교육사의 명의를 사용하게 한 경우는 자격증을 취소하여야 한다.
② 평생교육사 2급은 대학 수준에서, 평생교육사 3급은 전문대학 수준에서 각각 양성한다.
③ 「학점인정 등에 관한 법률」에 따라 평가인정을 받은 학습과정을 운영하는 교육훈련기관에서도 평생교육사 자격 취득에 필요한 학점을 이수할 수 있다.
④ 평생교육사 1급은 평생교육사 2급 자격증을 취득한 후, 교육부장관이 정하는 평생교육과 관련된 업무에 5년 이상 종사한 경력이 있는 자로서 진흥원이 운영하는 평생교육사 1급 승급과정을 이수한 자가 취득할 수 있다.

11 현행 「평생교육법」에 '학교의 평생교육'과 '학교부설 평생교육시설'에 규정된 내용과 거리가 먼 것은?

① 각급학교의 장은 평생교육을 실시함에 있어서 평생교육의 이념에 따라 교육과정과 방법을 수요자 관점으로 개발·시행하도록 하며, 학교를 중심으로 공동체 및 지역문화 개발에 노력하여야 한다.
② 지역주민을 위한 평생교육프로그램은 영리를 목적으로 하는 법인 및 단체에게 위탁 운영을 할 수 있다.

③ 학교의 평생교육을 실시하기 위하여 각급학교의 교실·도서관·체육관, 그 밖의 시설을 활용하여야 한다.
④ 각급학교의 장은 학생, 학부모 및 지역주민들을 대상으로 교양 증진 또는 직업교육을 위한 평생교육 시설을 설치·운영할 수 있다.

12 다음 중에서 「평생교육법」에 규정된 '학교형태의 평생교육시설'에 관한 사항으로 옳은 것을 모두 고르면?

ㄱ. 학교형태의 평생교육시설 중 일정 기준 이상의 요건을 갖춘 평생교육시설에 대하여는 이를 고등학교졸업 이하의 학력이 인정되는 시설로 지정할 수 있다.
ㄴ. 학력인정 시설에는 교원을 둘 수 있으며, 이 경우 교원의 복무·국내연수와 재교육에 관하여는 별도 규정을 마련하여야 한다.
ㄷ. 전공과를 설치·운영하는 고등기술학교는 교육부장관의 인가를 받아 전문대학졸업자와 동등한 학력·학위가 인정되는 평생교육시설로 전환·운영할 수 있다.
ㄹ. 지방자치단체는 해당 지방자치단체의 조례가 정하는 바에 따라 예산의 범위 내에서 학력인정 평생교육시설에 필요한 보조금을 교부하거나 그 밖의 지원을 할 수 있다.

① ㄱ, ㄴ
② ㄴ, ㄷ
③ ㄱ, ㄷ, ㄹ
④ ㄱ, ㄴ, ㄷ, ㄹ

13 학교형태의 평생교육시설에 관해서 ㉠, ㉡에 들어갈 말로 옳은 것은?

○ 평생교육법 상 교육감은 학교형태의 평생교육시설 중 일정 기준 이상의 요건을 갖춘 평생교육시설에 대하여는 이를 (㉠)졸업 이하의 학력이 인정되는 시설로 지정할 수 있다.
○ 평생교육법 시행령 상 학력인정시설로 지정된 기관은 관할청의 승인을 받아 매 학년도를 (㉡)로 나누어 운영할 수 있다.

	㉠	㉡
①	전문대학	2학기
②	정규대학	2학기
③	중학교	4학기
④	고등학교	3학기

14 현행「평생교육법」에서 '사내대학형태의 평생교육시설'에 대한 규정이 바르게 제시된 것은?

① 사내대학은 교육감의 인가를 받아 사업장내에 설치할 수 있다.
② 전문대학과 동등한 학력과 학위만 인정되는 평생교육시설이다.
③ 해당 사업장의 협력업체 종업원도 교육 대상이 될 수 있다.
④ 교육비의 부담은 사업주와 종업원이 절반씩 부담한다.

15 다음 중에서 현행「평생교육법」에 규정된 '원격대학 형태의 평생교육시설'관한 규정이 바르게 제시된 것으로만 묶은 것은?

> ㄱ. 불특정 다수인을 대상으로 학습비를 받고 이를 실시하고자 하는 경우에는 대통령령으로 정하는 바에 따라 교육부장관에게 신고해야 한다.
> ㄴ. 전문대학 또는 대학졸업자와 동등한 학력·학위가 인정되는 원격대학형태의 평생교육시설을 설치하고자 하는 경우에는 대통령령으로 정하는 바에 따라 교육부장관에게 신고해야 한다.
> ㄷ. 교육부장관은 인가한 원격대학형태의 평생교육시설에 대하여는 평가를 실시하고 그 결과를 공개하여야 한다.
> ㄹ. 원격대학형태의 평생교육시설을 설치·운영하는 자와 그 시설에 대하여는「사립학교법」의 해당규정을 준용한다.

① ㄱ, ㄴ   ② ㄱ, ㄷ
③ ㄴ, ㄷ   ④ ㄷ, ㄹ

16 현행 우리나라 평생교육 제도에 대한 설명으로 옳지 않은 것은?

① 학습휴가제 – 평생학습 기회를 확대하기 위하여 소속 직원에게 유급 또는 무급의 학습휴가를 실시해야 한다.
② 평생교육이용권 – 국민에게 평생교육의 기회를 제공하기 위하여 신청을 받아 평생교육이용권을 발급할 수 있다.
③ 학습계좌제 – 평생교육을 촉진하고 인적자원의 개발·관리를 위해 국민의 개인적 학습경험을 종합적으로 집중 관리한다.
④ 독학학위제 – 시험에 응시할 수 있는 사람은 고등학교 졸업이나 이와 같은 수준 이상의 학력(學力)이 있다고 인정되는 사람이어야 한다.

17 학점은행제도에 대한 설명으로 옳은 것은?

① 표준교육과정은 학위의 종류에 따른 전공별로 정하되, 전문학사과정의 학위취득 최소이수학점은 130학점이다.
② 평가인정의 기준, 학점인정의 기준, 학위 수여요건에 대한 사항은 제도운영의 편이성 차원에서 교육부장관이 정한다.
③ 평생교육훈련기관이나 독학사 시험 및 독학시험 면제교육과정이수 등의 학습경험을 학점으로 인정하지만, 국가기술자격은 학점으로 인정하지 않는다.
④ 학교뿐 아니라 학교 밖에서 이루어지는 다양한 형태의 학습경험을 제도적 인정기준과 절차에 따라 평가하여 학점이나 학력 또는 국가자격 등과 같이 사회적으로 공인된 교육결과를 인정하는 제도이다.

18 「학점인정 등에 관한 법률」상 교육부장관이 그에 상당하는 학점을 인정할 수 있는 자에 해당하는 것을 모두 고르면?

> ㄱ. 외국이나 군사분계선 이북 지역에서 대학교육에 상응하는 교육과정을 마친 자
> ㄴ. 대통령령으로 정하는 자격을 취득하거나 그 자격 취득에 필요한 교육과정을 마친 자
> ㄷ. 「고등교육법」 제36조 제1항, 「평생교육법」 제32조 또는 제33조에 따라 시간제로 등록하여 수업을 받은 자
> ㄹ. 대통령령으로 정하는 시험에 합격하거나 그 시험이 면제되는 교육과정을 마친 자

① ㄱ, ㄴ
② ㄱ, ㄷ
③ ㄱ, ㄴ, ㄷ
④ ㄱ, ㄴ, ㄷ, ㄹ

19 다음 중에서 '독학학위제'에 대한 설명으로 옳지 않은 것은?

① 교양과정, 전공기초과정, 전공심화과정 등의 3개 인정 시험을 통과하면, 학사학위를 수여하는 제도이다.
② 학점은행제로 취득한 학점은 일정 조건을 갖추게 되면, 독학학위제의 시험 응시자격에 활용될 수 있다.
③ 고등학교 졸업이나 이와 같은 수준 이상의 학력(學力)이 있다고 인정되는 사람은 독학학제에 응시할 수 있다.
④ 교육부장관은 독학학위제의 시험 실시 권한을 평생 교육진흥원장에게 위탁하고 있다.

20 「독학에 의한 학위취득에 관한 법률」의 내용으로 옳은 것은?
① 교육감은 독학자에 대한 학위취득시험을 실시한다.
② 학위취득시험에 응시할 수 있는 사람은 중학교 졸업이나 이와 같은 수준 이상의 학력이 있다고 인정된 사람이어야 한다.
③ 일정한 학력이나 자격이 있는 사람에 대하여는 학위취득 종합시험을 면제할 수 있다.
④ 교육감은 학위취득 종합시험에 합격한 사람에게는 학위를 수여해야 한다.

교육심리학
진도별 모의고사

유길준 공무원 교육학
진도별 모의고사

제1회 교육심리학 진도별 모의고사

1 인간발달의 일반적인 원리를 제시한 것으로 적절한 것은?

① 발달은 연속적인 경향이 있다.
② 발달은 환경에 의해서 이루어진다.
③ 발달에는 일반적으로 가역성이 있다.
④ 발달은 각 영역이 독립적으로 발달한다.

2 인간발달은 생의 초기의 생리적 발달은 상당부분 예측할 수 있으나 점차 성숙하여 감에 따라서 발달에 대한 예측이 점차 어려워진다. 이와 같이 예언곤란성에 가장 큰 영향을 주는 요인은?

① 유전
② 생득적 반응
③ 성숙
④ 환경

3 다음과 같은 내용을 포괄하고 있는 인간발달의 제기제(諸機制)는?

> 개체의 성장과 발달 과정에서 이전의 단계에서 습득해야 할 행동특성을 일정 시간이 지난 후에 습득하려고 할 때, 전 상태의 행동지체를 극복하기가 매우 힘들어 진다.

① 적기성
② 불가역성
③ 기초성
④ 누적성

4 다음 인간발달의 원리로서 옳은 것은?

① 발달에는 다양한 방향과 순서가 있다.
② 발달은 부분적이며 점진적인 과정이다.
③ 발달은 전체적 반응으로부터 특수한 반응으로 분화·발달한다.
④ 발달은 나이가 많아짐에 따라 발달 경향의 예언이 점점 쉬워진다.

5 발달연구의 행동생물학적 접근의 주요관심사를 바르게 제시한 것은?

① 인간발달에 있어서 유전이 미치는 영향
② 사회문화가 다음 세대에 전달되는 방식
③ 환경에 의한 각인(imprinting)과 결정적 시기
④ 직계가족부터 넓은 사회 환경이 발달에 미치는 영향

6 브론펜브레너(U. Bronfenbrenner)는 직계가족의 관계에서 부터 보다 넓은 사회적 환경에 이르기 까지 환경의 다양한 측면들이 어떤 방식으로 아동의 발달에 영향을 주는지를 연구하며 환경적 체계를 제시하였다. 다음에 제시된 환경은 어떤 환경체계인가?

| 철수의 엄마는 철수가 다니는 학교의 참관수업이나 학교행사에 적극적으로 참여한다. 그리고 철수가 방과 후 집에서 하는 가정학습에 대해서도 관심이 많다. |

① 미시체계   ② 중간체계
③ 외체계   ④ 거시체계

7 다음 중에서 발달과업의 특성으로만 짝지어진 것은 어느 것인가?

| ㄱ. 발달 과업의 구성은 생물학적 발달과 관련되어 있다.
ㄴ. 발달의 과업은 질서와 계열을 지니고 있다.
ㄷ. 발달과업은 문화와 계층과 관계없이 동일하다.
ㄹ. 발달과업은 사회가 요구하는 특정규범과 관련이 있다. |

① ㄱ, ㄴ, ㄷ   ② ㄴ, ㄷ, ㄹ
③ ㄱ, ㄴ, ㄹ   ④ ㄱ, ㄷ, ㄹ

8 헤비거스트(R. J. Havighurst)의 발달과업 이론에서 다음과 같은 과업을 습득해야 할 단계는?

- 선악을 구별하는 것이 발달한다.
- 사회와 자연에 대한 간단한 개념을 습득한다.
- 성차의 인식과 이에 따른 행동양식의 학습이 시작된다.

① 유아기   ② 아동기
③ 청소년기   ④ 성년초기

9 헤비거스트(R. J. Havighurst)의 발달과업 이론에서 아동기에 성취해야할 발달 과업과 거리가 먼 것은?

① 인격적 독립성을 성취한다.
② 적절한 사회적 성역할을 습득한다.
③ 도덕성 및 가치척도가 발달한다.
④ 시민생활에 필요한 기능과 개념이 발달한다.

10 다음 중에서 헤비거스트(R. J. Havighurst)의 발달과업 이론에서 청소년기의 발달과업을 골라 바르게 묶은 것은?

ㄱ. 사회제도에 대한 태도 발달   ㄴ. 인격적 독립의 성취
ㄷ. 직업 선택 및 준비   ㄹ. 가치관 및 윤리체계의 형성

① ㄱ, ㄴ   ② ㄱ, ㄷ
③ ㄴ, ㄷ   ④ ㄷ, ㄹ

11 다음 중에서 준비성에 관련된 논쟁에서 자연적 성숙론에 관련된 것으로만 짝지어진 것은?

> ㄱ. 학습자의 생물학적 개념을 포함한다.
> ㄴ. 환경적 요인에 중점을 둔 이론이다.
> ㄷ. 학습과제는 아동의 현재 발달수준에 맞아야 한다.
> ㄹ. 학습자의 내재적 동기에 의존하는 경향이 있다.

① ㄱ, ㄷ
② ㄴ, ㄷ, ㄹ
③ ㄱ, ㄴ, ㄷ, ㄹ
④ ㄴ, ㄷ

12 심리측정학적 측면의 지능이론에 관해 바르게 기술한 것은 어느 것인가?

① 서스톤(L. Thurstone)은 3차원의 지능구조모형을 제안하였다.
② 심리측정학적 측면의 지능이론은 지능의 사회문화적 맥락을 반영하고 있다.
③ 카텔(R. Cattell)은 일반요인을 유동성지능과 결정성 지능으로 나누어 제시하였다.
④ 스페어만(C. Sparman)은 2요인설을 제안하여 특수요인을 지능의 주된 요인으로 보았다.

13 다음의 예문에 가장 가까운 지능이론은?

> 모든 육상운동에 기초가 되는 일반적 능력과 단거리, 멀리 뛰기, 높이뛰기에 작용하는 특수한 능력요인이 있다.

① 스페어만(C. Spearman)의 양요인설
② 서스톤(L. Thurstone)의 집단요인설
③ 손다이크(L.Thorndike)의 다요인설
④ 길포드(J. Guilford)의 지능구조설

14 길포드(J. Guilford)의 지능 구조 모형을 설명한 것으로 옳은 것은?

① 사회적 판단과 창의적 요인을 추가하였다.
② 실제적 상황에서 행동을 예견하기에 적합하다.
③ 예술적 능력을 지능구조모형에 포함시켰다.
④ 정신적 능력들 간의 정적상관을 잘 설명해주고 있다.

15 길포드(J. Guilford)의 '지능구조이론'에서 지금까지 없었던 것을 새롭게 생각해 내는 독창적인 능력을 무엇이라고 하는가?

① 인지적 사고　　　　　　　② 평가적 사고
③ 수렴적 사고　　　　　　　④ 확산적 사고

16 다음은 카텔(R. Cattell)의 유동성 지능과 결정성 지능 그리고 일반지능 검사의 결과를 그래프로 나타낸 것이다. 유동성 지능의 요인을 〈보기〉에서 모두 고르면?

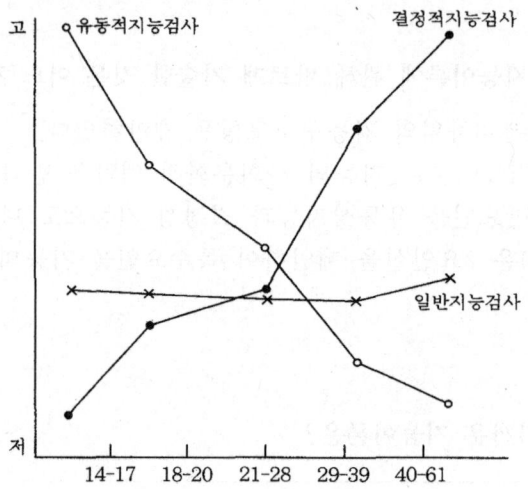

보기
ㄱ. 속도(speed)　　　　　　ㄴ. 문제해결력(problem solving)
ㄷ. 지각력(perception)　　　ㄹ. 상식(common sense)

① ㄱ, ㄴ　　　　　　　　　② ㄴ, ㄷ
③ ㄷ, ㄹ　　　　　　　　　④ ㄱ, ㄷ

17 좌뇌와 우뇌를 고루 발달시키는 방법으로 옳은 것은?

① 수학문제를 다양하게 제시하고 풀게 한다.
② 1년간의 교통위반 통계자료를 제시한다.
③ 미술작품을 감상하고 감상문을 작성하였다.
④ 음악회에 가서 음악작품을 감상하도록 한다.

18 사람 뇌의 좌·우반구적 특성을 조화롭게 활용하는 교수방법에 해당하는 것은?

① 열대 지방의 동물들이 지닌 특성을 설명하면서 사진을 보여준다.
② 환경오염의 결과에 대한 통계를 설명하여 줌으로써 경각심을 높인다.
③ 학교 화단에 심어져 있는 꽃을 직접 보고 특징을 발견한다.
④ 어린이 교통 공원에서 교통 법규를 실제로 지켜보도록 한다.

19 다음의 내용을 포괄하고 있는 지능이론은?

> ○ 지능이론의 사회문화적 접근을 강조한다.
> ○ 지능검사방법의 다양화를 주장했다.
> ○ 지능검사에서의 자발적인 흥미를 강조한다.
> ○ 실제 상황에서의 지능검사를 강조한다.

① 혼(J. Horn)의 유동성지능과 결정성 지능
② 가드너(H. Gardner)의 다중지능이론
③ 길포드(J. Guilford)의 지능 구조모형
④ 서스톤(L. Thurstone)의 다요인설(PMA)

20 가드너(H. Gardner)가 제안하는 다중지능(MI)이론의 기본적인 가정을 바르게 기술한 것은?

① 학교상황에서의 전통적 지능검사와 학력검사에 대해서 비교적 긍정적인 태도를 취하고 있다.
② 인간의 지능을 단일한 구인이 아닌 복수의 구인으로 제시하고 이들은 상호 유기적으로 통합되어 있다.
③ 여러 과제에 걸쳐 기능 하는 일반적인 과정에 초점을 맞추고 지능의 일반적인 요인을 인정하고 있다.
④ 인간의 지적 능력은 언어, 수, 그림, 몸짓과 같은 상징을 다루는 데 각각 별개의 심리적 과정이 관여한다.

제2회 교육심리학 진도별 모의고사

1 가드너(H. Gardner)의 지능측정에 대한 견해를 바르게 제시한 것은?

① 연령과 다양한 계층에 대하여 같은 방법으로 측정해야 한다고 주장하였다.
② 지능검사는 개인의 나이, 문화적 배경 등을 고려하여야 한다고 주장하였다.
③ 실험실에서 상황을 통제한 상태에서 지능을 측정해야 한다고 주장하였다.
④ 시간제한의 지필검사도 지능을 측정하는데 유용한 방법으로 인정하고 있다.

2 가드너(H. Gardner)의 다중지능이론의 교육적 시사점을 바르게 제시한 것은?

① 지능의 발달은 발달단계에 따른 자연적 성장이라는 점을 강조한다.
② 인간이 지니고 있는 다양한 능력에 대응하는 다양한 교수법의 사용을 강조한다.
③ 정상적인 아동은 스스로 성장·발달할 수 있도록 자연 상태의 환경을 제시해야한다.
④ 지능교육과 관련하여 지능교육의 내용을 아동의 심리적 특성보다 중시해야한다.

3 가드너(H. Gardner)의 다중지능이론에 포함되지 않는 것은?

① 음악적 지능　　　　　　　　② 공간적 지능
③ 상황적 지능　　　　　　　　④ 논리-수학적 지능

4 스턴버그(R. Sternberg)의 삼원 지능이론의 연구의 관심사를 가장 잘 나타내고 있는 것은?

① 인간이 지닐 수 있는 다양한 지적능력에 관심을 집중한다.
② 인간의 지적능력을 컴퓨터의 정보처리와 같은 개념을 설명한다.
③ 특정영역의 문제를 해결하는데 사용하는 능력을 규명하려고 한다.
④ 모든 사람에게 공통으로 나타나는 지적과정과 요소에 관심을 집중한다.

5 스턴버그(R. Sternberg)의 삼원지능이론에 비추어 다음의 사례와 관련된 지능은?

> 영희는 공부를 할 때 핸드폰 전원을 끄고 방문에 방해하지 말 것이라는 표지판을 달아 놓는다.

① 분석적 지능
② 경험적 지능
③ 상황적 지능
④ 창조적 지능

6 다음 중에서 스턴버그(R. Sternberg)의 삼원 지능이론에서 경험하위이론에 관련된 요소를 고르면?

> ㄱ. 전문경영인 ㄴ. 통찰력 있는 학자
> ㄷ. 실제적 적응능력 ㄹ. 사회적 유능성

① ㄱ, ㄴ
② ㄱ, ㄴ, ㄹ
③ ㄴ, ㄹ
④ ㄴ, ㄷ, ㄹ

7 스턴버그(R. Sternberg)의 삼원지능이론에 대한 설명으로 옳은 것은?
① 지능의 하위요소로 음악적 지능, 신체운동적 지능, 대인관계적 지능을 제시하였다.
② 지능을 경험 포착, 관계유출, 상관인 유출의 인지원리를 사용하는 능력으로 파악하였다.
③ 지능을 상황하위이론, 경험하위이론, 요소하위이론으로 구성된 종합적 능력으로 보았다.
④ 지능을 인지활동, 내용영역, 결과의 세 차원이 상호작용하여 산출해 내는 정신능력으로 보았다.

8 지능검사의 일반적인 특성을 바르게 설명하고 있는 것은?
① 교육을 받는 기간 동안에 지능검사 점수가 변화 할 수 도 있다.
② 지능검사는 문화적·교육적 환경으로부터 비교적 독립적이다.
③ 지능지수는 인간의 학습능력 전체를 대표하는 수치이다
④ 한번 측정된 지능검사의 결과는 비교적 항상성을 지닌다.

9 지능 지수(IQ)에 대한 다음의 설명에서 적절한 것만 묶은 것은?

> ㄱ. 지능 지수는 인간의 종합적인 능력을 나타낸다.
> ㄴ. 정보처리 속도가 빠른 사람에게 높게 나타난다.
> ㄷ. 학력이나 문화적 영향을 크게 받는다.
> ㄹ. 지능 지수의 평균은 90이고, 표준 편차는 15이다.

① ㄱ, ㄴ ② ㄱ, ㄹ
③ ㄴ, ㄷ ④ ㄷ, ㄹ

10 지능에 대한 설명으로 가장 옳은 것은?

① 지능지수는 생활연령과 정신연령의 차이로 계산한다.
② 가드너(H. Gardner)의 다중지능 가운데 공간적 능력은 조각가와 관련이 있다.
③ 스턴버그(R. Sternberg)의 삼원지능이론은 실제적 능력, 자기 성찰적 능력, 대인적 능력으로 구성되어 있다.
④ 써스톤(L. Thurstine)은 인간의 기본 정신능력의 핵심요소로서 언어능력, 수리능력, 예술적 능력을 들고 있다.

11 피아제(J. Piaget)의 인지발달 이론에 대한 기본적인 전제를 기술한 것으로 옳은 것은?

① 아동의 사고구조는 성인의 사고구조와 별다른 차이가 없다.
② 조직과 적응능력은 환경에 의해 후천적으로 학습된 능력이다.
③ 인지구조는 변화하지만 인지기능을 불변적인 기능을 지니고 있다.
④ 아동의 인지발달은 교사 및 다른 사람들과 대인적 환경에 영향을 받는다.

12 피아제(J. Piaget)의 인지발달이론의 주요개념을 기술한 것으로 올바른 것은?

① 신·구 정보를 지적 구조에 통합하고 재구조화 하는 것을 동화라고 한다.
② 인지구조는 지각된 정보를 선택적으로 수용하는 지적인 체계를 의미한다.
③ 스키마(Schema)는 인지구조내의 지적 구조로서 항상성을 지니는 요소이다.
④ 기존의 스키마에 관련 있는 새로운 정보를 받아들이는 것을 조절이라고 한다.

13 다음은 피아제(J. Piaget)이론의 인지발달 기제에 관한 예화이다. 이 예화에 해당하는 개념은?

> 철수가 아버지와 기차여행을 하던 중 차창 밖의 들판에서 놀고 있는 송아지를 보고서 "야 개다!" 하고 소리쳤다.

① 동화 ② 불평형
② 조절 ④ 적응

14 다음은 피아제(J. Piaget)이론의 인지발달 기제에 관한 예화를 제시한 것이다. (가), (나), (다)에 해당되는 개념으로 바르게 나열한 것은?

> 영희는 자신이 사용하고 있는 컴퓨터 워드프로세서의 프로그램을 좀 더 높은 버전으로 바꾸어 설치하였다. (가) 전에 사용하는 하던 버전의 경험을 토대로 프로그램을 시동하였더니 별문제 없이 작동하였다. (나) 그러나 작업도 중 표 그리는 방법이 달라 몹시 당황하였다. (다) 그래서 매뉴얼을 참고로 여러 가지 방법을 시도한 끝에 새 버전의 표그리는 방법을 사용할 줄 알게 되었다.

	(가)	(나)	(다)
①	평형화	동 화	조 절
②	조 절	평형화	동 화
③	동 화	조 절	불평형
④	동 화	불평형	조 절

15 피아제(J. Piaget)의 인지발달 이론에 비추어 다음의 사례와 관련된 인지발달 단계는?

> 아이의 아빠가 빨간 자동차를 보여주고 이것을 검은색으로 보이게 하는 여과지로 덮은 다음, 무슨 색의 자동차인가를 물었는데 아이는 '검은색'이라고 대답하였다.

① 감각적 작동기 ② 전조작기
③ 구체적 조작기 ④ 형식적 조작기

16 피아제(J. Piaget)의 이론 중 다음에서 설명하고 있는 인지발달단계는?

- 사고와 언어가 자기중심적이다.
- 물활론적 사고를 한다.
- 상징적 도식을 사용한다.

① 감각운동기　　　　　　　　② 전조작기
③ 구체적 조작기　　　　　　　④ 형식적 조작기

17 김 교사는 학생들을 상대로 다음과 같이 수업을 하고 있다. 이 수업의 내용을 통해서 추론할 수 있는 아동들의 지적특성은?

- 역사 시간에는 연대표를 사용하고 과학시간에는 삼차원적 모형들을 사용한다.
- 정부의 분과와 각 하위 기관 등과 같은 위계적 관계들을 예시하는 도표를 사용한다.

―― 보기 ――
ㄱ. 자기 중심적 사고를 한다.
ㄴ. 가설적 상황을 다룰 수 있다.
ㄷ. 유목을 포함한 분류 등의 조작이 가능하다.
ㄹ. 의사소통이 사회지향적인 특성을 보인다.

① ㄱ, ㄹ　　　　　　　　　　② ㄱ, ㄴ, ㄷ
③ ㄴ, ㄷ　　　　　　　　　　④ ㄷ, ㄹ

18 피아제(Piaget)의 인지발달이론에서 구체적 조작기의 특징으로 옳지 않은 것은?
① 물활론적 사고　　　　　　　② 가역적 사고
③ 보존개념의 발달　　　　　　④ 탈중심화

19 피아제(J. Piaget)의 인지발달이론에 비추어 다음의 주장에 적합한 인지발달 단계는?

> 모든 세 발 달린 개는 검둥이다. 우리 집 개는 발이 세 개다. 그러므로 우리 집 개는 검둥이다.

① 감각적 작동기
② 전조작기
③ 구체적 조작기
④ 형식적 조작기

20 피아제(J. Piaget)의 인지발달 단계와 특성을 설명한 것으로 옳지 않은 것은?
① 감각운동기-대상의 영속성의 개념
② 전조작기-타인의 관점에서 문제를 이해
③ 구체적 조작기-구체적 문제를 논리적 방식으로 해결
④ 형식적 조작기-사회적 쟁점, 정체성에 대한 관심의 발달

제3회 교육심리학 진도별 모의고사

1 다음은 어느 부모의 육아일기에서 일부를 발췌한 것이다. 이것을 피아제(J. Piaget)의 인지발달 단계에 맞게 순서대로 나열한 것은?

> ㄱ. 동일한 양의 물을 모양이 다른 그릇에 담아도 물의 양이 같다는 것을 알았다.
> ㄴ. 공을 가지고 놀다가 공이 안 보이는 곳으로 굴러가 버리자 찾지 않았다.
> ㄷ. 어떤 문제에 대해 여러 가지 해결의 가능성을 상상하였다.
> ㄹ. 과자를 한 개 가지고 있는데도 더 달라고 졸라서, 엄마가 그 과자를 둘로 쪼개어 주었더니, 아이는 더 달라고 하지 않고 만족스러워 했다.

① ㄴ-ㄱ-ㄷ-ㄹ ② ㄴ-ㄹ-ㄱ-ㄷ
③ ㄹ-ㄴ-ㄱ-ㄷ ④ ㄹ-ㄷ-ㄱ-ㄴ

2 다음은 피아제(J. Piaget)의 인지발달단계의 특징을 나타낸 것이다. 발달 단계 순서로 바르게 나열한 것은?

> ㄱ. 가설적 조합적 사고가 가능하다.   ㄴ. 대상의 영속성이 발달한다.
> ㄷ. 보존 개념을 획득한다.   ㄹ. 자아 중심적 사고를 한다.

① ㄱ-ㄴ-ㄷ-ㄹ ② ㄴ-ㄹ-ㄷ-ㄱ
③ ㄴ-ㄷ-ㄹ-ㄱ ④ ㄷ-ㄹ-ㄱ-ㄴ

3 비고츠키(L. Vygotsky)의 인지발달이론의 관점을 바르게 제시한 것은?
① 대인적 환경을 인지발달에 중요한 변인으로 취급한다.
② 물리적 환경과 인간과의 관계가 인지발달의 주요변인이다.
③ 인지발달은 정신의 독립적인 활동의 산물로 인식하고 있다.
④ 인지발달의 단계는 불변적 계열이라는 결정론적 관점을 취한다.

4 비고츠키(L. Vygotsky)의 사회문화적 관점에서 지적발달이론의 가정을 바르게 제시한 것은?
① 언어와 사고의 발달에 있어서 사고가 언어에 반영되는 것으로 생각하였다.
② 아동은 스스로의 세계를 구조화하고 이해하는 존재로 인식하고 있다.
③ 인간 간의 상호작용에 필수요소인 언어습득을 아동발달의 중요한 요인으로 제시하였다.
④ 자기중심적 언어는 단순히 자신만의 생각을 표현한 것이라고 주장하였다.

5 비고츠키(L. Vygotsky)의 근접발달 영역(ZPD)의 교육적 의미를 바르게 제시한 것은?
① 학생이 스스로의 힘으로 발견할 수 있는 환경을 배치해야한다.
② 교사와 학생은 초보-전문가형태의 협동적 환경이 가능해야한다.
③ 학생스스로 설명이나 예증을 찾을 수 있도록 환경을 배치해야한다.
④ 학습과제는 학습자의 지적발달수준에 맞는 과제를 제시해야만 한다.

6 비고츠키(L. Vygotsky)의 인지발달에 대한 견해와 거리가 먼 것은?
① 인지발달은 사회문화적 맥락의 영향을 받는다.
② 인지발달은 변증법적 교류에 의해 이루어진다.
③ 근접발달영역은 잠재적(potential) 발달 수준과 실제적(actual) 발달 수준 사이의 영역을 의미한다.
④ 실제적 발달수준은 부모나 교사의 도움을 받아 과제를 해결할 수 있는 능력 수준을 의미한다.

7 비고츠키(L. Vygotsky)의 언어와 사고 발달에 대한 설명으로 옳지 않은 것은?
① 어려운 문제를 해결할 때, 내적 언어의 사용 빈도가 증가한다.
② 아동의 지적 발달은 내적 언어와 사회적 언어 모두에 영향을 받는다.
③ 2세경이 되면 사고와 언어가 결합되어, 언어는 점차 합리적으로 표현된다.
④ 사고는 언어에 선행하므로, 인지발달이 적절한 수준에 이르지 못하면 언어 학습의 효과가 없다.

8 다음은 비고츠키(L. Vygotsky)가 말하는 사적언어(private speech)에 대한 설명이다. 옳은 것으로만 묶은 것은?

> ㄱ. 인지적 미성숙의 표시이다.
> ㄴ. 자신의 행동과 사고를 안내한다.
> ㄷ. 나이가 들어감에 따라 점차 증가된다.
> ㄹ. 과제가 어렵고 혼동될 때 많이 사용된다.
> ㅁ. 타인과 상호작용으로부터 발달한다.

① ㄱ, ㄴ, ㄷ   ② ㄱ, ㄷ, ㅁ
③ ㄷ, ㄹ, ㅁ   ④ ㄴ, ㄹ, ㅁ

9 비고츠키(L. Vygotsky)의 인지발달 이론에 관한 설명으로 잘못된 것은?

① 언어가 사고를 발달시키기보다는 사고가 언어 발달을 촉진한다.
② 아동의 지적 발달은 내적 언어와 사회적 언어 모두로부터 영향을 받는다.
③ 근접발달영역(ZPD)에 포함되는 과제를 수행하면서 지적 발달이 촉진된다.
④ 보다 능력 있는 협력자(비계, scaffolding)와의 상호작용에 의한 학습을 강조한다.

10 다음의 내용에서 학습에 대한 구성주의적 관점을 골라 바르게 묶은 것은?

> ㄱ. 학습의 주체는 학습자이다.
> ㄴ. 지식은 인식의 주체와 독립되어 외부에 존재한다.
> ㄷ. 학습자의 경험보다 객관적, 절대적 지식을 강조한다.
> ㄹ. 학습자는 환경과의 상호작용을 통해 지식을 구성한다.
> ㅁ. 실제 상황을 통한 문제해결 중심의 학습을 강조한다.

① ㄱ, ㄹ, ㅁ   ② ㄴ, ㄷ, ㄹ
③ ㄷ, ㄹ, ㅁ   ④ ㄱ, ㄴ, ㄷ

11 구성주의 심리학의 학습 원리를 설명한 것으로 옳은 것은?
① 학습에 있어서 오류를 피할 수 있는 방안을 마련한다.
② 교실에서의 학습은 학습자의 독립적 활동으로 구성한다.
③ 학습상황에서 반성적 사고과정을 중요시해야 한다.
④ 학습과정에서 물리적 도구의 활용은 피해야 한다.

12 다음 글이 설명하고 있는 것과 가장 관련이 있는 것은?

> 구성주의 학습이론에 따르면 직접적인 지시보다는 간접적인 힌트, 암시, 단서, 질문 등의 전략을 통해 초기에는 많은 도움을 주다가 점차 도움을 줄여서 학습자가 자기주도적 학습능력을 기르게 할 필요가 있다.

① 근접발달영역(ZPD)
② 비계설정(scaffolding)
③ 프로젝트학습(project-based learning)
④ 정착수업(anchored instruction)

13 다음 중 장(場) 독립형 학습유형(learning style)을 가진 학습자의 특성에 해당하는 것은?
① 외부의 비판에 민감하게 반응한다.
② 사물을 분석적으로 지각하는 것을 선호한다.
③ 타인과의 상호작용이나 토론하기를 선호한다.
④ 대상을 요소로 분리하지 않고 전체로 지각한다.

14 위트킨(H. Witkin)의 장독립형 학습자와 장의존형 학습자를 비교할 때 장의존형 학습자의 특성으로 거리가 먼 것은?
① 실제 상황이 함께 제시되는 학습과제를 잘 해결한다.
② 요소들 간의 관계가 분명한 학습내용을 잘 이해한다.
③ 분석력과 추리력이 요구되는 학습과제를 잘 해결한다.
④ 학습상황을 부분으로 나누기보다는 전체로 지각한다.

15 위트킨(H. Witkin)의 장(場)의존적 인지양식에 대한 설명으로 옳은 것은?

① 수렴적·직관적으로 지각하고 인지한다.
② 분화가 잘 이루어져 분석적이고 논리적이다.
③ 사물을 지각할 때 그 사물이 속한 배경의 영향을 적게 받는다.
④ 자극을 받으면 그들 간의 상호 독립성을 유지시켜 가면서 자극을 지각하고 인지한다.

16 다음의 상위인지(meta-cognition)에 관한 설명 중, 바른 것끼리 묶은 것은?

> ㄱ. 상위인지에는 개인차가 나타나지 않는다.
> ㄴ. 상위인지의 주요한 기술은 계획, 점검, 평가 등이다.
> ㄷ. 상위인지는 자신의 사고 과정에 대한 인식(지식)이다.
> ㄹ. 상위인지는 추리, 이해, 문제해결 과정에 영향을 주지만 학습과는 무관하다.

① ㄱ, ㄴ　　　　　　　　　② ㄱ, ㄹ
③ ㄴ, ㄷ　　　　　　　　　④ ㄷ, ㄹ

17 다음의 사례에서 학습자들의 학습활동을 '인지활동'과 관련지어 바르게 연결한 것은?

> A : 영희는 로카이 법을 이용하여 순서대로 기억을 하고 있다.
> B : 순희는 미분방정식 문제의 해법을 이용하여 방정식을 풀고 있다.
> C : 만수는 학습자료를 이해하는 것과 적용하는 것의 차이를 알고, 각기 적절한 학습전략을 수립하였다.
> D : 철수는 학습자료 내용 가운데 집중할 내용과 집중을 하지 않아도 되는 내용을 생각해 보았다.

	A	B	C	D
①	초인지	초인지	인지	초인지
②	인지	인지	초인지	초인지
③	초인지	인지	초인지	인지
④	인지	인지	인지	초인지

18 다음 (가)와 (나)에 들어갈 말로 옳은 것은?

> 바늘의 용도를 묻는 창의력 검사에서 영희는 바늘의 용도를 많이 열거하였지만 그것은 모두 꿰매는 용도와 관련되어 있었다. 따라서 영희는 창의력을 구성하는 요소 가운데 (가) 점수는 높지만 (나) 점수는 낮다고 할 수 있다.

	(가)	(나)
①	유창성	융통성
②	독창성	민감성
③	융통성	유창성
④	유창성	독창성

19 다음 중 창의적인 사람의 특징을 제시한 것으로 옳지 않은 것은?

① 민감성
② 새로운 문제에 대한 호기심
③ 높은 지능
④ 모호성에 대한 참을성

20 '사고의 양이 질을 결정 한다'는 것을 기본전제로 가능한 한 많은 아이디어들을 제안하게 한 다음 제안된 아이디어를 정리하고 발전시켜 최종 원하는 결과를 얻어내고자하는 창의력 개발 기법은 무엇인가?

① 육색모자기법
② 검목표법
③ 브레인스토밍
④ PMI 기법

제4회 교육심리학 진도별 모의고사

1. 행동주의적 관점에서 동기 유발의 방법에 해당하는 것을 고르면?

> ㄱ. 학습에 대한 보상으로 우등생마크를 달아준다.
> ㄴ. 의식수준의 이하의 내적인 힘과 충동을 강조한다.
> ㄷ. 자기존중이나 자아실현의 욕구를 강조한다.
> ㄹ. 학습자들에게 학습의 목표를 분명하게 인식시킨다.

① ㄱ, ㄹ
② ㄴ, ㄷ
③ ㄱ, ㄴ, ㄹ
④ ㄱ, ㄴ, ㄷ, ㄹ

2. 다음 중에서 동기이론의 인지주의적 접근을 가장 잘 나타내고 있는 것은?

① 학습에 대한 보상으로 칭찬이나 애정, 금전적인 보상을 해준다.
② 인간은 일을 즐기고 이해하고자 하는 욕구 때문에 일을 열심히 한다.
③ 인간의 행위는 의식수준의 이하에서 작용하는 내적인 힘에 좌우된다.
④ 학생이 바람직하지 않은 행동을 할 때 충족되지 않은 욕구에 주의한다.

3. 베이너(B. Winer)의 귀인이론에서 (ㄴ)에 들어갈 귀인요소는?

귀인요소	원인의 소재	통제가능성	안정성
(ㄱ)	외적	통제불가	안정
(ㄴ)	내적	통제가능	불안정
(ㄷ)	내적	통제불가	안정
(ㄹ)	외적	통제불가	불안정

① 운
② 과제난이도
③ 노력
④ 능력

4 학습동기에 대한 귀인이론(attribution theory)이 교육에 주는 시사점이라 할 수 있는 것은?
① 학습에 대한 동기를 유발하기 위해 꾸중이나 질책보다는 칭찬이나 보상을 많이 사용한다.
② 상위수준의 욕구를 충족시키기 전에 먼저 하위수준의 욕구가 충분히 만족될 수 있도록 한다.
③ 높은 목표를 세우고 어려움에 처했을 때 끈기를 가질 수 있도록 자아효능감을 고양시켜준다.
④ 학습결과에 대한 책임을 학생 자신의 내부에 존재하는 가변적이고 통제 가능한 요인인 노력에서 찾도록 한다.

5 매슬로우(A. Maslow)의 이론에서 성장욕구에 해당되지 않는 것은?
① 인지 욕구
② 자존 욕구
③ 심미 욕구
④ 자아실현 욕구

6 학생들이 학급에서 바람직하지 못한 행동을 할 때 매슬로(A. Maslow)의 욕구계층이론에 비추어 바람직한 지도방법은?
① 학교에서는 자아 이해의 요구에 관심을 갖는다.
② 충족되지 않은 욕구가 있는지에 관심을 가져야 한다.
③ 심적 욕구의 충족을 위해 끊임없이 노력하여야 한다.
④ 결손의 욕구보다는 성장의 욕구를 충족시키도록 노력한다.

7 다음의 교사들의 견해를 설명할 수 있는 동기이론들이 옳게 짝지어진 것은?

> 이 교사 : 학생들이 새로운 일을 해야 할 때, 그 일을 잘 해낼 수 있는가 뿐만 아니라 그 일이 본인에게 얼마나 중요한가에 따라서도 동기 수준이 달라지는 것 같아요.
> 최 교사 : 학생들은 자율적이고 싶어 해요. 자신의 행동을 스스로 통제하고 조절할 수 있다는 믿음에 의해서 동기가 유발되는 것이지요.
> 윤 교사 : 실수를 해도 새로운 일에 도전하고 그 일을 하면서 느끼는 성취감이 중요하다고 생각하는 학생들이 있는 반면, 어떤 학생들은 점수도 점수이지만 항상 친구들과의 비교를 주요하게 생각하더군요.

	이 교사	최 교사	윤 교사
①	귀인 이론	목표지향성 이론	기대-가치 이론
②	귀인 이론	욕구위계이론	목표지향성 이론
③	기대-가치 이론	자기결정성 이론	목표지향성 이론
④	기대-가치 이론	욕구위계이론	자기결정성 이론

8 다음 중에서 내적인 동기유발 방법으로만 짝지어진 것은 어느 것인가?

> ㄱ. 동일시 방법을 효과적으로 이용한다.
> ㄴ. 학습목표를 확실하게 인식시킨다.
> ㄷ. 긍정적인 자아 개념을 형성시킨다.
> ㄹ. 학습결과에 대한 적절한 피드백(feed back)을 제공한다.
> ㅁ. 자신의 자아 통제를 지각할 수 있도록 한다.

① ㄱ, ㄷ, ㅁ   ② ㄴ, ㄷ, ㄹ
③ ㄷ, ㄹ, ㅁ   ④ ㄴ, ㄹ, ㅁ

9 학습자의 외재적 동기유발 방법에 속하는 것은?

① 학습과제를 실생활과 관련시켜 흥미를 갖도록 한다.
② 학습목표를 달성한 그룹에게 스티커를 주어 경쟁심을 유발한다.
③ 비디오 자료를 활용하여 지적 호기심을 자극한다.
④ 학습과제를 단계별로 확인하여 성취감을 느낄 수 있게 한다.

10 다음 〈그림〉은 각성수준과 행동의 능률성과의 관계 나타낸 것이다. 이들의 관계를 바르게 설명한 것은?

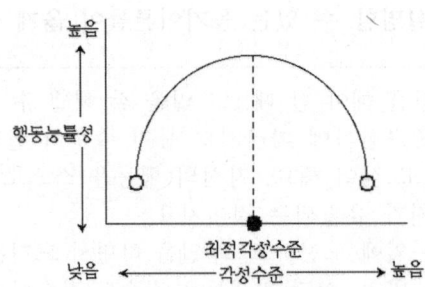

① 각성수준은 높을수록 행동의 능률은 증가시킨다.
② 각성수준이 중간에서 행동의 능률도 중간정도이다.
③ 각성수준이 지나치게 높으면 행동의 능률이 감소한다.
④ 각성수준이 낮거나 높은 것에 행동의 능률은 관계가 없다.

11. 아래 〈그림〉은 성공추구동기와 실패회피동기가 학습과정 선택에 미치는 영향(Weiner, 1980)에 관련된 그래프이다. 동기유발과 관련하여 가장 적절하게 설명하고 있는 것을 〈보기〉에서 모두 고르면?

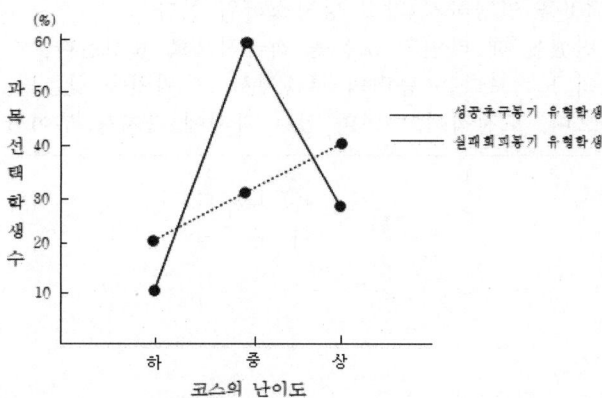

― 보기 ―
ㄱ. 실패회피성향이 강한 학생들은 기대수준을 낮추는 경향이 있다.
ㄴ. 실패회피 성향이 강한 학생들은 어려운 과제에 자신감을 보인다.
ㄷ. 성공추구 동기가 강한 학생들은 어려운 과정에 보다 많은 관심을 보이고 있다.
ㄹ. 성공추구 동기가 강한 학생들은 중간 수준의 과정을 선택하는 경향이 있다.

① ㄱ, ㄴ
② ㄱ, ㄹ
③ ㄱ, ㄴ, ㄷ
④ ㄱ, ㄴ, ㄷ, ㄹ

12. 아래 〈표〉는 성공추구동기가 실패회피동기보다 강한 학습자가 과제를 성공 혹은 실패하였을 경우, 동일한 과제를 반복적으로 하고 싶은 동기의 변화를 보여주고 있다. (ㄱ)과 (ㄴ)에 들어갈 내용으로 적절한 것은?

	성공추구동기 〉 실패회피동기
과제의 성공	(ㄱ)
과제의 실패	(ㄴ)

(+ : 동기의 증가, − : 동기의 감소)

	(ㄱ)	(ㄴ)		(ㄱ)	(ㄴ)
①	−	−	②	−	+
③	+	−	④	+	+

13 다음 중에서 에임스와 메어(Ames & Maehr)의 목표지향성 이론에서 학습목표(learning goal) 지향적인 학생들의 특성만을 고르면?

> ㄱ. 실수를 했을 때 그것을 인정하지 않고 당황스러워 한다.
> ㄴ. 어려운 과제에 직면했을 때 타인의 도움을 적극적으로 요청한다.
> ㄷ. 실패했을 때 자신의 노력보다는 능력의 부족에서 그 원인을 찾는다.
> ㄹ. 내재적 동기가 높으며, 도전적이고 의미 있는 과제에 가치를 부여한다.

① ㄱ, ㄴ
② ㄴ, ㄷ
③ ㄴ, ㄹ
④ ㄷ, ㄹ

14 학습상황에서 코빙톤(Covington)의 자기장애전략(self-handicapping)에 해당하지 않은 것은?
① 의도적으로 결석하기
② 수업 중 교사의 질문에 적극적으로 대답하기
③ 노력하지 않거나 노력하지 않는다는 것을 보여주기
④ 성취 불가능한 과제를 선택하여 실패를 정당화하기

15 학습자들의 학습동기를 유발하는 이론들이 교사들에게 주는 교육적 시사점을 바르게 제시한 것은?
① 학습자의 기대수준과 성취동기는 강한 부적 상관성을 나타낸다.
② 성취동기가 높은 학습자들은 중간정도 난이도의 학습과제를 선택하려는 경향이 있다.
③ 자아개념의 긍정적인 학생들은 비교적 자신의 성공에 대해 외적으로 귀인 시키려는 성향을 지니고 있다.
④ 학습의 성공과 실패를 능력으로 귀인 시키는 것은 학습 행동을 강화시키는데 도움이 된다.

16 다음 중 학생의 학습동기를 높여주는 방법으로 가장 적합하지 않은 것은?
① 가능한 쉬운 과제를 부여한다.
② 시험 성적을 본인에게 알려준다.
③ 과목의 중요성을 학생의 진로와 관련지어 설명해준다.
④ 성적이 좋은 학생에게 열심히 노력한 결과라고 말한다.

17 학습동기에 관한 설명으로 가장 옳은 것은?
① 능력에 대한 증가적 견해를 가진 학생은 학습에 대한 동기가 낮을 가능성이 높다.
② 실패회피 동기가 낮은 학습자는 과제를 성공했을 때 동기가 감소하는 경향이 있다.
③ 자아개입형 학습목표를 가진 학습자는 타인의 평가보다는 과제의 숙달에 관심을 가질 가능성이 높다.
④ 성취동기가 높은 학습자는 과제수행의 결과에 크게 관심을 보이지 않는 경향이 있다.

18 프로이트(S. Freud)의 성격발달이론에서 본능(Id)의 특징을 다음에서 모두 고르면?

ㄱ. 개인의 원시적이고 비합리적이며 무의식적인 힘이다.
ㄴ. 반사작용이나 기초과정을 통해 소원이 충족된다.
ㄷ. 현실과의 접촉을 통해 내부와 외계를 연결한다.
ㄹ. 양심과 자아이상이라는 하위체제를 지니고 있다.

① ㄱ
② ㄱ, ㄴ
③ ㄱ, ㄴ, ㄷ
④ ㄱ, ㄴ, ㄷ, ㄹ

19 프로이드(S. Freud)의 욕구를 나타내는 것 중에서 욕구의 근원이 되는 것에 해당하는 것은?
① 본능(Id)
② 자아(ego)
③ 초자아(Superego)
④ 무의식

20 다음에 해당하는 프로이드(S. Freud)의 성격 발달 단계는?

○ 이시기의 아동은 남녀의 신체차이, 아기의 출생, 부모의 성 역할 들에 대해서 관심을 가지게 된다.
○ 동성의 부모에 관한 적대감이 생기며, 후반에는 동성의 부모에 대한 동일시 현상을 배우고 성역할을 배운다.

① 구강기
② 항문기
③ 남근기
④ 잠복기

제5회 교육심리학 진도별 모의고사

1 프로이드(S. Freud)의 심리·성적 관점에서 성격발달이론이 주는 교육적 시사점으로 옳지 않은 것은?

① 아동의 초기 경험은 건강한 정서발달에 영향을 준다.
② 아동의 성격을 생물학적으로 타고난다는 점을 강조한다.
③ 친구들에게 애정을 받는 아동은 성숙한 성격을 보인다.
④ 아동이 필요로 하는 다양한 욕구를 충분히 충족시킨다.

2 다음의 예화로 추론할 수 있는 심리적 방어기제의 유형은?

> ○ 학생이 성적을 나쁘게 받았을 때 자신의 능력이나 노력 부족을 탓하지 않고 시험의 채점이 불공평하게 되었다고 하는 경우
> ○ 여학생에게 데이트를 신청을 했다가 거절당한 남학생이 그 여학생이 못생겨서 그만 두었다고 결론을 내림으로서 자신을 위로하는 경우

① 합리화   ② 투사
③ 승화   ④ 치환

3 자기의 불만이나 불안을 해소시키는 방법으로서 그 이유를 다른 사람이나 다른 장면과 결부시킴으로서 자기를 방어하는 기제를 무엇이라고 하는가?

① 합리화   ② 투사
③ 반동 형성   ④ 치환

4 다음의 예화에 관련된 심리적 방어기제는?

- 모 국회의원이 나와 중학교 동창이라고 말하면서 우쭐하는 경우
- 자신을 영화나 TV에서 등장하는 주인공처럼 느끼는 행위
- 내 아들이 미국의 스텐포드 대학에서 일등을 했다고 아버지가 자랑을 하는 경우

① 동일시   ② 반동형성
③ 승화   ④ 치환

5 프로이드(S. Freud)의 심리적 방어기제 가운데 욕구의 발동이 사회적 제약에 의해서 억압되었을 경우, 예술이나 과학, 종교, 스포츠 등과 같이 사회적으로 승인된 활동, 또는 보다 높은 문화적 가치를 갖는 활동으로 변형되어서 욕구의 만족을 구하는 것을 무엇이라고 하는가?

① 투사   ② 전위
③ 반동형성   ④ 승화

6 '아버지에게 꾸중을 들은 형이 동생에게 화풀이를 했다'면, 형이 사용한 심리적 방어기제는?

① 합리화   ② 투사
③ 치환   ④ 반동형성

7 다음의 예화에 해당하는 심리적 방어기제는?

- 경쟁자를 지나치게 칭찬하는 경우
- 성적 욕구가 강한 사람이 지나치게 성을 혐오하는 경우
- 미운 자식 떡 하나 더 준다고 하는 경우

① 퇴행   ② 고립
③ 승화   ④ 반동형성

8 프로이드(S. Freud)의 심리성적(心理性的) 발달이론과 에릭슨(E. Erikson)의 심리사회적(心理社會的) 발달이론의 차이점을 제시한 것으로 옳지 않은 것은?

	Freud	Erikson
①	원본능(Id) 강조	자아(Ego) 강조
②	인간관계의 초점을 갈등적인 삼각관계(모친-아동-부친)에 둠	인간관계의 초점을 인간이 사회 속에서 맺게 되는 사회적 관계에 둠
③	부정적인 면 중심	긍정적인 면 중심
④	자아의 기능에 중점	심리성적 발달 측면에 중점

9 에릭슨(E. Erikson)의 심리사회적(心理社會的) 발달단계에서 이 시기의 과제를 해결함으로써 다음과 같은 특징이 형성되는 단계는?

- 건전한 인격형성의 기초가 만들어진다.
- 다른 사람과 원만한 대인관계 기초가 형성된다.
- 동료들과 좋은 공감대를 형성한다.
- 열정과 인내를 가지고 자신들의 환경을 탐색할 수 있다.

① 신뢰감 대 불신감 ② 자율성 대 수치감
③ 주도성 대 죄책감 ④ 근면성 대 열등감

10 다음과 같은 특징이 나타나는 에릭슨(E. Erikson)의 사회심리적 발달단계는?

- 자신에 대한 조절과 확신감을 갖는 시기이다.
- 이시기에 과업달성에 실패하면 전 생애를 통해 자신의 능력에 대한 확신감이 떨어진다.
- 이 단계의 과업을 성취하면 자존감, 자기확신감 등이 생겨나 장래 의지의 기반을 다지게 된다.

① 신뢰감 대 불신감 ② 자율성 대 수치감
③ 주도성 대 죄책감 ④ 근면성 대 열등감

11 에릭슨(E. Erikson)의 심리사회적(心理社會的)발달이론에 근거하여 다음과 같은 특징이 나타나는 시기는?

> 어떤 일을 적극적으로 기꺼이 해보려고 계획하고 실제 해보는 것을 의미한다. 사소한 것이라도 자신이 한 일에 관해 부모가 어떻게 생각하는가를 알고 싶어 하며 이와 더불어 점차 성인들과 비슷한 역할행동을 보이기 시작한다.

① 신뢰감 대 불신감 ② 주도성 대 죄책감
③ 근면성 대 열등감 ④ 정체감 대 정체감 혼미

12 박 교사는 에릭슨(E. Erikson)의 심리사회적(心理社會的)발달이론에 근거하여 다음과 같은 특징이 나타나는 시기의 아동을 지도하려고 한다. 적절한 지도방안인 것은?

> 이 시기의 아동들은 무엇인가를 끈기 있게 열심히 한 후 성취감과 기쁨을 맛보는 시기로 일에 대한 기본적인 태도가 형성되는 시기이며, 이 시기에는 지적 호기심과 지적 성취가 행동의 핵심이자 대원리가 된다.

① 아동으로 하여금 선택하고 그에 따른 행동을 하도록 격려한다.
② 아동이 자신의 힘으로 무엇인가를 시도할 때, 사고와 실수에 대한 인내심을 보인다.
③ 아동이 성공을 경험할 기회가 있다는 것을 확실히 해 주고 다양한 역할로 가상놀이를 허용한다.
④ 작은 성취에서 격려를 아끼지 않으며, 아이들과의 상대 비교 보다 아이 그 자신의 능력을 중요시 해 준다.

13 에릭슨(E. Erikson)의 자아 정체감(ego-identity) 발달에 관한 견해 중 옳은 것은?
① 정체감 확립은 아동기의 중요한 발달과업이다.
② 정체감은 삶을 완성하고 회고하는 단계에서 확립될 수 있다.
③ 심리적 유예기는 정체감 형성을 위해 대안적인 탐색을 계속 진행하는 시기이다.
④ 정체감 확립은 부모나 교사의 권유에 따라 자신의 진로나 역할 방향을 성급히 선택한 상태이다.

14 청소년들의 정체감 지위를 다음과 같이 분류하였을 때, 청소년 시기에 비교적 건전한 대안인 것을 모두 고르면?

| ㄱ. 정체감 성취 | ㄴ. 정체감유실 |
| ㄷ. 정체감 혼미 | ㄹ. 정체감 유예 |

① ㄱ, ㄹ ② ㄱ, ㄷ
③ ㄱ, ㄷ, ㄹ ④ ㄱ, ㄴ, ㄹ

15 에릭슨(E. Erikson)의 성격심리학에 대한 설명 중 옳지 않은 것은?
① 자율성 대 수치심은 주로 3~6세에 나타난다.
② 초등학교 시기는 근면성과 열등감과 관련된다.
③ 청년기에 자아정체감을 찾지 않으면 역할 혼란을 가져온다.
④ 유치원 아동들에게는 자기주도적 활동을 최대한 허용해야 한다.

16 콜버그(L. Kohlberg)의 도덕적 추론 단계에 비추어 볼 때, 주어진 상황에 대하여 다음과 같이 대답한 아동이 속하는 단계는?

상황 : 한 남자의 부인이 죽어가고 있었다. 부인을 살릴 수 있는 약은 있지만 너무 비싸고, 그것을 조제한 약사가 싼 가격에 약을 팔려고 하지 않았다. 어쩔 수 없어 남자는 그 약을 훔치려고 계획하였다. 이 행위가 정당한 것인가? 그렇지 않은가?
아동의 대답 : "만일 남자가 약을 훔친다면 그것은 잘못된 것이다. 그렇게 하면 경찰에게 잡혀서 감옥에 갈 것이기 때문이다."

① 처벌과 복종 지향의 단계 ② 법과 질서 지향의 단계
③ 사회적 계약 지향의 단계 ④ 보편적 원리 지향의 단계

17 다음과 같은 특징을 보이는 콜버그(L. Kohlberg)의 도덕성 발달 단계는?

- 자신의 욕구가 옳고 그름을 결정하는 기준이 된다.
- 도덕적 행위는 자신과 타인을 만족시키는 수단이라고 생각한다.
- "네가 내 등을 긁어 주었으니 나도 너의 등을 긁어 줄게."와 같은 입장에서 도덕적 판단을 한다.

① 1단계 : 벌과 복종 지향 ② 2단계 : 욕구충족 지향
③ 3단계 : 착한 소년 착한 소녀 지향 ④ 4단계 : 법과 질서 지향

18 다음과 같은 특징을 보이는 콜버그(L. Kohlberg)의 도덕성 발달 단계는?

- 타인의 승인을 구하고 비난을 피하기 위해 준칙에 합치하는 행동을 한다. 이시기에는 감정 이입의 능력을 지니며, 다수의 의견(인습)에 따른다.
- 아직 내적인 동기는 나타나지 않고 고정관념을 바탕으로 하며, 상대주의나 다양성은 찾아볼 수 없으며 착한 아이 지향적(good boy and girl orientation)이다.
- "도둑질이 잘못된 이유는 일률적으로 도둑질이 나쁘기 때문이다"와 같은 도덕적 판단을 한다.

① 처벌 복종 지향 단계 ② 대인관계 조화지향 단계
③ 법과 질서 지향 단계 ④ 사회적 계약 지향 단계

19 콜버그(L. Kohlberg)의 도덕적 딜레마에 대해 다음과 같은 반응을 나타내는 단계는?

〈도덕적 딜레마〉
어떤 남자가 암에 걸린 아내를 구하기 위해 약을 훔쳤다.

―― 보기 ――
법을 준수함으로써 개인이 생명을 빼앗기는 경우에 대한 법은 없으므로 훔친 행위는 정당하다.

① 욕구충족 지향의 시기 ② 대인관계 조화지향의 시기
③ 법과 질서지향의 시기 ④ 사회계약 정신으로서 도덕성

20 다음은 콜버그(L. Kohlberg)의 도덕발달 단계 중 일부 단계의 도덕적 판단 근거를 기술한 것이다. 발달순서대로 바르게 나열한 것은?

ㄱ. 물질적 보상과 벌 ㄴ. 타인의 칭찬과 인정
ㄷ. 사회적 관습과 법 ㄹ. 보편적 도덕원리와 양심

① ㄱ – ㄴ – ㄷ – ㄹ   ② ㄱ – ㄷ – ㄴ – ㄹ
③ ㄷ – ㄱ – ㄴ – ㄹ   ④ ㄷ – ㄴ – ㄱ – ㄹ

제6회 교육심리학 진도별 모의고사

1 다음의 상황을 고전적 조건화에 관련지어 바르게 설명한 것은?

> 학생들은 점심때가 가까워지면서, 특히 점심시간 직전의 과학시간 동안에 불쾌감이 점증됨을 경험한다. 학생들의 배고픔은 자신들의 공부에 주의를 집중하지 못하도록 하는 불안과 긴장을 증가시킨다.

① 학생들의 배고픔은 중립자극이다.
② 주의집중은 무조건적인 자극이다.
③ 과학시간은 무조건 반응에 해당된다.
④ 불쾌감의 경험은 원래 무조건 반응 이었다.

2 다음의 조건화 과정에서 무조건자극, 중립자극 및 조건자극에 해당하는 요소들을 바르게 짝지은 것은?

> 예전에 가영이는 A중학교에 입학하였다. 그곳에서 가영이는 담임선생님의 칭찬을 받으면서 즐거운 학교생활을 보냈고, 성적도 향상되었다. 3년이 경과한 현재 가영이는 고등학교에 진학하였는데, 등하교 시 전에 다녔던 A중학교를 지날 때마다 그 학교에서의 좋은 일들이 떠올라 유쾌해졌다.

	무조건자극	중립자극	조건자극
①	칭찬	A중학교(현재)	A중학교(입학시)
②	A중학교(입학시)	A중학교(현재)	칭찬
③	칭찬	A중학교(입학시)	A중학교(현재)
④	A중학교(현재)	A중학교(입학시)	칭찬

3 다음과 같은 사례로부터 추론할 수 있는 행동주의 학습심리 이론은?

> 영희는 첫 주에 등교할 때마다 매우 무서운 표정의 교사가 교문에서 학생들을 야단치고 벌주는 광경을 보았다. 그리고 영희 자신도 때로 그 교사에게 야단을 맞는 경우도 있었다. 그런데 어느 날 영희는 엄마에게 "선생님이 무서워!", "학교도 공부도 참 재미없어"라고 말했다.

① 손다이크(E. Thorndike)의 시행착오설
② 파브로브(I. Pavlov)의 고전적 조건화
③ 스키너(B. Skinner)의 조작적 조건화
④ 반두라(A. Bandura)의 관찰학습 이론

4 파블로프(I. Pavlov)의 고전적 조건화이론이 교사들에게 주는 시사점으로 옳은 것은?

① 교사는 학생들의 모범이 되어야 한다.
② 교사들이 사용하는 교수법이 무조건자극이 될 수 있다.
③ 학생들의 바람직하지 못한 행동에 대해 무관심해야 한다.
④ 교사는 학생들에게 제공되는 강화제를 적절히 조절해야 한다.

5 행동주의 학습이론인 고전적 조건화 이론에 대한 설명으로 옳은 것은?

① 조건자극이 무조건자극으로 대체된다.
② 대표적인 학자로는 스키너(Skinner)와 헐(Hull)을 들 수 있다.
③ 반응 뒤에 자극이 오기 때문에 R-S이론이라고도 한다.
④ 불수의(不隨意)적 행동이 어떻게 학습되는 지를 이해하는데 도움이 된다.

6 체계적 둔감화의 예로 적절한 것은?

① 은미는 심부름을 도울 때마다 엄마에게 초콜릿을 선물로 받았다.
② 지각을 자주하는 찬혁이는 좀 더 일찍 일어나야겠다고 스스로 다짐 하였다.
③ 경민이는 얕은 물에서부터 점차 깊은 물로 들어가는 상상과 긴장이완을 통해 물에 대한 두려움을 줄여 갔다.
④ 잘하는 것이 없다고 고민하던 승아는 어려움을 극복해내는 영화의 주인공을 보고 자기도 열심히 노력하기로 마음먹었다.

7 손다이크(E. L. Thorndike)의 학습에 대한 시행착오설을 주장하였다. 다음은 어떤 법칙에 해당하는가?

> ○ 어떤 일을 실천했을 때 만족한 결과가 나면 성공감과 만족감을 갖게 되어 의욕적으로 계속하게 되므로 학습의 진보를 가져온다.
> ○ 여러 번 연습을 반복해도 만족한 결과가 없으면 하고자 하는 의욕이 상실되어 포기하게 된다.

① 효과의 법칙　　　　　　　　② 연습의 법칙
③ 준비의 법칙　　　　　　　　④ 불사용의 법칙

8 다음의 사례에서 철수의 문제행동을 강화시키는 강화물은?

> 선생님은 철수에게 '한글을 창제한 분'이 누구냐고 물었다. 그랬더니 철수는 엉뚱하게도 '강감찬'이라고 대답했다. 그래서 반 아이들을 파안대소(破顔大笑)하게 하였다. 그 후 철수의 엉뚱한 대답은 줄어들지 않았다.

① 선생님의 질문　　　　　　　② 철수의 엉뚱한 대답
③ 반 아이들의 웃음　　　　　　④ 교실 분위기

9 초등학교 교사가 아이들이 수업시간에 조용히 앉아서 수업에 집중할 때마다 만화캐릭터 스티커를 노트에 붙여 주고 일정한 수 이상의 스티커가 모아지면 아이들에게 인형이나 성적에 대한 보너스 점수를 부여했을 경우, 이 교사 활용한 강화기법은?

① 부적 강화　　　　　　　　　② 토큰 경제
③ 긍정적 실습　　　　　　　　④ 프레맥 원리

10 어떤 교사가 반 아이들에게 "내일 숙제해 오면 화장실 청소를 면제해주겠다."고 하였다면 이 교사가 사용한 행동수정법은 무엇인가?

① 긍정적 강화　　　　　　　　② 제거성 벌
③ 부정적 강화　　　　　　　　④ 수여성 벌

11 다음은 조작적 조건형성을 위한 방법을 제시한 것이다. 'ㄹ'에 해당하는 조건형성의 예를 적절히 기술한 것은?

강화자극		자극의 성질	
		유 쾌	불 쾌
제시 방식	제 시	ㄱ	ㄴ
	제 거	ㄷ	ㄹ

① 숙제를 다하면 나가서 놀게 한다.
② 관심을 끌려는 행동을 모른 체 한다.
③ 소란을 피울 때 자유시간을 박탈한다.
④ 착한 일을 할 때 교실청소를 면제한다.

12 행동주의 심리학의 '부적 강화'에 대한 예로서 알맞은 것은?

① 과제를 잘 해온 학생들에게 별도의 놀이시간을 제공한다.
② 과제를 안 해온 학생들에게 반성문을 작성하게 한다.
③ 과제를 안 해온 학생들에게 일주일간 동아리 활동을 금지시킨다.
④ 과제를 잘 해온 학생들에게 꾸지람을 면제해 준다.

13 다음의 내용과 관련된 강화계획은?

초등학교 아이들의 경우 교사의 질문에 답하기 위해 열심히 손을 든다. 40명의 학생 중에 30명 정도의 학생이 매번 손을 들었을 때, 한 아이가 지명될 확률은 30분의 1이지만, 실제로 교사가 학생의 좌석이나 출석번호 순으로 지명하지 않는 한 그 확률은 매 질문마다 아주 다양해진다.

① 변동간격 강화 계획
② 고정비율 강화계획
③ 변동비율 강화계획
④ 고정간격 강화계획

14 다음과 같은 내용에 관련된 강화계획은 무엇인가?

> 교사가 3시간 동안 6차례 교실에 들르는 평균시간은 일정하지만 매번 교실에 들르는 시간간격은 일정하지 않다.

① 고정비율 강화 계획　　② 변동비율 강화 계획
③ 고정간격 강화 계획　　④ 변동간격 강화 계획

15 다음의 예화에서 교사가 잘못을 범하고 있는 강화전략은 무엇인가?

> 학생 : 아휴, 싫어요! 오늘도 또 문장 분석을 해야 해요? 다른 반에서 오늘 아침 강당에서 본 영화에 대해 토론하고 있는데요.
> 교사 : 그렇지만 다른 반은 언제 이 문장 수업을 다 끝냈단다. 우리도 거의 다 끝났어, 우리가 만약 이 수업을 끝내지 않는다면 너희들은 어제 배운 규칙들을 다 잊어버릴 거야.
> 학생 : 지금 영화 토론을 한 후에 수업이 끝날 때 쯤 문장 분석을 끝내는 게 어때요?
> 교사 : 좋아, 너희들이 이따가 문장 분석을 끝내겠다고 약속한다면…….

① 간헐강화　　② 행동조형
③ 프리맥원리　　④ 제 2유형의 벌

16 김 교사는 철수의 산만한 수업태도를 바로잡기 위해 다음과 같은 방법으로 지도하였다. 김 교사가 사용한 행동수정 기법은?

> 철수는 책상에 5분 이상 앉아 있지 못하는 학생이다. 한 번에 너무 많은 것을 기대하지 않고 작은 단계로 나누어 처음 5분을 앉아 있으면 강화하고, 다음 10분, 다음에 책을 펴고 10분…… 이런식으로 진행해 나갔다.

① 혐오치료　　② 토큰 강화
③ 행동조형　　④ 간헐 강화

17 스키너(B. Skinner)의 '선택적 강화'를 사용한 행동수정의 단계를 순서대로 바르게 나열한 것은?

> ㄱ. 바라는 방향으로 행동을 변화시킬 수 있는 강화인자를 확인한다.
> ㄴ. 목표행동을 설정한다.
> ㄷ. 목표행동이 일어났을 때 강화를 제공한다.
> ㄹ. 다양한 방법을 사용하여 행동을 관찰하고 기록한다.

① ㄴ → ㄹ → ㄱ → ㄷ
② ㄱ → ㄴ → ㄷ → ㄹ
③ ㄷ → ㄴ → ㄹ → ㄱ
④ ㄹ → ㄷ → ㄱ → ㄴ

18 다음 사례와 관련된 행동수정기법을 순서대로 바르게 나열한 것은?

> (ㄱ) 학업문제로 많은 스트레스를 받는 사람이 종교를 믿음으로써 편안한 마음을 가질 수 있었다.
> (ㄴ) 선행을 베푼 학생에게 공로상을 주었다.
> (ㄷ) 선도위원회가 '18세 미만 입장 불가'의 영화를 관람한 학생에게 '학교봉사' 처분을 내렸다.
> (ㄹ) 음주운전을 한 운전자에게 운전면허를 취소하였다.

	(ㄱ)	(ㄴ)	(ㄷ)	(ㄹ)
①	정적강화	제1벌	제2벌	정적강화
②	정적강화	제2벌	제1벌	정적강화
③	부적강화	제2벌	제1벌	정적강화
④	부적강화	정적강화	제1벌	제2벌

19 다음 중 인지주의 학습 원리를 가장 잘 적용한 교사는?

① 좋지 못한 학습태도를 보일 때마다 꾸중을 하였다.
② 영어 시간에 학생들에게 문장을 열 번씩 쓰게 하였다.
③ 학생에게 질문을 한 뒤 생각할 시간을 충분히 주었다.
④ 학생이 바람직한 행동을 보일 때마다 칭찬을 해 주었다.

20 다음 중에서 쾰러(W. Köhler)의 통찰학습의 원리를 바르게 기술한 것은?

① 환경적 실제의 지각을 통해 일어난다.
② 학습자의 과거 경험에 전적으로 의존한다.
③ 자극과 반응의 연합을 통해 학습이 발생한다.
④ 장 요소들에 대한 목적-수단관계로의 재구성이다.

제7회 교육심리학 진도별 모의고사

1 레빈(D. Lewin)의 장이론에서 인간행동에 대한 기본적인 전제를 바르게 제시한 것은?

① 인간의 내적 욕구에 의해 결정된다.
② 실제 대상의 지각을 통해 일어난다.
③ 인지구조의 재구성으로 설명할 수 있다.
④ 주로 외적인 환경적 자극에 의해 결정된다.

2 톨만(E. Tolman)의 기호-형태설에 관해 바르게 기술한 것은?

① 기호-형태설은 행동주의적 관점에서 인간의 학습이 수동적인 상태로 일어난다.
② 인간의 행동은 부분적이고 미시적으로 이해되어야 한다고 전제하고 있다.
③ 인간의 행동은 인간의 목적에 따라 조절되거나 기대나 의미에 관련되어있다.
④ 보상의 개념이 학습변인으로 역할을 한다는 것을 인정하고 있다.

3 다음은 앳킨슨과 쉬프린(Atkinson & shiffrin)의 정보처리 모델을 제시한 것이다. 이 모형에서 '작동기억'에 대한 설명으로 옳은 것은?

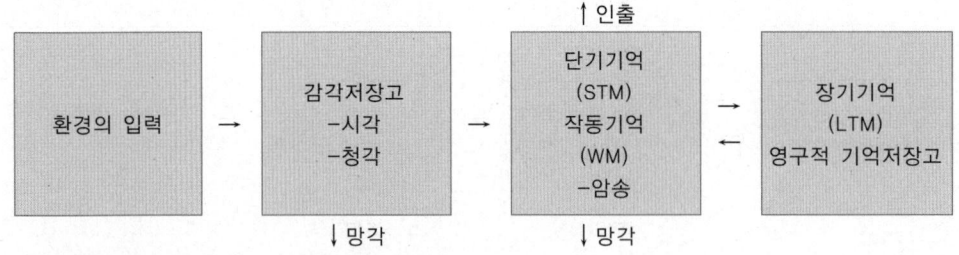

① 들어오는 정보를 3초 정도 일시적으로 저장한다.
② 단기기억의 용량을 늘리는 방법으로 부호화 전략이 있다.
③ 문자나 숫자 7±2개가 30초 정도 기억되는 불안정한 기억장치이다.
④ 단기기억의 파지력 높이기 위해 시연을 하는데 집중연습법이 좋다.

4 김 교사는 10개의 수 '0, 4, 1, 3, 4, 5, 9, 8, 7'을 칠판에 쓴 후 학생들이 쉽게 기억하도록 하기 위해 041, 345, 9987로 묶어 다시 제시하였다. 김 교사 활용한 기억전략과 가장 관계가 깊은 것은?

① 청킹(chunking)   ② 시연(rehearsal)
③ 유지(maintenance)   ④ 스크립트(script)

5 다음의 정보처리모형에서 기억장치 (나)의 특징에 대한 설명으로 옳은 것은?

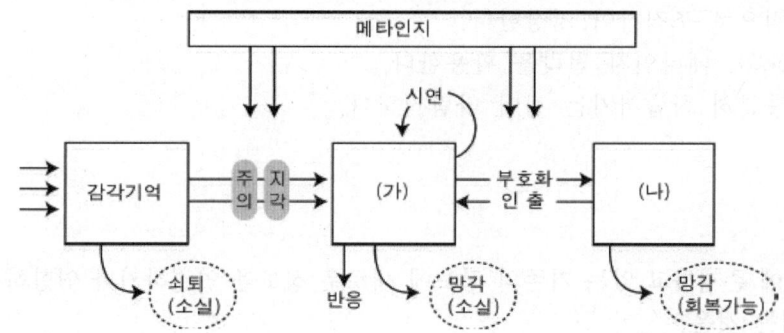

① 지속 기간이 비교적 짧고 시연하지 않으면 1분 이상 유지하기 어렵다.
② 여러 가지 정보들이 개별항목별로 분리되어 저장되어야 망각이 적다.
③ 명제와 산출 등에 기초한 다양한 형태의 정보망과 도식적 지식으로 이루어져 있다.
④ 기억 용량에는 거의 제한이 없으나 처리가 곧바로 이루어 지지 않으면 기억의 흔적이 사라진다.

6 다음 중에서 정보처리이론을 교수-학습에 이용하려고 할 때 주의집중을 시킬 수 적절한 방안을 모두 고르면?

ㄱ. 호기심을 자극하는 질문을 한다.
ㄴ. 몸동작, 이동, 말의 억양을 사용한다.
ㄷ. 예상치 못한 이벤트를 꾸며서 충격을 준다.
ㄹ. 학생에게 이미 친숙한 물리적 자극을 활용한다.

① ㄱ, ㄴ   ② ㄱ, ㄴ, ㄷ
③ ㄱ, ㄷ, ㄹ   ④ ㄱ, ㄴ, ㄷ, ㄹ

7 정보처리 과정에서 효과적인 '지각'이 이루어 질 수 있는 방안으로 옳은 것은?
① 두 가지의 상이한 정보가 동시에 제시되는 것은 바람직하지 않다.
② 정보나 원리를 많이 연습하여 자동성을 획득하도록 한다.
③ 새로운 학습과제를 위해 배경지식을 충분히 상기시켜 준다.
④ 질문이나 퀴즈를 통해 학생들이 자신의 지식을 평가하도록 한다.

8 정보처리 과정에서 효과적인 "시연"의 방법으로 적절한 것은?
① 분산연습법을 활용하여 반복연습 한다.
② 정보를 효과적으로 조직하여 저장한다.
③ 조직화와 정교화, 메타인지 전략을 활용한다.
④ 배경지식을 충분히 학습시키는 것이 바람직하다.

9 장기기억 속에 존재하고 있는 기존의 정보에 새로운 정보를 연결하거나 연합하는 인지처리과정에 해당되는 것은?
① 주의 집중   ② 자동화
③ 시연   ④ 부호화

10 다음 중에서 장기기억의 대표적인 통제과정에 해당하는 요소를 골라 바르게 묶은 것은?

| ㄱ. 시연   ㄴ. 지각   ㄷ. 조직화   ㄹ. 정교화 |

① ㄱ, ㄴ   ② ㄴ, ㄷ
③ ㄷ, ㄹ   ④ ㄱ, ㄴ

11 철수는 "총각"이라는 단어를 더 잘 기억하기 위해 "총각은 결혼하지 않은 남자"라는 문장을 만들어 학습을 하였다. 철수가 활용한 정보처리 기법은?
① 조직화   ② 정교화
③ 이중부호화   ④ 부호화의 특수성

12 다음은 어느 교실의 수업장면의 소개한 것이다. 교사가 사용하고 있는 학습의 원리는?

> 김 교사는 학생들에게 무엇인가를 읽어줄 때, 좋은 문제 해결의 본보기를 보인다. 읽는 것을 멈추고, "자, 이제까지 일어난 일들을 기억하는지 살펴보기로 할까." 혹은 "이건 좀 어려운 문장이구나, 선생님이 다시 한번 읽어 볼께"라고 말한다.

① 통찰학습의 원리　　　　　　　　② 관찰학습의 원리
③ 메타인지적 원리　　　　　　　　④ 발견학습의 원리

13 다음은 반두라(A. Bandura)의 관찰학습의 과정을 나타낸 것이다. (나)에 해당하는 활동은?

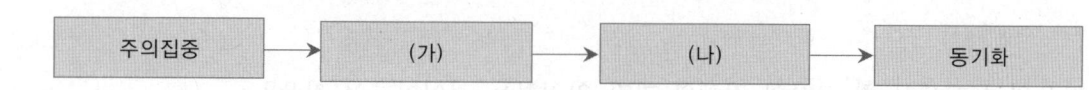

① 정보를 기억으로 전이　　　　　② 모델의 행동을 모방
③ 직접적, 대리 및 자기강화　　　④ 모델의 행동의 중요한 측면의 관찰

14 반두라(A. Bandura)의 관찰학습 과정에서 다음과 같은 기능을 지니고 있는 단계는?

> 모델이 시범보인 직후든 또는 장차 얼마의 시간이 지난 후든 관찰한 행동을 수행할 때 안내자로 기능을 한다.

① 주의 집중　　　　　　　　　　② 파지
③ 운동재생　　　　　　　　　　④ 동기화

15 다음에서 반두라(A. Bandura)의 「사회인지학습이론」에 기초한 것끼리 묶인 것은?

> ㄱ. 통찰학습(insight learning)　　　ㄴ. 관찰학습(observational learning)
> ㄷ. 프로그램학습(programmed learning)　　ㄹ. 자기조절학습(self-regulated learning)

① ㄱ, ㄷ　　　　　　　　　　　② ㄱ, ㄹ
③ ㄴ, ㄹ　　　　　　　　　　　④ ㄷ, ㄹ

16 다음 설명에 해당하는 개념은?

> ○ 특정 상황을 관리하는 데 필요한 행동을 학습하거나 수행할 수 있다는 자신의 능력에 대한 지각된 신념을 말한다.
> ○ 선생님의 질문에 학생 자신이 정답을 할 수 있다고 자신의 능력을 믿으면 적극적으로 손을 들어 대답한 것이고, 자신의 능력에 대해 의문을 가지면 선생님의 질문에 답하려 하지 않은 것이다.

① 자아개념(self-concept)　　　② 자기조절(self-regulation)
③ 자기효능감(self-efficacy)　　④ 자아존중감(self-esteem)

17 다음의 사례에서 최 교사의 견해와 가장 일치하는 전이이론인 것은?

> 진　　영 : 학교에서는 실생활에 도움도 되지 않는 수학을 왜 그렇게 많이 가르치지요?
> 최 교사 : 수학공부가 당장 쓸모는 없어 보여도 논리력을 길러주어 그 능력을 장래 여러 가지 일에 발휘할 수 있게 해주기 때문이지. 마치 운동을 열심히 하면 근력이 길러져서 힘든 일을 더 잘할 수 있는 것과 같은 이치지.

① 형태이조(transposition)설　　　② 수평전이(laternal transfer)설
③ 형식도야(formal discipline)설　④ 동일요소(identical elements)설

18 다음의 내용과 관련된 학습의 전이이론은 무엇인가?

> ○ 직업교육을 위해 타이핑, 컴퓨터 등을 배운다.
> ○ 덧셈의 학습이 곱셈의 학습에 도움이 된다.
> ○ 수학, 국어, 과학, 외국어, 등이 대학과 직업세계에 도움이 될 것이다.
> ○ 야구연습을 하면 축구의 향상에 도움이 된다.

① 형식도야설　　② 동일요소설
③ 일반화설　　　④ 형태이조설

19 다음의 내용에 부합하는 학습 전이 이론은?

- 두 학습과제 간에 원리가 동일하거나 유사할 때 전이가 이루어진다.
- '지식의 구조'를 강조하는 브루너(J. S. Bruner) 등의 학문중심 교육과정에서 지지되고 있다.
- 수중 30cm 깊이에 있는 표적 맞추기 실험을 했을 때 굴절의 원리를 배운 학생들이 배우지 않은 학생들보다 표적을 잘 맞추었다.

① 일반화설 ② 동일요소설
③ 형식도야설 ④ 형태이조설

20 다음 중에서 전이에 대한 현대적인 견해를 바르게 제시한 것은?
① 학습한 내용간의 유사성에서 파악하고 있다.
② 충분한 반복 연습의 관점에서 파악하고 있다.
③ 전문성과 메타인지적 기능으로 파악하고 있다.
④ 학습자의 학습에 대한 능동성과 적극성에서 파악하고 있다.

생활지도
진도별 모의고사

유길준 공무원 교육학
진도별 모의고사

제1회 생활지도 진도별 모의고사

1 생활지도에 임하는 교사가 유의해야 할 기본적인 사항으로 옳은 것은?

① 모든 학생이 바람직한 행동을 하도록 획일적 지도를 한다.
② 교육적 자극으로 상과 벌을 효과적으로 활용한다.
③ 학생의 발달과업이나 환경 등 개인차를 고려한다.
④ 집단의 필요나 요구에 일치시키도록 한다.

2 다음 중에서 생활지도의 개념상 특징을 설명한 것으로 가장 옳은 것은?

① 학생의 문제를 교사가 적극적으로 해결해 주는 전문적 봉사활동이다.
② 문제아나 부적응아를 대상으로 올바른 학교생활을 하도록 지도하는 것이다.
③ 생활지도는 교육과정과 분리된 별도의 활동으로 매우 특수한 성격을 띤다.
④ 학생들이 일상생활에서 당면한 문제를 자력으로 해결할 수 있도록 지도하는 활동이다.

3 다음 중에서 생활지도에서 가장 기본적인 목표는 무엇인가?

① 좋은 상급학교에 진학하거나 좋은 직장에 취업하게 한다.
② 부적응 학생이나 비행학생의 행동을 치료하거나 지도한다.
③ 학생의 결점을 수정·보완시켜 사회적 인간이 되게 한다.
④ 학생 스스로 자신을 이해하고 자력으로 문제를 해결하도록 조력한다.

4 다음 중에서 생활지도의 기본방향을 제시한 것으로 옳지 않은 것은?

① 모든 학생을 대상으로 한다.
② 학생의 잘못에 대해 처벌을 우선한다.
③ 과학적 근거에 입각하여 지도한다.
④ 전인적 발달에 역점을 두어 지도한다.

5 다음 중에서 생활지도의 원리를 바르게 실천하고 있는 예를 모두 고른 것은?

> ㄱ. A교사는 담임 학급의 학생들에게 학교폭력예방을 위한 집단활동을 전개하였다.
> ㄴ. B교사는 진학지도를 위해 학생들의 적성검사와 학업성취도 검사결과를 활용하였다.
> ㄷ. C교사는 학생 개개인의 개성이나 권리보다는 학급 전체 구성원들의 집단역동에 더 많은 관심을 집중하였다.
> ㄹ. D교사는 이번 학기 들어 우울증으로 자살을 시도해 온 학생을 외부에 의뢰하지 않고 직접 지도하였다.

① ㄱ, ㄴ   ② ㄷ, ㄹ
③ ㄱ, ㄴ, ㄷ   ④ ㄴ, ㄷ, ㄹ

6 다음의 내용과 관련된 생활지도의 제 활동은?

> ○ 사례연구 등을 이용한다.
> ○ 학생의 선천적·후천적 환경을 조사한다.
> ○ 학생의 여러 측면을 철저히 파악한다.

① 이해활동   ② 정보활동
③ 정치활동   ④ 추수활동

7 다음의 내용을 포괄하고 있는 생활지도의 기본 영역은?

> ○ 생활지도 활동 중에서 가장 중추적인 역할을 한다.
> ○ 학생들의 문제를 해결하는 데 봉사적인 역할을 하는 활동이다.
> ○ 학생 스스로 자아 발견, 자아실현을 추구할 수 있도록 조력한다.

① 조사활동   ② 정치활동
③ 상담활동   ④ 정보활동

8 다음의 생활지도 활동에 해당되는 것은?

> 철수는 ADHD(attention deficit and hyperactivity disorder ; 주의결핍 및 과잉행동장애)의 증상을 자주 나타내는 아동이다. 철수의 담임선생님은 인터넷을 통해서 그 지역의 상담 기관들을 조사해서 부모에게 알려 드렸다. 그리고 부모의 동의를 얻어 상담 기관에 철수의 지도를 요청하였다.

① 위탁 활동 ② 조사 활동
③ 정치 활동 ④ 추수지도 활동

9 다음 중에서 학교에서 이루어지는 상담의 특징으로 볼 수 없는 것은?

① 학교교육의 상담전문가는 교사이다.
② 교육과정과 별개로 상담이 이루어진다.
③ 학업상담과 진로지도가 중요시된다.
④ 상담전문가와 교사의 협력이 필요하다.

10 다음의 내용을 강조함으로써 지켜질 수 있는 상담의 기본적인 원리는?

> ○ 상담자가 선입관이 지배를 받아서는 안 된다.
> ○ 내담자의 보조에 맞추어 상담을 해야 한다.
> ○ 분류화 시키려는 자세를 취해서는 안 된다.
> ○ 내담자가 상담자에 대해서 적의와 같은 부정적 감정표현을 가질 수 있다는 것을 상담자가 알고 있어야 한다.

① 개별화 원리 ② 자기결정의 원리
③ 비판적 태도금지 원리 ④ 통제된 정서 관여의 원리

11 다음 중에서 상담의 윤리문제와 가장 관계가 깊은 상담의 원리는?

① 수용의 원리 ② 비밀보장의 원리
③ 자기결정의 원리 ④ 의도적 감정표현의 원리

12 상담내용에 대한 비밀 유지의 원칙을 파기할 사항으로 적절하지 않은 것은?

① 내담자가 신체적·성적 학대를 당하고 있는 경우
② 내담자가 자신에게 해를 끼칠 가능성이 있는 경우
③ 내담자가 타인에게 해를 끼칠 가능성이 있는 경우
④ 내담자가 학교를 중도 탁락한 사실이 있는 경우

13 다음 중에서 상담과 심리 치료의 관계 중 상담의 내용으로만 짝지어진 것은?

ㄱ. 정상적인 학생의 문제행동특성을 파악하고 해결하는데 있다.
ㄴ. 일반학교나 지역사회의 봉사기관에서 주로 실시하며 단기간 소요된다.
ㄷ. 학생이 갖는 본능적 불안에 근거한 무의식적 갈등의 문제를 다루는데 있다.
ㄹ. 학생이 갖는 각종 문제요소를 질병의 일부로 간주하여 이를 치료 교정하려 한다.
ㅁ. 학생의 바람직한 성장발달을 촉구한다.

① ㄱ, ㄴ, ㄷ
② ㄱ, ㄴ, ㅁ
③ ㄷ, ㄹ, ㅁ
④ ㄴ, ㄷ, ㅁ

14 다음은 상담, 생활지도, 심리치료에서 다루는 내용영역의 중요도를 보여주는 그래프이다. 상담의 내용영역을 가장 잘 나타내고 있는 그래프는?

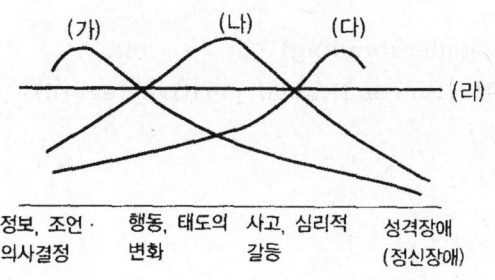

① (가)
② (나)
③ (다)
④ (라)

15 다음은 교사와 학생과의 상담과정에서 일어날 수 있는 대화의 일부이다. 가장 바람직하지 않은 것은?

① "안녕하세요? 무슨 일로 찾아 왔나요? 무슨 걱정이라도 있나요?"
② "오늘 상담은 오후 3시까지 약 50분간 합니다"
③ "내가 도움을 줄 수는 있지만, 최종적인 문제해결은 학생 스스로가 해야 합니다"
④ "너무 걱정하지 말아요. 솔직하게 말해주기만 하면 내가 해결해줄 겁니다"

16 다음의 내용과 관련된 상담관계의 기본적인 요건은 무엇인가?

> 상담자는 자신의 감정을 긍정적으로 가져야 하고 내담자에 대한 긍정적 이해, 배려, 온정적 태도를 보이면서 효과적인 상담을 해야 한다.

① 신뢰
② 공감적 이해
③ 수용
④ 일치

17 인간중심 상담이론가인 로저스(Rogers)는 상담자가 내담자를 평가·판단하지 않고 내담자가 나타내는 감정이나 행동특성을 있는 그대로 수용하며 내담자를 소중히 여기고 존중하는 태도를 무엇이라고 하였는가?

① 진지성(sincerity)
② 일치성(congruence)
③ 공감적 이해(empathic understanding)
④ 무조건적인 긍정적인 관심(unconditional positive regard)

18 다음의 내용에 가장 적절한 상담관계 요소는?

- 상담자는 피상담자가 하는 말의 내용을 표현된 언어의 의미를 넘어서 말의 이면에 포함된 감정적인 의미까지 파악하여야 한다.
- 상담자는 피상담자가 말로 표현하지 못하고 있는 마음의 소리가 행동이나 자세 또는 음의 고저나 색깔 등을 통해서 표현되는 경향이 있기 때문에 피상담자의 비언어적인 표현에 담겨진 의미와 감정을 파악하여야 한다.

① 수용
② 공감적 이해
③ 일치
④ 긍정적 존중

19 다음의 상황에서 나올 수 있는 어머니의 응답 중 공감수준이 가장 높은 것은?

> 엄마! 남의 방에 노크도 없이 막 들어오면 어떡해요. 여긴 내 방이란 말이에요.

① 너 왜 화를 내고 그러니? 집안에서 꼭 노크를 해야 하니?
② 어, 얘 말하는 것 좀 봐. 엄마가 자식 방에도 맘대로 못 들어오니?
③ 혼자 있고 싶었는데 방해를 받아서 기분이 몹시 상했나 보구나.
④ 너도 엄마 방에 들어올 때 노크하지 않잖니? 입장을 바꿔 생각해 보렴.

20 다음은 인간 중심 상담의 한 장면이다. 상담자가 사용하는 있는 상담의 기술에 가장 가까운 것은?

> 내담자 : 저는 방황합니다. 완전히 방황합니다. 방향을 모르겠습니다.
> 상담자 : 당신은 방황함을 느끼고 어디로 가야 할지 모르는군요. 나는 당신의 정말로 이해합니다. 그리고 나는 여기에 당신과 함께 있다는, 이 힘든 시간에 당신과 함께 있다는 느낌이 듭니다.

① 진실성
② 개방성
③ 수용
④ 공감적 이해

제2회 생활지도 진도별 모의고사

1 상담의 기술 가운데 '구조화(structuring)'에 대한 설명으로 옳은 것은?
① 내담자의 말과 행동에서 표현된 기본적인 감정·생각 및 태도를 상담자가 다른 참신한 말로 부언해 주는 것이다.
② 학생으로 하여금 자신의 문제를 파악하는 대안적 방법을 고려해 보는 기회를 제공하는 역할을 하는 것을 의미한다.
③ 상담교사가 상담의 시작 단계에서 학생에게 상담에 필요한 제반 규정과 상담에 있어서의 한계에 대해 설명해 주는 것을 말한다.
④ 학생으로 하여금 보다 구체적으로 말하도록 돕고, 학생의 진술 내용을 정확하게 들었는지를 확인하며, 모호하거나 혼동되는 진술 내용을 분명하게 밝히기 위함이다.

2 다음은 상담과정에서 일어난 대화의 일부이다. 상담자가 사용하고 있는 상담기술은?

> 학생 : 어젯밤 고 1때부터 사귀었던 여자 친구가 전화를 걸어와 다짜고짜 이제 그만 만나자고 하더군요, 전 도저히 공부에 집중할 수 가 없어요.
> 교사 : 여자 친구의 일방적인 결별 선언으로 충격이 큰가 보구나, 너는 왜 그만 만나자고 하는지 그 이유라도 알고 싶은 모양인데……………

① 직면　　　　　　　　　　② 요약
③ 반영　　　　　　　　　　④ 해석

3 상담교사가 내담학생과 다음과 같이 대화하였다. 상담교사가 사용한 상담기술은?

> 학생 : 선생님, 영희 걔는 정말 재수 없는 아이예요.
> 교사 : 재수 없다는 말은 영희가 싫다는 뜻이니?

① 직면　　　　　　　　　　② 명료화
③ 해석　　　　　　　　　　④ 요약

4 다음의 내용과 일치되는 상담자의 상담기술은?

> 너는 아버지에 대해서 미안하다고 하면서 한편 보기 싫다고 하는데………와 같이 지적함으로써 자기 기만적인 언어조작을 깨닫게 하여 준다.

① 직면
② 해석
③ 요 약
④ 반영

5 상담교사가 '재진술'을 사용하여 학생과 상담하려고 한다. 다음 빈칸에 들어갈 알맞은 반응은?

> 학생 : 친구들이 저만 따돌리고, 선생님들께서도 저에게 관심이 없어요.
> 교사 : _____

① 친구들이 너만 따돌려서 네가 심적으로 몹시 힘들겠구나.
② 친구들이 너만 따돌리고 선생님들께서도 관심이 없단 말이구나.
③ 선생님도 예전에 친구들한테 따돌림을 당했을 때 몹시 힘들었단다.
④ 친구들이 너만 따돌린다는 말이 무슨 말인지 좀 더 이야기해줄 수 있니?

6 상담기법에 대한 설명으로 옳지 않은 것은?

① 명료화는 상담자가 상담시간, 약속, 상담자와 내담자의 행동 역할 등 상담 체계와 방향에 대해 알려주는 것이다.
② 수용은 '음', '네', '이해 갑니다' 등의 긍정적인 언어와 비언어적 표현으로 이루어진다.
③ 반영은 내담자의 말이나 행동의 밑바탕에 흐르고 있는 감정을 정확히 파악하여 내담자에게 전달해 주는 것이다.
④ 해석은 내담자로 하여금 자기 문제를 새로운 각도에서 이해하도록 행동이나 말의 의미를 설명해 주는 것이다.

7 다음의 특징을 포괄하고 있는 상담이론은?

> ○ 상담자는 내담자의 독특성을 가정한다.
> ○ 상담은 내담자의 자발적 요청에 이루어진다.
> ○ 인간은 선과 악의 잠재력을 모두 지니고 있다.
> ○ 고안자는 윌리암슨(E. G. Williamson)이다.

① 지시적 상담 ② 비지시적 상담
③ 합리적 정의 상담 ④ 개인구념 상담

8 다음과 같은 기법을 활용하는 상담기법은?

> ○ 타협강요 ○ 환경변경
> ○ 타당한 환경선택 ○ 필요한 기술습득
> ○ 태도의 변경

① 특성론적 상담 ② 개인구념 상담
③ 인간중심 상담 ④ 정신분석 상담

9 심리검사나 면접을 통해 문제를 진단한 후 전문가가 이를 기초로 처방이나 조언을 직접 해주는 상담기법은 무엇인가?

① 현실요법 ② 지시적 상담
③ 비지시적 상담 ④ 합리적-정서적 상담기법

10 다음 내용에 따르면 상담 교사는 어느 이론의 입장에서 상담하고 있는가?

> ○ 철수는 항상 남보다 공부를 잘 하고 선생님으로부터 인정 받아야 한다고 생각하고 있다.
> ○ 그래서 철수는 성적이 떨어지거나 선생님으로부터 꾸중을 들으면 심하게 좌절을 한다.
> ○ 상담교사는 상담과정에서 철수가 가지고 있는 신념은 현실성이 없음을 깨우치려고 노력하고 있다.
> ○ 상담교사는 철수에게 '남으로부터 항상 인정받고 있는 사람'이 있으면 예를 들어 보라고 말하기도 한다.

① 행동주의적 상담이론
② 정신분석적 상담이론
③ 형태주의적 상담이론
④ 합리적·정서적·행동적 상담이론

11 다음의 상황을 엘리스(Ellis)의 합리-정서-행동적 치료(REBT)기법(ABCDE)의 절차에 비추어 바르게 나열한 것은?

> ㄱ. 홍철이는 입학시험에 떨어졌다.
> ㄴ. 부모님께 죄책감이 들고 자신에게 절망감이 들었다. 그래서 방안에서만 지내면서 아무도 만나지 않았다.
> ㄷ. 입학시험에 떨어진 것은 곧 파멸이라 생각했기 때문이었다.
> ㄹ. "떨어진 아이들도 많은데 유독 너만 파멸이라고 생각하면 되겠느냐"라는 어머니의 말씀을 듣고, "나는 왜 시험에 떨어지면 파멸이라고 생각했지?"라고 스스로 반문했다.
> ㅁ. 시험에 떨어진 것이 자랑은 아니지만, 그것이 곧 파멸은 아니라는 생각이 들었다.
> ㅂ. 시험에 떨어진 것이 불쾌하지만 절망하지는 않게 되면서, 내 실력에 맞는 다른 학교를 알아보게 되었다.

① ㄱ → ㄷ → ㄴ → ㄹ → ㅁ → ㅂ
② ㄱ → ㄴ → ㄷ → ㄹ → ㅁ → ㅂ
③ ㄱ → ㄷ → ㄴ → ㄹ → ㅂ → ㅁ
④ ㄱ → ㄹ → ㄷ → ㄴ → ㅂ → ㅁ

12 베크(A. Back)가 제안하는 '인지치료적 접근'을 이용하여 다음의 사례에 대한 상담을 하려고 할 때, 상담자가 취하게 될 판단이나 행동으로 적절한 것은?

> ○ 자기 자신을 무가치하고 무능하고 부적절하며 사랑 받지 못할 사람으로 본다.
> ○ 불쾌한 경험을 할 때는 자신이 심리적, 도덕적, 신체적 결함 때문에 생긴 일로 받아들인다.

① 내담자의 현재 상태를 공감하고 수용한다.
② 자신의 현재행동에 대해 스스로 평가하도록 한다.
③ 부정적인 생각을 다른데 돌릴 수 있도록 유도한다.
④ 표준화 검사를 통해서 내담자의 상태를 진단한다.

13 다음과 같은 문제를 해결하는데 적용할 수 있는 상담 이론 어느 것인가?

> 아동이 문제행동을 반복하거나 사람들이 심리적 장애를 지니고 있음은 그 개인이 지니고 있는 자신의 세상을 보는 명백한 판형이 현실의 세계에 효과적으로 적용될 수 없는 것임에도 불구하고 이 판형을 되풀이하여 사용함으로써 일어난다.

① 개인구념 상담이론　　　　② 형태주의 상담
③ 의사거래 상담　　　　　　④ 정신분석 상담

14 다음과 같은 내용을 포괄하는 인지치료의 기법은?

> ○ 현실을 지각하고 해석하는 개인의 일관된 양식이 현실에 맞지 않을 경우 문제가 발생한다.
> ○ 켈리(E. C. Kelley)에 의해 고안되었다.
> ○ 상담의 기법으로 역할실행, 고정역할 치료법을 사용한다.

① 개인심리 상담　　　　　　② 형태주의 상담
③ 개인구념 상담　　　　　　④ 실존주의 상담

15 다음과 같은 철학적 관점을 바탕으로 이루어지는 상담 활동은?

> ○ 개인은 가치를 지닌 유일한 존재이다.
> ○ 개인은 자기 성장을 위한 적극적인 성장력을 지니고 있다.
> ○ 내담자 스스로 자신의 환경을 이해하고 자기 성장을 돕는 방법이다.

① 비지시적 상담　　　　　　　　② 실존주의 상담
③ 심리 교류분석　　　　　　　　④ 행동주의적 상담

16 인간중심 상담활동에서 볼 때, 내담자의 심리적 성장을 촉진하는 분위기를 만들기 위해 상담자가 갖추어야 할 태도로 적절하지 않은 것은?

① 진솔함　　　　　　　　　　　② 합리적 판단
③ 공감적 이해　　　　　　　　　④ 무조건적·긍정적 관심

17 내담자 중심 상담이론에 가장 부합하는 것은?

① 방어기제와 가족관계 등의 분석을 통해 내담자를 이해한다.
② 심리검사를 통해 개인을 파악하고, 필요한 자료를 수집하여 제공한다.
③ 인간주의적 접근으로 무조건적 수용과 인정을 통해 내담자의 문제해결 과정을 돕는다.
④ 과잉된 행동이 문제가 될 경우에는 그 행동을 감소시키고, 결손이 문제가 될 경우에는 그 행동을 새로이 학습시키거나 증가시킨다.

18 인간중심 상담이론으로 볼 수 없는 것은?

① 인간에 대한 결정론적 관점에 반대하고 인간의 자유의지를 중시한다.
② 인간주의 심리학을 기반으로 하고 있으며, 대표적인 학자로는 매슬로우(A. Maslow), 로저스(C. Rogers) 등이 있다.
③ 자아실현을 강조하고, 인간행동을 설명할 때 원인보다 목적, 과거보다는 미래에 관심을 갖는다.
④ 개인의 심리적 특징과 성공적 의사결정에 중점을 두는 상담이론으로 대표적인 학자는 윌리암슨(E. G. Williamson)이다.

19 다음의 내용과 관련된 상담이론은 무엇인가?

> ○ 인간은 존재 상태에 있으며, 또 성숙의 과정에 있다고 본다.
> ○ 존재란 자기에 대한 자각이며 성숙은 개선을 위한 끊임없는 몸부림을 의미한다.
> ○ 인간불안의 원인을 인간존재의 본질인 시간적 제한과 죽음 또는 부존재에서 찾는다.

① 행동적 상담이론　　　　　　② 실존주의적 상담이론
③ 개인구념이론　　　　　　　　④ 합리적 정의 이론

20 다음 진술의 내용과 관련된 상담이론에서 주로 적용하는 상담 기법은?

> 현대인들이 가치나 목표, 현재의 의미, 자유와 책임에 대한 의문으로 고통을 받고 있다고 보고, 이를 포괄하는 철학적 문제를 솔직하게 인식시키는 것이다. 그리고 환자의 성격에서 무의식적이고 정신적인 요인을 자각하게 하는 것이고, 환자로 하여금 그의 책임감을 의식하게 하는 노력이다.

① 의미요법　　　　　　　　　　② 현실치료
③ 현존분석　　　　　　　　　　④ 고정역할치료

제3회 생활지도 진도별 모의고사

1 다음과 같은 기본가정을 가진 상담이론의 입장을 옳게 설명한 것은?

> ○ 인간 존재의 가장 중요한 문제는 불안의 문제이다.
> ○ 인간 존재의 불안 원인은 본질적인 시간의 유한성과 죽음에 대한 불안에서 온다.
> ○ 문제해결 방법은 인간 존재의 참된 의미를 발견하는 것이다.

① 내담자의 생활사, 행동, 경과 등을 관찰하고 기술하여 내담자의 내적 세계의 의미를 해석하는 것이다.
② 비합리적 사고, 신념에 대해서도 도전하고 다시 생각하도록 재교육하기 위해 논박을 사용한다.
③ 내담자의 모든 면을 있는 그대로 받아들여 소중히 여기고 존중하는 무조건, 긍정적인 관심을 가져야 한다.
④ 상담자의 해석으로 전이감정이 해소되면 내담자는 과거의 영향으로부터 벗어나게 되며 성숙한 인간이 될 수 있다.

2 다음 중에서 실존주의 상담에서 사용하는 상담의 기법을 모두 고르면?

> ㄱ. 역설의도   ㄴ. 역반영
> ㄷ. 비도구성 원리   ㄹ. 자아중심성

① ㄱ, ㄴ   ② ㄱ, ㄷ
③ ㄱ, ㄴ, ㄷ   ④ ㄱ, ㄴ, ㄷ, ㄹ

3 다음 중에서 정신분석적 상담이론의 특징을 제시한 것으로 옳은 것은?
① 인간은 발생학적으로 제한을 받고 있다.
② 상담의 궁극적인 목표는 자아실현에 있다.
③ 인간은 선과 악의 갈등상태에 놓은 존재이다.
④ 치료는 문제해결을 위해 인지적으로 접근 한다

4 다음 중에서 정신분석적 상담을 하는 상담자가 상담 장면에서 가장 중심적으로 취하는 행동만을 골라 바르게 묶은 것은?

> ㄱ. 내담자의 자아 상태, 교류, 게임, 각본 등을 분석한다.
> ㄴ. 내담자의 경험과 감정을 정확하게 공감하고 반영해준다.
> ㄷ. 방어기제와 가족관계 등의 분석을 통해 내담자를 이해한다.
> ㄹ. 자유연상을 통해 내담자의 무의식 속에 억압된 욕구들을 찾아낸다.

① ㄱ, ㄴ   ② ㄴ, ㄷ
③ ㄴ, ㄹ   ④ ㄷ, ㄹ

5 다음 중에서 행동적 상담이론의 기본전제를 제시한 것으로 옳은 것은?

① 인간은 악(bad)한 존재이다.   ② 인간의 행동은 학습된다.
③ 인간의 행동은 선천적이다.   ④ 인간은 환경에 능동적이다.

6 다음 중에서 행동주의상담 이론의 전제 조건으로만 옳게 묶은 것은?

> ㄱ. 인간은 자아실현의 성향을 타고난다.
> ㄴ. 인간은 저마다 독특한 주관적인 경험 세계 속에서 존재한다.
> ㄷ. 인간의 언행은 학습된 것이며 따라서 변화시킬 수 있다.
> ㄹ. 강화와 관찰학습 등과 같은 사회 학습의 원리가 상담에 활용될 수 있다.

① ㄱ, ㄴ   ② ㄴ, ㄷ
③ ㄴ, ㄹ   ④ ㄷ, ㄹ

7 다음과 같은 문제를 지닌 사람들에게 적용할 수 있는 적절한 상담의 방법은?

> ○ 불쾌한 감정이나 분노를 제대로 표현하지 못하는 사람
> ○ 애정이나 호감을 제대로 표현하지 못하는 사람
> ○ 거절을 잘 알지 못하는 사람

① 주장적 훈련   ② 체계적인 둔감법
③ 혐오치료   ④ 부적 연습법

8 시험불안 증세를 보이는 학생에게 적용할 수 있는 행동주의적 상담 기법은?

① 시험불안과 관련된 내담자의 방어기제를 해석한다.
② 객관적인 검사를 통해 학생의 특성을 정확히 파악한다.
③ 불안 위계 목록을 작성하고 단계적으로 둔감화 시킨다.
④ 내담자가 말하는 내용 속에 다른 숨은 의도가 있는지 분석한다.

9 다음과 같은 조건에 부합하는 상담이론은?

> ○ 내담자가 현실적이고 책임질 수 있는 행동을 하게하고, 성공적인 정체감을 개발하도록 하여 궁극적으로 자율성 갖도록 한다.
> ○ 내담자가 행동에 대한 가치판단을 할 수 있게 하고, 행동을 바꾸려는 결정을 하는 등 자기결정을 할 수 있게 된다.

① 형태주의 상담   ② 현실치료상담
③ 의사거래 상담   ④ 개인심리 상담

10 다음 설명에 해당하는 상담이론은?

> ○ 이 상담이론은 인간이 통제력 또는 선택할 수 있는 능력을 갖고 있으므로, 궁극적으로 자기 삶에 책임을 가져야 한다고 주장한다.
> ○ 상담의 목표는 내담자로 하여금 책임 있는 행동을 학습하여 성공정체감을 발달시키게 하는 것이다.
> ○ 상담과정에서 상담자는 내담자에게 '원하는 게 무엇인지를 확인한 후 지금부터 계획을 세우자'고 유도함으로써 내담자가 변명이나 구실을 찾지 못하게 하고 자신의 감정이나 행동에 책임을 지도록 도와준다.
> ○ 상담의 기법으로 질문, 유머, 토의와 논쟁, 맞닥뜨림, 언어적 충격 등이 기법을 활용한다.

① 인간중심 상담   ② 정신분석적 상담
③ 행동주의 상담   ④ 현실치료 상담

11 다음의 내용을 포괄하고 있는 상담이론은?

> ○ 인간을 전체적이고 현재 중심적이며 선택의 자유에 의하여 잠재력을 각성할 수 있는 존재로 본다.
> ○ 신체적 기능과 정신적 기능의 통합을 강조하여, 도형과 배경의 형성과 소멸의 과정을 통해 인간의 행동을 설명한다.

① 형태주의 상담
② 의사거래 상담
③ 개인심리 상담
④ 현실치료 상담

12 다음의 상담기법이 활용되는 상담이론은?

> ○ 자기 각성(self awareness)   ○ 빈의자 기법(empty chair)
> ○ 뜨거운 자리(hot seat)   ○ 대화게임(games of dialogue)

① 게슈탈트 상담
② 인간중심 상담
③ 행동주의 상담
④ 현실치료 상담

13 다음과 같은 특징을 지니고 있는 상담이론은 무엇인가?

> ○ 열등감 보상   ○ 우월성 추구
> ○ 창조적 자아   ○ 가공적 목적론

① 실존적 상담
② 개인심리 상담
③ 현실치료적 상담
④ 인간중심 상담

14 다음은 교칙을 위반한 학생의 문제행동의 원인에 대해 설명한 상담기록의 일부이다. 여기에 적용된 상담 접근방법은?

> 상습적으로 다른 학생들에게 폭력을 휘두르는 영철이의 행동은 자신의 열등감을 극복하고 우월해지고자 하는 동기가 표출된 결과이다. 이러한 행동은 자신을 알아주지 않는 주위 사람들에 대해 공격성을 나타냄으로써 자신도 중요한 사람이 될 수 있을 것으로 여기는 문제행동으로 볼 수 있다.

① 해결중심적 상담
② 인간중심적 접근
③ 개인심리학적 접근
④ 인지행동주의적 접근

15 상담 접근과 그 주요 기법을 잘못 짝지은 것은?

	상담 접근	상담 기법
①	인지치료	왜곡된 사고를 찾아내어 보다 현실적인 사고로 대체시킨다.
②	정신분석	꿈의 내용을 분석하여 무의식 속에 억압된 욕구를 파악한다.
③	현실치료	현재의 행동이 소망하는 것을 달성시키고 있는지 파악하게 한다.
④	교류분석	정신과 신체를 통합하여 자신에게 진실 되게 살아갈 수 있도록 한다.

16 다음 중에서 에릭 번(Eric Berne)의 의사거래 분석 상담 (transactional analysis : TA)을 하는 상담자가 상담 장면에서 가장 중심적으로 취하는 행동을 모두 고르면?

> ㄱ. 내담자의 자아도(egogram)를 분석하여 생활 자세를 판단한다.
> ㄴ. 실존적 결정에 근거하여 내담자의 대본(삶의 과정)을 분석한다.
> ㄷ. 어린 시절의 회상, 출생순위, 형제에 대한 질술, 부모와 관계를 조사한다.
> ㄹ. 내담자 동기를 부여하는 숨겨진 배경들과 그 배경들이 나타나는 과정을 분석한다.

① ㄱ, ㄴ
② ㄱ, ㄹ
③ ㄱ, ㄴ, ㄹ
④ ㄱ, ㄴ, ㄷ, ㄹ

17 다음은 교류분석 이론(TA)에서 볼 수 있는 내담자의 대인관계를 나타내는 그림이다. 화살표가 나타내는 대인관계 유형의 예로 가장 적절한 것은?

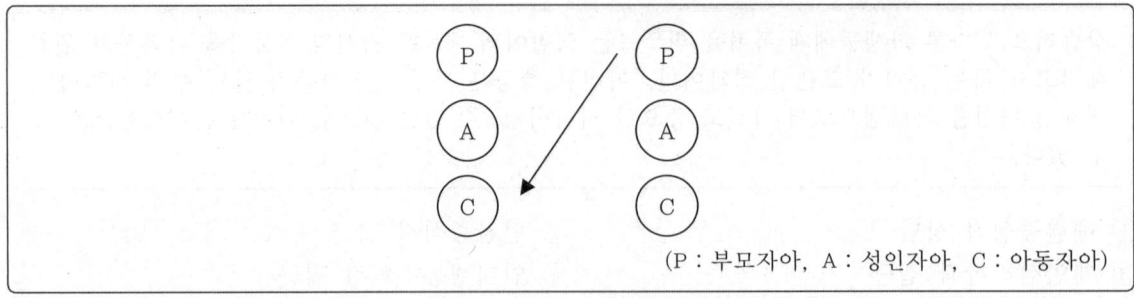

(P : 부모자아, A : 성인자아, C : 아동자아)

① "나하고 같이 농구하러 가지 않을래?"
② "선생님 오늘 오후에는 무엇을 해 야 될 해야 해야 하나요?"
③ "야, 사소한 일에 너무 신경 쓰지 말고 어른스럽게 그냥 넘겨버려."
④ "야, 나이에 맞게 행동해, 그런 쓸데없는 일에 시간을 낭비하면 못써!"

18 시험불안 증상이 있는 학생과의 상담에서 해결중심(solution focused)상담이론의 전형적인 질문의 예시라고 할 수 없는 것은?

① 시험을 볼 때마다 불안하다고 했는데, 혹시 불안하지 않은 적은 없었니?
② 만약 오늘 밤 기적이 일어난다면 내일 아침 무슨 일이 일어나 있을 것 같니?
③ 그렇게 불안해하면서도 어떻게 그 동안 결석 한번 없이 학교를 잘 다닐 수 있었니?
④ 시험을 앞두고 매 번 반복적으로 떠오르는 생각이 있니? 그렇게 생각하는 근거는 뭐지?

19 다음의 특징을 포괄하는 진로발달 이론은?

○ 정신역동적 측면에서 접근하여 직업 선택과정이 인생 초기에 부모와의 관계에서 형성된 개인의 욕구 위계체계(needs hierarchy)에 의해서 결정된다.
○ 욕구는 부모로부터 받은 유전적인 특성을 토대로 부모와의 관계에서 경험하는 만족감과 좌절감을 통해 형성된다.

① 로우(A. Roe)의 욕구이론
② 수퍼(D. Super)의 발달이론
③ 홀랜드(J. Holland)의 성격이론
④ 헤비거스트(R. Havighurst)의 과정이론

20 진로상담에 관련된 설명으로 옳지 않은 것은?

① 진로를 결정한 학생도 진로상담의 대상이다.
② 홀랜드(J. L. Holland)는 진로발달에서 자아개념을 가장 중시하였다.
③ 파슨스(F. Parsons)는 진로지도에 있어서 학습자의 특성을 중시하였다.
④ 크럼볼츠(J. D. Krumboltz)는 진로의사결정에 영향을 미치는 요인들의 상호작용을 중시하였다.

21 다음 중에서 진로이론에 대한 설명 중 옳은 것을 모두 고른 것은?

ㄱ. 수퍼(D. Super)의 발달이론에서는 직업 선택이 부모-자녀 관계에서 형성된 개인이 성격과 욕구구조에 의해서 결정된다고 본다.
ㄴ. 홀랜드(J. Holland)의 인성이론에서는 성격유형과 직업 환경을 각각 6가지로 분류하고, 개인의 성격유형에 맞는 직업 환경을 찾아야 한다고 본다.
ㄷ. 파슨스(F. Parsons)의 특성요인이론에서는 자아개념을 중요시하며, 진로선택을 타협과 선택이 상호작용하는 적응 과정으로 본다.
ㄹ. 블로(P. Blau)의 사회학적 이론에 따르면 가정, 학교, 지역사회 등의 사회적 요인이 직업 선택에 큰 영향을 미친다.

① ㄱ, ㄹ
② ㄱ, ㄷ
③ ㄴ, ㄹ
④ ㄷ, ㄹ

22 최 교사는 학생들의 진로지도를 위하여 홀랜드(J. Holland)의 진로탐색검사를 실시하였다. 검사 결과, 영철이의 직업적 성격 유형은 다음 그림의 ㉠과 ㉡에 해당되는 것으로 나타났다. 영철이의 직업적 성격 특성을 가장 잘 설명하는 것은?

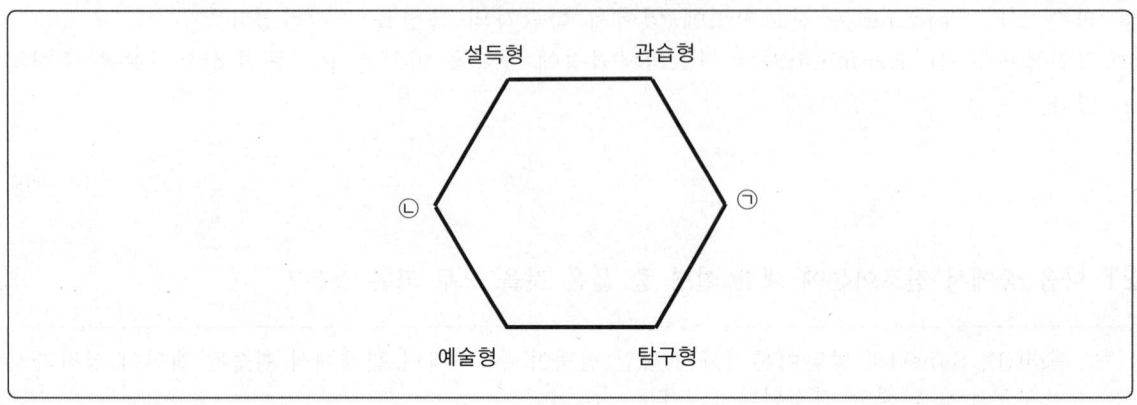

	㉠	㉡
①	다른 사람들과 어울리는 것을 좋아하고, 다른 사람들을 도와주는 활동을 선호한다.	계획에 따라 일하기를 좋아하며, 계산적인 능력을 발휘하는 활동을 선호한다.
②	지도력과 통솔력이 있으며, 말을 잘하고 다른 사람들을 관리하는 활동을 선호한다.	기계를 만지거나 조작하는 것을 좋아하며, 몸을 움직이는 활동을 선호한다.
③	정확하고 분석적이며, 지적 호기심이 많고 체계적인 활동을 선호한다.	변화와 다양성을 좋아하고, 자유롭고 창의적인 활동을 선호한다.
④	기계를 만지거나 조작하는 것을 좋아하며, 몸을 움직이는 활동을 선호한다.	다른 사람들과 어울리는 것을 좋아하고, 다른 사람들을 도와주는 활동을 선호한다.

23 머튼(Merton)의 아노미 이론을 바르게 설명한 것은?

① 문화 목표와 제도화된 수단 간의 괴리가 비행의 원인이다.
② 현대사회뿐만 아니라 봉건사회의 비행을 설명할 수 있다.
③ 비행의 원인은 인간이 지니고 있는 악한 본성에서 비롯된 것이다.
④ 비행도 다른 것과 마찬가지로 학습의 결과로 나타난다는 것이다.

24 사회학적 관점의 청소년 비행이론 가운데 '사회통제이론'의 가정으로 옳은 것은?

① 사회적 통제력의 약화가 비행을 야기 시킨다.
② 인간의 일탈행동은 사회적 낙인의 결과이다.
③ 인간의 일탈행동은 빈부의 격차로 인한 결과이다.
④ 청소년의 비행은 누군가로부터 학습한 결과이다.

25 다음 사례를 가장 잘 설명하는 이론은?

> 박○○가 장난삼아 던진 돌에 지나가던 아이가 부상을 입게 되었다. 이로 인해 박○○는 경찰서에 신고 되고 비행청소년으로 취급되었다. 그 이후로 박○○가 가졌던 자아정체감은 부정적으로 바뀌게 되었고, 결국은 일탈자가 되었다.

① 차별교제이론
② 낙인이론
③ 상호작용론
④ 아노미이론

통계·연구
진도별 모의고사

유길준 공무원 교육학
진도별 모의고사

제1회 통계·연구 진도별 모의고사

1 다음 중에서 명명척도에 대한 설명으로 옳은 것을 골라 묶은 것은?

> ㄱ. 가감승제(加減乘除)와 같은 연산이 불가능한 척도
> ㄴ. 지시대상의 질적 차이를 구분할 수 있는 척도.
> ㄷ. 척도의 수치상의 차이와 실제 능력이 같지 않는 척도
> ㄹ. 직업, 거주지역, 교수법 등을 나타낼 수 있는 척도

① ㄱ, ㄴ, ㄷ ② ㄱ, ㄴ, ㄹ
③ ㄱ, ㄷ, ㄹ ④ ㄴ, ㄷ, ㄹ

2 다음과 같은 속성을 지닌 척도는?

> ○ 사물을 구분하거나 이름을 붙일 때 사용한다.
> ○ 분류를 하며 수치의 크기를 갖지 않는다.
> ○ 어떤 사물의 속성분류를 위하여 숫자나 기호화하여 나타내는 것이다.

① 명명척도 ② 서열척도
③ 동간척도 ④ 비율척도

3 서열 척도(ordinal scale)의 특성을 설명한 것으로 옳은 것은?

① 단순히 대상을 구별하기 위해서만 사용한다.
② 대상의 질적·양적 차이 구분을 포함한다.
③ 등간성(等間性)을 지니고 있다.
④ 얼마만큼 '크다', '작다'를 나타낼 수 있다.

4 다음의 내용을 포괄하고 있는 척도는?

- 가상적 영점과 가상적 측정단위를 지니고 있다.
- 학업성취도 점수, 특정한 태도나 인식 점수 등을 나타낼 수 있다.
- 얼마만큼 크다, 작다는 나타낼 수 있다.

① 명명척도
② 서열 척도
③ 동간척도
④ 비율척도

5 다음 중에서 비율척도(ratio scale)의 특징을 설명한 것으로 옳을 것을 골라 바르게 묶은 것은?

ㄱ. 가장 신뢰로운 척도
ㄴ. 절대단위를 사용하는 척도
ㄷ. 측정단위의 동간성을 유지하는 척도
ㄹ. 배수의 개념을 성립시킬 수 있는 척도

① ㄱ, ㄴ, ㄷ
② ㄱ, ㄴ, ㄹ
③ ㄱ, ㄷ, ㄹ
④ ㄴ, ㄷ, ㄹ

6 다음 중에서 비율척도에 해당하는 것을 모두 고르면?

ㄱ. 서열척도까지 파악할 수 있는 척도이다.
ㄴ. 온도계의 눈금이 이에 해당하는 척도이다.
ㄷ. 다른 과목과의 상대적 비교를 가능하게 해 준다.
ㄹ. 가감승제가 안 된다.
ㅁ. 표준편차를 활용하여 표준점수를 얻을 수 있다.

① ㄱ, ㄷ
② ㄴ, ㄷ
③ ㄷ, ㅁ
④ ㄱ, ㄹ, ㅁ

7 다음 중 집중경향치의 의미를 설명한 것으로 옳은 것은?

① 한 집단의 점수분포를 하나의 값으로 요약·기술해 주는 지수를 말한다.
② 특정한 점수를 기준으로 점수가 흩어져 있는 정도를 나타내는 지수를 말한다.
③ 어떤 집단의 일반적 성향과 그 비교집단의 일반적 성향의 상관성을 의미한다.
④ 어떤 집단의 점수 변산을 하나의 값으로 제시한 지수를 의미한다.

8 다음 중에서 최빈값에 관련된 사항을 골라 묶은 것은?

> ㄱ. 한 분포에서 가장 빈도가 높은 점수를 말한다.
> ㄴ. 최소한 서열척도 이상에서 사용하여야 한다.
> ㄷ. 분포곡선의 정점에서 수직으로 내려온 척도상의 수치를 말한다.
> ㄹ. 분포의 점수를 크기순으로 나열하였을 때 한 중앙에 오는 값을 말한다.

① ㄱ, ㄴ, ㄷ ② ㄱ, ㄷ
③ ㄱ, ㄷ, ㄹ ④ ㄴ, ㄷ

9 집단의 일반적 성향을 대표하는 값 중에서 중앙값을 계산해야할 필요가 있을 경우에 해당되는 것은?

① 점수를 분포의 무게 중심을 알려고 할 때
② 집중경향치를 대략 빨리 알고 싶을 때
③ 분포가 편포되었거나 양극단의 점수가 있을 때
④ 수집된 자료가 동간적·비율적 측정치의 자료일 때

10 산술 평균의 특징을 제시한 것 가운데 바르지 못한 것은?

① 평균은 점수 분포의 균형을 이루는 점이 된다.
② 산술 평균으로부터의 편차의 제곱 합계는 최소이다.
③ 산술 평균으로부터 계산된 편차의 합계는 0이다.
④ 극단적인 점수가 있을 때도 신뢰로운 대표치를 제공한다.

11 산술 평균이 필요한 경우를 다음에서 골라 바르게 묶은 것은?

┌───┐
│ ㄱ. 수집된 자료가 동간성이 의심될 때 사용
│ ㄴ. 가장 신뢰할 만한 집중경향(대표치)을 구할 때 사용
│ ㄷ. 분포가 좌우대칭(정상분포)일 때 사용
│ ㄹ. 한 분포의 역률 또는 중력의 중심을 알고 싶을 때 사용
└───┘

① ㄱ, ㄴ, ㄷ 　　　　② ㄱ, ㄴ, ㄹ
③ ㄱ, ㄷ, ㄹ 　　　　④ ㄴ, ㄷ, ㄹ

12 다음은 어떤 분포의 연속된 사례에서 얻은 측정값이다. 옳지 않은 것은?

┌───┐
│ 점수분포 사례 1, 2, 3, 4, 5, 5, 6, 7, 8, 9
└───┘

① 최빈값 5 　　　　② 중앙값 5
③ 평균값 5 　　　　④ 표준편차 5

13 산술평균을 M 중앙치를 Mdn 최빈치를 Mo라 할 때 "M-Mdn"의 값이 "+"로 나올 때 나타나는 분포는?

① 정상분포 　　　　② 부적편포
③ 정적편포 　　　　④ 쌍봉분포

14 다음은 인근한 A, B, C 세 초등학교의 4학년 학생을 대상으로 한 수학과 학업성취도 검사 점수의 분포이다. 이들 점수 분포에 대한 해석으로 옳은 것은?

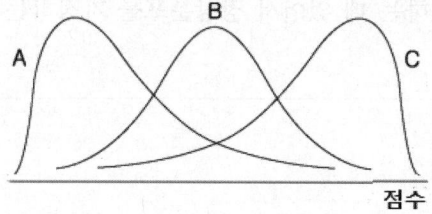

① A 학교 학생들의 점수는 부적으로 편포되어 있다.
② B 학교의 학생들의 평균점수가 가장 높다.
③ C 학교 학생들의 집중경향값 중 평균이 최빈값보다 크다.
④ A, B 학교 학생들보다 C 학교 학생들에게 쉬운 시험이다.

15 통계적으로 가장 유용하게 쓰이는 표준편차에 관한 설명으로 옳은 것은?

① 표준편차는 표집 따른 변화, 즉 표집오차가 가장 크다.
② 한 집단의 모든 점수에 일정한 상수 C를 곱하면 C^2배만큼 커진다.
③ 표준편차는 그 분포상에 있는 모든 점수의 영향을 받는다.
④ 평균으로부터의 편차점수의 자승합은 다른 어떤 기준으로부터의 자승합보다 최대가 된다.

16 다음 중에서 표준편차의 특징을 모두 고르면?

> ㄱ. 표준편차는 평균을 중심으로 한 변산도이다.
> ㄴ. 표준편차는 서열척도 이상에서 사용할 수 있다.
> ㄷ. 변산의 정도는 측정의 신뢰성을 추정할 수 있다.
> ㄹ. 개인내부의 성적의 변산의 정도를 추정할 수 있다.

① ㄱ, ㄴ 　　　　　　　② ㄱ, ㄴ, ㄹ
③ ㄱ, ㄷ, ㄹ 　　　　　 ④ ㄱ, ㄴ, ㄷ, ㄹ

17 표준편차에 대한 설명으로 올바른 것은?

① 학습자의 서열을 알 수 있다.
② 온도계의 눈금이 이에 해당한다.
③ 다른 과목과의 상대적 비교를 가능하게 해준다.
④ 가감승제가 안 된다.

18 인간의 심리적 특성을 측정하는 데 있어서 정상분포를 가정하는 근거로 적절한 것으로만 짝지어진 것은?

> ㄱ. 통계처리가 용이하다.
> ㄴ. 개인차 변별에 적합하다.
> ㄷ. 객관적이며 신뢰도가 높다.
> ㄹ. 내적 능력의 현상적 기술이 가능하다.

① ㄱ, ㄴ, ㄷ 　　　　　 ② ㄱ, ㄴ, ㄹ
③ ㄱ, ㄷ, ㄹ 　　　　　 ④ ㄴ, ㄷ, ㄹ

19 국어과 월말고사결과 정상분포를 이루는 100명의 집단에서, 평균(M)이 50점이고, 표준편차 (σ)가 15일 때, 65점 이상은 약 몇 명이라고 판단할 수 있는가?

① 13명
② 16명
③ 32명
④ 34명

20 아래 그래프는 평준화 지역에 위한 일반계 고등학교에서 실시한 세 과목(A, B, C)의 기말 고사 성적 분포이다. 쉬운 문항과 어려운 문항이 적절히 포함되고, 중간 수준의 난이도 문항이 다수인 시험 점수 분포(가)와 표준편차가 가장 큰 분포(나)를 나타내는 것은?

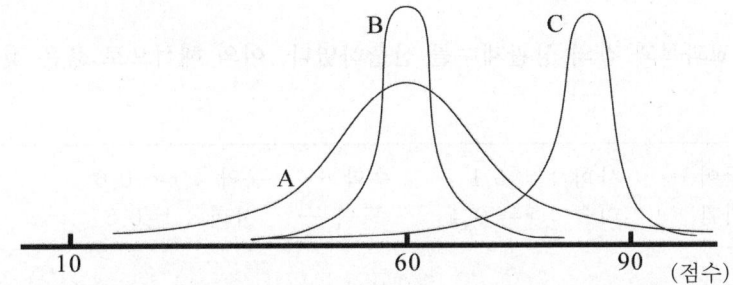

	(가)	(나)
①	A	C
②	A	A
③	B	A
④	B	C

통계·연구 진도별 모의고사

1 10,000명이 응시하여 200명을 뽑는 교육행정직 시험에서 평균점수가 70점, 표준편차가 5일 때 본이 점수가 85점이라면 상위 몇 %에 해당하는가?

① 2.5 %
② 0.5%
③ 5%
④ 7.5%

2 다음과 같이 교과목과 간의 상관계수를 산출하였다. 이의 해석으로 옳은 것을 〈보기〉에서 고르면?

| 국어 → 사회 : r=0.1 | 수학 → 음악 : r=-0.6 |
| 과학 → 미술 : r=-0.4 | 도덕 → 사회 : r=0.5 |

─── 보기 ───
ㄱ. 과학과목과 미술과목은 상관이 매우 낮다.
ㄴ. 국어를 잘하는 학생은 사회과목 성적도 높을 것이다.
ㄷ. 수학을 잘하는 학생은 음악과목 성적은 낮을 것이다.
ㄹ. 도덕을 잘하는 학생은 사회과목 성적이 높을 것이다.

① ㄱ, ㄷ, ㄹ
② ㄷ, ㄹ
③ ㄴ, ㄷ, ㄹ
④ ㄱ, ㄴ, ㄷ, ㄹ

3 가장 높은 상관관계를 나타내고 있는 산포도는?

①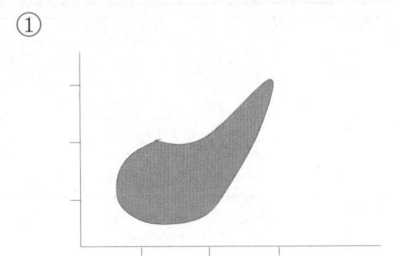

②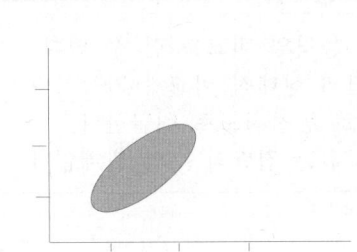

③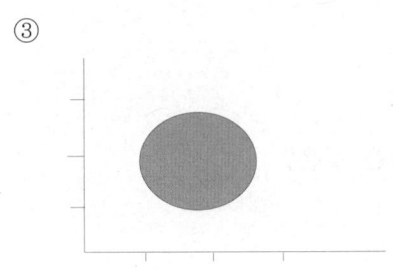

④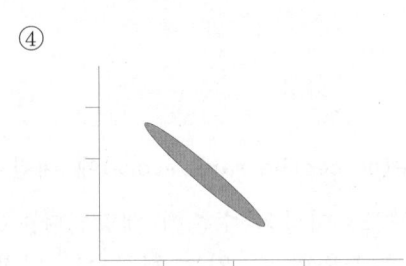

4 다음 중에서 원점수에 대한 설명으로 옳지 않은 것은?

① 원점수는 비교근거가 가장 약한 점수이다.
② 원점수 척도의 0점은 절대영점의 역할을 할 수 없다.
③ 80점을 얻은 학생이 40점을 얻은 학생보다 능력이 두배 높다고 할 수 없다.
④ A 고사와 B고사에서 모두 75점을 받았다면 두 고사에서 재려는 능력은 같다.

5 원점수(原點數; raw score)에 대한 설명으로 옳은 것을 골라 바르게 묶은 것은?

ㄱ. 원점수의 영점은 임의의 영점에 해당된다.
ㄴ. 원점수는 가장 신뢰로운 점수에 해당된다.
ㄷ. 원점수는 완벽한 동간척도에 해당된다.
ㄹ. 여러 가지 원점수 척도를 직접 비교할 수 없다.

① ㄱ, ㄴ ② ㄴ, ㄷ
③ ㄱ, ㄹ ④ ㄴ, ㄹ

6 다음 중에서 등위점수에 대한 설명으로 옳은 것을 모두 고르면?

> ㄱ. 타집단과 능력의 비교를 할 수 없다.
> ㄴ. 각 능력간의 상대적 비교가 가능하다.
> ㄷ. 일반적으로 동간척도로 취급한다.
> ㄹ. 능력의 등위는 집단의 수와 관계없다.

① ㄱ
② ㄱ, ㄴ
③ ㄱ, ㄴ, ㄷ
④ ㄱ, ㄴ, ㄷ, ㄹ

7 백분위 점수(percentile rank score)에 대한 설명으로 옳은 것은?

① 최소한 동간척도 이상의 수준에 해당된다.
② 백분위는 %로 전환할 수 있는 원점수를 말한다.
③ 집단의 크기가 달라도 점수를 서로 비교할 수 있다.
④ 백분위점수는 등위점수에 비해 오히려 신뢰성이 낮다.

8 표준점수(Z-score)를 가장 잘 설명한 것은?

① 표준화된 검사에서 얻은 원점수
② 원점수와 평균의 차이를 표준편차로 나눈 점수
③ 상대적인 기준이 되는 검사점수의 기본 단위점수
④ 100점을 만점으로 하여 표현한 상대적인 위치점수

9 다음의 규준점수 중에서 성적이 가장 앞서가는 점수는?

① 백분위 점수 90점
② C점수 5점
③ T점수 70점
④ Z점수 1점

10 다음은 철수의 표준학력고사 결과 〈표〉이다. 검사결과의 해석으로 적절한 것을 〈보기〉에서 모두 고르면?

과 목	원점수	T점수	백분위
국어	64	68	91
수학	80	62	80
과학	80	54	60
사회	90	48	45

―――――― 보기 ――――――
ㄱ. 국어과목이 가장 우수한 성적을 나타내고 있다.
ㄴ. 전체집단의 20%정도가 수학과목에서 철수보다 앞섰다.
ㄷ. 수학과 과학은 원점수는 같지만 수학이 상대적으로 앞섰다.
ㄹ. 철수는 전체과목에서 평균점수에 미달한 상태이다.

① ㄱ
② ㄱ, ㄴ
③ ㄱ, ㄴ, ㄷ
④ ㄱ, ㄴ, ㄷ, ㄹ

11 다음은 영희의 국어와 수학 기말고사 결과에 대한 점수와 영희 반의 평균, 표준편차이다. 영희의 점수에 대한 해석을 바르게 한 것을 〈보기〉에서 고르면?

	국어	수학
점 수	75점	40점
평 균	60점	20점
표준편차	15점	10점

―――――― 보기 ――――――
ㄱ. 국어과목이 수학과목에 비해 성적이 앞선다.
ㄴ. 백분위 점수로 전환하면 두 점수는 같다.
ㄷ. 수학은 C점수로 전환하면 1등급에 해당한다.
ㄹ. 국어에 비해 상대적으로 수학시험이 어려웠다.

① ㄱ, ㄷ, ㄹ
② ㄴ, ㄹ
③ ㄷ, ㄹ
④ ㄱ, ㄴ, ㄷ, ㄹ

12 표준점수에 대한 설명으로 옳지 않은 것은?

① H점수는 평균 50, 표준편차 14로 변환한 점수이다.
② 수학 과목에서 원점수 75, 표준편차 7, 평균 68점이면 Z점수는 1점이다.
③ 영어 과목에서 원점수 90점, 표준편차 5, 평균 80점이면 T점수는 85점이다.
④ Z점수의 분포 형태는 원점수 분포 형태와 일치하며, 편차를 표준편차로 나눈 값이다.

13 다음은 한 학생이 과목별 시험점수와 전체 응시자의 평균 및 표준편차를 제시한 표이다. 표준점수가 가장 높은 과목은?

과 목	원점수	평균	표준편차
국어	95	80	10
영어	84	69	6
수학	74	60	7
과학	75	64	11

① 국어 ② 영어
③ 수학 ④ 과학

14 관찰법에 대한 설명으로 거리가 먼 것은?

① 관찰법은 어떤 형태이든 신뢰성에 문제가 있다.
② 인간이 사용해 온 여러 가지 측정방법 중에서 가장 오래된 것 중의 하나이다.
③ 다른 검사장면은 사회적 상호작용의 영향을 받는데 관찰법은 그것이 배제된다.
④ 피관찰자에게 반응을 요구하여 검사자가 반응자의 행동을 관찰하여 측정의 증거를 수집하는 방법이다.

15 연구의 한 예로서 이탈리아의 빈민굴속에 들어가 왕초의 보호아래 부랑아 집단을 연구한 화이트(W. F. Whyte)의 연구는?

① 참여관찰 ② 준참여관찰
③ 비참여관찰 ④ 실험적 관찰

16 질문지법의 장점에 대한 설명으로 옳지 않은 것은?

① 연구자가 응답자에게 미치는 영향을 비교적 크게 할 수 있다.
② 개인적 생활경험이나 심리적 특성을 알아 볼 수 있다.
③ 적은 비용으로 광범위한 자료를 수집할 수 있다.
④ 전문적인 지식이나 훈련을 쌓지 않은 사람도 쉽게 사용할 수 있다.

17 다음과 관련된 문제를 해결하기 위해 가장 적절한 자료수집 방법은?

> 학급내의 표면화되지 않은 비공식적 인간관계에 관련된 자료를 수집하여 좌석의 배치, 위원회 조직, 작업집단의 형성, 특수아동 지도에 활용하려고 한다.

① 관찰법　　　　　　　　　　② 실험적 연구법
③ 사회성 측정법　　　　　　　④ 의미분석법

18 다음과 관련된 문제를 해결하기 위해 가장 적절한 자료수집 방법은?

> 좌석의 배치, 위원회 조직, 작업집단의 형성

① 관찰법　　　　　　　　　　② 실험적 연구법
③ 사회성 측정법　　　　　　　④ 의미분석법

19 학급에서 집단따돌림이 발생하고 있는가를 알아보는데 가장 유용한 방법은?

① 의미분석법　　　　　　　　② 실험설계법
③ 사회성 측정법　　　　　　　④ 주제통각검사법

20 입시 교육개선을 위한 의견청취를 위해 40대 주부들 가운데 교사집단, 은행가 집단, 주부집단으로 각각 표집 했다면 이는 무슨 표집인가?

① 단순무선 표집　　　　　　　② 체계적 표집
③ 유층표집　　　　　　　　　　④ 군집표집

제3회 통계·연구 진도별 모의고사

1 김 교사는 우리나라의 초등학생들이 방과 후에 어떤 과외 활동을 하고 있는지 설문조사를 통해 알아보기로 하였다. 김 교사는 전국의 초등학생을 지역별, 성별, 학년별로 구분하고, 다음과 같이 표집 하였다. 김 교사가 사용한 표집방법은?

		대도시	중소도시	농어촌
4학년	남	500	500	500
	여	500	500	500
5학년	남	500	500	500
	여	500	500	500
6학년	남	500	500	500
	여	500	500	500

① 유층무선 표집
② 체계적 표집
③ 단순무선 표집
④ 군집무선 표집

2 조사연구에서 표집(sampling)에 관한 설명으로 가장 적합한 것은?

① 표집의 크기가 클수록 조사 결과의 타당도가 높아진다.
② 무선(random)표집에 가까울수록 연구의 대표성이 낮아진다.
③ 표집의 단위는 집단이 아니라 개인이어야 한다.
④ 표집을 설정하기 전에 전집을 먼저 설정해야한다.

3 표집방법에 대한 설명으로 옳지 않은 것은?

① 단순무선 표집방법(simple random sampling)은 모집단의 모든 구성원이 표집될 확률이 같도록 하는 방법이다.
② 유층표집(stratified sampling)은 모집단을 다양한 하위집단으로 분할한 후에 각 하위집단으로부터 표본을 무선으로 표집하는 방법이다.
③ 편의적 표집방법(convenience sampling)은 표본 집단의 단위가 개인이 아니라 집단을 표집단위로 표집하는 방법이다.
④ 체계적 표집방법(systematic sampling)은 모집단에 일련번호를 부여한 후에 한 번호를 선정하고 동일한 간격만큼 뛰어넘어 표집하는 방법이다.

4 다음 중에서 질적 연구에 관련된 것을 모두 고르면?

┌───┐
│ ㄱ. 심리학   ㄴ. 인류학   │
│ ㄷ. 행동심리학   ㄹ. 민속학   │
│ ㅁ. 변인통제가능   ㅂ. 변인 통제 불가능 │
└───┘

① ㄱ, ㄷ, ㅁ   ② ㄴ, ㄹ, ㅂ
③ ㄷ, ㄹ, ㅁ   ④ ㄹ, ㅁ, ㅂ

5 교육 연구에 있어서 양적 연구와 질적 연구의 특성을 비교한 것이다. 내용이 적절하지 않은 것은?

	양적 연구	질적 연구
①	이론 개발	이론 검증
②	기계론적 관점	내부자적 관점
③	행동의 규칙성	행동의 유연성, 역동성
④	변인 통제 가능	변인 통제 불가능

6 다음과 같은 특징을 지니고 있는 연구방법은?

┌───┐
│ 연구자가 직접 참여자도 되고 동시에 관찰자도 됨으로써, 학교나 │
│ 여타 교육현장에 대해 깊이 있게 이해하고, 이를 객관적이고 현 │
│ 지인적인 관점에서 자료를 수집·기술할 수 있다.   │
└───┘

① 델파이법   ② 메타연구법
③ Q 방법   ④ 문화기술 연구법

7 문화기술 연구(Ethnographic research)의 특징을 설명한 것으로 옳은 것은?
① 연구의 구체적인 가설을 설정한다.
② 연구의 반복적인 특징을 지니고 있다.
③ 연구의 상황을 연구목적에 맞게 통제한다.
④ 연구의 자료 수집은 질문지나 표준화 검사를 사용한다.

8 문화기술 연구(Ethnographic research)의 관점을 제시한 것으로 옳은 것은?

① 구성원들 간의 의미구조를 사회적 맥락에서 이해하려고 한다.
② 구성원들 간의 상호작용의 문제를 객관적으로 측정하려고 한다.
③ 연구대상에게 적절한 실험처치를 가하여 이론을 정립하려고 한다.
④ 연구 상황을 연구목적에 부합되게 통제하여 대상자를 이해하려고 한다.

9 다음과 같은 연구주제에 가장 적절한 연구방법은?

> ○ 주제 : 도시학교의 학급생활에 대한 연구
> ○ 주제 : 한국 대학생의 사회화 과정에 대한 연구
> ○ 주제 : 인종 구별이 없는 고등학교에서의 동년배들 간의 상호작용에 대한 연구

① 실험적 연구   ② 메타연구
③ 문화기술연구   ④ 델파이 연구

10 문화기술지(ethnography)라는 연구방법을 적용하여 학교에서의 '집단 따돌림' 현상을 연구하고자 한다. 유념해야 할 사항으로 가장 적절한 것은?

① 연역적 접근이 이루어지도록 한다.
② 자료의 수집은 주로 설문조사를 활용한다.
③ 학생의 입장에서 현실 상황을 이해하도록 노력한다.
④ 전체적인 상황을 거시적으로 파악하는 데 역점을 둔다.

11 다음의 설명에 부합하는 교육연구방법은?

> ○ 현상학 또는 해석학에 근거한 연구이다.
> ○ 일반화시킬 수 있는 객관적 실재는 존재하지 않는다고 본다.
> ○ 특정 현상의 인관관계를 밝히기보다는 그 자체의 본질을 이해하려고 노력한다.

① 상관관계법   ② 문화기술적 방법
③ 실험연구법   ④ 조사법

12 다음은 어떤 연구의 요약내용이다. 여기서 수행된 연구방법은?

> 본 연구는 학교 밖에서 자기 진로를 모색하고 있는 청소년들이 다양한 활동을 통해 경험하는 학습과 그 교육적 의미를 고찰한 것이다. 이를 위해서 '○○청소년 센터'에서 활발하게 활동하는 청소년들을 대상으로 참여관찰과 면담을 통해 그들의 활동과 학습체험을 분석하였다.

① 역사연구
② 문헌연구
③ 실험연구
④ 문화기술적 연구

13 다음과 같은 특징을 지니고 있는 연구방법은?

> 기존 연구의 발견 사항들에 대한 통합을 목적으로 일련의 개별 연구들로부터 수립된 다양한 여러 연구결과들을 통계적으로 분석한다.

① 실험적 연구
② 문화기술적 연구
③ 메타 연구
④ 델파이 연구

14 다음 중에서 델파이 연구방법의 특징을 설명한 것으로 옳은 것은?

① 기존의 연구결과물에 대한 재연구의 과정이다.
② 페널 기법과 같은 직접적인 조사방법에 해당된다.
③ 조사 참가자들에 의한 직접적인 합의도출의 과정이다.
④ 전문가들에 대한 반복조사를 통해 합의를 도출 과정이다.

15 다음과 같은 특징을 지니고 있는 자료수집 방법은?

> ○ 스티븐슨(Stephenson)이 개발한 것으로, 인간의 태도와 행동을 연구하는 데 유용하다.
> ○ 다양한 진술문을 분류하는 작업을 통해 피험자의 특정 주제에 대한 주관적 의견이나 인식의 구조를 확인할 수 있다.
> ○ 여러 사람의 분류에서 어떤 공통성, 차이가 있는가를 밝힐 때 혹은 한 개인의 두 장면(예컨대 치료 전, 후)에서의 차이를 비교할 때 사용될 수 있다.

① 관찰법
② 의미분석법
③ Q 분류법(Q sort)
④ 사회성 측정법(Sociometry)

16 다음 중에서 실험적 연구에서 조건 통제란?

① 자료수집에 있어서 타당도, 신뢰도, 객관도를 높이는 것이다.
② 실험결과 해석에 있어서 실험요인 이외의 내용을 삭제하는 것이다.
③ 실험대상을 선정함에 있어서 실험목적에 알맞도록 통제하는 것이다.
④ 실험군과 통제군의 독립변인 이외의 모든 자극변인을 동일하게 하는 것이다.

17 실험결과의 내적 타당도(internal validity)를 위협하는 요인과 그에 대한 설명으로 옳지 않은 것은?

① 피험자의 선발 : 실험집단과 비교집단의 피험자들을 선발할 때 동질성이 결여되어 나타나는 영향을 말한다.
② 검사 : 한 피험자가 여러 가지 실험처치를 받음으로써 이전의 처치 경험이 이후의 처치 효과에 미치는 영향을 말한다.
③ 성숙 : 실험처치 이외에 시간의 흐름에 따라 나타나는 피험자의 신체적·정신적 변화가 피험자의 반응에 영향을 주는 것을 말한다.
④ 측정도구 : 사전검사와 사후검사에서 사용한 검사도구가 달라지거나, 관찰자나 채점자의 변화로 인하여 실험에서 얻은 측정치에 변화가 생기는 것을 말한다.

18 다음 〈표〉의 실험설계의 관한 설명으로 잘못된 것은?

```
R   O₁   X   O₂
R   O₃        O₄

R : 무선 표집
O : 관찰이나 측정
X : 실험 처치
```

① $O_2 > O_1$, $O_2 > O_4$ 가 나타날 것을 기대한다.
② 실험 변인 외의 다른 조건은 두 집단이 같다고 본다.
③ 이 실험 설계는 이질 통제집단 사전 사후 검사 설계이다.
④ 실험 처치의 효과는 CR 검증에 의하여 분석하는 것이 타당하다.

19 다음과 같은 사례에서 적용되고 있는 교육연구방법은?

> 가설 : 음악을 들으며 학습을 한 신세대는 그렇지 않은 경우에 비해 높은 학업 성취도를 나타낸다.
> 방법 : 먼저 학생들을 두 개의 집단으로 나눈다. 이 때 두 집단 학생들의 평소 평균 성적은 같아지게 만들어야 한다. 그 다음 한 집단에는 음악을 틀어 주지 않은 상태에서 공부를 시키고, 다른 한 집단에는 음악을 들으면서 공부를 하게 한다. 일정 공부 시간이 지나면 두 집단에게 같은 문제를 주어 시험을 치르게 하였다.

① 실험법
② 면접법
③ 참여관찰법
④ 질문지법

20 교육연구의 가설에 관한 설명으로 적절한 것은?

① 영가설은 통계적인 가설이다.
② 대립가설은 차이가 없다는 가설이다.
③ 원가설은 영가설에 대립되는 가설이다.
④ 영가설을 연구자가 수락을 전제로 한다.

21 다음 중에서 영가설에 대한 설명으로 옳은 것을 골라 묶은 것은?

> ㄱ. 원가설에 대립시켜 설정한 가설이다.
> ㄴ. 둘 또는 그 이상이 모수치 사이에 '아무런 차이가 없다'라고 가정한다.
> ㄷ. 통계적 가설에 해당하며, 일반적으로 채택되는 것을 목적으로 한다.
> ㄹ. $p<0.05$란 5% 유의수준에서 두 통계치 간의 유의 한 차가 있다고 해석되며, 이 경우 영가설은 기각된다.

① ㄱ, ㄴ
② ㄱ, ㄷ
③ ㄴ, ㄷ
④ ㄴ, ㄹ

22 다음과 같은 조건하에서 실시하는 통계적 검증 기법은?

> ○ 연구의 종속변수가 양적변수이어야 한다.
> ○ 종속변수에 대한 모집단의 분포가 정규분포이어야 한다.
> ○ 두 집단의 비교일 경우 두 모집단의 분산이 같아야 한다.
> ○ 모집단이 분산을 알고 있어야 한다.

① Z 검증 ② 변량분석
③ t 검증 ④ 분산분석

23 김 교사는 다음과 같은 내용의 교육연구를 하고자 한다. 가장 적합한 통계적인 검정 방법은?

> 중학생의 과학탐구 능력을 증진하기 위하여 새로운 학습방법을 개발하고 나서 모집단인 서울시 중학교 2학년 학생 중에서 30명을 추출하여 새로운 교수법으로 탐구 능력을 가르친 후 그 학생들의 탐구능력 점수가 80점인지 아닌지를 검증하고자 한다.

① 단일표본 t검정 ② 두 독립표본 t검정
③ 단일표본 Z검정 ④ 두 독립표본 Z검정

24 다음의 조건을 가장 적절하게 충족시켜줄 수 있는 통계적 검증방법은?

> ○ 전통적 교수법, 멀티미디어 교수법, 개인교수법을 투입한 후 학습효과를 비교 연구하려고 한다.
> ○ 각 모집단의 분포가 정규분포이어야 하며, 종속변수가 양적 변수이어야 한다.
> ○ 모집단의 모분산은 같아야 한다.

① CR검증 ② 변량분석
③ 회귀분석 ④ 요인분석

25 정상분포를 다루는 모수통계와는 달리 특정범주에 속하는 피험자 빈도의 차이에 관심을 두는 통계기법으로서, 집단의 관찰빈도와 그 집단의 기대빈도를 비교하여 검증하는 방법은?

① t-검증 ② F-검증
③ Z-검증 ④ x^2-검증

교육과정
진도별 모의고사

유길준 공무원 교육학
진도별 모의고사

제1회 교육과정 진도별 모의고사

1 다음의 특징을 포괄하고 있는 교육과정의 정의 관점은?

> ○ 교육과정 개정 작업을 할 때 각급학교에서 배우는 교과들의 종류, 중요도, 시간배당 등을 제시하였다.
> ○ 국어 교사에게 교육과정을 보여 달라고 요구할 때, 국어교과에 포함되는 언어 기능, 어학, 문학들에 관한 주요 주제를 열거하였다.

① 교육내용 관점에서의 교육과정
② 학습경험 관점에서의 교육과정
③ 의도된 학습 성과 관점에서의 교육과정
④ 문서 속에 담긴 교육계획 관점에서의 교육과정

2 다음과 같은 교육과정의 관점을 가장 바르게 제시한 것은?

> 쿠레레(currere)는 교육과정을 그 어원적인 의미인 경주로로 해석하기보다는 그 경주로를 따라 달리는 것(running of the race)을 말하는 것으로, 자신의 자전적 역사를 재개념화 할 수 있는 개인의 능력을 강조한다. 즉, 교육과정은 타인과 자서전적인 대화를 나누는 것을 바탕으로 생에 대한 개인의 전망을 재기획하는 것이다.

① 가르칠 교육내용으로서 관점
② 학생들이 얻어야할 경험의 관점
③ 인간의 실존적 체험과 그 반성의 관점
④ 학교에서 의도한 학습결과로서의 관점

3 교육과정을 실질적으로 '공식적 교육과정', '영교육과정', '잠재적 교육과정', '실제적 교육과정'으로 분류하였을 때 다음에 해당하는 교육과정은?

> 문서 속에 담긴 교육계획을 의미하는 것으로 국가 수준의 교육과정, 시·도 교육청의 교육과정 지침, 지역 교육청의 장학자료, 학교교육과정 등이 여기에 포함된다.

① 공식적 교육과정　　　　　　　　② 영교육과정
③ 잠재적 교육과정　　　　　　　　④ 실제적 교육과정

4 다음 중 교육과정의 이론적 고찰에서 전통주의적 접근의 관점으로만 짝지어진 것은?

> ㄱ. 교육과정의 기능주의적 관점을 강조
> ㄴ. 교육과정의 개인주의적인 관점을 강조
> ㄷ. 학습결과의 다양성을 충분히 고려하는 관점
> ㄹ. 교육과정의 연구에 있어서 과학적 보편주의 추구

① ㄱ, ㄴ, ㄹ ② ㄱ, ㄴ, ㄷ, ㄹ
③ ㄱ, ㄹ ④ ㄱ, ㄴ

5 다음 중에서 교육과정에 대한 전통주의적 접근에 관한 설명으로 옳은 것은?

① 교육과정에 있어서 개인주의적인 관점을 강조하고 있다.
② 교육과정의 연구에 있어서 과학적 보편주의를 거부한다.
③ 기능주의적 관점을 강조하여 개인보다 사회를 중요시한다.
④ 아동 개개인의 성장 발달을 중요시하며 아동중심의 교육을 강조한다.

6 다음의 내용을 포괄하고 있는 교육과정의 이론적 관점은?

> ○ 교육과정에서 경제적이고 생산적인 지식교육을 강조
> ○ 교육과정을 지식의 전달보다는 지식이 다루어지는 과정 자체로 볼 것을 주장
> ○ 교육과정 연구에 있어서 법칙을 찾아내고 예언하며 통제하는 분석과 통계적 방법을 강조

① 전통주의 이론 ② 개념-경험주의 이론
③ 재개념주의 이론 ④ 인본주의 이론

7 교육과정 재개념주의자들의 교육과정 분석의 초점을 바르게 제시한 것은?

① 교육과정의 개발절차에 대한 분석에 주력한다.
② 교육과정과 사회를 분리시키는데 주력하고 있다.
③ 교육과정의 보편성과 객관성에 분석의 초점을 둔다.
④ 교육내용의 형평성의 문제를 분석하는데 초점을 둔다.

8 재개념주의자들의 교육과정 연구가 전통주의자들의 교육과정 연구에 비해 다른 점은?
① 교육과정의 이론적인 틀을 마련하는데 주력한다.
② 교육과정의 일반적 모형을 개발하는데 주력한다.
③ 교육과정의 모형보다는 교육내용의 이해에 치중한다.
④ 교육목표 달성을 위한 체계적인 절차개발에 주력한다.

9 교육과정에 대한 재개념주의적 입장을 가장 잘 설명한 것은?
① 지식의 구조나 지식의 형식을 교육내용으로 강조한다.
② 교육과정 개발에 참여자들의 토론과 합의를 강조한다.
③ 교육내용의 이데올로기적 성격이나 쟁점을 드러내는 데 관심이 있다.
④ 교육목표를 가장 중시하고 교육목표와 내용, 방법 간의 일관성을 강조한다.

10 타일러(R. Tyler)의 교육과정 개발 이론에서 교육목표 설정의 일차적인 기초자원이 되는 것에 해당하지 않은 것은?
① 학습자에 관한 연구
② 현대사회의 요구
③ 교과전문가의 조언
④ 학습심리학

11 타일러(R. Tyler)의 목표중심형 교육과정 개발모형에서 다음의 내용에 관련된 학습경험 선정의 원칙은?

○ 소설을 읽고 흥미를 느끼는 것이 목표라면 소설을 읽을 수 있는 활동을 마련해 주어야 한다.
○ 미적 감상능력을 기른다는 것이 목표라면 미술작품을 감상하고 감상문을 쓰는 경험을 제공한다.

① 기회의 원리
② 만족의 원리
③ 학습가능성의 원칙
④ 일목표 다경험의 원칙

12 비판적 사고력 향상, 학교활동에의 적극적 참여 등 여러 가지 교육목표를 달성하기 위하여 '모의법정' 활동을 실시하기로 하였다. 이 경우에 적용한 교육내용 선정 원리는?

① 기회의 원리
② 가능성의 원리
③ 동목표 다경험의 원리
④ 동경험 다성과의 원리

13 다음 중에서 타일러(R. Tyler)의 목표중심형 교육과정 개발모형의 학습경험 조직 원리로만 짝지어진 것은?

> ㄱ. 학생들이 교육목표 달성에 필요한 학습경험을 할 수 있도록 제공한다.
> ㄴ. 이해, 기능, 태도, 흥미 등이 조금씩 다른 단계적 수준으로 조직한다.
> ㄷ. 주요한 요소를 시간을 두고 연습하고 개발할 수 있도록 반복하여 연습한다.
> ㄹ. 하나의 목표를 달성하기 위해 여러 가지 학습 경험을 제공한다.

① ㄱ, ㄴ
② ㄴ, ㄷ
③ ㄴ, ㄹ
④ ㄷ, ㄹ

14 다음의 (ㄱ)~(ㄷ)은 학습내용과 경험의 조직 원리에 대한 설명이다. 이들이 알맞게 연결된 것은?

> (ㄱ) 학습내용과 경험은 학생마다 가지고 있는 특수한 흥미와 요구를 찾아내어 이를 발달시킬 수 있도록 조직해야 한다.
> (ㄴ) 학습내용과 경험의 여러 요인이 그 깊이와 넓이에 있어서 점진적인 증가가 있도록 조직되어야 한다.
> (ㄷ) 학습내용과 경험들 사이에 상호보완적 관계를 유지시켜 줌으로써 개개의 내용과 경험들이 서로 연결되도록 해야 한다.

	(ㄱ)	(ㄴ)	(ㄷ)
①	통합성의 원리	계열성의 원리	계속성의 원리
②	다양성의 원리	계열성의 원리	통합성의 원리
③	계열성의 원리	계속성의 원리	통합성의 원리
④	계속성의 원리	통합성의 원리	계열성의 원리

15 다음의 내용과 관련된 학습경험을 효과적으로 조직하는 기준은?

> 과학에 쓰이는 수식이 수학에서 미처 다루지 않은 것이라면 과학 공부에 진전을 가져오기 어려울 것이다.

① 계속성　　　　　　　　　　② 계열성
③ 통합성　　　　　　　　　　④ 균형성

16 다음의 내용과 관련 있는 교육내용조직 원리는?

> ○ 관련 내용의 수평적(횡적)연결
> ○ 하나의 주제를 여러 교과에서 관련성을 맺고 동시에 가르침

① 계열성　　　　　　　　　　② 계속성
③ 통합성　　　　　　　　　　④ 균형성

17 다음의 내용과 관련된 학습경험의 조직 원리는?

> 덧셈은 반복연습이 필요하며 시간이 갈수록 점점 높은 수준의 덧셈을 할 수 있게 된다.

① 계속성의 원리　　　　　　② 계열성의 원리
③ 통합성의 원리　　　　　　④ 균형성의 원리

18 다음에서 설명하고 있는 교육내용의 조직 원리로 가장 적절한 것은?

> 학습자의 발달단계에 따라 학습능력을 고려하고 단순한 것에서 복잡한 것으로, 친숙한 것에서 생소한 것으로, 선수학습에 기초하여 그 다음 내용으로, 구체적인 것에서 추상적인 것으로 교육내용을 순차적으로 조직해 나간다.

① 계속성　　　　　　　　　　② 계열성
③ 통합성　　　　　　　　　　④ 균형성

19 타일러(R. Tyler)의 교육과정 개발모형의 장점을 설명한 것으로 옳은 것은?
① 학습내용에 대한 정치적, 이념적 분석을 충분히 할 수 있다.
② 수업 진행과정 중에 새롭게 생겨나는 확산적 목표를 고려할 수 있다.
③ 교육과정에 대해 경험적, 실증적으로 교육성과를 연구하는 경향을 촉발하였다.
④ 표면적인 교육과정뿐만 아니라 잠재적 교육과정에 대해서도 충분히 고려하였다.

20 타일러(R. Tyler)의 교육과정모형을 잘못 설명하고 있는 것은?
① 교육과정 요소 중 목표를 가장 강조한다는 점에서 목표우위모형이다.
② 단원개발에서 출발하여 교과구성으로 진행된다는 점에서 귀납적 모형이다.
③ 목표에서 평가로 진행하는 일정한 방향을 가진다는 점에서 직선적 모형이다.
④ 교육과정 개발자들이 당위적으로 따라야할 절차를 제시한다는 점에서 처방적 모형이다.

제2회 교육과정 진도별 모의고사

1. 워커(D. Walker)의 실제적 교육과정 개발 모형의 특징을 설명한 것으로 옳은 것은?

① 목표 - 내용 - 방법 - 평가의 순차적 개발을 강조하고 있다.
② 목표라는 말 대신 숙의(deliberation)라는 개념을 도입하고 있다.
③ 교육과정 개발의 기준이 되는 이론적인 모형을 제시하려 하고 있다.
④ 교육과정을 예술적이며 심미적 과정으로 이해하고 있다.

2. 아이즈너(E. Eisner)의 예술적 교육과정 모형의 특징을 설명한 것으로 옳은 것은?

① 명백한 교육목표를 위주로 수업과정을 계획한다.
② 교육내용 선정시 영교육과정을 충분히 고려한다.
③ 학습기회를 조직하는데 있어서 선형적 원리를 강조한다.
④ 교육평가에 있어서 선택형 평가를 주로 사용하도록 한다.

3. 다음 중에서 교육과정에 대한 아이즈너(E. Eisner)의 관점에 해당하는 것으로만 짝지어진 것은?

ㄱ. 교육과정 구성과 개발에 있어서 효율성을 우선시해야 한다.
ㄴ. 교육과정 개발자는 교육과정 현상에 대한 풍부한 '교육적 상상력'을 가져야 한다.
ㄷ. 교육목표는 구체적으로 표현될 수 있는 학습자의 '행동'에 초점을 두어야 한다.
ㄹ. 교육과정 평가자는 교육 현상을 보고 교육활동의 질을 판단할 수 있는 '교육적 감식안'을 지녀야 한다.

① ㄱ, ㄴ
② ㄱ, ㄷ
③ ㄴ, ㄹ
④ ㄷ, ㄹ

4 블룸(B. S. Bloom)의 교육목표 분류체계를 따를 때, 인지적 영역에서 가장 높은 수준의 교육목표는?

① 삼각형의 면적을 산출하는 공식을 안다.
② 이차방정식의 해를 구할 수 있다.
③ 이차함수식을 그래프로 옮길 수 있다.
④ 주어진 글속에 감추어진 가정을 알아낼 수 있다.

5 블룸(B. S. Bloom)의 교육목표 분류에서 인지적 영역 중 이해력에 해당하는 것으로만 짝지어진 것은?

| ㄱ. 자신의 말로 정보를 설명하다. | ㄴ. 도표와 그래프를 작성하다. |
| ㄷ. 사실과 추리를 구별하다. | ㄹ. 방법과 절차를 정당화하다. |

① ㄱ, ㄷ
② ㄴ, ㄷ
③ ㄴ, ㄹ
④ ㄱ, ㄹ

6 다음은 블룸(B. S. Bloom)의 목표 분류 중 무엇에 대한 것인가?

○ 자료에 담겨진 경향, 추세 또는 조건들을 해득하고 이에 입각해서 추정하거나 예언하는 능력
○ 어떤 자료를 원래와는 다른 언어, 용어 및 다른 형태의 자료로 바꾸어 놓은 수 있는 능력
○ 자료의 주요부분을 파악하고 그 부분 간의 관계를 해독하고, 이것을 재조직함으로써 그 자료에 포함된 내용에 대해 어떤 전체적인 견해를 가질 수 있는 능력

① 이해력
② 적용력
③ 평가력
④ 종합력

7 블룸(B. S. Bloom), 크래쓰홀(D. R. Krathwohl) 및 마시아(B. B. Masia) 등의 교육목표 분류 중 다음의 내용에 제시된 정의적 특성의 수준은?

○ 문학작품을 감상한다.
○ 민주적 과정에 대한 신념을 보인다.
○ 문제를 해결하려는 태도를 보인다.

① 감 수
② 반 응
③ 가치화
④ 조직화

8 블룸(B. S. Bloom), 크래쓰홀(D. R. Krathwohl) 및 마시아(B. B. Masia)의 목표분류체계에서 정의적 영역의 요소와 의미를 바르게 연결한 것은?

① 감수 - 여러 가치를 하나의 체계로 조직하고 그들 간의 상호관계를 결정하는 것
② 반응 - 통합성과 일관성을 부여하는 원리와 이념 및 개인적 신조가 생성되는 것
③ 가치화 - 행동을 이끌고 있는 기초적인 가치에 대한 개인의 확신에 의해서 동기화 되는 것
④ 조직화 - 행함에 의한 학습으로 현상에 어떤 결과나 명확한 조작을 통해 얻어진 결과로 만족을 얻음

9 교육과정의 계획에 있어서 수직적 조직을 만들 때 적용되는 원리를 다음에서 골라 바르게 묶은 것은?

ㄱ. 교육내용을 하나의 교과나 단원으로 묶는 것
ㄴ. 학습자들이 교육내용을 배워야할 순서
ㄷ. 이전에 배운 내용과 앞으로 배울 내용이 관계에 초점을 두는 것
ㄹ. 특정한 시점에서 학생들이 배우게 될 내용의 폭과 깊이

① ㄱ, ㄴ ② ㄴ, ㄷ
③ ㄱ, ㄹ ④ ㄷ, ㄹ

10 다음의 내용에 관련된 교육과정 조직의 원리는?

○ 특정한 시점에서 학생들이 배우게 될 내용의 폭과 깊이를 말한다.
○ 내용의 폭은 학교급, 학년, 교과, 과목에 따라 달라지고 깊이는 대체로 배울 내용에 할당된 시간 수로서 간접적으로 표현된다.

① 내용의 범위(scope) ② 계열성(sequence)
③ 수직적 연계성(vertical articulation) ④ 통합성(integration)

11 교육내용의 조직원리 중에서 계열성(sequence)의 원칙을 설명하고 있는 것은?

① 배워야 할 내용의 순서를 차시별로 결정한다.
② 관련 있는 내용을 비슷한 시간대에 배열한다.
③ 학생들이 배워야할 폭과 깊이를 정하는 일이다.
④ 국어과에서 말하기 듣기, 읽기, 쓰기 등을 선정한다.

12 다음의 내용과 관련된 교육내용의 조직원리는?

> ○ 교육내용들의 관련성을 바탕으로 교육내용들을 하나의 교과나 단원으로 묶는다.
> ○ 수업의 효과를 높이기 위하여 관련 있는 내용들을 동시에 혹은 비슷한 시간대에 배열한다.

① 내용의 범위 ② 계열성
③ 수직적 연계성 ④ 통합성

13 다음의 내용과 관련된 교육내용의 조직의 원리는 무엇인가?

> 이전에 배운 내용과 앞으로 배울 내용이 관계에 초점을 둔 것으로, 특정한 학습의 종결점이 다음 학습의 출발점과 잘 맞물리도록 조직하는 것을 말한다.

① 내용의 범위 ② 계열성
③ 수직적 연계성 ④ 통합성

14 교육과정 수준에 관해 바르게 기술한 것을 다음에서 골라 바르게 묶은 것은?

> ㄱ. 학교수준의 교육과정은 중앙정부가 개발한 교육과정과 같은 개념의 교육과정이다.
> ㄴ. 지역수준의 교육과정은 국가수준과 학교수준의 교육과정을 연결하는 교량역할을 한다.
> ㄷ. 지역수준의 교육과정은 지역의 특성을 반영하며, 때로는 지역 간의 교육적 차이를 유발한다.
> ㄹ. 국가수준의 교육과정은 국가의 의도를 담은 문서로 각 지역이나 학교의 특성을 상세하게 방영하고 있다.

① ㄱ, ㄴ, ㄷ ② ㄴ, ㄷ, ㄹ
③ ㄱ, ㄴ ④ ㄴ, ㄷ

15 다음 중에서 국가 수준의 교육과정이 필요한 이유로 가장 적절한 것은?
① 자신들에게 필요한 교육내용을 스스로 작성할 수 있다는 민주주의적 신념이기 때문이다.
② 국가수준의 교육과정이 특정 소수집단이 이해에 치우칠 가능성이 있기 때문이다.
③ 교사의 적극적 참여를 유도할 수 있고 시대변화에 민감하게 대처할 수 있기 때문이다.
④ 국가의 교육에 기대하는 목적이나 필요를 학교가 충분히 알지 못하기 때문이다.

16 지역 수준의 교육과정이 필요한 이유를 다음에서 골라 바르게 묶은 것은?

> ㄱ. 교사의 적극적인 참여를 유도할 수 있다.
> ㄴ. 교육과정의 문제점을 쉽게 고칠 수 있다.
> ㄷ. 인구이동에 따른 교육과정의 혼란을 피할 수 있다.
> ㄹ. 지역 간 교육의 불균등현상을 피할 수 있다.

① ㄱ, ㄴ ② ㄱ, ㄷ
③ ㄴ, ㄷ ④ ㄷ, ㄹ

17 다음 중에서 중앙 집권적 교육과정 개발 방식의 단점에 해당하는 것만을 묶은 것은?

> ㄱ. 교사는 수업에 있어서 수동적이기 쉽다.
> ㄴ. 정규과정 시행이 경직화되기 쉽다.
> ㄷ. 질적으로 수준이 낮은 교육과정이 되기 쉽다.
> ㄹ. 새로운 교육혁신이 전파되지 못할 염려가 있다.
> ㅁ. 권위주의적 교육풍토가 형성될 수 있다.

① ㄱ, ㄴ, ㄷ ② ㄱ, ㄷ, ㄹ
③ ㄴ, ㄹ, ㅁ ④ ㄱ, ㄴ, ㅁ

18 중앙집권적 교육과정 개발의 장점에 해당하지 않는 것은?

① 중앙에서 선별된 전문가들에 의해 질 높은 교육과정을 개발할 수 있다.
② 지방교육의 다양성을 높일 수 있다.
③ 전국적인 학교 수준과 질을 조절할 수 있다.
④ 교육의 계속성이 보장된다.

19 학교수준의 교육과정 개발의 필요성을 설명한 것으로 옳은 것은?

① 학교간의 교육의 불균등 현상을 피할 수 있다.
② 교육과정의 탄력적인 운영을 위해 필요하다.
③ 교육과정 중심이 아닌 교과서 중심의 운영을 위해 필요하다.
④ 교육의 책무성 강화를 통해 국가 경쟁력을 높일 수 있다.

20 학교수준의 교육과정 개발의 특징을 설명한 것으로 적절한 것은?

① 교과서에 제시된 필수적인 요소도 교사가 임의로 바꾸어 가르칠 수 있다.
② 시간배당 기준에 관계없이 수업시간 수를 자율적으로 운영할 수 있다.
③ 교과서에 제시된 내용의 순서를 필요에 따라 바꾸어 가르칠 수 있다.
④ 국가 수준의 교육과정 기준에 관계없이 학교의 특성에 따라 운영할 수 있다.

제3회 교육과정 진도별 모의고사

1 다음과 같은 관점을 전제로 실행되는 교육과정은?

> ○ 형식도야설에 입각하여 교육을 한다.
> ○ 지적·도덕적 성향을 발달시키는 데에 있어서 교과서가 매우 중요하다.
> ○ 학생들은 성인이 되었을 때 정신적으로 책임감이 있는 훌륭한 시민이 되어야 한다.

① 교과중심 교육과정　　　　　　② 경험중심 교육과정
③ 학문중심 교육과정　　　　　　④ 인간중심 교육과정

2 교과중심 교육과정의 특징을 다음에서 골라 바르게 묶은 것은?

> ㄱ. 교사중심 교육과정이다.
> ㄴ. 교사의 자질 중 설명력이 크게 요구된다.
> ㄷ. 학습방법을 습득하는 최적의 교육과정이다.
> ㄹ. 한정된 교과영역 안에서만 학습활동이 이루어진다.
> ㅁ. 개인중심적이며, 상대주의적 사고에 적합하다.

① ㄱ, ㄴ, ㄷ　　　　　　② ㄴ, ㄷ, ㄹ
③ ㄱ, ㄴ, ㄹ　　　　　　④ ㄷ, ㄹ, ㅁ

3 다음 중에서 교과중심 교육과정의 장점을 설명한 것으로 옳은 것은?

① 학습을 조직하고 새로운 지식이나 사실을 체계화하는데 논리적이며 효과적인 방법이다.
② 학교교육을 통해서 현실적이고 실제적인 생활문제를 해결할 수 있는 능력을 길러준다.
③ 학생들 자신이 능동적으로 탐구과정에 참여함으로써 자연현상의 탐구력을 향상시킬 수 있다.
④ 인간의 타고난 지적, 신체적, 사회적, 정서적인 성장 가능성을 조화롭게 발전시킬 수 있다.

4 경험중심 교육과정의 특징을 다음에서 골라 바르게 묶은 것은?

> ㄱ. 인간관계, 경제적 능력, 공민적 책임을 강조
> ㄴ. 교재와 결부된 교수법에 주력함
> ㄷ. 개인적 또는 집단적 문제의 현명한 해결
> ㄹ. 청소년의 바람직한 성장을 조성
> ㅁ. 전통적인 교과과정을 철저히 배격

① ㄱ, ㄴ, ㄷ ② ㄴ, ㄷ, ㅁ
③ ㄴ, ㄷ, ㄹ ④ ㄱ, ㄷ, ㄹ

5 다음 중에서 경험중심 교육과정의 특징으로만 묶여져 있는 것은?

> ㄱ. 학습자의 전인적 발달을 모도 한다.
> ㄴ. 교육과정 구성의 논리적 방법을 강조한다.
> ㄷ. 개인의 흥미, 필요, 요구가 무시되기 쉽다.
> ㄹ. 진보주의 교육사조에 영향을 받았다.
> ㅁ. 현실생활에 활용될 수 있는 경험을 강조한다.

① ㄱ, ㄴ, ㄷ ② ㄴ, ㄷ, ㄹ
③ ㄱ, ㄹ, ㅁ ④ ㄷ, ㄹ, ㅁ

6 다음과 같은 특징을 지니고 있는 경험중심 교육과정의 유형은?

> ○ 초등학교 저학년에서 많이 활용되는 형태로 학습자들의 요구와 경험을 중심으로 구성되어지는 것이다.
> ○ 수업이 이루어지는 현장에서 학생들이 갖는 필요와 목적에 따라 즉시 구성되어지는 교육과정이다.
> ○ 학습은 여러 활동이 학습자에게 유목적적이고 흥미를 바탕으로 이루어진다.

① 활동중심 교육과정 ② 생활영역 교육과정
③ 현성 교육과정 ④ 중핵형 교육과정

7 학생의 흥미나 요구를 중심으로 하여 교육내용을 통합하되 통합 이전 교과의 구분이 완전히 사라진 채로 조직되는 통합유형은?

① 광역형
② 중핵형
③ 분과형
④ 상관형

8 학문중심 교육과정의 특징을 제시한 것으로 옳은 것은?

① 학습에 있어서 논리적인 접근을 강조한다.
② 학생들의 학업성취도의 개인차를 인정한다.
③ 학습에서 창의성 개발의 기회가 주어지지 않는다.
④ 모든 학생의 성적을 일률적으로 향상시키려고 한다.

9 지식의 구조학습에 대한 의미를 바르게 설명하고 있는 것을 다음에서 고르면?

> ㄱ. 특수한 사실이나 기술을 가르치는 것이 학습이다.
> ㄴ. 지식이 구조학습은 사물(현상)의 내부를 배우는 것이다
> ㄷ. 어떤 사물을 보다 일반적인 개념의 한 특수한 사례로 이해한다.
> ㄹ. 원리나 개념을 습득하게 함으로써 전이력을 향상시킬 수 있다.

① ㄱ, ㄴ, ㄷ, ㄹ
② ㄴ, ㄷ, ㄹ
③ ㄴ, ㄷ
④ ㄷ, ㄹ

10 다음 중 지식의 구조이 이점인 동시에 정의라고도 할 수 있는 것은?

① 지식의 기억력을 높게 해준다.
② 지식의 이해를 용이하게 한다.
③ '고등지식'과 '초등지식'의 간격을 좁힐 수 있다.
④ 지식을 생활 속에서 쉽게 응용할 수 있게 해준다.

11 나선형 교육과정에 내재한 기본적인 가정을 다음에서 골라 바르게 묶은 것은?

┌───┐
│ ㄱ. 연속성에 대한 가정   ㄴ. 사회적 적합성에 대한 가정 │
│ ㄷ. 표현방식의 차이에 대한 가정   ㄹ. 아동 흥미의 적합성에 대한 가정 │
└───┘

① ㄱ, ㄴ   ② ㄴ, ㄷ
③ ㄱ, ㄷ   ④ ㄷ, ㄹ

12 다음 중에서 학문중심 교육과정의 장점만으로 짝지어진 것은?

┌───┐
│ ㄱ. 탐구능력 향상에 도움을 준다.   │
│ ㄴ. 문화유산의 전수에 알맞은 방법이다.   │
│ ㄷ. 일상생활에 필요한 문제해결능력 기를 수 있다.   │
│ ㄹ. 교육내용의 선정과 조직에 있어서 경제성이 있다.   │
└───┘

① ㄱ, ㄴ   ② ㄴ, ㄷ
③ ㄴ, ㄹ   ④ ㄱ, ㄹ

13 학문중심 교육과정의 특징으로 바르지 않은 것은?

① 지식의 구조를 중시한다.
② 교육과정의 조직을 나선형으로 한다.
③ 계열성을 이용한 중간언어를 중시한다.
④ 학습하는 방법의 학습을 중요시하여 결과보다 탐구과정을 중시한다.

14 다음의 내용을 강조하는 교육과정은?

┌───┐
│ ○ 지식의 구조 중시   ○ 교과내용의 종적 계열성 중시 │
│ ○ 내적 보상에 의한 학습동기 유발 ○ 기본원리 및 개념 중시   │
└───┘

① 교과중심 교육과정   ② 경험중심 교육과정
③ 학문중심 교육과정   ④ 인간중심 교육과정

15 다음과 같은 특징을 포괄하고 있는 교육과정의 유형은?

> ○ 자아를 개발할 수 있도록 도와준다.   ○ 학교환경의 인간화를 위해 노력한다.
> ○ 자아실현을 목표로 설정한다.

① 교과중심교육과정 ② 경험중심 교육과정
③ 학문중심 교육과정 ④ 인간중심 교육과정

16 다음 중에서 인간중심 교육과정의 방법적 원리를 제시한 것으로 옳은 것을 모두 고르면?

> ㄱ. 모방학습을 활용한다.   ㄴ. 학습방법을 학습한다.
> ㄷ. 인간관계원리를 강조한다.   ㄹ. 지적 탁월성을 강조한다.

① ㄱ, ㄴ, ㄷ ② ㄱ, ㄴ, ㄹ
③ ㄱ, ㄷ, ㄹ ④ ㄴ, ㄷ, ㄹ

17 인간중심 교육과정의 단점을 다음에서 골라 바르게 묶은 것은?

> ㄱ. 개인의 성장을 지나치게 강조하여 사회와의 조화를 이루지 못했다.
> ㄴ. 교육목표 성취를 정확하게 측정하는 것이 어렵다.
> ㄷ. 체계적인 지식과 기능을 등한히 하기 쉬우며, 교육과정 조직의 계열성이 문제가 된다.
> ㄹ. 경험의 개별성을 강조하지만 각 개인에 가장 알맞는 경험이 무엇인지에 대한 구체적인 대안이 없다.

① ㄱ, ㄴ, ㄷ ② ㄱ, ㄷ, ㄹ
③ ㄱ, ㄴ, ㄹ ④ ㄴ, ㄷ, ㄹ

18 다음의 내용과 관련된 교육과정은 무엇인가?

> ○ 학생들은 성공의 기쁨과 실패의 고통을 학교에 입학하기 전부터 공식적으로 경험하기 시작해서 학교에 들어와서는 더욱 공식적·비공식적으로 경험하게 된다.
> ○ 학교에서는 지능, 학력, 적성, 인성 등의 평가를 통해 경쟁, 시기, 질투 등을 배우게 된다.
> ○ 교실은 표면상 온화한 분위기를 이루고 있는 것 같지만 교실에서 일어나는 활동을 세밀하게 관찰하면 가르치는 자와 배우는 자를 가로지르는 권력의 불균형 상태를 찾아볼 수 있다.

① 공식적 교육과정　　　　　　　② 잠재적 교육과정
③ 영교육과정　　　　　　　　　　④ 구성적 교육과정

19 잠재적 교육과정과 표면적 교육과정의 차이점을 비교한 것으로 잘못된 것은?

① 표면적 교육과정은 지적인 영역을 주로 다루고, 잠재적 교육과정은 정의적 영역을 주로 다룬다.
② 표면적 교육과정은 문화풍토와 관련이 있고, 잠재적 교육과정은 지적·기능적 측면에 관련이 있다.
③ 표면적 교육과정은 의도적으로 조직된 것과 관련이 있고, 잠재적 교육과정은 무의도적으로 은연중에 학습된다.
④ 표면적 교육과정은 바람직한 내용만을 포함하고, 잠재적 교육과정은 바람직한 내용뿐만 아니라 바람직하지 않은 내용도 포함된다.

20 다음의 내용과 관련된 교육과정의 유형은?

> 학교는 학생들에게 남과 어울리는 것을 배우도록 함과 동시에 많은 사람 속에서 자기 일에만 열중하는 태도를 배우도록 하며 질서를 지키기 위하여 화장실 앞에서 또는 수도꼭지 앞에서 기다려야 하는 것을 배우도록 한다.

① 구성주의 교육과정　　　　　　② 영교육과정
③ 잠재적 교육과정　　　　　　　④ 교사참여교육과정

제4회 교육과정 진도별 모의고사

1 다음의 내용과 가장 관련이 깊은 교육과정은?

> 교사의 인격은 알게 모르게 학생들에게 계속적인 영향을 미친다. 세상을 부정적, 비관적으로 보는 교사 밑에서 배우는 학생들은 자신도 모르는 사이에 세상에 대한 부정적 견해를 가지게 되기 쉬우며, 교사로부터 사랑과 관심을 많이 받은 학생은 따뜻한 마음의 소지자가 될 가능성이 높다. 만약 한 학교의 여러 교사들이 공통적으로 어떤 인간적 특징을 나타낼 때 그렇게 집단화된 교사의 인격적 특징은 학생의 인성 발달에 더욱 강력한 영향을 미치게 될 것이다.

① 영 교육과정
② 표면적 교육과정
③ 잠재적 교육과정
④ 공식적 교육과정

2 다음의 내용에 해당하는 교육과정은?

> ○ 학교의 교육과정의 장을 물리적 조건, 제도 및 행정조직, 사회 및 심리적 상황으로 구분한다.
> ○ 바람직한 것 뿐 아니라 바람직하지 않은 것도 포함한다.
> ○ 교사는 학생의 동일시 대상이 된다.

① 잠재적 교육과정
② 영 교육과정
③ 표면적 교육과정
④ 전개된 교육과정

3 교육과정의 개발과정에서 다음의 질문을 통해 문제를 제기하고자 하는 교육과정은?

> ○ 왜 미국의 교육과정은 대부분의 초등학교와 중등학교에서 사실상 같은 과목을 가르치고 있는가?
> ○ 왜 경제학, 법, 인류학, 심리학, 춤, 시각예술, 그리고 음악은 중등학교 과정에서 배우지 않거나 필수과목에 들지 않는가?
> ○ 왜 영화나 통신, 또는 전쟁과 혁명에 관한 과목을 설정하는 학교가 많지 않은가?

① 잠재적 교육과정
② 형식적 교육과정
③ 영교육과정
④ 실제적 교육과정

4 아이즈너(E. Eisner)가 주장하는 영(零)교육과정의 기본적인 관점을 다음에서 모두 고르면?

> ㄱ. 공식적 교육과정에서 의도적으로 제외된 내용은 학생들의 삶에 영향을 주지 않는다.
> ㄴ. 현대적인 삶에 있어서 학생들에게 필요한 교육내용이 무엇인지에 대한 본질적인 문제를 제기한다.
> ㄷ. 공식적 교육과정에서 가장 중요하게 다루는 것은 인간의 지적인 영역이며 다른 영역은 소홀히 다룬다.
> ㄹ. 공식적 교육과정에서 제외된 교육내용으로 인해 학생의 삶이나 국가적으로 막대한 손실을 가져올 수 있다.

① ㄱ, ㄴ, ㄷ, ㄹ
② ㄴ, ㄷ, ㄹ
③ ㄴ, ㄹ
④ ㄴ, ㄷ

5 영교육과정(Null curriculum)에 대한 설명으로 옳은 것은?

① 개인차를 인정하고 개별학습과 집단학습의 장을 마련해 준다.
② 교과내용은 학년이나 발달의 정도와 관계없이 가르칠 수 있다.
③ 학교의 지도하에 학생이 배우는 일체의 교과와 교재를 의미한다.
④ 학교에서 소홀히 하거나 가르치지 않는 교과나 지식, 사고양식을 일컫는다.

6 다음의 내용과 관련된 교육과정은 어느 것인가?

> ○ 학생들이 실제사회에 나와서 그들이 직면하게 될 과제나 활동들과 아주 유사한 과제를 통해 그들의 사회적응능력을 높일 수 있는 학습거리와 학습환경을 제공한다.
> ○ 학습자 주도와 참여를 통해, 학습자중심의 교육환경을 통해 학생들을 지속적인 학습인으로 체질화하는 데 궁극적인 목표를 두고 있다.

① 구성주의 교육과정
② 경험중심 교육과정
③ 본질주의 교육과정
④ 구조주의 교육과정

7 우리나라에서 '시·도 교육청 교육과정 편성·운영지침' 작성권이 시·도 교육청에 부여된 시기는 언제부터인가?

① 제3차 교육과정기
② 제4차 교육과정기
③ 제6차 교육과정기
④ 제7차 교육과정기

8 다음 중에서 현행 2015교육과정의 '구성의 중점'을 모두 골라 바르게 묶은 것은?

ㄱ. 인문, 사회, 과학기술에 관한 기초소양을 균형 있게 함양한다.
ㄴ. 교과의 핵심개념을 중심으로 학습내용을 구조화한다.
ㄷ. 교과 특성과 관계없이 학생 참여형 수업을 활성화 한다.
ㄹ. 교과의 교육목표, 교육내용, 교수학습 및 평가의 일관성을 강화한다.

① ㄱ, ㄴ
② ㄱ, ㄹ
③ ㄱ, ㄴ, ㄹ
④ ㄱ, ㄴ, ㄷ, ㄹ

9 다음 중에서 개정 2015교육과정에서 추구하는 인간상을 구현하기 위해 중점적으로 기르고자 하는 핵심역량을 모두 고르면?

ㄱ. 자기관리 역량
ㄴ. 지식정보처리 역량
ㄷ. 창의적 사고역량
ㄹ. 인문사회학적 역량

① ㄱ, ㄴ
② ㄱ, ㄹ
③ ㄱ, ㄴ, ㄷ
④ ㄱ, ㄴ, ㄷ, ㄹ

10 2015교육과정의 편성 운영에 대한 설명으로 옳지 않은 것은?

① 초등학교 1, 2학년은 체험활동 중심의 안전한 생활을 포함하여 편성 운영한다.
② 초등학교 1학년 입학초기 적응프로그램은 창의적 체험활동시간을 활용한다.
③ 중학교 자유학기는 지필평가, 과정중심 평가 등 일체의 평가를 실시하지 않는다.
④ 고등학교의 창의적 체험활동은 자율활동, 동아리활동, 봉사활동, 진로활동으로 한다.

11 2022년 개정 교육과정의 구성방침의 내용으로 옳지 않은 것은?

① 미래 사회의 불확실성에 능동적으로 대응할 수 있는 능력과 자신의 삶과 학습을 스스로 이끌어가는 주도성을 함양한다.
② 학생 개개인의 인격적 성장을 지원하고, 사회 구성원 모두의 행복을 위해 서로 존중하고 배려하며 협력하는 공동체 의식을 함양한다.
③ 모든 학생이 학습의 기초인 언어·수리·디지털 기초소양을 갖출 수 있도록 하여 학교 교육과 평생 학습에서 학습을 지속할 수 있게 한다.
④ 학생들이 자신의 진로와 학습을 주도적으로 설계하고, 적절한 시기에 학습할 수 있도록 수준별 수업으로 교육과정 체제를 구축한다.

12 2022년 개정교육과정의 특징을 설명한 것으로 거리가 먼 것은?

① 교육과정의 효율적 운영을 위하여 국가적 통제를 강화하였다.
② 디지털 기초소양교육을 언어·수리능력과 같은 소양으로 강조하였다.
③ 기르고자 하는 인간상으로 자기주도적인 사람, 창의적인 사람, 교양 있는 사람, 더불어 사는 사람으로 제시하였다.
④ 자신의 생각과 감성을 효과적으로 표현하며 상호협력적인 관계에서 공동의 목적을 구현하는 협력적 소통역량을 강조하였다.

13 2022년 개정교육과정에서 기르고자 하는 핵심역량에 해당하지 않은 것은?

① 자기관리 역량
② 지식정보처리 역량
③ 평생학습 역량
④ 협력적 소통 역량

14 2022년 개정교육과정 설계와 운영의 기본원칙을 다음에서 모두 고르면?

> ㄱ. 자율적 설계와 운영
> ㄴ. 학생의 특성과 학교여건에 적합한 학습경험 제공
> ㄷ. 교원의 전문적 참여를 통한 민주적 절차와 과정을 거쳐 설계하고 운영함
> ㄹ. 학교의 내적 상황을 중심으로 한 설계와 운영

① ㄱ, ㄴ
② ㄱ, ㄷ
③ ㄱ, ㄴ, ㄷ
④ ㄱ, ㄴ, ㄷ, ㄹ

15 2022년 개정 교육과정의 교수-학습의 설계와 운영상의 특징에 해당하지 않은 것은?

① 핵심역량 함양
② 학생 참여형 수업
③ 학생 맞춤형 수업
④ 교사주도적 수업

16 2022년 개정 교육과정의 학교급별 교육과정 편성·운영의 기본사항(공통사항)에 대한 내용으로 틀린 것은?

① 초등학교 1학년부터 고등학교 1학년 까지 공통교육과정으로 운영한다.
② 학교는 학교 교육과정 편성·운영 계획을 바탕으로 학년(군)별 교육과정 및 교과(군)별 교육과정을 편성할 수 있다.
③ 학업 부담을 적정화하고 의미 있는 학습 활동이 이루어질 수 있도록 학기당 이수 교과목 수를 조정하여 집중이수를 실시할 수 있다.
④ 학교는 학교급 간 전환기의 학생들이 상급 학교의 생활 및 학습을 준비하는 데 필요한 교육을 지원하기 위해 진로연계교육을 운영할 수 있다.

17 2022년 개정 교육과정에서 초등학교 주요개정 내용으로 옳지 않은 것은?

① 1~2학교년 입학초기 적응활동을 통합교과와 창의적 체험활동시간으로 체계화 하였다.
② 기초문해능력 강화 및 한글해독교육을 위해 국어시간을 34시간 증배하였다.
③ 학생발달특성에 적합한 실질적인 움직임 기회를 제공하기 위해 실내외 놀이 및 신체활동 강화하였다.
④ 창의적 체험활동은 종전과 동일하게 자율활동, 동아리 활동, 봉사활동, 진로활동 등으로 유지하였다.

18 2022년 개정 교육과정에서 중학교 편성·운영의 내용으로 옳지 않은 것은?

① 학교는 학생의 학업 부담을 적정화하고 의미 있는 학습 활동이 이루어질 수 있도록 학기당 이수 교과목 수를 8개 이내로 편성한다.
② 학교는 교과(군)와 창의적 체험활동의 수업 시수를 학년별, 학기별로 자율적으로 편성할 수 있다.
③ 자유학기에는 지역 및 학교 여건을 고려하여 자율적으로 학생 참여 중심의 주제선택 활동과 진로 탐색 활동, 예술·체육활동, 동아리 활동으로 운영한다.
④ 학교는 진로연계교육을 창의적 체험활동의 진로 활동 및 자유학기의 활동과 연계하여 운영한다.

19 2022년 개정 교육과정에서 고등학교 교육과정의 주요 개정 내용으로 옳지 않은 것은?

① 고등학교 교육과정을 학점기반 선택과정으로 명시하였다.
② 국어, 영어, 수학 학점을 81학점이하로 규정하고 수업량도 줄였다.
③ 공통과목의 기본학점을 4학점으로 조정하고 증감범위도 ±1로 하였다.
④ 고등학교 1학년은 공통수학, 공통영어 외의 과목은 개설할 수 없도록 하였다.

20 2022년 개정교육과정에서 학교교육환경 조성을 위한 국가와 지역의 역할을 잘못 제시한 것은?

① 국가는 디지털 교육 환경 변화에 부합하는 미래형 교수·학습 방법과 평가체제 구축을 위해 교원의 에듀테크 활용 역량 함양을 지원한다.
② 지역 교육청은 학교 교육과정이 원활히 운영될 수 있도록 학교 시설 및 교원 수급 계획을 마련하여 제시한다.
③ 지역 교육청은 학교 교육과정 편성·운영을 위해서 교육 시설, 설비, 자료 등을 정비하고 확충하는 데 필요한 행·재정적 지원을 한다.
④ 지역 교육청은 학교가 새 학년도 시작에 앞서 교육과정 편성·운영에 관한 계획을 수립할 수 있도록 교육과정 편성·운영 자료를 개발·보급하고, 교원의 전보를 적기에 시행한다.

교육평가
진도별 모의고사

유길준 공무원 교육학
진도별 모의고사

제1회 교육평가 진도별 모의고사

1 측정, 평가, 총평에 관한 설명으로 옳은 것은?
① 총평의 개념은 개인과 환경의 상호작용에 관심을 갖는다.
② 측정의 중요한 가정은 인간의 행동특성은 변화한다는 것이다.
③ 평가는 모든 실재를 안정성을 지니고 있다는 전제를 하고 있다.
④ 평가에서는 신뢰성과 객관성 문제는 제외시키는 것이 바람직하다.

2 평가(Evaluation)의 개념으로 옳은 것은?
① 가치중립적이며 행동의 증거를 수집하는 도구이다.
② 가치지향적이며 시행의 효과를 기술하는 것을 목적으로 한다.
③ 주로 사람에게만 적용되고 정보를 수집하여 종합하는 과정을 말한다.
④ 어떤 행동, 사물 및 사건 등의 증거를 수립하는 것이며 이러한 증거를 수량으로 표시하는 것이다.

3 A 교사는 다음과 같은 관점에서 학생들을 평가하려고 한다. A 교사가 지니고 있는 교육관을 바르게 제시한 것은?

○ 학생은 잠재가능성이 무한하다고 가정하였다.
○ 교육평가를 위한 자료와 대상 및 시간은 무한하다고 전제하였다.
○ 종합적이고 계속적 교육평가를 실시할 계획이다.
○ 학습의 실패의 원인을 교사의 탓으로 생각하였다.
○ 개인과 교수처치에 대한 의사결정의 자료를 수집하는데 중점을 두었다.
---

① 소수의 우수자 선발에 중점을 두고 있다.
② 선발적 관점의 교육관을 지니고 있다.
③ 발달적 관점의 교육관을 지니고 있다.
④ 규준지향평가를 위한 계획을 수립하였다.

4 다음과 같은 내용의 통해서 추론할 수 있는 교사의 교육관은?

> 교사가 한 시간의 수업에 있어서 수업을 제대로 따라 올 학생은 학급전체의 3분의 1에 지나지 않으며, 중간의 3분의 1 정도는 그럭저럭 따라 올 것이고, 나머지 3분의 1은 아무리 열심히 수업을 하여도 제대로 따라올 수 없다는 가정 하에 각 학생에게 적합한 교수-학습방법을 고려하지 않고 일정한 수업방식과 학습시간을 모든 학생에게 제공하였다.

① 교사는 진보적 사상을 지닌 교사이다.
② 교사는 선발적 교육관을 가지고 있다.
③ 교사는 평가의 계획을 준거지향평가로 하였다.
④ 완전학습을 유도하기 위한 수업을 한 것이다.

5 타일러(R. Tyler)의 「목표중심형 평가모형」의 특징을 설명한 것으로 옳은 것은?

① 교육과정과 평가의 논리적 일관성을 유지한다.
② 잠재적 교육과정영역을 평가에 포함시키고 있다.
③ 과정과 결과를 동시에 평가하는 장점을 지니고 있다.
④ 인지적 영역뿐만 아니라 정의적 영역의 평가에도 적합하다.

6 다음 중에서 타일러(R. Tyler)의 목표중심형 평가에 대한 설명으로 옳은 것을 모두 고르면?

> ㄱ. 명확한 평가 기준을 제시한다.
> ㄴ. 평가를 독립된 학문영역으로 발전시켰다.
> ㄷ. 관찰이 불가능한 영역도 평가가 가능하도록 하였다.
> ㄹ. 평가결과에 대한 질적인 기술이 가능하도록 하였다.

① ㄱ, ㄴ
② ㄱ, ㄷ
③ ㄱ, ㄴ, ㄷ
④ ㄱ, ㄴ, ㄷ, ㄹ

7 스터플빔(D. Stufflebeam)의 경영적 평가 모형(CIPP)모형에 대한 설명으로 옳은 것은?

① 교육목표와 학습의 결과간의 논리적인 일관성을 유지할 수 있다.
② 평가를 하나의 교육연구의 수행과정으로 취급하는 평가 체제 이다.
③ 인지영역 뿐만 아니라 정의적 영역에 대한 평가도 효과적으로 할 수 있다.
④ 목표위주에 평가에서 벗어나 학습결과를 종합적으로 평가하는 방식이다.

8 스터플빔(D. Stufflebeam)의 「의사결정 촉진 평가 모형(CIPP)」에서 일반적 목표와 특별목표를 확인하는 단계의 평가는 어느 단계인가?

① 상황평가 ② 투입평가
③ 과정평가 ④ 산출평가

9 스크리븐(M. Scriven)이 주장하는 탈목표평가와 관련된 것은?

① 교사는 교육활동의 질을 판단할 수 있는 교육적 감식안을 지녀야 한다.
② 평가의 목적에 있어서 결과에 대한 판단보다는 과정의 개선을 중시한다.
③ 표면적인 학습의 결과 외에 잠재적으로 발생하는 학습결과도 평가해야 한다.
④ 평가 대상을 충실하게 기술(describe)하는 동시에 정확하게 판단(judge)해야 한다.

10 김 교사는 스크리븐(M. Scriven)의 판단적 평가모형을 활용하여 학교의 '특기적성교육' 프로그램을 평가하고자 한다. 이 때 활용할 수 있는 평가 방안으로 적절한 것으로 다음에서 모두 고르면?

> ㄱ. 비교 평가와 비(非) 비교 평가
> ㄴ. 경험과학적 평가와 예술비평적 평가
> ㄷ. 목표중심 평가와 탈목표(goal-free) 평가
> ㄹ. 내재적 준거에 의한 평가와 외재적 준거에 의한 평가

① ㄱ, ㄴ ② ㄱ, ㄷ
③ ㄱ, ㄷ, ㄹ ④ ㄱ, ㄴ, ㄷ, ㄹ

11 다음의 특징을 포괄하고 있는 교육평가 모형은?

> ○ 행동주의 심리학에 입각한 목표 중심 평가나 경영적 평가의 과학적·기술적 접근을 비판한다.
> ○ 현상을 기술하고, 이를 해석하며, 마지막으로 판단을 내리는 세 가지 행위를 모두 포함하여야 한다.
> ○ 성공적인 평가를 위해서는 평가자의 교육적·평가적 전문성 확보가 필수적이다.

① 탈목표 평가모형 ② 비평적 평가모평
③ 목표중심 평가모형 ④ 의사결정 평가모평

12 교육평가 모형에 대한 설명으로 옳지 않은 것은?

① 스크리븐(M. Scriven)은 프로그램이 의도했던 효과만을 평가하고 부수적인 효과는 배제하였다.
② 아이즈너(E. Eisner)는 교육평가가 예술작품을 비평하는 것과 같은 방식으로 이루어져야 한다고 주장하였다.
③ 스터플빔(D. Stufflebeam)은 의사결정에 유용한 정보를 획득·기술·제공하는 과정으로 평가를 정의하였다.
④ 타일러(R. Tyler)는 행동적 용어로 진술된 목표와 학생의 성취도와의 일치 정도를 알아보는 데 평가의 초점을 맞추고 있다.

13 심리측정 이론을 전통적 평가에서 활용한 이유로 적절한 것을 다음에서 골라 바르게 묶은 것은?

ㄱ. 개인차 변별에 적합하다.   ㄴ. 선발 배치에 적합하다.
ㄷ. 통계적으로 건전하다.   ㄹ. 학습효과에 대한 판정이 분명하다.

① ㄱ, ㄴ, ㄷ   ② ㄱ, ㄴ, ㄹ
③ ㄱ, ㄷ, ㄹ   ④ ㄴ, ㄷ, ㄹ

14 다음 중에서 규준지향평가(Norm-referenced evaluation)가 지니는 장점을 골라 바르게 묶은 것은?

ㄱ. 개인차 변별에 적합한 평가 방법이다.
ㄴ. 신뢰도가 높고 통계처리가 용이하다.
ㄷ. 교수-학습 이론에 적합하다.
ㄹ. 경쟁을 통한 외발적 동기유발에 적합한 평가이다.
ㅁ. 인성교육에 도움을 줄 수 있다.

① ㄱ, ㄴ, ㄷ   ② ㄱ, ㄴ, ㄹ
③ ㄴ, ㄷ, ㄹ   ④ ㄷ, ㄹ, ㅁ

15 규준 지향적 평가(Norm- referenced evaluation)에서 '규준'과 가장 가까운 것은?
① 집단내의 상대적 위치　　　　　② 집단구성원의 특징
③ 집단의 학업성취도　　　　　　④ 집단의 교육목표

16 다음과 같은 특징을 포괄하고 있는 교육 평가의 형태는?

　　○ 교수-학습이론에 적합한 평가이다.
　　○ 교육목표, 교육과정, 교수방법 등의 개선에 유용하다.
　　○ 이해, 비교, 분석, 종합 등 고등정신 능력을 배양할 수 있다.
　　○ 학습자의 무한한 잠재가능성을 전제하고 평가를 실시한다.

① 규준참조평가　　　　　　　　② 준거참조평가
③ 능력참조평가　　　　　　　　④ 성장참조평가

17 준거참조평가(criterion-referenced evaluation)에 대한 특징을 기술한 것으로 옳은 것은?
① 교육효과에 대한 소극적인 신념에 기초하고 있다.
② 평가의 신뢰성과 객관성에 중점을 두는 평가이다.
③ 평가문항의 곤란도와 변별도가 중시되는 평가이다.
④ 평가 문항의 타당도를 매우 중요시여기는 평가이다.

18 준거참조평가(criterion-referenced evaluation)의 특징으로 옳은 것을 다음에서 골라 바르게 묶은 것은?

　　ㄱ. 학습 심리이론에 적합하다.
　　ㄴ. 검사점수의 부적편포를 기대한다.
　　ㄷ. 학습자들의 인성교육에 좋은 영향을 준다.
　　ㄹ. 평가의 준거의 설정 기준이 비교적 명확하다.

① ㄱ, ㄴ, ㄷ　　　　　　　　　② ㄱ, ㄴ, ㄹ
③ ㄱ, ㄷ, ㄹ　　　　　　　　　④ ㄴ, ㄷ, ㄹ

19 준거참조평가(criterion-referenced evaluation)에서 평가기준의 근거가 되는 것은?
① 성취목표　　　　　　　　　　② 교사의 판단
③ 학생들의 성적분포　　　　　　④ 학부모와 학생의 요구

20 다음 중에서 준거참조평가(criterion-referenced evaluation)의 단점을 설명한 것으로 옳은 것을 골라 바르게 묶은 것은?

> ㄱ. 학습자간의 개인차 변별에 적합하지 못하다.
> ㄴ. 참다운 의미의 학력평가가 불가능하다.
> ㄷ. 경쟁을 통한 학습의 외적 동기 유발이 적합하지 못하다.
> ㄹ. 점수 변산이 적으므로 상관관계의 적용이 용이하지 못하다.

① ㄱ, ㄴ, ㄷ　　　　　　　　　② ㄱ, ㄴ, ㄹ
③ ㄱ, ㄷ, ㄹ　　　　　　　　　④ ㄴ, ㄷ, ㄹ

제2회 교육평가 진도별 모의고사

1. 다음의 내용과 같은 장점을 지니고 있는 교육평가유형은?

   - 학생의 정신위생에 공헌한다.
   - 협동적 학습을 가능하게 한다.
   - 교육목표 달성에 대한 적극적 신념을 갖는다.

   ① 준거참조평가 ② 규준참조평가
   ③ 능력참조평가 ④ 성장참조평가

2. 평가에 관한 설명으로 옳지 않은 것은?

   ① 규준참조평가는 개인의 성취수준을 비교집단의 규준에 비추어 판단하는 평가방법이다.
   ② 성장참조평가는 각 성장단계에서 학습자의 최종 성취 결과를 확인하는 평가방법이다.
   ③ 능력참조평가는 학생이 지닌 능력에 비추어 얼마나 최선을 다했는지를 중시하는 평가방법이다.
   ④ 준거참조평가는 성취목표를 기준으로 목표의 달성 여부 또는 달성 정도를 확인하는 평가방법이다.

3. 다음과 같은 기능을 포괄하고 있는 교육평가의 형태는?

   - 기본적인 학습능력, 학습동기, 선수 학습의 정도를 파악하는 기능
   - 신체적·정서적·환경적 요인 등 교육외적 요인에 의한 지속적 학습실패의 원인규명

   ① 진단평가 ② 형성평가
   ③ 임의 평가 ④ 총합평가

4. 진단평가의 기능을 다음에서 모두 고르면?

> ㄱ. 정치(Placement)를 위한 진단
> ㄴ. 시발행동 및 기능의 진단
> ㄷ. 교수-학습과정상에 목표성취, 미성취 판정
> ㄹ. 교수전략을 위한 진단
> ㅁ. 학습내용 선정을 위한 진단
> ㅂ. 수업불가능의 원인진단

① ㄱ, ㄴ, ㄹ, ㅁ, ㅂ   ② ㄱ, ㄷ, ㄹ, ㅁ, ㅂ
③ ㄱ, ㄴ, ㄷ, ㄹ, ㅁ   ④ ㄱ, ㄴ, ㄷ, ㄹ, ㅂ

5. 김 교사는 학생들에게 약수와 배수에 대해 가르치려고 한다. 가르치기에 앞서 김 교사는 덧셈, 뺄셈, 곱셈, 나눗셈 등에 관한 문제로 구성된 간단한 시험을 실시하였다. 시험을 실시한 이유로 가장 적절한 것은?

① 시험 보는 기술을 훈련시키기 위해서이다.
② 수학에 관한 흥미를 유발하기 위해서이다.
③ 학생들의 선수 학습 정도를 파악해 보기 위해서이다.
④ 약수와 배수에 관한 그릇된 개념을 교정하기 위해서이다.

6. 다음 중에서 진단평가와 관련이 없는 내용을 모두 고른 것은?

> ㄱ. 학습 진전 상태를 알 수 있게 한다.
> ㄴ. 피드백(feed back)의 효과를 활용한다.
> ㄷ. 성적의 비교를 가능케 해 준다.
> ㄹ. 학습곤란에 대한 사전대책을 수립한다.
> ㅁ. 수업시작 전 실시한다.

① ㄱ, ㄴ, ㄷ   ② ㄷ, ㄹ, ㅁ
③ ㄱ, ㄷ, ㄹ   ④ ㄱ, ㄹ, ㅁ

7 형성평가의 특징에 해당하지 않은 것은?

① 수업과정의 진도를 조정하는 기능을 지닌다.
② 학습자의 외적 동기에 의존하는 평가이다.
③ 궁극적으로 올바른 학습형성을 목표로 한다.
④ 학습활동 및 교육과정의 개선의 기능을 지닌다.

8 형성평가의 기능을 설명한 것으로 옳지 않는 것은?

① 학습 곤란을 진단하고 교정한다.
② 학습자들의 학습진행 속도를 조절한다.
③ 학습자의 학습에 대한 강화의 역할을 한다.
④ 성적을 결정하고 행정적인 의사결정을 한다.

9 다음 중에서 형성평가에 대한 설명으로 옳은 것을 고르면?

| ㄱ. 평가의 주요 목적은 교수-학습 방법의 개선에 있다.
| ㄴ. 일련의 교수-학습 과정이 종료되는 시점에 실시한다.
| ㄷ. 평가도구 제작시 최소 성취기준에 근거하여 문항을 출제한다.
| ㄹ. 평가 전문가가 개발한 표준화검사를 평가도구로 활용한다.

① ㄱ, ㄴ
② ㄱ, ㄷ
③ ㄴ, ㄷ
④ ㄷ, ㄹ

10 학습과정상의 평가 중 총합평가의 기능을 설명한 것으로 옳은 것을 다음에서 골라 바르게 묶은 것은?

| ㄱ. 학습자들의 성적을 결정한다.   ㄴ. 미래의 학업성적을 예측한다.
| ㄷ. 단기적 측면에서 교육과정을 개선한다.   ㄹ. 학습자의 자격을 인정하는 판단을 한다.

① ㄱ, ㄴ, ㄷ
② ㄱ, ㄴ, ㄹ
③ ㄱ, ㄷ, ㄹ
④ ㄴ, ㄷ, ㄹ

11 다음에서 잘못된 부분을 고르면?

구 분	목적	기능
진단평가	선수 학습능력의 결핍 여부 판정	㉠ 학생이 학습 진전 정도에 관한 피드백 정보 제공
형성평가	㉡ 학습을 돕기 위한 교수 환경의 개선과 지원	㉢ 문항 분석을 통해 교수방법의 문제점을 발견하여 교수전략에 활용
총괄평가	㉣ 성적 산출 및 행정적 의사 결정	과정이 마지막에 성적 확정

① ㉠
② ㉡
③ ㉢
④ ㉣

12 선택형 검사문항의 특징을 설명한 것으로 옳은 것을 다음에서 골라 바르게 묶은 것은?

> ㄱ. 선발, 배치에 비교적 적합하다.
> ㄴ. 절대적인 지식관의 관점에서 적합하다.
> ㄷ. 과정과 결과에 대한 정보를 얻을 수 있다.
> ㄹ. 정의적 특성을 파악하는데 적합하지 않다.

① ㄱ, ㄴ, ㄷ
② ㄱ, ㄷ, ㄹ
③ ㄱ, ㄴ, ㄹ
④ ㄴ, ㄷ, ㄹ

13 선다형 문항을 제작할 때 고려할 사항으로 가장 적절한 것은?

① 전문적 용어를 사용한다.
② 일반화를 강조하는 용어의 사용을 피한다.
③ 긍정문장과 부정분장을 균등하게 사용한다.
④ 형용사나 부사 같은 질적 표현을 많이 사용한다.

14 선택형 문항 제작시 유의사항으로 옳은 것은?

① 가능하면 문두는 길고 복잡하게 표현하는 것이 좋다.
② 정답에 대한 조건이나 기준을 문두에 명시해야 한다.
③ 하나의 문항에 두 개 이상의 내용을 묻도록 한다.
④ 양적인 표현보다는 질적인 표현을 많이 사용한다.

15 논술형 문항을 제작할 때 유의할 사항으로 옳은 것을 다음에서 골라 바르게 묶은 것은?

> ㄱ. 피험집단의 특성을 충분히 고려한다.
> ㄴ. 질문의 요지가 분명하되 반응의 제한은 두지 않는다.
> ㄷ. 문항은 난이도 순서대로 배열해야 한다.
> ㄹ. 채점기준을 미리 제시한다.

① ㄱ, ㄴ, ㄷ
② ㄱ, ㄷ, ㄹ
③ ㄱ, ㄴ, ㄹ
④ ㄴ, ㄷ, ㄹ

16 다음 중에서 주관식 평가에서 채점의 객관성을 확보하기 위한 방안으로 옳은 것을 골라 바르게 묶은 것은?

> ㄱ. 채점의 기준을 미리 마련한다.
> ㄴ. 문항당 점수 비중이 다를 경우 사전에 명시한다.
> ㄷ. 문항 단위의 채점보다 학생 단위의 채점을 한다.
> ㄹ. 몇 사람이 공동으로 채점하여 그 결과를 종합한다.

① ㄱ, ㄴ, ㄷ
② ㄱ, ㄴ, ㄹ
③ ㄱ, ㄷ, ㄹ
④ ㄴ, ㄷ, ㄹ

17 서답형 또는 논술형 문항에 대한 바람직한 채점방식과 그 이유에 대한 설명으로 옳지 않은 것은?

① 채점자의 주관이나 편견의 영향을 줄이기 위해 채점기준을 미리 정해 놓아야 한다.
② 단독 채점보다 다수의 평가자가 채점하여 평균점수를 내는 것이 보다 바람직하다.
③ 답안 작성자에게 대한 편견을 제거하기 위해 답안 작성자의 이름과 번호를 답안지와 분리해서 채점하여야 한다.
④ 채점의 신뢰도를 높이기 위해 답안지를 평가문항별로 채점하지 말고 답안 작성자 단위별로 채점하는 것이 바람직하다.

18 다음과 같은 상황에 가장 적절한 검사문항은?

- 동일한 검사를 다시 사용할 필요가 없을 때 사용
- 피검사자의 태도, 의견에 관심을 갖고 있을 때 사용
- 표현능력과 조직능력 등의 정신기능을 알려고 할 때 사용
- 비판적으로 채점할 자신이 있을 때 사용

① 주관식 검사 ② 객관식 검사
③ 선택형 검사 ④ 완성형 검사

19 다음 중에서 수행평가의 필요성에 해당하는 것으로만 짝지어진 것은?

ㄱ. 21세기 지식·정보화 시대의 고등정신능력 배양
ㄴ. 포스트모더니즘의 상대적 인식론의 대두
ㄷ. 교육환경의 개선과 암기위주의 교육의 해소
ㄹ. 과학적 측정기법과 객관적·보편주의 대두

① ㄱ, ㄴ, ㄷ ② ㄱ, ㄷ, ㄹ
③ ㄴ, ㄷ, ㄹ ④ ㄱ, ㄴ, ㄹ

20 다음의 내용에 가장 가까운 평가형식은?

- 농구 실기시험이 경우 농구시합을 하는 장면을 여러 번 관찰하여 종합적인 능력을 기록한다.
- 2차 세계 대전은 우리에게 어떤 교훈을 주고 있는가를 질문한다.
- 국어과의 희곡에 대한 시험에서 작가의 정신, 희곡기법, 당시의 시대상과 작가, 작품에 대한 본인의 견해 등을 질문한다.

① 표준화 검사 ② 수행평가
③ 선택형 검사 ④ 상대평가

제3회 교육평가 진도별 모의고사

1 다음 중에서 수행 평가에 대한 설명으로 옳은 것은?.

① 심리측정학적 관점에서의 평가이다.
② 절차가 비교적 간단하며 결과도 쉽게 알 수 있다.
③ 고등정신 능력을 평가할 수 있다.
④ 교육개선을 위한 자료를 얻는데 어려움이 있다.

2 수행평가의 일반적 특징을 가장 잘 나타낸 것은?

① 객관적이면서도 표준화된 측정방법을 중시하는 평가
② 담당 교사보다는 외부 전문가 판단을 중시하는 평가
③ 학습의 과정과 결과를 모두 중시하는 평가
④ 신체적인 움직임에 대한 측정을 중시하는 평가

3 수행평가를 실시할 때 유의할 사항으로 가장 옳은 것은?

① 신뢰도를 높이기 위해 채점자 사전 교육을 삼가야 한다.
② 타당도를 높이기 위해 간접적인 평가방법을 사용해야 한다.
③ 실용도를 높이기 위해 수행과제의 수를 많이 포함해야 한다.
④ 객관도를 높이기 위해 동일한 문항을 여러 명이 채점하게 한다.

4 다음의 내용은 무엇을 설명하는 것인가?

> ○ 학습자가 과제를 수행하면서 보이는 반응을 평가자가 관찰하거나 그 수준에 대한 판단을 내릴 때 사용하는 수행기준이다.
> ○ 우리나라에서는 수행평가를 강조한 7차 교육과정부터 이 도구를 개발해 관심을 보이기 시작하였다.
> ○ 수행과정 혹은 과제를 해결한 후 얻은 결과를 평가하는데 사용되며, 반응의 방법과 수준을 구체적으로 제시하는 평가지침의 역할을 한다.

① 루브릭(rubric)　　　　　　　② 포트폴리오(portfolio)
③ 질문지(questionnaire)　　　 ④ 체크리스트(checklist)

5 다음은 포트폴리오평가에 대한 기술이다. 포트폴리오 평가방식에 대한 설명으로 옳지 않은 것은?

> 일정기간 동안 학생들의 수행 및 성취 정도, 그리고 향상정도를 표현한 누적된 결과물에 대한 평가이다. 예를 들면, 그림 공부를 하는 학생이 미술담당 교사에게 지속적으로 지도를 받으면서, 자신의 작품을 그림 순서대로 차곡차곡 모아 둠으로써, 자기 자신의 변화와 발전과정을 스스로 파악할 수 있고, 그 작품집을 이용하여 지도 교사뿐만 아니라 다른 사람으로부터 쉽게 평가받을 수 있게 된다.

① 포트폴리오 평가의 수행목적은 포괄적으로 기술될 필요가 있다.
② 포트폴리오 평가는 학생의 결과물에 대한 평가보다 향상정도를 파악하기 위한 방법이다.
③ 포트폴리오 평가는 개인 간의 비교에 초점이 있는 것이 아니라 각 개인의 변화 및 진전 정도에 그 초점이 있다.
④ 포트폴리오 평가는 다양한 교과 과정상의 수행을 통합할 수 있다는 장점이 있다.

6 타당도의 의미를 바르게 설명한 것은?
① 검사 방법상의 문제를 다루는 개념이다.
② 검사의 정확성과 일관성을 나타내는 것이다.
③ 검사의 정확성을 바탕으로 그 정당성을 나타낸다.
④ 여러 사람이 채점한 결과 그 일치정도를 나타낸다.

7 준거지향(절대평가)검사 문항을 제작할 때 가장 중요시해야 할 것은 어느 것인가?
① 타당도　　　　　　　　② 신뢰도
③ 난이도　　　　　　　　④ 변별도

8 어느 학교에서, 효에 대한 지식을 알아보는 지필 검사의 결과로 효행 학생을 선발하였다면 다음의 평가조건 중 어느 것을 위배했다고 볼 수 있는가?
① 타당도　　　　　　　　② 신뢰도
③ 객관도　　　　　　　　④ 변별도

9 다음의 사례에서 평가의 측면에서 볼 때 하늘이가 문제 삼고 있는 것은?

> 하늘 : 오늘 아침 자습시간에 검사한 질문지가 좀 이상하지 않았니?
> 바다 : 글쎄, 왜 그렇게 생각하는데?
> 하늘 : '나는 얼마나 양심적으로 생활하였는가?'를 평가하는 질문지에 'TV는 하루에 몇 시간씩 보는가?', '좋아하는 과목은 무엇인가?' 등의 질문이 나오니까 그렇지

① 타당도 ② 신뢰도
③ 실용도 ④ 객관도

10 다음 중에서 내용타당도에 관한 설명으로 옳은 것은?

① 검사의 결과와 준거간의 상관계수를 산출한다.
② 표준지능 검사나 적성검사에서 주로 활용이 된다.
③ 타당도를 검증하기 위해서는 외적 준거가 활용된다.
④ 타당도를 확보하는 방안으로 이원목적 분류표를 활용한다.

11 다음 중에서 내용타당도에 대한 설명으로 옳은 것은?

① 통계적인 정밀도를 요구한다. ② 교사의 논리적 판단에 의한다.
③ 검사의 외적 준거에 의해 판단된다. ④ 학교검사에서는 사용하지 않는다.

12 다음의 내용과 관련된 교육평가에 있어서 타당도 검증 방법은?

> ○ 의도했던 교육목표를 충실히 측정하였는가?
> ○ 학생 집단의 특성에 비추어 보았을 때 문항 곤란도는 적절한가?
> ○ 문항 내용이 교과내용이나 학습 과제의 중요한 요소를 포함하고 있는가?

① 구인 타당도 ② 예언 타당도
③ 공인 타당도 ④ 논리적 타당도

13 검사도구의 내용타당도를 높이기 위해 사용할 수 있는 가장 좋은 방법은?

① 검사를 반복적으로 시행하여 검사점수를 비교하였다.
② 요인분석을 통하여 정의되지 않은 변수들 간의 관계를 분석하였다.
③ 구인들에 관한 논리적 가설을 뒷받침해 주는 경험적 자료들을 수집하였다.
④ 문항이 이원목적분류표에 의거하여 제작되었는지 전문가들을 통해 확인하였다.

14 어떤 대학에서 대학수학능력시험과 입학 후 학생들의 성적간의 상관계수를 산출하였다면, 이것은 어떤 타당도를 검증하기 위한 것인가?

① 내용타당도 　　　　　　　　　② 예언타당도
③ 공인타당도 　　　　　　　　　④ 구인타당도

15 다음과 같은 방식을 사용하여 검증하는 타당도는?

> 대학 신입생 선발에서 검사의 점수, 고등학교 학업성적, 면접 점수를 고려한다면, 이의 세 결과 점수를 독립변수로 하고 대학교에서의 학업성적을 종속변수로하는 회귀분석을 통하여 검증한다.

① 내용타당도 　　　　　　　　　② 공인타당도
③ 예언타당도 　　　　　　　　　④ 구인타당도

16 다음의 사례를 올바르게 설명한 것은?

> 대학교육에 필요한 수학능력을 측정하기 위한 시험인 대학수학능력시험이 사실상 대학입학 후 학생들의 학업성취도에 미치는 영향이 거의 없었다.

① 내용타당도가 낮다. 　　　　　② 구인타당도가 낮다.
③ 공인타당도가 낮다. 　　　　　④ 예언타당도가 낮다.

17 김 교사는 동일한 학생들을 대상으로 새로운 유학영어 검사와 토플검사를 치르게 하고 이 두 검사점수간의 상관계수를 산출하였다. 김 교사가 검증하려고 하는 타당도는?

① 내용타당도 ② 공인타당도
③ 예언타당도 ④ 구인타당도

18 다음의 설명에 해당하는 타당도의 종류는?

> ○ 새로운 검사 X와 기존의 다른 검사 Y와의 상호관련성을 검토해 본다.
> ○ 준거의 기준은 '현재'이고, 동시에 측정되는 검사 X와 준거 Y의 상관계수로 나타낸다.

① 공인타당도 ② 예언타당도
③ 내용타당도 ④ 구인타당도

19 구인타당도를 설명한 것으로 옳은 것은?

① 검사 자체 내에 준거를 가지고 있다.
② 타당도 검증의 준거가 필요하지 않다.
③ 검사결과로 피험자의 미래 행동을 예측하는 타당도 이다.
④ 가정적인 심리적 특성이나 요인을 검사가 잘 재었는가를 검증한다.

20 다음 중에서 결과타당도의 의미를 가장 바르게 제시한 것은?

① 평가 결과를 교수-학습 과정에서 얼마나 의미 있게 활용하였는가하는 정도를 말한다.
② 조작적으로 정의되지 않는 인간의 심리적 특성을 얼마나 정확하게 재었는가 정도를 말한다.
③ 검사의 결과가 피험자의 미래의 행동 특성을 어느 정도 정확히 예측할 수 있는 따진다.
④ 측정 내용을 명백히 정의함으로써 검사의 내용이 원래 목적한 바를 측정하고 있는지를 따지는 방법이다.

제4회 교육평가 진도별 모의고사

1 다음 중에서 평가도구의 신뢰도와 관련된 요소로 거리가 먼 것은?

① 검사의 정당성 ② 검사의 일관성
③ 검사의 안정성 ④ 채점의 일관성

2 검사의 신뢰도와 관련된 사항을 다음에서 골라 바르게 묶은 것은?

| ㄱ. 검사의 정당성 | ㄴ. 검사점수의 변산 정도 |
| ㄷ. 검사문항의 수 | ㄹ. 타당도의 필요조건 |

① ㄱ, ㄴ, ㄷ ② ㄱ, ㄴ, ㄹ
③ ㄱ, ㄷ, ㄹ ④ ㄴ, ㄷ, ㄹ

3 다음 중에서 재검사 신뢰도와 관련 사항으로 옳은 것은?

① 결정된 신뢰도가 진짜 신뢰도 보다 과대 추정될 우려가 있다.
② 문항표본에서 파생하는 오차도 오차변량으로 취급할 수 있다.
③ 전후 검사실시에서 여러 조건을 쉽게 통제할 수 있는 방법이다.
④ 연습효과, 기억효과를 최소로 줄일 수 있는 방법이다.

4 다음 그림에 해당하는 신뢰도 검증 방법은?

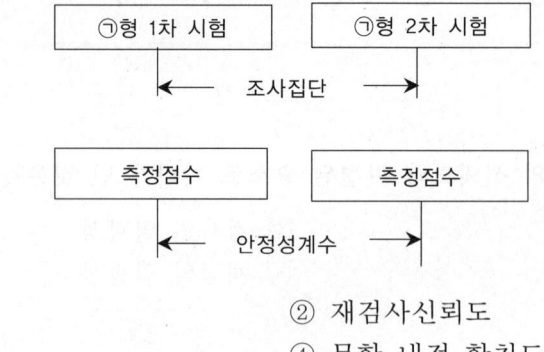

① 반분신뢰도   ② 재검사신뢰도
③ 동형검사신뢰도   ④ 문항 내적 합치도

5 동형 검사 신뢰도에 특징을 설명한 것으로 옳은 것을 다음에서 골라 바르게 묶은 것은?

    ㄱ. 연습효과나 기억효과를 비교적 줄일 수 있다.
    ㄴ. 시간의 오차에 초점을 두고 신뢰도를 검증한다.
    ㄷ. 동형검사 문항제작이 쉽지 않다는 난점이 있다.
    ㄹ. 문항표집의 오차를 오차 변량으로 취급하게 된다.

① ㄱ, ㄴ, ㄷ   ② ㄱ, ㄴ, ㄹ
③ ㄱ, ㄷ, ㄹ   ④ ㄴ, ㄷ, ㄹ

6 동형의 두 선택형 검사를 개발하여 임의로 선정된 5명의 학생들에게 두 검사를 모두 실시한 후, 학생들을 성적순으로 나열한 결과는 다음과 같다. 이 결과를 근거로 검사의 양호도에 대하여 할 수 있는 진술로 가장 적절한 것은?

    ○ 검사 1 : 김정희, 나연수, 최인철, 한인수, 박인영
    ○ 검사 2 : 최인철, 한인수, 나연수, 박인영, 김정희

① 타당도가 적절하다.   ② 실용도가 적절하다.
③ 신뢰도가 의심스럽다.   ④ 객관도가 의심스럽다.

7 다음 중에서 문항 반분 신뢰도에 대한 설명으로 옳은 것은?

① 순수한 속도검사에 적용하기 접합하다.
② 문항표집의 오차에 초점을 두고 있다.
③ 일반적으로 신뢰도가 과소 추정될 수 있다.
④ 모든 검사에 손쉽게 적용이 가능하다.

8 신뢰도 검증 방법에서 문항내적 합치도에 대한 설명으로 옳은 것을 다음에서 골라 바르게 묶은 것은?

> ㄱ. 문항 표집의 오차에 초점을 두고 있다.
> ㄴ. 미달항이 많은 경우에 가장 적합하다.
> ㄷ. 문항 상호간의 상관성이 높을 때 적합하다.
> ㄹ. 문제가 매우 쉬운 겨우 신뢰도 과대 추정된다.

① ㄱ, ㄴ
② ㄱ, ㄷ
③ ㄴ, ㄷ
④ ㄴ, ㄹ

9 다음 중에서 호이야트(Hoyt)신뢰도, 크론바하(Cronbach α)등을 사용하여 신뢰도를 검증하는 방법은?

① 재검사 신뢰도
② 반분신뢰도
③ 동형검사 신뢰도
④ 문항내적 합치도

10 평가의 신뢰도를 높이는 방법과 거리가 먼 것은?

① 시험의 문항수를 늘린다.
② 문항의 변별도를 높인다.
③ 시험에 포함될 범위를 넓힌다.
④ 문항의 난이도를 너무 어렵거나 쉽지 않게 적절한 수준으로 조정한다.

11 다음 중에서 채점의 객관성을 확보하는 방안으로 거리가 먼 것은?

① 명확한 평가기준을 사전에 마련하다.
② 논문형과 같은 자유반응형을 많이 사용한다.
③ 채점에 있어서 채점자의 소양이 높아야 한다.
④ 비객관적 평가도구인 경우 공동채점을 한다.

12 고전검사에서 문항 곤란도(item difficulty)의 의미를 바르게 설명한 것은?

① 검사의 상하집단의 점수분포 형태를 말한다.
② 지수가 높은 수록 어려운 문항이다.
③ 전체 검사문항의 평균 정답률로 표시한다.
④ 검사 속의 문항 하나하나에 대한 정답률로 표시한다.

13 고전검사에서 문항 곤란도(item difficulty)의 특징을 바르게 설명한 것은?

① 집단에 따라서 비교적 항상성을 갖는다.
② 집단의 표준편차와 평균과 관련이 있다.
③ 한 개인에 대한 곤란도로 측정될 수 있다.
④ 규준지향평가와 준거지향평가 모두에 유용하다.

14 고전검사에서 문항곤란도를 활용하는 방안이 바르게 제시된 것은?

① 준거지향평가와 규준지향평가 모두에 유용하다.
② 곤란도를 산출할 때 추측요인은 무시한다.
③ 곤란도가 낮아야 변별력을 높일 수 있다.
④ 곤란도 지수는 서열척도 수준에서 활용한다.

15 중간고사 문항들의 곤란도가 서로 다를 경우, 가장 바람직한 문항배열 방법은?

① 특별한 원칙 없이 배열한다.
② 가장 쉬운 문항이 검사의 끝 부분에 오게 한다.
③ 쉬운 문항일수록 검사의 앞부분에 오도록 배열한다.
④ 쉬운 문항과 어려운 문항을 한 문항씩 교차시켜 배열한다.

16 고전검사에서 문항 변별도(item discrimination)에 대한 설명으로 옳은 것은?

① 변별력은 검사문항의 신뢰도를 의미한다.
② 각 문항별 정답률로 표시되는 통계치이다.
③ 규준지향평가에 유용하게 쓸 수 있는 통계치이다.
④ '외적준거'를 통해서 변별력이 검증되어진다.

17 10개의 문항으로 이루어진 수학과 검사에서 4개 문항의 반응 다음과 같은 때 문항 변별도가 가장 높은 문항은?

학생\문항	문항1	문항2	……	문항9	문항10
하늘(1)	○	×	…	○	×
바다(2)	○	×	…	○	×
나무(3)	×	○	…	○	×
국화(4)	×	○	…	○	○
장미(5)	×	○	…	○	○
바람(6)	×	○	…	×	○

※ ( )안은 순위, ○는 정답, ×는 오답

① 문항1
② 문항2
③ 문항9
④ 문항10

18 고전검사에서 곤란도와 변별도를 바르게 활용한 사례는?

① 변별도를 높이기 위해 시험문제를 어렵게 만들었다.
② 변별도 지수가 '0'이거나 음수로 나온 문항은 제외시켰다.
③ 준거지향평가를 실시할 때 곤란도와 변별도를 중요하게 고려하였다.
④ 상위집단과 하위집단간의 반응의 차이를 알아보기 위해 곤란도를 산출하였다.

19 다음은 문항에 대한 학생 100명의 반응을 분석한 표이다. 이표로 알 수 있는 문항의 특성은?

답지\집단	H(상위집단)	L(하위집단)	계
①	3	17	20
*②	45	25	70
③	2	5	7
④	0	3	3
NR	0	0	0
	50	50	100

〈*는 정답〉

① 쉬운 문제이며, 변별력은 낮은 문항이다.
② 답지 ③은 비교적 매력적으로 구성되어 있다.
③ 문항변별도가 낮아 검토가 요청되는 문항이다.
④ 답지 ④번은 반응이 약하므로 수정하는 것이 좋다.

20 다음의 문항특성곡선들에 대한 해석으로 옳은 것은?

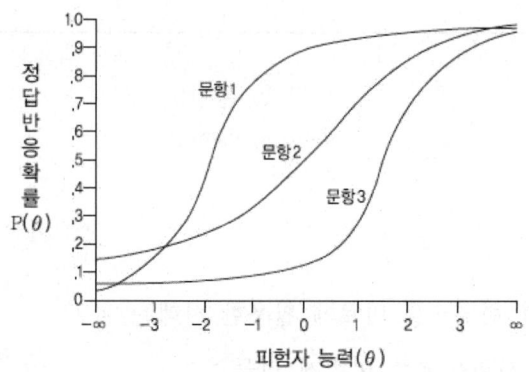

① 문항2의 문항난이도 지수는 1이다.
② 문항1이 문항2보다 문항추측도가 높다.
③ 문항2가 문항3보다 문항변별도가 낮다.
④ 문항1은 문항2보다 문항변별도가 낮다.

교육방법
진도별 모의고사

유길준 공무원 교육학
진도별 모의고사

제1회 교육방법 진도별 모의고사

1 미국교육공학회(AECT)는 1994년에 교육공학(교수공학)의 정의를 내린 바 있다. 이 정의에 포함된 영역은?
① 교수, 학습, 통신, 체제, 매체
② 설계, 개발, 활용, 관리, 평가
③ 시각매체, 청각매체, 교육방송, 컴퓨터
④ 교수방법, 교수매체, 학습환경, 학습전략

2 교수방법의 하위영역가운데 '교수관리'를 설명하고 있는 것은 어느 것인가?
① 설계, 개발, 실행, 관리 등이 적절했는지를 판단하는 일련의 절차를 의미한다.
② 교수방법들을 이해하고 개선하고 적용하는데 그 목적이 있는 전문적인 활동이다.
③ 교수자료, 강의노트, 그리고 교수계획들이 바로 활용될 수 있도록 제작하는 활동이다.
④ 각종 자료 수집기법, 성적산출 절차, 프로그램 수정, 절차의 개선 등을 처방하고 활용하는 과정이다.

3 학습에 대한 각 심리학파의 주장으로 옳은 것을 다음에서 골라 바르게 묶은 것은?

> ㄱ. 후천적 경험을 통한 연습을 강조하는 것은 행동주의이다.
> ㄴ. 인지주의 학습이론은 합리주의적인 전통에 유래된 것이다.
> ㄷ. 구성주의는 학습에 있어서 선행경험과 메타인지를 강조한다.
> ㄹ. 인본주의 학습은 인간의 지각의 객관적 실재라고 강조한다.

① ㄱ, ㄴ, ㄷ
② ㄱ, ㄹ
③ ㄱ, ㄴ, ㄹ
④ ㄱ, ㄴ, ㄷ, ㄹ

4 다음 중에서 학습에 대한 구성주의적 관점을 설명한 것은?

① 학습은 스스로 학습하는 프로그램학습을 채택하고 있다.
② 개인적 경험 및 흥미에 따라 지식의 가치를 판정한다.
③ 경험론에 근거를 두고 반복 연습의 중요성을 강조한다.
④ 합리론에 근거를 두고 이성에 의한 행동변화를 강조한다.

5 다음 중에서 학습에 대한 인지주의적 관점을 골라 바르게 묶은 것은?

ㄱ. 학습자는 능동적이며 환경을 지배한다.
ㄴ. 여러 자극과 반응간의 연합 때문에 일어난다.
ㄷ. 지식은 정신적 구조 및 절차의 조작으로 이루어진다.
ㄹ. 학습은 목적-수단 간의 관계 구조를 아는 것이다.

① ㄱ, ㄴ, ㄷ
② ㄱ, ㄴ, ㄹ
③ ㄱ, ㄷ, ㄹ
④ ㄴ, ㄷ, ㄹ

6 학습의 일반적인 특징을 설명한 것으로 옳은 것을 다음에서 골라 바르게 묶은 것은?

ㄱ. 자연적 성숙의 개념을 포함한다.
ㄴ. 지속적인 행동의 변화를 의미한다.
ㄷ. 인간의 모든 행동 변화를 의미한다.
ㄹ. 후천적인 요소가 매우 강하게 작용한다.
ㅁ. 생득적 경향의 반응을 제외한다.

① ㄱ, ㄴ, ㄷ
② ㄴ, ㄹ, ㅁ
③ ㄴ, ㄷ, ㅁ
④ ㄷ, ㄹ, ㅁ

7 학습을 '경험이나 연습을 통하여 학습자들에게 일어나는 비교적 지속적인 행동이나 인지의 변화'라고 정의할 때 학습의 영역을 바르게 나타낸 것은?

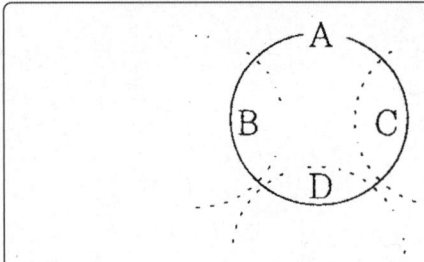

A : 개인에게 일어나는 변화
B : 생득적 반응의 경향에 의한 변화
C : 성숙에 의한 자연적 변화
D : 일시적 변화

① 학습(L) = A −(B+D)
② 학습(L) = A−(B+C+D)
③ 학습(L) = B+C
④ 학습(L) = B+C+D

8 학생들에게 근거가 불확실한 신념을 주입하여 자율적인 판단능력을 저해할 위험성을 내포한 교육방법은 어느 것인가?

① 훈련(訓練)
② 교화(敎化)
③ 교수(敎授)
④ 연습(練習)

9 학습이 교수에 비해 다른 점을 다음에서 골라 바르게 묶은 것은?

ㄱ. 교수에 비해 의도적이고 계획적이다.
ㄴ. 변화된 행동의 모습을 그대로 기술한다.
ㄷ. 학습은 어떤 자극의 작용결과로 나타난다.
ㄹ. 학습은 실험실사태를 연구대상으로 한다.

① ㄱ, ㄴ, ㄷ
② ㄱ, ㄷ, ㄹ
③ ㄱ, ㄴ, ㄹ
④ ㄴ, ㄷ, ㄹ

10 다음과 같은 관점을 추구하는 교수-학습 원리는?

- 인간관계에 중점을 둔다.
- 협동적인 활동을 통해서 민주정신을 함양한다.
- 학교에서 경험한 것과 학교 밖에서 경험한 것이 상호교류 되도록 한다.
- 공동학습을 통해 협력적이고 우호적인 학습을 진행하는 원리이다.

① 개별화의 원리 ② 사회화의 원리
③ 자발성의 원리 ④ 직관의 원리

11 교수-학습 원리 가운데 학습자의 흥미와 창조성을 강조하고 내적 동기를 강조하는 원리는?

① 개별화의 원리 ② 자발성의 원리
③ 직관의 원리 ④ 통합의 원리

12 교수-학습지도원리 가운데 다음의 내용에 해당하는 것을 바르게 제시하고 있는 것은?

(ㄱ) 학습자가 지니고 있는 능력과 요구에 맞는 학습활동의 기회를 주자는 원리이다.
(ㄴ) 학습자가 흥미를 가지고 스스로 창조하고자 하는 동기가 내재된 학습의 원리이다.
(ㄷ) 공동학습을 통해 사회적 인격을 형성하고자 하는 원리이다.
(ㄹ) 언어주의에서 탈피하여 구체적인 사물을 제시하여 경험하게 하는 원리이다.

	(ㄱ)	(ㄴ)	(ㄷ)	(ㄹ)
①	자발성의 원리	개별화의 원리	사회화의 원리	직관의 원리
②	개별화의 원리	직관의 원리	사회화의 원리	자발성의 원리
③	자발성의 원리	개별화의 원리	통합의 원리	직관의 원리
④	개별화의 원리	자발성의 원리	사회화의 원리	직관의 원리

13 다음 중에서 로젠탈과 야콥슨(Rosenthal & Jacobson)의 기대효과(Pygmalion effect)에 관한 설명으로 옳은 것은?

① 사회계층이 상위계층일수록 교사의 기대효과는 크게 나타난다.
② 교사의 기대효과는 우수한 학급일수록 열등한 학습에 비해 크다.
③ 상급학년에 비해 하급학년 학생들이 교사의 기대효과가 오래 지속된다.
④ 교사의 학생에 대한 긍정적인 신념이 학생의 학습성과에 좋은 영향을 준다.

14 다음 현상을 가장 잘 설명하는 것은?

> 김 교사는 처음으로 학교에 부임하여 담임을 맡게 되었다. 김 교사가 맡게 된 반은 보통의 학생들로 구성되었지만, 어떤 교사가 그 반은 우수한 학생들로 구성된 반이라고 하였다. 김 교사는 자기 반의 학생들이 우수한 학생들이기 때문에 공부도 잘 할 것이라고 생각하였다. 실제로 학기말에 김 교사의 반은 다른 반에 비하여 높은 성취를 보였다.

① 적극적인 전이 효과
② 사회적 학습효과
③ 작동적 조건화 효과
④ 자기충족적 예언효과

15 교수방법의 하위개념을 '교수설계', '교수개발', '교수실행', '교수관리', '교수평가' 등의 요소 분류했을 때 교수 설계의 의미를 가장 적절하게 기술한 것은?

① 수업의 상황에서 최적의 수업결과를 얻기 위해 가장 적절한 교수절차들을 처방하고 활용하는 과정이다.
② 수업목표 달성에 필요한 교수-학습자료와 매체를 개발하는 데 목적을 두고 있는 일련의 활동을 말한다.
③ 학습자의 지식과 기능면에서 기대되는 변화를 가져오기 위해 최적의 교수방법이 무엇인지를 결정하는 과정이다.
④ 교수활동의 효과성, 효율성, 매력성, 안전성을 평가하기 위해 필요한 방법들을 이해하고 개선하고 적용하는 과정이다.

16 라이거루스(C. Reigeluth)는 체제접근적이고 처방적인 교수설계이론을 주장하였다. 그가 주장하는 교수설계이론에 주요설계변인 해당하는 것을 다음에서 골라 바르게 묶은 것은?

> ㄱ. 교수조건　　　　　　　　　ㄴ. 교수방법
> ㄷ. 교수평가　　　　　　　　　ㄹ. 교수이론

① ㄱ, ㄴ, ㄷ
② ㄱ, ㄴ, ㄹ
③ ㄱ, ㄷ, ㄹ
④ ㄴ, ㄷ, ㄹ

17 다음 중에서 라이거루스(C. Reigeluth)가 주장하는 교수설계 변인 가운데 교수조건에 관련된 것을 골라 바르게 묶은 것은?

> ㄱ. 교수조건은 교사에 의해 통제될 수 있는 기본적인 조건들을 말한다.
> ㄴ. 교수방법을 처방하는 요소로 교사가 통제할 수 없는 제약조건을 말한다.
> ㄷ. 단일한 개념이나 원리를 가르치고자 할 때 수업을 조직하는 것을 말한다.
> ㄹ. 교수조건은 고정적인 것이 아니라 상황에 따라 변화될 수 있는 것을 말한다.

① ㄱ, ㄴ ② ㄴ, ㄹ
③ ㄴ, ㄷ ④ ㄷ, ㄹ

18 다음 중 교수이론에 있어서 서술적 이론(학습이론)과 처방적 이론(교수이론)을 비교한 것으로 옳지 않는 것은?

	분 류	서술적 이론	처방적 이론
①	가치추구	가치지향	가치중립
②	연구의도	교수결과 기술	교수목적 성취
③	중점변인	교수결과	교수방법
④	결과기대	의도한 것 또는 의도되지 않은 것	의도한 결과

19 다음 중 체제접근적 교수설계를 할 때 고려해야 할 기본 전제 조건으로 적절하지 않은 것은?

① 개인의 흥미, 필요, 적성, 자아개념 등을 반영한다.
② 모든 학습자들에게 동일한 학습의 조건을 제공한다.
③ 학습된 능력뿐만 아니라 학습능력의 획득과정도 고려한다.
④ 투입, 과정, 산출의 요인을 최대한 고려할 수 있도록 한다.

20 교수설계의 절차를 분석, 설계, 개발, 실행, 평가(ADDIE)로 하였을 때 다음의 특징을 지니고 있는 교수설계의 단계는?

> ○ 학습내용(what)을 정의하는 과정
> ○ 교육목적, 제한점, 학습과제의 산출

① 분석 ② 설계
③ 개발 ④ 평가

제2회 교육방법 진도별 모의고사

1 교수설계의 절차를 분석, 설계, 개발, 실행, 평가(ADDIE)로 하였을 때, 설계단계에서 하는 일을 다음에서 골라 바르게 묶은 것은?

> ㄱ. 수행목표의 명세화 ㄴ. 평가도구 개발
> ㄷ. 교수 전략 및 매체선정 ㄹ. 교수자료 개발

① ㄱ, ㄴ, ㄷ ② ㄱ, ㄴ, ㄹ
③ ㄱ, ㄷ, ㄹ ④ ㄴ, ㄷ, ㄹ

2 교수체제설계에서 다음과 관련된 활동을 하는 단계는?

> ○ 교수프로그램을 실제로 만드는 단계
> ○ 교수활동에 활용된 실제 자료를 제작하는 단계
> ○ 학습목표와 내용, 학습자의 특성을 고려하여 교수매체 제작 및 선정하는 단계

① 교수전략 개발 ② 교수개발 및 선정
③ 교수프로그램 수정 ④ 평가

3 딕과 캐리(W. Dick & L. Carey)의 체제적 교수 설계 모형에서 (가), (나) 단계에 해당하는 것은?

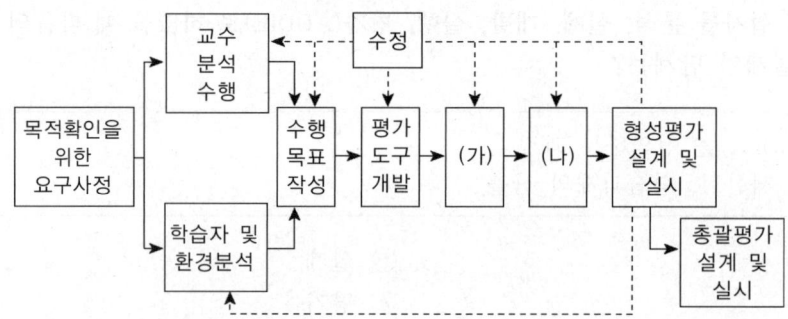

	(가)	(나)
①	교수전략 개발	관리전략 개발
②	교수전략 개발	교수자료 개발 및 선정
③	교수자료 개발 및 선정	조직전략 개발
④	교수자료 개발 및 선정	전달전략 개발

4 딕과 캐리(W. Dick과 L. Carey)의 체제적 수업 설계모형에서 다음의 내용을 포괄하고 있는 설계의 단계는?

- 수업을 전개할 방법과 절차를 개발하고 교수매체의 활용에 대한 계획을 세우는 단계
- 동기유발의 방법, 학습내용의 제시 방법, 연습, 피드백방법 등이 고려되는 단계
- 학습에 관한 연구결과와 학습과정에 대한 현재의 지식 그리고 가르쳐야할 내용, 수업을 받을 학습자들의 특성을 충분히 고려함

① 학습과제의 분석단계
② 학습자 특성의 분석
③ 교수전략 개발
④ 교수 개발 및 선정

5 다음과 같은 특징을 지니고 있는 교수설계이론은?

- 실재(reality)란 개인의 마음속에 존재한다.
- 학습이 일어날 수 있는 환경을 설계한다.
- 학습자가 학습과제를 관리할 수 있는 탐구적인 풍부한 환경을 설계한다.

① 구성주의 교수설계
② 객관주의적 교수설계
③ 체제접근적 교수설계
④ 체계적인 교수설계

6 구성주의 관점의 수업설계를 설명한 것으로 옳지 않은 것은?

① 학습의 평가는 과정상의 평가인 형성평가를 중요시한다.
② 유의미한 상황을 제공하고 자기주도적 학습을 강조한다.
③ 교사는 전문가로서 수업설계활동에서 중요한 역할을 한다.
④ 학습자료에 있어서 주관적인 자료가 가치롭다는 것을 강조한다.

7 구성주의 수업의 사회적 측면을 바르게 제시한 것은?

① 문제해결에 있어서 전문가와 역동적 상호작용이 강조된다.
② 지식과 기능의 학습에 있어서 상황통제적 기법을 활용한다.
③ 동기에 있어서 내재적 동기보다 외재적 동기를 강조한다.
④ 자신이 구성한 지식을 절대적으로 의미 있는 것으로 생각한다.

8 다음 중에서 구성주의 학습의 원칙에 해당하는 것을 모두 고르면?

| ㄱ. 체험학습 | ㄴ. 자기성찰적 학습 |
| ㄷ. 협동학습 | ㄹ. 체계적 완전학습 |

① ㄱ, ㄴ
② ㄴ, ㄷ
③ ㄱ, ㄴ, ㄷ
④ ㄱ, ㄴ, ㄷ, ㄹ

9 다음 중에서 구성주의 이론과 관계 깊은 것을 모두 골라 묶은 것은?

ㄱ. 지식은 고정된 것이 아니라 변화한다.
ㄴ. 학습은 적극적이고 개인적으로 구성하는 것이다.
ㄷ. 유의미한 학습은 현실의 학습과제 내에서 일어난다.
ㄹ. 교사는 보다 적극적으로 지식을 전달하는 역할을 수행한다.
ㅁ. 개인이 갖고 있는 지식을 결코 동일한 형태로 다른 사람들에게 전수될 수 없다.

① ㄱ, ㄴ, ㄷ
② ㄷ, ㄹ, ㅁ
③ ㄱ, ㄴ, ㄷ, ㅁ
④ ㄴ, ㄷ, ㄹ, ㅁ

10 다음 중에서 오늘날 정보화 사회의 교수-학습방법으로 옳은 것을 모두 고르면?

| ㄱ. 협동적 학습 | ㄴ. 준거지향평가 |
| ㄷ. 표준화된 교육과정 | ㄹ. 선발에 초점을 둔 수업 |

① ㄱ, ㄴ
② ㄴ, ㄷ
③ ㄴ, ㄹ
④ ㄱ, ㄷ, ㄹ

11 인지적 도제(cognitive apprenticeship) 수업에서 활용되는 수업전략과 가장 거리가 먼 것은?
① 해독(decoding)
② 코칭(coaching)
③ 시범(modeling)
④ 점진적 도움 중지(fading)

12 다음의 내용을 특징으로 하는 교수설계 이론은?

> ○ 학습자가 배운 지식을 다양한 환경에서 도구로 활용하여 새로운 문제해결의 연결고리로 활용할 수 있도록 돕는다.
> ○ 교과나 단편적인 문제를 독립적으로 제시하기보다는 중다 맥락으로 제시함으로써 문제해결에 필요한 일련의 학문적 연계성 속에서 학습자의 인지활동이 활발해지도록 돕는다.
> ○ 개인이 경험한 사실들이 집단에 반영되는 협동학습을 지향하여 집단에서의 개별화 학습을 중시하고 있다.

① 상황학습이론(Situated Learning Theory)
② 체제설계이론(System Design Theory)
③ 내용요소제시이론(Component Display Theory)
④ 자기주도학습이론(Self-Drected Learning Theory)

13 다음의 내용과 가장 가까운 교수-학습 모형은?

> ○ 읽기 능력이 낮은 학생들에게 효과적인 방법이다.
> ○ 문제를 해결하기 위하여 학생들 간의 협력을 필요로 한다.
> ○ 실제 상황과 관련한 흥미로운 문제 해결이 중심이 된다.
> ○ 실제 상황을 모사한 영상매체의 이야기를 통해 수학문제를 제시한다.

① 정착 수업(anchored instruction)
② 완전학습(mastery learning)
③ 위계 학습(hierarchical learning)
④ 프로그램 학습(programmed learning)

14 인지적 유연성 이론을 설명한 것으로 옳은 것은?
① 상황의존적인 스키마의 연합체 형성을 중점을 둔다.
② 학습한 지식을 자신의 인지구조에 최대한 연합한다.
③ 학습할 지식을 세분화하여 구체적 학습전략을 마련한다.
④ 학습의 내외적 조건을 조정하여 효과적인 학습의 결과를 끌어낸다.

15 체제적 수업설계 절차를 따를 때 학습과제를 분석하는 우선적인 목적은?
① 최적의 수업매체 선정
② 적절한 평가문항 유형의 결정
③ 가르칠 개념, 원리, 기능 등의 확인
④ 수업목표 설정을 위한 기초자료 수집

16 체제적 교수설계에서 제시하는 학습과제 분석에 대한 설명으로 옳은 것을 다음에서 모두 고른 것은?

ㄱ. 최소공배수를 구하는 학습과제는 위계분석을 한다.
ㄴ. 시간을 잘 지키는 태도를 기르는 학습과제는 군집분석을 한다.
ㄷ. 각 나라와 그 수도를 연결하여 암기하는 학습과제는 통합 분석을 한다.
ㄹ. 다항식의 덧셈을 하는 학습과제는 상위목표에서부터 하위목표로 분석해 나간다.

① ㄱ, ㄴ
② ㄱ, ㄹ
③ ㄱ, ㄷ, ㄹ
④ ㄱ, ㄴ, ㄷ, ㄹ

17 다음은 글래이서(R. Glaser)의 교수4단계 모형을 제시한 것이다. 그 특징으로 옳은 것으로만 묶여져 있는 것은?

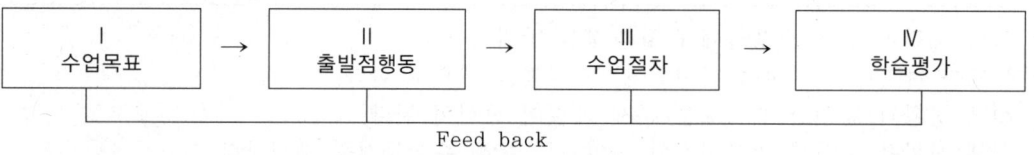

ㄱ. 학습의 평가는 총합평가 성격을 띠게 된다.
ㄴ. 출발점행동은 도착점의 행동에 대한 선수 학습이 된다.
ㄷ. 개인차를 최대로 고려한 수업의 모형이다.
ㄹ. 수업과정에 적용되는 원리는 구성주의적이다.

① ㄱ, ㄴ, ㄷ
② ㄱ, ㄴ, ㄹ
③ ㄱ, ㄷ, ㄹ
④ ㄴ, ㄷ, ㄹ

18 캐롤(R. Carroll)의 학교학습모형의 기본전제를 가장 바르게 제시한 것은?

① 무학년제와 개별학습을 실시함으로서 완전학습을 성취할 수 있다.
② 학습에 필요한 시간만큼 학습에 집중할 수 있다면 완전학습이 가능하다.
③ 교사의 교실수업의 형태가 비지시적인 수업일 때 가장 학습의 성취도가 높다.
④ 특정한 학습과제를 학습할 때 적절한 내외적 조건을 제공하면 완전학습이 가능하다.

19 캐롤(R. Carroll)의 학교학습 변인 중에서 학습자 변인에 해당하는 것을 골라 바르게 묶은 것은?

ㄱ. 학습의 기회	ㄴ. 학습 적성
ㄷ. 학습지구력	ㄹ. 수업이해력
ㅁ. 수업의 질	

① ㄱ, ㄴ, ㄷ
② ㄴ, ㄷ, ㄹ
③ ㄷ, ㄹ, ㅁ
④ ㄱ, ㄷ, ㅁ

20 부르너(J. Bruner)의 발견학습이론의 주요요소로 거리가 먼 것은?

① 선행경향성
② 지식의 구조
③ 계열화
④ 교수이해력

제3회 교육방법 진도별 모의고사

1 부르너(J. Bruner)의 발견학습의 특징을 가장 잘 나타낸 것은?
① 강화와 외적 보상에 의한 학습
② 유의미하게 조작된 내용의 학습
③ 교사의 도움 없이 학습자 스스로 학습
④ 학습자의 학습하려는 경향성에 근거를 둔 학습

2 부르너(J. Bruner)의 발견학습이론에서 '지식의 구조학습'에 관해 바르게 기술한 것은?
① 어떤 지식의 체계도 충분히 유의미학습이 가능하도록 해야 한다.
② 지식의 구조학습은 학생들이 학습해야 할 많은 지식을 의미한다.
③ 지식의 구조학습에서는 비교적 다단계의 정보처리과정을 통해 학습된다.
④ 지식의 구조학습에서의 경제성은 학습한 명제들의 응용력과 전이력을 말한다.

3 오수벨(D. Ausbel)의 설명식 수업이론에 대한 설명으로 가장 바른 것은?
① 설명식 수업이론은 인지적, 정의적, 기능적 영역 등 모든 영역에 적용하기에 비교적 적합하다.
② 설명식 수업이론은 인지심리학을 배경으로 발견식 수업과정과 절차에 대해 같은 견해를 같이 하고 있다.
③ 개념이 형성될 때는 비교적 포괄성이 높은 과제가 포괄성이 낮은 인지구조 속으로 통합됨으로서 효과적으로 형성된다.
④ 개념이란 학습자가 그것을 눈앞에 그릴 수 있어서 그가 이미 가지고 있는 인지구조 속에 포함시킬 수 있을 때 의미를 가진다.

4 오수벨(D. Ausubel)의 유의미학습의 관점을 제시한 것으로 가장 적절한 것은?
① 지적구조와 학습과제간의 관련은 의미를 손쉽게 획득하게 한다.
② 학습할 과제의 양을 정해진 시간 안에 손쉽게 학습할 수 있다.
③ 학습과제의 종류와 관계없이 손쉽게 유의미학습을 할 수 있다.
④ 학습과제가 유의미하지 않아도 손쉽게 지적 구조에 정착시킬 수 있다.

5 다음에 제시된 (ㄱ)과 (ㄴ)의 학습에 활용된 오수벨(D. P. Ausubel)의 포섭(subsumption) 유형을 바르게 나열한 것은?

(ㄱ)	○ 사각형의 개념을 학습하였다. ↓ ○ 정사각형, 직사각형, 마름모 등을 학습하여 사각형에는 여러 가지 형태가 있음을 알게 되었다.
(ㄴ)	○ 고양이, 소, 돌고래의 특징을 학습하였다. ↓ ○ 이 동물들은 새끼에게 젖을 먹이며, 이런 공통점을 지닌 동물들이 포유류임을 알게 되었다.

	(ㄱ)	(ㄴ)
①	상관적 포섭	상위적 포섭
②	상관적 포섭	병렬적 포섭
③	파생적 포섭	상위적 포섭
④	파생적 포섭	병렬적 포섭

6 다음에서 제시한 교사의 수업과 관련이 깊은 학습형태는?

오늘은 고래에 대해서 학습해 봅시다. 고래는 우선 생물체에 속하고, 생물체 중에도 동물, 그리고 물속에서 살고 있지만 사람과 같은 포유류에 속합니다. 그럼, 이제 오늘 수업 주제인 고래에 대해서 살펴봅시다.

① 블룸(Bloom)의 완전학습
② 브루너(Bruner)의 탐구학습
③ 오수벨(Ausubel)의 유의미학습
④ 스키너(Skinner)의 프로그램학습

7 다음의 내용을 주장한 사람이 강조한 것은?

학교 학습이 기계적인 학습이 되지 않으려면 새로운 지식이나 학습과제를 맹목적으로 암기할 것이 아니라, 학습자의 기존이 인지구조와 관련을 맺도록 하여야 한다. 그렇게 하려면 학습자가 새로운 과제와 관련이 있는 정착지식을 소유하고 있어야 한다.

① 학습자의 개인차를 고려한 개별학습
② 선행조직자를 통한 유의미 언어학습
③ 학습의 내적 조건을 고려한 선행학습
④ 개인차 문제를 해결하기 위한 완전학습

8 다음과 같은 교사의 경험을 가장 잘 설명하고 있는 교수이론은?

> 지난 해 소집단 토론 수업을 실시한 결과 학생들의 학습 참여도와 학업 성취도가 설명식 수업 방법에 비해 크게 향상되어, 소집단 토론 수업 방법이 설명식 수업 방법보다 효과적이라는 확신을 갖게 되었다. 이런 확신 때문에 새로운 학교로 전근을 와서도 소집단 토론을 중심으로 수업을 진행하였다. 그러나 기대와는 달리 학생들의 학습 참여도와 학업 성취도가 설명식 수업을 실시하고 있는 다른 반 학생들보다 오히려 떨어졌다. 그래서 다시 설명식 수업 방법으로 전환하게 되었다.

① 정교화 이론
② 행동수정 이론
③ 유의미 학습 이론
④ 적성-처치 상호 작용 이론

9 가네와 브릭스(R. Gagne & L. Briggs)의 목표별 교수설계이론의 의미를 설명한 것으로 옳은 것은?

① 교사의 개입을 최소한으로 제한하여 학생이 자율적으로 수업목표를 성취하도록 한다.
② 학습의 내용을 학습자의 발달 수준에 맞게 언어적 수단을 통해 학습자에게 학습시킨다.
③ 교수설계는 학습자의 학습결과를 만족하게 하는 학습조건을 적절하게 설계하는 것이다.
④ 교수내용선정, 교수계열화, 종합화, 요약 등 네 가지 측면의 효율적 방법을 설계하는 것이다.

10 다음의 내용과 관련된 가네와 브릭스(R. Gagne & L. Briggs)의 학습된 능력은?

> ○ 기능 : 발전된 학습과 사고의 요소가 된다.
> ○ 수행의 범주 : 어떻게 하나의 지적 조작이 특정상황에서 수행되는가를 나타낸다.
> ○ 능력의 예 : 대상을 서술하기 위해 은유법을 사용한다.

① 언어정보
② 지적기능
③ 지적전략
④ 태도

11 가네(R. Gagne)의 학습이 5대 영역 중 옳게 설명한 것은?

① 운동기능은 '중요한 논쟁점을 구두로 진술한'것과 같은 명제적 지식과 관련된다.
② 지적 기능은 '타자할 줄 안다'와 같은 절차적 지식과 관련된다.
③ 언어정보는 '자전거 타기'와 같이 반복적 연습을 통해 학습한다.
④ 인지전략은 학습자가 여러 종류의 활동·대상·사람 중 어느 것을 선택하는 방법이다.

12 다음의 내용과 관련된 가네와 브릭스(R. Gagne & L. Briggs)의 지적기능학습 단계는?

> ○ 물건이나 사상을 분류하는 가운데 지배되고 있는 규칙을 포함하는 것을 학습한다.
> ○ 어떤 자극류에 외견상의 특징은 다르게 되어 있더라도 공통적인 반응을 하는 학습이다.
> ○ 학습상황에서 학습자는 모양, 색깔, 위치, 수와 같은 추상적 속성에 대하여 반응할 것이 요구된다.

① 개념학습 ② 변별학습
③ 원리학습 ④ 문제해결학습

13 가네(R. Gagne)의 학습의 범주 가운데 지적기능의 위계 8단계 중 원리학습에 해당하는 것은?

① 물은 100℃에서 끓는다.
② 삼각형, 사각형, 오각형 중에서 삼각형을 찾아낼 수 있다.
③ 우리말 단어와 같은 뜻을 가진 외국어 단어를 학습할 수 있다.
④ 인수분해의 원리와 공식을 이해하여 어떤 문제를 해결할 때 사용된다.

14 가네와 브릭스(R. Gagne & L. Briggs)의 수업 설계이론에서 다음의 학습을 통해 달성하려고 하는 학습능력은 무엇인가?

> ○ 될수록 많은 아이디어를 인출하도록 자극
> ○ 문제를 전혀 새로운 각도에서 보는 연습
> ○ 적절한 질문을 던지는 연습
> ○ 문제의 본질을 명료하게 하는 방법을 익힘

① 고도법칙 학습 ② 인지전략 학습
③ 언어정보 학습 ④ 태도 학습

15 가네와 브릭스(R. Gagne & L. Briggs)는 자신들의 목표별 수업이론에서 내적 정보처리과정에 따른 외적 교수 사태를 9가지 단계로 제시하였다. 다음과 같은 교수활동에 관련된 교수사태의 단계는?

> ○ 언어정보인 경우 자극내용을 학습자의 기억구조 속에 있는 지식·경험과 연결시켜서 발전시켜 나가고 구체적인 예들을 제시한다. 여기서는 영상기법, 암기법 등의 각종 기억을 돕는 방법 사용될 수 있다.
> ○ 지적기술인 경우 개념이 구체적이고 다양한 예, 법칙들의 적용사례 등이 주어진다.
> ○ 인지전략인 경우 그 전략을 구도로 진술한 후 구체적인 예를 들어 주고 새로 주어진 문제 상황에 맞는 힌트 등을 제공한다.
> ○ 운동기능인 경우 계속적인 연습과 그에 대한 피이드백을 제공한다.
> ○ 태도인 경우 인간모델이 실제로 행동선택을 하도록 하고 학습자들은 그 모델의 행동에 대한 긍정적인 피이드백을 관찰해 보도록 한다.

① 자극자료를 제시하기
② 학습안내를 제공하기
③ 수행행동을 유도하기
④ 수행을 평가하기

16 다음의 내용을 특징으로 하는 교수설계 이론은?

> ○ 나선형과 선행조직자 이론의 절충형이다.
> ○ 반복을 수업방법상의 특징으로 한다.
> ○ 학습과제를 학습하고, 이미 배운 것을 검토하며, 다음 단계의 학습내용과 이전의 것을 연결시키고, 또 다시 이들을 관련짓거나 재검토하는 기법을 사용한다.

① 인지 정교화 이론(Elaboration Theory)
② 체제 설계이론(System Design Theory)
③ 내용요소 제시이론(Component Display Theory)
④ 자기주도 학습이론(Self-Drected Learning Theory)

17 라이거루스(C. Reigeluth)의 「인지정교화이론」에서 개념, 원리, 등의 학습을 촉진시키기 위한 정교화전략 요인을 다음에서 골라 바르게 묶은 것은?

| ㄱ. 선행조직자 | ㄴ. 정교화계열 |
| ㄷ. 요약자 | ㄹ. 학습자 통제 |

① ㄱ, ㄷ, ㄹ ② ㄱ, ㄴ, ㄷ
③ ㄱ, ㄴ, ㄹ ④ ㄴ, ㄷ, ㄹ

18 교수-학습이론 중 다음은 어떤 이론에 대한 설명인가?

먼저 광각렌즈를 통해 사물의 전체적인 모습을 관찰함으로써 각 부분들이 서로 어떠한 관계를 형성하고 있는지 파악할 수 있을 것이다. 그 다음 각 부분별로 확대해 들어가 세부 사항들을 관찰할 수 있을 것이다. 한 단계 줌인(zoom-in)해서 세부사항들을 관찰한 다음 다시 줌아웃(zoom-out)해서 전체와 부분간의 관계를 다시 반복적으로 검토할 수도 있다.

① 인지 정교화 이론 ② 처방적 교수이론
③ 내용요소 전시이론 ④ 구성주의 교수이론

19 여러 가지 복잡한 학습의 대상물을 한 개씩의 내용요소로 나누어 내고, 그것의 학습수준을 결정한 다음 그 각각에 적절한 교수방법을 제시하는 모형은?

① 라이거루스(C. Reigeluth)의 인지 정교화이론
② 가네와 브릭스(R. Gagne & L. Briggs)의 처방적 수업이론
③ 메릴(M. Merrill)의 내용전시이론
④ 켈러(J. Keller)의 ARCS이론

20 다음 중에서 메릴(M. Merrill)의 내용전시이론(CDT)의 수행범주에 해당하는 요인을 고르면?

| ㄱ. 기억 | ㄴ. 활용 |
| ㄷ. 발견 | ㄹ. 절차 |

① ㄱ, ㄴ, ㄷ ② ㄱ, ㄷ, ㄹ
③ ㄱ, ㄴ, ㄹ ④ ㄴ, ㄷ, ㄹ

제4회 교육방법 진도별 모의고사

1. 메릴(M. Merrill)은 자신의 내용요소전시이론(CDT)에서 수행-내용의 범주를 10개로 분류하였다. 다음의 질문과 관련된 범주 무엇인가?

   - 양파의 세포를 관찰하는 데 필요한 현미경의 조작단계를 설명하시오.
   - 암실에서 흑백사진을 인화하는 절차를 단계별로 기술하시오.

   ① 기억하기 - 사실 ② 발견하기 - 사실
   ③ 기억하기 - 절차 ④ 발견하기 - 개념

2. 다음에 제시된 학습 목표를 메릴(M. Merrill)의 내용요소전시이론(component display theory)의 '내용 × 수행' 이원 분류 행렬를 바르게 나타낸 것은?

   - 논설문 작성 방법을 사용하여 자신의 의견을 주장하는 글을 쓸 수 있다.
   - 인터넷을 사용해 과제 수행에 필요한 자료를 찾을 수 있다.

   ① 개념 × 발견 ② 원리 × 발견
   ③ 절차 × 활용 ④ 사실 × 활용

3. 다음 표는 메릴(M. Merrill)의 내용요소 전시이론을 수행 범주와 내용범주의 매트릭스(matrix)로 나타낸 것이다. ㉠에 해당되는 예로 가장 적절한 것은?

   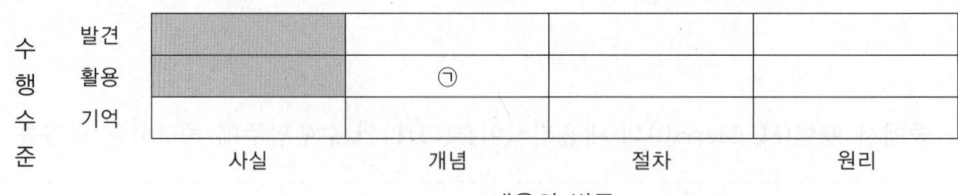

   ① 지하수의 생성 원리를 설명할 수 있는 모형을 만들어 보시오.
   ② 다음 단편 소설을 읽고, 이 소설의 절정 부분을 가장 잘 표현한 문단을 찾으시오.
   ③ 침엽수의 특징은 무엇인가?
   ④ 세계 지도를 만드는데 이용되는 3가지 투사기술을 각각 설명하시오.

4 다음과 같은 전략을 사용하는 캘러(J. Keller)의 ARCS단계는?

- 애니메이션, 삽화 및 그래프, 역상문자, 소리나 박짝거림 등을 이용한다.
- 능동적 반응 유도, 문제해결 활동을 구상, 학습자에게 신비감을 주는 방법 등을 이용한다.
- 교수사태의 전개 순서상의 변화를 의미하거나 정보가 조직되고 제시되는 방식의 측면을 활용한다.

① 주의집중(Attention)   ② 관련성(Relevance)
③ 자신감(Confidence)   ④ 만족감(Satisfaction)

5 다음과 같은 전략을 사용하는 캘러(J. Keller)의 ARCS단계는?

- 학습자들에게 친밀한 인물, 이름, 그림, 예문을 사용한다.
- 게임, 시뮬레이션 등을 이용하여 목적의 실용성을 제시한다.
- 학습목적을 다양한 난이도로 제시한다.

① 주의(Attention)   ② 관련성(Relevance)
③ 자신감(Confidence)   ④ 만족감(Satisfaction)

6 김 교사가 다음과 같이 교수활동을 하였다면 캘러(J. Keller)의 수업동기를 유발·유지시키기 위한 체계적 설계모델인 ARCS전략의 어느 단계에 해당하는가?

- 쉬운 내용에서 어려운 내용으로 수업을 조직하고 강화를 자주, 또는 매번 사용하였다.
- 학습의 필요조건과 선수지식, 기술을 부합시켜 너무 지나친 도전과 권태를 방지하려는 것으로 적절한 수준의 난이도를 유지하는 수업관리 전략을 사용하였다.
- 학습자들의 수준을 알아보기 위하여 준비시험을 제시하고, 학습 순서 상 각기 다른 능력수준의 학습자들이 자기에 맞는 수업을 시작하도록 수업을 구성하였다.

① 주의(Attention)   ② 관련성(Relevance)
③ 자신감(Confidence)   ④ 만족감(Satisfaction)

7 다음과 관련된 캘러(J. Keller)의 ARCS전략의 단계는?

> ○ 학습에서 습득된 지식을 적용해 볼 수 있는 모의상황을 제시한다.
> ○ 학습자의 학업 성취에 대한 기준과 결과가 일관성 있게 유지하게 하고 성공에 대한 보상이나 기타의 강화에 대한 공정성을 유지한다.

① 주의집중 전략 ② 관련성의 유지전략
③ 자신감의 형성전략 ④ 만족감의 부여전략

8 다음의 특징을 포괄하고 있는 수업의 형태는?

> ○ 대집단 수업 중에서 가장 보편적인 방법으로 교사중심 교수체제에서 적용되는 대표적인 방법
> ○ 지식이나 기능을 교사가 중심이 되어 설명을 통해 학습자에게 지시하는 방법
> ○ 고대 희랍시대의 철학자들이 웅변을 통해 서로의 지식을 나누어 갖기 위해서 사용함
> ○ 중세시대에는 주로 대학에서 교수법으로 사용됨
> ○ 헤르바르트(Herbart)의 교수 4단계와 그 제자들이 5단계 교수방법에 의해 과학화 됨

① 강의법 ② 문답법
③ 시범 ④ 토의법

9 강의법이 적합한 경우에 해당되지 않는 것은?

① 지식이 전수가 주된 목적일 때
② 단기파지가 우선 필요할 때
③ 학생의 참여가 필수적일 때
④ 교과서나 참고서에 없는 사실의 전달이나 이해하기 어려운 내용의 설명이 필요할 때

10 문답식 수업의 조건을 설명한 것으로 가장 옳은 것은?

① 문답은 답이 분명하게 나오는 것을 위주로 한다.
② 철저하게 구조화된 문답이라야 효과가 크다.
③ 교과서에 나타난 사실을 반복하여 질문한다.
④ 학습자 각 개인의 능력이나 흥미에 맞아야한다.

11 토의식 수업이 필요한 상황에 가장 적합한 것은?
① 수업의 경제성을 추구하기 위해
② 교사의 적극적인 지시가 필요한 경우
③ 창의력과 협동기술을 개발시키기 위해
④ 사회적인 특정과제만을 다루기 위해

12 효과적인 토의식 수업의 조건이 아닌 것은?
① 토의의 절차와 활용에 대한 이해와 수용
② 형식적이고 긴장된 분위기
③ 사람이 아닌 과업에 의해서 토의가 진행
④ 많은 참여와 적극적인 분위기

13 토의식 수업을 통해서 얻을 수 있는 효과를 다음에서 골라 바르게 묶은 것은?

> ㄱ. 학생들의 지적 능력을 배양할 수 있다.
> ㄴ. 비교적 수업의 시간을 절약할 수 있다.
> ㄷ. 교사와 학생간의 인간적 만남을 가능하게 한다.
> ㄹ. 학생들이 학습과제를 매우 명료하고 생생하게 이해할 수 있다.
> ㅁ. 학습자의 자발적인 참여유도로 학습에서 이탈할 가능성이 매우 적다.

① ㄱ, ㄷ, ㄹ
② ㄱ, ㄷ, ㄹ, ㅁ
③ ㄷ, ㄹ, ㅁ
④ ㄴ, ㄷ, ㄹ, ㅁ

14 김 교사는 다음과 같이 토의 수업계획을 세웠다. 김 교사가 실시하고자하는 토의수업의 형태는?

> 김 교사는 학생들에게 자신의 고장에 대한 환경문제 관심을 고취시키기 위해 10명 정도의 학생들을 모둠으로 모아 고정적인 규칙에 구속되지 않으면서 환경문제에 대해 자유로이 의견이나 태도를 표현하고 지식·정보를 상호 제공하고 교환함으로써 학생들 상호간의 의견이나 견해의 차이를 조정하여 집단으로서의 의견을 요약해 나갈 수 있는 수업방식을 선택했다.

① 공개토의(Forum)
② 원탁토의(round table discussion)
③ 대담토의(colloquy)
④ 세미나(seminar)

15 다음의 특징을 포괄하고 있는 토의수업의 유형은?

> ○ 상당한 부분이 배심토의와 흡사한 점이 있지만 배심토의보다는 좀 더 형식적이다.
> ○ 서로 다른 의견이나 견해를 가진 대표자 4-5명이 각기 다른 입장에서 10-15분 정도 강연을 하고 그 후에 일반 참가자가 질문을 하거나 의견을 진술하여 종합적으로 의견을 집약하는 방법이다.
> ○ 주제에 관한 전문적인 견해, 사고방식을 능률적으로 제시하고 이해를 돈독히 하는데 아주 적합한 집단 토의방법이다.

① 심포지엄(Symposium) ② 공개토의(Forum)
③ 대담 토의(Colloquy) ④ 세미나(Seminar)

16 토의수업의 유형 가운데 공개토의(Forum)에 관련된 것을 다음에서 골라 바르게 묶은 것은?

> ㄱ. 청중이 직접 토의에 참가하여 공식적으로 발표한 연설자에게 질의 할 수 있다.
> ㄴ. 연설자는 청중의 학습정도와 필요를 고려하여 논리적이고 간결한 의견을 발표한다.
> ㄷ. 청중들은 비교적 경험이 많은 전문가들로 구성된다.
> ㄹ. 토의 문제에 관해 지식과 경험이 풍부한 전문가들이 사회자의 안내로 청중 앞에서 토론을 한다.

① ㄱ, ㄹ ② ㄱ, ㄴ
③ ㄴ, ㄷ ④ ㄷ, ㄹ

17 다음과 같이 진행되는 토론 학습의 유형은?

> ○ 3명씩 짝지어 토론한다.
> ○ 어느 정도 토론이 진행되면 다른 3명의 집단을 만나 6명이 토론하며 진행한다.
> ○ 이렇게 하여 시간이 다 되면, 소집단마다 제출된 결론을 대표자가 서로 발표한다.
> ○ 다시 결론에 대해 대표자끼리 토론하거나, 혹은 참가자 전원이 질의 응답을 해나간다.

① 세미나 ② 버즈토론
③ 원탁토론 ④ 배심토론

18 다음과 같은 관점을 정당화 시켜주는 수업형태는?

> 전통적 개별학습에서 나타나는 지나친 경쟁을 예방하기 위해 소집단학습을 도입하였으나 무임승차라는 문제점이 드러나 이와 같은 문제점을 해결하고자 한다.

① 자기주도 학습　　　　　　　② 협동학습
③ 전통적 소집단 학습　　　　　④ 발견학습

19 (ㄱ)과 (ㄴ) 학습의 특징을 (ㄷ)과 같이 나타낼 때 (　) 안에 들어갈 내용으로 가장 옳은 것은?

> (ㄱ) 이 학습의 모형은 복수의 이질집단들이 집단별로 교육내용을 한 영역씩 나누어 맡아 팀별로 학습한 후 해당 내용에 대해 책임을 지고 원 소속 팀의 학습을 책임지는 형태이다.
> (ㄴ) 또 다른 학습의 모형은 학생들이 넷 혹은 다섯 명으로 구성된 학습 팀으로 조직하게 되는데, 각 팀원은 전체 학급의 축소판처럼 학습능력이 높은 학습자, 중간인 학습자, 낮은 학습자의 이질적인 학습자들로 구성된다.
> (ㄷ) 위의 두 학습모형은 동기론적 관점과 사회적 관점에서 볼 수 있는데, 동기론적 관점에서는 학습의 효율성을 위하여 (　)을/를 강조하고, 사회적 관점에서는 협동기술을 강조한다.

① 심화학습　　　　　　　　　② 집단보상
③ 지식의 구조　　　　　　　　④ 무임승객효과

20 다음과 같은 활동은 어떤 협동학습의 방법인가?

> 유 교사는 반 전체 학생을 , 6명씩 7개의 모둠으로 구성하였다. 그리고 학습주제를 6개로 분류하여 각 모둠원이 하나의 주제를 선택하도록 하였다. 각 모둠내에서 동일 주제를 선택한 학생끼리 새로운 모둠을 구성하여 해당 주제를 협동하면서 학습하였다. 해당 주제를 학습한 후 각자 최초의 자기 모둠으로 다시 모여 자신이 학습한 내용을 서로 돌아가면서 가르쳐 주었다.

① 직소방법　　　　　　　　　② 집단탐구
③ 협동을 위한 협동학습　　　　④ 토너먼트 게임형

제 5회 교육방법 진도별 모의고사

1 다음과 같은 교수-학습 절차가 적용되는 협동학습(Cooperation Learning)의 모형은?

> (1) 집단구성
> (2) 개인별 전문과제선택
> (3) 과제별 모임(전문가 집단)
> (4) 원 집단 협력학습
> (5) 개별 평가
> (6) 개별 점수 산출
> (7) 집단보상

① 팀보조 개별학습　　　　　② 팀 성취과제 분담모형
③ 과제 분담학습Ⅱ　　　　　④ 팀 토너먼트 게임법

2 다음과 같은 학습과정을 지니고 있는 협동학습의 모형은?

> ○ 매주 교사는 강의나 토론으로 새 단원을 소개한다. 각 팀은 연습문제지를 짝을 지어 풀기도 하고, 서로 질문을 하기도 하고 토의도 하면서 그 단원을 학습한다.
> ○ 연습문제에 대한 해답도 주어지므로, 학생들은 단순히 문제지를 채우는 것이 아니라 개념을 이해하는 것이 목적임을 명백히 알게 된다.
> ○ 구성원 모두가 학습내용을 완전히 이해할 때까지 팀 학습이 계속되고, 팀 학습이 끝나면 개별적으로 시험을 본다.

① 성취과제분담모형　　　　② 함께 학습하기
③ 팀경쟁 학습　　　　　　　④ 팀보조 개별학습

3 다음과 같은 특징을 지니고 있는 협동학습의 모형은?

> ○ 이질적인 학습자들로 구성된다.
> ○ 집단 간의 토너먼트 게임을 활용한다.
> ○ 수학과목에 있어서 전통적인 수업에 비해 학업성취도면에서 매우 효과적이다.

① Jigsaw모형　　　　　　　② 성취과제분담모형
③ 팀 경쟁 학습　　　　　　④ 팀 보조 개별학습

4 다음의 학습과정을 특징으로 하는 협동학습의 모형은?

> 프로그램화된 학습 자료를 이용하여 개별적인 진단검사를 받은 후, 각자의 수준에 맞는 단원을 개별적으로 학습한다. 개별학습 이후 단원평가 문제지를 풀고, 팀 구성원들은 두 명씩 짝을 지어 문제지를 상호 교환하여 채점한다. 여기서 80% 이상의 점수를 받으면 그 단원의 최종적인 개별시험을 보게 된다.

① 팀 보조 개별학습 ② 집단조사 학습
③ 함께 학습하기 ④ 팀 경쟁 학습

5 협동학습의 유형에 속하지 않는 것은?

① 팀성취 분배보상기법(STAD) ② 팀 토너먼트 게임법(TGT)
③ 직소학습법(Jigsaw I) ④ 버즈 훈련 학습방법

6 다음의 전개과정을 포괄하고 있는 학습의 방식은?

> ○ 팀 학습과 자기주도적 학습으로 구성되어 있다.
> ○ 과제가 주어지면 각 팀별로 학습목표를 정한다.
> ○ 학습목표를 결정하고 나면, '가설', '알고 있는 사실들', 더 알아야할 사항들의 세 단계에 따라 학습을 진행시킨다.

① 문제중심 학습 ② 협동학습
③ 사례분석 교수 ④ 구안학습

7 다음과 같은 상황에 가장 적절한 교수-학습 방법은?

> 과학을 담당하는 김 교사는 정보화 사회에서 학생들에게 요구되는 종합력, 비판력, 협동력을 길러줄 수 있는 교수-학습 방법이 무엇일까 고민하게 되었다. 교수-학습과 관련된 자료를 분석한 결과, 이러한 능력을 키워주기 위해서는 실제 생활 속에서 발생했던 과학 관련 내용과 상황으로 구성된 학습활동을 사용하는 것이 매우 효과적임을 알게 되었다. 또한 교사는 지식 전달자에서 벗어나 학습 지원자(facilitator)의 역할을 하고, 학생은 자기주도적인 성찰을 통해 학습해야 할 필요성을 느꼈다.

① 직소우(Jigsaw) ② 역할놀이(Role Play)
③ 시뮬레이션(Simulation) ④ 문제기반학습(Problem-Based Learning)

8 문제기반 학습(PBL)에 대한 설명으로 옳지 않은 것은?

① 새로운 지식과 기술의 습득을 위해 유의미하고 포괄적인 문제가 활용된다.
② 복잡하고 비구조화된 문제의 해결을 위해 자기주도적 학습과 소집단 협동학습을 강조한다.
③ 문제개발과 평가가 용이하여 학교교육 및 기업교육에 보편적으로 활용되고 있는 교육방법이다.
④ 비구조화된 문제해결능력을 함양하고자 하는 의과대학의 교육적 요구를 충족시키기 위해 개발된 것이다.

9 노올즈(M. Knowles)가 제시한 것으로, 학습자가 과제의 선택, 학습계획의 수립과 수행, 학습과정 및 결과의 점검을 스스로 수행해 나가는 학습활동은?

① 과제학습
② 문제해결 학습
③ 자기주도적 학습
④ 시뮬레이션 학습

10 노올즈(M. Knowles)의 자기주도적 학습(self-directed learning)에 대한 설명으로 잘못된 것은?

① 초인지 학습전략을 적용한다.
② 성인을 위한 학습전략으로 시작되었다.
③ 개별학습 또는 협동학습 방법을 사용한다.
④ 학습자가 학습의 주도권을 가지나 평가는 교사가 한다.

11 다음의 교수-학습 방법에서 강조하는 교사의 역할과 가장 거리가 먼 것은?

○ 펠린사(A. Palincsar)와 브라운(A. Brow)이 독해력 지도를 위해 제안하였다.
○ 교사는 독해력을 지도할 때 요약하기, 질문하기, 명료하기, 예견하기의 4가지 인지전략을 사용한다.
○ 리더 역할은 경우에 따라 교사나 학생이 모두 수행할 수 있다.

① 수업의 처음 단계와 마지막 단계를 교사가 통제한다.
② 학생에게 현재 수준에 맞는 피드백과 조건을 제공한다.
③ 학생이 능동적으로 지식을 구성하도록 교사가 격려한다.
④ 사회적 상호작용을 통해 학생의 사고 발달을 교사가 촉진한다.

12 다음은 상보적 수업의 절차를 나타낸 것이다. (ㄷ)에 해당하는 활동은?

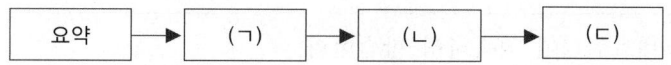

① 읽은 글의 내용을 학생 각자가 요약한다.
② 대답에 근거하여 요약한 학습의 내용을 명료화 한다.
③ 학습자들 간에 번갈아 가면서 질문을 만들고 대답한다.
④ 현재 학습한 내용 다음에 오는 내용이 무엇인지 생각한다.

13 다음과 같은 방식으로 진행한 학습체제로 가장 적절한 것은?

> 학생들은 학급 홈페이지에 교사가 게시한 학습내용을 수업시간 전에 스스로 학습하였다. 교실 수업시간에는 교사의 안내에 따라 학습한 내용을 토대로 토론을 진행하였다. 수업이 끝난 후에는 교사가 제시한 토의 주제에 대하여 홈페이지 게시판에 의견을 제시하였다.

① 블렌디드 학습(blended learning)
② 온라인 프로젝트 학습(online-project learning)
③ 비디오 회의 활용 학습(video conference learning)
④ 온라인 인지적 도제학습(cognitive apprenticeship)

14 학생이 사전에 온라인 등으로 학습내용을 공부해 오게 한 후 학교 수업에서는 문제해결이나 토론 등의 상호작용에 중점을 두는 교수 형태는?

① 온라인 인지적 도제학습(cognitive apprenticeship)
② 자원기반학습(resource-based learning)
③ 플립드러닝(flipped learning)
④ 문제기반학습(problem-based learning)

15 다음의 특징을 포괄하고 있는 학습 형태는?

- 무선 환경에서 네트워크에 접속하여 학습한다.
- PDA, 태블릿 PC 등을 활용하여 물리적 공간에서 이동하면서 가상공간을 통하여 학습한다.
- 기기의 4C(Content, Capture, Compute, Communicate) 기능을 활용하여 교수·학습을 촉진할 수 있다.

① 모바일 러닝(m-learning)　　② 플립드 러닝(flipped learning)
③ 마이크로 러닝(micro learning)　　④ 블렌디드 러닝(blended learning)

16 다음과 같은 특징을 지닌 학습체제로 가장 적절한 것은?

- 인간의 시냅스(뉴런 정보전달 망)처럼 파라미터라는 정보처리 장치가 존재한다.
- 광범위하게 수집한 데이터를 기반으로 사전 학습되어 주어진 질문에 문장으로 생성된 답을 제시한다.
- 직접 키워드 검색 후 학습자가 서칭(searching)하는 것이 아니라 서술형으로 질문하고 대답을 찾아주는 방식으로 학습이 진행된다.

① 블렌디드 학습(blended learning)
② 메타버스 학습(metaverse learning)
③ 대화형 인공지능학습(Chat GPT learning)
④ 유비쿼터스 학습(Ubiquitous Learning)

17 교수매체의 선택 및 활용 절차에서 다음과 같은 분석을 하는 단계는?

- 학습자의 연령, 학력, 지위, 지적인 적성, 문화, 사회·경제적 요인 등을 분석한다.
- 학습자가 지니는 사전 지식, 기능 및 태도를 분석한다.
- 학습자가 어떻게 학습환경을 인지하고 적용하고 반응하느냐에 관한 심리학적인 특징을 분석한다.

① 학습자 분석　　② 수업목표 진술
③ 교수매체 선정　　④ 매체와 자료 활용

18 수업매체와 자료를 효과적으로 활용하기 위해 '토의', '퀴즈', '연습문제' 등을 준비하는 단계는?

① 학습자 분석 단계
② 수업도구와 자료의 선정단계
③ 수업도구와 자료의 활용단계
④ 학습자의 참여 이끌기 단계

19 체제적 교수설계모형인 ASSURE 모형에서 다음의 활동과 관계 깊은 단계는?

| 제1단계 : 자료 미리보기 |
| 제2단계 : 제시 순서 결정 |
| 제3단계 : 환경 정비 |
| 제4단계 : 학습자의 사전 준비 |
| 제5단계 : 학습경험 제공하기 |

① 학습자 분석
② 학습자 참여
③ 매체와 자료 활용
④ 방법, 매체 및 자료 선정

20 인터넷을 기반으로 하는 바람직한 원격교육체제의 특징으로 볼 수 없는 것은?

① 교사 중심의 일제식 수업방식 적용에 유리하다.
② 온라인 멀티미디어 코스웨어를 제공할 수 있다.
③ 대규모 집단에 대해서도 개별화 학습이 가능하다.
④ 원하는 시간과 장소에서 원하는 내용을 학습할 수 있다.

교육행정
진도별 모의고사

유길준 공무원 교육학
진도별 모의고사

교육행정 진도별 모의고사

1 교육행정의 여러 관점에 대한 설명으로 옳은 것은?

① 사회과학이나 행동과적 접근은 교육조직의 법규적인 통제를 강조한다.
② 교육에 관한 행정은 교육의 전문성, 독자성, 특수성을 강조하는 입장이다.
③ 정책실현설은 행정이 정책입안과 집행을 동시에 수행한다는 입장이다.
④ 교육을 위한 행정은 행정의 비강제성, 비권력적 속성을 특징으로 한다.

2 다음 글은 교육행정을 정의하는 관점 중 어느 것에 근거한 것인가?

> 광복 직후 우리나라에는 오늘날의 교육부와 같은 독자적인 중앙교육행정조직이 없었다. 그 대신 내무부 산하의 학무국이 중앙교육행정조직이었으며, 여기에는 비서실 외에 6과가 편성되어 있었다.

① 조건정비론 ② 행정과정론
③ 협동행위론 ④ 법규해석적 행정론

3 교육행정은 일반적 성격과 독자적 성격으로 분류할 수 있다. 다음 중 교육행정의 일반적 성격을 다음에서 골라 바르게 묶은 것은?

| ㄱ. 조장적 성격 | ㄴ. 수단적·기술적 성격 |
| ㄷ. 민주적 성격 | ㄹ. 장기적·비긴급적 성격 |

① ㄱ, ㄴ, ㄷ ② ㄱ, ㄴ, ㄹ
③ ㄱ, ㄷ, ㄹ ④ ㄴ, ㄷ, ㄹ

4 교육행정의 독자적 성격을 다음에서 골라 바르게 묶은 것은?

> ㄱ. 장기적 투자이며 그 성과를 평가하기 어렵다.
> ㄴ. 교육의 투입되는 비용은 비긴급성이 특징이다.
> ㄷ. 목표달성을 위한 지도·감독이 이루어진다.
> ㄹ. 교육에 관여하는 사회집단의 독자성이 있다.

① ㄱ, ㄴ, ㄷ
② ㄱ, ㄴ, ㄹ
③ ㄱ, ㄷ, ㄹ
④ ㄴ, ㄷ, ㄹ

5 다음의 교육정책들이 공통적으로 추구하고자 하는 교육행정원리는 무엇인가?

> ○ 무상의무 교육의 실시
> ○ 학교 종별의 지역간 균형 배치
> ○ 단선형 학교체제의 확립
> ○ 고교 평준화 정책

① 교육전문성
② 교육중립성
③ 교육기회균등
④ 교육자주성

6 다음의 내용에 해당하는 교육행정의 원리는?

> ○ 교육행정은 누구나 능력에 따라 교육을 받을 수 있다는 원리에 따른다.
> ○ 능력이 부족한 학생들은 대학에 진학할 수 없다.

① 적도집권의 원리
② 기회균등의 원리
③ 법치행정의 원리
④ 자주성의 존중의 원리

7 다음의 내용을 포괄하는 교육행정의 원리는 무엇인가?

> ○ 교육은 장기적·범국민적인 사업이며 개인의 능력을 최대로 계발하고 국가사회의 이상을 구현하려는 공기업이다.
> ○ 교육은 교육 본래의 목적에 따라 그 기능을 다하도록 운영되어야 하며, 어떠한 정치적, 파당적, 또는 개인적 편견의 선전을 위한 방편으로 이용되어서는 안 된다.

① 법치행정의 원리
② 기회균등의 원리
③ 자주성 존중의 원리
④ 적도집권의 원리

8 다음과 같은 내용에 일치하는 교육행정의 운영상의 원리는?

> ○ 교육행정 실천면에 있어서는 주로 독단과 편견을 배제
> ○ 직원회, 협의회, 연구회 등을 통한 학교의 운영
> ○ 정책수립에 있어서 광범위한 참여를 통한 민의 반영
> ○ 정책집행 과정에 있어서 권한의 위양을 통한 독단 방지

① 타당성의 원리 ② 민주성의 원리
③ 능률성의 원리 ④ 균형성의 원리

9 다음의 내용과 가장 관계가 깊은 교육행정의 원리는?

> 교육에 관한 중요한 정책을 수립하는 데 있어서 광범위한 참여를 통해 공정한 민의를 반영하고, 결정된 정책의 집행과정에 있어서 관한 위양(委讓)을 통해 기관장의 독단과 전제를 막는 것을 말한다.

① 효율성의 원리 ② 합법성의 원리
③ 민주성의 원리 ④ 안정성의 원리

10 다음은 공식적 조직과 비공식적 조직을 비교한 것이다. 바르게 비교되지 못한 것은?

	공식적 조직	비공식조직
①	인위적 조직	자연발생적 조직
②	조직체계면 중시	구성원 사회심리 중시
③	공적인 성격	사적인 성격
④	전체조직내의 부분적 조직	합리성에 의한 대규모 조직

11 중앙집권적 조직과 지방분권적 조직에 관한 설명으로 옳은 것은?

① 지방분권화 된 구조가 민주주의 이념에 부합된다.
② 지방분권화 된 구조에서는 지역 간의 형평성 유지가 용이하다.
③ 중앙집권적 통치구조가 정치적 중립성을 유지하기가 용이하다.
④ 중앙집권적 통치구조에서 지역의 교육에 대한 책임의식 향상이 용이하다.

12 카츠와 칸(D. Katz & R. Kahn)은 본원적인 기능에 근거하여 사회조직을 분류하였다. 학교는 어느 조직유형에 속하는가?

① 생산적 또는 경제적 조직
② 유지 기능적 조직
③ 적응적 조직
④ 관리적 또는 정치적 조직

13 블라우와 스콧(P. Blau & W. Scott)이 제안하는 주요 수익자별 조직의 분류에서 학교조직은 어느 유형에 속하는가?

① 호혜조직
② 사업조직
③ 공공복리조직
④ 봉사조직

14 에치오니(A. Etzioni)의 복종관계를 기초로 하여 사회조직을 다음 〈표〉와 같이 분류하였다. 학교조직이 속해 있는 것은?

권력 \ 관여	소외적 관여	타산적 관여	도덕적 관여
강제적 권력	A	B	C
보수적 권력	D	E	F
규범적 권력	G	H	I

① A
② E
③ C
④ I

15 다음은 에치오니(Etzioni)의 조직유형론의 기준과 예시를 나타낸 것이다. ㉠~㉣에 들어갈 내용을 바르게 연결한 것은?

권력 \ 관여	소외적 관여	타산적 관여	(㉠)
강제적 권력	(㉡)		
(㉢)		(㉣)	
규범적 권력			학교

	㉠	㉡	㉢	㉣
①	보상적 관여	군대	친밀	종합병원
②	헌신적 관여	교도소	보상	일반회사
③	몰입적 관여	복지기관	통합	종교단체
④	협동적 관여	소방서	지원	전문대학

16 파슨스(T. Parsons)의 목적추구기능을 기초로 하는 사회조직의 분류에서 학교는 어느 조직의 유형에 속하는가?

① 생산목적 조직
② 정치목적 조직
③ 통합적 조직
④ 유형유지 조직

17 우리나라 고교평준화 지역의 공립 고등학교를 가장 잘 나타내고 있는 칼슨(R. Carlson)의 조직 유형은?

① 야생 조직(wild organization)
② 강압 조직(coercive organization)
③ 적응 조직(adaptive organization)
④ 온상 조직(domesticated organization)

18 다음의 설명과 가장 관계가 깊은 학교조직의 유형은?

> 학교조직의 존재와 생존은 이미 보장받는 것이고, 학교는 고객의 유치를 위해 경쟁할 필요도 없다. 이것은 학교가 전통적으로 왜 변화에 둔감한지를 잘 설명해 준다. 한편, 학교는 때때로 학교에 오기를 원하지 않는 학생도 다루어야 하고, 반대로 학교에 입학하지 말았으면 하는 학생도 가르쳐야 하는 곳이다.

① 생산조직
② 사육조직
③ 야생조직
④ 공리조직

19 다음 행정 조직의 유형상 학자와 분류 기준이 바르게 연결된 것은?

	학자	분류기준
①	블라우(P. Blau)	기능
②	카츠(D. Katz)	조직 풍토
③	파슨스(T. Parsons)	조직의 수혜자
④	에치오니(A. Etzioni)	지배, 복종의 관계

20 다음의 특징을 포괄하고 있는 학교조직의 유형은?

○ 교사들은 교수-학습에 있어서 전문적인 자율성을 인정받고 있다.
○ 동료교사와 학교행정가로부터 수업진행에 대하여 상당한 자율재량권을 행사한다.

① 이완조직 ② 사육조직
③ 규범적 조직 ④ 복합적 조직

교육행정 진도별 모의고사

1. 학교조직의 특성을 합리적 관료제와 이완결합체제로 구분할 때, 이완결합 체제로 볼 수 있는 근거는 어느 것인가?

① 교과의 구분
② 초·중등학교의 분리
③ 교수와 행정이 분리
④ 교사의 학급 내에서 자율성

2. '조직화된 무질서'를 가정한 상태에서 학교조직의 특징으로 옳은 것을 다음에서 골라 바르게 묶은 것은?

ㄱ. 목표의 불확실성	ㄴ. 참여의 유동성
ㄷ. 무정부적 상황	ㄹ. 비합리적인 의사결정
ㅁ. 몰인정지향성	ㅂ. 만족화 모형

① ㄱ, ㄴ, ㄷ, ㅁ
② ㄱ, ㄴ, ㄷ, ㄹ
③ ㄱ, ㄷ, ㄹ, ㅂ
④ ㄱ, ㄴ, ㄷ, ㅂ

3. 코헨과 마치(Cohen & March)가 주장한 교육 조직의 '조직화된 무질서(organized anarchy)'의 특징과 관련이 가장 적은 것은?

① 학교 구성원들의 참여가 유동적이고 간헐적이다.
② 교육 조직의 목적은 구체적이지도 명료하지도 않다.
③ 학교의 각 하위 체제들은 수직적인 위계 특성을 지니고 있다.
④ 학교운영 기술뿐만 아니라 교수·학습 기술이 분명하지 않다.

4 다음 글에서 설명하고 있는 교육조직은?

> ◦ 대학을 대상으로 연구한 결과에 기반하고 있으며, 주로 고등교육조직을 설명할 때 많이 활용된다.
> ◦ 의사결정이 주먹구구식으로 이루어진다고 하여 쓰레기통(garbage can) 모형이라고 한다.
> ◦ 학교조직 참여자들이 유동적이며 추상적 목표에 대한 해석이 달라 상충을 일으키기도 한다.

① 조직화된 무정부조직 ② 이완결합조직
③ 전문적 관료제 ④ 사육조직

5 학교조직의 특성에 대한 설명으로 옳은 것을 다음에서 골라 바르게 묶은 것은?

> ㄱ. 학교는 일반적인 조직처럼 투입과 산출이 분명한 조직이다.
> ㄴ. 학교조직은 고도의 전문적인 지식을 요구하는 전문적 성격을 지니고 있다.
> ㄷ. 학교는 조직으로서 체계를 지니고 있으나 혼란스럽고 무질서한 양상을 띠고 있다.
> ㄹ. 학교조직은 서로 연결되어 있으나 구성원 각자의 독자성도 어느 정도 지니고 있다.

① ㄱ, ㄴ, ㄷ ② ㄱ, ㄴ, ㄹ
③ ㄱ, ㄷ, ㄹ ④ ㄴ, ㄷ, ㄹ

6 학교의 특성과 관련된 조직이론을 다음에서 골라 바르게 묶은 것은?

> ㄱ. 봉사조직 ㄴ. 순치조직
> ㄷ. 유형유지 조직 ㄹ. 규범적 조직
> ㅁ. 공공복리 조직 ㅂ. 이완결합적 조직

① ㄱ, ㄴ, ㄷ, ㄹ, ㅂ ② ㄱ, ㄴ, ㄷ, ㄹ, ㅁ, ㅂ
③ ㄱ, ㄷ, ㄹ, ㅂ ④ ㄴ, ㄷ, ㄹ, ㅁ

7 민츠버그(H. Mintzberg)의 조직이론에 비추어 볼 때, 다음과 같은 특성을 보이는 학교의 조직 형태는?

> 학교장은 민주적인 방식으로 학교를 운영하고 있으며, 교직원들은 교육과정 운영 및 제반 학교 운영 관련 업무를 권한과 책임을 가지고 처리하고 있다.

① 단순구조조직
② 임시조직
③ 전문적 관료제
④ 기계적 관료제

8 다음과 같은 관점을 추구하는 학교조직이론은?

> ○ 일상적으로 학습을 계속 진행해나가며 스스로 발전하여, 환경 변화에 빠르게 적응할 수 있는 조직이다.
> ○ 기존의 학교경영혁신 전략들이 단발성으로 끝나는 한계를 극복하기 위해 지속적인 혁신의 필요성이 높아짐에 따라 등장한 개념이다.
> ○ 지식을 창조하고 획득하고 이전하는 데 능숙하며, 또한 새로운 지식과 통찰을 반영하여 자신의 행동을 변화시키는 데 능숙한 조직이다.

① 야생조직(wild organization)
② 학습조직(learning organization)
③ 조직화된 무정부(organized anarchy)
④ 이완결합조직(loosely coupled system)

9 테일러(F. W. Taylor)의 과학적 관리기법이 전제하고 있는 기본적인 원리를 다음에서 골라 바르게 묶은 것은?

> ㄱ. 모든 교직원에게 명확하게 규정된 충분한 1일 업무량을 주어야 한다.
> ㄴ. 교직원들이 과업을 성공적으로 수행할 수 있도록 근무조건과 업무과정을 표준화하여야 한다.
> ㄷ. 교직원들에게 주어지는 과업은 비교적 쉽고 단순한 것이어야 한다.
> ㄹ. 교직원이 과업을 성공적으로 완수할 경우에는 높은 보상주어야 한다.
> ㅁ. 교직원들의 관례적 업무방식을 최대한 활용하여 과업성과를 증진시킨다.

① ㄱ, ㄴ, ㄷ
② ㄱ, ㄴ, ㄹ
③ ㄴ, ㄷ, ㄹ
④ ㄷ, ㄹ, ㅁ

10 과학적 관리론이 근거하고 있는 인간관을 가장 바르게 설명한 것은?
① 인간은 스스로 동기 부여와 자기 규제를 할 수 있는 존재이다.
② 인간은 금전적 보상이나 처벌의 위협에서 일할 동기를 얻는다.
③ 인간은 어떠한 환경에도 적응할 수 있는 유연성을 지니고 있다.
④ 인간은 관리자의 통제보다는 집단의 일체감이나 소속감에 더 잘 감응한다.

11 다음과 같은 내용과 관계가 깊은 시어스(J. B. Sears)의 교육행정과정의 단계는?

- 사람은 교수회·학교·학년·위원회 등으로 조직된다.
- 물자는 교사·도서관·기구·서류 정리함 등으로 구성된다.
- 생각과 원리는 정책·학습안·성적규준·일정표 등으로 정리된다.

① 기획 ② 조직
③ 지시 ④ 조정

12 다음 중에서 교육행정과정의 발달과 학자 간의 연결을 바르게 한 것을 고르면?

- (ㄱ) 기획-조직-명령-조정-통제
- (ㄴ) 의사결정-프로그램작성-자극-조정-평가
- (ㄷ) 기획-조직-인사-지시-조정-보고-예산편성
- (ㄹ) 의사결정-기획-조직-의사소통-영향-조정-평가

	(ㄱ)	(ㄴ)	(ㄷ)	(ㄹ)
①	Fayol	Campbel	Gregg	Gulick & Urwick
②	Gregg	Campbel	Fayol	Gulick & Urwick
③	Gregg	Fayol	Campbel	Gulick & Urwick
④	Fayol	Campbel	Gulick & Urwick	Gregg

13 학교행정에서 관료제적 속성을 어느 정도 인정하고 있는 이유로 적당한 것을 다음에서 골라 바르게 묶은 것은?

> ㄱ. 물적·인적 노력을 집중시킬 수 있다.
> ㄴ. 조직의 안정성과 행정의 정확성을 기할 수 있다.
> ㄷ. 엄격할 규율과 반응의 신뢰성을 확보할 수 있다.
> ㄹ. 다양한 의사결정과 행동의 다양성을 기할 수 있다.

① ㄱ, ㄴ, ㄷ   ② ㄱ, ㄴ, ㄹ
③ ㄱ, ㄷ, ㄹ   ④ ㄴ, ㄷ, ㄹ

14 학교조직이 관료제적 특성을 지니고 있다는 설명과 가장 거리가 먼 것은?
① 학교조직에는 직제상 명확하고 엄격한 권위의 위계가 있다.
② 학교는 효율적인 교육을 위해 전문화와 분업의 체제를 갖추고 있다.
③ 학교는 독립된 조직단위로 운영되고, 교사의 주요 교육활동은 교실에서 이루어진다.
④ 학교조직은 교직원의 행동을 일관되게 통제하기 위하여 규칙과 규정을 제정·활용한다.

15 메이요(E. mayo)와 뢰슬리스버거(T. Roethlisberger)의 인간 관계론의 기본적인 전제에 해당하는 것을 다음에서 골라 바르게 묶은 것은?

> ㄱ. 동기유발은 전적으로 경제적인 욕구에 의존한다.
> ㄴ. 인정·소속감·안정이 작업환경의 물리적 조건 보다 중요하다.
> ㄷ. 나름의 규범과 행동기준을 만드는 비공식적 조직이 있다.
> ㄹ. 조직 구성원에 대한 지원적 경영은 조직의 사기가 높고, 구성원이 보다 열심히 일한다.

① ㄱ, ㄴ, ㄷ   ② ㄱ, ㄴ, ㄹ
③ ㄱ, ㄷ, ㄹ   ④ ㄴ, ㄷ, ㄹ

16 메이요(E. Mayo)의 호오손 실험 결과가 학교조직의 운영에 대하여 시사 하는 것 중 핵심적인 것은?
① 교원 보수 체계의 합리화   ② 학교 교실환경의 중요성
③ 교원간의 인간관계의 중요성   ④ 학교시설 안전관리의 필요성

17 교육행정의 행동과학적 접근을 가장 잘 설명하고 있는 것은?
① 공식적 집단의 목적달성을 가장 우선시 한다.
② 비공식 집단의 사기를 중요시한다.
③ 합리적 과업수행과 인간적 배려모두 생산성을 향상시킨다.
④ 개인과 조직 간의 갈등은 항상 존재한다.

18 교육행정학의 이론 중 행동과학론에 대한 설명으로 옳은 것은?
① 조직의 목적을 달성하기 위하여 조직 내의 비공식적인 구조의 중요성을 강조하고 있다.
② 교육행정의 낭비와 비능률을 제거하고 최대의 생산효과를 올릴 수 있는 원리를 말한다.
③ 인간의 행동과 조직의 관계, 조직 내의 관계 그리고 조직 내의 인간행동을 연구하여 행정의 효율성과 경영에서의 생산성을 향상시키려는 이론이다.
④ 학교사회를 하나의 체제로 보고 학교를 구성하고 있는 요소들 간의 관계 그리고 그 구조와 기능을 밝힘으로써 학교를 체계적으로 이해하기 위한 접근 방법이다.

19 다음의 〈그림〉은 겟젤스와 구바(J. Getzels & E. Guba)의 사회체제모형이다. 인간행위에 대한 시사점을 바르게 기술한 것은?

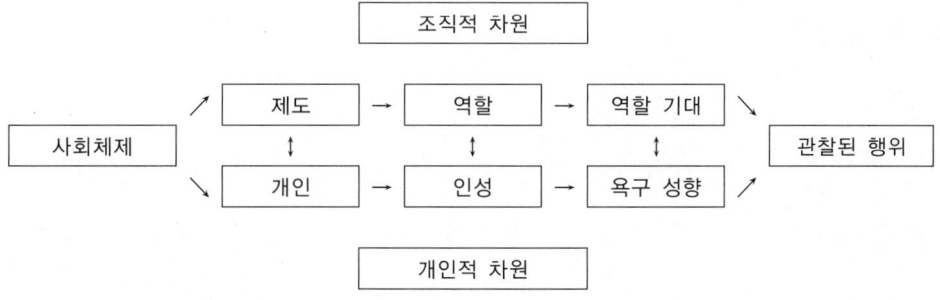

① 인간의 행동은 심리적 차원에서만 설명할 수 있다.
② 조직의 관리지침은 인간의 행동에 결정적인 영향을 준다.
③ 사회체제 내에서 역할이 강조되면 자율성이 증대된다.
④ 개인의 행동은 역할과 인성간의 상호작용 결과이다.

20 다음 사례에서 김 교사가 채택하고 있는 학교경영기법으로 가장 적합한 것은?

> 부장교사인 김 교사는 '과학의 날 행사'를 일정에 맞게 차질 없이 추진하기 위해 행사와 관련된 세부적인 작업 활동과 단계 및 상호관계, 소요시간과 경비 등을 검토하여 플로차트(flow chart)를 작성하고 이에 따라 업무를 추진하였다.

① 과업평가검토기법(PERT)
② 경영정보체제(MIS)
③ 영기준예산제도(ZBBS)
④ 목표관리기법(MBO)

제3회 교육행정 진도별 모의고사

1 학교경영관리 기법 중 목표관리 기법(MBO)의 특징으로 옳은 것은?

① 교직원들의 적극적인 참여로 사기와 직무만족도를 높일 수 있다.
② 교장이 제시한 목표를 교직원들이 효과적으로 달성하는 기법이다.
③ 학교목표 달성을 위한 교육과정 그 자체를 매우 가치로운 것으로 여긴다.
④ 학교현장의 교사들의 업무량을 감소시키고 근무여건을 개선하는 데 기여한다.

2 다음과 관련된 업무를 처리하기 가장 적절한 학교관리 체제는?

> 학교의 경비분석, 교사부담분석, 학생성향분석, 성적사정, 교육적 성과 등을 통하여 정책의 우선순위 결정, 인산관리, 진학사정, 필요한 인력과 재정소용의 판단을 위한 지원을 받을 수 있다.

① 계획평가검토기법(PERT) ② 정보관리체제(MIS)
③ 조직개발기법(OD) ④ 목표관리기법(MBO)

3 다음의 특징을 포괄하고 있는 교육 조직 관리기법은 무엇인가?

> ○ 행동과학적 지식과 기술을 활용한다.
> ○ 조직의 목적과 개인의 욕구를 결부시켜 교육조직전체의 변화와 발전을 추구한다.
> ○ 급변하는 교육환경에 대비하여 교직원들의 태도, 가치, 신념, 구조 등을 변화시키기 위한 복합적 교육전략이다.

① 목표관리기법 ② 계획평가 검토기법
③ 조직개발 기법 ④ 정보관리 기법

4 다음과 같은 요소를 내포하고 있는 학교경영관리 기법은?

- 교육수요자의 만족감을 증진
- 교육의 투자효율성 증대
- 교사들 간의 연대와 공유된 목표에 대한 헌신
- 학교의 조직을 결속시키는 내재적 규칙과 가정 및 가치

① 총체적 질관리(TQM) ② 목표관리 기법(MBO)
③ 조직개발 기법(OD) ④ 계획평가 검토기법(PERT)

5 헬핀과 크로프트(A. W. Halpin & D. B. Crofts)의 조직풍토기술질문지(OCDQ)를 통한 조직풍토 연구에서 다음과 같은 조직풍토는 어느 것인가?

목적 달성과 구성원의 사회적 욕구를 동시에 추구하는 매우 활기차고 생기 있는 조직분위기이며, 이 풍토의 주된 특성은 구성원 행동에 대한 진실성이다.

① 개방적 풍토 ② 자율적 풍토
③ 통제적 풍토 ④ 친교적 풍토

6 호이와 미스켈(W. Hoy & C. Miskel)의 학교풍토 유형에서 (가)에 대한 설명으로 옳은 것은?

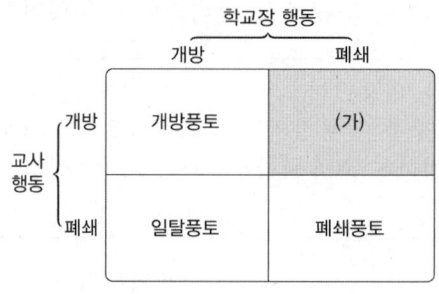

① 학교장의 관리가 비효율적 이지만, 교사들의 업무수행은 효율적으로 이루어지는 풍토이다.
② 학교장과 교사들 사이에 신뢰는 있지만, 교사들의 전문적인 업무수행은 미흡한 풍토이다.
③ 학교장이 불필요한 업무만을 강조하기 때문에 교사들이 반감을 가지고 업무를 태만히 하는 풍토이다.
④ 학교장은 교사들의 제안을 잘 받아들이고, 교사들은 업무달성을 위해 매우 헌신 하는 풍토이다.

7 다음 중에서 매슬로(A. Maslow)의 '욕구계층이론'이 교육조직의 운영 실제에서 학교장에게 주는 시사점을 모두 고르면?

> ㄱ. 학교교사들에게도 생리적 욕구가 잠재적인 동기요인으로 고려되어야 한다.
> ㄴ. 교사들에게 상해-보상 및 퇴직프로그램 등의 운영을 적절히 고려하여야 한다.
> ㄷ. 교사들의 개인별 차이를 고려하기 보다는 고층의 욕구충족에 관심을 갖는다.
> ㄹ. 교사들의 비공식적 조직, 전문위원회 활동을 등을 활성화시키는 방안을 고려한다.

① ㄱ, ㄴ
② ㄱ, ㄷ
③ ㄱ, ㄴ, ㄹ
④ ㄱ, ㄴ, ㄷ, ㄹ

8 매슬로(A. Maslow)의 욕구 계층이론에 대한 설명으로 옳은 것으로 묶은 것은?

> ㄱ. 욕구순서는 생리적 욕구-안전의 욕구-소속과 사랑의 욕구-존경의 욕구-자아실현의 욕구로 계층화 된다.
> ㄴ. 모든 욕구의 완전한 충족이란 있을 수 없기 때문에 욕구의 충족은 상대적이다.
> ㄷ. 일단 충족된 욕구는 동기 유발 요인으로서 의미가 대체로 약화된다.
> ㄹ. 욕구계층이론은 모든 사람과 상황에 보편적으로 적용된다.

① ㄱ, ㄴ, ㄷ
② ㄱ, ㄴ, ㄹ
③ ㄴ, ㄷ, ㄹ
④ ㄱ, ㄴ, ㄷ, ㄹ

9 김 교장은 맥그리거(D. McGregor)의 Y이론을 실제 경영관리에 적용하려고 한다. 그 적용방안으로 옳은 것을 다음에서 모두 고르면?

> ㄱ. 상황에 따라 교사들을 의사결정에 참여시킨다.
> ㄴ. 교사들을 설득하여 업무에 전념하도록 한다.
> ㄷ. 교사들의 업무 능력에 대해 수시로 평가한다.
> ㄹ. 학교조직의 관리전략으로 일반적 관리전략을 선택한다.

① ㄱ, ㄹ
② ㄴ, ㄷ, ㄹ
③ ㄷ, ㄹ
④ ㄱ, ㄴ, ㄷ, ㄹ

10 다음의 사례와 같은 학교장의 경영방침과 관련 있는 학자의 이론은?

> A교장은 평소 학교경영에서 명령이란 통제 대신에 교사 개개인의 자발적인 근무 의욕과 동기 유발을 위해 노력하고 있다. 그의 교사들에 대한 기본 입장은 교사들이 타인의 간섭 없이도 자발적으로 일을 하고 싶어 하는 성향이 있다는 것이다.

① 맥그리거의 Y이론
② 테일러의 과학적 관리이론
③ 아담스의 공정성 이론
④ 허즈버그의 위생이론

11 헤즈버그(F. Herzberg)의 동기-위생이론에 대한 설명으로 옳은 것은?

① 불만족 요인을 제거하는 것은 교직원들의 만족을 증진시킨다.
② 교원의 임금을 인상하는 것은 자발적인 동기유발에 도움이 된다.
③ 교직이 전문직임을 고려하여 자율과 책임을 부여하는 것이 바람직하다.
④ 교원들에게 근무의욕을 자극하기 위해서는 근무환경개선이 필요하다.

12 다음의 이론에 대한 설명으로 옳지 않은 것은?

> ○ 동기와 위생이라는 2가지 요인에 집중하여 동기이론을 전개하고 있다.
> ○ 매슬로우(A. Maslow)의 이론과 마찬가지로 동기를 유발하는 요인을 탐색하고 있지만, 개인 내부에 있는 욕구 에너지에 관심을 두기보다는 사람에게 일에 대하여 긍정적 혹은 부정적 태도를 유발 시키는 요인을 탐색하기 위하여 작업 환경에 초점을 두었다.

① 위생요인은 감독, 작업조건, 대인관계, 임금 등을 포함한다.
② 동기요인은 일의 내용, 개인의 성취감, 책임의 수준 등을 포함한다.
③ 직무만족에 기여하는 요인과 직무불만족을 초래하는 요인은 별개로 존재한다.
④ 자아실현에 의해서 욕구의 만족감이 생기고, 자아실현의 실패로 직무에 불만족이 생긴다.

13 다음 중에서 앨더퍼(C. P. Alderfer)의 ERG이론에 대한 설명으로 옳은 것을 모두 고르면?

> ㄱ. 매슬로(A. Maslow)의 만족-진행접근법 외에 좌절-퇴행접근법을 주장하였다.
> ㄴ. 인간에게 있어서는 한 가지 이상의 욕구가 동시에 작용할 수 있다.
> ㄷ. 상위수준의 욕구가 인간의 행동에 영향을 주기 전에 반드시 하위수준의 욕구가 충족되어야 함을 강조했다.

① ㄱ
② ㄱ, ㄴ
③ ㄱ, ㄷ
④ ㄱ, ㄴ, ㄷ

14 다음에서 설명하고 있는 동기이론으로 알맞은 것은?

> ○ 앨더퍼(Alerfer)의 이론이다.
> ○ 인간은 여러 가지 욕구를 동시에 경험할 수 있다.
> ○ 상위 욕구의 계속적인 좌절은 낮은 수준의 욕구로 귀환하도록 한다.

① ERG이론
② 욕구위계이론
③ X·Y이론
④ 동기-위생이론

15 다음의 내용을 기본전제로 하는 조직행위 동기이론은 어느 것인가?

> ○ 각 교사의 인간적 발달이 그 교사가 근무하는 상황에 의해 어떻게 영향을 받고 있는가 라는 문제가 핵심 주제이다.
> ○ 학교의 조직풍토의 측면에서 발전된 이론으로 각 교사는 완전히 실현될 수 있는 어떤 잠재능력의 소유자로 생각한다.

① X·Y 이론
② 동기위생 이론
③ 성숙·미성숙이론
④ 욕구위계론

16 아래의 〈그림〉은 블룸(V. H. Vroom)의 기대이론의 모형을 나타낸 것이다. 동기유발과 관련된 설명으로 옳은 것은?

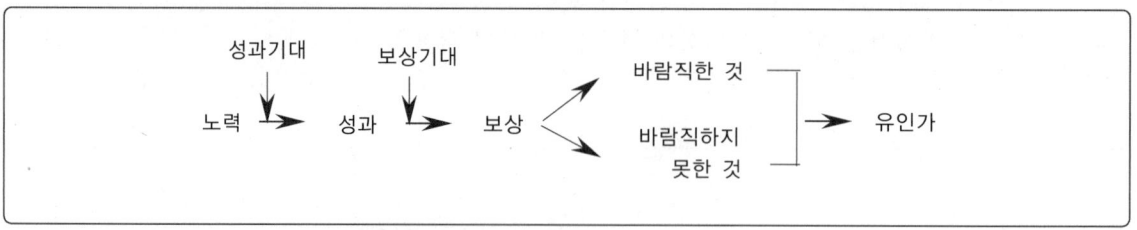

① 어떤 교사이든 보상에 대한 기대치는 일반적으로 같다.
② 과업의 성취는 교사들의 직무만족에 직접적으로 영향을 준다.
③ 인간의 행위 동기는 조직의 외적 압력이 큰 에너지가 된다.
④ 기대·유인가·수단의 결합과 강도가 동기 정도를 결정한다.

17 아담스(J. S. Adams)의 공정성이론을 학교경영에 적용하는 방안으로 가장 적절한 것은?
① 인사상의 공정성과 투명성을 보장하는 정책을 취한다.
② 학교경영에 있어서 경쟁과 경제의 논리를 도입한다.
③ 학교조직의 독자적인 특징을 강조하는 것이 중요하다.
④ 성과보상 제도를 적극적으로 도입하는 것이 바람직하다.

18 학교조직에서 교직원들의 동기를 유발하기 위한 이론에 대한 설명으로 옳지 않은 것은?
① 브룸(Vroom)의 기대이론에서 유인가(valence)는 목표, 결과, 보상 등에 대해서 개인이 갖는 선호도를 말한다.
② 로크(Locke)의 목표설정이론에서는 대부분의 인간 행동은 유목적적이며 행위는 목표와 의도에 따라 통제되고 유지된다고 본다.
③ 아담스(Adams)의 공정성이론에 따르면 사람이 다른 사람과 비교해서 과소보상을 느끼면 직무에 시간과 노력을 더 많이 투입한다.
④ 헤즈버그(Herzberg)의 동기–위생이론에 따르면 동기추구자는 욕구체계에서 주로 성취, 인정, 발전 등 상위 욕구에 관심을 둔다.

19 다음 사례에서 박 교사에게 해당하는 직무설계 방법으로 가장 올바른 것은?

> A학교 정보부장인 박 교사는 할당된 업무를 충실하게 수행한다고 인정받고 있었다. 최근 학교장은 그 동안 자신이 수행하던 정보 관련 대외 업무를 박 교사에게 일임하고 정기적으로 보고받는 방식으로 직무를 재설계 하였다. 박 교사는 자신에게 위임된 업무에 대해 책임감을 갖고 자율적으로 수행하게 되었으며, 이로 인해 직무 만족도가 높아지고 교직 전문성도 향상되었다.

① 직무 순환(job rotation)
② 직무 풍요화(job enrichment)
③ 직무 공학화(job engineering)
④ 직무 단순화(job simplification)

20 지도성이론의 특성론적 관점을 바르게 진술한 것은?

① 지도자 외에 구성원들에 특성에도 관심을 갖는 이론이다.
② 지도자가 가져야할 공통된 특성에 중점을 두는 이론이다.
③ 다른 지도자 이론에 비해 가장 합리적이고 정당한 이론이다.
④ 특성이론은 지도자가 처해 있는 상황을 충분히 고려한 이론이다.

제4회 교육행정 진도별 모의고사

1 지도성에 관한 리피트와 화이트(R. Lippett & R. White)의 연구에 결과를 설명한 것으로 옳은 것은?

① 자율적 의사결정은 방임형이 가장 좋았다.
② 생산성 면에서 민주형과 전제형이 비슷하였다.
③ 구성원들의 만족도 면에서 방임형이 가장 높았다.
④ 전제적 지도자 하에서 구성원들의 불만이 가장 많았다.

2 리커트(R. Likert)는 생산성이 높은 조직과 생산성이 낮은 조직으로 나누어 지도성을 연구하였다. 생산성이 높은 조직의 지도성의 관점을 바르게 제시한 것은 ?

① 과학적 관리기법을 사용한다. ② 철저한 관리 감독을 한다.
③ 집단적 의사결정을 중요시한다. ④ 조직의 목적달성에 헌신적이다.

3 핼핀(A. W. Halpin)의 다음과 같은 행동과학적 관점의 지도성 이론에 대해 바르게 기술한 것은?

		과업중심	
		저	고
인화중심	고	과업(저) 인화(고)	과업(고) 인화(고)
	저	과업(저) 인화(저)	과업(고) 인화(저)

① 상황을 충분히 고려한 이론으로 현실적으로 적용 가능성이 높다.
② 조직의 상층부와 조직의 하층부 사이에 과업과 인화에 갈등이 존재한다.
③ 인화성 차원에 낮은 점수를 받은 지도자는 조직구성원의 사기에 좋은 영향을 준다.
④ 우수한 지도자는 현실적 상황을 충분히 고려하여 인화차원을 배려할 것을 주장했다.

4 블래크와 머튼(R. Blake & J. Mouton)의 관리망 연구에서 제시한 지도자 유형을 기술한 것으로 옳은 것은?

① 통합형 - 교사들의 직무에 대한 불만을 인정하지 않는다.
② 관계형 - 교사들의 교육적 성과에 비교적 관심을 많이 갖는다.
③ 균형형 - 학교의 목표와 교사의 욕구를 최적으로 충족시켜 준다.
④ 과업형 - 교사들의 직무는 교장에 지시에 따라 이루어지기를 기대한다.

5 상황론적 지도성 이론에 대한 설명으로 옳은 것은?

① 상황론적 지도성 이론은 가장 합리적이고 정당한 이론이다.
② 인화 및 과업은 상황의 적절성과 관계를 맺을 때 그 의미가 살아난다.
③ 상황론적 이론은 사회적인 환경과 상호작용 문제를 충분히 다루고 있다.
④ 인화 및 과업에서 모두 높은 점수를 받은 지도자가 가장 바람직한 지도자이다.

6 다음과 같은 기본 가정을 바탕으로 제시하고 있는 지도성 이론은?

> ○ 집단의 성과는 동기구조와 지도자의 상황에 대한 통제와 영향력에 의해 결정된다.
> ○ 상황은 과업구조, 직위권력, 지도자와 구성원의 관계에 의하여 결정된다.
> ○ 조직의 효과성은 지도성 유형과 상황의 호의성 정도가 상호작용하여 결정된다.

① 피들러(F. Fiedler)의 상황 적합론
② 레딘(W. Reddin)의 3차원의 지도성 이론
③ 허쉬와 블랜챠드(P. Hersey & K. Blanchard)의 지도성 이론
④ 블래크와 머튼(R. Blake & J. Mouton)의 관리망 이론

7 다음과 같은 교장의 지도방식은 레딘(W. Reddin)의 3차원의 지도성 모형에 비추어 어떤 지도자 유형인가?

> 교장은 교사들의 업무를 공명정대하게 처리하고, 규칙, 규정 절차에 관심이 지대하고 이것을 통해 학교운영을 적절하게 통제하고 현상을 유지한다.

① 경영자형   ② 개발자형
③ 자선적 독제형   ④ 관료형

8 레딘(W. Reddin)의 상황적 지도자 유형이 바르게 제시되지 못한 것은?

유형구분	효과적	비효과적
① 통합형	경형자형	타협자형
② 분리형	관료형	방임형
③ 헌신형	자선독재형	독재형
④ 관계형	선교사형	개발형

9 다음은 허시(P. Hersey)와 블랜차드(K. H. Blanchard)의 '상황적 지도성 이론'에 관한 모형이다. 이모형을 학교의 교원 조직에 적용하여 가장 잘 해석한 것은?

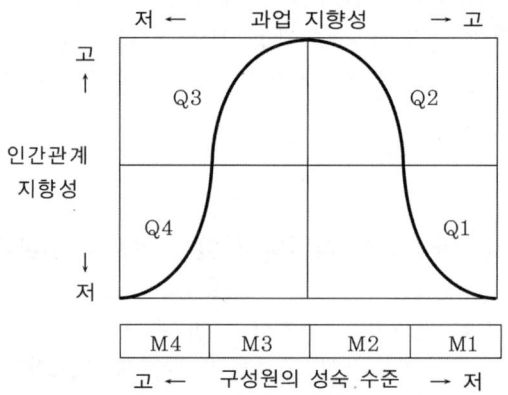

① 교사들의 성숙 수준이 M1이나 M4에 있을 때 교장의 지도력 효과는 가장 낮다.
② 교사들이 의욕과 능력 가운데 어느 하나가 저조하면 교장은 Q1 또는 Q4의 지도력을 보이는 것이 좋다.
③ 교사들의 성숙 수준이 향상될수록 교장은 과업 지향성을 점점 낮추어가는 지도력을 발휘하는 것이 좋다.
④ 교사들의 성숙 수준이 최고조에 달할 때에서 교장은 과업과 인간관계 모두를 강조하는 지도성을 발휘해야 한다.

10 다음은 허시(P. Hersey)와 블랜차드(K. H. Blanchard)의 상황적 지도성 이론을 그림으로 나타낸 것이다. 그림의 (ㄱ), (ㄴ), (ㄷ), (ㄹ)에 해당하는 지도자의 유형으로 올바르게 제시한 것은?

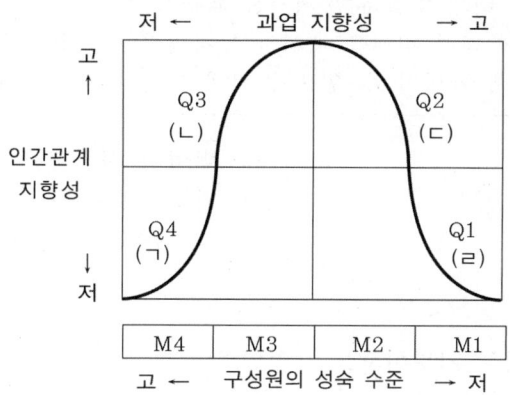

	(ㄱ)	(ㄴ)	(ㄷ)	(ㄹ)
①	지시적	참여적	설득적	위임적
②	지시적	설득적	참여적	위임적
③	위임적	설득적	참여적	지시적
④	위임적	참여적	설득적	지시적

11 '변화 지향적 지도성'에 대한 설명으로 옳은 것은?

① 지도자와 추종자의 양자는 비용-효과의 교환관계에 있다.
② 지도자는 교사들에게 모든 의사결정에 참여하도록 한다.
③ 지도자는 카리스마를 지니고 있으며 초자연적 목적이 내재해 있다.
④ 지도자의 능력으로 추종자의 태도를 변화시키고, 도덕성을 고양시킨다.

12 다음과 같은 특징을 지니고 있는 지도성 이론은?

○ 새로운 비전을 창출하고 헌신하게 한다.
○ 장기적인 목표에 집중한다.
○ 구성원들이 높은 수준의 목표를 위해 자신들의 관심사항을 넘어설 수 있도록 한다.
○ 현재의 조직 내부 직무보다는 지도자들의 비전을 수용하기 위하여 조직을 변화시킨다.

① 초우량적 지도성　　　　　　　② 변화지향적 지도성
③ 카리스마적 지도성　　　　　　④ 상황적합적 지도성

13 다음과 같은 교장상과 일치하는 지도성 이론은?

> ○ 교사들에게 도덕적·윤리적으로 모범을 보여야 한다.
> ○ 교사 개개인의 요구에 대해 민감하고 세심한 관심을 기울여야 한다.
> ○ 교사들에게 학교경영에 대한 비전을 제시하고 사명감을 고취시켜야 한다.
> ○ 교사들이 전문성을 계속 개발할 수 있도록 지적 자극과 지원을 제공하여야 한다.

① 상황적 지도성 이론
② 변혁적 지도성 이론
③ 관리망 지도성 이론
④ 지도자 특성 이론

14 다음의 내용과 관련 있는 지도이론은 무엇인가?

> ○ 조직문화의 관점을 조직의 전체 구성원들의 행동에 영향을 주는 기본요소로 전제한다.
> ○ 구성원의 욕구를 충족시키고, 구성원을 조직의 주인으로 만들고, 조직의 제도적 통합을 가능하게 한다.
> ○ 인간 정신의 실체를 수용하고, 의미와 의의 중요성을 강조하며, 도덕적 질서를 만들어간다.

① 문화적 지도성
② 초우량 지도성
③ 도덕적 지도성
④ 교환적 지도성

15 다음의 내용과 관계 깊은 서지오바니(T. Sergiovanni)의 지도성은?

> 이 지도성을 가진 지도자는 학교로 하여금 독특한 정체성을 갖게 만드는 가치와 믿음, 그리고 관점을 창조하고 강화하며 유지하는 것을 중요시한다.

① 기술적 지도성
② 인간적 지도성
③ 교육적 지도성
④ 문화적 지도성

16 초우량적 지도성의 특징을 설명한 것으로 옳은 것은?

① 지도자의 도덕성과 추종자의 자기 지도성을 중요시한다.
② 추종자들과 지도자간에는 교환적 상호작용이 이루어진다.
③ 추종자의 자기 관리를 장기적 잠재력 개발에 초점을 두고 있다.
④ 인간은 규범, 집단의 관습, 신념의 유형, 가치 등에 대해 행동하도록 한다.

17 다음과 같은 내용을 포괄하는 지도성 이론은?

> ○ 제임스 스필란(J. Spillane)이 제안한 최신 이론이다.
> ○ 지도성이 한 개인의 특성이나 소유물이 아닌 조직 구성원들과 안팎의 환경에 확산되어 있다는 관점에서 출발하고 있다.
> ○ 학교 구성원 모두가 공동의 지도성을 실행하면서 학교 조직의 효과성을 극대화하는 것을 목표로 한다.

① 변혁적 지도성 ② 상황적 지도성
③ 분산적 지도성 ④ 교환적 지도성

18 학교조직에서 갈등의 정도와 조직의 효과성에 관해 설명한 것으로 가장 옳은 것은?
① 갈등은 불건전한 것이므로 학교내의 갈등은 바람직하지 않다.
② 갈등은 학교조직의 내부를 파괴적, 비협조적으로 몰아간다.
③ 적정수준의 갈등이 존재하는 경우 학교조직의 건강이 증진된다.
④ 어떤 형태의 갈등이든 이롭지 못하며 반드시 제거되어야 한다.

19 다음은 토마스(K. Thomas)의 학교 조직에서 발생되는 갈등을 관리하는 방식을 나타낸 그림이다. 학교 조직에서 구성원간이나 부서 간에 발생하는 갈등을 해결할 때, 자신이나 자기 부서의 관심사에 대해 양보하고 타인이나 타부서의 관심사를 충족시켜 주는 방식을 나타내는 것은?

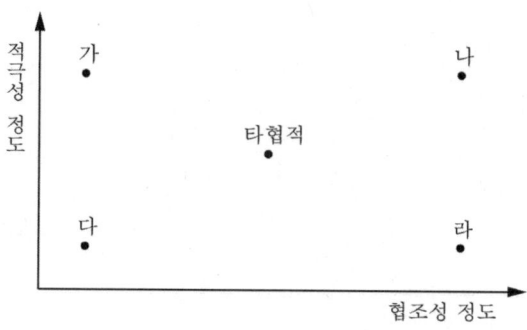

① 가 – 경쟁적 ② 나 – 협동적
③ 다 – 회피적 ④ 라 – 동조적

20 토마스(K. Thomas)의 상황적 갈등관리 모형에서 '비교적 신속한 결정이 요구되는 긴급한 상황'에 유용한 갈등관리 전략은?

① 협력형
② 수용형
③ 회피형
④ 경쟁형

제5회 교육행정 진도별 모의고사

1 토마스(K. Thomas)는 갈등관리방식은 상황에 따라 효과적으로 적용할 수 있다고 주장하였다. 다음과 같은 상황에 적합한 갈등관리 방식은?

> ○ 주장하면서 협력하는 문제해결 접근방식이다.
> ○ 갈등 당사자들 각자가 모두 목적을 달성할 수 있도록 하는 행동이다.
> ○ 서로의 차이점을 확인하고 정보를 서로 공유한다.

① 회피 ② 타협
③ 협력 ④ 경쟁

2 토마스(K. Thomas)는 갈등관리방식은 상황에 따라 효과적으로 적용할 수 있다고 주장하였다. 다음과 같은 상황에 적합한 갈등관리 방식은?

> ○ 쟁점이 사소한 것일 때
> ○ 해결책의 비용이 효과보다 훨씬 클 때
> ○ 사태를 진정시키고자 할 때
> ○ 해당 문제가 다른 문제의 해결로부터 자연스럽게 해결될 수 있는 하위갈등일 때

① 회피 ② 타협
③ 협력 ④ 경쟁

3 다음 중에서 '인력수요 접근법(manpower approach)'에 의한 교육계획의 수립 절차를 순서대로 바르게 나열한 것은?

> ㄱ. 교육자격별 노동력의 부족분 계산
> ㄴ. 인력수요 자료의 교육수요 자료로의 전환
> ㄷ. 학교수준 및 학교종류(학과)별 적정 양성규모 추정
> ㄹ. 기준 연도와 추정 연도의 산업부문별, 직종별 인력 변화 추정

① ㄱ→ㄷ→ㄴ→ㄹ ② ㄱ→ㄹ→ㄷ→ㄴ
③ ㄹ→ㄴ→ㄱ→ㄷ ④ ㄹ→ㄷ→ㄴ→ㄱ

4   교육을 받고자 하는 모든 사람에게 교육기회를 부여해야 한다는 원칙에 가장 부합하여 이루어지는 교육기획 접근은?

① 사회수요에 의한 접근
② 인력수요에 의한 접근
③ 수익률에 의한 접근
④ 국제비교에 의한 접근

5   다음은 캠벨(R. Cambel)의 정책형성과정 모형을 제시한 것이다. 정부의 교원평가에 관한 정책과 관련하여 (ㄴ)에 들어갈 활동의 사례로 적절한 것은?

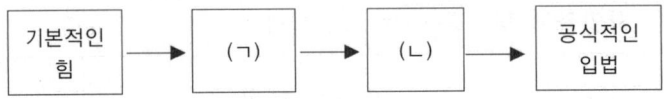

① 교육부 수준에서 최종적인 안을 마련하여 입법화 과정을 거치게 된다.
② 교사의 전문성 향상을 위한 교원평가에 대한 사회적인 요구가 강해지고 있다.
③ 교원단체들과 언론기관들에 의해 교원평가에 대한 활발한 토의나 논쟁을 의미한다.
④ 정부는 교원평가에 관한 연구를 교육연구기관에 의뢰하여 보고서를 작성하도록 하였다.

6   다음과 같은 내용에 대해 비판을 받는 정책 결정모형은 무엇인가?

○ 문제를 해결하기 위한 모든 가능한 대안을 인식한다.
○ 각 대안의 결과를 모두 알 수 있다.
○ 정책결정자의 가치관과 다르게 대안의 결과를 객관적으로 평가할 수 있다.
○ 목표달성도를 극대화할 수 있는 대안을 선택할 수 있다.

① 쓰레기통 모형
② 최적 모형
③ 점증모형
④ 합리적 모형

7   다음과 같은 특징을 포괄하고 있는 의사결정 모형은?

○ 행동과학적 접근방법으로, 정책결정자의 사회·심리적 측면을 중요시하는 기술적이고 실증적인 모형이다.
○ 정책결정에 가해지는 여러 가지 제약 속에서 정책결정자가 기도하는 의도적 합리성 또는 제한된 합리성이 존재한다.

① 만족화 모형
② 최적 모형
③ 점증모형
④ 합리적 모형

8 다음과 같은 특징을 지닌 정책결정 모형은 어느 것인가?

○ 목적의 설정과 대안 개발은 분리되지 않는다.
○ 소수의 대안만 고려된다.
○ 대안의 결과 분석은 현재 상태와 대안의 결과만의 차이에 초점을 둔다.
○ 대안들 간의 연속적인 비교방법은 복잡한 문제를 다룰 때 실제적으로 유용하다.

① 합리적 모형
② 점증모형
③ 만족화 모형
④ 혼합모형

9 점증적 의사결정모형에 대해 옳게 설명한 것은?

① 가능한 모든 대안과 그 결과를 고려하여 결정한다.
② 현존 정책보다 약간 향상된 정책에만 관심을 가진다.
③ 우연히 만나 우연히 결합될 때 의사결정이 이루어진다.
④ 행동과학의 바탕 위에서 의사결정자의 주관적 입장을 최대한 강조한다.

10 다음의 내용을 특징으로 하는 의사결정모형은?

○ 양적인 모형이 아닌 질적인 모형이다.
○ 합리적인 요인과 초합리적인 요인을 함께 고려한다.
○ 대안의 탐색과 선택에 있어서 경제적 합리성을 중요시한다.
○ 환류과정(feed back)을 강조한다.

① 합리적 모형
② 만족화모형
③ 점증모형
④ 최적모형

11 교육정책 형성의 기본모형에 대한 설명으로 옳지 않은 것은?

① 최적모형 – 정책결정이 합리성으로만 이루어지는 것이 아니라, 때때로 초합리적인 것과 같은 잠재적 의식이 개입되어 이루어진다.
② 만족모형 – 부분적인 정보와 불확실한 결과를 지닌 복합한 문제를 해결할 때 사용되며, 최선의 해결책보다는 만족스러운 대안을 찾는다.
③ 점증모형 – 문제가 복잡하고 불확실 하며 갈등이 높은 때 사용되며, 기존상황과 유사한 대안에 대해 지속적으로 비교함으로써 의사결정을 내린다.
④ 혼합모형 – 단순하고 확실한 결과를 가진 문제를 해결하기 위해 최적모형과 만족모형을 결합한 접근방법이다.

12 로위(Lowi)가 제시한 정책의 유형과 그에 해당하는 교육정책의 사례를 바르게 연결하지 못한 것은?

	유형	사례
①	구성 정책	두뇌한국 21사업(BK21)
②	규제 정책	선행교육 규제에 관한 특별법
③	배분 정책	지방자치단체 교육보조금
④	재분배 정책	우리나라 드림 스타트 사업

13 다음과 같은 특징을 지니고 있는 의사결정의 관점은?

> ○ 대규모 조직보다는 관련자의 능력과 자율이 보장되는 전문직 조직에 더 적합하다.
> ○ 소규모 조직이나 대규모 조직 산하 전문가 집단의 결정 행위를 분석하는 데 적합하다.
> ○ 공동의 가치에 대한 인식, 전문가의 식견에 대한 신뢰 등이 전제되고 있다.

① 합리적 관점
② 참여적 관점
③ 정치적 관점
④ 우연적 관점

14 던(Dunn)의 정책 평가기준과 그에 대한 설명으로 옳은 것은

① 능률성(efficiency)은 정책의 목표를 얼마나 달성했느냐를 평가하는 것이다.
② 효과성(effectiveness)은 정책목표를 달성하기 위하여 투입한 노력의 정도를 평가하는 것이다.
③ 충족성(adequacy)은 정책목표의 달성이 문제해결에 어느 정도 공헌하고 있는가를 평가하는 것이다.
④ 적합성(appropriateness)은 정책의 결과가 특정 집단의 요구, 선호, 가치 등에 어느 정도 부합하느냐를 평가하는 것이다.

15 교육직원의 분류에 관해 바르게 기술한 것은?

① 교사란 국공립의 초등·중등·고등기관에서 근무하는 교원을 말한다.
② 교육공무원은 국공립 및 사립학교에서 근무하는 교사 및 직원을 말한다.
③ 교원이라 함은 교육기관 및 교육행정기관에 근무하는 모든 직원을 말한다.
④ 교육공무원은 국공립학교 및 교육행정 기관에 재직하는 교원과 전문직원을 말한다.

16 교육공무원 중에서 교원에 해당하는 직위로만 짝지어진 것은?

ㄱ. 교장	ㄴ. 장학사
ㄷ. 교감	ㄹ. 총장
ㅁ. 원장	ㅂ. 교육연구사

① ㄱ, ㄴ, ㄷ, ㅁ
② ㄱ, ㄴ, ㄷ, ㄹ
③ ㄱ, ㄷ, ㄹ, ㅁ
④ ㄱ, ㄴ, ㅁ, ㅂ

17 교원의 교과 또는 직무에 관련된 전문지식과 기술을 배양하기 위해 실시하는 현직 연수는 무엇인가?

① 직무연수
② 자기연수
③ 특별연수
④ 자격연수

18 교원인사제도에 대한 설명으로 옳은 것을 모두 고르면?

> ㄱ. 공립학교 교장의 임기는 4년이고, 한번만 중임할 수 있다.
> ㄴ. 교원이 장학사가 되는 경우 전직에 해당한다.
> ㄷ. 수석교사도 임기 중에 교장 또는 교감 자격을 취득할 수 있다.
> ㄹ. 실기교사도 자격증이 필요하다.

① ㄱ, ㄴ
② ㄱ, ㄴ, ㄷ
③ ㄱ, ㄴ, ㄹ
④ ㄱ, ㄴ, ㄷ, ㄹ

19 현행 수석교사제도에 대한 설명으로 옳은 것만을 모두 고른 것은?

> ㄱ. 수석교사는 임용 이후 3년마다 재심사를 받는다.
> ㄴ. 수석교사는 임기 중에 교장 자격을 취득할 수 없다.
> ㄷ. 수석교사는 교사의 교수 연구 활동을 지원하며, 학생을 교육한다.
> ㄹ. 수석교사가 되려면 15년 이상의 교육경력(교육전문직 근무경력포함)을 필요로 한다.

① ㄱ, ㄴ, ㄷ
② ㄱ, ㄷ, ㄹ
③ ㄱ, ㄴ, ㄹ
④ ㄴ, ㄷ, ㄹ

20 "교육공무원의 종별과 자격을 달리하는 임용"을 무엇이라고 하는가?

① 승진
② 전직
③ 전보
④ 강임

제6회 교육행정 진도별 모의고사

1 공무원 인사 관련 내용 중에서 성질이 다른 하나는?

① 교감에서 장학사 연구사 등으로 자리를 옮김
② 교장에서 장학관, 교육장으로 자리로 옮김
③ A초등학교 교사에서 B중학교 교사로 자리를 옮김
④ A중학교 교사에서 B중학교 교사로 옮김

2 다음 중에서 국가 공무원법에 지정된 징계 사유에 해당되는 것으로만 묶여진 것은 어느 것인가?

┌───┐
│ ㄱ. 국가 공무원법 및 동법에 의한 명령위반   │
│ ㄴ. 직무상의 의무위반, 직무태만   │
│ ㄷ. 시말서 3회 이상 제출   │
│ ㄹ. 직무 내·외를 불문하고 체면 또는 위신 손상행위 │
└───┘

① ㄱ, ㄴ, ㄷ   ② ㄱ, ㄴ, ㄹ
③ ㄱ, ㄷ, ㄹ   ④ ㄴ, ㄷ, ㄹ

3 교육공무원 징계에 관하여 가장 바르게 기술한 것은?

① 정직은 공무원신분은 보유하나 직무에 종사할 없으며, 보수는 전액 지급된다.
② 견책은 가벼운 훈계로 6개월간 승진 및 승급이 제한되며, 보수는 전액 지급된다.
③ 파면은 공무원신분을 박탈하며 5년간 공무원에 임용될 수 없고, 퇴직금의 1/2을 감액 지급한다.
④ 해임은 공무원신분을 박탈하며 3년간 공무원에 임용될 수 없고, 퇴직금의 1/4를 감액 지급한다.

4 교육공무원의 징계에 관하여 바르게 설명한 것은?

① 견책은 경징계에 해당된다.
② 정직 처분을 받은 기간은 경력 평정에서 제외되지 않는다.
③ 정직은 1월 이상 3월 이하의 기간 보수의 3분의 1을 감한다.
④ 견책의 징계 처분을 받은 사람은 승진 임용의 제한을 받지 않는다.

5 법령상 공무원의 징계 종류에 해당하지 않는 것은?
① 정직
② 견책
③ 감봉
④ 직위해제

6 교육공무원의 휴직과 관련된 설명으로 옳은 것은?
① 병역의 복무를 위하여 징집 또는 소집되었을 때는 청원휴직 사유가 된다.
② 여교사의 출산 및 육아를 위해 휴직할 경우 경력평정에서 제외된다.
③ 학위취득을 목적으로 청원휴직을 할 경우 봉급의 5할이 지급된다.
④ 노조전임자의 전임기간 동안은 보수가 불지급되며 경력평정에서도 제외된다.

7 교육재정의 주요활동에서 지향해야 할 주요 이념과 가치 가운데 다음의 내용과 관련된 것은 어느 것인가?

> ○ 학생 개인의 능력이나 다른 정당한 차이로 인정되는 특징들을 설정하고, 이에 따라 재정배분이나 지출에 있어서 차등을 두어 지원하는 원리
> ○ 차이를 인정하는 특징에는 학생의 학습상의 장애, 신체적인 장애, 학교구의 교육환경에 따른 차이, 학교단계, 교육 프로그램, 정책목표

① 충족성
② 평등성
③ 공정성
④ 효율성

8 다음 중에서 직접교육비에 해당하는 것을 모두 고른 것은 어느 것인가?

> ㄱ. 학생의 납입금   ㄴ. 학용품비
> ㄷ. 입학금   ㄹ. 학교운영 지원비
> ㅁ. 교통비   ㅂ. 면세혜택

① ㄱ, ㄴ, ㄷ, ㄹ, ㅁ, ㅂ
② ㄱ, ㄴ, ㄷ, ㄹ, ㅁ
③ ㄱ, ㄷ, ㄹ
④ ㄴ, ㅁ, ㅂ

9 교육비용에 대한 설명으로 가장 옳은 것은?

① 사교육비는 간접교육비에 해당한다.
② 입학금과 수업료는 공교육비에 해당한다.
③ 공교육비란 정부가 부담하는 교육비를 말한다.
④ 학교시설에 대한 감가상각비는 직접교육비에 해당한다.

10 다음과 같은 목적으로 설치된 교육재정 수입은 무엇인가?

> 지방자치단체가 교육기관 및 교육행정기관을 설치, 경영하는 데 필요한 재원의 전부 또는 일부를 국가가 교부하여 교육의 균형 있는 발전을 도모한다.

① 지방교육재정 교부금　　② 일반회계로터 전입금
③ 교육세　　　　　　　　　④ 자체수입

11 다음 중에서 지방교육재정 교부금에 해당 되는 것을 고르면?

| ㄱ. 보통교부금 | ㄴ. 시도 전입금 |
| ㄷ. 특별교부금 | ㄹ. 공립학교교육비 |

① ㄱ, ㄴ　　　　　② ㄱ, ㄷ
③ ㄴ, ㄷ　　　　　④ ㄷ, ㄹ

12 지방교육재정교부금제도에 대한 설명으로 옳지 않은 것은?

① 기준재정수입액은 교육·학예에 관한 지방자치단체 교육비특별 회계의 수입예상액으로 한다.
② 기준재정수입액을 산정하기 위한 각 측정단위의 단위당 금액을 단위비용이라 한다.
③ 교육부장관은 기준재정수입액이 기준재정수요액에 미치지 못하는 지방자치단체에 대해서는 그 부족한 금액을 기준으로 하여 보통교부금을 총액으로 교부한다.
④ 특별교부금은 지방교육행정 및 지방교육재정의 운용실적이 우수한 지방자치단체에 재정지원이 필요할 때 교부한다.

13 지방교육재정교부금 중 특별교부금에 대한 설명으로 옳은 것은?

① 기준재정수요액의 산정 방법으로 포착이 가능한 지역교육 현안수요가 있을 때 교부한다.
② 특별교부금을 2년 이상 사용하지 않하는 경우에는 그 반환을 명하거나 다음에 교부할 특별교부금에서 이를 감액할 수 있다.
③ 기준재정수입액이 기준 재정수요액에 미달하는 지방자치 단체에 그 미달액을 기준으로 하여 총액을 교부해야 할 필요가 있을 때 교부한다.
④ 특별교부금 사용에 관하여 조건을 붙이거나 용도를 제한할 수 있으며, 용도를 변경하여 사용하고자 할 때에는 교육감의 승인을 얻어야 한다.

14 지방교육재정 가운데 시·도 전입금에 대한 설명으로 옳은 것은?

① 지방세법 규정에 의한 지방교육세의 45%를 교육비로 전입하고 있다.
② 서울시와 경기도 및 광역시는 시세총액의 10%를 교육비로 전입하고 있다.
③ 특별시와 광역시는 담배소비세의 10%에 해당하는 금액을 전입하고 있다.
④ 시·군 및 자치구는 관할 구역 내의 초·중·고등학교의 소요경비 일부를 보조할 수 있다.

15 다음과 같은 특징을 지닌 예산관리 기법은 어느 것인가?

> ○ 전통적인 통제지향적인 제도이다.
> ○ 조직이 달성하고자 하는 성과가 아닌 조직의 활동을 위한 투입요소를 기준으로 편성되는 제도이다.
> ○ 예산의 낭비와 부정을 방지하는 데 유용하고 다른예산 제도와 결합하여 편성하기 쉽다.
> ○ 사업의 효과와 효율보다도 지출의 액수에 초점을 맞추기 때문에 예산의 성과에 대한 분석은 소홀히 된다.

① 성과주의 예산제도   ② 품목별 예산제도
③ 계획예산 제도   ④ 영기준 예산제도

16 성과주(PBS)의 예산제도에 대한 설명으로 옳은 것은?

① 교육사업이나 기능을 수행하기 위해 비용이 얼마나 소요되는가를 명백히 해주는 예산제도이다.
② 교육사업에 필요한 물품 구입에 치중하는 예산제도로서 구입하는 물품을 잘 표시해 주고 있다.
③ 장기적인 계획수립과 단기적인 예산편성을 세부계획작성을 통해 유기적으로 결합시킨 제도이다.
④ 매 회계연도마다 모든 사업을 새로 시작하듯이 영(Zero)에서부터 시작하여 예산을 편성하는 기법이다.

17 다음과 같은 장단점을 포괄하고 있는 학교예산관리 기법은 무엇인가?

> ○ 학교를 통합적으로 운영할 수 있게 해준다.
> ○ 학교의 목표와 프로그램과 예산을 체계적으로 연결할 수 있다.
> ○ 연도별 교육프로그램과 그를 위한 소요자원을 확인할 수 있다.
> ○ 우선순위에 따라서 자원을 합리적으로 조정할 수 있기 때문에 예산을 절감할 수 있다.
> ○ 교육의 효과는 장기적으로 나타나기 때문에 단기적인 효과를 파악하기 쉽지 않다.
> ○ 중앙집권적인 통제가 가능하기 때문에 교수집단의 활동이 위축될 위험성도 있다.

① 영기준 예산기법 ② 성과주의 예산기법
③ 계획 예산기법 ④ 품목별 예산기법

18 다음의 내용과 관련이 깊은 예산제도는?

> ○ 예산이 편성과 집행 과정에 중점을 둔다.
> ○ 최고 관리층의 합리적 의사결정에 역점을 둔다.
> ○ 예산 편성과 목표하는 바를 결합시켜 제한된 자원을 가장 적절히 배분하는 예산기법이다.

① 기획예산제도(PPBS) ② 영 기준 예산제도(ZBBS)
③ 성과주의 예산제도(PBS) ④ 과업평가검토기법(PERT)

19 학교예산제도 가운데 다음과 같은 특징을 지니고 있는 것은?

> ○ 학교예산의 책무성을 강조한다.
> ○ 특별한 교육적 배려가 필요한 학습자들의 요구가 반영된다.
> ○ 예산편성과정에 교직원과 학부모들의 참여가 증대된다.

① 성과주의 예산제도 ② 단위학교 예산제도
③ 품목별 예산제도 ④ 기획예산제도

20 학교경영에 있어서 한정된 예산을 다음과 같은 효과를 기대하고 적용하는 예산관리 기법은?

> ○ 학교경영계획과 예산을 일치시켜서 합리적인 경영이 가능하다.
> ○ 전 교직원의 참여가 이루어져서 긍정적인 분위기와 함께, 교원과 사무직원간의 협조가 이루어질 수 있다.
> ○ 전년도 예산안에 구애됨 없이 교직원의 창의적이고 자발적인 사업구상과 실행을 유도할 수 있다.
> ○ 우선순위에 따라서 예산이 편성됨으로서 예산의 낭비를 막을 수 있다.

① 기획예산제도 ② 영기준예산제도
③ 성과주의 예산제도 ④ 교육비 지급보증제도

제7회 교육행정 진도별 모의고사

1   학교교육과 관련된 바우처(voucher) 제도에 관한 설명으로 옳은 것을 다음에서 모두 고른 것은?

> ㄱ. 학교와 학생이 교육성취에 관하여 상호 계약을 맺는다.
> ㄴ. 경제학자인 프리드만(M. Friedman)에 의해 주장되기 시작하였다.
> ㄷ. 일반 학교에서는 운영하기 어려운 특성화된 교육 프로그램을 제공한다.
> ㄹ. 학부모들이 특정 학교를 선택하여 학교에 등록금 대신 쿠폰을 제출하고, 학교는 이 쿠폰을 정부의 지원금과 교환한다.

① ㄱ, ㄴ ② ㄱ, ㄷ
③ ㄴ, ㄹ ④ ㄱ, ㄷ, ㄹ

2   국·공립학교 학교회계의 세입에 포함되는 수입을 다음에서 모두 고른 것은?

> ㄱ. 국가의 일반회계 또는 지방자치단체의 교육비 특별회계로부터의 전입금
> ㄴ. 학교발전기금으로부터의 전입금
> ㄷ. 국가 또는 지방자치단체의 보조금 및 지원금
> ㄹ. 사용료 및 수수료

① ㄱ, ㄴ ② ㄴ, ㄹ
③ ㄴ, ㄷ, ㄹ ④ ㄱ, ㄴ, ㄷ, ㄹ

3   다음 중에서 학교회계에 대해 바르게 설명한 것으로 짝지어진 것은?

> ㄱ. 회계연도는 매년 1월 1일부터 12월 31일까지이다.
> ㄴ. 국·공·사립의 초·중등학교 및 특수학교에 설치한다.
> ㄷ. 학교장과 학교운영위원회의 기능을 강화하기 위한 것이다.
> ㄹ. 학교운영 및 학교시설의 설치 등을 위해 필요한 일체의 경비를 세출로 한다.

① ㄱ, ㄴ ② ㄱ, ㄷ
③ ㄴ, ㄷ ④ ㄷ, ㄹ

4 학교 회계연도 및 예산 과정에 대한 설명으로 옳은 것은?

① 학교회계의 회계연도는 매년 1월 1일 에 시작하여 12월 말에 종료한다.
② 학교운영위원회는 학교회계세입세출예산안을 회계연도 개시 5일전까지 심의해야한다.
③ 학교의 장은 회계연도마다 학교회계세입세출 예산안을 편성하여 회계연도 20일 전까지 학교 운영위원회에 제출하여야 한다.
④ 학교의 장은 회계연마다 결산서를 작성하여 회계연도 종료 후 1개월 이내에 학교운영 위원회에 제출하여야한다.

5 다음의 특징을 포괄하고 있는 장학의 유형은?

> ○ 교육의 생산성과 효율성을 위한 교육원리와 수단의 개발을 강조하는 관점의 장학
> ○ 이 장학은 새로운 형태의 시학을 강조하는 결과를 가져왔으며 새로운 갈등이 유발시킴

① 행정적 시학
② 과학적 관리 장학
③ 인간관계 장학
④ 체계적 프로그램에 의한 장학

6 다음과 같은 특징을 지니고 있는 장학의 형태는?

> 교사들을 의사결정에 참여시킴으로써 교사들의 직무만족을 증가시키고 이로써 조직의 목표 달성을 위한 효과성을 증가시킬 수 있다.

① 행정적 시학
② 과학적 관리 장학
③ 인간관계 장학
④ 체계적 프로그램에 의한 장학

7 다음의 특징을 포괄하고 있는 장학유형은?

> ○ 코간(M. Cogan)에 의해 개발되었다.
> ○ '계획협의회 → 수업관찰 → 피드백 협의회'가 주된 과정이다.
> ○ 교사와 장학 담당자간의 동료와 같은 관계 형성을 중요시한다.

① 동료장학
② 임상장학
③ 자율장학
④ 자기장학

8 다음의 특징을 포괄하고 있는 장학의 유형은?

> ○ 구체적이고 가시적인 장학형태라기보다는 어떤 장학의 관점, 철학을 의미하는 것으로 보아야 할 것이다.
> ○ 교사의 효능감, 참여, 열성 등 내적 만족을 강조하고 존경의 욕구, 자율의 욕구, 자아실현의 욕구를 충족시켜 주는 장학이다.
> ○ 교사들을 의사결정에 참여시킴으로써 과업을 성취하게 하고 직무만족도를 높이는 것이다.

① 발전 장학 ② 인간관계 장학
③ 인간자원 장학 ④ 임상적 장학

9 A 중학교 교사들은 다음과 같은 형식의 교내자율장학을 하려고 한다. 이 중학교 교사들이 하고자 하는 장학의 유형은?

> ○ 비슷한 문제와 관심을 갖고 있는 3~4명의 교사 끼리 팀을 구성하여 협동적인 문제를 해결한다.
> ○ 장학인력의 부족 문제와 장학 담당자의 방문 평가에 대한 교사의 거부감 문제를 해결할 수 있다.

① 임상장학 ② 발전장학
③ 동료장학 ④ 선택적 장학

10 유능한 교사를 중심으로 자기 혼자서 교수 기술의 향상을 위해서 노력하는 장학의 유형은?

① 동료 장학 ② 자기 장학
③ 전통적 장학 ④ 발전 장학

11 다음의 내용을 모두 포함하고 있는 장학의 이론은?

> ○ 장학사나 교장, 교감이 감깐 교실에 들어 수업을 관찰하고 평하는 형식을 취한다.
> ○ 교사의 눈에는 도와주려는 의도로 비춰지기보다는 감독을 하는 것으로 이해되는 문제점이 있다.
> ○ 장학진의 수적 제약과 시간적 제약 때문에 시행되는 장학이다.

① 과학적 관리장학 ② 전통적 장학
③ 교내 자율장학 ④ 협동적 동료장학

12 실행 가능한 몇 개의 장학대안을 마련해 놓고 교사들로 하여금 자신에게 맞는 장학방법을 경력 주기에 따라 실시하도록 하는 장학의 유형은?

① 예술적 장학
② 과학적 장학
③ 요청장학
④ 선택적 장학

13 '선택적 장학'에 따르면, 교직 경력이 6개월이고 수업 기술의 개선에 필요한 도움을 전문가로부터 받고자 하는 교사에게 가장 적합한 장학유형은?

① 임상장학
② 동료장학
③ 자기장학
④ 전통장학

14 다음과 같은 필요성에서 실시하는 장학의 유형은?

- 초임 또는 경력이 적은 교사가 많은 학교
- 장학 진과의 협의가 필요한 교과가 있는 학교
- 교수-학습 및 평가방법 개선에 관한 교사 연수가 필요한 학교
- 학교교육 활성화를 위하여 교육문제 협의 및 정보 교환을 필요로 하는 학교

① 임상장학
② 담임장학
③ 요청장학
④ 종합장학

15 다음 중에서 '컨설팅 장학'에 대한 설명으로 옳은 것을 모두 고르면?

ㄱ. 교원의 자발적 의뢰를 바탕으로 교수-학습과 관련된 전문성을 계발하기 위해 교내외의 전문가들이 교원에게 제공하는 조언 활동을 말한다.
ㄴ. 교원의 요청에 따라 전문성을 갖춘 장학요원들이 교원들의 직무상 문제를 진단하고 해결을 위한 대안 마련 및 실행 과정을 지원한다.
ㄷ. 학교가 자율장학을 통하여 취약점이 들어난 영역이나 어떤 교과에 전문적 도움이 필요하다고 판단될 때, 교육청에 요청하여 전문적인 장학 요원의 협조를 받는 장학이다.
ㄹ. 실행 가능한 몇 개의 장학대안을 마련해 놓고 교사들로 하여금 자신에게 맞는 장학방법을 경력 주기에 따라 선택하게 하는 장학방법이다.

① ㄱ, ㄴ
② ㄱ, ㄹ
③ ㄴ, ㄷ, ㄹ
④ ㄱ, ㄴ, ㄷ, ㄹ

16 컨설팅장학의 특징을 설명한 것으로 옳지 않은 것은?

① 공식적 컨설팅 관계는 컨설턴트와 의뢰인의 상호 합의와 계약이 있어야 성립된다.
② 컨설턴트는 변화에 관한 결정을 내리거나 집행하는 권한을 가지고 있지 않다.
③ 의뢰한 문제가 해결되었다고 컨설팅 관계가 종료되어서는 안 된다.
④ 학교 조직의 내부인 보다는 외부인이 컨설턴트로 활동하는 데 유리한 면이 있다.

17 다음과 같은 특징을 갖고 있는 장학의 유형은?

- 지역 교육청이 학교 담당 장학사가 중심이 되어 실시한다.
- 교육활동 전반에 대한 전문적, 지속적 협의·지원으로 학교의 자율장학 기능을 강화하고 교육시책의 효율적인 구현을 위해 실시한다.
- 교육과정의 운영, 생활지도, 도의교육, 과학·실업교육, 보건·체육교육 등 학교교육 전반에 걸쳐 전문적이고 지속적인 지원을 제공한다.

① 동료장학   ② 요청장학
③ 담임장학   ④ 임상장학

18 다음의 내용이 설명하는 제도는?

- 17개 시·도의 광역단위로 실시되고 있다.
- 궁극적인 목적은 지방교육의 발전에 있다.
- 교육의 자주성 및 전문성과 지방교육의 특수성을 살리기 위한 제도이다.

① 지방교육자치제도   ② 학교운영위원회제도
③ 학교단위 예산제도   ④ 학교단위 책임경영제도

19 다음과 같은 요인의 필요성과 관련된 지방자치제도의 원리는?

- 교육행정 업무가 독자성과 특수성을 지니고 있다.
- 교육행정 업무의 고도의 지성을 토대로 하는 지적·기술적 수월성을 필요로 한다.

① 지방분권의 원리   ② 주민통제의 원리
③ 자주성의 원리   ④ 전문적 관리의 원리

20 현행 '지방교육자치에 관한 법률'에 규정된 내용으로 옳은 것은?

① 교육 상임위원회는 지방의회로부터 독립되어 있다.
② 교육감 후보자는 정당의 추천을 받아야만 한다.
③ 교육감의 임기는 4년이며, 계속 재임은 3기에 한한다.
④ 교육상임 위원회는 별도 선거로 선출한 의원들로 구성한다.

제8회 교육행정 진도별 모의고사

1 다음 중에서 현행 지방 교육 자치제도에 관해 바르게 기술한 것을 모두 고른 것은?

> ㄱ. 교육지원청에 교육장을 두되 장학관으로 보한다.
> ㄴ. 교육감은 시·도 교육·학예관한 사무의 집행기관이다.
> ㄷ. 교육감의 임기는 4년으로 하며, 교육감의 계속 재임은 2기에 한한다.
> ㄹ. 부교육감은 당해 시·도 교육감이 추천한 자를 교육부장관의 제청으로 국무총리를 거쳐 대통령이 임명한다.

① ㄱ, ㄴ
② ㄱ, ㄹ
③ ㄱ, ㄴ, ㄹ
④ ㄱ, ㄴ, ㄷ, ㄹ

2 교육감에 관한 기술로 바르지 않은 것은?

① 교육감 후보는 과거 1년 동안 정당의 당원이 아니어야 한다.
② 교육감은 시·도의 교육, 학예에 과한 사무의 집행기관이다.
③ 교육감은 주민의 보통·평등·직접·비밀선거에 따라 선출한다.
④ 교육감의 임기는 4년으로 하며, 교육감의 계속 재임은 2기에 한한다.

3 각 시·도의 교육·학예에 관한 사무를 집행하는 장(長)인 교육감에 관한 설명으로 옳은 것은?

① 학교운영위원들이 선출한다.
② 10년 이상이 교육 경력과 교육행정 경력이 있어야 한다.
③ 교육규칙을 제정할 수 있다.
④ 임기는 4년이며 계속 재임은 2기에 한한다.

4 학교운영위원회의에 관해 가장 바르게 기술한 것은?

① 학교운영위원회는 법정위원회이다.
② 학교운영위원회는 의결 기구이다.
③ 학교운영위원회의 장은 학교장이 맡는다.
④ 학교운영위원회는 학교장의 하위기구이다.

5 현행 학교운영위원회 규정의 내용으로 옳은 것은?
① 학교장과 교감은 학교운영위원회의 당연직 교원위원이 된다.
② 지역위원은 학교장의 추천을 받아 학부모위원 및 교원위원이 무기명투표로 선출한다.
③ 국공립 초중등학교의 학교운영위원회 위원 중에서 학부모 위원을 100분의 50이상으로 한다.
④ 학교운영위원회의 정수는 5인 이상 15인 이내의 범위 안에서 학교의 규모 등을 고려하여 당해 학교의 학교운영위원회규정으로 정한다.

6 다음 중에서 학교운영위원회의 심의 및 자문 사항을 모두 고르면?

> ㄱ. 지역 교육예산안 심의 및 자문
> ㄴ. 학교운영지원비의 조성·운용 및 사용
> ㄷ. 교과용 도서 및 교육자료의 선정에 관한 사항
> ㄹ. 학교급식에 관한 사항

① ㄱ, ㄴ   ② ㄱ, ㄹ
③ ㄴ, ㄷ, ㄹ   ④ ㄱ, ㄴ, ㄷ, ㄹ

7 다음 중에서 학교발전 기금의 사용용도로 옳은 것을 모두 고르면?

> ㄱ. 학생복지 및 학생자치활동의 지원   ㄴ. 학교교육시설의 보수 및 확충
> ㄷ. 교육용 기자재 및 도서의 구입   ㄹ. 학교체육활동 기타 학예활동의 지원

① ㄱ, ㄴ   ② ㄱ, ㄷ
③ ㄱ, ㄴ, ㄷ   ④ ㄱ, ㄴ, ㄷ, ㄹ

8 현행 법률이 교직단체와 교육부장관(또는 교육감)과의 교섭·협의 사항으로 규정하고 있는 것들로 바르게 연결된 것을 고르면?

> ㄱ. 교원의 처우 개선에 관한 사항   ㄴ. 교육과정에 관한 사항
> ㄷ. 교육기관의 운영에 관한 사항   ㄹ. 교원의 전문성 신장에 관한 사항

① ㄱ, ㄴ   ② ㄴ, ㄷ
③ ㄷ, ㄹ   ④ ㄱ, ㄹ

9 「교육기본법」에 제시된 교육당사자에 대한 설명으로 옳은 것은?

① 학습자의 인권은 학교교육 기간에 존중되고 보호된다.
② 교원은 교직 외 다른 어떤 공직에도 취임할 수 없다.
③ 부모는 자녀의 바른 성장을 위한 책임과 권리를 지닌다.
④ 국가 및 지방 자치단체는 학교 및 사회교육시설을 운영한다.

10 우리나라 「교육기본법」의 총칙에 제시된 사항을 옳은 것은?

① 교육의 기회균등은 생물학적 능력을 전제로 하고 있다.
② 공립학교라 할지라도 자유롭게 종교교육을 할 수 있다.
③ 학습권의 범위를 초·중등 교육기간 동안으로 한정하고 있다.
④ 교육의 자주성과 전문성과 학교운영의 자율성을 보장하고 있다.

11 「교육기본법」에서 규정하고 있는 교육 당사자에 관한 내용 중 적절하지 않은 것은 어느 것인가?

① 교원은 교직에 전념하기 위하여 다른 공직에 취임할 수 없다.
② 학생을 포함한 학습자의 기본적 인권은 학교교육 또는 평생교육의 과정에서 존중되고 보호된다.
③ 학교교육에서 교원의 전문성은 존중되며 교원의 경제적·사회적 지위는 우대되고 그 신분은 보장된다.
④ 부모 등 보호자는 그 보호하는 자녀 또는 아동이 바른 인성을 가지고 건강하게 성장하도록 교육할 권리와 책임을 가진다.

12 「초·중등 교육법」에 규정하고 있는 학교에 관한 규정으로 옳지 않은 것은?

① 공·사립학교는 시도 교육감의 지도·감독을 받는다.
② 사립학교의 설립인가는 교육부장관의 인가를 받아야 한다.
③ 교육감은 관할 구역 학교의 교육과정 운영에 관한 장학지도를 할 수 있다.
④ 교육부장관은 학교에 재학중인 학생의 학업성취도를 측정하기 위한 평가를 실시할 수 있다.

13 초·중등 교육법 및 이의 시행령에서 제시하고 있는 학생 징계에 대한 내용으로 옳지 않은 것은?

① 학교장은 교육 상 필요한 때에는 법령 및 학칙이 정하는 바에 의하여 학생을 징계하거나 기타의 방법으로 지도할 수 있다.
② 학교장은 의무교육과정에 있는 학생에 대해 교육상 필요하다고 인정될 때 퇴학을 명할 수 있다.
③ 학교장은 학생을 징계하고자 하는 경우에 해당하는 학생 또는 학부모에게 의견진술의 기회를 부여하는 등 적정한 절차를 거쳐야 한다.
④ 학교장은 학생을 징계할 때는 학생의 인격이 존중되는 교육적인 방법으로 하여야 하며, 그 사유의 경중에 따라 징계의 종류를 단계적으로 적용하여 학생에게 개전의 기회를 주어야 한다.

14 현행 「초·중등교육법」에 규정된 고등학교 무상교육에서 무상으로 제공하는 비용을 모두 고른 것은?

| ㄱ. 입학금 | ㄴ. 수업료 |
| ㄷ. 학교운영지원비 | ㄹ. 교과용 도서 구입비 |

① ㄱ, ㄴ
② ㄱ, ㄷ
③ ㄱ, ㄴ, ㄷ
④ ㄱ, ㄴ, ㄷ, ㄹ

15 「초·중등교육법」상 교직원의 임무에 대한 설명으로 옳지 않은 것은?

① 교사는 법령에서 정하는 바에 따라 학생을 교육한다.
② 교감은 교장을 보좌하여 교무를 관리하고 학생을 교육한다.
③ 교장은 교무를 총괄하고, 소속 교직원을 지도·감독하며, 학생을 교육한다.
④ 행정직원 등 직원은 교장의 명에 따라 학교의 행정사무와 그 밖의 사무를 담당한다.

16 「학교안전사고 예방 및 보상에 관한 법률」상 학교안전사고 및 예방교육에 대한 설명으로 옳지 않은 것은?

① 교원은 학교안전교육의 대상이다.
② 등·하교 시 발생하는 사고는 학교안전사고에 포함된다.
③ 학교안전교육은 전문가에 위탁하여 실시할 수 있다.
④ 성매매 예방교육은 학교안전교육에 포함되지 않는다.

17 학교폭력 예방 및 대책에 관한 법률의 내용으로 옳지 않은 것은?

① 학교폭력 현장을 보거나 그 사실을 알게 된 자는 학교 등 관계 기관에 이를 즉시 신고하여야 한다.
② 국가는 학교폭력 예방 및 근절을 위하여 학교폭력 업무 등을 전담하는 경찰관을 둘 수 있다.
③ 학교폭력대책심의위원회는 가해학생이 특별교육을 이수할 경우 해당 학생의 보호자도 함께 교육을 받게 하여야 한다.
④ 학교폭력대책심의위원회는 가해학생에 대한 퇴학처분을 학교 운영위원장에게 요청하여야 한다.

18 「학교폭력예방 및 대책에 관한 법률」의 내용으로 옳지 않은 것은?

① 교육부장관은 학교폭력의 예방 및 대책에 관한 기본계획을 5년마다 수립하고 시행해야 한다.
② 학교폭력대책심의위원회는 의무교육과정에 있는 가해학생일지라도 그 가해 정도가 심각한 경우에는 그 학생에 대해 퇴학처분의 조치를 취할 수 있다.
③ 교육감은 시·도교육청에 학교폭력의 예방과 대책을 담당하는 전담부서를 설치하고 운영하여야 한다.
④ 학교폭력의 예방 및 대책에 관한 기본계획의 수립 및 시행에 대한 평가 등을 심의하기 위하여 국무총리 소속으로 학교폭력대책위원회를 둔다.

19 「학교폭력예방 및 대책에 관한 법률」상 학교폭력의 예방 및 대책에 대한 설명으로 옳은 것은?

① 학교 밖에서 발생한 학생 간의 상해, 폭행, 협박, 따돌림 등도 이 법의 적용대상이 아니다.
② 경미한 학교폭력사건의 경우 피해학생 및 그 보호자가 학교폭력대책심의위원회의 개최를 원하지 않으면 학교의 장은 자체적으로 해결할 수 있다.
③ 학교의 장은 학교폭력의 예방 및 대책 등을 위한 교직원 및 학부모에 대한 교육을 학기별로 2회 이상 실시하여야 한다.
④ 피해학생의 보호를 위한 조치에는 학내외 전문가에 의한 심리상담 및 조언, 일시보호, 치료 및 치료를 위한 요양, 전학 등이 있다.

20 현행 『교육공무원법』에 규정되어 있는 「수석교사」 임용에 대한 규정으로 옳은 것은 모두 고르면?

> ㄱ. 수석교사는 대통령이 임용한다.
> ㄴ. 최초로 임용된 때부터 4년마다 대통령령으로 정하는 업적평가 및 연수실적 등을 반영한 재심사를 받아야 한다.
> ㄷ. 수석교사는 대통령령으로 정하는 바에 따라 수업부담 경감, 수당 지급 등에 대하여 우대할 수 있다.
> ㄹ. 수석교사는 임기 중에 교장·원장 또는 교감·원감 자격을 취득할 수 있다.

① ㄱ, ㄴ
② ㄴ, ㄷ
③ ㄱ, ㄴ, ㄷ
④ ㄱ, ㄴ, ㄷ, ㄹ

진도별 모의고사
정답 및 해설

유길준 공무원 교육학
진도별 모의고사

교육의 이해와 철학
정답 및 해설

유길준 공무원 교육학
진도별 모의고사

[교육의 이해와 철학] 제1회 정답 및 해설

1 ①	2 ④	3 ②	4 ①	5 ③
6 ①	7 ④	8 ①	9 ②	10 ④
11 ③	12 ④	13 ④	14 ②	15 ④
16 ②	17 ②	18 ④	19 ②	20 ③

1 정답 ①

㉠ 문제의 제시문은 뒤르케임(E. Durkheim)의 사회화로서 교육을 강조하는 개념이다. 이는 문화 전수형의 전형으로 주입적 교육관을 지향하는 것이며, 이것은 성인중심, 사회중심, 내용중심 교육관을 지향한다.

2 정답 ④

문제의 제시문은 피터스(R. S. Peters)의 교육관으로서 넓은 의미에서 성년식 또는 입문으로서의 관점을 강조한 것이다. 피터스는 '지식의 형식'과 지적 안목변화를 강조함으로써 전통적인 주지주의 교육의 정당성을 강조하면서도 가르치는 방법에 있어서 도덕적으로 온당한 방법(아동의 자발성과 능동성을 인정)을 제안 하였다.

3 정답 ②

피터스(R. S Peters)는 교육을 지식의 형식이라는 공적 전통으로써 문화에 입문시키는 과정 또는 성년식이라고 주장하였다. 문제의 제시문은 그가 제시하는 교육의 개념기준(규범적 기준, 인지적 기준, 과정적 기준) 가운데 인지적 기준에 해당하는 내용이다.

4 정답 ①

문제에서 제시되는 내용은 허스트(P. H. Hirst)가 교육을 '사회적 실제로의 입문'에 비유한 것이다. 그의 이론적 지식위주(자유교육에 충실한 교육)의 교육론은 1970년대 이후 실천적 이성을 강조하는 포스트모더니즘 사상가들로부터 비판을 받았다. 따라서「자유교육을 넘어서, 1998」를 통해 이론적 지식이라 할지라도 그것은 단지 합리적 사고의 소산이 아니라 합리적 실제(rational practice)를 바탕으로 형성된다는, 이른바 지식의 실제 우위론적 관점을 강조하였다.

5 정답 ③

아동중심 교육관은 루소(Rousseau), 듀이(dewey) 등의 교육관으로 특징은 목표면에서 아동의 잠재가능성 실현, 내용면에서 다양한 선택의 가능성, 방법면에서 자기주도적 학습, 노력보다 흥미 등을 강조한다.

6 정답 ①

교육현상을 기능적으로 보느냐 또는 목적론(규범)적으로 보느냐 아니면 조작적으로 규정하느냐에 따라 교육의 의미가 달라진다. 문제에서 제시된 내용은 '규범적 정의 혹은 목적론적 정의'이다. 규범적인 관점은 특정한 사회나 집단이 추구하는 이념이나 가치에 중점을 두는 정의로 교육활동의 목적을 암시해주는 교육의 정의 관점이다. 즉 교육은 교육하는 것 자체가 목적이라기보다는 건전한 민주적 인간을 양성하는 활동 또는 현실적 존재를 이상적 존재로 변화시키는 활동이 교육이라고 보는 입장이다.

7 정답 ④

"인간행동의 계획적 변화"라는 정의는 교육현상적 입장에 따른 교육의 정의 가운데 조작적 정의이다. 이것은 인간행동 변화의 원리를 가치중립적인 관점에서 접근하는 정의관점이다. 〈보기〉의 답지 'ㄴ'은 규범적 정의, 답지 'ㄷ'은 기능적 정의이다.

8 정답 ①

왓슨(John B. Watson)행동주의의 창시자이다. 행동주의는 "인간행동의 계획적 변화" 관점을 강조한 '조작적(공학적)정의'의 입장을 취한다. 이것은 교육이 가치중립적 관점에서 어떤 형태로 "주문된 인간형"으로 길러주는 방법적 학문이라는 것을 강조하는 것이다.

9 정답 ②
교육 현상적 입장에 따른 교육의 정의 가운데 수단(기능)적 관점은 교육이 정치, 경제, 사회, 문화발전의 도구로서 역할에 강조점을 두는 정의 이다. 문제의 답지 'ㄴ'과 'ㄹ'은 규범적 정의에 해당한다.

10 정답 ④
문제에서 제시된 학자들이 공통으로 추구하는 교육의 관점은 문화성에 중점을 두는 입장이다.

케르센슈타이너 (G. M Kerschensteiner)	'교육은 문화의 전달과 갱신의 과정이다.'
스프랑거 (E. Spranger)	'교육은 문화를 번식해 가는 과정이다.'
딜타이 (W. Dilthey)	'인간은 자연(문화)의 학생이고, 지구는 인류의 학교이다.'
파울센 (F. Paulsen)	교육은 문화의 전달이다.

11 정답 ③
교육의 본질적 기능은 다른 사회제도(정치, 경제, 군사, 종교)의 수단으로써가 아니라 교육 그 자체가 지니는 기능을 말한다. 즉, 교육의 본래적 기능을 말하며 그것은 '<u>인간을 인간답게 육성</u>'하는 것을 말한다.

12 정답 ④
답지 ④에서 교육목적의 교육에 내재설이란 교육이 사회제도의 다른 부분의 수단으로서가 아닌 그 자체의 목적을 가진 제도의 한 부분이라는 것이다. 교육목적의 내재설과 외재설의 논쟁에서 어느 것을 내재적 목적 보느냐는 철학적 관점(교육관)에 따라 달라질 수 있다.

13 정답 ④
교육목적의 교육의 외재설은 교육이 정치, 경제, 군사, 종교 등으로부터 주어진 목적에 교육이 통제를 받는 경우를 말한다. 즉 교육은 그 자체의 목적을 지닐 수 없으며, 외부(정치, 경제 군사, 종교)로부터 주어진 목적을 달성하는 수단이라는 것이다. 답지 ①, ②, ③은 교육목적의 내재설에 해당한다.

14 정답 ③
교육의 본질적 목적이란 교육이 사회제도의 다른 부분의 수단으로서가 아닌 그 자체의 목적을 가진 제도의 한 부분이라는 것이다(내재적 목적). 교육의 수단적 목적이란 교육이 정치, 경제, 군사, 종교 등으로부터 주어진 목적에 교육이 통제를 받는 경우를 말한다(외재적 목적). 즉 현대 사회에서는 교육이 정치, 경제, 군사, 종교 등 사회제도의 다른 부분들과 기능적 상호작용을 할 수 밖에 없다는 현실적인 관점에서 설명하는 이론이다.

15 정답 ④
우리나라 헌법 31조에는 교육의 기회균등, 의무교육, 무상교육, 교육의 자주성과 전문성, 평생교육, 교육의 법률주의 등의 원칙을 규정하고 있다.

제1항 :	「모든 국민은 능력에 따라 균등하게 교육을 받을 권리를 가진다.」
제2항 :	「모든 국민은 그 보호하는 자녀에게 초등교육과 법률이 정하는 교육을 받게 할 의무를 진다.」
제3항 :	「의무교육은 무상으로 한다.」
제4항 :	「교육의 자주성, 전문성, 정치적 중립성 및 대학교육의 자율성은 법률이 정하는 바에 의하여 보장되어야 한다.」
제5항 :	「국가는 평생교육을 진흥하여야 한다.」
제6항 :	「학교교육 및 평생교육을 포함한 교육제도와 그 운영, 교육재정 및 교원의 지위에 관한 기본적인 사항은 법률로 정한다.」

16 정답 ②
우리나라 헌법 31조에는 교육의 기회균등, 의무교육, 무상교육, 교육의 자주성과 전문성, 평생교육, 교육의 법률주의 등의 원칙을 규정하고 있으며, 답지 ②의 영재교육은 「영재 교육 진흥법」에 따로 마련되어 있다.

17 정답 ④
우리나라 교육기본법 2조(교육이념)은 "홍익인간의 이념 아래 모든 국민으로 하여금 인격을 도야(陶冶)하고 자주적 생활능력과 민주시민으로서 필요한 자질을 갖추게 하여 인간다운 삶을 영위하게 하고 민주국가 발전에 봉사하며 인류공영의 이상실현에 이바지하게 함을 목적으로 한다."고 규정하고 있다.

18 정답 ④
비형식적 교육(informal education)은 정규교육과정을 제외한 계획적이고 의도적인 교육이지만 비교적 형식이 유연한 형태의 교육은 말하며, 학원, 학교부설 평생교육원, 사회단체에서 실시하는 각종 교육 등을 포함한다. 형식적 교육(formal education)은 정규학교의 교육과정을 말하며, 표준화된 교육과정, 특정연령층 대상, 장래생활의 대비, 정해진 교육기간, 졸업 후 반드시 자격증 수여를 전제로 이루어지는 교육을 말한다.

19 정답 ②
렌즐리(J.S. Renzulli)리는 영재아동의 기본자질로 평균이상의 일반지능, 창의력, 높은 수준의 과제해결의 집착력 등을 제안하였다. (가)에 들어가 내용은 높은 수준의 과제해결의 집착력(성취동기)이다.

20 정답 ③
우리나라의 영재교육진흥법 제5조 1항에는 영재아동의 선발기준으로 일반지능, 특수학문성, 창의적 사고능력, 예술적 재능, 신체적 재능, 기타 재능 등을 제시하고 있다.

[교육의 이해와 철학] 제2회 정답 및 해설

1 ②	2 ②	3 ①	4 ③	5 ④
6 ③	7 ②	8 ④	9 ③	10 ②
11 ②	12 ①	13 ①	14 ①	15 ①
16 ③	17 ③	18 ③	19 ①	20 ①

1 정답 ②
분석적 기능이란 이론이나 일상생활에서 사용하는 용어, 개념, 명제들의 혼미성과 모호성을 감소시켜 의미를 명백히 하고 논리적 모순을 가려낸다. 'ㄴ'은 민주주의란 말속에는 이미 '시민의 자유'가 내포되어 있기 때문에 '동의어의 중복'에 해당되며, 'ㄹ'은 논리적으로 모순된 진술이 된다. 답지 ㄱ과 ㄹ은 가치판단의 문제이므로 평가적 기능과 관련이 있다.

2 정답 ②
문제에서 제시되는 인식론적 관점은 절대론 가운데 합리론이다. 인식론이란 진리 또는 지식이 근거를 밝히려는 철학적 노력으로 절대론, 상대론, 회의론이 있다. 합리론이란 절대론에 속하는 것으로 절대 불변의 진리는 이성의 사유에 의해 발견된다는 입장이다.

3 정답 ①
문제에서 제시되는 지식은 라일(G. Ryle)의 지식의 유형 가운데 명제적 지식이며 명제적 지식 가운데 사실적 지식이다. 사실적 지식이란 명제적 지식에 속하는 것으로 객관적으로 존재하거나 존재한다고 가정하는 세계에 관한 자료 혹은 정보를 제공하는 문장으로 표현된 지식이다.

4 정답 ③
라일(G. Ryle)의 명제적 지식은 사실적 지식(경험적 지식, 형이상학적 지식), 평가적 지식(규범적 지식), 논리적 지식을 분류할 수 있다. 답지 ①, ②, ④는 명제적 지식 중 사실적 지식에 해당하며, 답지 ③은 수학적 지식으로 논리적 지식에 해당된다.

5 정답 ④
라일(G. Ryle)의 지식의 유형 가운데 방법적 지식은 "~할 줄 안다"로 표현되는 지식으로 주관적인 경험에 해당되며 서술적 표현이 어렵다. 방법적 지식에 대한 논리적 근거와 타당성을 질문하는 것은 의미가 없다. 또한 방법적 지식은 어떤 과제의 절차와 방법에 대한 지식을 말하는 것으로 수행과정에서 지성이 요구된다.

6 정답 ③
문제에서 제시된 사상적 특징은 실용주의(pragmatism)이다. 실용주의는 실천성을 강조하는 철학으로 형이상학에서 절대적인 것, 선험적 원리, 불변하는 자연의 법칙을 거부한다. 진화론, 경험론, 공리주의가 결합되어 생성된 행동철학이다.

7 정답 ②
실용주의 교육의 원리를 교육원리를 요약하면 다음과 같다.

교육의 사회성	교육은 생명을 사회적으로 지속시키는 것이다.
교육의 성장성	아동은 미숙한 존재이지만, 미숙하다는 것이 바로 성장의 긍정적인 조건이다.
교사의 역할	교사는 수업활동의 참여자로서 아동의 학습활동을 안내하고 원조하는 역할을 수행한다.
교육목적의 유연성	교육목적은 고정되어서도 안 되고, 밖으로부터 주어져도 안 된다.
교육의 경험의 조정성	교육의 과정은 끊임없는 경험의 재구성 과정이다.

8 정답 ④
답지 ④에서 실용주의 교육사상에서 진리관(인식)은 당면한 문제를 해결할 수 있는 현실적합성으로 증명된다. 이는 모든 진리는 유용성, 실용성 여하에 따라 진리인지 아닌지가 결정된다고 하여 진리의 실험주의, 결과주의, 도구주의적 입장을 취한다.

9 정답 ③
진보주의는 실용주의 철학에 근거하여 전통적인 형식주의 교육에 반기를 들고 민주적인 교육이념, 아동의 창의적 활동, 생활안의 교육소재, 그리고 학교와 사회의 밀접한 관련의 구축 등을 강조한 혁신적 교육이념을 말한다. 답지 ㄱ과 ㄷ은 전통적 주지주의 교육에서 강조하는 교육원리이다.

10 정답 ②
진보주의 교육의 원리는 생활중심교육, 자기활동, 문제해결학습, 교사의 안내, 협동심, 민주적 교육방식 등을 주요원리로 하고 있다. 답지 ①, ③, ④는 전통적 교육의 원리이다.

11 정답 ②
진보주의 교육에서 교육내용의 일차적인 가치는 아동의 필요(흥미)를 자발적으로 충족시키는 것이어야 한다. 답지 ③, ④번은 전통적인 교육에서 지식의 가치이다.

12 정답 ①
문제의 제시문은 아동의 흥미 및 필요를 고려하여 학습과정이 진행되어야 한다는 것이다. 진보주의 교육에서는 모든 경험과 활동은 아동의 흥미를 중심으로 이루어져야한다. 흥미와 노력은 서로 상용되는 것으로, 흥미가 있으면 노력을 하게 된다.

13 정답 ①
듀이(J. Dewey)는 덕목암기위주의 도덕 교육을 비판하고 사회성 계발차원에서 도덕교육, 아동의 활동을 통한 자발적인 도덕교육, 모든 교과가 도덕교육과 관련을 가질 것을 주장하였다.

14 정답 ①
듀이(J. Dewey)반성적 사고 "문제확인 → 방향모색 → 정보수집과 관찰 → 가설설정 → 가설검증"의 과정을 거치는 일종의 탐구과정 또는 문제해결의 과정이다. 답지 'ㄷ'에서 문제해결과정에서 최초의 목표는 필요에 따라 수정이 가능하다. 그리고 답지 'ㄹ'에서 탐구활동은 집단탐구활동도 가능하므로 타인과 상호작용의 가치도 강조하고 있다.

15 정답 ①
듀이(J. Dewey)는 교육의 본질을 "교육은 생활이며, 성장이다. 끊임없는 경험의 재구성이며, 사회화이다."라고 하였다.

16 정답 ③
본질주의(Essentialism)는 진보주의에 도전하면서도 어떤 면에서는 진보주의자들과 맥을 같이하는 절충주의적인 입장을 취한다. 본질주의는 문화유산의 보존을 강조한다. 그리고 전통적인 교육수법인 인내와 노력, 통제와 훈련도 가치로운 것이라고 주장한다. 그러나 답지 ④에서 아동의 흥미와 자발성을 인정하지 않는 것이 아니라, 교육에 있어서 아동의 흥미와 자발성을 인정하되 너무 지나쳐서는 안 된다는 것을 강조한다. 답지 ①은 진보주의 교육사상이며, 답지 ②에서 변화의 가치를 전면적으로 거부한 것은 항존주의 사상이다.

17 정답 ③
본질주의는 인류가 축적해 놓은 문화유산 가운데 가장 중핵적인 내용을 교육을 통해 다음세대에 전달하자는 사상으로 전통적인 사상에 가깝다. 따라서 교육에서 흥미보다 노력을 자유보다는 적절한 통제를 강조하는 교육을 주장한다.

18 정답 ③
문제의 답지 'ㄴ'은 본질주의 상의 특징이다. 항존주의(Perennialism)는 진리의 영원성을 믿고 이를 통한 지성교육을 강조한다. 지성은 인간의 항상적 본성으로 시대를 초월하는 것으로 여기고 있다. 이는 진보주의를 전면 반대하는 사상으로 특정의 종교관 위에 서 있건 그렇지 않건 철저하게 반과학주의·탈세속주의·정신주의를 표방하면서 '절대적 원리로 돌아갈 것(return to the absolute)'을 강조한다.

19 정답 ①
항존주의 교육철학은 교육 방법면에서 인간이 본능대로 살고 환경에 적응하면서만 산다면 인간이라 할 수 없으므로 자신의 욕망을 억제하고 사람다운 사람으로 거듭나기 위해 인간은 극기수련을 해야 한다고 주장한다. 답지 ②의 교육내용면에서 시대를 초월한 3학4과와 위대한 고전들을 제안하고 있다. 답지 ③에서 인문학 외에 필요 지정된 필수자연과학을 배워야 한다. 답지 ④에서 항존주의는 감성적인 인간 보다는 지성적인 인간을 육성하는데 교육의 목적을 두고 있다.

20 정답 ①
답지 ①은 진보주의 사상의 특징이다. 항존주의는 진보주의의 '변화의 실재'에 반발하여 영원히 변화하지 않는 진리에 적응을 주된 이념으로 삼는 교육철학이다. 이를 위해 인간의 항상적 본성인 이성을 계발하는데 교육의 중점을 두고 있다. 또한 교육내용면에서 시대를 초월한 7자유과와 위대한 고전을 중심으로 교육할 것을 주장하는 신고전주의 철학이다.

[교육의 이해와 철학] 제3회 정답 및 해설

1 ②	2 ④	3 ③	4 ③	5 ③
6 ③	7 ④	8 ④	9 ③	10 ③
11 ①	12 ④	13 ①	14 ①	15 ③
16 ④	17 ①	18 ②	19 ①	20 ④

1 정답 ②
문제의 제시문은 재건주의(Reconstructionism) 사상의 특징이다. 재건주의는 브라멜트(T. Brameld)에 의해 주창된 철학으로 교육을 통한 새로운 사회질서 창조, 교육을 통한 윤리적인 힘의 배양, 교육의 개방적 분위기, 미래사회에 건설 등을 추구하는 혁신적 교육이념이다.

2 정답 ④
재건주의 교육철학은 진보주의 철학을 장점을 계승하고 있을 뿐만 아니라 본질주의와 항존주의 장점도 일부취하고 있다. 따라서 분명한 목적의식, 체계적인 교육을 강조하며, 교육의 수단과 목적은 '행동과학'에 의해 발견된 결과 따라 재구성한다. 답지 ①에서 재건주의는 과정뿐만 아니라 궁극적인 목적도 중요시한다. 답지 ②에서 재건주의는 진보주의 시행착오학습을 비판한다. 답지 ③에서 재건주의는 사회문화 전달 뿐만 아니라 필요하면 개혁도 강조한다.

3 정답 ③
답지 ③에서 항존주의는 진보주의 교육사상이 지니는 상대주의, 세속주의, 과학주의, 활동주의 등을 비판하면서 등장하였다. 항존주의 영원불변의 진리에 적응을 강조하며, 이를 위해 인간의 지성계발과 고전교육 및 형이상학 등을 중요시하는 사상이다.

4 정답 ③
실존주의는 추상적이고 관념적인 공교육적 인간상에서 탈피하여 실존적 자아를 발견하게 한다. 교육의 주된 목적은 자기의 본질적인 생을 찾아 그것을 절대화시켜 살게 함으로써 자기 존재를 역사적인 존재로 인식하게 하는 데 있다. 답지 ①은 이상주의 교육사상에서 추구하는 인간상이고, 답지 ②는 계몽주의 사상에서 강조하는 교육적 특징이다. 답지 ④는 본질주의 교육에서 추구하는 교육적 특징이다.

5 정답 ③
실존주의교육철학은 지식관은 주체적 진리관이다. 이는 학습의 주체인 아동이 교과나 지식에 대해서 어떤 반응을 갖느냐가 중요한 것이다. 따라서 지식은 근본적으로 학습의 주체가 그것을 붙잡아서 자신의 생활 속에 넣을 때만이 진리가 된다. 교육내용 면에서 문학 철학, 창작, 예능, 연극 등 개인의 내면적 갈등을 잘 나타내고 있는 인문학 과목을 중요시한다.

6 정답 ③
실존주의 교육철학은 공장형 교육관인 행동주의 교육과 유기적인 교육관인 자연주의 교육을 모두 연속적 형식의 교육이라고 비판하고 그 대안으로 비연속적 형식의 교육을 주장하였다. 비연속적 교육은 인간의 죽음·불안·고통·위기 등과 같은 어두운 측면과 자유·선택·책임·개성 등과 같은 긍정적인 측면들은 부각시키면서 이것은 전통적인 방법인 단순히 지속적인 노력만으로는 인간을 변화시킬 수 없으므로 새로운 교육 형태인 비연속적 형식의 교육을 강조한다. 이와 같은 형식들은 볼노오(O. F. Bollnow)에 의한 위기, 각성, 충고, 상담, 만남, 모험과 좌절 등이 있다. 이것은 전통적인 교육에서 추구하는 장기간에 걸쳐 장기간의 변화를 추구하는 데 비해 예측도 못했고 예견도 못 했던 일이 운명적으로 일어나, 그 사람을 사로잡아 삶에 새로운 방향을 취할 수밖에 없게 하는 돌발적 사건에 대비하는 교육이다.

7 정답 ④
실존주의 철학은 주체적인 인간, 창조적인 삶, 진리의 주체화를 강조하는 사상이다. 그러나 인간의 현존재의 기저를 사회과학적 시각에서 파악하고자 하는 노력이 미흡했다.

8 정답 ④

부버(M. Buber)의 철학은 인간과 다른 존재의 만남 또는 대화에 중심을 두었다. 이 만남 또는 대화는 특히 다른 인간과의 관계로 나타나지만 궁극적으로는 신과의 관계에 의존하고 이 관계를 가리킨다. 부버(M. Buber)는 만남의 철학에서 참다운 인간 존재는 고립된 실존속에 있는 것이 아니라 관계성을 통해서 드러난다고 주장하였다. 나-너의 만남을 통해 인간의 위치 및 본질을 파악하고자 하였다.

9 정답 ③

부버(M. Buber)는 만남의 철학에서 참다운 인간 존재는 고립된 실존속에 있는 것이 아니라 관계성을 통해서 드러난다고 주장하였다. 나-너의 만남을 통해 인간의 위치 및 본질을 파악하고자 하였다.

10 정답 ③

볼노오(O. F. Bollnow)는 현대의 연속적 형식의 교육을 비판하고 인간의 비약적·우발적인 변화의 가능성을 염두에 둔 비연속적 형식의 교육을 주장하였다. 답지 ①, ②, ④는 현대의 교육인 연속적 형식의 교육에 해당한다.

11 정답 ①

인간주의 철학의 인식은 현상학적 인식론이므로 아동의 주체적인 학습활동을 강조한다. 답지 ②, ③, ④번은 행동주의적 교육관을 설명한 것이다.

12 정답 ③

분석철학은 철학의 기능을 언어와 그 언어에 의해 표현되는 개념의 분석을 통해 종래의 사변적, 선험적, 종합적 철학 방법을 거부한다. 따라서 학교에서 가르쳐지는 지식은 사실적 타당성과 확실성이 전문가로부터 공식적으로 실증된 것이어야 한다.

13 정답 ①

답지 ①은 실존주의(Existentialism) 교육사상의 강조점이다. 분석적 교육철학(Analytic Philosophy of Education)의 교육적 의의(意義)로는 종래의 사변적·선험적·종합적 교육철학방법을 거부하고, 새로운 철학방법론을 제기하였다. 그리고 교육철학을 하나의 독립적이고 객관적인 학문분야로 성립시키기 위한 노력을 하였다. 뿐만 아니라 교사들에게 명료하게 생각하고 말하도록 촉구하는 계기를 마련하였다. 또한 교육연구에 분석적 방법이 적용됨으로 교육자체가 지니는 학문적 성격을 보다 분명히 하였다.

14 정답 ①

분석적 교육철학(Analytic Philosophy of Education)은 언어와 논리의 명료화, 그리고 학문의 객관성 추구에는 공헌을 하였으나, 인간이 사용하는 언어는 언어를 사용한 사람의 관심과 신념 등이 이미 개입되어 있는 것임에도 언어의 투명성에 대해 지나치게 신뢰하는 경향이 있으며 또한 교육의 가치지향성을 충분히 고려하지도 못하며, 교육적 언어의 역사적·사회적 측면을 소홀히 한다는 비판을 받는다.

15 정답 ③

문제의 제시문에서 제시된 내용은 비판이론의 중심 개념인 '도구적 합리성에 대한 비판'이다. 비판이론(Critical Theory or Neo-Marxism)은 현대의 자본주의(후기 산업사회)하의 민주주의 체제 속에 감추어진 전체주의를 고발하고 그 안에서 인간소외 문제를 다루면서 "체제로부터 해방"을 주장하는 사회철학 사상으로 그 핵심적인 개념은 다음과 같다.

- 복수이론 : 단일이론이 아니라 복수이론을 주장한다. 즉 비판이론가들 사이에는 접근방법과 관심사에 있어서 차이점들이 있다는 것이다.
- 이론에 몰두 : 이론과 실제는 분리될 수 없고 어떠한 실제하도 기 기초가 되는 즉 철학은 이론인 동시에 실천적 학문임을 강조하는 것이다.
- 과학적 접근의 거부 : 과학적 설명의 특징을 밝히고 이를 비판한다. 즉 자연적 결정론 비판하고 인간사의 모든 사실이 사회적으로 구성되고, 인간에 의해서 결정된다는 인간결정론 강조한다.
- 계몽 : 사회적 삶의 실질적 조건에 대한 계몽을 강조하며, 개인과 집단의 진정한 이해관계를 폭로하는 것이다. 그리하여 자본주의 사회의 부정의와 불평등의 근원을 폭로함과 동시에 인간행위의 근원을 드러내어 준다고 본다.

- 해방 : 나의 삶을 통제하고 지배하는 것이 무엇인가?, 나를 자유롭게 하는 것이 무엇인가? 하는 것을 주요과제로 한다.
- 마르크스의 수정 : 정통 마르크스주의에서 경제적 관계가 사회의 다른 모든 측면들의 형식과내용을 움직인다고 보는 관점을 수정하여 교육의 상대적 자율성 인정한다.
- 도구적 합리성 비판 : 이것은 비판이론의 핵심개념이다. 이것은 목적보다 수단에 몰두하는 것을 의미하며, 방법의 능률성에 치중한다. 즉 진정한 목적보다 수단에 치우친 것에 대한 비판과 도전이 요청될 뿐만 아니라 그것이 초래하는 기형과 제약으로부터 해방될 필요가 있다는 것이다.

16 정답 ④
프레리는 제도교육의 관점을 은행저축식 교육이라고 비판하고 이에 대안으로 문제제기식 교육을 제안하였다. 문제제기식 교육은 억압으로부터 해방을 추구하는 교육으로 교사와 학생은 지식의 재창조자로서 자신들을 발견할 수 있어야 한다.

17 정답 ①
답지 ㄹ에서 포스트모더니즘은 반합리주의를 추구한다. 따라서 지나친 지식중심의 교육에는 반대한다. 포스트모더니즘은 주체적이고 창조적인 인간, 열린지식관(상대주의), 교육내용의 다양성추구, 인간의 감성적 회복을 추구한다.

18 정답 ②
포스트모더니즘은 반합리주의, 상대론적 인식론, 탈문화 정전화, 유희적 행복감의 향유 등을 특징으로 한다. 인간의 인식활동은 인식자의 주관에 따른 상대적인 관점에서 이루어진다는 점을 강조한다.

19 정답 ①
답지 ①에서 포스트모더니즘(Post-modernism)은 근보주의(foundationalism)와 본질주의(essentialism)와 같은 전통적 사상을 비판하는 사상이다. 포스트모더니즘은 계몽사조 이후 합리적 보편적 인식에 기초한 보편적, 객관적 담론을 해체하고 반합리주의, 상대적 인식, 탈문화정전주의, 유희적 행복감의 향유 등을 특징으로 하는 문화논리이자, 사상체계이며, 사회혁신운동이다.

20 정답 ④
홀리스틱 교육(Holistic Education)은 현재 거의 모든 분야에서 분석적이며 이분법적인 사고방식에서 탈피하여 양극적인 특성의 조화를 유지하고자 하는 것과 같이 아동의 지적 발달은 그들의 감성, 육체, 심미적 영적 발달과 적절한 관계 속에서 이루어진다고 주장하는 사상이다.

서양교육사
정답 및 해설

유길준 공무원 교육학
진도별 모의고사

[서양교육사] 제1회 정답 및 해설

1 ①	2 ③	3 ①	4 ③	5 ②
6 ②	7 ①	8 ③	9 ②	10 ③
11 ④	12 ②	13 ③	14 ①	15 ②
16 ④	17 ②	18 ①	19 ③	20 ②

1 정답 ①

그리스교육사상적 배경이 되었던 사회·문화적 특징을 살펴보면, 사회적으로 현세주의, 단체주의, 계급주의를 특징으로 하며, 문화적으로는 인본주의적 문화를 추구, 완전성의 추구, 도시국가 문화를 특징으로 한다. 〈보기〉의 답지 ㄹ에서 실리주의 실용주의는 로마문화의 특징이다.

2 정답 ③

스파르타 교육은 리쿠르구스(Lycurgus; BC9세기) 법전에 의해 개인보다 국가의 절대적 우월성이 강조되어 모든 교육은 국가 주도의 공교육이었다. 교육 목적면에서 국가에 충성하는 용감한 군인육성을 강조하고 내용면에서 군사교육과 도덕교육을 위주로 이루어 졌으며 교육방법면에서 시범과 모방을 위주로 하였다.

3 정답 ①

여성교육은 남성들처럼 국가 공동교육장에 가지 않고 지역에 남아서 지역별로 반을 만들어 거의 남성들과 같은 수준을 교육이 이루어 졌다. 교육내용으로 육아법, 군사교육, 국유농장의 노예를 부리는 기술 등을 가르쳤다. 그리고 여성에게 참정권이 주어지는 등 사회적 지위가 높았다.

4 정답 ③

답지 ③에서 아테네는 전기에는 정신과 신체의 조화를 강조하여 교양교육과 군사교육이 강조되었으나 후기에는 지적 교육으로 전환되었다. 즉 아테네는 기원전 5~6세기를 전후로 군사교육이 지적교육으로 전환되었다. 아테네는 개인의 자유 의지를 바탕으로 하는 자유주의 인문주의적 교육을 하였으며, 사적(私的)국가적 통제교육의 내용을 담은 솔론(Solon)헌법에 기초하였다. 여성교육은 현모양처 교육이었으며, 여성의 사회적 지위가 낮았다.

5 정답 ②

전기아테네 교육은 국가를 위한 유용한 시민육성을 강조하였다. 그렇게 하기 위해 개인적인 탁월성 배양에 역점을 두었다. 교육내용면에서 순수한 자유교과와 신체단련에 초점을 두었다. 그리고 방법면에서 시범과 모방이 유행하였다. 답지 ①은 후기 아테네 교육의 특징이다. 답지 ④에서 아테네 시민들은 기술이나 직업교육보다는 일반교육에 중점을 두었다.

6 정답 ②

답지 ①에서 후기아테네 교육은 목적면에서 신체와 정신의 조화는 무너지고 개인의 입신출세를 위한 지적 탁월성을 기르는데 전념하게 되었다. 답지 ②, ③, ④는 내용면에서 7자유과를 중요시하되, 특히 정치적 출세를 위해 웅변술(수사학)이 실용적인 학문으로 강조되었다.

7 정답 ①

바라크는 스파르타의 국가 공동교육장이다. 아테네의 교육기관으로 체육학교(Palaestra), 음악학교(Didascaleum), 공립체육관(The Public Gymnasium) 등이 있었으며, 후기에서 소피스트들의 수사학교와 플라톤파의 철학학교가 유행 하였다.

8 정답 ③

답지 ㄱ에서 소크라테스(Socrates, 469~399 B.C)는 지식은 본질적으로 보편적인 것이라고 주장하였다. 답지 ㄹ에서 교육은 지식의 부여과정이 아니라 사고력을 계발할 수 있어야 한다고 주장하였다. 교육의 목적으로 지행일치설, 교육방법으로 대화법(반어법, 산파술)을 주장하였다.

9 정답 ②

소크라테스(Socrates, 469~399 B.C)의 회상설 혹은 상기설이 주는 방법적 시사점은 현대 문답을 통한 대화법이다. 회상설 혹은 상기설은 인간의 마음속에 내재한 잠재적 이데아를 상기시킨다는 것이다.

10 정답 ③

플라톤(Platon)은 자신의 '이상국가론'에서 민주적 정치제도는 중우정치로 타락할 수 있다며 스파르타를 모델로 하는 사회민주정치를 주장하였다. 교육적 공헌으로 '교육을 통한 사회선발', '이상적 자유주의 교육', '최초의 여성해방론자이자 여성교육에 대한 옹호자', '교육의 우생학적 감독강조', '국가에 의한 공교육제도'를 주장하였다.

11 정답 ④

답지 ④에서 플라톤은 이상국가론의 창시자이다. 따라서 그의 교육목적은 사회계급에 맞는 개인의 능력과 덕을 길러 이상국가를 실현하는데 있었다. 답지 ①, ②는 아리스토텔레스(Aristoteles)의 사상이다. 답지 ③에서 플라톤은 서민 및 대중교육에 관심을 가지기 보다는 귀족교육, 철인교육(엘리트 위주의 교육), 특수교육에 관심을 가지고 있었다. 특히 철인교육에 관심을 기울였는데 그것은 지혜를 사랑하는 사람이 국가를 통치할 때 국가의 정의가 가장 잘 실현될 수 있다고 생각했기 때문이다.

12 정답 ②

답지 ㄹ에서 아리스토텔레스(Aristoteles)는 인간은 "정치적 동물"이며 국가의 행복은 국가 구성원의 행복에 의하여 달성되기 때문에, 국민의 교육은 국가의 학(學)인 정치학에 의해서 규정된다고 하였다. 답지 ㄱ에서 이성은 인간을 인간답게 하는 근본적인 요소라고 하여 '이성론'을 체계화 하였다. 이를 통해 행복은 중용의 덕과 이성적인 행동으로 도달할 수 있다고 하였다. 답지 ㄴ에서 아리스토텔레스는 인간은 육체와 영혼(비합리적 영혼과 합리적 영혼)으로 이루어져 있어서 이를 발달시키기 위해 초등교육에서는 신체, 중등교육에서는 정서(비합리적 영혼), 고등교육에서는 이성(합리적 영혼)의 순으로 교육해야 한다고 주장하였다. 답지 ㄷ에서 아리스토텔레스는 교육에서 습관의 형성을 강조하여 교육의 3요소로 자연, 습관, 이성을 제시하였다.

13 정답 ③

이소크라테스(Isocrates)는 아테네의 소피스트이자 당대최고의 수사학자이자 교육실천가이며, 상대주의자이다. 웅변가의 자질은 수사학을 통해서 길러진다고 하였다. 그에게 있어 수사학은 단순히 토론자를 만드는 논쟁의 기술을 가르치는 교과가 아니라 윤리학으로 승화되는 단계 있었다. 교육의 3요소로 '소질', '경험', '연습'을 제안하였다.

14 정답 ①

플라톤은 「국가론」에서 서구최초로 여성교육의 중요성을 강조하고 남녀평등교육을 주장하였다. 답지 ②, ③, ④는 모두 맞는 설명이다.

15 정답 ②

답지 ①에서 공화정시대에는 교육목적으로 훌륭한 시민과 군인을 육성하는데 중점을 두었고, 군사교육이 강조되었으며, 공화정 말기에 그리스를 정복함으로써 그리스 문화에 동화되기 시작하였다. 답지 ②에서 제정시대에는 교육의 목적은 지적이고, 도덕적인 유능한 웅변가를 육성하는 데 중점을 두었으며 로마고유교육인 가정교육이 그리스적인 학교교육으로 전환되었다. 대표적인 학교는 웅변가를 기르는 수사학교가 가장 발달하였다. 답지 ③에서 로마는 문화적으로 그리스문화에 동화되었으며, 그리스어가 매우 중요하게 되었다. 답지 ④에서 로마는 문학, 철학, 예술 등은 그리스 문화로 교육을 통해 전수 받았다.

16 정답 ④

답지 ①, ②에서 왕정시대와 공화정 시대에는 로마고유교육인 가부장 중심의 가정교육이었으며, 공화정시기에는 군사교육이 가장 활발하였다. 답지 ③, ④에서 정복의 시기는 공화정 시기이고, 제정시대(27 B.C-476 A.D)는 로마의 전성시대로서 로마고유의 가정교육이 그리스적인 학교교육으로 전환되었다.

17 정답 ②

공화정시대에는 조직적인 학교교육이 없었다. 교육의 목적으로 용감하고 순종하는 군인(평상시 선량한 국민)양성에 두었으며, 교육내용으로는 3R's 십이 동판법, 체육 등이었다. 교육의 형태는 가장의 절대권한에 의해 도덕·근면·애국심고취, 종교교육 등의 실용적 교육을 행하였다.

18 정답 ①

답지 ㄹ에서 도덕적 성격, 신체적 강건, 합리적 사고 등은 공화정시대에 강조되었던 덕목이다. 제정로마시대 교육은 체계적인 학교교육이 발달하였으며, 웅변가를 양성하기 위한 수사학교가 융성하였다.

19 정답 ③

답지 ①에서 로마의 초등교육(루더스)은 사립학교로서 로마정부의 제정지원을 받지 못하였다. 답지 ②에서 중등문법학교 사립이지만 로마정부로부터 일부 재정적 지원을 받았으며, 7자유과를 중시하였다. 답지 ③에서 고등교육기관인 수사학교는 로마정부가 전적으로 재정을 부담 하는 일종의 공립학교였다. 답지 ④에서 철학학교는 스토아 철학을 가르치는 학교였으며, 법률학교는 법률대리인을 양성하는 학교였다.

20 정답 ②

퀸틸리안(Quintilian)은 제정로마시대 수사학교 교사로서 20년간 재직하였다. 성선설에 입각한 인문주의적 교수법의 주창자로서 개성교육, 아동중심, 체벌반대 등을 주장하였다.

[서양교육사] 제2회 정답 및 해설

1 ②	2 ③	3 ②	4 ②	5 ③
6 ③	7 ②	8 ②	9 ①	10 ④
11 ①	12 ②	13 ①	14 ②	15 ③
16 ②	17 ②	18 ③	19 ①	20 ①

1 정답 ②

중세의 교육사상을 신중심의 보편적 사상을 강조하여 초현실주의, 개인주의, 체육·음악경시, 교육의 확대 등을 특징으로 한다.

2 정답 ③

답지 ①, ③에서 예비문답학교는 초신자학교(목적: 이교도 교화)로서 초등수준이었으며, 세례받지 않은 남녀노소 누구나 교육의 대상이었다. 답지 ②에서 교육기간은 대개 2~3년 정도였다. 답지 ④에서 교육방법은 문답법(교리문답)이었다.

3 정답 ②

사범교육의 성격을 띤 학교는 문답학교 교사를 양성하는 고급문답학교이다. 교육내용으로 신학, 희랍의 철학, 수사, 천문학, 문학을 가르치는 학교였다.

4 정답 ②

사원학교는 일명 본산학교라고도 하며 교회의 감독자가 주재한 교회 내에 반드시 이 학교가 설립되었으며, 성직자를 양성하기 위한 학교였다. 교육내용은 성서, 신학, 철학, 과학, 그리스 문학, 수학 등 고급문답학교 보다 더욱 전문교육을 하였다. 그리고 빈한(貧寒)한 가정과 사회적인 지위가 없는 여자는 입학할 수 없었다.

5 정답 ③

중세 수도원은 수도사를 양성하는 기관으로 설립되었으나 일반 자제들의 교육도 담당하였다. 초등과와 고등과로 나누어 초등과는 3R's, 고등과는 7자유과를 가르쳤다. 수도원은 도서관, 출판사, 문화센터, 병원, 작업장 등의 역할을 하여 오늘날 지역사회학교와 흡사 하였다.

6 정답 ③

답지 ①에서 스콜라 철학은 그리스 철학의 부활로 주지주의 교육을 강화하는 계기가 되었다. 답지 ②와 ③에서 스콜라 철학은 중세 대학의 발달에 큰 공헌을 하여 후에 문예부흥의 계기를 마련하였다. 답지 ④에서 교육방법은 강의법과 논박(論駁)또는 토론식 방법이었다.

7 정답 ②

문제의 답지 ㄷ에서 기사도 교육은 칼 사후에 발달하였다. 칼대제(Charles Karl, 742~814)는 고대 로마제국의 부흥을 이상으로 영국의 석학인 알퀸(T. Aleuin)을 초청하여 왕족교육기관으로 궁정학교를 설립하고 왕족교육을 실시하였다. 또한 787년에 세계 최초의 교육대헌장인 '승령법규(僧令法規)'를 선포하여 기독교의 포교와 일반 서민의 교육을 장려했다. 그리고 802년에 '국민으로서 모든 아동은 교육받지 않으면 안 된다.'라고 하는 세계 최초의 의무 교육령을 포고하였다.

8 정답 ②

답지 ①과 ④에서 서양의 기사도 교육은 봉건제도 유지의 현실적 필요를 위한 비형식적 교육의 형태였다. 답지 ②에서 교육내용은 기사 7예(승마, 수영, 궁술, 검술, 수렵, 장기, 작시)로 일정한 표준 하에 구체적인 내용이었다, 답지 ③에서 교육방법은 시범과 모방의 방법 즉 '행함으로 배운다.'

9 정답 ①

중세대학발달은 십자군 전쟁의 여파로 이슬람 문화의 유입이 큰 원인이 되었다. 또한 자유도시의 성립과 직업의 분화 그리고 경제력을 가진 시민 계급이 세속학문에 대한 관심 지대해 졌다. 또한 스콜라 철학의 발달로 활발한 지적 탐구활동이 대학발달에 배경이 된다.

10 정답 ④

문제의 답지 ㄱ에서 중세대학은 세속적 학문에 흥미를 가진 이지(理智)의 집단이다. 답지 ㄴ에서 교수와 학생들은 대부분 생활이 빈곤하였다. 답지 ㄷ에서 교육내용이 라틴어가 많이 차지하고 있어 라틴어 지식만 좀 있는 사람이면 대학입학 자격을 주었다. 답지 ㄹ에서 국가와 사회의 간섭 없이 학문에 자유가 보장되었다.

11 정답 ①

초기 대학의 재정적인 운영은 학생들로부터 받은 비용으로 운영되었으므로 대학 재정의 빈약하였다. 그러나 차츰 국왕, 귀족 등의 지원이 확대되었다. 대학의 특권으로 교수와 학생은 병역, 세금, 부역의 면제, 학내재판권, 학위수여권, 교수와 학생은 신분이 보장되어 자유롭게 여행을 할 수 있었다.

12 정답 ③

답지 ㄷ에서 기사교육은 9세기경부터 발달하였다. 중세대학발달은 십자군 전쟁(11세기 초)의 여파로 사라센 문화의 유입이 큰 원인이 되었다. 또한 자유도시의 성립과 직업의 분화 그리고 경제력을 가진 시민 계급이 세속학문에 대한 관심 지대해 졌다. 또한 스콜라 철학의 발달로 활발한 지적 탐구활동이 대학발달의 배경이 되었다.

13 정답 ①

답지 ①과 ②에서 사회계층에 따라 다른 학교를 다니는 복선제로 실시되었다. 답지 ③에서 교회가 교사의 인사권을 지니고 있었으므로 근대교육으로 이행하지 못했다. 답지 ④에서 중세 후반 자유도시 내에서 시민교육은 현실적 필요에 의한 세속교육이 실시되었다.

14 정답 ②

답지 ①, ②에서 도제교육은 중세 자유도시 내에서 이루어졌던 상공업자 자제들이 입문하는 직업교육의 형태였다. 답지 ③, ④에서 교육의 목적은 세속적, 실천적 교육으로 길드(guild)의 조합원에 필요한 지식을 주고 기능을 닦아 다음 세대에 전수하는 것이었다. 교육단계는 도제(7년) → 직공(3년) → 장인 단계로 이루어졌다.

15 정답 ③

답지 ③은 틀린 지문이다. 문답학교(예비문답학교)는 초신자학교로서 초등수준이었으며, 세례 받지 않은 남녀노소 누구나 교육의 대상이었다. 교육기간은 대개 2~3년 정도였다. 수도사는 수도원학교의 내교에서 양성하였다.

16 정답 ②

문예부흥의 형성배경을 '제시하면 봉건제도의 몰락과 인간적인 자아자각', '상업도시발달, 동방문화유입', '시민계급 등장', '유럽인들의 세계관의 변화와 대학의 발달', '인쇄술의 발달과 지리상의 발견', '스콜라 철학의 분석적 사고방식과 지적탐구활동' 등이다. 문제의 답지 'ㄷ', 'ㄹ'은 18세기 계몽주의적 사상에 해당한다.

17 정답 ②

답지 ①에서 개인적인 인문주의는 남부 이탈리아 부유층을 중심으로 일어난 인간 자각운동으로 개인의 자아실현과 사고의 자유와 개성존중, 전인교육 등을 목적으로 하였다. 답지 ②에서 내용면에서 역사, 문학, 철학, 사회 인류학 등이 선도적인 학문으로 다루어지고 특히 문학이 강조되었다. 그리고 예술교육, 체육교육 등도 행해졌다. 답지 ③에서 방법면에서 강의중심에서 벗어나 교과서를 유용하게 사용하고, 구두토론 중심에서 벗어나 논문을 작성하도록 하였다. 답지 ④는 중세시대 교육사상에 해당한다.

18 정답 ③

사회적 인문주의 16세기 북유럽의 인문주의로서 종교적, 대중적, 사회적 특성을 중시하고, 개인의 행복보다 사회개혁과 인간관계 개선을 중요시한 사상이다. 내용면에서 고전과 성서, 방법면에서 학습자의 흥미와 능력을 중시시하였다. 그리고 학년별 학급편성의 효시가 되었다.

19 정답 ①

문제에서 제시된 교육 특징을 포괄하고 있는 인문주의 사상은 언어적 인문주의(키케로 주의)이다. 이것은 초기의 인문주의교육이 형식적이고 편협한 언어중심의 교육으로 전락한 것을 말한다.

20 정답 ①

에라스무스는 사회적 인문의의 대표적인 학자로서 조기교육 중시하고 교육 3대 조건(자연, 훈련, 연습)을 제시하였으며, 빈부·귀천, 남녀의 차별 없는 교육을 강조하였다. 교육의 원리로 아동의 정신발달능력에 맞는 교육, 학습흥미를 고취하기 위해서 유희를 활용하였다.

[서양교육사] 제3회 정답 및 해설

1 ④	2 ②	3 ④	4 ③	5 ①
6 ①	7 ③	8 ③	9 ②	10 ①
11 ①	12 ②	13 ①	14 ③	15 ④
16 ①	17 ④	18 ①	19 ③	20 ④

1 정답 ④
루터(Luther)의 종교개혁사상은 초등교육발전에 영향을 주었으며, 김나지움(Gymnasium)은 신교정신에 의해 설치되어 후일 대학교육의 예비과정이라는 기초를 마련하였다. 이것은 대중교육과 귀족교육을 동시에 발전하는 결과를 가져다주었다. 신교의 교육은 다양한 교육과정의 구성으로 성속(聖俗)일체를 강조하여 조화적으로 융합된 인간생활의 구현을 강조하였다. 체육을 통한 건강의 촉진과 음악을 통한 경건한 신앙심의 배양을 강조하였다.

2 정답 ②
문제의 답지 ㄷ에서 종교개혁 사상은 종교교육과 세속교육의 융합을 강조하였다. 답지 ㄱ에서 루터는 성서를 독일어로 번역하여 개방하였다. 이를 위해서 성서 읽기를 위한 모국어 교육을 강조하였으며 훗날 모국어 교육의 확산에 큰 영향을 주었다. 답지 ㄴ에서 루터의 교육사상은 교육의 민주화와 직업교육발전에 계기가 되었다. 답지 ㄹ에서 루터의 종교개혁은 교육의 운영권을 교회에서 국가로 이관시키는 계기가 되었으며, 이는 17세기 국가 경영의 국민 교육체제 실현에 기여하였다. 그 밖에 아동에 대한 존중과 부모의 교육적 의무를 강조하여 가정교육에 좋은 영향을 주었다.

3 정답 ④
답지 ④에서 서양의 종교개혁은 교육의 운영권을 교회에서 국가로 이관시키는 계기를 마련하여 근대 공교육의 시발점이 되었다. 답지 ①은 실학주의 교육사상이다. 답지 ②에서 칼뱅은 메사츄세츠 교육령에 영향을 주었으며, 고타교육령은 루터사상에 영향을 받았다. 답지 ③의 전인교육사상은 인문시대 교육사상이다.

4 정답 ③
실학주의는 인문주의와 종교개혁 편협성을 비판하면서 등장하였다. 또한 자연과학의 발달, 근세철학인 경험론과 합리론의 등을 배경으로 한다. 답지 ①은 인문주의 태동배경이다.

5 정답 ①
실학사상은 실용성과 실제성을 강조하는 교육으로 자연의 질서에 따르는 교육과 광범위한 교육내용, 감각적 직관의 교육방법과 합자연의 원리를 강조하였다. 그리고 <u>일반적으로 실학주의는 체계적인 학교교육을 중요시하였다</u>.

6 정답 ①
인문적 실학은 고전을 중시하는 과도기적 실학사상이다. 고전문학의 이해는 인간정신을 자유롭게 해줌으로써 인간의 실제생활에 적용될 수 있고, 도덕적이며 문화적 가치에 의해 인간 생활을 인도한다는 점에서 르네상스기의 인문주의와 구별된다.
답지 ②, ③은 사회적 실학사상이고, 답지 ④는 사회적 실학사상과 감각적 실학사상의 특징이다.

7 정답 ③
문제의 교육사상은 사회적 실학사상이다. 사회적 실학사상은 교육목적으로 상류사회 교양 있는 신사 육성을 목표로 하였다. 또한 교육의 내용으로 고전어보다는 모국어, 실용외국어, 철학, 여행을 통한 실제적 지식습득을 강조하였다. 그리고 교육의 방법으로 단순기억보다 이해와 판단을 중요시하고, 서적을 통한 학습보다는 직접적인 사회적 경험의 중요성을 강조였으며, 학교보다는 가정교사 제도를 강조하였다.

8 정답 ③
감각적 실학주의는 교육목적으로 자연의 법칙과 조화를 이루어서 활동함으로써 개인과 사회를 발전시키는데 있다. 교육의 내용으로 광범위한 교육내용을 제시하였다. 교수방법으로 합자연의 원리와 감각적 직관의 원리강조 하였다. 문제의 답지 ㄴ은 인문적 실학사상의 특징이고, 답지 ㄷ은 사회적 실학사상의 특징이다.

9 정답 ②

감각적 실학사상은 교육방법으로 합자연의 원리와 감각적 직관의 원리 그리고 귀납법을 중요시하였다.

10 정답 ①

서양의 실학주의는 근대교육으로 전환기적 관점에서 그 토대를 마련하였다. 남녀·빈부·귀천의 신분적 차별 없이 교육을 받을 권리가 있다고 주장한 것이 오늘날 교육이 기회균등과 의무교육의 길을 시사한 것이다. 답지 ㄹ에서 실용성을 강조한 실과학교의 발달에 큰 영향을 주었으나 종교적 영향은 배제하지 못했다.

11 정답 ①

문제의 제시문은 서양의 17세기 실학주의 교육사상의 특징이다. 실학주의는 실생활이나 사물 가운데서 인간에게 필요한 지식을 중요시하였다. 그리고 모국어를 비롯한 25~30개의 광범위한 교과목을 피상적으로 다루도록 하였다. 교육방법으로 감각적 직관의 원리에 따르는 직접적·감각적 교육방법을 강조하였다.

12 정답 ②

몽테뉴(M. E. Montaigne)은 사회적 실학사상가로서 아동교육에 있어서 열린교육, 전인교육을 주창하였다. 그는 교육원리로 조기 교육의 필요성을 강조하였으며, 학생의 개성을 잘 파악하여 학생의 능력과 적성에 알맞은 교육방법을 강조하였다. 또한 실생활에 유용한 지식을 이해하고 경험하도록 하였고, 체벌은 될수록 삼가되, 꼭 필요한 경우에는 교사가 정신적으로 안정되었을 때 행해야한다고 하였다.

13 정답 ①

베이컨(F. Bacon)은 그의 저서 신기관(新機關 ; Neuen Organum)에서 귀납적 방법을 확립하여 자연 과학의 연구법에 새로운 혁명을 가져왔다. 그리고 교육목적은 자연법칙을 배워서 자연을 지배할 수 있는 힘을 가지게 하는 데 있다고 하였다. 또한 교육내용으로 실제적이며 실생활에 유용한 과학적 지식이 사람의 행복에 유익한 것이라고 생각하였다.

14 정답 ③

라트케(W. Ratke, 1571~1653)는 17세기의 최초의 교수법개혁가로서 자연주의 교육의 선구자이다. 아동의 심의는 자연의 질서와 과정에 따라 전개된다는 것을 처음으로 밝혀주었다.

15 정답 ④

코메니우스(J.A. Comenius) 친절, 설득, 유쾌, 흥미가 강제와 고역을 대신해야 한다고 주장하였다. 교수방법에 있어서 훈련의 원리를 제창하였다. 그 보헤미아의 고언(古諺)인 "훈육 없는 학교는 물 없는 물레방아와 같다"를 인용함으로써 훈련을 교육상의 중요한 수단으로 보았다. 그리하여 훈련의 방법에 있어서는 객관적 자연주의의 정신에 입각하는 훈련주의를 취했다. 즉, 태양이 빛과 열을 언제나 지상에 보내고 있지만 때로는 비바람과 우뢰를 일으키는 것과 같이 교사도 사랑과 온정으로 대하고 때로는 충고와 책망이 필요하다고 하였다.

16 정답 ①

로크(J. Locke)는 지육교육에서 모든 학습과정은 감각, 기억, 추리의 세 단계로 구분하였다. 감각과 기억, 추리의 학습과정을 다음과 같이 설명하고 있다. 감각적 인상이 학문의 기초를 형성함으로 감각의 훈련이 중요하다. 감각적 인상과 경험이 지적인 내용을 구성한다. 그러나 그것은 기억에 보존되어야 한다. 그러므로 기억의 훈련이 중요하다. 기억속에 보존된 지식은 좀 더 높은 정신적 과정인 추리의 재료가 된다. 추리는 인간의 최상의 성취이다. 즉 이성의 훈련은 교육의 과정에서 가장 중요한 것이다.

17 정답 ④

로크(J. Locke)는 계몽사상의 선구자로서 경험론 철학과 정치학에 많은 영향을 미쳤다. 교육에 있어서 교육목적으로 덕, 지혜, 품성, 학식을 갖춘 신사 양성을 강조하였다. 그리고 형식적인 훈련주의(형식도야설)의 입장에 있었으나 교육내용에서는 감각적 실학주의 성격을 띠었다. 그리고 "건강한 신체에 건강한 정신이 깃든다."는 신체적 단련주의를 강조하여 체육교육에 영향을 주었다.

18 정답 ①

루터파 신교도인 고타(Gotha 공국)의 영주인 에른스트(Ernest)공은 루터의 종교개혁 정신에 입각하여 당시의 선진적 교육학자인 라트케(W. Ratke)와 코메니우스(J. A. Comenius)등의 사상을 받아들여 고타 공국의 교육제도를 입법화하여 1642년 공포하였다. 주요내용으로 취학의무제, 학급편성, 학교관리, 교과과정, 교수법 등에 걸쳐 체계적으로 조직화되어 있다.

19 정답 ③

계몽주의 교육의 목적은 추리력과 이성적 능력을 길러 인간의 자유와 평등권을 속박하는 종교, 정치제도, 사회구조 등 모든 권리를 제거하는 데 두었다. 답지 ③의 비판적·분석적 능력은 이성적 능력을 대표하는 요소 있다. 답지 ④에서 계몽주의는 이성적 능력을 강조하여 지적엘리트 교육에 치중하다 보니 교육의 대중화에는 공헌하지 못했다.

20 정답 ④

답지 ①에서 계몽주의 교육은 지나친 지적 엘리트 교육을 추구함으로서 대중적 교육을 소홀히 하였다. 답지 ②에서 교육내용으로는 실용적인 철학, 과학, 정치, 경제, 미술, 예법 등 주로 실용적 교과목을 강조하였다. 특히 17세기 실학사상이후 모국어 교육이 자리를 잡게 되었다. 답지 ③에서 계몽주의는 실리주의를 추구하였다. 답지 ④에서 교육목적으로 이성적 능력을 육성하는데 중점을 두었다.

[서양교육사] 제4회 정답 및 해설				
1 ③	2 ②	3 ③	4 ④	5 ③
6 ①	7 ③	8 ①	9 ①	10 ③
11 ②	12 ②	13 ③	14 ③	15 ①
16 ④	17 ③	18 ②	19 ④	20 ②

1 정답 ③

답지 ③에서 자연주의는 주정주의를 추구하므로 지성적 능력 보다는 전인적인 인간육성에 교육목적을 두었다. 자연주의 교육은 교육과정에 대한 자연법칙의 발견·형성·응용을 말하는 것이다. 그리고 개인을 가르치는 방법을 알기 위해서는 그의 성장발달의 특징을 알아야하며, 교육목적과 내용은 학습자의 성질을 연구하여 결정한다. 또한 아동의 자발성을 억압하고 그들을 인형과 같이 다루고 온실식 발달을 꾀하는 것, 또 어린아이들을 보모나 가정교사에게 맡기는 것을 반대하였다.

2 정답 ②

루소(J. J Rousseau)는 교육에서 중요한 것은 학습의 가치가 아니라 성격의 요소를 중요시하였다. 아동에 대한 과도한 지도와 보호를 경계하고 독자적 사고와 행동의 기회를 제공할 것을 강조하였다. 기르고자하는 인간상으로 도덕적 자유인을 제시하였다.

3 정답 ③

답지 ①에서 루소(J. J Rousseau)는 학습의 가치보다는 성격의 가치를 강조하고, 신체의 완성을 정신의 완성보다 중요시했다. 답지 ②에서 여성교육은 현모양처에 그치는 교육이었다. 답지 ③에서 인간의 가장 중요한 능력으로서 감각의 기능을 제시했다. 답지 ④에서 아동에 대한 과도한 지도와 보호를 경계하고 독자적 사고와 행동기회를 제공해 주는데 의의를 찾았다.

4 정답 ④

청년후기는 사회생활의 준비기로서 사회학, 심리학, 윤리학, 정치학 등을 배운다. 「에밀」의 발달단계 요약하면 다음과 같다.

유아기 (출생~5세)	신체발육에 중점을 두며, 아동은 유모에 맡기지 말고 친모의 손으로 양육한다.
아동기 (5~12세)	감각기관의 발달에 중점을 두며, 독서는 피하며, 사물은 경험을 통해서만 배우게 한다.
소년기 (12~15세)	이성적 능력을 키우는데 중점을 두며, 자연과학을 통해 인간과 사물과 관계를 학습하도록 한다.
청년기 (15~20세)	사회적 인간이 되는 시기이며, 사회적·도덕적·종교적·신체적 경험을 쌓게 한다.

5 정답 ③

문제의 답지 'ㄱ'에서 루소는 남녀차별교육을 전개하였다. 답지 'ㄹ'에서 5단계의 교수법은 19세기 헤르바르트파의 교수단계설에서 등장한다. 루소는 발달단계에 따라 유아기에는 신체, 아동기에는 감각, 소년기에는 이성, 청년기에는 사회적 규범을 학습하게 하였다. 그리고 교육이란 아동의 자연적 본성을 최대한 실현하도록 돕는 과정으로 보았다.

6 정답 ①

답지 ①에서 자연의 법칙에 따른 아동교육을 강조한 것은 코메니우스(J. A. Comenius)와 루소(J. J. Rousseau)의 공통점이다. 답지 ③은 코메니우스가 주장한 교육론이며, 답지 ②, ④ 두 사람과 직접적인 관계가 없다.

7 정답 ③

문제의 답지 ㄹ에서 범애주의는 아동기, 소년기, 청년기의 삼기로 구분하고 이 단계에 따라 교육을 해야 하고 거기에 적당한 교육내용을 제시하였다. 생활에 유용한 인간육성과 교육내용을 주장하였으며, 교육방법으로 유희와 직관을 중요시하고 모국어를 강조하였다.

8 정답 ①

문제의 답지 ㄹ에서 신인문주의는 19세기 독일을 중심으로 일어난 운동으로 18세기 계몽주의적 합리주의에 반대한다. 신인문주의의 사상적 배경으로 국가주의 사상의 발흥, 역사적 사상의 발흥, 사회본위의 사상, 실증주의적 사상의 발흥, 심리적 실업사상의 발흥 등을 들 수 있다.

9 정답 ①

페스탈로찌(J. H. Pestalozzi)는 루소의 사회사상(만민평등 사상)과 교육사상(자연주의)의 영향을 받았다. 목적면에서 인간 정신의 내면력을 Head(지), Heart(덕), Hand(기)의 조화적 발달을 도모하고 인간개혁을 통한 사회개혁을 목표로 했다. 교육은 학습의 완성에 있지 않고 생활에 대한 준비에 있다고 하였다. 내용면에서 형, 수, 언어를 강조하고, 방법면에서 아동중심교육, 활동주의, 자연주의, 계발주의 실사물과 경험에 의한 직관교육방법을 강조하였다.

10 정답 ③

헤르바르트(J. F. Herbart)는 인식론에 있어서 합리론과 경험론을 절충하여 학습에 있어서 경험과 직관을 인정하였다. 교육목적은 윤리학에서 구했으며, 교육방법은 심리학에서 찾았다. 특히 교수방법에 있어서 흥미론과 명료, 연합, 계통, 방법 등의 4단계 교육법을 제시하여 교수법 연구를 촉발하였다.

11 정답 ②

칸트(I. Kant)의 실천철학과 표상심리학을 통대로 과학적 교육학의 학문적 체계를 최초로 수립한 교육사상가는 헤르바르트(J. F. Herbart)이다. 교육에 있어서 교육목적으로 도덕적 품성의 도야에 두었고, 교수방법론에 있어서 흥미론에 입각한 교수 4단계이론을 제시하였다.

12 정답 ②

프뢰벨은 유아교육의 선구자로서 관념론과 범신론에 입각한 교육사상을 전개하였다. 프뢰벨의 교육론을 제시하면 다음과 같다. 목적면에서 신성계발(아동의 본성)에 두고, 방법면에서 통일의 원리, 연속적 발달의 원리, 은물(恩物)을 통한 유희의 원리 등을 강조하였다.

13 정답 ③

꽁도르세(M. Condorcet) 1791년 '공교육에 관한 5개의 각서'에서 공교육은 민중에 대한 사회의 의무라고 하여 근대시민사회에 있어서 공교육제도의 이론적 근거를 명시하였다. 교육은 누구에게나 균등하게 받을 수 있는 기회가 주어져야 하며, 교육의 기회균등이 보장되기 위해서는 국가가 교육을 관리 운용하여야 한다고 주장하였다. 그러나 그는 의무제에 대하여는 언급을 하지 않았는데 그 이유는 의무제는 개인의 자유를 속박하고 자연권으로서의 부모의 교육권을 부정하는 것이라고 생각했던 것이다.

14 정답 ③

영국의 조교학교(Monitorial School)는 랭카스터(J. Lancaster, 1778-1838)의해 창시되었으며, 교육의 목적은 취업하지 않은 빈곤한 아동들을 교육하기 위한 것이다. 특히 교육방법은 연장의 우수한 학생을 조교로 하여 교사는 처음에 조교들에게 글을 가르치고 교육받은 조교들이 10명 정도의 아동들을 가르치도록 하였다.

15 정답 ①

오웬(R. Owen)은 영국의 근대 사회주의 창시자이며, 빈민운동가이자 사회개혁주의 교육자이다. "사람은 환경의 피조물이다"라고 생각하고 환경과 교육이 인간의 성격을 형성하기 때문에 물질적·도덕적 환경이 개선되고 재구성되어야 한다고 주장하였다.

16 정답 ④

답지 ①에서 독일은 프러시아를 중심으로 19세기 초에 교육의 국민화가 이루어졌다. 답지 ②에서 프랑스는 시민혁명 직후 꽁도르세의 5단계 단선학제가 제안되었지만 실시되지는 못했다. 답지 ③에서 영국은 서민 교육제도는 일찍 확립하였지만, 보수적 귀족적 경향이 강해서 서민 계급은 교육의 혜택을 받지 못했다. 답지 ④에서 미국의 매사추세츠주는 1642년 의무교육령이 반포되었다.

17 정답 ③

프랑스 혁명은 정치적 혁명인 동시에 교육의 혁명이기도하였다. 프랑스의 교육혁명은 제수이트 교육체제 추방하고 근대적 국민교육제도의 성립을 가져왔다.

18 정답 ②

답지 ②에서 독일은 1763년에 '일반지방학사령'을 내려 취학 의무를 규정하였고, 1794년에 세계 최초의 보통교육제도의 기초를 굳혔다. 답지 ①에서 프랑스는 대혁명 이후 여러 국민교육제도안이 나왔으나 1882년 페리(J. Ferry) 법에 의해 비로소 국가의 관리 아래 공립무상의무교육이 확립되었다. 답지 ③에서 미국은 1853년 메사츄세츠주에서 의무교육령이 정착되기 시작하였다. 답지 ④에서 영국은 1944년 이후 통일학제(단선제)가 정비되었다. 이는 독일, 프랑스가 1차 세계대전 이후 통일학교 운동을 한 것에 비하면 20년 이상 늦게 시작된 셈이다.

19 정답 ④

서양의 근대학교 등장은 시민계층의 권리의식 증진에 따른 교육의 기회균등, 경제성장에 따른 산업사회의 인력공급, 국가주의 사상에 의한 국민통합 및 국가 유지 등이 그 주요 배경이 된다. 답지 ④에서 근대학교제도는 교육의 종교적 중립을 강조하면서 교회가 교육에 관여하지 않고 국가의 공적사업으로 자리를 잡게 되었다.

20 정답 ②

호레이스만(Horace Mann)은 공립학교 운동의 지도적 인물로서 미국의 공교육발달에 지도적 역할을 하였다. '교육은 인간의 기본적 권리에 속한다'라는 것을 기본이념으로 빈부에 차이 없는 개방된 공교육을 주장하였다. 답지 ㅁ에서 아동노동의 해악을 시정하기 위한 공장법 제정에 앞장선 사람은 오웬(R. Owen)이다.

한국교육사
정답 및 해설

유길준 공무원 교육학
진도별 모의고사

[한국교육사] 제1회 정답 및 해설

1 ③	2 ③	3 ③	4 ③	5 ③
6 ②	7 ②	8 ②	9 ④	10 ②
11 ③	12 ③	13 ③	14 ③	15 ④
16 ②	17 ①	18 ①	19 ①	20 ③

1 정답 ③

답지 ③에서 삼국시대 교육은 백성을 다스릴 인재를 양성하는 치인(治人)교육과 전쟁과 국가 방위에 필요한 무인을 양성하는 무인(武人)교육에 역점을 두었다. 답지 ①에서 지배질서와 교육은 유교사상을 근간으로 삼았다. 답지 ②에서 불교는 지배계급에 의해 공인이 되고 민간에게 널리 퍼지게 되었다. 답지 ④에서 유교는 학교의 기본원리로 등장하였다.

2 정답 ③

삼국사기에는 소수림왕 2년(372)에 태학을 세워 자제를 교육했다는 단편적인 기록만 있을 뿐, 교육목적과 내용에 등에 관해서는 자세한 기록이 없다. 다만 고구려가 전진(前秦)의 제도에서 영향을 받았기 때문에, 이 태학의 교육내용은 중국의 기록을 통해 추측할 수 있다.

3 정답 ③

문제의 제시문은 경당에 대한 구당서(舊唐書)에 기록이다. 경당은 사립학교로서 독서(讀書)와 습사(習射: 활쏘기)를 교내용으로 하여 문무를 겸비한 인재를 양성하였다. 경당은 지방의 촌락에 이르기까지 설치된 사립학교로서 평민의 자제를 교육하기 위한 것이라 볼 수 있다.

4 정답 ③

고구려의 경당과 화랑도를 비교하면 다음과 같다.

경당	화랑도
• 평민층 자제를 위한 교육기관	• 귀족층 자제를 위한 교육기관
• 형식적 교육기관	• 비형식적 교육기관

5 정답 ③

백제의 교육기관에 대해서는 직접적인 기록은 없으나, 백제가 일찍부터 도입한 박사(博士)제도를 통해 교육 수준을 짐작할 수 있다. 박사란 교육의 임무를 맡은 관직의 이름으로서, 학문에 정통한 사람이 그 직임을 맡았다.

6 정답 ②

답지 ①에서 신라의 화랑도 교육은 군사지도자와 정치지도자를 양성하는데 그 목적 있었다. 답지 ②에서 교육방법을 집단적이며, 활동적인 면을 강조하였다. 답지 ③에서 교육의 형태는 비형식적 교육의 형태이다. 답지 ④에서 사상적인 면에서 풍류사상을 기반으로 유(儒), 불(佛), 선(仙) 사상을 수용하였다.

7 정답 ②

답지 ㄷ에서 화랑도 교육은 집단적으로 활동하면서 심신을 수련하였으며, 문무일치(文武一致)교육이었다. 그리고 이성, 정서, 신체의 수련을 조화롭게 하는 전인교육 사상을 내포하고 있다. 특히 화랑도의 조직은 귀족과 평민계급을 서로 연결하는 역할을 하였다.

8 정답 ②

국학은 삼국 통일 후 신문왕 2년(682)에 당의 영향을 받아 세운 교육기관이며, 설립의 목적은 중앙집권제도의 확립과 강화를 위한 관리양성을 목적으로 하였다. 국학의 장학을 위해 소성왕 1년(799)에 진주와 거제도를 학생의 녹읍(祿邑)으로 주어 학비를 조달하게 하였다.

9 정답 ④

답지 ④에서 국학(國學)은 졸업시험의 형태로 과거시험의 전신인 독서삼품과라는 제도가 있었다. 답지 ①에서 통일신라는 과거제도가 없었다. 답지 ②에서 국학에는 기술학과로 산학, 의학, 천문학 3과가 있었다. 답지 ③에서 국학의 교육목적은 왕권강화를 위한 인재를 육성하는데 있었다.

10 정답 ②

신라 원효(元曉)의 교육사상 중 유심연기(唯心緣起) 사상은 자학자습(自學自習)에 의한 내적 자각을 강조한 사상으로 가치로운 인간이 되기 위한 양식을 스스로의 탐구와 노력과 의지로서 체득함을 강조하는 사상이다.

11 정답 ③

답지 ①, ②에서 고려시대는 치국(治國)의 도로서 유교, 수신(修身)의 도로서 불교를 숭상하였기 때문에 양자는 병행해서 발달하였고, 고려문화의 2대 지주를 이루었다. 답지 ③에서 고려시대는 형식적인 유학적 교육체제가 형성한 시대라고 할 수 있다. 답지 ④에서 서당과 향교가 크게 발전한 시기는 조선시대이다.

12 정답 ③

답지 ①에서 고려의 교육체제에서 향교와 5부 학당이라는 중등교육 제도가 존재하였으며, 12도라는 국가가 감독하는 사립학교가 있었다. 답지 ②에서 학교교육과 과거제도는 일정정도 관계가 있으나 조선시대만큼 체계적으로 연계되어 있지 않다. 답지 ③에서 국가가 감독하는 체계적이고 조직적인 사립학교인 12공도가 있었다. 답지 ④에서 유교교육은 서당을 통해 서민들에게도 공부할 수 있는 기회가 주어졌다.

13 정답 ③

답지 ②와 ③에서 성종은 유경습업(留京習業)제도와 권학관(勸學官)제도를 도입하여 지방교육을 통제하기 시작하였다. 답지 ①에서 고려의 과거제도는 평민인 경우에도 응시가 가능하였다. 답지 ④에서 고려의 태조는 개경에 학원을 세워 6부(六部)의 생도를 교육을 하였다.

14 정답 ③

국자감은 종합대학의 성격으로 국자학(國子學), 태학(太學), 사문학(四門學)의 유학과 3과와 율학(律學), 서학(書學), 산학(算學)의 기술과 3과로 구성되었다. 국자학은 문무관 3품 이상의 자제, 태학은 문무관 5품 이상의 자제, 사문학은 문무과 7품 이상의 자제가 입학할 수 있었다. 율학, 서학, 산학은 신분의 구별 없이 8품 이하의 자제와 서민 그리고 7품 이상의 자제로서 청원하는 자가 입학할 수 있었다.

15 정답 ④

고려시대 국자감도 교육목적은 유교적 관리를 양성하는 것이었다. 그리고 유학과와 기술과 모두 공통 필수과목으로 논어(論語), 효경(孝經)을 부과하였다. 교육방법면에서 문답형태의 계발식 교육방법이 사용되었다. 예종 때 여진족의 침략이 빈번하자 고급무인양성의 필요성이 대두되어 무학재를 설치하게 되었다. 과거시험을 통해 입학자격을 부여한 전통학교는 조선시대의 성균관이다.

16 정답 ②

답지 ②에서 고려시대 국자감의 필수과목은 유학부와 기술부 공통으로 「논어」와 「효경」이었다. 답지 ①에서 국자감은 유학부와 기술부의 이원체제로 운영되었다. 답지 ③에서 예종 때에 국자감에 설치한 7재는 무학도 포함되어 있었다. 답지 ④에서 국자감은 향사의 기능을 가진 문묘와 강학의 기능을 가진 학당이 별도로 있었다.

17 정답 ①

답지 ①에서 학당은 향교와 같이 중등교육기관 이었고 교육내용도 비슷한 수준이었다. 답지 ②에서 고려의 학당은 관립 중등교육기관으로 개경에 세워진 학교이다. 답지 ③에서 학당은 국자감 부속학교로서 문묘가 없고 교육기능만을 담당하였다. 답지 ④에서 학당은 국가가 운영하는 관립 중학교이다.

18 정답 ①

인종 때 설립된 향교의 교육 수준은 중앙의 학당과 같은 수준의 중등교육기관이지만 문묘를 행했다. 성적이 우수하면 국자감에서 공부할 수 있도록 하였다. 답지 ①에서 고려의 향교는 중앙집권적인 교육체제를 시도한 정책이다. 답지 ②와 ④에서 고려 초기 지방교육은 지방호족들이 담당하였고 중앙정부가 지방교육에 구체적으로 관여한 것은 성종6년

(987)에 권학관(勸學官)을 파견한 것이 시초이다. 답지 ③에서 향교는 지방인재 육성과 지방민 교화를 교육목적으로 하였다.

19 정답 ①
답지 ㄱ에서 고려의 향교는 지방유학전파와 지방민 교화를 목적으로 설립한 지방중등교육기관이다. 답지 ㄴ에서 향교는 문묘와 교육기능을 지니고 있어서 국자감의 축소판이었다. 답지 ㄷ에서 우수한 자는 국자감에 공부할 수 있었다. 답지 ㄹ에서 지방호족들이 운영하는 교육기관이 아니라 국가에서 운영하는 학교이다. 향교는 지방민들(문무관 8품 이하의 자와 서민의 자)에게 유교의 경서를 중심으로 교육을 하였다.

20 정답 ③
문제에서 제시된 교육적 특징을 지닌 고려시대 학교는 향교(鄕校)이다. 고려의 향교는 지방유학전파와 지방민 교화를 목적으로 설립한 지방중등교육기관으로 지방의 선비와 지방민들(문무관 8품 이하의 자와 서민의 자)에게 유교의 경서를 중심으로 교육을 하였다.

[한국교육사] 제2회 정답 및 해설

1 ③	2 ②	3 ②	4 ②	5 ③
6 ②	7 ①	8 ②	9 ②	10 ③
11 ③	12 ①	13 ①	14 ②	15 ②
16 ①	17 ①	18 ①	19 ④	20 ①

1 정답 ③
12도란 고려시대 교육기관으로 가장 유명한 사학 열둘을 일컫는다. 12도는 문하시중(門下侍中)을 지낸 최충(崔沖)이 학교를 열어 교육한데서 비롯되었다. 최충이 세운 학교를 최공도(崔公徒)라 하였다. 최공도 학생들의 교육방법의 하나로 속작시를 짓는 각촉부시(刻燭賦詩)라는 제도가 있었다. 또한 매년 여름이면 하계강습회를 열었는데 강사는 도(徒)출신 급제자로 학문은 깊으나 아직 임관되지 아니한 자로 하였다.

2 정답 ②
답지 ②의 12도란 고려시대 교육기관으로 가장 유명한 사학(私學) 열둘을 일컫는다. 12도는 문하시중(門下侍中)을 지낸 최충(崔沖)이 학교를 열어 교육한데서 비롯된다.

3 정답 ②
고려시대의 서당에 대해서는 자세한 기록이 없으므로 그 교육적 상황을 잘 알 수 없으나 다만 송나라 사람 서긍(徐兢)이 저술한 「고려도경(高麗圖經)」을 통하여 어느 정도 그 모습을 짐작할 수 있다. 서긍은 인종 때의 송나라 사신이었으므로 당시 고려사회에 있어서의 학풍을 엿볼 수 있다. 이로 미루어 보면 그 당시에 서당이 많이 있어 지방의 서민자제의 교육을 담당하고 있었음을 추측할 수 있다. 고려의 서당은 그 수준에 있어서 초등교육기관의 구실을 하였던 것으로 짐작할 수 있을 뿐이다.

4 정답 ②
고려의 과거제도가 처음 시행된 것은 광종9년(958)의 일이다. 국초에 중앙집권적 체제와 왕권을 강화할 목적으로 국자감이 설립되기 전에 도입하였다.

인종 14년(1136)에 일종이 과거시행법인 과거절목(科擧節目)에 제정됨으로써 그 완비를 보게 되었다. 그리고 천민을 제외하고 누구나 응시할 수 있었다. 이와 같은 과거제도의 도입은 학교교육의 본연의 목적인 인격완성의 필연성에 앞서 개인의 영달과 입신양명이 더 절실한 목적이 되었다. 또한 과거시험과목이 중국의 고전을 중심으로 하였기에 사대주의(事大主義)와 상고주의(向古主義)가 지배하는 시대적 오류를 범할 수밖에 없었다.

5 정답 ③

답지 ㄱ에서 고려의 과거제도도 필연적으로 학교교육과 연관이 있었으나 제도의 계획에 있어서 조선시대만큼 교육제도와 과거제도가 완벽하게 연결되어 있지는 않았다. 과거시험은 제술업(製述業), 명경업(明經業), 잡업(雜業)이 있었으나 무과(武科)는 없었다. 특히 제술업이 중요시되었다. 이것은 귀족들은 경학(經學)보다도 문예를 숭상하던 풍조라고 할 수 있다. 한편 고려사회의 과거중시의 풍조는 사립학교(12도)의 발전에 크게 영향을 주었다.

6 정답 ②

최충(崔沖 984~1068)은 12도의 선구자로서 성인의 도(聖人의 道)를 교육의 본질로 생각하였다. 특히 학문하는 6가지 방법으로 ① 학업공경(敬業), ② 정성스럽고 밝음(誠明), ③ 크게 가운데를 지킴(大中), ④ 크게 조화(大和), ⑤ 덕에 나아감(進德), ⑥ 불러서 물어봄(聘問) 등을 제안하였다. 교육적 공헌으로 9재 학당을 지어 후진들을 모아 가르쳤고 그에게서 배우는 자를 문헌공도(文憲公徒)라 하여 12공도의 발전에 토대를 마련하였다.

7 정답 ①

안향은 고려말 주자학을 원나라로부터 들여와 일생을 흥학양현(興學養賢)활동에 주력하였다. 교육적 인간상으로 충(忠), 효(孝), 예(禮), 신(信), 경(敬), 성(誠)의 덕목을 갖춘 도덕적 인간을 강조하였다.

8 정답 ②

섬학전(贍學錢)은 안향이 국자감이 쇠퇴해 가는 것을 걱정해 조성한 장학기금으로 관직이 6품 이상은 은 한 근, 관직 7품 이하는 포를 내게 하여 이것으로 인재양성의 사용할 수 있도록 하였다. 답지 ①의 서적포는 고려 숙종 때 국자감에 두었던 출판부이며, 답지 ③의 수서원은 서경에 설치한 도서관 겸 학교였다. 답지 ④의 양현고는 예종 때 설치한 국학의 장학제도이다.

9 정답 ②

답지 ②에서 주자학(朱子學)의 철학을 기초로 치지궁행(致知躬行)과 충군신의인(忠君信義人)을 주창한 학자는 정몽주(鄭蒙周, 1337~1397)이다. 이색(李穡, 목은, 1328~1369)의 교육사상의 기초가 되는 것은 이성론(理性論), 심론(心論), 호연론(浩然論)이다. 답지 ①에서 이색은 불심유성동일관(佛心儒性同一觀)에 근거하여 심신성명(心身性命)의 구명을 강조하였다. 답지 ③에서 이색은 과거제도에 무과를 둘 것을 강조하여 문무겸비인(文武兼備人)을 교육적 인간상으로 제안하였다. 답지 ④에서 그의 심론(心論)에 의하면, 마음이란 착한 말(善言)과 착한 행동(善行)을 보고 생기는 것이며, 이러한 마음을 잃지 않기 위해 노력하는 태도가 경(敬)과 의(義)라고 하였다.

10 정답 ③

문제의 내용과 관계가 깊은 고려시대 사상가는 이색이다. 그의 불심유성동일관(佛心儒性同一觀)에 의하면, 불교(佛敎)에서 말하는 심(心)과 유학(儒學)에서 강조하는 성(性)이란 다른 것이 아니라 같은 것이다. 뿐만 아니라 유교경전을 강론할 때 나름대로 독특한 방법인 단계적인 교수론을 전개하였는 바, 서구의 헤르바르트(Herbart)교수단계설 보다 400년 앞선다. 그의 교수5단계론은 다음과 같다.

1단계	본문을 강의(講義)함
2단계	의문을 논란(論難)함
3단계	같음(同)과 다름(異)을 분석하고 판별함
4단계	이치(理致)에 적합하도록 절충함
5단계	주지(主旨)에 합치하도록 힘씀

11 정답 ③

지눌(知訥 ; 1158~1210)은 반조(返照)의 논리로 내면적 수양을 중요시 하였다. 그리고 먼저 깨닫고 난후 수양하는 돈오점수(頓悟漸修)를 주창하였다. 수양은 정(定)과 혜(慧)를 조화롭게 닦을 것을 강조하였다. 문제의 답지 ㄱ은 정몽주의 사상이고, 답지 ㄴ은 이색의 사상이다.

12 정답 ①

답지 ①에서 학문적으로 성리학이 크게 융성하여 조선사회의 교육과 통치의 근본이념이 되었다. 답지 ②, ③에서 조선사회는 정치뿐만 아니라 교육에서 있어서도 중앙집권적인 체제를 추구하였다. 답지 ④에서 불교를 억제하고 성리학을 정치, 교육적 사상을 근본이념으로 삼았으며, 유교(성리학) 외 불교, 노자, 장자 사상들을 금하였다.

13 정답 ①

문제의 답지 ㅁ에서 조선시대는 기술교육과 예술교육은 하위계층에서 그 명맥을 유지하였다. 특히 성리학에 의한 사상체계는 국초 이래 왕권강화의 정신적 배경이 되었을 뿐만 아니라 철저한 배타적, 보수적 폐쇄성으로 다른 학문과 사상이 용납될 수가 없었다. 답지 ㄹ에서 과거제도는 원래 개방적인 제도였으며 일반 평민은 실제로 교육받을 기회가 없어서 과거를 응시하는 경우 거의 없었다.

14 정답 ②

조선시대의 학교교육의 목적은 유능한 관리양성과 문묘(文廟)를 통한 법성현(法聖賢)의 추구가 주된 교육의 목적이었다. 또한 교육이념으로 수기치인(修己治人)의 도(道)를 강조하였다. 사상의 핵심은 우주의 근원과 인간의 심성에 관한 것이었다.

15 정답 ②

답지 ①에서 성균관은 유학과 중심의 순수문과대학이었다. 답지 ②에서 재회(再會)라는 학생회를 통해서 동료학생을 징계할 수 있었다. 답지 ③에서 국가 정책의 실정이나 명륜풍교(明倫風敎)에 해가 될 만한 일이 있을 때 상소하여 탄핵하는 활동을 할 수 있었으나 조정을 비방하는 유소(儒疏)는 금지되었다. 답지 ④에서 성균관 유생들은 과거의 소과의 합격자들이 들어가는 것이 원칙이었으나 정원이 부족할 경우 4학의 학생, 소과의 초시합격자, 공신과 3품 이상 관리의 적자, 현직관리 등이 들어갈 수 있었다.

16 정답 ①

답지 ㄱ에서 성균관은 유교의 보급과 통치체제의 필요한 고급관리를 양성하기 위한 고등교육기관이었다. 답지 ㄴ에서 교육내용으로 강독(4서와 5경), 제술, 습자가 주 내용이다. 답지 ㄷ에서 입학자격은 소과에 합격자를 원칙으로 하였다. 답지 ㄹ에서 성균관의 정원이 가장 많았을 때 200명이었으나 실제 재학생수는 이에 미치지 못하였다.

17 정답 ①

답지 ①에서 성균관의 시험과목은 과거시험과목과 큰 차이가 없었다. 시험의 방법은 강경(講經)과 제술(製述)로 시험을 보았다.

18 정답 ①

문제의 답지 ㄷ에서 성균관의 교육과정은 구재지법(4서 5경을 순차적으로 배우는 방법)으로서 봄과 가을에 승재 시험이 있었다. 답지 ㄹ에서 유생들의 상소는 조정을 비방하는 상소를 제외하고는 특별한 제한을 두지 않았다.

19 정답 ④

답지 ①에서 성균관의 주된 재원은 학전(學田)이었다. 답지 ②, ③에서 세종 후기부터 성균관이 침체되면서 유생의 취학이 줄어들자 성균관의 입학자격은 다소 완화되었다. 문과 향시·한성시의 초시합격자, 현직관리는 시험을 보지 않고 성균관에 입학할 수 있었다. 답지 ④에서 성균관의 시험가운데 3일제(3월 3일)와 구일제(9월 9일)가 시행되었는데 이를 춘추도시(春秋都試)라고도 하였다. 이때에는 의정부, 육조, 제관의 당상관이 제술을 시험하여 그 성적을 학적에 기재하고 성적 우수자 3명을 가리어 바로 문과(대과) 복시에 응시할 수 있는 특전을 주었다.

20 정답 ①

성균관의 입학자격은 ① 성균관 입학시험에 합격한 생원(生員)·진사(進士), ② 사학(四學)·문음(門蔭)의 승보생(陞補生)이 중심이 되었다. ③ 문과 향시·한성시 초시 합격자, 현진 관리 중 참상(參上), 참외관(參外官) 등은 시험 없이 입학할 수 있었다.

[한국교육사] 제3회 정답 및 해설

1 ④	2 ③	3 ③	4 ③	5 ②
6 ③	7 ③	8 ①	9 ①	10 ③
11 ④	12 ④	13 ②	14 ③	15 ④
16 ②	17 ①	18 ②	19 ④	20 ③

1 정답 ④

답지 ㄱ에서 노장(老壯), 불경(佛經), 잡류(雜類), 백가자집(百家子集)등의 이단서는 읽을 수가 없었다. 답지 ㄴ에서 유생들의 상소는 초기에는 주로 척불 상소였으나 중기 이후 정치문제가 주요관심사였다. 답지 ㄷ에서 주색·재물에 관한 이야기를 할 수 없었으며, 말을 탈 수 없었다. 답지 ㄹ에서 유생들의 자치활동으로 상소가 있었으며, 내용의 경중대소를 가리지 않고 접수하였다.

2 정답 ③

원점제(圓點制)는 유생의 출결성적을 점수로 표시하는 제도이다. 조석으로 식당에 들어갈 때 도기(출석부)에 점을 찍게 하여 출석점수 300점 이상이 되어야만 관시응시자격을 부여하였다. 문제의 답지 ㄹ에서 강(講), 순고(旬考)는 생활지도 방법이 아니라 평가방법이다.

3 정답 ③

답지 ③에서 식당에 들어가지 않는, 즉 일종의 단식투쟁을 하는 것을 권당(捲堂)이라고 한다.

4 정답 ③

4학은 원래 학당(5부학당)으로 고려말기(원종2년:1261)부터 창설되었던 학교다. 이 제도는 중국에도 없었던 것으로 고려 말 유학 진흥의 현실적 요청에 의해 설치되었으며, 조선조에 이르러 발전을 보았다. 태종11년(1411)에 서울에 동·서·남·북·중에 학교를 세우니 이를 5부학당 이라고 하였다. 그 후 세종 6년(1426)경에 북부학당은 폐지되고 4부학당만 존속하여 고종31년(1894)까지 유지되었다. 중등교육기관으로 성균관 예비학교 성격을 띠었으며 문묘가 없었다.

5 정답 ②

답지 ㄷ에서 사학(四學)의 교육방법은 주로 경서를 암기시키는 것이었다. 유생들은 읽은 글을 반드시 외울 수 있어야만 다음 글을 가르쳤다. 또한 사학의 교육목적은 소학지도(小學之道)의 공(功)을 성취하는 것이었다. 따라서 4학의 유생들의 교재는 소학(小學)을 비롯하여 효경, 4서5경, 문공가례집(文公家禮集), 제사(諸史) 등을 배웠다.

6 정답 ③

답지 ③에서 조선시대 사학(四學)은 중등교육기관으로 성균관 예비학교 성격을 띠었으며 문묘가 없었다.

7 정답 ③

향교(鄕校)는 지방에 있는 중등교육기관으로 이미 고려(인종) 때부터 지방교육기관으로 존재하였다. 향교는 성균관과 같이 문묘기능과 교육기능 그리고 사회교화, 향풍순화 등의 기능을 지니고 있었다. 향교의 학관으로 교수(종6품관), 훈도(종9품관), 학장이 있었다. 학장은 품관이 아닌 것으로 보아 임시교원이었던 것으로 보인다. 선조 이후 학관이 학장으로 채워지자 중앙에서 학장을 감독하기 위한 제독관을 파견하였다.

8 정답 ①

향교(鄕校)의 운영 경비는 국왕이 하사한 학전(學田)으로 유지하였으나 극히 미미했으리라 추측된다. 다만 영조 때「속대전(續大典)」에서는 주·부의 향교에는 7결(結), 군·현 향교에는 5결(結)이 주어 졌다고 전하고 있다. 이외로 유림(儒林)으로부터 기부금을 얻어 매수한 전지(田地), 도진(渡津), 어장(漁場), 산림(山林) 등의 수익으로 운영비를 충당하였다.

9 정답 ①

답지 ①에서 향교는 지방에 있는 중등교육기관으로 이미 고려(인종) 때부터 지방교육기관으로 존재하였다. 향교는 성균관과 같이 문묘기능과 교육기능 그리고 사회교화, 향풍순화 등의 기능을 지니고 있었다.

10 정답 ③

답지 ①에서 조선시대 기술교육이 기관은 중앙기관과 지방 기관이 있었다. 전공분야별로 이학(吏學), 역학(譯學), 율학(律學), 의학(醫學), 천문학(天文學), 지리학(地理學), 명과학(命課學), 산학(算學), 화학(畵學), 도류(道流) 등이었다. 답지 ②에서 잡학교육을 받는 자에게는 과거와 같이 시험을 통하여 자격을 주어 등용하거나 '취재(取才)'라 하여 자격을 주어 등용하기도 하였다. 답지 ③에서 기술직을 담당하는 사회적 신분은 중인 계급이었다.

11 정답 ④

조선의 기술교육이 제도적으로 정착되는 것은 성종 때의 경국대전(經國大典) 예전(禮典)의 생도조(生徒條)에서 각 학교의 생도를 법적으로 명시한 데서 비롯된다. 또한 과거시험은 초시와 복시를 통해 선발하였다. 초시는 식년전 가을에 중앙에서 각사(各司)에서 주관하여 실시하고, 복시는 각사와 예조가 합동으로 실시하였다. 조선이 유학(儒學)을 중요시 하였으므로 생산적 산업과 과학적인 기술자를 천시 하였으므로 잡과는 크게 환영받지 못하였다.

12 정답 ④

문제의 답지 ㄱ에서 서원은 교과목으로 소학(小學)을 배웠던 것으로 보아 중등수준을 겸한 교육을 했을 것으로 추측된다. 하지만 입학자격은 서원 자체의 자율적인 통제 속에서 이루어지고 있었다. 생원·진사인 경우에는 특별한 입학 심사를 받지 않고 들어갈 수 있었으며, 그 밖의 입학 지원자는 학문적인 경향을 심사하였다. 따라서 서원은 중등교육에서 고등교육 수준의 교육을 했던 것으로 보인다. 답지 ㄴ, ㄹ에서 서원의 교육목적은 국가에 필요한 선비를 양성하고 명유공신(名儒功臣)을 숭배하고 청년자제를 교육하는 것이었다. 그리고 교육내용으로 소학과 4서 5경을 기본으로 가르쳤다. 답지 ㄷ에서 교육방법은 개인별 강(講)으로 능력별로 문답식교육을 하였다.

13 정답 ②

서원의 교육적 특징을 제시하면 ① 교육의 목적으로 선현봉사(先賢奉祀)와 후진교육이었으며, ② 학문적 수준에서 중등교육 이상 고등교육이었고, ③ 번거로운 세속을 떠나 산수 좋고 한적한 장소에 위치한 탓에 수양과 사색하기에 적당한 곳이었고, ④ 까다로운 학령이나 학칙의 구속에서 벗어나 공부하기에 편리하였고, ⑤ 성균관이나 향교가 공자를 비롯한 역대 명유공신(名儒功臣)을 모두 모시는데 대하여 서원은 특정한 명유공신(名儒功臣)을 모신다는 점이다. 또한 서원의 교원의 문제는 자체에서 해결하였던 것으로 보인다.

14 정답 ③

서원의 기능은 교육적 기능(답지 ㄴ, ㄷ)과 종교적 기능(답지 ㄱ), 사회·정치적 기능(답지 ㄹ)이 있었다. 교육적 기능에는 강학(講學)과 장수(藏修)기능이 있었는데 강학은 원생의 수준에 따라 교수가 교육을 하는 것이고, 장수는 수기(修己)를 통하여 덕성을 함양한다는 의미로 교수의 강의에 의한 방법보다 유생 스스로 독서와 토론을 장려하고 터득한 바를 몸소 실천에 옮기는 것을 말한다.

15 정답 ④

답지 ④에서 서당의 전신은 양반들이 운영하던 서재(書齋)에서 찾을 수 있으며, 16, 17세기에는 주로 양반들이 운영하는 서당이었다. 18세기 후반 소규모의 자산으로도 운영이 가능한 서당계(書堂契)의 고안으로 경제적인 어려움을 겪던 평민층이 대거 서당에 참여할 수 있는 전기를 마련하였다.

16 정답 ②

서당의 교육적 성격으로 교육제도상으로 초등 교육단계, 교육내용에서는 유학의 기초를 교육하는 학교, 학교 운영에서는 사설 교육기관, 교육기능면에서 지역사회 교화의 중심지, 유학의 기초교육을 담당하면서도 향사(享祀)를 하지 않았다. 답지 ㄷ에서 서당은 향사 기능이 없었다. 답지 ㅁ에서 서당은 설립과 폐교의 기준이 없었다.

17 정답 ①

답지 ①에서 서당은 향촌사회에 생활근거를 둔 사족(士族)과 백성이 주체되어 설립되었다. 답지 ②에서 서당의 입학자격에는 제한이 없었으며, 천인, 노비 등도 입학이 가능하였다. 답지 ③에서 교육내용은 강독, 제술, 습자를 배웠는데 처음에는 천자문(千字文)을 배우고 그다음으로 동몽선습(童蒙先習), 소학(小學)등을 배웠다. 답지 ④에서 서당은 조직면에서 볼 때 훈장과 학생이 주축을 이루고 있으나 훈장을 도와서 학업 지도와 생활 지도를 하는 접장(接長)이 있었다. 접장은 규모가 작은 서당에는 별도로 두지 않았다.

18 정답 ②

문제에서 기술된 조선시대 교육기관은 서당이다. 답지 ②는 서당이 아니라 향교에 해당한다. 서당의 교육목적은 문자해독, 중등교육기관인 향교나 사학(四學)의 진학준비, 과거의 준비 등이 목적이었다.

19 정답 ④

답지 ④에서 논어(論語)는 4서중 하나로 적어도 중등이상의 교육에서 배우는 교재이다. 서당의 주요 교재는 다음과 같다.

천자문(千字文)	초학자용 문자 학습서(4언고시 형태)
동몽선습(童蒙先習)	오륜(五倫) 및 한국과 중국역사를 약술한 책(박세무)
소학(小學)	성리학적 실천규범(주자편)
격몽요결(擊蒙要訣)	청소년학습서(이이)
아희원람(兒戲原覽)	아동교육서(장혼)
유합(類合)	아동용 문자학습서(서거정)

20 정답 ③

『훈몽자회(訓蒙字會)』는 1527년 최세진(崔世珍 : 1473~1542)이 지은 어린이용 한자 초학서로서 당시 한자 학습에 사용된 천자문과 유합(類合) 등의 책이 실제 사물과 직결된 실자(實字)들을 충분하게 다루지 않고 있다고 비판하여 '조수초목지명(鳥獸草木之名)'과 같은 실자를 위주로 이책을 편찬했다.
상·중·하 각 권에 1,120자씩 총 3,360자를 수록하고 있다.

[한국교육사] 제4회 정답 및 해설

1 ②	2 ①	3 ③	4 ③	5 ①
6 ②	7 ①	8 ①	9 ①	10 ②
11 ①	12 ④	13 ④	14 ①	15 ①
16 ④	17 ①	18 ①	19 ①	20 ①

1 정답 ②

향촌전체가 서당계를 조직하여 공동으로 설립·운영하는 서당을 향촌조합서당(동리공동서당)이라고 하였다. 서당의 유형은 다음과 같다.

종류	운영형식
훈장자영서당	지방의 유지나 유학자가 훈장이 되어 자기 생계의 수단으로 직업적으로 경영하거나, 교학일체를 취미로 운영하는 서당이다.
유지독영서당	경제 형편이 여유가 있는 유지가 자기 자제를 교육시키기 위해 훈장을 초빙하여 서당 운영의 모든 경비를 제공하고 친척의 자제나 이웃집 자제들을 무료로 공부시키는 서당이다.
유지조합서당	유지 몇 사람이 서당 조합을 만들어 훈장을 초빙하여 자기 자제를 교육시키는 서당이다.
동리공동서당	마을 전체가 경비를 부담하여 훈장을 초빙하고 그들의 자제를 교육시키는 서당이다.
동족조합서당	같은 친족끼리 종친을 구성하여 경비를 공동으로 부담시키면서 자기 가문의 자제를 교육시키는 서당이다.
관립서당	지방 관청의 소재지로 지방 행정관의 관권으로 설립하고 운영하던 서당이다.

2 정답 ①

답지 ①에서 전통적인 교육기관인 경당(扃堂), 12공도, 서원(書院)의 공통점은 국가가 직접 통제하지 않는 사립교육기관이다. 답지 ②, ③은 경당에 해당하며, 12공도는 고려시대 과거시험을 준비하는 사립교육기관이었다. 그리고 서원은 지방에 설립된 중등 이상의 사립교육기관이었다.

3 정답 ③

조선시대 과거제도의 특징을 제시하면, ① 문무양과를 균형 있게 운영하였으며, ② 진사시를 억제하고 유학의 경전을 외우는 생원시를 중시하였고, ③ 관학을 육성하여 과거제와 유기적으로 연결하였다. 답지 ㄹ에서 과거의 종류에는 문관시험, 무관시험, 기술관 시험이 있었는데 문관시험은 대과와 소과인 양과제로 운영하였으나, 무과와 기술과는 단일과제로 운영하였다.

4 정답 ③

답지 ①에서 과거시험의 문관시험은 대과와 소과의 양과제를 채택하였으나 무과는 단일과제를 채택하였다. 답지 ②에서 기술을 담당하는 관리는 단일과제로 초시와 복시 시험을 보았다. 답지 ③에서 소과 합격자(생원시와 진사시)에게는 성균관의 입학자격을 부여하였고, 선비로 사회적으로 공인을 받았으며, 백패가 수여되었다. 답지 ④에서 과거시험의 평가방법을 강경(講經)으로 할 것인지 제술(製述)로 할 것인지에 대한 논쟁이 있었는데 이를 '강제시비(講製是非)'라고 한다.

5 정답 ①

문제의 답지 'ㄷ'에서 문과(文科)의 대과와 무과를 초시, 복시, 전시로 이루어져 있었다. 답지 'ㄹ'에서 문과의 소과(小科) 합격자에게는 백패가 수여되었으며, 홍패는 대과 급제자에게 수여하였다.

6 정답 ②

답지 ①의 학교사목(學校事目)은 율곡 이이가 지은 것으로 교사와 학생의 인사문제를 다룬 학규이다. 답지 ③의 구제학규는 예조에서 성균관의 학규(세조9년)로 제정한 것으로 대학부터 역경(주역)까지 과목에 대한 진급과 학습할 과목의 순서를 정해놓은 것이다. 답지 ④의 진학절목(進學節目)은 성종 때 예조에서 정한 것으로 교수의 임용과 전출, 유생의 면학과 출결을 규제한 학규이다.

7 정답 ③

조선시대 대표적인 학규(學規)를 살펴보면 다음과 같다.

진학절목	성종 때 예조에서 정한 것으로 교수의 임용과 전출, 유생의 면학과 출결을 규제한 학규이다.
권학사목	권근이 태종에게 지어올린 것으로 『소학』을 모든 교육의 기초로 하자는 것이다.
학교모범	율곡 이이가 지은 학규로 학령의 미비점을 보충하고 유학교육의 내용과 방법을 포괄적으로 제시하였다.
구제학규	예조에서 성균관의 학규(세조9년)로 제정한 것으로 대학부터 역경(주역)까지 과목에 대한 진급과 학습할 과목의 순서를 정해놓은 것이다.
원점절목	유생의 출결성적을 점수로 평정하는 것으로 조석으로 식당에 들어갈 때 도기(到記 ; 출석부)에 점을 찍게 했다. 원점은 30점에 준하며, 매년 300점을 원칙으로 하였다
학령	학교교육에 관한 규정으로 아침절차, 매일행사, 매월행사, 독서, 제술, 강경성적 등을 규정한 성균관의 최초의 학칙이다.
학교사목	율곡 이이가 지은 것으로 교사와 학생의 인사문제를 다룬 학규이다.
학교절목	인조(1629)때 조익이 제정한 규정이다. 신입학생, 출결석, 장학제도, 성적, 성균관, 4학, 향교의 명단을 책자로 만들어 자격 등을 규제하는 규정이다.
향학사목	권근이 지은 것으로, 사학(私學) 교원을 관학의 훈도 또는 교수로 채용하거나 그 학생을 강제로 옮기는 일이 없도록 감사와 수령이 이를 잘 지켜야 한다는 규정이다.

8 정답 ①

권근(權近 ; 1352~1409)은 고려 말과 조선 초기에 걸친 문신·학자로서 정도전과 함께 배불숭유(排佛崇儒) 정책으로 문교입국의 기초를 세우는데 일역을 담당하여 교육행정면이나 교육방법론에서 뛰어나 업적을 남긴 학자였다. 그의 교육목적관은 첫째로 "인재는 국가의 명맥이며 학문은 인재의 원기(原氣)이므로 이 원기를 배양하여야만 왕화(王化)가 아름답게 퍼질 수 있고 세도(世道)가 올바르게 잡힌다."고 하였다. 둘째로, 교육은 인간의 행동규범을 밝히는 명인륜에(名人倫)에 그 목적이 있다는 것이다. 그렇기 때문에 그는「소학(小學)」을 학교교육에서 있어서 필수과목으로 할 것을 주장하였다. 셋째로, 수양의 지침으로 공(公), 근(勤), 관(寬), 신(信)의 4덕(德)을 제시하였다. 그리고 입학도설(入學圖說)을 통해 우리나라 최초로 감각적 직관의 교육원리를 반영하였다.

9 정답 ①

이황(李滉 ; 1501~1570)은 조선의 대유학자로서, 교육가이자, 정치 사상가이다. 그의 형이상학은 순수 이원론적 이기(理氣)론으로 주리론(主理論)을 강조함으로써 우주의 근원이 되는 생명력에 대한 인식을 보다 중요시했고, 그 생명력에 근본을 둔 인간의 도덕적 의욕을 중요시하였다. 따라서 체험주의와 수양주의 입장을 강조하였다. 그의 교육의 목적관은 인(仁)을 체득한 사람인 '성현(聖賢)'에 두고, 부단히 기질을 변화시키는 것을 강조하였다. 성현에 이르게하는 학문방법으로 위기지학(爲己之學)과 경(敬)을 강조하였다. 성학십도(聖學十圖)는 그의 교육사상을 가장 잘 제시하고 있는 대표적인 저서이다. 답지 ㄱ에서 입지(立志)는 율곡 이이의 사상에서 강조되고 있지만, 퇴계 이황도 율곡 이이 못지않게 입지(立志)를 강조하고 있다. 답지 ㄹ은 율곡 이이 교육사상이다.

10 정답 ②

이 황(李滉:퇴계, 1501~1572)은 성리학적 도덕인을 기르는 것을 강조하였으며, 경(敬)의 사상을 강조하였다. 경(敬)이란 지적행위와 실천 행위를 보다 넓고 깊게 철저화한 개념이며, 정신집중통일상태를 말한다.

11 정답 ①

"율곡의 이상적 인간상은 성인(聖人)이다"이와 관련하여 율곡은 뜻을 세우는 일, 즉 입지(立志)와 율곡사상의 핵을 이루는 중심 사상으로 성실(誠實)을 강조하였다. 입지(立志)란 '뜻을 바르게 세우는 일'을 말하며 자기 지향적 목표의식으로서, 오늘날의 자기학습, 자주학습을 통한 평생교육과도 일치한다.

그는 입지(立志)의 근원을 도(道)라고 하였다. 입지(立志)하되 도(道)로서 하지 아니하면 아니 되고, 이 도(道)는 오직 성(誠)으로만 이룩할 수 있고, 성(誠)으로 도를 이룩하면 그것이 곧 성인(聖人)의 경지라는 것이다.

12 정답 ④

율곡 이이는 그의 『학교모범』독서조에서 "독서하는 순서는 소학(小學)으로 먼저 그 근본을 배양하고 다음에는 대학(大學)과 근사록(近思錄)으로서 그 규범을 정하고 그 다음에는 논어(論語), 맹자(孟子), 중용(中庸), 5경(經)을 읽고 「사기」와 선현의 성리서를 사이로 읽어 의취(意趣)를 넓히고 식견을 정하게 할 것이다. 비성(非聖)의 책은 읽지 말고 무익한 글을 보지 말아야 한다"고 했다.

13 정답 ④

답지 ④에서 조선시대 실학의 성격은 세계관에 있어서는 객관적인 자연관이며, <u>윤리관에 있어서는 경험적인 실천윤리이다</u>. 또한 민족주체의식을 강조하는 성격을 지니고 있다. 답지 ②에서 실학자들은 반상의 구별 없이 능력 있는 자에게 교육기회를 주자는 주장이 있었지만 남녀평등 교육을 주장하지 않았다. 답지 ③, ④에서 실학자들은 조선정치의 주류세력에서 밀려난 선비들이었으므로 조선의 실질적인 개혁에는 영향을 주지 못하였다.

14 정답 ①

조선후기 실학사상은 사회적인 면에서 임진왜란, 병자호란, 당쟁, 사화로 인한 민생피폐를 성리학 사상으로 해결할 수 없다는 자각과 학문적인 면에서 서구과학과 청나라의 고증학에 영향을 받았다. 그리고 학교교육과 과거제도를 일원화 하자는 주장이 대두되었다.

15 정답 ①

답지 ①에서 조선의 실학사상은 현실적인 문제에 기반을 두고 그 개혁을 추구하는 의의가 있다. 답지 ②에서 교육내용면에 있어서 경전과 중국의 사서(史書)를 중심으로 구성된 교과에서 생활에 유용한 과학적 교과의 교육과 우리나라의 역사와 문학을 교육할 것을 구상하였다. 답지 ③에서 숭례(崇禮)와 근검, 남녀유별, 인간 평등, 능력 제일주의를 추구를 추구하였다. 답지 ④에서 실학자들은 신유교(新儒敎)의 사상으로 점진적인 변화를 추구하였다.

16 정답 ④

답지 ①에서 사대부의 자제와 서얼출신과 양민의 우수한 자제(단, 상인 시정배, 무당, 잡류, 노예 등은 제외)가 학교에 입학하도록 하여 추천과 선발을 통해 교육을 받고 관리가 되도록 한 것이 공거제이다. 답지 ②에서 유형원은 성균관을 대신하여 태학을 설치하고 여기서 1년 이상 수학한 유생이 추천과 선발시험을 통해 관리가 되도록 하였다. 답지 ③에서 공거제는 학교교육과 관리 선발을 일원화 하는 제도이다. 답지 ④에서 공거제는 과거제 대안으로 제안된 것으로 추천과 선발시험을 통해 능력과 인격의 차등을 두어 관직을 부여하는 제도이다.

17 정답 ①

문제의 답지 'ㄹ'은 정약용, 박지원의 주장이며, 답지 'ㅁ'은 이덕무의 주장이다. 이익(李瀷, 1681~1763)은 유형원의 학문세계를 계승하여 집대성하였다. 교육목적 면에서 배우고 익힌 것을 반드시 실제 생활에 유용해야 하며, 사회발전에 기여할 수 있을 때 비로소 가치 있는 것이라고 주장하였다. 그는 자기계발의 요소이며 자기 수양에 있어 일신(日新 : 매일새롭게), 득사(得師 : 스승을 구하고), 호문(好問 : 호기심을 가지고 질문하는 것) 이 살아 있는 교육이라 주장하였다. 교육내용 면에서는 중국 중심의 역사관에서 탈피하여 우리의 역사에 대한 주체적인 연구가 이루어져한다고 주장하고 우리의 역사가 학교에서 가르쳐지고 시험과목으로 채택되어야 한다고 주장하였다. 그는 그의 저서『곽우록(藿憂錄)』에서 과거위주의 교육이 사장(詞章)을 기억하고 외우는 것에 불과하다고 비판하였다. 이러한 폐단을 시정하기 위해 기존의 3년 한번 실시하던 것을 5년에 걸쳐 3단계 과정으로 실시할 것을 주장하였다. 특히 천민에게도 과거에 응시할 수 있는 기회를 주어야 한다고 주장한 점은 유형원의 주장에서도 찾아볼 수 없는 혁신적인 주장이라고 할 수 있다.

18 정답 ①

문제의 제시문과 같은 사상을 추구한 실학자는 이익(李瀷, 1681~1763)이다. 이익은 경세치용의 학풍을 이어받았으며, 봉건 사회의 여러 가지 모순에 대해 개혁을 주장하였다. 특히 『곽우록(藿憂錄)』에서 학교제도 개혁과 과거제도 개혁을 주장하였다. 또한 그는 자기계발의 요소이며 자기 수양에 있어 일신(日新 : 매일새롭게), 득사(得師 : 스승을 구하고), 호문(好問:호기심을 가지고 질문하는 것)이 살아 있는 교육이라 주장하였다. 교육내용면에서 유교경전과 중국역사를 주로 다루던 당시의 교육과정에 한국적 요소를 가미 하여 민족 주체의식을 강조하였다. 답지 ②는 중상주의 실학자 홍대용의 주장이며, 답지 ③은 유형원의 주장이다. 그리고 답지 ④는 이덕무의 사상이다.

19 정답 ①

답지 ①에서 정약용은 소득의 향상과 국가의 부강을 위하여 기술의 습득을 강조하고 기술교육을 주장하였다. 답지 ②, ③은 성호 이익의 주장이며, 답지 ④는 유형원의 주장이다.

20 정답 ①

답지 ①에서 정약용은 중국의 역사책인 사략(史略)과 통감절요(痛鑑節要) 그리고 천자문(千字文)의 비교육적면을 지적하였다. 사략(史略)은 중국의 역사책을 초록한 책인데 사략에 기록되어 있는 전설적인 인물인 천황(天皇)의 존재를 허구라고 보았다. 답지 ②에서 정약용은 소득의 향상과 국가의 부강을 위해 기술습득을 강조하였다. 답지 ③에서 정약용은 수기위천하인(修己爲天下人)을 교육적 인간상으로 상정하였다. 답지 ④에서 교육내용에서 우리의 역사와 문학을 가르칠 것을 주장하여 성호 이익의 사상을 계승하였다.

[한국교육사] 제5회 정답 및 해설

1 ③	2 ②	3 ④	4 ②	5 ②
6 ④	7 ①	8 ①	9 ①	10 ①
11 ④	12 ②	13 ③	14 ①	15 ②
16 ①	17 ①	18 ①	19 ①	20 ②
21 ②	22 ③	23 ②	24 ②	25 ④

1 정답 ③

답지 ③에서 정약용은 교육내용에 있어서 덕행, 경술, 문예, 기예를 제안하고 특히 덕행에서 효제자(孝悌慈)의 덕목을 강조하였다. 답지 ①에서 정약용은 조선의 오학을 비판하였는데 그것은 과거학, 문장학, 훈고학, 성리학, 술수학이 여기에 해당한다. 답지 ②에서 정약용은 조선사회가 지니고 있는 학문 그 자체의 본질을 거부 했다기 보다 잘못된 학문의 경향을 바로잡으려 했다. 답지 ④에서 교육목적으로 수기위천하인(修己爲天下人)강조하였다.

2 정답 ②

정약용은 아동문자 학습서인 천자문이 비교육적이라고 비판하였다. 그 이유는 문자가 체계적으로 배열되어 있지 않다는 것과 4언고시 형태로 되어 있는 책의 구성이 아동의 발달수준에 맞지 않다는 것이다. 글자의 전개가 사물에 대한 일관된 이해를 방해한다고 지적하였다. 이러한 문제를 해결하고자 아동의 문자 학습서로 2000자로 된 『아학편』을 편찬하였다.

3 정답 ④

안정복(安鼎福, 1712년~1791년)은 조선 후기의 실학자다. 경세치용학파의 대종(大宗)인 성호 이익에게서 사사하면서 그의 학풍을 계승한 사람이 되었다. 그는 그의 저서『하학지남』에서 공리공론의 학문적 경향에서 벗어나서 하학위주 학문을 강조하고 있다. 여기서 하학은 상달(上達)의 뜻과 대립되는 것으로 관념적인 차원을 벗어나서 일상성을 추구하는 실학자적 태도에 관한 학문이다. 그는 당시의 학문을 심학(心學)·이학(理學)으로 규정지으려는 풍조에 대하여 심(心)이나 이(理)는 그림자나 형체가 없어서 포착되지 않는 공허한 이야기라고 비판하였다. 그는 실생활에서 실천할 수 있는 덕목들을 추려내어 『소학』의 범주에 따라 『하학지남』을 편찬하였다.

4 정답 ②

답지 ①은 이덕무의 사상이고, 답지 ③은 정약용의 주장이며, 답지 ④는 이익의 주장이다. 박지원(朴趾源 ; 1737~1805)은 조선 후기 실학자로 그 당시 관념적이고 추상적인 학문에 빠져 공리공론만을 일삼는 양반들을 비판하면서 쓸모 있고 유용한 지식을 탐구하는 일이 조선을 살리는 길이라고 주장하였다. 그리고 배청숭명(俳淸崇明)에 명분에 빠져 선진국인 청(淸)의 문물을 도입하지 않으려는 위정자들을 신랄하게 비판하였다. 그는 국가경제를 살리고 민생을 구하기 위해서는 무엇보다 서양의 발달된 과학기술을 적극적으로 수용해야 한다는 '이용후생(利用厚生)'을 주장하였다. 또한 그릇된 신분제도로 말미암아 능력 있는 자들의 활동이 위축되는 현실을 개탄하면서 신분제도를 근본적으로 개혁할 것을 주장하였다. 그는 『천자문(千字文)』은 비교육적이라서 읽어서는 안 된다는 소위 불가독설(不可讀說)을 주장하였다. 『천자문』이란 어디까지나 중국이라는 풍토에 맞게 만들어진 책이지 조선의 풍토에는 맞지 않는다고 하였다.

5 정답 ②

제시문의 사상가는 실학사상가 이덕무(李德懋)이다. 그는 사상적인 면에서 공(公), 정(正)의 이념을 강조하였다. 교육적인면에서 교육목적으로 내행수결(內行修潔)의 인간육성을 강조하였다. 또한 사소절(士小節)을 통해서 서당교육을 포함해서 아동 교육에 대한 구체적인 규정을 제시하였다. 사소절은 <u>사전(士典), 부의(婦儀), 동규(童規)</u> 등으로 이루어져 있으며, 성인, 여성, 아동 교육에 영향을 주었다.

6 정답 ④

실학자 홍대용은 모든 사람에게 교육기회의 균등을 주장하고, 특히 면에 재(齋)라는 학교를 두고, 면안의 8세 이상의 전 아동들을 교육시킬 것을 제안하였다. 이것은 우리나라 최초의 의무교육을 제안한 것으로 큰 의미를 지닌다.

7 정답 ①

문제의 답지 ㄱ에서 최한기(崔漢綺, 1808~1879)는 기학(氣學)을 수학에 접목시켜 설명하였다. 그리고 답지 ㄴ에서 전통적 성리학의 이(理)의 절대성을 부정하고 우주가 기(氣)의 산물이라고 보았다. 답지 ㄷ에서 기(氣)는 단순히 물질적 존재의 근본형태에 그치지 않고, 신의 공용(功用)으로 활동하는 힘이 있어 살아 움직이는 것이라고 하였다. 답지 ㄹ에서 기(氣)의 운동변화의 법칙을 '운화(運化)의 기(氣)'로, 그 객관적 자연법칙이 주관적 의식에 반영되는 사유의 법칙을 '추측(推測)의 기(氣)'라고 하였다.

8 정답 ①

개화기교육은 외국문물을 수용하기 위해 외국어 교육을 실시하고 실업교육기관을 설립하여 교육의 실용화를 추구하였다. 부국강병(富國强兵)의 수단으로 국민교육을 인식하고 모든 국민에게 반상과 남녀의 구별 없이 교육을 받을 수 있도록 교육의 기회를 확대하였다. 교육을 국가 유지와 발전의 수단으로 생각하고 신교육을 받는 학생들에게 국권의식을 고취하게 하였다.

9 정답 ①

우리나라 교육을 신교육과 구교육으로 구분하는 시기는 1894년 갑오개혁으로 전통적 교육으로부터 전면적으로 근대적 교육을 수용하였다. 특히 교육의 보편화를 통해 반상의 구별 없는 교육, 남녀차별 없는 교육을 추구하여 여성과 특수아에게도 교육의 기회를 부여하였다. 근대화를 주도한 것은 국가뿐만 아니라 민간인, 선교계 학교들이 크게 공헌을 하였다.

10 정답 ①

문제의 답지 ㄹ에서 갑오개혁 이후에 1895년 7월 2일자 칙령 제136호로 성균관제를 제정·공포하고 동년 8월 9일자 학부령 제2호로 성균관경학과 규칙을 제정하여 전통을 유지하면서 성균관을 근대적인 교육기관으로 개편토록 하였다.

11 정답 ④

1895년 고종이 발표한 「조선교육입국조서」는 정부가 교육 개혁을 위한 일대 결심을 제시한 것이며, 이는 한국 교육사에 있어 구교육과 신교육을 갈라 놓은 하나의 중요한 전기를 이룩하였다. 그리고 국가의 부강은 국민의 교육 정도에 따라 측정되는 것이라 하여 교육을 국가 중흥의 기본 수단으로 인식함으로써 교육의 사회 개조 기능을 중시하였다. 또한 신교육을 통한 과학적 지식과 실용성을 추구하였으며, 교육의 3대 강령으로 덕육·지육·체육을 제시하였다.

12 정답 ②

문제의 답지 ㄱ에서 동문학은 영어 통역자를 양성하기 위한 통상아문 소속의 통역자 양성소로서 교육의 실용화사상을 반영한 것이다. 답지 ㄹ에서 육영공원은 신식학제에 의한 최초의 근대적 관학이다. 답지 ㄴ에서 원산학사는 민관이 협력하여 세운 우리나라 최초의 근대적인 민간 사학으로써 서당을 개량서당으로 발전시켜 근대학교로 설립한 것으로 전통을 계승한 학교이다. 답지 ㄹ에서 우리나라 최소의 소학교는 1894년에 설립된 황실소학교이다.

13 정답 ③

답지 ③에서 육영공원은 민영익이 미국문물의 탁월함을 고종에게 보고함으로써 설립되었으며 미국과 비롯한 서구 제국과 관계를 개선하는 방법의 하나로 도입되었다.

14 정답 ①

제시문의 내용은 한성사범학교의 특징을 제시한 것이다. 조선 정부는 1895년 4월 16일 자 칙령 제79호로 한성사범학교관제를 제정·공포하고, 동년 7월 23일 자 학부령 제1호로 한성사범학교교칙을 제정·공포하였다. 교육의 목적은 소학교 교원을 양성하는 것이었다. 한성사범학교는 조선 정부가 근대적 신학제를 마련하면서 설립한 최초의 근대적 관립학교인 동시에 한국교육사상 최초로 세워진 교원 양성기관이다. 한성사범학교는 1895년부터 1906년에 이르기까지 모두 7회에 걸쳐 195명의 졸업자를 배출하였다. 한성사범학교는 1906년 9월 관립한성사범학교로 개편되었다.

15 정답 ②

1895년 발표한 성균관관제는 성균관을 3년제 근대적 대학으로 개편할 것을 골자로 하고 있다. 교육은 학부대신의 관하에 속하여 문묘를 건봉하고 경학과 기타 학과를 이습하는 것을 목적으로 하였다. 특히 성균관에 경학과를 설치하여 교육기능만을 담당하게 하였다.

16 정답 ①

선교계 사학은 서양식 교육제도를 처음 소개하고 신학문을 수입하는 데 개척자적인 역할을 하였으며, 봉건적 계급 사상을 타파하고 인간평등, 인권존중, 기회균등의 이념을 밝혀 주었다. 그리고 예능교육과 실업교육, 정서교육을 중요시하였다. 또한 근로의 신성함과 직업의 귀천을 불식시켜 자주 자활의 근로정신을 배양을 강조하였다.

17 정답 ①

답지 ①에서 서우사범학교는 1906년 평안남북도와 황해도 출신의 지식인들을 중심으로 설립된 애국계몽단체인 서우학회(西友學會)가 민력양성(民力養成)을 통한 국권회복과 인권의 신장을 위해 교육진흥운동을 벌이면서 설립한 학교이다. 서우학회의 주요사업으로 교육구국활동 등을 들 수 있는데, 이를 위해서는 무엇보다도 신교육을 받고 이를 교육할 수 있는 유능한 교원을 양성하는 것이 중요한 과제라고 보고, 이들 교원의 양성을 위해 서우사범학교라는 사범속성과 야간학교를 설립했다. 초대 교장에 박은식이, 교감에는 김달하가 취임했고, 교사로는 주시경 등이 있었다. 수업연한은 1년이었고, 산술·지리·역사·법률·교육학·물리학·영어·일어·작문 등의 교과목이 있었다.

18 정답 ①
답지 ①에서 정부의 근대화 정책에 의한 우리나라 최초의 학교는 육영공원이다. 원산학사는 1883년 함경남도 원산 지방민들이 새로운 정세의 변화에 대응하기 위하여 자발적으로 세운 우리나라 교육사상 최초의 근대학교이다. 일본에 대항하여 민족의 권익을 수호하고, 일본 상인들에 대한 대응책 마련을 위해서 원산상의소 회원들을 비롯한 지방민들이 개화파 관료였던 정현석과 협력하여 세운 최초의 학교이다.

19 정답 ①
민족사학의 공통된 설립 정신은 ① 국권회복을 위한 민족지도자 양성, ② 배일 애국교과 의한 민족의식 고취, ③ 과외 활동을 통한 애국사상의 함양, ④ 교육실천을 통한 항일운동 등이다.

20 정답 ②
문제의 답지 ㄴ에서 사립학교통제령을 사립학교를 통한 구국운동을 탄압하기 위해 일제가 제정한 것이다. 대표적인 우민화 정책으로 소학교 수업연한 단축, 중학교를 고등학교로 개칭, 소학교를 보통학교로 개칭, 고등교육기관의 설립을 일체불허 등이 해당된다.

21 정답 ②
답지 ②에서 일제는 동화교육의 일환으로 일본어를 보통학교 전학년에 걸쳐 주당 6시간씩 학습을 시켰다. 답지 ①에서 동화정책의 일환으로 공립학교를 확대하였다. 답지 ③에서 소학교의 명칭을 보통학교로 바꾸고 수업연한을 단축하였다. 답지 ④에서 고등교육기관과 중등교육기관의 설립 등을 억제하였다.

22 정답 ③
제1차 조선교육령 시행시기의 교육정책의 기본방향을 충량한 일본신민의 양성과 시세와 민도에 알맞는 교육, 그리고 일본어 보급에 중점을 두었다. 또한 일본어 보급에 목적을 두고 우리말을 '조선어'라는 명칭으로 고정시켜 학교교육에서 외국어와 같은 위치로 전락시켰다. 문제의 답지 ㄴ에서 학교의 관리층은 모두 일본인 교사가 맡았으며 교원들은 제복에 칼을 차고 교육에 임하는 등 위압적으로 일본인화 교육에 임했다.

23 정답 ②
제2차 조선교육령시기(문화정책기)는 3·1운동을 통해 드러난 한국인의 강인한 민족주의적 예봉을 피하기 위해 문화정치를 표방함으로써 식민지 지배정치를 다소 완화한 것으로 위장하여 한국인의 민족의식을 교묘히 파괴하려고 한 시기이다. 답지 ①과 ④는 황국신민화 시기(제3차 조선교육령시기), 답지 ①은 통감부 시기부터 실시한 정책이다.

24 정답 ②
답지 ①에서 문맹퇴치운동은 문맹자들을 대상으로 하는 운동이었다. 답지 ②에서 일제의 방해로 설립되지는 못했으나 민립대학을 설립하기 위한 운동이 활발히 전개되었다. 답지 ③에서 야학운동이나 문맹퇴치 운동은 1920년 이후 사회의 하위계층을 대상을 전개한 교육운동으로서 이는 일제의 암흑기에서 행한 매우 의의 있는 민족교육이었다. 답지 ④에서 야학과 문맹퇴치운동은 1925년 이후 일제의 통제를 받기 시작하였다.

25 정답 ④
답지 ④에서 경정제국대학을 창설한 시기는 1924년으로 문화정책이 추진되는 시기(제2차 조선교육령)에 설립하여 조선인의 항거를 회유하려고 하였다. 답지 ①에서 제3차 조선교육령 시기는 한국어가 다시 선택 과목이 되고, 제4차 조선교육령 시기에는 한국어 교육을 완전히 배제하였다. 답지 ②에서 조선총독부는 신사참배를 강요하고 응하지 않는 학교는 강력히 응징하였다. 답지 ③에서 황국신민화 시기는 일본인을 위한 사범학교와 한국인을 위한 사범학교를 하나로 통합하여 전국에 사범학교가 설립하기 시작하였다.

교육사회학
정답 및 해설

유길준 공무원 교육학
진도별 모의고사

[교육사회학] 제1회 정답 및 해설

1 ④	2 ①	3 ④	4 ②	5 ④
6 ③	7 ②	8 ④	9 ④	10 ③
11 ①	12 ③	13 ④	14 ③	15 ①
16 ④	17 ①	18 ①	19 ④	20 ④

1 정답 ④

교육의 보편사회화 기능은 한 사회의 공동적 감성과 신념 즉, 집합의식(集合意識)을 새로운 세대에 내면화 시키는 것을 의미한다. 이는 교육이 지니는 긍정적인 기능으로 사회유지와 보존에 공헌하게 된다는 것이다. 기능론적 관점에서 교육의 사회적 기능은 사회화(보편사회화, 특수사회화), 사회통합, 사회선발 이다. 답지 ②는 저항이론의 관점에서 보는 교육의 기능이다.

2 정답 ①

답지 ㄱ에서 구조기능주의 사회학에서는 사회를 유기체로 본다. 따라서 기능, 통합, 합의라는 속성을 지니게 된다. 답지 ㄴ은 사회통합, ㄷ은 사회선발의 기능을 말한다. 기능론적 관점에서 사회의 각 부분은 각기 독립된 기능을 수행하면서도 상호의존적인 관계에 있다. 이에 교육은 사회화, 사회통합, 사회선발의 기능을 지닌다. 문제의 답지 ㄹ은 미시적 사회학인 교육과정 사회학에서 관심을 갖는 부분이다.

3 정답 ④

기능주의관점에서 교육과정은 학교에서 가르쳐지는 지식은 객관적이고 보편성을 띤 것이다. 즉 사회를 유지하고 보존하기 위해 필수적인 내용으로 구성된다는 것이다. 문제의 답지 ①, ②, ③은 갈등적 시각을 지닌 지식사회학적 관점이다.

4 정답 ②

학교는 능력에 따라서 공정한 평가를 하며 능력에 맞는 인력개발 및 훈련을 시키는 곳이다. 이는 교육의 기회균등을 통해 실현할 수 있다고 본다. 답지 ①, ③, ④는 갈등주의 선발의 관점이다.

5 정답 ④

학교교육은 장차 미래를 대비하는 교육으로 장차 사회유지와 보존에 필요한 보편적 능력과 전문화 사회에서 역할을 수행할 수 있는 특수사회화에 공헌한다. 따라서 학교에서 실시하는 능력에 따른 반편성은 장차 사회의 직업적 분화에 도움을 준다. 답지 ㄱ은 사회선발기능, 답지 ㄴ과 ㄷ은 사회화 기능, 답지 ㄹ은 사회혁신 기능이다.

6 정답 ③

문제의 제시문은 기능주의 관점의 교육관이다. 기능주의 사상은 사회질서 유지적인측면에서 강제력이 아닌 구성원의 합의된 가치나 규범에 의한 질서 유지를 강조한다. 그리고 사회적 지위획득 또는 사회선발에 있어서 능력주의에 입각한다. 답지 ①, ②, ④는 갈등주의 사상에서 본 자본주의 사회의 학교교육의 기능이다.

7 정답 ②

문제의 제시문은 교육의 사회혁신적 기능에 대한 서술이다. 교육의 사회혁신적 기능이란 교육이 사회의 개조, 사회의 발전에 원동력이 된다고 보는 기능이다. 예컨대, 교육을 통하여 전근대적 사회에서 근대적 사회로, 폐쇄적 사회에서 개방적 사회로 나아가는 등을 의미한다.

8 정답 ④

인간자본론의 이론적인 전제는 교육수준이 높아질 수록 개인의 생산성은 증대되고, 결과적으로 그 개인의 소득수준이 향상되어 그 개인뿐만 아니라 국가적으로 경제적 이익을 얻게 된다(교육의 긍정적 기능). 슐츠(T. W. Schultz)는 교육은 단순한 소비의 형태가 아니라 생산적인 투자라는 점을 주장하였다. 즉, 교육받은 인력은 산업발전과 경제성장에 필요한 노동력의 공급원이 된다는 것을 강조하였다.

9 정답 ④

인간자본론의 문제점으로 지적되고 있는 것은 교육과 미래의 수입사이의 관계는 학교에서 배운 것이 직업수행에 미치는 영향 때문인 것으로 가정하나 반드시 그렇지는 않다. 그리고 학력과 직업은 일치되는 것으로 가정하나 반드시 그렇지는 않다. 뿐만 아니라 교육적 투자가 사람들의 인지적 능력을 높인다고 가정하나 반드시 그렇지는 않다. 인간자본을 비판하는 이론으로 선발가설이론, 2중 노동시장이론, 급진론 등이 있다.

10 정답 ③

답지 ③은 틀린 지문이다. 자본주의 사회에서 교육은 고용주들의 선발장치일 뿐만 아니라 인간의 능력을 증진시켜 산업사회의 생산성을 향상시켜주며, 이로 인해 국가경제가 발전하며 개인의 소득도 증대된다는 이론이다. 인간자본은 교육투자설이라고 하는데 이는 국가의 경제·정치·사회 각 부문의 발전을 자극하여 촉진시키기 위하여 교육의 양과 질을 계획적으로 조정하는 것을 의미하기도 한다.

11 정답 ①

답지 ㄱ에서 뒤르껭(E. Durkheim)은 "교육목적은 전체 사회로서의 정치사회화와 그 가 종사해야 할 특수 환경(특수사회화)의 양편에서 요구하는 지적·도덕적·신체적 제 특성을 아동에게 육성·계발하는 데 있다"고 하였다. 답지 ㄴ에서 이기적인 어린 세대에게 규율정신을 가르치기 위해서 교사의 정당한 권위와 애정이 필요하고 그리고 비도덕적 행위를 제재하는 방법으로 벌과 보상의적절한 사용을 강조했다. 단지 교사의 권위를 세우기 위해서 체벌을 해서는 안된다. 답지 ㄷ에서 국가 교육에 대해 가져야 할 권리와 의무에 대한 논쟁에서 학교교육은 국가의 통제 하에 있다고 주장하였다. 답지 ㄹ에서 도덕교육에 관해서는 당시 프랑스가 구시대의 도덕이 무너지고 새 시대의 도덕이 형성되는 과도기에 있다고 보고 사회와 도덕교육을 통해 새로운 사회가 지향해야 할 이상을 아동들에게 가르침으로써 시대적 위기를 극복할 수 있다고 보았다.

12 정답 ③

드리본(R. Dreeben)은 학교가 무엇보다 강조해야 할 일은 학생들을 사회인으로 만드는 것이라고 보고 이를 위해 독립심, 성취성, 보편성, 특수성 등 네 가지 사회화 규범을 제시하였다. 문제의 제시문은 사회화 규범 가운데 독립심에 관련된 내용이다. 독립심은 지금까지 부모, 형제에게서 받아 오던 의존관계에서 독립되어 교실 상황에서 독립심이라는 사회 규범을 학습하게 된다. 예컨대 학교의 교칙을 어기거나 시험 중 부정행위에 대한 처벌을 통해서 아동들을 자신의 행위에 대하여 개인적으로 책임져야 한다는 것을 배우게 된다.

13 정답 ④

파슨스(T. Parsons)는 사회를 하나의 체제로 보고 사회체제의 유형변수로 "감정성-감정중립성, 구체성-확산성, 보편주의-특수주의, 자기지향-집합지향, 업적본위-귀속본위"로 제시하여 사회체제의 특성을 규정짓고 있다. 이에 학교는 사회체제의 유형변수 가운데 '감정중립-보편성-업적성'을 특징으로 하고 있다고 주장하였다. 답지 ①, ②, ③은 학교교육이 현대 산업사회에서 가지는 기능인 사회화, 사회선발, 사회통합을 설명하는 내용이다.

14 정답 ③

역사적 유물론의 관점에서 학교교육의 기능은 자본주의 사회가 요구하는 노동력을 재생산하며, 노동력을 재생산하는 과정에서 지식과 기술의 습득뿐만 아니라 각 개인이 차지할 경제적 위치에 알 맞는 가치, 태도, 의식을 형성시키는 일이다. 토대-상부구조의 관계에서 상부구조에 속한 학교는 토대구조의 유지·존속을 위해 기능을 한다. 답지 ①, ②, ④는 기능주의 사상에서 추구하는 교육이다.

15 정답 ①

갈등주의는 교육을 토대구조의 대응물이라는 관점에서 교육의 사회적 역할을 지배계급을 위해 사회적 재생산(노동력 재생산, 노동관계 재생산, 의식 재생산)을 실천하는 것으로 보고 있다. 문제의 답지 ㄹ은 기능주의 관점이다.

16 정답 ④

갈등론적 관점에서 학교교육은 학교에서 학생들의 학습의 실패의 원인은 불평등한 사회구조에 있으므로 사회 구조의 문제에서 찾는다. 답지 ①, ②, ③은 기능론적 관점의 학교교육의 역할을 설명한 것이다.

17 정답 ①
문제의 이론은 갈등주의 사회학 이론이다. 답지 ①은 기능주의 관점의 이론에 해당하므로 틀린 지문이다. 답지 ②, ③, ④는 갈등주의 관점에서 학교교육을 비판하는 내용이다. 갈등주의는 자본주의 사회의 학교교육의 부정적인 기능 지적하고 비판한다.

18 정답 ①
보올즈와 긴티스(S. Bowles & H. Gintis)는 경제적 재생산이론에서 대응원리를 제시하고 학교가 학교 내의 사회관계를 자본주의 경제구조의 사회관계와 일치시킴으로써 자본주의의 불평등한 사회관계를 재생산한다고 주장하였다. 즉 '초등교육-노동자', '중등교육-중간관리자', '고등교육-경영자'에 대응한다는 것이다. 문제의 답지 ②는 틀린 내용이고, 답지 ③은 문화적 재생산이론, 답지 ④는 저항이론이다.

19 정답 ④
보올즈와 긴티스(S. Bowles & H. Gintis)의 경제적 재생산론에서 자본주의 사회의 학교교육은 능력주의(meritocracy) 이념을 통해 계급적 모순을 은폐하고 있다고 주장하고 있다. 답지 ①번은 기능이론, 답지 ②번은 해석적 접근, 답지 ③번은 저항이론에 해당된다.

20 정답 ④
문제의 제시문은 '경제적 재생산 이론'의 대응(상응)이론에 근거한 내용이다. 경제적 재생산 이론에 의하면 학교교육은 능력주의(meritocracy) 이념을 통해 계급적 모순을 은폐하고 있다고 주장한다. 즉 <u>학교가 학교 내의 사회관계를 자본주의 경제 구조의 사회관계와 일치시킴으로써 자본주의의 불평등한 사회관계를 재생산한다고 주장한다.</u>

[교육사회학] 제2회 정답 및 해설				
1 ②	2 ③	3 ③	4 ③	5 ①
6 ①	7 ②	8 ④	9 ③	10 ①
11 ③	12 ②	13 ①	14 ③	15 ②
16 ③	17 ④	18 ②	19 ③	20 ②

1 정답 ②
부르디외(P. Bourdieu)는 경제자본과 대비되는 문화자본의 개념을 도입하여 높은 지위의 집단은 우월성이 사회적으로 인정되는 문화적 활동(예컨대, 피아노 4중주)에 참여함으로써 그들의 사회적 지위가 정당화된다고 주장한다. 마찬가지로 학교에서도 그 같이 사회적으로 인정되는 문화자본이 교육과정 또는 교육내용으로 전수되고 있다고 주장한다.

2 정답 ③
문제의 답지 ㄱ에서 보르디외(P. Borudieu)는 학교에서 지배계급의 문화를 모든 계층의 아이들에게 강요함으로써 유지되는 사회질서유지를 물리적 폭력이 아닌 상징적 폭력(symbolic violence)에 의한 사회질서 유지라고 하였다. 답지 ㄴ에서 자본주의 사회에서의 문화는 경제자본의 운동 원리와 비슷하게 문화시장을 형성할 뿐만 아니라 소유한 형태에 따라 화폐적 가치를 지니는데 이를 '문화자본(cultural capital)'이라고 한다. 답지 ㄷ과 ㄹ에서 문화자본에는 하비투스적 문화자본(계급의 관습적 문화), 제도화된 문화자본(졸업증, 자격증 등), 객관적 문화자본(책, 예술작품 등)이 있는데 이중에서 가장 중요한 것은 하비투스적 문화자본이라고 하였다. 그것은 가정에서 습득한 관습적 문화가 학업성취에 큰 영향을 주기 때문이다.

3 정답 ③
문화적 재생산 이론은 지배계급이 선호하는 문화를 학교교육에 반영함으로써 지배계급의 자녀들이 학업성취에서 우수한 결과를 가져오게 하며, 이는 곧 사회적 선발에서도 우선권을 지닌다고 주장한다.

4 정답 ③
문제에서 제시된 글의 내용은 보르디외(P. Bourdieu)의 문화적 재생산이론이다. 그는 계급간의 문화적 차이를 무시하고 특정계급의 문화(여기서는 지배계급의 아비투스)를 모든 계급에게 강요함으로서 물리적 폭력이 아닌 '상징적 폭력'을 통해 사회질서를 유지한다고 주장하였다.

5 정답 ①
보르디외(P. Bourdieu)에 의하면 자본주의 사회에서의 문화는 경제자본의 운동 원리와 비슷하게 문화시장을 형성할 뿐만 아니라 소유한 형태에 따라 화폐적 가치를 지니는데 이를 '문화자본(cultural capital)'이라고 한다. 문화자본에는 하비투스(habitus)적 문화자본(계급의 관습적 문화), 제도화된 문화자본(졸업증, 자격증 등), 객관적 문화자본(책, 예술작품 등)이 있는데 이중에서 가장 중요한 것은 하비투스적 문화자본이다. 이는 각 계급의 아이들은 자신의 독특한 관습적 문화(하비투스)에 의해 사회화되기 때문이다.

6 정답 ①
알뛰세(L. Althusser)는 국가란 하부구조(경제)의 대응물인 상부구조로서 지배계급이 노동자계급에 대한 지배를 가능하게 억압하는 기구로 보았다. 그는 국가의 기구(State Apparatus)를 억압적 국가기구(Re-pressive State Apparatus : RSA)와 이데올로기적 국가기구(Ideological State Apparatus : ISA)로 구성되어 있다고 주장하고, 특히 이데올로기적 국가 기구(Ideological State Apparatus : ISA)의 역할은 합의 이데올로기를 통하여 암묵적으로 이데올로기를 조정·통제한다는 것이다. 여기서 교육제도는 노동의 기술과 효율성을 재생산하고 지배하는 이데올로기를 정당화하는 장이라고 주장한다. 따라서 학교는 기성의 사회질서에 순종하는 의식 상태를 조성하는 장치라는 것이다.

7 정답 ②
애플(M. Apple)은 지배집단의 의미와 가치의 체계가 바로 헤게모니(hegemony)이며, 학교의 교육과정에는 이러한 헤게모니가 깊숙이 잠재되어있으므로 학교는 문화적·이념적 헤게모니의 매개자로서 보이지 않는 가운데 사회통제를 한다고 주장하였다.

8 정답 ④
윌리스(P. Willis, 1989)는 종합중등학교에 다니는 일부 노동계급 학생들이 어떻게 해서 아버지와 같은 노동계급의 직업을 선택하게 되는가를 연구하였다. 노동자 계급의 자녀들은 반학교 문화(육체문화)를 통해 남성우월주의적인 육체노동문화를 자신들의 이상적 가치관으로 받아들여 노동자로 재생산된다는 것이다.

9 정답 ③
번스타인(B. Bernstein)은 학교 교육과정의 조직 원리를 분석함으로서 교육이 경제관계로부터 지닐 수 있는 상대적 자율성을 설명하고 있다. 그는 교육과정의 조직원리로 분류와 구조의 개념을 사용하였다. 분류는 과목간, 전공분야간, 학과간의 구분을 말한다. 구조는 과목 또는 학과내 조직의 문제로 가르칠 내용과 가르치지 않을 내용의 뚜렷한 정도, 계열성의 엄격성 정도, 시간배정의 엄격성 등도 포함된다. 분류와 구조가 강하면 집합형이며, 학생상호간의 교류가 단절된다. 분류와 구조가 약하면 통합형이며 교사와 학생의 교육과정에 대한 자율권이 늘어나게 된다. 이와 같은 교육과정의 조직원리 사회부분간의 적용하면 분류가 강할 경우 사회부분간의 독자성과 자율성이 확보될 수 있다.

10 정답 ①
해석적 패러다임(미시적 접근)에서는 인간의 행위와 상호작용이 공유된 일정한 규칙에 따르지 않으며, 행위자는 서로의 행위를 의미하고 있는 것으로 받아들이고 타인의 행위에 대한 해석을 바탕으로 자신의 행위를 하는 것으로 본다. 답지 ②, ③, ④는 거시적 접근으로 사회현상을 구조주의, 객관주의 관점에서 접근하는 방법이다.

11 정답 ③

상징적 상호작용이론가들은 기능이론가들과는 대조적으로 사회가 상호작용을 결정하는 원인이라기보다는 오히려 상호작용의 산물이라고 본다.

12 정답 ②

교육과 관련된 상징적 상호작용이론 연구는 관련플랜더스의 FIAC(Flanders Interaction Analysis Categories)연구, 번스타인(Berstein)의 연구, 기대효과에 관한 연구 등이 대표적인 연구이다.

13 정답 ①

민속방법론에서 사회적 실재(social reality)는 개인 모두는 자기 나름대로의 분리된 실제를 가지고 있기 때문에, 사회라는 것은 행위자들의 상호작용에 의하여 나타나는 복수실제로 구성될 뿐이다. 또한 다양한 방법을 활용함에도 불구하고, 한 가지 공통점은 주로 이들이 질적인 연구방법을 강조한다는 점이다.

14 정답 ③

문화기술지(ethnography)는 특정한 사회의 문화를 인류학적 관점에서 기술해놓은 보고서를 문화기술지라고 한다. 문화기술지는 현상학적 특성을 지니고 있으므로 연구자가 구체적인 연구가설을 설정하지 않고 현장에서 자연적으로 일어나는 현상을 기술하는데 중점을 둔다. 자료수집의 방법으로는 참여관찰, 면접 등이 사용되며, 거시적인 접근법이 아니라 미시적인 접근방법이다.

15 정답 ②

신교육사회학은 지식·문화·이데올로기·규범 등의 지적인 과정을 통한 지배와 억압의 구조를 파헤침으로서 교육과 사회불평등에 대한 이해의 폭을 넓혔다. 개인의 의식의 해방과 지배구조의 재편성을 통해 평등과 자율이 더욱 보장되는 사회를 이상적인 교육과 사회의 모습으로 가정하고 있다. 답지 ①, ③, ④는 기능주의적 연구관점이다.

16 정답 ③

신교육사회학은 그 동안 소홀히 다루었던 학교 내부 현상, 특히 교육과정에 대해 관심을 두게 되었고 연구방법론상 양적 연구에서 질적 연구로 전환하였다. 학교지식의 성질, 학교의 조직, 교사의 이데올로기 등 교육에서의 여러 문제를 상대적인 것으로 보고 모든 전제에 의문을 제기하였다. 문제의 답지 ㄹ은 기능주의 관점의 교육과정이론이다.

17 정답 ④

비판적 교육과정사회학들은 지식사회학의 관점을 지향한다. 따라서 비판적 교육과정 사회학자들이 지적하는 지식은 지식의 권력적 속성, 지식의 존재구속성, 상대성, 가변성 등 특징을 지닌다는 것이다. 따라서 학교의 지식도 기능주의자들이 말하는 객관성, 보편성, 중립성을 허구이고 특정집단이 자신들이 필요하다고 생각되는 지식을 학교교육내용으로 선택한다는 것이다. 문제의 답지 ㄴ과 ㄷ은 기능주의 사회학자들의 지식관이다.

18 정답 ②

번스타인(B. Bernstein)이 말하는 언어모형은 언어능력을 의미하는 것이 아니라 사고와 인식 유형을 결정하는 언어의 구조, 언어의 계획을 의미한다. 일반적으로 사회계층마다 사용하는 언어모형이 다른데 중산층은 정교한 어법(공식어)을 사용하고, 하류층은 제한된 어법(대중어)을 사용한다는 것이다. 그런데 학교에서 지식 전달을 하는데 주로 사용하는 언어모형은 정교한 어법을 선호하기 때문에 이런 언어모형을 어렸을 때부터 자연히 습득한 중산층 아동은 유리한 입장에 놓이게 되며 아울러 학업성취 면에서 그렇지 못한 아동보다 높을 수밖에 없다.

19 정답 ③

문제의 조건에서 진석은 세련된 어법인 공식어를 사용하고 있고, 철수는 제한된 어법인 대중어를 사용하고 있다. 번스타인(B. Bernstein)은 학교의 교육과정이 세련된 어법인 공식어를 채택함으로써 하류층 학생들을 보이지 않게 차별하고 있다고 주장하였다. 즉 학교에서 사용하는 어법이 차별적 사회화의 도구라는 것이다.

20 정답 ②

맥닐(J. McNeil)은 학교 교육의 두 가지 과제(지식 전달과 학생 규율)가 어떻게 관련을 맺어 미국 특유의 교수방법이 나타나는 되는 지를 분석하였다. 여기서 그는 교사들이 사용하는 교수법으로 방어적 수업이라는 독특한 교수법을 밝혀냈다. 즉, 교사들은 학생들의 불만으로 최소한으로 줄여 학습의 질서를 유지하기 위해 단편화, 신비화, 생략, 방어적 단순화로 특징지을 수 있는 교수방법을 사용하게 된다는 점을 발견하였다. 이러한 방어적 수업은 결과적으로 학생들이 미국 사회의 경제제도나 정치제도에 대한 비판의식을 가지지 않도록 하고 있다는 것이다. 즉, 맥닐(J. McNeil)은 교사들이 기존의 경제제도나 정치제도의 재생산에 기여하는 교육을 한다는 것이다.

[교육사회학] 제3회 정답 및 해설

1 ①	2 ④	3 ④	4 ①	5 ②
6 ③	7 ①	8 ①	9 ②	10 ①
11 ④	12 ③	13 ①	14 ④	15 ①
16 ④	17 ④	18 ①	19 ④	20 ③

1 정답 ①

블라우와 던컨(Blau & Duncan, 1967)은 개인이 받은 교육과 초기 경험은 그의 직업적 성공에 큰 영향을 미치며, 이러한 영향력은 배경요인보다 강하다고 하였다.

2 정답 ④

문제에 제시된 내용은 교육이 사회평등에 공헌한다는 기능주의적 관점이다. 답지 ②, ③은 기능주의에 구체적인 이론들이다. 특히 답지 ②의 교육투자설은 인간자본론의 다른 표현이다. 답지 ④의 사회재생산이론은 갈등주의의 재생산이론(노동력 재생산, 노동관계 재생산, 의식재생산)이다.

3 정답 ④

개인의 사회계층이동에 관한 모형에서 답지 ②는 기능주의적 관점을 나타낸 것이고, 답지 ④는 갈등론적 관점을 나타낸 것이다. 답지 ③은 무관론을 나타낸 것이다.

4 정답 ①

문제의 그래프는 카노이(M. Carnoy)가 제시한 시간의 흐름에 따른 학교급 단계의 수익률을 나타낸 것인데 이를 교육기회균등의 관점에서 해석하면 시간에 흐름에 따라 교육의 기회는 확대되고 있으나 사회적 평등이 개선되지는 않는다고 볼 수 있다. 결국 교육은 지배층의 이익에 봉사한다. 즉, 교육수익률이 높을 때(교육의 경제적 가치가 높을 때)는 중·상류층이 다니면서 그 이득만 취하고 하류층은 이득도 없이 뒤만 따라 다닌다고 하였다(M. Carnoy, 1972)

5 정답 ②

라이트와 페론(Wright & Perrone)의 경험적 연구는 교육이 상위계층의 소득증대에는 도움을 주지만 하위계층(노동자계층)의 소득증대에는 도움을 주지 않는다는 것이다. 결국 교육은 기존의 계층구조를 재생산하는 결과를 초래한다는 것이다.

6 정답 ③

문제에서 제시된 내용은 스탠튼-살라자와 돈부시(Staneon-Salazar & Dornbusch)가 주장한 "연줄모형"이다. 이는 사회자본의 개념을 활용하여 학생의 학교교육 및 직업에 대한 기대와 목표가 학업성취 또는 제도적 권위를 가진 사람들(예컨대 교사, 상담자, 중상류층의 친구)과의 사회적 관계형성에 관계있다는 것을 밝히고 있다.

7 정답 ①

답지 ①에서 허용적 평등 수준에서는 초등교육은 누구에게나 허용이 되지만 중등이상의 교육은 능력이 있는 자에게만 허용하는 것으로 <u>초등교육단계에서 선발을 하는 조기선발을 원칙으로 한다.</u> 허용적 평등은 교육을 받을 기회는 모든 사람에게 주어지지만 각기 다른 수준의 능력과 다른 종류의 재능은 타고난다고 믿기 때문에 교육의 양은 능력에 따라 기회가 주어져야 한다. 또한 <u>이제까지는 신분, 성, 종교, 인종 등을 이유로 차별해 오던 것을 철폐함으로써 누구나 원하고 능력이 미치는 데까지 교육을 받을 수 있도록 허용하여야 한다.</u>

8 정답 ①

답지 ①에서 보장적 평등은 중등수준의 교육이 보편화되는 단계이다. 보장적 평등은 교육을 받을 기회를 허용하는 것만으로는 완전한 평등의 실현이 불가능하므로 교육 평등을 실현하기 위하여 취학을 가로막는 경제적, 지리적, 사회적 제반 장애를 제거해 주어야 한다는 이론이다. 답지 ④에서 보장적 평등이론의 한계점은 교육 기회의 확대는 가져왔지만 계층 간의 분배 구조를 변화시키는 데까지는 미치지 못했다. 답지 ②는 교육조건의 평등, 답지 ③은 '사회개혁에 의한 평등이론'이다.

9 정답 ②

보장적 평등은 능력이 있는 자에게는 교육을 받을 수 있는 교육의 기회를 보장해 주어야 한다는 것이다. 따라서 능력 있는 하류층 자녀들에게 의복, 점심, 학용품 등을 지급하여 취학의 기회를 가로막는 제반 장해를 제거해 주어야 한다는 것이다. 답지 ①은 교육조건의 평등, 답지 ④는 결과의 평등(보상적 평등)이다. 답지 ③에서 보장적 평등정책은 적어도 중등교육까지는 어렵지 않게 받을 수 있게 되었지만 사회계층간의 교육의 불평등(성적의 차이)은 개선되지 않았다.

10 정답 ①

교육조건의 평등은 다 같이 학교에 다니게 된 것만으로는 평등이 아니라 학교의 시설, 교사의 자질, 교육과정 등에 있어서 학교간의 차이가 없어야 평등이라는 것이다. 왜냐하면 학교간의 차이는 그 자체도 문제려니와, 상급학교진학에 큰 차이를 가져오기 때문이다. 답지 ②에서 교육제도의 단선화는 보장적 평등과 관계가 있으며, 답지 ③은 허용적 평등이다. 답지 ④는 결과평등(보상적 평등)에 해당한다.

11 정답 ④

교육조건의 평등은 학교간의 교육여건(교사의 자질, 교육시설, 교육과정 등)의 차이가 상급학교 기회분배에 영향을 준다는 이론이다. 답지 ①은 우리나라 고교평준화를 의미하는 것으로 개념상 교육조건의 평등화지만 실제는 조건의 평등보다는 학생의 학교 간 균등배치에 근본 목적이 있었다. 답지 ②는 보상적 평등과 관련된 설명이다.

12 정답 ③

콜맨(J. S. Coleman)은 학업성적을 결정하는 제반 교육조건, 예컨대 학교도서관, 교과서, 교육과정, 교수방법, 교사의 능력 등이 학교에 따라 어떻게 다르며, 이들 조건의 차이가 학생들의 실재 성적에 어떻게 반영되었는가를 분석하였다. 그러나 이 연구의 결과는 상식을 뒤엎는 것이었다. 학교의 교육조건의 차이는 학생들의 성적차이와 이렇다 할 관련이 없다는 결론이었다. 학교의 교육조건들은 성적 차이에 별다른 영향을 주지 못하며, 그 보다는 학생들의 가정배경과 친구집단이 훨씬 강한 영향을 준다는 것이다. 학교에 들어올 때 이미 각자의 가정환경에 의하여 기본적인 능력과 적성이 길러졌고, 학교교육의 과정에도 계속하여 가정환경의 차이가 영향을 주기 때문에 학교는 속수무책이라는 결론이었다.

13 정답 ①
콜맨(J. S. Coleman)보고서에 의하면 학생들의 가정배경과 친구집단이 학교의 교육조건 보다 훨씬 강한 영향을 준다는 것이다. 답지 ②, ③, ④는 학교의 교육조건에 해당하며 이는 학교성적에 큰 영향을 주지 못한다.

14 정답 ④
결과평등은 교육조건이 평등화되어도 교육결과의 평등이 보장되지 않는 것으로 밝혀지자 학업성취의 평등을 위해 적극적인 조치를 취해야 한다는 주장에서 나타났다. 교육을 받는 것은 단순히 학교에 다니는 데에 목적이 있지 않고, 배워야 할 것을 배우는 데에 목적이 있으므로 교육 결과가 같아야 한다는 관점이다. 결과의 평등을 이루려면 우수한 학생보다 열등한 학생에게 더 좋은 교육조건을 제공하는 일종의 역차별 교육해야한다. 결과의 평등을 위해서 문화실조아동을 대상으로 하는 보상 교육이 등장하게 되었다. 미국의 HSP(Head Start Project), MSP(Middle Start Project), 그리고 영국의 EPA (Education Piority Area ; 교육투자우선지력), 우리나라의 농어촌지역 학생들의 대학특례 입학 등이 대표적인 예이다.

15 정답 ①
"교육의 결과는 평등해야 한다."는 것은 결과평등(보상적 평등)관에 해당한다. 답지 ①의 무상교육은 의무교육에 포함되는 개념으로 보장적 평등관에 해당한다.

16 정답 ④
도시와 농촌의 교육의 격차는 교육조건 및 교육결과의 불평등을 동시에 지니고 있다. 교육받을 능력이 있는 사람에게 여건을 마련해 주는 것은 보장적 평등이며, 보장적 평등은 교육기회의 확대는 가져왔지만 사회계층 간의 교육기회분배를 개선하는 데는 효과가 없었다.

17 정답 ④
문제에 제시된 내용 가운데 (가)는 보장적 평등관이며, (나)는 보상적 평등관이다. 보장적 평등은 교육을 받을 기회를 허용하는 것만으로는 완전한 평등의 실현이 불가능하므로 교육 평등을 실현하기 위하여 취학을 가로막는 경제적, 지리적, 사회적 제반 장애를 제거해 주어야 한다는 이론이다. 결과평등은 교육조건이 평등화되어도 교육결과의 평등이 보장되지 않는 것으로 밝혀지자 학업성취의 평등을 위해 적극적인 조치를 취해야 한다는 주장이 나타났다. 교육을 받는 것은 단순히 학교에 다니는 데에 목적이 있지 않고, 배워야 할 것을 배우는 데에 목적이 있으므로 교육 결과가 같아야 한다는 관점이다. 결과의 평등을 이루려면 우수한 학생보다 열등한 학생에게 더 좋은 교육조건을 제공하는 일종의 역차별 교육해야한다. 구체적 실천 방안으로 문화실조아동을 대상으로 하는 보상 교육이 등장하게 되었다.

18 정답 ①
답지 ①에서 능력주의라는 입장에서 보면 교육 불평등의 원인은 주로 지능이나 적성 등 학생의 타고난 능력이나 성취동기에 기인하는 것으로 간주된다. 특히 학업성취의 격차가 지능에 기인한다는 지능결정론자들은 지능의 차이가 불평등을 가져온다고 주장한다(생득적 요인설).

19 정답 ③

신자유주의란 한마디로 국가 간의 치열한 경쟁에서 살아남기 위해서는 국가경쟁력을 길러야 하며, 이것은 시장경쟁의 원리를 따를 때만이 가능하다고 보는 입장이다. 신자유주의 교육정책의 도입배경으로 교육 관료조직의 규제와 통제에 의해 학교의 자율성이 저해되고 있으며, 학교간의 경쟁이 없어 교육의 질을 제고하기 위한 단위학교의 노력이 부족하다는 것이다. 또한 교육소비자인 학생의 필요와 무관하게 교육공급자인 학교에 의해 획일적인 교육 서비스가 제공되고 있다는 것이다.

20 정답 ③

자립형 사립고등학교는 정부의 신자유주의 정책의 일환으로 교육소비자의 능력과 적성에 따른 다양한 학교선택의 기회를 제공하는 학교이다. 자립형 사립학교 설립기준은 건학이념이 분명하고 재정이 건실한 사립고등학교를 대상으로 신청-심사-추천과정을 거쳐 인가하는 학교다. 학생선발과 학사운영 재정은 학교가 자율적으로 관리하며, 학생선발은 국어 영어 수학 위주의 필답고사로 선발하지 못한다. 이는 과열경쟁을 막기 위해서다. 학교별로 소질, 적성, 창의성을 반영하는 전형방법으로 뽑는다.

[교육사회학] 제4회 정답 및 해설

1 ①	2 ①	3 ①	4 ④	5 ④
6 ②	7 ②	8 ②	9 ③	10 ③
11 ②	12 ③	13 ③	14 ①	15 ②
16 ④	17 ③	18 ③	19 ④	20 ③

1 정답 ①

'문화환경 결핍이론'은 교육의 불평등은 아동이 처한 환경 때문에 불평등이 발생한다는 것이다. 가정의 사회문화적 환경, 즉 언어를 사용하는 방식이나 부모의 교육수준 등에 있어 상대적 결핍이 학교에서 다른 학생에게 학업성취가 뒤떨어지는 요인이 되고 결과적으로 교육의 불평등을 가져온다는 것이다.

2 정답 ①

젠크스(C. Jenckes, 1972)의 연구에 의하면 인지능력의 불평등을 설명해 주는 정도를 가정배경이 60%, 유전요인이 35%~50% 이며, 학교의 질은 4%라고 제시하고 있다.

3 정답 ①

콜만(J. S. Coleman)이 제시하는 자본에는 인적자본, 경제자본, 사회자본 등이 있다. 인적자본(human capital)은 국가와 사회의 발전과 개인의 삶의 질을 윤택하게 하는 인간의 모든 능력과 품성을 지칭하는 것이며, 경제적 자본(economic capital)은 가정이 지니고 있는 물질적 자원을 의미하며, 사회자본(social capital)은 한 개인이 그 안에 참여함으로써 특정한 행동을 하는 것을 가능하게 만들어 주는 사회구조 혹은 사회적 관계의 한 측면이다. 문제에서 제시된 사례는 사회자본의 경우를 말한다. 특히 사회자본은 가족 간의 관계, 부모와 자녀 간의 상호작용 및 신뢰 등을 의미한다.

4 정답 ④

답지 ①은 경제자본, 답지 ②는 인적 자본, 답지 ③은 문화자본, ④는 사회적 자본에 해당된다. 여기서 문화자본(cultural capital)은 상징적 표현이 화폐·재산과 같이 사회의 지배계급에 의하여 결정된 교환가치라는 주장에 근거하여 성립된 개념이며, 인적자본(human capital)은 국가와 사회의 발전과 개인의 삶의 질을 윤택하게 하는 인간의 모든 능력과 품성을 지칭하는 것이며, 경제적 자본(economic capital)은 가정이 지니고 있는 물질적 자원을 의미하며, 사회자본(social capital)은 한 개인이 사회에 참여함으로써 특정한 행동을 하는 것을 가능하게 만들어 주는 사회구조 혹은 사회적 관계의 한 측면을 의미한다.

5 정답 ④

호퍼(E. Hopper)는 교육선발 분류 방식을 다음 네 가지 형태로 분류하였다.

선발형식	선발의 중앙집권화, 표준화, 정도에 따라 형식성이 강한 것과 형식성이 약한 것으로 분류된다.
선발시기	초등 단계에서 하는 조기 선발, 대학 단계에서 하는 만기 선발이 있다.
선발대상	특수한 자질을 구비한 사람을 선발하는 정애주의와 누구나 교육을 받을 가치가 있다는 보편주의가 있다.
선발기준	사회 이익을 우선으로 하는 집단주의와 개인의 자아실현을 강조하는 개인주의로 나눌 수 있다.

여기서 우리나라의 대학 수학능력시험은 중앙집권과 표준화 정도로는 형식성이 강한 것이며, 선발시기로는 만기 선발, 선발대상으로는 보편주의, 선발기준으로는 개인주의이다.

6 정답 ②

학교팽창에 관한 '학습욕구이론'은 인본주의적 접근(예: 매슬로 욕구계층이론)을 하는 이론으로 인간은 학교교육을 통하여 지적 욕구와 인격 도야의 욕구를 충족시켜 나가기 때문에 기회만 주어지면 누구나 학교교육을 받게 된다는 이론이다. 답지 ①은 신마르크스 이론, 답지 ③은 기술기능이론, 답지 ④는 국민통합론에 해당한다.

7 정답 ②

문제에서 제시된 〈표〉는 전문·기술직이 시간의 흐름에 따라 농림·수산직에 비해 증가하고 있음을 보여주고 있다. 이는 직업사회의 직업적 지식과 기술수준이 점차 전문화 되고 있음을 의미한다. 이는 기술기능이론을 설명해 줄 수 있는 자료로 해석할 수 있다. 기술·기능이론은 오늘날과 같은 정보화산업시대에 있어서는 누구나 어떤 종류의 직업을 갖게 되는데, 과학기술의 부단한 향상 때문에 직업기술의 수준이 계속 높아지며 그에 따라 사람들의 학력이 높아질 수밖에 없다는 이론이다.

8 정답 ②

문제의 제시문에서 비판한 내용은 과잉학력 문제를 비판한 것이다. 과잉학력 문제를 설명할 수 없는 이론은 기술·기능이론이다. 즉, 직업기술수준과 학력수준은 반드시 일치하지 않으며, 그러므로 학력상승을 직업기술수준의 향상만으로 설명하기 어렵다.

9 정답 ③

슐츠(T. Schultz)의 인간자본론은 기능주의 국가 발전론에 해당하며, 또한 개인 입장에서 기술·기능이론에 속하며, 개인의 수입상승기대가 학력상승을 가져온다고 본다.

10 정답 ③

지위경쟁이론이 취하고 있는 전제는 교육이 사회경제적 지위획득의 수단이라는 점과, 사회적 지위집단간의 갈등 그리고 엘리트문화에 대한 일반 대중을 반응을 기본전제로 삼고 있다. 답지 ㄷ에서 지위경쟁이론은 교육의 본질적 기능보다 교육을 지위획득의 수단으로 본다. 답지 ㄹ에서 지위 경쟁이론은 학교팽창의 원인은 교육수요자 입장에서 보며, 공급자의 입장을 고려하지 못하는 한계가 있다.

11 정답 ②

지위경쟁에 의한 학력상승으로 나타나는 현상을 제시하면 취학 및 진학 준비 급증, 교육재정 압박, 상급교육선호로 하급교육무시, 입시위주의 교육, 학습과정의 형식화, 인격교육 불가능, 교육받은 실업자 증가 등이다(Dore, 1992). 답지 ㄷ은 '교육의 질적 상승'이 아니라 '교육의 양적 팽창'이다. 답지 ㅁ은 '상급교육의 무시'가 아니라 '하급교육의 무시'이다.

12 정답 ③

현대 사회의 대학은 지배집단의 문화내지 엘리트문화를 추구한다. 대학의 엘리트문화에 대한 일반 대중의 반응은 대학을 진학해야만 지배집단에 편입될 수 있다는 생각을 하게 한다. 따라서 일반대중들로 하여금 대학에 진학하기 위해 치열한 경쟁을 벌이게 한다는 것이다.

13 정답 ③

지위경쟁이론이 취하고 있는 전제는 교육이 사회경제적 지위획득의 수단이라는 점과, 사회적 지위집단간의 갈등 그리고 엘리트문화에 대한 일반 대중들의 반응을 기본전제로 삼고 있다. 현대사회의 치열한 학력경쟁을 도어(R. Dore)는 '졸업장병'(Diploma disease)으로 명명하였고, 콜린스(R. Collins)는 학력에 따른 임금 격차를 신임장 효과(credential effect)라고 하였다.

14 정답 ①

신마르크스 이론은 보울스(Samuel Bowles)와 긴티스(Herbert Gintis)가 미국교육을 대상으로 하여 발전시킨 이론인데, 학교교육이 본질적 기능을 수행하기 보다는 자본가 계층의 이익을 추구하기 위한 종속관계에 놓이게 된다는 것이다. 이들은 미국학교제도의 발달은 교육 그 자체를 위한 것도 아니고, 전체 국민을 위한 것도 아니다. 오로지 자본가 계급의 이익을 위해 이루어진 것이라고 주장하였다.

15 정답 ②

국민통합론은 학력 팽창의 요인을 정치적 요인에 초점을 둔 이론으로 국가의 형성과 국민 통합의 필요성 때문에 교육이 팽창되었다고 설명한다. 교육은 국민으로서의 정체감을 형성시키는 중요한 기제라고 보는 이론이다. 이 이론은 의무교육단계의 팽창을 설명하는데 유용한 이론이다.

16 정답 ④

학교팽창에 관한 국민통합론은 정치적 측면에 초점을 둔 이론으로 국가의 형성과 국통합의 필요성 때문에 학교가 팽창한다고 설명한다. 문제의 답지 ㄴ에서 국민통합론은 경제적인 측면만을 설명할 수 있는 기술·기능이론, 지위경쟁이론, 신마르크스이론 등을 비판하고 정치적인 측면을 기준으로 학교팽창을 설명하는 이론이다. 답지 ㄷ에서 국민통합론은 의무교육의 팽창을 설명하는 이론이다.

17 정답 ③

답지 ①에서 자본가 계급의 요구에 의한 무상의 교육의 확대는 '신마르크스 이론'이며, 답지 ②의 지적 욕구의 추구는 '학습욕구이론'이다. 답지 ④의 과학기술발달은 '기술기능이론'이다.

18 정답 ③

답지 ①에서 <u>문화접변</u>이란 다른 문화와의 접촉을 통하여 문화가 변화하는 것을 말한다. 답지 ②에서 <u>문화기대</u>란 문화가 그 지역에 태어난 개인에게 그 문화에 따른 행동양식(생활양식)으로 행동 할 것을 요구하고 기대하는 것이다. 답지 ③에서 <u>문화실조</u>란 성장과정에서 문화적 자극의 결핍·과잉 및 시기적 부적절성에서 오는 성장발달의 지체·왜곡현상을 말한다. 답지 ④에서 <u>문화지체</u>란 문화를 구성하는 부분간의 변동률의 차이로 말미암아 생기는 시간적 문화격차를 말한다.

19 정답 ④

문화지체(cultural lag)란 문화를 구성하는 부분간의 변동률의 차이로 말미암아 생기는 시간적 문화격차를 말한다. 이는 오그번(W. F. Ogburn)이 1966년 『사회적 변화(Social change』에서 제시하였다.

20 정답 ③

답지 ③에서 문화실조는 성장과정에서 문화적 자극의 결핍·과잉 및 시기적 부적절성에서 오는 성장발달의 지체·왜곡현상을 말한다. 그리고 문화의 구성부분 간의 변동의 차이로 말미암아 생기는 문화격차에서 오는 현상은 '문화지체'현상이다.

[교육사회학] 제5회 정답 및 해설

1	③	2	②	3	③	4	①	5	④
6	④	7	④	8	④	9	③	10	④
11	②	12	①	13	②	14	④	15	①
16	④	17	④	18	②	19	①	20	③

1 정답 ③

문제의 답지 ㄷ에서 성인학습자들은 외적인 동기(직업, 승진, 급여 등)에 민감하지만 잠재되어 있는 동기로서 내적인 압력(직업에 대한 만족감, 자존심, 삶의 질 등)에 더 큰 학습동기를 부여 한다. 그 외에 학습욕구에 대한 필요성 인지, 자기주도성의 지속적 향상, 축적된 경험의 학습자원화, 발달과업에 입각한 학습준비성, 교과중심보다는 문제중심학습 등을 전제로 한다.

2 정답 ②

답지 ④에서 표준화된 교육과정은 페다고지(Pedagogy)의 특징이다. 성인교육(Andragogy)은 학습자가 자신이 원하는 것을 학습하고 실제 적용위주의 학습프로그램을 구성한다. 그 외 자유로운 경험의 관찰과 축적, 자기주도적 학습, 피드백 등을 학습의 원리로 한다.

3 정답 ③

답지 ③에서 성인 학습자들의 개인차는 나이가 먹어감에 따라 확대 된다. 린드만(E. Lindeman)이 주장하는 성인학습의 특징을 다음과 같다.

- 경험에 기반을 둔 필요와 흥미는 성인학습활동을 조직화 하는 출발점
- 성인학습은 생활중심을 지향
- 경험은 성인학습을 위한 가장 풍부한 학습자원
- 성인은 자신들의 삶을 스스로 주도해 나감
- 성인학습자들의 개인차는 나이가 먹어감에 따라 확대 됨

4 정답 ①

답지 ①에서 성인학습은 학습자 주도적 성향이 강하다. 답지 ②, ③, ④는 페다고지(Pedagogy)의 특징이다. 성인학습과 학교학습의 차이를 비교하면 다음과 같다(M. Knowles)

구분	학교교육	성인교육
학습자	• 의존적 성향 • 교사가 학습을 주도	• 독립적 성향, 자기주도적 성향 • 교사는 학습자를 조력, 지원
학습자의 경험	• 학습자원으로서의 가치 전무 • 교수법은 강의법	• 경험은 풍부한 학습자원 • 교수법은 토론, 문제중심학습
학습 준비성	• 표준화된 교육과정 • 사회가 그들에게 원하는 것을 학습	• 학습자 자신이 원하는 것을 학습 • 실제 적용위주의 학습프로그램 구성
학습의 지향성	• 미래를 위한 준비 • 교과서 중심	• 즉시적 활용 • 문제 중심
학습 동기	• 외재적 동기	• 내재적 동기

5 정답 ④

랑그랑(Paul Lengrand 1965)은 평생교육의 의미를 "개인의 출생에서 무덤에 이르는 생애에 걸친 교육과 사회전체 교육의 통합이다"라고 하였다. 따라서 평생교육은 일반교육과 전문교육을 포함하는 통합적 교육이며, 사회 전체가 교육의 기회를 제공해야한다.

6 정답 ④

랭그랑(P. lengrand)은 자신의 저서 「L'education permante, 1965」에서 평생교육의 이념과 구현방향을 다음과 같이 제시하고 있다.

- 요람에서 무덤에 이르기까지 전생애를 통해 교육기회를 보장해야 한다.
- 전생애에 걸친 인간발달을 통합한다는 관점에서 다양한 교육의 조화와 통합을 추진한다.
- 평생교육의 실현을 위해 노동일수의 조정, 교육휴가, 문화 휴가 등의 조치를 취한다.
- 초·중·고·대학의 지역사회학교 및 지역문화센터로서의 역할을 권장한다.
- 교육의 본질적 모습에 충실한 교육을 지향한다.

7 정답 ④

문제의 답지 ㄷ은 평생교육의 내적 필요성(현재 교육제도)에 해당한다. 평생교육의 사회적 필요성(외적 필요성)으로는 지식과 기술의 폭발적 증가와 노후화, 사회의 급격한 변화, 생활양식의 변화, 직업사회의 변화, 고도 산업화에 따라 인간소외, 비인간화 경향, 여가시간 증대, 인간의 평균 수명 연장, 학력위주의 사회에서 능력위주의 사회로 변화 등이다.

8 정답 ④

문제의 답지 ㄱ과 ㄴ은 평생교육의 외적 필요성에 해당한다. 평생교육의 내적 필요성으로 학교교육의 경직성과 폐쇄성의 개선, 지나친 학력 경쟁으로 인한 교육의 파행적 운영의 개선, 지식편중 교육에 의한 전인교육 왜곡의 극복, 획일적인 교수-학습 방법에 의한 학습자의 개성무시에 대한 개선, 관료조직에 의한 권위적이고 강제적 교육의 실시에 대한 개선 등이다.

9 정답 ③

문제의 답지 ㄹ은 틀린 지문이다. 평생교육은 기존 교육제도의 결함을 보완하는 교정적 기능을 지니고 있다. 따라서 평생교육은 학교뿐만 아니라 학교 밖에서 이루어지는 교육에 대해서도 그 정당성을 부여함으로써 언제, 어디서나, 누구든지 교육을 받을 수 있도록 하고 있다.

10 정답 ④

전통적 문해 교육은 "단순히 글자 깨우치기"에 그쳤으나 기능적 문해(functional literacy)교육으로의 확장은 인간이 일상생활에 필요한 기본 능력을 두루 갖추어 주는 교육이 되는 것을 의미한다.

11 정답 ②

답지 ②에서 평생교육은 지식·정보화 사회에 대비하여 '명제적 지식'보다 '방법적 지식'을 더 중요시한다. 즉 지식이 폭발적으로 증가하는 시대에는 하나하나의 지식을 가르쳐 줄 수 없으므로 지식습득의 방법을 가르쳐야 한다.

12 정답 ①

제시문의 내용은 평생교육의 개념적 특징 가운데 '전체성'에 해당한다. 답지 ②의 통합성은 한 개인의 생존기간 전체에 걸쳐서 이루어지는 모든 교육을 수직적으로 통합하고, 가정, 사회, 학교에서 이루어지는 모든 교육을 수평적으로 통합하는 것을 말한다. 답지 ③의 융통성은 어떤 형편에 있는 사람도 교육을 받을 수 있는 기회를 주어야 한다는 것이며, 답지 ④는 학습자가 원하는 종류와 양의 교육을 받을 수 있게 한다는 것이다. 평생교육의 개념적 특징을 구체적으로 제시하면 다음과 같다.

전체성	학교 교육뿐만 아니라 학교 밖에서 이루어지는 모든 교육에 정통성을 부여한다.
통합성	시간적으로 출생에서 죽을 때 까지, 공간적으로 가정, 학교, 사회 교육을 통합한다.
융통성	어떤 형편에 있는 학습자라도 교육을 받을 수 있게 해야 한다.
민주성	학습자가 원하는 종류와 양의 교육을 받을 수 있도록 한다.
기회와 동기의 부여	각 개인의 호기심, 지적 탐구력에 기초한 학습 기회제공, 필요한 경우 동기도 자극한다.
교육가능성 (교육력)	학습이 효율적으로 전개 되도록 학습방법, 체험의 기회, 평가방법 등의 개선에 주목하고 자기주도 학습을 도모한다.
다양한 전개양식	사람들의 생활양식은 전 생애에 걸쳐서 대단히 다양함으로 교육과 학습의 형태와 방법도 이에 상응해야 한다.
삶의 질과 학습	평생교육의 궁극적 목적은 인간의 삶의 질을 향상시키는데 있으므로 이를 위한 능력개발에 교육적인 도움을 주어야 한다.

13 정답 ②

제시문의 내용은 교육기회(opportunity)와 관련된 내용이다. 답지 ③에서 교육동기(motivation of education)는 개인의 자각적 욕구와 자율적 학습의욕을 북돋아 계속적인 학습을 하고자 하는 동기를 만들어 준다는 것이고, 답지 ④의 교육력(educability)은 <u>학습의 기회가 주어졌을 때, 재빨리 그 기회를 포착하여 스스로 배움의 길로 나갈 수 있는 내적인 마음 자세를 말한다.</u> 즉, 최대의 학습효과를 올리기 위하여 자기주도 학습을 도모하되, 이를 위하여 학습방법, 평가방법 등의 개선에 주목한다.

14 정답 ④

데이브(R. Dave)와 스캐거(R. Skager)가 제시한 평생교육이 개념적 특징으로는 통합성, 융통성, 민주성, 기회와 동기부여, 교육가능성, 다양한 전개양식, 삶과 학습의 질 등이 있다. 문제에서 제시된 내용은 교육가능성(educability : 교육력)에 해당하는 개념이다.

15 정답 ①

1996년 유네스코의 21세기 특별위원회에서는 델로(Delor) 보고서 ≪21세기 교육을 위한 새로운 관점과 전망 학습: 내재된 보물(Learning: The Treasure Within)」≫를 통해 21세기 교육사업의 방향으로 평생학습의 중요성을 재천명하였다. 여기에서 평생교육의 근본으로 4개의 큰 기둥을 제기하고 있다. 그중에서 가장 중핵적인 것은 다른 사람들과 하나로서 "함께 살기 위한 학습(learning to live together)"을 제시하였다. 그리고 이것을 뒷받침하기 위해 "알기 위한 학습(learning to know)", "행동하기 위한 학습(learning to do)", "존재하기 위한 학습(learning to be)"을 제시하였다.

16 정답 ④

'학습사회'란 문자 그대로 '학습하는 사람, 늘 배움을 추구하는 사람들로 구성된 사회의 학습화'를 의미하는 개념으로 이해될 수 있으며, 학습사회에 대한 기구나 학자의 주장은 다음과 같다.

유네스코	1972년 탈 소유의 양식을 위한 학습의 중요성을 강조하고 학습사회에 있어서 학습은 "소유하기 위한 학습"이 아니라 "존재를 위한 학습"이라는 점을 강조하였다.
허친스 (R. Hutchins)	학습사회란 산업인력 양성에 초점을 둘 것이 아니라, 학습과 자아실현과 인간화라는 삶의 가치전환에 성공한 사회를 의미한다고 하였다.
카네기 고등교육 위원회	실용적인 입장에서 어떠한 교육이든 교육의 목적은 인간 실현에 있다는 점을 공감하면서 교육의 무게 중심을 인간의 노동 참여에 두어 직업교육을 포함시키는 광의의 입장의 학습사회이론을 강조하였다.
일리치 (I. Illich)	학습을 원하는 사람은 누구든지 그것에 쉽게 접근할 수 있도록 하는 새로운 열린 학습망을 구축하는 것을 학습사회에서 강조하였다.

17 정답 ④

경제협력개발기구(OECD)는 1973년에 『순환교육(recurrent education)-평생학습의 전략』이라는 책을 간행하고, 학교교육을 마친 뒤에도 계속적인 교육을 받을 수 있고, 직업생활에 들어가서도 필요에 따라 주기적으로 학습할 수 있는 기회와 자원을 재분배하는 순환교육을 강조하였다. 순환교육은 교육기-노동기-은퇴기를 자유롭게 편성할 수 있도록 유연성이 강조된 <u>가역적 생애주기 교육제도 모델</u>'로서 교육-노동-여가활동의 순환적 반복이 가능하도록 고안된 교육모델이다. OECD의 순환교육론은 직업능력의 개발, 유급교육휴가제도, 여가교육 등과 같은 것들이 평생교육의 중요한 측면을 형성하는데 기여하였다.

18 정답 ②

순환교육은 경제개발협력기구(OECD)가 1970년대 유네스코 평생교육 구상을 바탕으로 제안한 비가역적 생애 주기에 충실한 교육체제에서 탈피하여 가역적 생애주기를 충족시킬 수 있는 정책모델로 제안된 것이다. 순환교육은 교육기(아동기, 청소년기)-노동기(성인기)-은퇴기(노년기)를 자유롭게 편성할 수 있도록 유연성이 강조된 교육제도 모델이다.

19 정답 ①

답지 ①에서 평생학습도시 선정 기준을 기관장의 평생학습마을/도시 사업 추진의 비전과 의지는 확고한가와 정부의 지원에 상응하는 대응투자규모는 적절한가 등 일정한 조건을 갖춘 도시가 선정된다. 우리나라의 평생학습도시 사업은 1999년 광명시가 최초로 평생학습도시를 선언한 이래 '평생학습진흥종합계획'에 의거하여 2001년부터 조성사업이 시작되었다. 평생학습도시의 목적은 크게는 개인적인 것과 사회적인 것으로 나눌 수 있다. 개인적인 것에는 자아실현이 포함되고 개인이 이루고자하는 목적과의 부합정도로 평생학습이 이루어지는 것을 말한다. 사회적인 것은 시민의식 함양 등의 경제, 사회, 문화적인 부분에서의 지역발전이나 사회의 변화를 말한다. 그 구체적인 목표로는 자아실현, 지역 경제력 제공, 사회통합, 주민 자치 활성화, 지역 공동체 강화 등을 목표로 한다. 현행 평생교육법 제 15조에 "국가는 평생교육 활성화를 위하여 특별자치시, 시·군 및 자치구를 대상으로 평생학습도시를 지정 및 지원할 수 있다"고 명문화 되어 있으며 전국평생학습도시협의회를 두어 연계·협력할 수 있도록 하고 있다.

20 정답 ③

답지 ③에서 평생교육법 제 15조(평생학습도시)의 3항에 "전국평생학습도시협의회의 구성·운영에 필요한 사항은 대통령령으로 정한다."고 규정하고 있다. 동법 제15조의 구체적인 내용은 다음과 같다.

> ① 국가는 지역사회의 평생교육 활성화를 위하여 특별자치시, 시·군 및 자치구를 대상으로 평생학습도시를 지정 및 지원할 수 있다. 이 경우 이미 지정된 평생학습도시에 대하여 평가를 거쳐 재지정여부를 결정할 수 있다.
> ② 제1항에 따른 평생학습도시 간의 연계·협력 및 정보교류의 증진을 위하여 전국평생학습도시협의회를 둘 수 있다.
> ③ 제2항에 따른 전국평생학습도시협의회의 구성·운영에 필요한 사항은 대통령령으로 정한다.
> ④ 제1항에 따른 평생학습도시의 지정 및 지원에 필요한 사항은 교육부장관이 정한다.

[교육사회학] 제6회 정답 및 해설

1 ④	2 ①	3 ③	4 ④	5 ①
6 ④	7 ②	8 ③	9 ③	10 ②
11 ②	12 ③	13 ③	14 ③	15 ④
16 ①	17 ④	18 ④	19 ①	20 ③

1 정답 ④

답지 ①에서 평생학습도시(lifelong learning city)는 1968년 허친스(Hutchins)가 '학습사회이론'을 제창한 후 대두되어 평생학습 사회의 실천적 수단으로서 관심을 끄는 개념이다. 답지 ②에서 일본의 시즈오카현(靜岡縣)의 가케가와시(掛川市)는 1979년 일본은 물론, 세계 최초로 '평생학습도시'를 선언한 도시이다. 답지 ③에서 평생학습 도시의 유형을 '경제발전 중심형'과 '시민사회 중심형'으로 분류할 수 있다. 여기서 경제발전 중심형은 다시 산업혁신형과 학습파트너형으로 구분할 수 있다. 산업혁신형은 기업체가 주도하며, 산업복합단지의 혁신을 주된 목적으로 한다. 답지의 ③의 내용은 시민사회 중심형을 '지역사회재생형'과 '이웃 공동체건설형'으로 분류하는데, '지역사회재생형'에 해당한다.

2 정답 ①

평생교육제도 모형은 4가지로 분류할 수 있다.

통제 모형	통제모형은 교육목적, 교육대상, 내용을 국가가 직접 결정하고, 교육기관의 설치와 운영도 국가가 직영하거나 세밀한 부분까지 엄격하게 통제한다.
사회주의 모형	교육목적과 내용이 국가에 의하여 철저히 통제되는 모형을 말한다. 교육의 기본목적이 모든 국민을 사회주의적 인간으로 양성하는 것이므로 교육내용과 교육방법이 엄격하게 관리된다.
시장 모형	시장모형의 사상적 기초는 인간주의이다. 교육을 사회의 공적 사업으로보다는 개인적 활동으로 인식하고, 각 개인의 요구에 의거하여 자유롭게 활동할 수 있는 활동으로 간주한다. 그러므로 국가가 직접 교육을 제공할 필요가 없고 교육에 드는 비용도 학습자들이 부담하게 되는 것이다. 즉 교육은 공공재가 아니라 사유재로 인식되는 것이다.
복지 모형	복지모형의 사상적 토대는 평등주의이다. 교육기회를 모든 국민이 평등하게 누릴 수 있도록 기본교육은 무상으로 실시하고, 그 이상의 교육에 대하여도 국가재정으로 교육기회를 제공하거나 교육비를 국가가 부담한다.

3 정답 ③

전환학습(transformative learning)은 메지로우(Mezirow)가 기존의 객관적·실증적인 접근에 대해 비판하면서 1978년에 전환학습론을 제시하였는데, 전환학습은 학습활동에 의해 학습자 자신은 물론 타인이 인식할 수 있는 방법으로 학습 이전과는 확연히 구분되도록 인간을 새롭게 만든다는 것이다. 전환학습에 있어서 성인기는 자신의 왜곡된 관점을 수정하는데 필요한 시기라는 전제하에 3가지 핵심 개념 즉 경험, 비판적 반성, 개인의 발달을 제시하고 있다.

4 정답 ④

현행 「평생교육법」제2조에 의하면 "평생교육"이란 학교의 정규교육과정을 제외한 학력보완교육, 성인문해교육, 직업능력 향상교육, 인문교양교육, 문화예술교육, 시민참여교육, 성인직업능력 역량 향상교육 등을 포함하는 모든 형태의 조직적인 교육활동으로 규정되어 있다. 이를 현재 평생교육내용의 7대 영역이라고 한다.

정답 및 해설 **405**

평생학습 7대영역 (평생교육법 제2조)	• 학력보완교육 : 초등학력, 중등학력, 고등학력 • 성인문해교육 : 생활문해 교육, 다문화 한국어 교육, 내국인 한글문해 교육 • 직업능력 향상교육 : 현직직무역량 개발, 자격인증 교육, 직업준비 교육 • 인문교양교육 : 건강심성 교육, 기능적 소양 교육, 인문학적 교양 교육 • 문화예술교육 : 레저생활 스포츠 교육, 생활문화 예술교육, 문화예술 향상 교육 • 시민참여교육 : 시민책무성 교육, 시민리더역량 교육, 시민참여활동 교육 • 성인 진로개발 역량 향상교육 : 성인이 자신에 적합한 직업을 찾고 진로를 인식, 탐색, 준비, 결정 및 관리를 위해 진로수업 · 진로심리검사 · 진로상담 · 진로정보 · 진로체험 및 취업지원 등을 제공하는 활동

5 정답 ①

현행 「평생교육법」에 규정되어있는 "평생교육기관"이란 '이법에 따라 인가 · 등록 · 신고 된 시설 · 법인 또는 단체', '「학원의 설립 · 운영 및 과외교습에 관한 법률」에 따른 학원 중 <u>학교교과교습학원을 제외한 평생직업교육을 실시하는 학원</u>', '그 밖에 다른 법령에 따라 평생교육을 주된 목적으로 하는 시설 · 법인 또는 단체'로 규정되어 있다.

6 정답 ④

현행 『평생교육법』제2조(정의) 3항에 "문해교육"이란 일상생활을 영위하는데 필요한 <u>문자해득 능력</u>을 포함한 <u>사회적 · 문화적으로 요청되는 기초생활 능력</u> 등을 갖출 수 있도록 하는 조직화된 교육프로그램을 말한다고 규정하고 있다.

7 정답 ②

답지 ①에서 평생교육이용권의 발급은 원칙적으로 전국민을 대상으로 한다. 답지 ②에서 현행 『평생교육법』제16조의 2에 "국가 및 지방자치 단체는 모든 국민에게 평생교육의 기회를 제공할 수 있도록 신청을 받아 평생교육을 이용권을 발급할 수 있다."고 규정하고 있다. 답지 ③에서 평생교육법 제2조(정의)에 "평생교육이용권"이란 "평생교육프로그램을 이용할 수 있도록 금액이 기재(전자적 또는 자기적 방법에 따른 기록을 포함한다)된 증표를 말한다."고 규정하고 있다. 답지 ④에서 현행 평생교육법 16조 2에 "평생교육이용권의 발급에 관한 여러 가지 필요한 사항은 대통령령으로 정한다."고 규정하고 있다.

8 정답 ③

현행 「평생교육법」제23조에 "교육부장관은 국민의 평생교육을 촉진하고 인적자원의 개발 · 관리를 위하여 학습계좌(국민의 개인적 학습경험을 종합적으로 집중 관리하는 제도를 말한다)를 도입 · 운영할 수 있도록 노력하여야 한다."고 규정하고 있다.

학습계좌제	국민의 개인적 학습경험을 종합적으로 집중 관리하는 제도를 말한다.
독학 학위 취득제도	학점은행제도를 두어 학위취득에 필요한 학점을 취득하면 학위를 취득할 수 있도록 하는 제도이다.
직업능력 인증제	형식적 학력위주의 사회를 능력위주사회로 변화를 유도하기 위해 실시되는 제도이다.
전문인정보 은행제	유능한 인적자원을 효율적으로 활용할 수 있도록 하기 위해 대통령령이 정하는 바에 따라 강사에 관한 정보를 제공 · 관리하는 제도를 운용할 수 있다.
문하생학력 인증제	형식적 학력위주의 사회를 능력위주사회로 변화를 유도하기 위해 「문화제 보호법」에 따라 인정된 중요무형문화재보유자와 그 문하생으로서 일정한 전수교육을 받은 자에게 학력을 인정해주는 제도이다.

9 정답 ③

답지 ③에서 「평생교육법」제24조(평생교육사) 1항에 평생교육사는 「고등교육법」에서 규정한 학교 또는 이 법 시행 당시 종전의 원격대학형태의 평생교육시설에서 학위과정으로 평생교육과 관련된 과목을 일정한 학점 이상 이수한 자와 현행법에 규정된 평생교육사 양성기관에서 필요한 과정을 이수한 자, 그 밖에 대통령령으로 정하는 자격요건을 갖춘 자에게 자격을 주도록 규정하고 있다. 그리고 「평생교육법」제25조(평생교육사 양성기관)에 "교육부장관은 평생교육사의 양성과 연수에 필요한 시설 · 교육과정 · 교원 등을 고려하여 대통령령으로 정하는 바에 따라 평생교육기관을 평생교육사 양성기관으로 지정할 수 있다"고 규정하고 있다. 답지 ①에서 평생교사 자격증은 1급에서 3급 구분되어 있다. 답지 ②에서 「평생교육법」 제24조(평생교육사) 2항에 "평생교육사는 평생교육의 기획·진행·분석·평가 및 교수업무를 수행한다."고 규정하고 있다. 답지 ④에서 「평생교육법」 제26조(평생교육사의 배치 및 채용) 2항과 3항에 "「유아교육법」, 「초·중등교육법」 및 「고등교육법」에 따른 유치원 및 학교의 장은 평생교육프로그램을 운영함에 있어서 필요한 경우에 평생교육사를 채용할 수 있다"고 규정하고 있으며, "시·도 평생교육진흥원 및 시·군·구 평생학습관에 평생교육사를 배치하여야 한다"고 규정하고 있다. 「평생교육법」 제27조(평생교육사 채용에 대한 경비보조)에 "「유아교육법」, 「초·중등교육법」 및 「고등교육법」에 따른 유치원 및 학교의 장은 평생교육프로그램을 운영함에 있어서 국가 및 지방자치단체는 평생교육 프로그램 운영 및 평생교육사 채용에 사용되는 경비 등을 보조할 수 있다"고 규정하고 있다. 평생교육사 자격(1급~3급) 규정은 다음과 같다.

등급	자격기준
평생교육사 1급	평생교육사 2급 자격증을 취득한 후, 교육부장관이 정하는 평생교육과 관련된 업무(이하 "관련업무"라 한다)에 5년 이상 종사한 경력이 있는 자로서 진흥원이 운영하는 평생교육사 1급 승급과정을 이수한 자
평생교육사 2급	1. 「고등교육법」 제29조 및 제30조에 따른 대학원에서 교육부령으로 정하는 평생교육과 관련된 과목(이하 "관련과목"이라 한다) 중 필수과목을 15학점 이상 이수하고 석사 또는 박사학위를 취득한 자. 다만, 「고등교육법」 제2조에 따른 학교(이하 "대학"이라 한다)에서 필수과목을 이수한 경우에는 선택과목으로 필수과목 학점을 대체할 수 있다. 2. 대학 또는 이와 같은 수준 이상의 학력을 인정할 수 있는 기관, 「학점인정 등에 관한 법률」에 따라 평가인정을 받은 학습과정을 운영하는 교육훈련기관(이하 "학점은행기관"이라 한다)에서 관련과목을 30학점 이상 이수하고 학위를 취득한 자 3. 대학을 졸업한 자 또는 이와 같은 수준 이상의 학력이 있다고 인정되는 자로서 다음 각 목의 어느 하나에 해당하는 기관에서 관련과목을 30학점 이상 이수한 자 가. 대학 또는 이와 같은 수준 이상의 학력을 인정할 수 있는 기관 나. 법 제25조제1항에 따른 평생교육사 양성기관(이하 "지정양성기관"이라 한다) 다. 학점은행기관 4. 평생교육사 3급 자격증을 보유하고 관련업무에 3년 이상 종사한 경력이 있는 자로서 진흥원이나 지정양성기관이 운영하는 평생교육사 2급 승급과정을 이수한 자
평생교육사 3급	1. 대학 또는 이와 같은 수준 이상의 학력을 인정할 수 있는 기관, 학점은행기관에서 관련과목을 21학점 이상 이수하고 학위를 취득한 자 2. 대학을 졸업한 자 또는 이와 같은 수준 이상의 학력이 있다고 인정되는 자로서 다음 각 목의 어느 하나에 해당하는 기관에서 관련과목을 21학점 이상 이수한 자 가. 대학 또는 이와 같은 수준 이상의 학력을 인정할 수 있는 기관 나. 지정양성기관 다. 학점은행기관 3. 관련업무에 2년 이상 종사한 경력이 있는 자로서 진흥원이나 지정양성기관이 운영하는 평생교육사 3급 양성과정을 이수한 자 4. 관련업무에 1년 이상 종사한 경력이 있는 공무원 및 「초·중등교육법」 제2조제1호부터 제5호까지의 학교 또는 학력인정 평생교육시설의 교원으로서 진흥원이나 지정양성기관이 운영하는 평생교육사 3급 양성과정을 이수한 자

10 정답 ②

답지 ②에서 현행 『평생교육법』 제24조(평생교육사) 1항에 평생교육사는 「고등교육법」에서 규정한 학교 또는 이 법 시행 당시 종전의 원격대학형태의 평생교육시설에서 학위과정으로 평생교육과 관련된 과목을 일정한 학점 이상 이수한 자와 현행법에 규정된 평생교육사 양성기관에서 필요한 과정을 이수한 자, 그 밖에 대통령령으로 정하는 자격요건을 갖춘 자에게 자격을 주도록 규정하고 있다. 그리고 『평생교육법』 제25조(평생교육사 양성기관)에 "교육부장관은 평생교육사의 양성과 연수에 필요한 시설·교육과정·교원 등을 고려하여 대통령령으로 정하는 바에 따라 평생교육기관을 평생교육사 양성기관으로 지정할 수 있다"고 규정하고 있다.

11 정답 ②
답지 ②에서 각급학교의 장은 해당 학교의 교육여건을 고려하여 학생·학부모와 지역 주민의 요구에 부합하는 평생교육을 직접 실시하거나 지방자치단체 또는 민간에 위탁하여 실시할 수 있다. 다만, 영리를 목적으로 하는 법인 및 단체는 제외한다(평생교육법 제29조 2항). 답지 ①은 평생교육법 제29조 1항의 규정이고, 답지 ③은 평생교육법 제29조 항의 규정이다. 답지 ④는 평생교육법 제30조 1항의 규정이다.

12 정답 ③
문제의 답지 ㄴ에서 학교형태의 평생교육시설 가운데 학력인정 시설에는 「초·중등교육법」 제19조제1항의 교원을 둘 수 있다. 이 경우 교원의 복무·국내연수와 재교육에 관하여는 국·공립학교의 교원에 관한 규정을 준용한다(평생교육법 제31조 3항). 학교형태의 평생교육시설을 설치·운영하고자 하는 자는 대통령령으로 정하는 시설·설비를 갖추어 교육감에게 등록하여야 한다(평생교육법 제31조 1항). 교육감은 학교형태의 평생교육시설 중 일정 기준 이상의 요건을 갖춘 평생교육시설에 대하여는 이를 고등학교졸업 이하의 학력이 인정되는 시설로 지정할 수 있다(평생교육법 제31조 2항). 전공과를 설치·운영하는 고등기술학교는 교육부장관의 인가를 받아 전문대학졸업자와 동등한 학력·학위가 인정되는 평생교육시설로 전환·운영할 수 있다. 이 경우 전공대학의 명칭을 사용할 수 있다(평생교육법 제31조 4항). 지방자치단체는 해당 지방자치단체의 조례가 정하는 바에 따라 예산의 범위 내에서 학력인정 평생교육시설에 필요한 보조금을 교부하거나 그 밖의 지원을 할 수 있다(평생교육법 제31조 6항).

13 정답 ④
평생교육법 제31조(학교형태의 평생교육시설) ①항에 "학교형태의 평생교육시설을 설치·운영하고자 하는 자는 대통령령으로 정하는 시설·설비를 갖추어 교육감에게 등록하여야 한다."규정하고 있다. 또한 ②에는 "교육감은 제1항에 따른 학교형태의 평생교육시설 중 일정 기준 이상의 요건을 갖춘 평생교육시설에 대하여는 이를 고등학교졸업 이하의 학력이 인정되는 시설로 지정할 수 있다." 규정하고 있다. 평생교육법 시행령 제27조 1항의 "수업연한·학기·수업일수 및 수업시간의 규정에서 학기는 관할청의 승인을 받아 매 학년도를 3학기로 나누어 운영할 수 있다."고 규정하고 있다.

14 정답 ③
답지 ③에서 교육대상에는 '해당 사업장에 고용된 종업원', '해당 사업장에서 일하는 다른 업체의 종업원', '해당 사업장과 하도급 관계에 있는 업체 또는 부품·재료 공급 등을 통하여 해당 사업장과 협력관계에 있는 업체의 종업원'(평생교육법 제32조 2항) 등이다. 답지 ①과 ②에서 사내대학형태의 평생교육시설은 대통령령으로 정하는 규모 이상의 사업장의 경영자는 교육부장관의 인가를 받아 전문대학 또는 대학졸업자와 동등한 학력·학위가 인정되는 평생교육시설을 설치·운영할 수 있다(평생교육법 제32조 1항). 답지 ④에서 사내대학 교육에 필요한 비용은 고용주가 부담함을 원칙으로 한다(평생교육법 제32조 3항).

15 정답 ④
문제의 답지 ㄱ에서 불특정 다수인을 대상으로 학습비를 받고 이를 실시하고자 하는 경우에는 대통령령으로 정하는 바에 따라 교육감에게 신고하여야 한다(평생교육법 제33조 2항). 답지 ㄴ에서 전문대학 또는 대학졸업자와 동등한 학력·학위가 인정되는 원격대학형태의 평생교육시설을 설치하고자 하는 경우에는 대통령령으로 정하는 바에 따라 교육부장관의 인가를 받아야 한다. 답지 ㄷ에서 교육부장관은 제3항에 따라 인가한 원격대학형태의 평생교육시설에 대하여는 평가를 실시하고 그 결과를 공개하여야 한다(평생교육법 제33조 4항). 답지 ㄹ에서 원격대학형태의 평생교육시설을 설치·운영하는 자와 그 시설에 대하여는「사립학교법」제28조·제29조·제31조·제70조를 준용한다(평생교육법 제34조).

16 정답 ①

답지 ①의 학습휴가제는 「평생교육법」 제8조에 "국가·지방자치단체와 공공기관의 장 또는 각종 사업의 경영자는 소속 직원의 평생학습기회를 확대하기 위하여 유급 또는 무급의 학습휴가를 실시하거나 도서비·교육비·연구비 등 학습비를 <u>지원할 수 있다</u>."고 규정하고 있다. 이는 <u>강제규정이 아닌 임의규정</u>에 해당한다. 답지 ②의 평생교육이용권은 「평생교육법」 제2조(정의), 제16조의 2(평생교육이용권의 발급)에 규정되어 있다. 답지 ③의 학습계좌제는 「평생교육법」 제23조(학습계좌)에 규정되어 있다. 답지 ④에서 '독학학위제'는 정규대학을 다니지 않고 학사 또는 전문학사의 학위를 취득하는 제도(독학에 의한 학위 취득에 관한 법률)로 법 제4조(응시자격)에 "시험에 응시할 수 있는 사람은 고등학교 졸업이나 이와 같은 수준 이상의 학력(學力)이 있다고 인정되는 사람이어야 한다."고 규정하고 있다.

17 정답 ④

학점은행제는 학교에서뿐만 아니라 학교 밖에서 이루어지는 다양한 형태의 학습과 자격을 학점으로 인정하고, 학점이 누적되어 일정 기준을 충족하면 학위취득을 가능하게 함으로써 궁극적으로 열린 교육사회, 평생학습사회를 구현하기 위한 제도이다. 답지 ①에서 평가인정의 기준, 학점인정의 기준, 학위 수여요건에 대한 사항은 「학점인정 등에 관한 법률」(법률 제 10000호)에 의거하여 정하는데 <u>전문학사인 경우 2년제 80학점, 3년제 120</u>으로 규정하고 있다. 답지 ②에서 국가자격과 국가의 공인을 받은 민간자격 중 대학의 학점과 동등하게 인정될 수 있는 수준을 지닌 자격에 대하여 학점을 인정하고 있다. 답지 ③에서 학사는 총140학점이상(전공 60학점 이상, 교양 30학점이상), 전문학사 가운데 2년제 80학점 이상(전공45학점이상, 교양 15학점 이상), 3년제 120학점 이상(전공54학점이상, 교양 21학점 이상)으로 규정하고 있다.

18 정답 ④

「학점인정 등에 관한 법률」상 교육부장관이 그에 상당하는 학점을 인정할 수 있는 자는 다음과 같다 (제7조).

> 1. 대통령령으로 정하는 학교 또는 평생교육시설에서 「고등교육법」, 「평생교육법」 또는 학칙을 정하는 바에 따라 교육과정 마친 자
> 2. 외국이나 군사분계선 이북지역에서 대학교육에 상응하는 교육과정을 마친 자
> 3. 「고등교육법」 제36조 제1항, 「평생교육법」 제32조 또는 제33조에 따라 시간제로 등록하여 수업을 받은 자
> 4. 대통령령으로 정하는 자격을 취득하거나 그 자격 취득에 필요한 교육과정을 마친 자
> 5. 대통령령으로 정하는 시험에 합격하거나 그 시험이 면제되는 교육과정을 마친 자
> 6. 「무형문화재 보전 및 진흥에 관한 법률」 제17조에 따라 국가무형문화재의 보유자로 인정된 사람과 그 전수교육을 받은 사람으로서 대통령령으로 정하는 사람

19 정답 ①

답지 ①에서 독학학위과정은 <u>교양과정, 전공기초과정, 전공심화과정 종합시험 등의 4개 인정 시험</u>을 통과하면, 학사학위를 수여하는 제도이다. 답지 ②에서 학점은행제로 취득한 학점은 일정 조건을 갖추게 되면, 독학학위제의 시험 응시자격에 활용될 수 있다. 답지 ③에서 독학에 의한 학위취득제도는 고등학교를 마친 후 경제적·시간적 제약 때문에 대학에 진학하지 못한 사람이라 할지라도 자학자습과 다양한 교육기관과 매체를 이용하여 학습한 후 국가기관이 실시하는 시험절차를 거쳐서 학사학위를 취득할 수 있도록 하는 제도이다. 답지 ④에서 교육부장관은 독학학위제의 시험 실시 권한을 <u>평생교육진흥원장에게 위탁</u>하고 있다.

20 정답 ③

답지 ③에서 학위취득 과정은 1. 교양과정 인정시험, 2. 전공기초과정 인정시험, 3. 전공심화과정 인정시험, 4.학위취득 종합시험과정을 거치게 되어 있다. 다만 대통령령으로 정하는 바에 따라 일정한 학력이나 자격이 있는 사람에 대하여는 1~3단계 까지 과정별 인정시험 또는 시험과목 전부 또는 일부를 면제할 수 있다(제 5조 시험의 과정 및 과목).
답지 ①에서 「독학에 의한 학위취득에 관한 법률」 제3조(시험의 실시기관 등) ①항에 "교육부장관은 독학자에 대한 학위취득시험을 실시한다."고 규정하고 있다. 답지 ②에서 동법 제4조(응시자격) ①항에 "시험에 응시할 수 있는 사람은 고등학교 졸업이나 이와 같은 수준 이상의 학력(學力)이 있다고 인정된 사람이어야 한다."고 규정하고 있다. 답지 ③에서 동법 제5조(시험의 과정 및 과목) ①항에 "시험은 다음 각 호(1. 교양과정 인정시험, 2. 전공기초과정 인정시험, 3. 전공심화과정 인정시험, 4. 학위취득 종합시험)의 과정별 시험을 거쳐야 하며, 제4호의 학위취득 종합시험에 응시하려는 사람은 제1호부터 제3호까지의 각 과정별 시험을 모두 거쳐야 한다. 다만, 대통령령으로 정하는 바에 따라 일정한 학력(學歷)이나 자격이 있는 사람에 대하여는 제1호부터 제3호까지의 각 과정별 인정시험 또는 시험과목의 전부 또는 일부를 면제할 수 있다."고 규정하고 있다. 답지 ④에서 제6조(학위 수여 등) ①에 "교육부장관은 「학위취득 종합시험에 합격한 사람에게는 학위를 수여한다."고 규정하고 있다. 「독학에 의한 학위취득에 관한 법률」의 내용은 다음과 같다.

제1조(목적) 이 법은 독학자(獨學者)에게 학사학위(學士學位) 취득의 기회를 줌으로써 평생교육의 이념을 구현하고 개인의 자아실현과 국가·사회의 발전에 이바지하는 것을 목적으로 한다.

제2조(국가의 임무) 국가는 독학자가 학사학위(이하 "학위"라 한다)를 취득하는 데에 필요한 편의를 제공하여야 한다.

제3조(시험의 실시기관 등) ① 교육부장관은 독학자에 대한 학위취득시험(이하 "시험"이라 한다)을 실시한다.
② 시험의 실시에 필요한 사항은 대통령령으로 정한다.

제4조(응시자격) ① 시험에 응시할 수 있는 사람은 고등학교 졸업이나 이와 같은 수준 이상의 학력(學力)이 있다고 인정된 사람이어야 한다.

② 제5조제1항에 따른 과정별 인정시험에 관한 응시자격은 대통령령으로 정한다.

제5조(시험의 과정 및 과목) ① 시험은 다음 각 호의 과정별 시험을 거쳐야 하며, 제4호의 학위취득 종합시험에 응시하려는 사람은 제1호부터 제3호까지의 각 과정별 시험을 모두 거쳐야 한다. 다만, 대통령령으로 정하는 바에 따라 일정한 학력(學歷)이나 자격이 있는 사람에 대하여는 제1호부터 제3호까지의 각 과정별 인정시험 또는 시험과목의 전부 또는 일부를 면제할 수 있다.
  1. 교양과정 인정시험
  2. 전공기초과정 인정시험
  3. 전공심화과정 인정시험
  4. 학위취득 종합시험
② 제1항에 따른 과정별 시험과목은 교육부장관이 정한다.
③ 제1항에 따른 시험에 응시하는 사람은 교육부령으로 정하는 수수료를 내야 한다.

제5조의2(부정행위자 등에 대한 조치) ① 교육부장관은 시험에서 부정한 행위를 한 사람이나 응시원서 등에 응시자격에 관한 사항을 거짓으로 적은 사람에 대하여는 그 시험 또는 시험과목 응시를 정지시키거나 무효로 하고, 그 처분이 있은 날부터 3년의 범위에서 해당 시험 또는 시험과목의 응시자격을 정지할 수 있다.
② 삭제
③ 제1항에 따른 부정행위자 등에 대한 조치에 필요한 세부기준·절차 등은 대통령령으로 정한다.

제6조(학위 수여 등) ① 교육부장관은 「고등교육법」 제35조제1항에도 불구하고 제5조제1항제4호에 따른 학위취득 종합시험에 합격한 사람에게는 학위를 수여한다.
② 「평생교육법」 제19조에 따른 국가평생교육진흥원장은 제1항에 따른 학위취득 종합시험의 합격증명, 학위증명, 그 밖에 필요한 증명서를 발급하고, 각종 증명서의 발급(발급수수료를 포함한다)에 필요한 사항은 교육부령으로 정한다.
③ 제1항에 따른 학위 수여와 그 밖의 학사(學事) 관리에 필요한 사항은 대통령령으로 정한다.

제7조(권한의 위임) 교육부장관은 대통령령으로 정하는 바에 따라 시험 실시, 학사 관리, 그 밖에 독학에 의한 학위취득에 관한 업무를 그 소속 기관의 장이나 국립학교(전문대학과 고등학교 이하의 각급학교는 제외한다)의 장에게 위임할 수 있다.

교육심리학
정답 및 해설

유길준 공무원 교육학
진도별 모의고사

[교육심리학] 제1회 정답 및 해설

1 ①	2 ④	3 ②	4 ③	5 ③
6 ②	7 ③	8 ①	9 ④	10 ④
11 ①	12 ③	13 ①	14 ①	15 ④
16 ④	17 ③	18 ①	19 ②	20 ④

1 정답 ①

인간발달의 일반적인 원리로는 개체와 환경과의 상호작용성, 발달의 연속성과 점진성, 분화와 통합, 상호관련성, 개인차 존재, 방향성과 순서성, 적기성·결정적 시기, 예언곤란성 등이 있다.

2 정답 ④

인간발달에 있어서 생의 초기의 생리적 발달은 상당부분 예측할 수 있으나 점차 성숙하여 감에 따라서 인간의 발달에 끊임없이 환경적 요인이 작용하면서 복잡한 결과를 형성해 나아가게 되므로 예측이 점차 곤란하게 된다.

3 정답 ②

발달의 불가역성이란 후 단계의 잘잘못이 전 단계의 잘잘못에 영향을 주거나 교정·보충하는 데에는 한계가 있다. 그 외 발달의 기제에는 적기성(발달과업), 기초성(유아기 경험), 누적성(발달의 '빈익빈 부익부'의 현상) 등이 있다.

4 정답 ③

답지 ③에서 인간의 발달은 전체반응으로부터 부분반응으로 분화되어 간다. 답지 ①은 틀린 답지 이다. 인간의 발달은 일정한 방향과 순서가 있다. 답지 ②도 발달의 일반적인 원리로는 틀린 답지이다. 인간은 신체, 지능, 사회성, 정서, 도덕성 등이 상호연관 되면서 점진적·연속적으로 발달한다. 답지 ④도 틀린 답지이다. 인간의 발달은 나이가 많아짐에 따라 발달경향의 예언이 점점 어려워진다.

5 정답 ③

행동생물학적 접근의 주요관심사는 적응, 생존, 행동의 가치 그리고 진화론적 영역들에 관심을 갖는다. 행동생물학에 의해 제안된 각인, 결정적 시기의 개념은 아동 초기의 특정한 시기에 습득되어야 할 인지적·사회적 행동과 관련된 것이다.

6 정답 ②

문제의 제시문은 중간체계에 해당한다. 중간체계는 가정, 학교, 유치원 등의 기관과 아동발달간의 관계성을 강조하는 것을 의미한다. 생태이론적 접근은 행동생물학적 이론을 보완할 수 있는 이론으로 브론펜브레너(U. Bronfenbrenner)에 의해 체계화되었다. 이는 직계가족의 관계에서부터 보다 넓은 사회적 환경에 이르기까지 환경의 다양한 측면들이 어떠한 방식으로 아동의 발달에 영향을 주는지를 연구한다.

미시체계	직접적으로 접하는 환경에 대한 아동의 능동성과 상호작용 패턴에 관심을 갖는 영역으로 아동과 관련된 쌍방향적 관계성을 다루는 환경이다.
중간체계	가정, 학교, 이웃, 유아원 등의 기관과 아동발달간의 관계성을 강조하는 것으로 예컨대 아동의 학업성취가 단순히 교실에서의 활동에만 영향을 받는 것이 아니라, 부모의 학교 참여와 가정학습에 의해 더욱 향상될 수 있다는 것이다.
외체계	아동이 직접적으로 접촉하고 있지는 않지만, 아동에게 영향을 주는 환경을 의미한다. 부모의 직장, 보건소, 복지부 등이 포함된다.
거시체계	아동이 속해 있는 사회의 가치, 법률, 관습 등을 의미한다. 예컨대 정부의 아동보호에 대한 기준이 높게 책정되어 있을 경우 아동이 보다 쾌적한 경험을 할 수 있다는 사실은 거시체계가 아동의 발달에 영향을 준다는 증거이다.
연대체계	아동의 환경에서 발생하는 사건들의 양식과 생애에 있어 전환점이 되는 사건 등을 의미한다. 예컨대, 이혼가정의 아동은 이혼 후 처음 1년 동안 극도의 부정적인 효과를 보이고, 그 부정적 효과는 여자아이들 보다 남자아이들에게 더 크게 작용한다.

7 정답 ③

발달과업이란 각 발달단계에서 획득해야 할 개체의 행동특성을 의미한다. 발달과업은 질서와 계열성을 가지고 있으며, 개체의 생리적, 신체적, 심리적 성숙과 사회 문화적 기대, 구속적 및 개인적인 가치관이나 희망과 포부에 따라 결정된다. 문제의 답지 ㄷ에서 발달과업은 문화와 계층에 따라 달라질 수 있다.

8 정답 ①

유아기(0~6세)의 발달과업은 걸음 배우기, 말 배우기, 배설의 통제, 선악의 구별, 사회와 자연에 대한 간단한 개념의 형성, 성차의 인식과 이에 따른 행동양식의 학습을 시작한다.

9 정답 ④

아동기(6~12세)의 발달과업으로는 친구사귀기, 적절한 사회적 성역할 배우기, 3R's의 기초능력 습득, 도덕성 및 가치척도의 발달, 인격적 독립성의 성취, 도당의 형성, 소속감의 발달, 사회적 집단과 사회제도에 대한 태도의 발달 등이 이루어진다.
답지 ④는 청소년기의 발달과업이다.

10 정답 ④

청소년기(12~18세)의 발달과업으로는 직업 선택 및 준비, 가치관 및 윤리체계의 형성, 정서적 독립, 시민생활에 필요한 기능과 개념의 발달 등이 이루어진다. 문제의 답지 ㄱ과 ㄴ은 아동기의 발달과업이다.

11 정답 ①

자연적 성숙론은 모든 아동들이 정상적인 성장과정에서 준비도에 필요한 일반적인 능력을 개발하는데 초점을 두고 있다. 교육과정은 학습자의 발달단계별 생활영역과 관심도를 고려하여 자생적 개념이 포함될 수 있도록 구성한다. 문제의 답지 ㄴ과 ㄹ은 환경경험론이다.

12 정답 ③

답지 ③에서 카텔(R. Cattell)은 일반요인을 유동성지능과 결정성 지능으로 나누어 제시하였다.
답지 ①에서 서스톤(L. Thurstone)은 일반요인에 기초하여 7개의 기본정신능력(PMA)를 제안하였다. 3차원의 지능구조모형을 제시한 학자는 길포드(J. Guilford)이다. 답지 ②에서 심리측정학적 측면의 지능이론은 지능의 사회문화적 맥락을 반영하지 못하고 있다. 답지 ④에서 스페어만(C. Spearman)은 지능의 요인을 일반요인(G)과 특수요인(S)으로 나누어 제시하였다.

13 정답 ①

스페어만(C. Spearman)은 양요인설을 주장하고 언어문제, 수학문제, 도형문제를 해결할 때 귀납적 추론, 연역적 추론, 기억, 암기 등과 같은 지적 활동의 종류를 초월해 공통적으로 영향을 미치는 능력을 의미하는 일반요인과 언어문제나 수문제와 같은 어떤 특정영역의 문제를 해결하는 데 사용되는 능력을 의미하는 특수요인을 제안하였다.

14 정답 ①

길포드(J. Guilford)는 일반요인에 기반한 서스톤(L. Thurstone)의 기본정신능력(PMA)를 토대로 3차원의 지능구조모형을 제시하였다. 지능구조모형은 조작차원(6), 내용차원(5), 산출차원(6)을 구성하는 요소들이 상호 결합하여 얻어지는 180개의 독립된 정신능력으로 구성된다. 이것을 통해 각각의 과제를 측정할 수 있는 검사가 개발될 수 있으며 그들이 각각 상호 독립적이라고 가정하였다. 특히 조작차원에 사회적 판단과 창의적 요인을 추가하였으나 예술적 능력은 포함시키지 않았다. 답지 ②는 구성주의관점인 가드너(H. Gardner), 스텐버그(R. Sternberg) 등의 이론이여기에 해당된다. 답지 ④에서 길포드(J. Guilford)는 180가지 지능요인 가운데 높은 정적 상관을 지니고 있다는 것은 '독립된 요인'이란 가정에 상반된 것으로 이에 대한 설명이 부족하다.

15 정답 ④

길포드(J. Guilford)는 일반요인에 기반한 서스톤(L. Thurstone)의 기본정신능력(PMA)를 토대로 3차원의 지능구조모형을 제시하였다. 특히 새롭게 생각해 내는 독창적인 능력을 확산적 사고(발산적 사고)라고 하여 지능요인에 포함시켰다.

16 정답 ④

〈보기〉의 답지 ㄱ과 ㄷ은 유동성지능이며, ㄴ과 ㄹ은 결정성 지능이다. 카텔(R. Cattell)은 스페어만(C. Spearman)이 제시하는 일반요인을 단일요인으로 보지 않고 두 개의 요인을 나누어 제시하였다. 그 구체적인 내용을 제시하면 다음과 같다.

유동성 지능 (fluid intelligence)	선행학습에 영향을 받지 않고 유전적, 신경·생리적 영향에 의해 발달되는 지능으로, 뇌와 중추신경계의 성숙에 비례하여 발달한다. 예) 정보처리속도, 기계적 암기, 지각력, 일반적 추리력 등
결정성 지능 (crystallized intelligence)	환경적 경험적 문화적 영향에 의해 발달되는 지능이다. 따라서 결정적 지능의 발달은 가정환경, 교육정도, 직업 등의 영향을 받는다. 예) 언어능력, 문제해결력, 논리적 추리력, 상식 등

17 정답 ③

좌뇌는 말을 하거나 계산하는 식의 논리적인 뇌의 기능을 관장한다(오른손 촉각, 수학, 언어, 저술, 과학, 논리). 또한 우뇌는 음악을 듣거나 그림을 보거나 어떤 이미지를 떠올리는 뇌의 기능 관장한다(왼손 촉각, 음악이해, 그림이해, 환상, 지각, 조각). 답지 ①, ②는 좌뇌 그리고 답지 ④는 우뇌를 발달시킬 수 있다.

18 정답 ①

교수법에 있어서 좌우뇌를 조화롭게 활용하는 방법은 좌뇌로 오른손 촉각, 수학, 언어, 저술, 과학, 논리를 발달시키고, 우뇌로 왼손 촉각, 음악이해, 그림이해, 환상, 지각, 조각 등을 발달시켜 이를 고루 활용할 수 있어야 한다.

19 정답 ②

가드너(H. Gardner)는 기존의 IQ검사가 지나치게 언어적 지능과 논리-수학적 지능만을 중요시하고, 표준상황에서만 지능을 측정함으로써 개인의 능력을 정확하게 측정하지 못했다고 지적하고 지능의 사회문화적 접근과 실제상황에서의 지능검사를 강조했다.

20 정답 ④

답지 ①에서 가드너(H. Gardner)는 기존의 표준상황에서의 지필검사 보다는 실제상황에서 수행평가를 강조하였다. 답지 ②에서 가드너(H. Gardner)는 인간의 지능을 단일한 구인이 아닌 복수의 구인으로 제시하고 하고 이들의 독립성을 강조하고 있다. 답지 ③과 ④에서 가드너(H. Gardner, 1983)는 전통적인 지능검사가 지나치게 언어, 수리적 능력만을 측정한다고 비판하고, 지능을 하나의 문화권 또는 여러 문화권에서 가치 있게 인정되는 문제를 해결하고 결과를 창조해 내는 능력이라 정의하고, 주관인인 요인분석(subjective factor analysis)방법을 통하여 인간의 지능은 각각 별개의 심리적 과정이 관여하는 <u>8개의 각각 독립적인 부분들과 실존적 지능</u>으로 구성된다고 주장하였다.

[교육심리학] 제2회 정답 및 해설

1 ②	2 ②	3 ③	4 ④	5 ③
6 ①	7 ③	8 ①	9 ③	10 ②
11 ③	12 ②	13 ①	14 ①	15 ②
16 ③	17 ④	18 ①	19 ④	20 ②

1 정답 ②

가드너(H. Gardner)는 표준적인 하나의 지능모형을 모든 연령과 계층에 대하여 동일하게 적용하는 기존의 방식을 벗어나 한 개인이 처해 있는 다양한 사회적, 문화적 맥락을 반영하는 지능모형과 지능검사를 개발해야한다고 주장하였다. 따라서 지능을 측정하는데 있어 실제상황하에서 측정해야한다고 주장하였다.

2 정답 ②

답지 ②에서 가드너(H. Gardner)는 인간의 다양한 형태의 지능을 지니고 있으므로 학교에서 언어, 수리적인 능력만을 개발하지 말고 음악적 지능, 신체적 지능 등 다양한 능력을 개발할 것을 주장하였다. 또한 인지교과 중심이 아닌 다양한 영역에서 균형 잡힌 교육과정의 개발을 할 수 있는 근거를 제시하였다. 답지 ①과 ③에서 가드너는 지능은 개인과 환경의 상호작용의 결과이므로 지능의 발달을 위한 체계적인 교육과 환경의 제공을 강조하였다. 답지 ④에서 가드너는 지능교육과 관련하여 지능교육의 내용은 아동의 심리적 특성에 맞아야 한다고 하였다.

3 정답 ③

답지 ③의 상황적 지능은 스턴버그(R. Sternberg)의 삼원지능이론에 해당한다. 가드너(H. Gardner)는 9가지 독립된 지능을 제시하였는데 언어적 지능, 논리-수학적 지능, 음악적 지능, 공간적 지능, 신체적 지능, 대인적 지능, 내성적 지능, 자연관찰 지능, 실존적 지능 등이다.

4 정답 ④

답지 ④에서 스턴버그(R. Sternberg)는 모든 사람에게 공통적으로 나타날 수 있는 사고과정을 강조한다. 기존의 지능이론들이 지능의 근원을 오로지 개인, 행동, 그리고 상황 가운데 일부로부터 만 찾으려 하였기 때문에 불완전할 수밖에 없다고 가정하고, 보다 완전한 지능이론이 되기 위해서는 이 세 가지를 모두 고려하여야 한다고 주장하였다.

5 정답 ③

답지 ③에서 상황하위이론은 특정한 사회·문화적 상황에서 지적인 것으로 여겨지는 행동들의 내용을 명시한 이론으로 일상생활에서 훌륭한 아이디어와 분석방식을 활용하는 능력을 말한다. 삼원지능의 구체적인 내용은 다음과 같다.

상황하위이론 (상황적 지능)	• 특정한 사회·문화적 상황에서 지적인 것으로 여겨지는 행동들의 내용을 명시한 이론이다. • 일상생활에서 훌륭한 아이디어와 분석방식을 활용하는 능력을 말한다. 예) 실행, 적용, 사용, 실행능력 등
경험하위이론 (창조적 지능)	• 지능과 지적과제에 대한 경험의 양자 간의 관계를 명시한 이론이다. • 문제점과 아이디어를 훌륭하게 파악하는 능력을 말한다. 예) 창조, 발견, 상상, 탐색능력 등
요소하위이론 (분석적 지능)	• 모든 지적행동에 기저하고 있는 정신과정과 전략을 명시한 이론이다. • 문제를 해결하고 아이디어의 질을 판단하는 능력을 말한다. 예) 분석, 판단, 평가, 비교, 대조능력 등

6 정답 ①

경험하위이론은 신기한 정보를 자동적으로 처리하는 능력으로써 창의력과 유사하다. 새로운 이론을 개발해 내는 통찰력 있는 학자, 전문적 경영인, 창의적인 과학자, 예술가 등은 경험적 지능(창조적 지능)이 우수한 사람이다. 문제의 답지 ㄷ과 ㄹ은 상황하위이론(실제적 지능)에 해당한다.

7 정답 ③
답지 ①은 가드너(H. Gardner)의 다중지능이론(MI)에 대한 설명이며, 답지 ②는 스페어만(C. Spearman)의 지능의 일반요인에 있어서 지능의 개인차에 대한 설명이다. 답지 ④는 길포드(J. Guilford)의 3차원의 지능구조모형에 대한 설명이다.

8 정답 ①
답지 ①에서 지능검사 점수는 교육받는 기간 동안 점수가 변화할 수 있다. 그것은 인간의 지능이 출생으로부터 20세 전후까지 발달하기 때문이다. 답지 ②에서 지능검사는 문화적·교육적 환경으로부터 영향을 받는다. 답지 ③에서 어떠한 단일검사도 지적행동에 관련되는 능력의 전체적인 스펙트럼을 측정할 수는 없다. 답지 ④에서 지능검사는 개인의 특정한 시점에서 지적목록을 측정한다. 따라서 지능은 인간이 성장 발달함에 따라 변화될 수 있다.

9 정답 ③
답지 ㄱ에서 지능 지수는 인간의 종합적인 능력을 나타내는 것이 아니라, 한정된 학업적 지능을 나타낼 뿐이다. 이러한 지능지수는 아동의 학교 학습 능력을 예언하는 지표는 되지만 성인의 실제 사회생활에서 활용할 수 있는 보다 포괄적인 지적 능력을 나타내 주지는 못한다. 답지 ㄴ에서 지능검사는 속도검사(시간제한 검사)이므로 정보처리 속도가 빠른 사람에게 높게 나타난다. 답지 ㄷ에서 지능지수는 학력이나 문화적 영향을 크게 받는다. 답지 ㄹ에서 지능 지수의 평균은 100이고 표준편차는 10~20사이이다.

10 정답 ②
답지 ①에서 지능지수를 산출하는 방법으로는 Stanford-Binet검사에서는 IQ = $\frac{MA}{CA} \times 100$으로 생활연령과 정신연령의 비로 산출하는 방법과 웩슬러(Wechsler)의 편차 IQ = 15Z + 100 = $\frac{15(X-M)}{SD}$ + 100라는 방법이 있다. 답지 ②에서 가드너(H. Gardner)의 다중지능 가운데 공간적 능력은 조각가와 관련이 있다. 답지 ③에서 스턴버그(R. Sternberg)삼원지능은 실제적 지능, 창조적 지능, 분석적 지능을 말한다. 자기성찰적 지능(내성적 지능)과 대인적 능력은 가드너(H. Gardner)의 다중지능에 속한다. 답지 ④에서 써스톤(L. Thurstine)은 인간의 기본정신능력(primary mental abilities : PMA)의 핵심요소로 언어이해, 지각속도, 추리요인, 수요인, 기억요인, 단어유창성, 공간시각화 등을 제안하였고, 예술적 능력은 포함되어 있지 않다.

11 정답 ③
답지 ①에서 피아제(J. Piaget)는 아동의 사고는 성인의 축소판이 아니라고 주장하였다. 아동들은 그들 나름대로 독특한 방식으로 사고한다고 믿었다(예: 달이나를 따라온다. 꿈은 창문을 통해서 들어온다 등). 답지 ②와 ③에서 인지구조는 인간이 성장함에 따라 체계적으로 변화된다. 그러나 인지기능(조직과 적응)은 선천적인 요소로 기능 불변자이다. 답지 ④는 비고츠키(L. Vygotsky)이론이다.

12 정답 ②
답지 ①에서 신·구정보를 지적 구조에 통합하고 재구조화 하는 것은 적응이다. 답지 ②에서 인지구조란 외부자극을 받아들이고, 해석하고, 전환하고 조직하는 일련의 정신구조를 말한다. 즉, 지각된 정보를 선택적으로 수용하는 지적인 체계를 의미한다. 답지 ③에서 스키마(Schema)는 사고의 기본단위로서 인간이 세상에서 사물과 사건에 대해 정신적으로 표상하거나 '생각해 보도록'하는 조직화된 행동 또는 사고 체계를 말한다. 이는 새로운 정보에 의해 양적·질적으로 변화한다. 답지 ④에서 기존의 스키마에 관련 있는 새로운 정보를 받아들이는 것은 '동화'이다. 조절은 새로운 정보에 반응하기 위해 기존이 도식을 바꾸거나 새로운 도식을 만드는 것을 의미한다.

13 정답 ①

문제에서 제시된 예화는 피아제(J. Piaget)이론의 인지발달 기제 가운데 동화이다. 동화는 인지 기능 가운데 적응 기제 중 하나로 기존의 도식과 유사하지만 다른 새로운 정보를 인지구조에 끌어들여 해석하는 것을 말한다. 인지기능 가운데 적응(adaptation)은 주어진 환경적 자극에 적절히 반응하는 경향성을 의미하며 동화와 조절과정으로 구성되어 있다. 동화와 조절은 기능불변자이다.

동화	기존 스키마와 동일하지는 않으나 비슷한(관련 있는) 새로운 정보는 기존의 스키마에 의하여 받아들여질 것이다. 이러한 현상을 동화라고 부른다.
조절	새로운 지식에 맞추어 기존의 스키마도 변화될 것이다. 이런 현상을 조절이라고 한다.

14 정답 ④

문제의 사례에서 (가)는 동화에 해당한다. 동화는 새로운 정보를 기존의 도식에 비추어 해석하는 것을 의미하며, (나)는 불평형에 해당한다. 불평형은 기존의 도식과 새로운 정보가 일치하지 않아서 생기는 인지불균형을 의미한다. (다)는 조절에 해당한다. 조절은 새로운 정보에 반응하기 위해 기존의 도식을 바꾸거나 새로운 도식을 만드는 것을 의미한다.

15 정답 ②

문제의 사례는 전조작기의 직관적 사고를 실험하는 것이다. 직관적 사고란 경험이나 추리·판단 등에 의하지 않고 대상을 직접적으로 파악하는 사고를 말한다.

16 정답 ③

문제에서 제시된 설명은 전조작기의 특징을 설명한 것이다. 전조작기의 특징으로 중심화 현상, 언어의 발달, 표상행동, 자기중심적 사고, 비가역적 사고, 보존성개념의 미약, 물활론적 사고, 실념론적 사고, 인공론적 사고 등이다.

17 정답 ④

문제에서 제시된 것은 구체적 조작기에 해당하는 수업방식이다. 〈보기〉의 답지 ㄱ은 전조작기, 답지 ㄴ은 형식적 조작기 이다. 구체적 조작기의 아동들은 논리적인 조작을 사용하여 판단한다. 또한 가역성의 개념을 획득하게 되어 보존과제를 성공적으로 수행할 수 있다. 그리고 구체적 조작기 아동들은 유목을 포함한 분류 등의 조작을 할 수 있다. 유목을 포함한 개념은 부분과 전체의 논리적 관계 및 상위유목과 하위유목의 위계적 관계를 이해하여 전체는 부분보다, 상위유목은 하위유목보다 그 수가 많다는 것을 아는 것이다. 또한 구체적 조작기의 아동은 언어사용에 있어서 자기중심적인 경향이 줄어들고 의사소통에서 사회지향적인 특성을 보인다.

18 정답 ①

답지 ①의 물화론적 사고는 전조작기 사고의 특징이다. 구체적 조작기는 구체적 대상에 대해 논리적으로 사고 학 수 있으며, 가역적 사고, 보존성 개념 발달, 탈중심화, 전환적 사고, 유목분류 능력 등이 특징이다.

19 정답 ④

문제에서 제시된 주장은 연역적 추리를 하는 것이므로 발달단계는 '형식적 조작기'에 해당한다. 형식적 조작기의 아동들은 가설연역적 추리를 할 수 있다. 가설연역적 추리란 모든 요인들을 밝히고, 연역적이고 체계적으로 특정해결책을 평가하는 형식적 조작의 문제 해결전략을 말한다. 이시기의 아동들은 명제를 통해서 사고를 할 수 있다는 점이다. 또한 문제상황을 규정할 때 형식적 조작기 아동들은 문제의 개별적인 요인들을 분리할 수 있고 문제해결에 필요한 요인들을 골라내어 구성할 수 있다.

20 정답 ②

답지 ②에서 타인의 관점에서 문제를 이해하기 시작하는 시기는 구체적 조작기에서부터 나타난다. 전조작기의 아동은 자기중심적 언어를 사용하므로 타인과 의사소통이 사회적이지 못하다.

[교육심리학] 제3회 정답 및 해설

1 ②	2 ②	3 ①	4 ③	5 ②
6 ④	7 ④	8 ④	9 ①	10 ①
11 ③	12 ②	13 ②	14 ③	15 ①
16 ③	17 ②	18 ①	19 ③	20 ③

1 정답 ②

문제에서 제시된 육아일기에서 답지 ㄴ은 대상의 영속성의 개념이 생기지 않은 감각적 작동기이며(8개월 이전), 답지 ㄹ은 전조작기이고, 답지 ㄱ은 보존개념이 형성되는 구체적 조작기이다. 그리고 답지 ㄷ은 조합적 사고를 할 수 있는 형식적 조작기이다.

2 정답 ②

문제의 답지 ㄱ은 형식적 조작기, 답지 ㄴ은 감각적 작동기, 답지 ㄷ은 구체적 조작기, 답지 ㄹ은 전조작기 이다.

3 정답 ①

답지 ①에서 비고츠키(L. Vygotsky)는 인간의 인지발달이 사회적 상호작용의 산물이라는 점을 강조한다. 즉 아동이 타인과 관계에서 영향을 받으며 성장하는 사회적 존재임을 강조하여 인간이해에 있어서 사회, 문화, 역사적인 측면을 제시하였다. 답지 ②, ③, ④는 피아제(J. Piaget)의 인지발달이론의 전제이다. 피아제(J. Piaget)와 비고츠키(L. Vygotsky)의 비교하면 다음과 같다.

	피아제 (J. Piaget)	비고츠키 (L. Vygotsky)
환경에 대한 견해	물리적 환경에 관심	역사적, 문화적 환경에 관심
논리적 구조형성	개인내 과정에 기초 (평형과정에 기초)	대인적 과정→개인내 과정→대인적 과정
발달적 진화관	보편적 불변적 계열 (결정론적 발달관)	사회적 조건과 유기 체적 구조간의 역동 적 산물(변화 가능)
발달의 개인차	별로 관심이 없음	개인차에 관심
발달의 형태	포섭적 팽창	나선적 팽창

4 정답 ③

답지 ①, ②, ④는 피아제(J. Piaget)의 인지발달이론이다. 비고츠키(L. Vygotsky)는 인간 간의 <u>사회적 상호작용은 언어</u>를 포함한 여러 가지 기호체계에 의해 매개된다고 지적하고 사회적 관계가 어떻게 개인의 심리적 기능으로 내면화되는가는 언어나 다른 기호 체계의 매개에 의해 이루어진다고 주장하였다. 특히 인간 간의 상호작용에 필수요소인 언어습득을 아동발달의 중요한 요인으로 제시하였다.

5 정답 ②

비고츠키(L. Vygotsky)는 아동과 성인 혹은 보다 유능한 타인과 정신 기능의 상호작용은 대개의 경우 아동의 근접발달 영역(ZPD) 안에서 일어난다고 하였다. 근접발달 영역이란 아동이 혼자서 해결할 수는 없으나, 성인의 도움을 받으면 해결할 수 있는 문제해결의 범위를 말한다. 답지 ①, ③, ④는 피아제(J. Piaget)의 인지발달 이론의 시사점이다.

6 정답 ④

답지 ④에서 실제적 발달수준은 부모나 교사의 도움 없이 과제를 스스로 해결할 수 있는 능력수준을 말하며, 근접발달 영역은 잠재적 발달 수준과 실제적 발달 수준의 사이에 있는 것으로 부모나 교사의 도움을 받아 과제를 해결할 수 있는 능력 수준을 말한다.

7 정답 ④

답지 ④는 피아제(J. Piaget)의 사고발달과 언어발달의 관계를 설명한 것이다. 비고츠키(L. Vygotsky)가 주장하는 2세 이후 사적언어 혹은 혼자말(private speech)이란 자기 안내와 자기 지시의 목적을 위해 자신과 의사소통하는 것을 의미한다. 이것은 연령이 증가하면 들리지 않는 소리가 되어 내적 언어가 된다.

8 정답 ④

사적언어(private speech)란 자기 안내와 자기 지시의 목적을 위해 자신과 의사소통하는 것을 의미한다. 사적 언어는 과제가 어렵고 혼동될 때 많이 사용되며 타인들과 상호작용을 통해 발달한다. 그리고 연령이 증가함에 따라 점차 들리지 않은 내적 언어로 전환된다. 문제의 답지 ㄱ은 피아제(J. Piaget)의 견해이다. 답지 ㄷ에서 사적언어(혼잣말)는 나이가 들어감에 따라 점차 들리지 않는 내적언어로 전환된다.

9 정답 ①

답지 ①에서 "언어가 사고를 발달시키기보다는 사고가 언어 발달을 촉진한다."는 것은 피아제(J. Piaget)의 언어에 대한 견해이다. 답지 ②에서 비고츠키(L. Vygotsky)는 아동의 지적 발달이 내적 언어와 사회적 언어 모두로부터 영향을 받는다고 하였다. 답지 ③에서 비고츠키(L. Vygotsky)는 아동은 근접발달영역(ZPD)에 포함되는 과제를 수행하면서 지적 발달이 촉진된다고 하였다. 답지 ④에서 비고츠키(L. Vygotsky)는 보다 능력 있는 협력자(비계, scaffolding)와의 상호작용에 의한 학습을 강조한다.

10 정답 ①

문제의 답지 ㄴ과 ㄷ은 객관주의 관점에서 학습의 특징이다. 구성주의 학습의 특징을 제시하면 다음과 같다.

- 학습은 지식의 구성과정으로서 정보의 기록에 의해서 일어나는 것이 아니라 정보 해석에 의해서 일어난다.
- 학습은 기존의 지식에 의존한다.
- 지식이란 지적, 물리적, 사회적 맥락에 의존하기 때문에 학습이란 실제관련 상황에서 연습하고 습득되어지는 것이 바람직하다.
- 구성주의는 학습자의 주체적인 학습활동과 열린 형태의 교육뿐만 아니라 학습자의 성취는 다양하고 열린 형태로서 측정되고 평가되어야한다.

11 정답 ③

답지 ①에서 구성주의 학습에서는 시행착오 학습을 인정한다. 답지 ②에서 구성주의 학습은 학습자들과 협동적 상황을 중요시한다. 답지 ④에서 구성주의 학습에서는 학습과정에 물리적 도구를 적극적으로 활용한다. 구성주의 학습의 원리를 구체적으로 제시하면 다음과 같다.

- 학습은 발달의 결과가 아니라, 학습이 곧 발달이다.
- 불균형이 학습을 촉진 한다.
- 반성적 추상이 학습의 원동력이다.
- 학습은 원래 사회적, 대화적 활동이다.
- 학습은 상황에 기초하여 일어난다.
- 학습은 구성적, 능동적 과정이다
- 인간의 궁극적인 성취는 앎의 방법을 아는 것이다.

12 정답 ②

비계법(scaffolding)은 근접발달영역(ZPD)을 적절하게 사용한 수업방법을 말한다. 수업에서 교사는 아동이 필요로 하는 범위 내에서 문제해결 방법에 대한 힌트나 다른 도움을 제공한다. 이 과정에서 중요한 것은 아동의 능력이 향상되어 감에 따라 단계적으로 도움의 정도를 줄여 나가는 것이다.

13 정답 ②

답지 ②는 장독립형 학습자의 특징이며, 답지 ①, ③, ④는 장의존형 학습자의 특징이다. 장독립형 인지양식은 어떤 사물을 지각할 때, 그 사물의 배경이 되는 주변 장의 영향을 받지 않거나 적게 받는 사람, 즉 심리적 분화가 잘된 사람으로 자신이 경험한 것을 잘 분석하고 구조화 하는 인지양식을 말한다 (H. Witkin). 장독립형과 장의존형의 차이점은 다음과 같다.

장의존형 학습자	장독립형 학습자
사회적인 내용을 다룬 자료를 잘 학습한다.	사회적인 내용을 다룬 자료에 집중하는 데 외부의 도움을 필요로 한다.
사회적인 정보를 더 잘 기억한다.	사회적인 정보를 이해할 때 맥락을 이용하는 방법을 학습해야 한다.
외부에서 설정한 구조나 목표, 강화를 필요로 한다.	자신이 설정한 목표나 강화를 갖는 경향이 있다.
외부의 비판에 많은 영향을 받는다.	비판의 영향을 적게 받는다.
비구조화된 자료를 학습하는 데 어려움을 겪는다.	구조화하지 않은 상황을 자기 나름대로 구조화할 수 있다.
기억조성술을 활용하는 방법을 학습할 필요가 있다.	상황을 분석하여 재조직 할 수 있다.
주어진 조직을 있는 그대로 받아들이고 재조직하지 못하는 경향이 있다.	명료한 지시나 안내 없이도 문제의 해결을 더 잘 할 수 있다.
문제해결 방법에 대한 보다 명료한 지시를 필요로 한다.	

14 정답 ③

답지 ③은 장독립형 학습자의 특징이다. 장의존형 학습자는 특히 사회분야에 관심이 많으며 자신의 태도와 믿음을 정할 때 다른 사람들에게 의존한다. 또한 분석적이기 보다는 통합적인 사고양식을 지니고 있다. 그러나 장의존형은 명확한 지시나 안내가 없고, 구조화 되지 않은 학습과제를 학습할 때는 어려움을 겪는다. 또한 분석력과 추리력을 요구하는 천문학, 공학 등은 선호하지 않는다.

15 정답 ①

답지 ①에서 장의존형 학습자는 수렴적·직관적으로 지각하고 사고한다. 즉 주어진 조직을 있는 그대로 받아들이고 재조직하지 못하는 경향이 있다. 답지 ②, ③, ④는 장독립형 학습자이다.

16 정답 ③

상위인지는 지능과 관계가 있으며, 이는 개인차를 나타내는 원인이 된다. 상위인지는 계획, 조정, 의사결정에 사용되는 고차적인 집행과정이므로 추리, 이해, 문제해결과정, 학습 등에 영향을 주는 요인이다. 문제의 답지 ㄱ에서 상위인지에는 개인차가 나타난다. 답지 ㄹ에서 상위인지는 지능과 직접연관이 있기 때문에 학습과정뿐만 아니라 결과에도 영향을 준다.

17 정답 ②

메타인지(meta-cognition, 초인지, 상위인지)란 사고에 관한 지식이라는 뜻이다. 메타인지의 주요 구성 요소는 계획, 조정, 평가 등으로 구성되어있다. 〈사례〉 A와 B는 메타가 선택한 특정 전략을 수행하는 것이다. C는 문제해결의 계획수립, D는 자기조정 능력에 해당된다.

18 정답 ①

문제의 사례에서 창의력을 구성하는 요소가운데 (가)는 유창성이고 (나)는 융통성이다. 유창성은 자극에 대하여 제한된 시간 내에 얼마나 많은 양의 반응을 보일 수 있는가 하는 양의 문제(반응의 풍부성)이다. 융통성은 한 가지 문제 사태에 대하여 접근하는 방법의 다양성이 어느 정도인가를 말하는 요인이다(사고의 폭 또는 사고 다양성). 즉 바늘의 용도를 제한된 시간 안에 100가지를 열거했는데, 이것이 모두 어떤 것을 꿰매는 용도라면 유창성의 점수는 높아도 융통성의 점수는 낮다고 할 수 있다.

19 정답 ③

창의적인 사람의 특징 민감성, 강한 호기심과 성취동기, 사고의 치밀성, 모호한 상태에 대한 참을성 등을 특징을 나타낸다. 지능은 창의력을 높이는 필요조건이다. 즉, 지능이 높은 사람은 창의력이 높을 수도 있고 낮을 수도 있지만 지능이 평균이하로 떨어지면 창의력도 떨어진다.

20 정답 ③

답지 ③에서 브레인스토밍(brainstorming)은 '두뇌폭풍'이라는 말 그대로 정해진 주제에 대해 머리에서 폭풍이 휘몰아치듯이 생각나는 대로 아이디어를 밖으로 내놓는 방법이다(Osborn, 1963). 이 방법에서는 <u>자유분방, 비판금지, 결합과 개선, 양산</u> 등을 기본원리로 삼고 있다. 특히 사고의 양이 질을 결정한다는 것을 기본전제로 하여 가능한 한 많은 아이디어들을 제안하게 한 다음, 제안된 아이디어들을 정리하고 발전시켜 최종으로 원하는 결과를 얻어내고자 한다. 답지 ①에서 육색모자 기법은 보노(De Bone)에 의해 고안된 기법으로 여섯 가지 색깔의 모자를 쓰면서 자신의 모자 색깔이 표상하는 유형의 각각 다른 사고자의 역할 해보는 것이다. 답지 ②에서 검목표(checklist)법은 오스본(A. F. Osborn)에 의해 개발된 기법으로 창의적 사고를 유발하는 질문 통해 다양한 사고를 능률적으로 전개시켜 나갈 수 있도록 하는 방법이다. 답지 ④에서 PMI기법은 보노(De Bone)가 개발한 기법으로 어떤 문제의 좋은 점(Plus)과 부정적인 면(Minus)를 살펴본 후 마지막으로 긍정적인 측면 또는 부정적인 측면이라고 할 수 없지만 관심을 끄는 면(Interesting)을 생각하도록 하여 사고의 방향을 잡아주는 기법이다.

[교육심리학] 제4회 정답 및 해설

1 ①	2 ②	3 ③	4 ④	5 ②
6 ②	7 ③	8 ①	9 ②	10 ③
11 ②	12 ②	13 ③	14 ②	15 ②
16 ①	17 ②	18 ②	19 ①	20 ③

1 정답 ①

행동주의는 인간은 백지상태로 태어난다고 주장한다. 따라서 모든 것은 후천적 환경이 결정한다고 보기 때문에 동기유발 방법으로 외재적 동기유발을 적용한다. 대표적인 방법으로 강화원리를 이용하는 것이다. 답지 'ㄱ'과 'ㄹ'은 행동주의적 방법이고, 'ㄴ'은 정신분석적 방법이며, 'ㄷ'은 인본주의적 방법이다.

2 정답 ②

인지주의는 합리론적 관점에서 "인간은 생각하는 존재"이고, 이는 인간이 선천적으로 타고난 능력이라는 점을 강조한다. 따라서 동기유발방법은 내재적 동기를 활용한다. 즉, 인간의 동기는 인간이 세계에 대해 이해하려는 욕구를 지니고 있다는 것으로부터 시작한다는 것이다. 답지 ①은 행동주의, 답지 ②는 인지주의, 답지 ③은 정신분석학, 답지 ④는 인본주의에 해당한다.

3 정답 ③

귀인이론(Attribution Theory)이란 학습 성공과 실패의 원인지각에 대한 개인적 성향을 다루는 이론이다. 여기서 귀인요인은 노력, 능력, 과제난이도, 행운, 타인 등이 있다. 베이너(B. Wëiner)는 세 차원의 8가지 조합의 귀인이론을 제시하였다. 문제에서 (ㄱ)은 외적-통제불가능-안정요인은 답지 ②의 '과제난이도'이다. 그리고 (ㄴ)은 답지 ③의 '노력'요인에 해당하고, (ㄷ)은 답지 ④의 '능력'요인이다. 마지막으로 (ㄹ)은 답지 ①의 '운'요인이다.

4 정답 ④

답지 ①은 행동주의적 동기유발방법이고, 답지 ②는 인본주의이론인 매슬로(Maslow)의 욕구계층이론이며, 답지 ③은 반두라(Bandura)의 자기효능감이론이다. 답지 ④에서 귀인이론의 가장 의미 있는 요인은 노력요인이다.

5 정답 ②

매슬로우(A. Maslow)의 욕구위계론은 인본주의의 대표적인 동기유발이론이다. 인간은 무엇인가를 필요로 하는 존재(욕구)이며, 이는 동기를 유발하는 에너지가 된다. 인간의 욕구는 일반적으로 계층으로 이루며, 생존의 욕구(생리적 욕구, 안전의 욕구), 사회적 욕구(소속 및 사랑의 욕구, 자존의 욕구), 성장의 욕구(인지의 욕구, 심미의 욕구, 자아실현의 욕구)로 이루어져 있다.

6 정답 ②

매슬로(A. Maslow)의 욕구계층이론에 의하면 학생이 충족되지 않은 욕구가 있으면 바람직하지 않은 행동을 한다. 예컨대 어떤 학교의 학생이 최근에 결석을 자주한다면 혹시 교내폭력으로 인해 안전의 욕구가 충족되지 않아서 사회적 욕구가 생기지 않았을 가능성이 있다.

7 정답 ③

동기이론에서 있어서 이 교사는 반두라(Bandura)의 '기대-가치설'에 해당하며, 최 교사는 자기결정이론, 윤 교사 목표지향 이론(성취목표이론: Dweck, 1986)에 해당한다.

기대·가치설	기대가치란 노력으로 얻을 수 있 가치에 대한 기대를 의미한다.
자기결정	개인이 무엇을 하고 그것을 어떠한 방법으로 할 것인가를 선택하고자 하는 욕구를 의미한다.
목표지향성	• 학습목표 : 다른 사람에게 어떻게 보일것인지에 관계없이 학습목표를 세우는 학생들은 도전거리를 찾고, 어려움에 직면했을 때에도 지속해 나가는 경향이 있다. • 수행목표 : 다른 사람들에 의해 자신이 어떻게 평가되는지에 관심을 갖는다.

8 정답 ①

문제의 답지 'ㄴ'과 'ㄹ'은 외재적 동기 유발 방법이다. 내재적 동기유발 방법을 구체적으로 제시하면 주의를 집중시켜 호기심을 자극하고, 학습목표와 학생의 욕구를 결부시킨다. 그리고 학생의 흥미와 적성에 부합된 학습과제를 선택하고, 긍정적인 자아개념을 형성시키며, 성취감을 경험하게 한다. 그리고 동일시 방법을 효과적으로 활용하며, 자신의 자아 통제를 지각할 수 있도록 한다.

9 정답 ②

외재적 동기의 유발방법으로 상과 벌을 적절히 이용하며, 학습결과에 대한 정보를 제공한다. 그리고 경쟁과 협동을 적절히 이용하고 학습목표를 인식시킨다. 답지 ②번은 상징적 보상을 주는 외적 동기유발 방법이며, 답지 ①, ③, ④번은 내재적 동기유발 방법이다.

10 정답 ③

최적각성(중간)에서 행동의 능률이 가장 높다. 각성수준이 너무 낮으면 수면상태나 다름이 없고, 너무 높으면 불안수준이 높아지게 되어 행동의 능률이 떨어지게 된다.

11 정답 ②

성공추구동기가 실패회피동기 보다 강한 학생들은 중간정도의 과제를 선택하는 경향이 있으며, 지나치게 난이도가 높거나 낮은 수준의 과제를 상대적으로 적게 선택하고 중간정도 난이도의 관제를 선택하려는 경향이 있다. 반면에 실패회피성향이 성공추구 성향보다 강한 학생들은 지나치게 높은 난이도의 과제를 택하거나 낮은 수준의 과제를 선택하는 비율이 높다. 이는 어떻게 하든 실패만을 피해 보기 위한 전략이다.

12 정답 ②

성공추구 동기가 강한 사람은 성공하면 동기가 낮아지나, 실패하면 동기가 높아진다. 반면 실패회피 성향이 높은 사람은 성공하면 동기가 높아지고 실패하면 동기가 낮아진다.

13 정답 ③

목표지향성(성취목표)이란 성취상황에서 일어나는 여러 가지 행동이나 결과의 의미를 해석하고 반응하는 방식을 결정하는 일종의 사고의 틀이다. 즉 학생들이 취한 목표지향성에 따라 인지적, 정서적, 행동적 측면의 수행과정 및 결과가 다르게 나타난다는 것이다. 이는 수행목표(performance goal)와 학습목표(learning goal) 구분할 수 있다.

학습목표 지향성	• 학습목표를 지향하는 학생의 관심은 얼마나 많은 실수를 하는지, 혹은 얼마나 서투르게 보이는지 관계없이 학습과 향상에 있다. • 학습목표를 세우는 학생들은 도전거리를 찾고, 어려움에 직면했을 때에도 지속해 나가는 경향이 있다.
수행목표 지향성	• 수행목표를 지향하는 학생의 관심은 다른 사람들에 의해 자신이 어떻게 평가되는지에 관심을 갖는다. • 자신이 똑똑하게 보이기를 원하며 무능하게 보일 가능성을 피한다. • 무엇을 학습 했는가 혹은 얼마나 열심히 노력했는가 보다 그들은 자신의 수행에 대한 평가를 중요시한다.

14 정답 ②

인간은 자기가치를 지키려는 기본적인 욕구를 지니고 있는 존재로 자기가치를 보호하기 위한 다양한 자기장애전략(self-handicapping)을 사용한다는 것이다(Covington, 1984). 자기장애전략이란 학습자가 과제수행에 방해가 되는 요소를 미리 설정하고 과제를 성공할 경우 자신의 가치를 증가시키고, 과제를 실패할 경우 자신이 유능하다는 이미지를 보호할 수 있는 전략을 말한다. 그 구체적인 전략은 다음과 같다.

- 의도적으로 결석하기
- 수업 중 교사의 질문에 자발적으로 대답하지 않기
- 노력하지 않거나 노력하지 않고 있다는 것을 보여주려고 노력하기
- 실제로는 노력했지만 다른 사람들에게는 노력하지 않은 것처럼 보이기
- 성취불가능한 과제를 선택하여 실패를 정당화하기
- 부정행위를 하여 학습하지 않고 성공을 확보함으로써 유능하다는 이미지를 유지하기

15 정답 ②

답지 ①에서 학습자의 기대수준과 성취동기는 정적 상관을 나타낸다. 답지 ②에서 성취동기가 높은 학생들은 중간정도 난이도의 학습과제를 선택하려는 경향이 있다. 답지 ③에서 자아개념이 긍정적인 학생들은 성공을 내적으로 귀인 시키려는 성향이 강하다. 답지 ④에서 학습에서 성공했을 경우 능력으로 귀인 시키는 것은 동기를 증진시키나, 실패를 능력으로 귀인 시키는 것은 학습무력감에 빠질 우려가 있다.

16 정답 ①

학습동기를 유발하기 위해서는 적정수준의 난이도를 유지하는 것이 바람직하다. 지나치게 쉬운 과제나 지나치게 어려운 과제는 아동들에게 흥미를 상실하게 만든다.

17 정답 ②

답지 ①에서 능력에 대한 증가적 견해란 열심히 노력하면 능력이 향상될 것이라는 신념을 말하며, 능력에 대한 증가적 견해를 가진 사람은 학습동기가 높은 가능성이 있다. 답지 ②에서 실패회피 동기가 낮은 학습자(성공추구동기가 높은 학습자)는 과제를 성공했을 때 동기가 감소하는 하는 경향이 있다. 답지 ③에서 목표지향성 이론에서 자아개입형 학습목표(수행목표)를 가진 학습자는 과제의 숙달보다는 타인의 평가에 관심을 가질 가능성이 높다. 답지 ④에서 성취동기가 높은 학습자는 과제수행의 결과에 크게 관심을 보이는 경향이 있다.

18 정답 ②

원본능(Id, 원초아, 본능)은 성격의 생물학적 요소이며, 성격의 가장 원시적 체계이다. 즉 개인의 원시적이고 비합리적이며 무의식적인 힘이다. 이는 정신 에너지의 저장소 이며, 반사작용이나 기초과정을 통해 소원이 충족된다. 문제의 답지 'ㄷ'은 자아(ego)이고, 'ㄹ'은 초자아(Super-ego)이다.

19 정답 ①

프로이드(S. Freud)의 성격이론에서 규정하는 용어의 정의는 다음과 같다.

본능 (Id)	본능(Id)은 성격의 가장 원시적 체계이며, 개인의 원시적이고 비합리적이며 무의식적인 힘이다. 이것은 선천적 충동이나 유전적인 모든 것을 포함하는 것으로, 정신 에너지의 저장소이다.
자아 (ego)	자아(ego)는 현실과의 접촉을 통해 내부와 외계를 연결한다. 그리고 본능(Id)로부터 에너지를 공급받아 적절히 사용하며, 성격구조의 세 가지 중에서 조정자의 역할을 한다.
초자아 (Superego)	초자아(Superego)는 사회의 전통적 가치와 부모의 상벌체계의 학습에 의해서 생긴다. 이것은 학습된 도덕성이 내면화된 것이며, 부모나 외부의 통제가 자기의 통제로 바뀐 것이다.
무의식 (unconsciousness)	무의식(unconsciousness)은 가장 중요한 요소로 무의식의 내용들이 인간행동의 동기로서 작용한다. 억압된 무의식의 내용은 내적 갈등의 경험이다.
의식 (consciousness)	의식(consciousness)은 개인이 현재 각성하고 있는 모든 행위와 감정을 말한다.

20 정답 ③

프로이드(S. Freud)의 성격 발달 단계에서 남근기는 4~6세 사이로 이 시기의 두드러진 갈등은 외디푸스 콤플렉스(Oedipus-complex)이다. 이것은 아동이 이성의 부모를 소유하고 싶은 욕망과 동시에 동성의 부모를 적대시하려는 무의식을 설명하는 것이다. 이시기에는 남녀의 신체차이, 아기의 출생, 부모의 성역할 활용에 관심을 가지게 된다.

[교육심리학] 제5회 정답 및 해설

1 ②	2 ①	3 ②	4 ①	5 ④
6 ③	7 ④	8 ④	9 ①	10 ②
11 ②	12 ④	13 ③	14 ①	15 ①
16 ①	17 ②	18 ②	19 ④	20 ①

1 정답 ②
프로이드(S. Freud)의 이론은 인생의 초기 경험을 강조함으로써 유아교육의 중요성을 일깨워 주고 있다. 이것은 아동의 초기 경험이 건강한 정서발달에 큰 영향을 주며, 개인의 성격과 사회성이 아동 초기에 형성되는 사실을 밝히고 있다.

2 정답 ①
프로이드(S. Freud)의 성격발달이론의 심리적 방어기제 가운데 합리화는 일종의 자기변명으로 그럴 듯한 이유를 들어 정서적인 불안이나 당면하고 있는 난처한 입장이나 결점 등을 은폐함으로써 사회적으로 용인 받으려는 행동을 하게 되는 것을 의미한다. 여기에는 자기에게 향한 공격을 다른 사람에게 전가시키려는 것과 자기의 실패를 변명해서 정당화하려는 두 가지의 경우 모두 합리화에 속한다.

3 정답 ②
프로이드(S. Freud)의 성격발달이론의 심리적 방어기제 가운데 투사(Projection)는 자신이 스스로 받아들일 수 없는 충동이나 태도 등을 무의식적으로 타인이나 환경의 탓으로 돌리려는 행동기제를 말한다. 즉, 투사는 자신의 결점을 다른 사람이나 사물에 전가시켜 비난함으로써 자신의 결함, 약점, 위험, 불안으로부터 벗어나 자신을 보호하려는 행위이다.

4 정답 ①
프로이드(S. Freud)의 성격발달이론의 심리적 방어기제 가운데 동일시(identification)는 자기의 것이 아님에도 불구하고 자기의 것으로 된 듯이 행동하거나 평소에 저렇게 되어 보았으면 하고 원하던 사람이 된 것처럼 행동하는 것을 말한다.

5 정답 ④
프로이드(S. Freud)의 성격발달이론의 심리적 방어기제 가운데 승화(sublimation)는 정신분석학상의 용어로서 정신적인 역량의 전환을 의미한다. 곤란한 문제 또는 불만을 오히려 극복하고 사회적으로 승인되는 가치 있고 윤리적인 행동으로 대치하여 사회적 인정을 받음으로써 정신적 갈등이나 불만을 해소하려는 행위를 말한다.

6 정답 ③
프로이드(S. Freud)의 성격발달이론의 심리적 방어기제 가운데 전위(displacement)는 본능적 충동의 표현을 재조정해서 위험을 덜어 주는 상태로 대처하는 행동기제의 일종이다. 전위를 치환이라고 번역하기도 한다. 즉, 어떤 일정한 대상을 향하여 있던 욕구가 다른 것으로 바뀌어 나타나는 심리적 현상을 말한다.

7 정답 ④
프로이드(S. Freud)의 성격발달이론의 심리적 방어기제 가운데 반동형성(reaction formation)은 자기가 바라고 느끼는 것과는 정반대로 감정을 표현하고 행동하는 것이 반동형성이다. 자기의 욕구나 감정이 너무나 받아들일 수 없고 무거운 죄의식이 쌓일 때 나타나는 반응 양식이다.

8 정답 ④
답지 ④에서 프로이드와 에릭슨의 특징이 뒤바뀌었다. 프로이드(Freud)의 심리성적(心理性的) 발달이론과 에릭슨(Erikson)의 심리사회적(心理社會的) 발달이론의 차이점을 구체적으로 제시하면 다음과 같다.

	Freud	Erikson
연구의 초점	원본능(Id) 강조	자아(Ego) 강조
대인적 환경	인간관계의 초점을 갈등적인 삼각관계(모친-아동-부친)에 둠	인간관계의 초점을 인간이 사회 속에서 맺게 되는 사회적 관계에 둠
발달의 방향	부정적인 면 중심	긍정적인 면 중심
연구의 중점	심리성적 발달 측면에 중점	자아의 기능에 중점

발달 단계	발달단계를 5단계로 구분	발달단계를 8단계로 구분
성인기 발달	성인을 발달이 완료된 상태로 봄	성인도 발달과정의 한 형태에 해당한다고 봄

9 정답 ①

신뢰감 대 불신감의 시기는 프로이드(S. Freud)의 구강기(0~1)의 시기로 과제를 잘 해결하는 것은 건전한 인격형성에 기초가 됨은 물론, 다른 사람들과 원만한 대인관계를 이루게 된다. 특히 어머니로부터 적절한 수유와 보살핌이 필요한 시기이며, 이를 통해 유아의 필요한 욕구가 충족되었을 때는 신뢰감을 갖게 된다. 신뢰감이 발달한 아이는 어머니에게 협조적이며 덜 공격적이다. 그리고 성장한 후 동료들과 좋은 공감대를 형성하고 보다 능력이 있으며, 열정과 인내를 가지고 자신들의 환경을 탐색한다.

10 정답 ②

에릭슨(E. Erikson)의 심리사회적(心理社會的)발달이론에서 자율성 대 수치감의 시기는 프로이드(Freud)의 항문기에 해당하는 시기로 자신에 대한 조절과 <u>자기확신감</u>을 갖기 시작하는 시기로 이전의 의존성에서 점차로 <u>자율적인 의지</u>를 갖기 시작한다. 아동은 스스로 환경을 조절하는 그들 자신의 능력에 대한 의심 또는 의문을 갖게 된다. 이 시기에 너무 많은 의심을 경험한 아동은 전 생애를 통해 그들 자신의 능력에 대한 확신감이 결여된다. 반대로 이 단계의 위기를 잘 극복하면 자존감, 자기확신감 등이 생겨나 장래 의지의 기반을 다지게 되고, 후에 자기정체감 형성에 기여하게 된다. 또 이때는 부모가 자녀에게 영향을 미치는 시기로 성 정체감이 발달하기 시작한다.

11 정답 ②

문제에서 제시된 특징이 나타나는 에릭슨(E. Erikson)의 심리사회적(心理社會的)발달단계는 <u>주도성 대 죄책감</u>의 시기이다. 프로이드(S. Freud)의 남근기에 해당하는 시기로 어떤 일을 적극적으로 기꺼이 해보려고 계획하고 실제 해보는 것을 의미한다.

사소한 것이라도 자신이 한 일에 관해 부모가 어떻게 생각하는가를 알고 싶어 하며 이와 더불어 점차 성인들과 비슷한 역할행동을 보이기 시작한다. 이 시기에는 아동이 자신이 하고자 한 일이 허락되지 않는 경우 그들이 하고자 원했던 것이 '잘못된 것'이라는 사고를 발달시키게 되며, 이로 인해 죄책감이 형성되고 그들 자신의 판단을 신뢰할 수 없게 된다.

12 정답 ④

문제의 제시문과 같은 특징 나타나는 시기는 '근면성-열등감'의 시기이다. 답지 ①, ②, ③ 은 '주도성-죄책감' 시기의 지도방안이다. '근면성-열등감'의 시기는 프로이드(S. Freud)의 잠복기에 해당하는 것으로 아동들은 무엇인가를 끈기 있게 열심히 한 후 성취감과 기쁨을 맛보는 시기로 일에 대한 기본적인 태도가 형성되는 시기이며, 이때 성공을 경험하지 못하는 경우 열등감에 빠지기 쉽다. 이 시기에는 지적 호기심과 지적 성취가 행동의 핵심이자 대원리가 된다. 따라서 근면성은 성취할 기회를 부여하고, 성취한 과업을 인정·격려 받으면 발달한다. 반면 열등감은 성취할 기회를 갖지 못하고, 성취결과에 비난을 받으며, 귀찮은 존재로 취급될 때 형성된다.

13 정답 ③

답지 ③에서 정체감 확립(나는 누구이고 이 사회에서 나의 역할이나 나의 위치는 어디인가에 대한 고찰을 통해 확립됨)의 시기는 프로이드(S. Freud)의 생식기로 심리적 유예기(미래에 대한 불안과 사회에서 주는 압력 등으로 결정을 못하고 방황하는 시기)이며, 정체감 형성을 위해 대안적인 탐색을 계속 진행하는 시기이다. 답지 ①에서 정체감의 확립은 청소기이며 아동기의 발달과업은 근면성을 키우는 것이다. 답지 ②에서 삶을 완성하고 회고하는 단계는 노년기의 자아통합감의 시기이고, 답지 ④에서 부모나 교사의 권유에 따라 자신의 진로나 역할 방향을 성급히 선택한 상태는 정체감을 유실한 상태를 말한다.

14 정답 ①

마르시아(J. Marcia)는 정체감의 상태로 '정체감 성취', '정체감 유예', '정체감 유실', '정체감 혼미'를 제안하였다. 정체감 성취란 대안들을 자유롭게 고려해 본 후에 선택한 삶에 전념하는 것을 말하며, 정체감 유예는 선택을 위해 노력중인 상태를 말하며, 정체감 유실은 선택사항들에 대한 고려 없이 부모가 선택해 준 삶을 수용하는 것을 말한다. 그리고 정체감 혼미는 자기중심을 잃는 것으로 자신이 누구인지 무엇을 원하는지에 대한 혼돈상태를 말한다. 정체감의 성취와 정체감의 유예는 비교적 건전한 상태를 의미한다.

15 정답 ①

답지 ①에서 자율성 대 수치심은 주로 1~3세에 나타나며, 3~6세는 주도성 대 죄책감의 시기이다. 자율성 대 수치감의 시기는 프로이드(Freud)의 항문기에 해당하는 시기로 자신에 대한 조절과 자기확신감을 갖기 시작하는 시기로 이전의 의존성에서 점차로 자율적인 의지를 갖기 시작한다. 주도성 대 죄책감의 시기는 프로이드(S. Freud)의 남근기에 해당하는 시기로 어떤 일을 적극적으로 기꺼이 해보려고 계획하고 실제 해보는 것을 의미한다. 사소한 것이라도 자신이 한 일에 관해 부모가 어떻게 생각하는가를 알고 싶어 하며 이와 더불어 점차 성인들과 비슷한 역할행동을 보이기 시작한다.

16 정답 ①

문제의 제시문은 벌과 복종의 단계이다. 콜버그(L. Kohlberg)의 도덕적 추론 단계에서 벌과 복종지향의 단계는 행위자의 의도는 생각하지 않고 그 결과에 의해서만 그 행동을 판단하려 한 것으로, 아동은 모든 범죄는 벌을 받아 마땅하다는 의미로서 대답한 것이다.

17 정답 ②

문제의 제시문은 제2단계인 욕구충족지향의 단계이다. 콜버그(L. Kohlberg)의 도덕성 발달이론에서 개인적 보상지향(욕구충족지향)단계의 아동은 자신의 욕구를 만족 시키고 이익과 보상을 얻을 수 있는 일이 정당하다고 여긴다. 상호호혜적인 일면도 있으나 자기중심적이고 조작적이며 시장원리에 의거한 것이다. 즉 '네가 내 등을 긁어주니 나도 네 등을 긁어주겠다'라는 입장에서 도덕적 판단을 한다.

18 정답 ②

문제의 제시문은 콜버그(L. Kohlberg)의 도덕성 발달에서 대인관계 조화 지향적 단계의 특징이다. 이 단계는 타인의 승인을 구하고 비난을 피하기 위해 준칙에 합치하는 행동을 한다. 다른 사람이 느끼는 것을 같이 느낄 수 있는 감정이입을 할 수 있으며 사회적인 역할에 대한 전망이 증대된다. 그러나 아직 내적인 동기는 나타나지 않고 고정관념을 바탕으로 하며, 상대주의나 다양성은 찾아볼 수 없다. 특히 착한 아이 지향적(good boy and girl orientation)이며 사회적 조화가 핵심이 되는 단계이다. 그리고 "도둑질이 잘못된 이유는 일률적으로 도둑질이 나쁘기 때문이다"라는 도덕적 판단을 하는 단계이다. 도덕적 행동이란 자기가 살고 있는 사회의 고정된 인습에 엄격하게 따르며, 자기 자신의 내적 동기는 아직 나타나지 않고, 또한 어떤 행위를 하는 데 있어서 그 결정을 자기 자신이 독립적으로 나타낼 수 없다.

19 정답 ④

제시문의 도덕적 딜레마와 반응은 사회계약정신으로서 도덕성을 추구하는 시기이다. 콜버그(L. Kohlberg)의 도덕성 발달이론에서 사회계약정신으로서 도덕성의 단계를 추론하는 사람은 법의 목적은 인간의 권리를 보장하기 위한 것이라고 믿는다. 그리고 도덕적 행동이란 지역사회의 복지에 필요한 법을 준수하는 데 대해 개인들이 합의하는 데에 근거한다고 본다. 따라서 법은 사회적 계약이므로 생명이나 자유와 같은 기본적 권리가 침해되지 않는 한 수정될 수 있다고 생각한다.

20 정답 ①

콜버그(L. Kohlberg)는 피아제(J. Piaget)의 도덕성 발달이론을 확대 발전시켜 도덕성 발달이론을 구축하였다. 그는 아동의 도덕적 판단의 자기규제성 여부에 근거하여 도덕성 발달을 '복종-처벌지향' → '개인적 쾌락주의' → '대인관계 조화지향' → '법과 질서지향' → '사회적 계약지향' → '보편적 윤리지향'의 6단계로 제시하였다.

[교육심리학] 제6회 정답 및 해설

1 ④	2 ③	3 ②	4 ②	5 ④
6 ③	7 ①	8 ③	9 ②	10 ③
11 ④	12 ④	13 ③	14 ④	15 ③
16 ③	17 ①	18 ④	19 ③	20 ④

1 정답 ④

조건화 이전에 학생들의 배고픔은 무조건자극이며, 주의집중의 분산, 또는 불쾌감은 무조건 반응이다. 과학시간은 원래 중립자극이었으나 배고픔이라는 무조건자극과 짝이 지어지면서 조건자극이 된다. 따라서 점심 시간전 과학시간에서 주의집중 분산과 불쾌감이 점증되면서 학생들은 과학과목을 싫어할 가능성이 있다.

2 정답 ③

문제의 제시문에서 담임선생님의 칭찬은 무조건자극(UCS)이며, 즐거운 학교생활은 무조건반응(UCR)이다. 입학시 A중학교는 중립자극(NCS)이었지만 이 중립자극(A중학교)과 무조건자극(칭찬)이 여러 번 짝지어짐으로써 중립자극인 A중학교가 현재 조건자극(CS)으로 조건화 되었다.

3 정답 ②

제시문의 내용은 파브로브(I. Pavlov)의 조건적 조건화이론에 근거한 정서적 조건화이다. 선생님의 화난얼굴(무조건자극)과 학교생활 또는 교과공부(처음에는 중립자극)가 짝지어져 여러 번 반복하여 제시되면 학교 또는 공부 그 자체가 조건자극이 되어 영희에게 불안감을 조장할 수 있다.

4 정답 ②

파블로프(I. Pavlov)의 고전적 조건화의 교육적 시사점을 정서적 조건화이다. 따라서 교사는 즐거운 수업이 되도록 노력해야한다. 조심해야 할 것은 교사의 교수법이 정서적 조건화에 무조건자극(긍정적, 부정적)이 될 수 있다는 것이다. 답지 ① 반두라(A. Bandura)의 사회적 학습이론이며, 답지 ③, ④는 스키너(B. Skinner)의 조작적 조건화이다.

5 정답 ④

고전적 조건화이론은 자신의 의지와 관계없이 학습되는 행동(불수의적 행동)을 이해하는데 도움이 된다. 답지 ①에서 고전적 조건화이론은 무조건자극이 조건자극으로 대체된다. 답지 ②에서 고전적 조건화의 대표적인 학자는 파블로프(I. Pavlov)이다. 답지 ③의 R-S형 조건화는 스키너(B. Skinner)의 조작적 조건화 이다.

6 정답 ③

답지 ③은 체계적 둔감법의 대표적인 사례이다. 체계적 둔감법은 월페(J. Wölpe)의 상호제지 이론의 한 종류이다. 이는 양립할 수 없는 두 개의 자극을 이용하여 하나의 자극에 의해 나타나는 불안반응을 정반대의 자극을 주어 제지시킨다는 이론이다. 구체적인 기법으로 불안위계작성과 이완훈련이 있다. 답지 ①은 스키너(B. Skinner)의 조작적 조건화의 정적강화이고, 답지 ②는 반두라(A. Bandura)의 자기조절이론이며, 답지 ④는 반두라(A. Bandura)의 모델링이다.

7 정답 ①

효과의 법칙 (Law of Effect)은 학습의 결과가 만족스러운 상태(쾌감)에 도달하면 자극과 반응의 결합이 강화되고 불만족을 주는 결과(불쾌감)가 계속될 때 자극과 반응의 결합이 약화되게 된다는 개념이다.

8 정답 ③

스키너(B. Skinner)의 조작적 조건화에서 정적강화는 강화된 행동이 교사의 관점에서 보면 바람직하지 않을 때에도 일어날 수 있음을 주의해야한다. 즉 교사의 의지와는 달리 바람직하지 못한 행동도 강화되는 경우가 종종 있다. 문제의 사례의 경우 반아이들의 웃음은 철수의 엉뚱한 행동에 대한 강화물이 될 수 있다.

9 정답 ②

토큰(token)강화란 어떤 바람직한 행동에 대해서는 이 상표를 주고 일정한 숫자의 상표가 모이면 이를 먹는 것, 노는 것, 어디에 가는 것 등과 같은 다른 강화자극으로 바꿀 수 있도록 하는 방법이다.

10 정답 ③

스키너(B. Skinner)의 조작적 조건화에서 부적 강화란 혐오스런 자극을 제거함으로써 행동을 강화시키는 것을 말한다. 답지 ①에서 긍정적 강화는 어떤 행동에 대해 유쾌 자극이 제공됨으로써 행동이 증가하는 것을 말한다. 답지 ②에서 제거성 벌은 간접적인 벌로서 좋아하는 것을 박탈함으로써 행동을 제시시키는 방법이다. 답지 ④에서 수여성 벌은 직접적인 벌로서 불쾌자극을 제공함으로써 행동을 제지하는 것이다.

11 정답 ④

위의 표에서 'ㄹ'은 부적 강화에 해당된다. 여기서 답지 ④번은 부적 강화에 해당된다. 그리고 답지 ①은 정적 강화에 해당되며, 답지 ②는 소거, 답지 ③은 간접적인 벌에 해당된다.

12 정답 ④

스키너(B. Skinner)의 조작적 조건화에서 부적 강화란 혐오스런 자극을 제거함으로써 행동을 강화시키는 것을 말한다. 답지 ①은 정적강화, 답지 ②는 수여성 벌(직접적인 벌), 답지 ③은 제거성벌(간접적인 벌), 답지 ④는 부적강화이다.

13 정답 ③

변동비율강화계획은 강화를 받기 위해 요구되는 반응 수가 매번 다른 경우로 언제 강화 받을지 모르기 때문에 반응을 많이 해야 하고 꾸준히 해야 한다.

14 정답 ④

변동간격 강화는 계획 전체를 보면 강화가 주어지는 평균 시간 간격은 일정하나, 강화가 주어지는 시간 간격은 매번 다르다.

15 정답 ③

프레맥(Premack)원리란 빈번하게 일어나는 특정한 행동이 상대적으로 자주 일어나지 않는 행동을 강화하기 위하여 이용되는 것을 말한다. 이는 개인의 행동을 관찰하여 가장 자주 발생하는 행동을 비교적 적게 발생하는 행동에 대한 보상으로 이용할 수 있음을 의미한다. 문제의 사례에서 문장 분석은 싫어하는 것이고 영화토론 수업은 좋아하는 수업이므로 영화토론수업을 강화제로 이용할 수 있다.

16 정답 ③

행동조형은 바람직한 목표나 행동을 향한 각각의 작은 단계의 진전을 강화하는 것을 말한다. 차별강화와 변별의 기술을 이용하여 특정행동을 형성시키는 것이다. 행동조형의 절차는 표적행동선정 → 기준선자료수립 → 유력한 강화인자선택 → 계속적 강화 → 간헐강화의 순으로 이루어진다.

17 정답 ①

스키너(B. Skinner)의 '선택적 강화'를 사용한 행동수정을 흔히 행동조형이라고 한다. 행동조형의 절차는 표적행동선정 → 기준선자료수립 → 유력한 강화인자선택 → 계속적 강화 → 간헐강화의 순으로 이루어진다. 문제에서 제시된 (ㄱ)은 유력한 강화인자 선택, (ㄴ)은 표적행동선정, (ㄷ)은 계속강화 및 간헐강화, (ㄹ)는 기준선자료 수집에 해당한다.

18 정답 ④

(ㄱ)은 종교를 가짐으로서 학업 스트레스(불쾌자극)가 면제되었으므로 부적강화에 해당한다. (ㄴ)은 바람직한 행동에 상이 주어졌으므로 정적강화, (ㄷ)은 바람직하지 못한 행동에 대해 불쾌자극을 제시되었으므로 직접적인 벌(제1유형의 벌), (ㄹ)은 바람직하지 못한 행동에 대해 유쾌자극이 제거되었으므로 간접적인 벌(제2유형의 벌)이 된다.

19 정답 ③

답지 ①, ②, ④는 외적 요소인 강화를 주고 반복연습을 통해 학습효과를 높이려는 것으로, 이는 행동주의 학습 원리라고 볼 수 있다. 인지주의 학습에서는 인간은 자발적 경험, 문제해결을 위한 정보탐색, 새로운 학습을 달성하기 위해 이미 알고 있는 내용의 재구성·재배열하는 능동적인 존재로 본다.

20 정답 ④

통찰은 상황을 구성하는 요소간(수단-목적)의 관계를 파악하는 것이며, 이는 수단과 목적 사이의 인지적 관계를 의미한다. 답지 ①에서 통찰학습은 형태심리학을 기초로 하기 때문에 학습은 자극에 대한 실제지각이 아니라 의미지각을 통해 이루어진다. 답지 ②에서 통찰학습은 수단-목적의 구성과 재구성을 통해 이루어지기 때문에 학습자의 과거경험은 반드시 필수적인 것은 아니다. 답지 ③은 행동주의 학습이론이다.

[교육심리학] 제7회 정답 및 해설

1 ③	2 ③	3 ③	4 ①	5 ③
6 ②	7 ③	8 ①	9 ④	10 ②
11 ②	12 ②	13 ②	14 ②	15 ③
16 ③	17 ②	18 ②	19 ①	20 ③

1 정답 ③

답지 ③에서 레빈(D. Lewin)은 학습이란 재구성, 재조직이며, 이는 여러 가지 새로운 지식과 정보를 도입함으로써 원하는 것(욕구), 좋아하는 것, 싫어하는 것에 변화를 가져봄으로써 자기의 인지를 재구성한다. 결국 인간행동의 변화를 인지구조의 재구성을 통해 나타난다. 답지 ①에서 레빈은 인간의 행동 B = f(P·E) (B : 행동, P : 개인, E : 환경)로 설명하고 있다. 답지 ②와 ④에서 인간은 대상을 지각(의미부여)할 때, 자신에게 유리한 쪽으로 지각하는 경향이 있다. 이를 자아관심이라고 하였다.

2 정답 ③

답지 ①과 ②에서 톨만(E. Tolman)은 신행동주의자이면서도 레빈(D. Lewin)의 장이론의 영향을 받아 인지적인 측면과 거시적 행동을 강조하므로 그의 이론을 인지론 또는 기호-형태설 등으로 부른다. 답지 ③에서 행동은 객관적으로 이해되어야 하되 그 목적에 따라 조절되고 기대나 의미와 관련됨을 인정함으로 그를 목적적 행동주의자라고도 한다. 답지 ④에서 행동주의에서 말하는 보상은 학습변인이 아닌 수행변인으로 취급하고 있다.

3 정답 ③

작동기억(Working memory)은 보통 단기기억이라고도 하는데, 메모용지에 비유할 수 있으며 일시적인 정보저장소이다. 보통 성인의 경우 숫자 또는 문자정보 5~9개를 20~30초 정도 저장할 수 있다. 답지 ①에서 들어오는 정보를 3초정도 일시적으로 저장하는 것은 감각기억이다. 답지 ②에서 단기기억의 용량을 늘리는 방법으로 자동화, 청킹(chunking), 이중처리 방법이 있다. 답지 ④에서 단기기억의 파지력을 높이기 위해 시연을 사용하는데 집중연습보다는 분산연습이 바람직하다.

4 정답 ①

군단위형성(chunking)은 단기기억에 저장할 수 있는 정보의 양을 증가시킴으로써 단기기억의 용량 제한성을 극복하는 데 도움이 된다. 이것은 군단위로 형성된 정보는 단일 단위로 기억 할 수 있기 때문이다.

5 정답 ③

문제에서 제시된 인간의 정보처리모형에서 (가)는 작동기억이며, (나)는 장기기억이다. 답지 ①, ②는 작동기억(단기기억)에 대한 설명이며, 답지 ④는 감각기억에 해당된다. 장기기억은 다양한 정보가 네트워크 구조로 형성되어 있으며, 정보저장용량은 무한대이며, 정보를 처리하는 단계에서 영구적으로 저장하는 기억을 의미한다. 장기기억에 존재하는 정보가 네트워크 구조로 형성되므로 학습자에게 개별적 사실만 제공해서는 안 되며, 사실들의 관계성에 대해서 설명을 해 주어야 한다.

6 정답 ②

주의집중을 시키기 위한 효과적인 방법으로 물리적 유형(지도, 칠판, OHP, 실험도구 등), 흥미유발적 유형, 감정적 유형, 강조적 유형 등이 있다. 문제의 답지 'ㄹ'에서 친숙한 물리적 자극은 학생들에게 관심을 끌지 못한다.

7 정답 ③

지각은 주의집중 되어 들어오는 정보를 기존의 정보에 비추어 해석하는 것으로 말한다. 지각이 효과적으로 이루어지려면 선행조직자를 이용한다든지, 선수학습을 충분히 학습시킨다. 답지 ①은 감각기억의 교육적 시사점이며, 답지 ②는 작동기억의 교육적 시사점이다. 답지 ④는 정교화전략이다.

8 정답 ①

작동기억 안으로 들어온 정보는 시연을 통해 파지(retention)가 되기도 하고 장기기억으로 전이가 이루어지기도 한다. 시연은 반복연습을 의미하며, 분산연습법이 효과적이다. 답지 ②, ③은 부호화의 조직화전략이며, 답지 ④는 지각을 효과적으로 하기 위한 전략이다.

9 정답 ④

부호화(encoding)란 장기기억 속에 존재하고 있는 기존의 정보에 새로운 정보를 연결하거나 연합하는 것으로, 작동기억에서 장기기억으로 정보를 이동시키는 과정을 의미한다.

10 정답 ③

장기기억의 대표적인 통제과정으로 조직화와 정교화가 있다. 조직화란 연관된 자료들을 구조화 시키는 작업을 말하며, 정교화란 학습되고 있는 정보를 오래기억하기 위해 새로운 정보와 기존 정보를 연결하는 것을 말한다.

11 정답 ②

부호와 전략 가운데 정교화란 학습내용을 오래 기억하기 위해 새로운 정보와 기존의 정보를 연결하는 것을 말한다. 즉 기억해야할 정보에 무엇인가를 덧붙이거나 다른 정보와 서로 로 관련시킴으로써 기억을 오래 남도록 하는 것이다. 예컨대 통장비밀번호를 암기하려고 할 때 자신이 좋아하는 축구선수의 등번호를 이용하여 암기한다든지, 어려운 내용을 자신에게 익숙한 노랫말에 붙여 암기 하는 것이 대표적인 예일 것이다. 교실수업의 경우 교사는 질문을 통해 이미 학습한 내용과 새로운 내용을 통합하도록 한다.

12 정답 ②

관찰학습은 사회인지학습이론가인 반두라(A. Bandura)가 주장한 이론으로 인간이 어떤 모델의 행동을 보는 것만으로도 학습이 이루어진다고 하는 입장으로 사회적 학습이론 이라고도 한다.

13 정답 ②

관찰학습은 다른 사람들의 행위를 관찰한 결과로서 생기는 학습을 말한다. 답지 ①은 파지, 답지 ②는 운동재생, 답지 ③은 동기화, 답지 ④는 주의집중에 해당된다.

14 정답 ②

파지는 관찰한 모델의 행동을 언어적 표상과 시각적 심상 양자를 기억에 저장하는 것을 말한다. 이것은 모델이 시범보인 직후든 또는 장차 얼마의 시간이 지난 후든 관찰한 행동을 수행할 때 안내자로 기능을 한다. 중요한 파지 과정은 시연(rehearsal)이다.

15 정답 ③

반두라(A. Bandura)가 제안하는 사회적 학습의 주요모형은 관찰학습모형, 자기조절학습, 자기효능감, 대리적 조건화, 상호결정론 등이 있다.

16 정답 ③

문제의 제시문은 반두라(A. Bandura)의 자기효능감(self-efficacy)이론이다. 자기효능감이란 특정 상황을 관리하는데 필요한 행동을 학습하거나 수행할 수 있다는 자신의 능력에 대한 지각된 신념을 말한다. 자기효능감은 자아개념과 혼동되는 부분이 있는데 자아효능감이 특정능력에 대한 자신의 지각된 신념인 반면에 자아개념은 경험을 통해 형성되며 중요한 타인들에 의한 강화와 평가에 크게 의존하는 경향이 있다.

17 정답 ③

형식도야설(formal discipline)은 능력심리학에 입각하여 정신은 의지, 기억, 판단, 주의, 추리 등의 여러 가지 능력으로 구성되어 있고 교육으로 이와 같은 여러 가지 능력만을 잘 훈련시켜 놓으면 미래생활에 도움이 된다고 믿었다.

18 정답 ②

동일요소설은 학습내용에 영향을 주고받는 기능에 동일한 요소가 포함되어 있을 때만 전이가 된다는 설이다. 그리고 일반화설은 선행학습과 후행학습 사이에 나타나는 전이 현상이 학습자의 경험을 통하여 거기에 내포된 원리를 일반화하게 됨으로써 전이가 일어나는 현상을 말하며, 형태이조설은 특정의 학습장면에서 일어나는 역학적인 관계를 이해하는 형태나 관계가 다른 학습에 적용되게 함으로써 전이가 이루어진다는 설이다.

19 정답 ①

전이이론 가운데 일반화설(generalization theory)는 쥬드(Judd)에 의해 주장된 설로 학습과제간의 원리가 유사할 때 전이가 이루어진다는 설이다. 이것은 동일요소설을 비판하면서 등장한 이론으로서, 학문중심교육과정에 의해서 지지되고 있다. 쥬드(Judd)는 수중 12인치(30cm)의 깊이에 있는 창의 표적 맞추기 실험에 의거하여 주장하였다. 수중에 있는 목표물에 창던지는 연습을 시켜볼 때 빛의 굴절의 원리를 배운 집단이 배우지 않는 집단보다 뛰어났다는 것이다.

20 정답 ③

답지 ①은 동일요소설이며, 답지 ②는 형식도야설이다. 답지 ④는 전이효과를 높이기 위한 일반적인 조건이다. 전이의 현대적 모형은 다음과 같다.

초보-전문가 모형	문제해결에 있어서 전문가는 초보자에 비해 새로운 문제의 해결에 적용할 수 있도록 과거의 지식을 적절히 잘 조직하는 능력이 있다.
메타인지 모형	왜 어떤 사람들은 다른 사람들보다 더 많은 것을 학습하고 기억하며, 그 지식을 문제해결에 전이하는가는 개인이 정보체계 내에서 정보의 흐름을 관장하는 집행통제 과정에서 찾아볼 수 있다.

생활지도
정답 및 해설

유길준 공무원 교육학
진도별 모의고사

[생활지도] 제1회 정답 및 해설

1 ③	2 ④	3 ④	4 ②	5 ①
6 ①	7 ③	8 ①	9 ②	10 ③
11 ②	12 ④	13 ②	14 ②	15 ④
16 ③	17 ④	18 ②	19 ③	20 ①

1 정답 ③

생활지도는 학생 개개인의 성장, 발달을 극대화시키고 잠재능력을 계발하여 현재는 물론 장차 어떠한 문제에 직면하더라도 그것을 그들 자신의 힘으로 유효적절하게 해결할 수 있는 능력을 길러주는 활동을 의미한다. 생활지도의 개념상의 특징으로 ① 생활지도는 일련의 과정(Process)이다. ② 생활지도는 개인(Individual)에 대한 관심을 갖는다. ③ 생활지도는 조력(Helping)하는 것이다. ④ 생활지도는 아동 자신과 외부 환경과의 올바른 이해(Understand)와 적응을 촉구한다.

2 정답 ④

생활지도란 학생들이 일상생활에서 당면한 문제 즉, 가정적, 교육적, 직업적, 신체적, 정서적, 인성적인 문제를 자력으로 해결할 수 있도록 지도하는 조직적인 봉사활동을 의미한다. 답지 ①에서 생활지도는 학생의 문제를 학생이 적극적으로 해결할 수 있도록 도와주는 활동이다. 답지 ②에서 생활지도는 모든 학생이 대상이 된다. 답지 ③에서 생활지도는 교육과정의 한 부분으로 교육과정과 통합적으로 운영하는 것이 바람직하다.

3 정답 ④

생활지도의 기본적인 목표는 학생 자신을 정확히 이해하고, 스스로의 자질을 발견하고 발전시키며, 자력으로 문제를 해결하는 능력을 배양하는데 있다. 또한 생활지도는 학생이 잠재능력을 최대한 실현할 수 있도록 조력하는 것이고 전인적 성장을 위해 조력하는 것을 목표로 하고 있다. 답지 ①에서 생활지도는 학생의 전인적 성장을 목표로 한다. 답지 ②에서 생활지도는 모든 학생이 대상이며 궁극적으로 자아실현을 목표로 한다. 답지 ③에서 생활지도는 자아실현을 통해 자신의 삶에 만족하고 사회적으로 공헌할 수 있는 사람을 육성하는데 있다.

4 정답 ②

답지 ②에서 학생의 처벌보다 지도를 우선시 한다. 생활지도는 모든 학생이 대상이며, 과학적 근거에 입각하여 지도한다. 그리고 궁극적으로 전인적 발달에 역점을 두어 지도한다. 생활지도의 기본적인 원리는 다음과 같다.

계속과정의 원리	학생이 입학한 것으로부터 졸업 후의 추수지도(Follow up Service)에 이르기까지 모든 과정을 주기적으로 전개하는 것을 의미한다.
균등의 원리	문제 학생이나 부적응 학생뿐만 아니라 모든 학생을 생활지도의 대상으로 삼아야 한다는 것을 의미한다.
지도우선의 원리	문제행동에 대해 처벌·위협·억압 보다는 근본적인 원인을 찾아 그것을 이해하고, 학생의 좋은 점은 인정해 주면서 지도한다.
적극적 예방 원리	학생의 전인적 성장 발달을 돕기 위해서는 예방적 기능에 역점을 두어야 한다.
전인의 원리	생활지도는 학생의 전인적 성장을 위한 입장에서 다루어져야 한다.
과학적 기초의 원리	생활지도는 학생들의 올바른 이해를 위해 구체적이고 객관적인 자료를 수집하고 이것을 기초로 하여야 한다.
협동성의 원리	학교와 가정, 지역사회가 상호 유기적 관계를 맺고서 아동의 올바른 성장, 발달을 도와주는 것을 의미한다.

5 정답 ①

문제의 답지 'ㄷ'에서 생활지도 학급 전체 구성원들의 집단역동 보다 학생 개개인의 개성이나 권리를 중요시한다. 답지 'ㄹ'에서 D교사는 이번 학기 들어 우울증으로 자살을 시도해 온 학생이라면 외부 전문가에 위탁하는 것이 옳은 지도방법이다. 생활지도의 원리는 균등성의 원리(모든 학생을 대상), 적극적 예방의 원리, 과학적 기초의 원리, 처벌보다 지도우선의 원리, 자율성의 원리, 전인성의 원리, 민주적 협력의 원리, 다양한 이론을 통합적으로 활용하는 원리 등을 강조한다.

6 정답 ①

문제에서 제시되는 생활지도 활동은 조사활동(학생이해활동)이다. 조사활동은 학생 이해활동이라고도 하며, 학생을 개별적으로 이해하는데 도움이 되는 각종 자료나 정보 등을 조사·수집·기록·보관하는 조직적 봉사활동을 의미한다.

7 정답 ③

생활지도의 제 활동가운데 상담활동은 상담자와 내담자간에 행하여지는 극히 개별적 과정을 의미한다. 또한 학생에게 스스로 자신을 이해·발견하고 자신의 문제를 해결할 수 있는 능력을 배양하고 최대한의 자율적 성장을 돕는 활동을 지칭한다.

8 정답 ①

문제의 사례는 생활지도의 제 활동가운데 위탁활동의 사례이다. 교사들은 학생들이 제시하는 문제가 자신의 지도 한계를 벗어나는 경우에는 그 분야의 전문가에게 지체 없이 위탁하는 것이 바람직하다. 교과담당 교사나 학급담임교사는 아무리 학생 이해에 대한 기술이 있다고 하더라도 그들로서는 취급하지 못하는 문제가 있으므로 이런 경우에는 지체 없이 그 분야의 전문가에 위탁해야 한다.

9 정답 ②

답지 ②에서 학교에서 이루어지는 상담활동은 생활지도와 마찬가지로 교육과정에 통합된 형태로 운영되어야 한다. 답지 ①에서 현재는 전문상담교사가 학교에 배치되어 있으나 일반적으로는 학교교육의 상담전문가는 교사이다. 답지 ③에서 학교의 상담은 학업상담과 진로상담을 포함하고 있으며, 행동과 태도의 변화, 사고, 심리적 갈등의 문제 등도 다룬다. 답지 ④에서 학교의 상담은 생활지도의 한 부분으로 협동의 원리가 적용된다.

10 정답 ③

내담자는 죄책감, 열등감, 불안감, 고독감 등을 가지고 있기 때문에 타인의 비판에 예민하다. 따라서 상담자는 선입관의 지배를 받아서는 안 되며 내담자의 보조에 맞추어 상담을 한다. 또한 분류화 시키려는 자세를 취해서는 안 된다. 그리고 내담자가 상담자에 대해서 적의와 같은 부정적 감정표현을 가질 수 있다는 것을 상담자가 알고 있어야 한다.

11 정답 ②

상담자는 상담을 통해 얻은 자료를 피상담자의 성장을 위한 목적 외에는 사용하거나 공개해서는 안 되는 윤리적인 책임이 있다. 다만 다음과 같은 상황일 경우 상담내용에 대한 비밀 유지의 원칙을 파기할 수 있다.

- 내담자가 자신에게 해를 끼칠 가능성이 높을 때, 이를 막는 데 도움이 될 만한 주변 인물들에게 알려야 한다. 예) 자살을 계획하고 있는 경우
- 내담자가 타인에게 해를 끼칠 가능성이 있을 때, 내담자가 해치려고 하는 대상에게 위험을 알려줄 의무가 있다. 예) 누군가를 죽이고 싶다고 하는 경우
- 내담자가 미성년자인 경우 부모에게는 상담사실과 내용에 대해 내담자가 원하지 않는 경우를 제외하고 일반적으로 알리는 것이 보통이다.
- 내담자의 복지를 최우선으로 하고자하는데 있어서 문제가 있을 경우에 알리는 것이 원칙이다(Spiegel & Koocher, 1985 ; 김혜숙외, 1995).
예) 신체적, 성적인 학대를 당하고 있는 경우
- 법정에서 요구가 있을 경우에는 비밀유지원칙을 파기할 수 있다(Zingaro, 1983).

12 정답 ④

상담자가 상담내용에 대해 비밀 유지 원칙을 파기해야 될 경우는 먼저 내담자가 신체적·성적 학대를 당하고 있는 경우, 범죄를 저지를 경우, 자살을 계획하고 있는 경우, 타인이나 불특정 다수에게 위험스런 행위를 저지르려는 경우, 법정에서 요구가 있을 경우 등이다.

13 정답 ②

상담은 당면한 문제의 선택과 결정 및 해결, 정상적인 개인, 현재 의식적 자료, 학교·지역사회 봉사기관, 단기간 소요, 발달과업을 강조(규준적인 행동을 고려)등을 강조한다. 반면 심리치료는 정서적인 장애나 이상행동에 관한 인성적인 변화, 심리적 질환을 가진 개인, 과거사실과 무의식적 자료, 병원, 진료

기관, 장기간 소요, 치료에 강조점(개인의 내부적 갈등을 중시)등을 특징으로 한다.

상 담	심리치료
• 당면한 문제의 선택과 결정 및 해결 • 정상적인 개인 • 현재 의식적 자료 • 학교·지역사회 봉사기관 • 단기간 소요 • 발달과업을 강조(규준적인 행동을 고려)	• 정서적인 장애나 이상행동에 관한 인성적인 변화 • 심리적 질환을 가진 개인 • 과거사실과 무의식적 자료 • 병원, 진료기관 • 장기간 소요 • 치료에 강조점(개인의 내부적 갈등을 중시)

14 정답 ②
문제에서 주어진 〈그림〉에서 (가)는 생활지도 활동, (나)는 상담활동, (다)는 심리치료의 영역을 나타낸다. (라)는 아무런 관련이 없는 것이다.

15 정답 ④
상담은 상담자가 내담자의 모든 문제를 해결해 주는 것이 아니라 내담자 스스로 자기가 나갈 방향을 결정하고 선택하려는 내담자를 존중해주어야 한다.

16 정답 ③
수용은 내담자가 신체적 성격, 지적·도덕적 학업의 성취, 행동, 가치관, 종교, 가정적 조건, 교우관계, 장래의 희망, 이데올로기 등 어떠한 상태에 있든 간에 친절히 용납하여 받아주는 행위를 의미한다. 수용은 내담자 자신의 문제나 처지를 숨기지 않고 토로하도록 하고 상담자를 믿고 의지할 수 있도록 하는 조건이 된다.

17 정답 ④
수용은 무조건적 존중(Rogers)이라고도 하며, 신체적 성격, 지적·도덕적 학업의 성취, 행동, 가치관, 종교, 가정적 조건, 교우관계, 장래의 희망, 이데올로기 등 어떠한 상태에 있든 간에 친절히 용납하여 받아주는 행위를 의미한다. 즉 "죄는 미워하되 사람은 미워하지 마라"는 인간존중의 개념을 말한다.

18 정답 ②
공감적 이해란 감정 이입적 이해 또는 내적 준거에 의한 이해를 의미한다. 따라서 상담자가 내담자를 공감적으로 이해하기 위해서는 내담자의 의사결정 문제, 불안, 좌절, 환경적 압력 등에 관해 내담자의 위치에서 느끼도록 노력해야 함을 의미한다.

19 정답 ③
공감적 이해란 감정이입적 이해 또는 내적 준거에 의한 이해라고 하며, 심리적인 세계에서 주관적으로 움직이는 내면세계를 이해하는 것과 관련된다. 문제의 내용에 가장 합당한 공감수준은 답지 ③번이라고 할 수 있다.

20 정답 ①
문제의 사례는 진실성(일치)이다. 진실성은 내적인 경험과 그에 관한 인식의 합일을 의미한다. 즉 상담자의 내면적인 경험과 경험에 대한 인식, 인식된 경험의 표현 등이 일치되어야 한다. 문제의 사례에서 "당신은 방황함을 느끼고 어디로 가야 할 지 모르는 군요(내담자에 대한 상담자의 심층적 느낌). 나는 당신의 절망을 충분히 이해합니다(자신의 느낌에 대한 상담자의 인식). 그리고 나는 여기에 당신과 함께 있다는, 이 힘든 시간에 너와 함께 있다는 느낌이 듭니다(상담자 자신의 느낌에 대한 표현)".

[생활지도] 제2회 정답 및 해설

1 ③	2 ③	3 ②	4 ①	5 ②
6 ①	7 ①	8 ①	9 ②	10 ④
11 ①	12 ③	13 ②	14 ③	15 ①
16 ②	17 ③	18 ④	19 ②	20 ①

1 정답 ③

상담에서 구조화(structuring)란 상담교사가 상담의 시작 단계에서 학생에게 상담에 필요한 제반 규정과 상담에 있어서의 한계에 대해 설명해 주는 것을 말한다. 상담 관련 제반 규정에는 상담에 적극적으로 참여하기, 상담약속 취소나 연기 신청방법, 위급한 상황에 처했을 때 상담교사에게 연락하는 방법, 상담실 이용방법, 그리고 기타 내담 학생이 알아두어야 할 제반 상항 등이 포함된다. 답지 ①은 '반영', 답지 ②는 '직면', 답지 ④는 '명료화' 이다.

2 정답 ③

문제의 상담 사례에서 사용된 상담기법은 감정의 반영이다. 반영이란 학생의 느낌이나 진술의 정서적인 부분을 다른 동일한 의미의 말로 바꾸어 기술하는 상담기법이다. 반영의 목적은 학생으로 하여금 자신이 감정을 보다 더 표현하도록 독려하고, 자신의 감정을 보다 강하게 경험하게 하며, 학생을 압도하고 있는 감정을 깨달을 수 있도록 도와주고, 감정을 인정하고 효과적으로 관리하고, 잘 변별할 수 있도록 도와주기 위함이다. "~ 때문에 ~이구나, "너는 ~하기를 원하는데"하는 형태를 취한다.

3 정답 ②

문제의 상담사례에서 사용된 상담기술은 명료화(明瞭化)이다. 명료화는 학생의 모호한 진술 다음에 사용되는 질문이다. 명료화를 사용하는 목적은 학생으로 하여금 보다 구체적으로 말하도록 돕고, 학생의 진술 내용을 정확하게 들었는지를 확인하며, 모호하거나 혼동되는 진술 내용을 분명하게 밝히기 위함이다.

4 정답 ①

직면(直面)은 내담자가 모르고 있거나 인정하기를 거부하는 생각과 느낌에 대해서 주목하도록 하는 상담자의 언급(또는 지적)이다. 내담자가 모르고 있는 과거와 현재의 연관성, 행동과 감정 간의 유사점 및 차이점 등을 지적하고 그것에 주목하도록 하는 것이다.

5 정답 ②

재진술(paraphrase)이란 어떤 상황, 사건, 사람, 생각을 기술하는 학생의 진술 중에서 일부분을 교사가 다른 동일한 의미의 말로 바꾸어 기술하는 기법이다. 재진술은 학생에 관한 정보를 함축적으로 되돌려 줌으로써 자신이 한 말의 내용에 주의를 기울이도록 돕는 역할을 한다. 또한 학생의 느낌에 대한 반응이 다소 이르다고 판단되거나 학생이 지나치게 자기 파괴적인 말을 할 때 그 내용을 강조하기 위해 사용한다. 답지 ①은 '반영'에 해당하고 답지 ③은 '자기개방'이며, 답지 ④는 명료화에 해당한다.

6 정답 ①

답지 ①에서 명료화(明瞭化)는 학생의 모호한 진술 다음에 사용되는 질문이다. 명료화를 사용하는 목적은 학생으로 하여금 보다 구체적으로 말하도록 돕고, 학생의 진술 내용을 정확하게 들었는지를 확인하며, 모호하거나 혼동되는 진술 내용을 분명하게 밝히기 위함이다. 상담자가 상담시간, 약속, 상담담자와 내담자의 행동 역할 등 상담 체계와 방향에 대해 알려주는 것은 '상담의 구조화'이다.

7 정답 ①

윌리암슨(E. G. Williamson, 학생상담의 선구자)을 대표자로 하는 지시적 상담은 내담자의 문제해결을 위하여 논리적, 인지적으로 접근해 가는 것으로 개인의 능력이나 특성에 맞추어 의사결정을 하고 적응하도록 하는 것이다. 지시적 상담은 전통적인 진로상담 기법의 하나로서 객관적이고 과학적으로 개인의 능력이나 특성을 파악하고 거기에 맞추어 직업이나 진학에 대해 합리적인 의사결정을 하고 적응하도록 하는 것이다.

8 정답 ①

문제에서 제시된 기법은 특성론적 상담(지시적 상담) 상담기법이다. 구체적으로 설명하면 다음과 같다.

- 타협강요-환경에 타협할 것을 강조 한다.
- 환경의 변경-문제의 원인이 되는 환경을 바꾸거나 없애주는 것이다.
- 타당한 환경 선택-학생의 개성이나 인성에 맞는 환경 선택하도록 한다.
- 필요한 기술습득-문제의 원인이 되는 결함극복을 위해 필요한 기술을 습득하도록 한다.
- 태도의 변경-치료적 성격이 강한 것으로 심리적 변화를 꾀하는 것을 말한다.

9 정답 ②

윌리암슨(E. G. Williamson, 학생상담의 선구자)을 대표자로 하는 지시적 상담은 내담자의 문제해결을 위하여 논리적, 인지적으로 접근해 가는 것으로 개인의 능력이나 특성에 맞추어 의사결정을 하고 적응하도록 하는 것이다. 지시적 상담은 다양한 객관적인 검사(표준화검사)를 통해 내담자가 지니고 있는 특성을 파악한 다음 이를 기초로 진학이나 직업 상담을 하는 기법이다.

10 정답 ④

합리적·정서적·행동적 상담이론은 엘리스(A. Ellis)에 의해 제안된 인지적 상담기법으로 인간의 비논리적이고 비합리적이며 비현실적인 상념에 근거를 둔 적개심, 분노, 죄책감, 불안 등을 제거·감소시킴으로써 그릇된 상념을 현실적이고 합리적으로 재교육하는 것으로, 내담자의 자기 파괴적 신념들을 줄이고 내담자가 보다 합리적이고 현실적이며 관대한 신념과 인생관을 갖게 하여 더욱 융통성 있고 생산적인 삶을 살아가도록 돕는 것이다.

11 정답 ①

합리적-정서적 이론(RET)이론은 정신질환, 노이로제 등의 부적응 행동은 비논리적, 비현실적, 비합리적인 상념과 사고에 의해서 생긴다는 개념이다. 이를 치료하는 대표적인 상담의 기법으로 ABCDE전략이 있다. 문제의 상담사례에서 'ㄱ'은 행동을 유발하는 사태(A)이며, 'ㄴ'은 비합리적인 귀결(iC)이다. 그리고 'ㄷ'은 비리적인 신념이며, 'ㄹ'은 논박(D)이다. 'ㅁ'은 합리적인 신념(rB)이며, 'ㅂ'은 효과(E)에 해당한다.

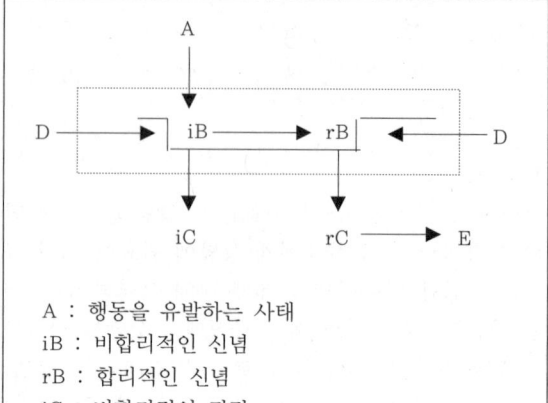

12 정답 ③

답지 ①은 인간중심 상담, 답지 ②는 현실치료 상담, 답지 ④는 지시적 상담이다. 베크(A. Back)의 인지치료(Cognitive Therapy, 1976)기법은 우울증을 치료하는 이론으로서 출발하였으나, 점차로 불안과 공포증 등을 포함한 정서적 문제 전반, 그리고 사람들의 성격적 문제를 치료하는 이론으로까지 확장되었다. 인지치료에서 있어서 부적응의 주요 원인은 과거의 생활사건이나 스트레스로 인해 형성된 역기능적 인지도식으로 인해 인지적 오류를 범하게 되고 이것이 자동적으로 부정적 생각을 떠올리게 되어 심리적 부적응 현상으로 이어진다는 것이다. 상담의 주요목적은 내담자가 지니고 있는 역기능적 인지도식을 순기능적 인지도식으로 전환하게 함으로써 보다 현실에 부합하고, 사실에 근접한 방식으로 사고하게 함으로써 심리적 건강을 회복시키는 것을 목적으로 한다.

13 정답 ①

문제에서 제시된 상담기법은 캘리(E. Kelley)가 제안한 개인구념 상담(Personal Construct Theory)이론이다. 여기서 구념(Personal Construct)이란 현실을 지각하고 해석하는 일관된 양식을 의미한다. 부적응의 원인은 현실에 맞지 않은 구념을 반복 사용함으로 발생한다. 상담은 역할 시연과 고정역할 치료기법을 활용하여 문제를 해결한다.

14 정답 ③

문제에서 제시된 내용은 개인구념 상담이론(Personal construct theory)이다. 여기서 구념이란 현실을 지각하고 해석하는 개인의 일관된 양식을 말하는데 이것이 현실에 맞지 않음에도 계속 사용할 경우 문제가 발생한다. 고안자는 켈리(E. C. Kelley)이며 상담의 목적은 현실에 맞지 않은 구념을 현실에 맞는 구념으로 재구념화 하는 것이다. 이를 위해 <u>역할 실행, 고정역할 치료법</u>을 사용한다.

15 정답 ①

답지 ①에서 비지시적 상담(인간중심상담)은 로저스(C. Rogers)에 의해 제안된 상담이론으로 개인은 가치를 지닌 유일한 존재이며, 자기 확장을 위한 적극적인 성장력을 지니고 있다는 전제하에 상담교사가 피상담자인 학생에게 자기 자신을 스스로 이해·발견·통찰을 한 상태에서 자신의 문제를 스스로 해결할 수 있도록 안내·조언 등을 하는 조직적 봉사활동을 의미한다.

16 정답 ②

인간중심 상담활동에서 상담자가 갖추어야 할 태도로는 공감적 이해, 무조건적 긍정적 수용, 순수성(진술함), 구체성, 직면, 자아개방, 즉시성 등을 들 수 있다.

17 정답 ③

답지 ③에서 인간중심 상담은 인간주의적 접근으로 무조건적 수용과 인정을 통해 내담자의 문제해결 과정을 도우며, 궁극적으로 충분히 기능하는 인간 육성을 목표로 한다. 답지 ①은 정신분석적 상담, 답지 ②는 지시적 상담, 답지 ④는 행동주의적 상담이다.

18 정답 ④

답지 ④는 지시적 상담의 특징과 대표자이다. 내담자 중심상담(인간중심상담)은 로저스(C. Rogers)에 의해 제안된 상담이론으로 개인은 가치를 지닌 유일한 존재이며, 자기 확장을 위한 적극적인 성장력을 지니고 있다는 전제하에 상담교사가 피상담자인 학생에게 자기 자신을 스스로 이해·발견·통찰을 한 상태에서 자신의 문제를 스스로 해결할 수 있도록 안내·조언 등을 하는 조직적 봉사활동을 의미한다.

19 정답 ②

실존주의 상담에서는 인간 존재의 명백한 특징은 현존재이며 인간이 지각하고 영향을 끼치는 사건은 물론, 과거, 현재, 미래를 하나의 연속성으로 의식할 수 있는 잠재력을 가지고 있다고 전제한다. 치료의 목표는 환자가 자기의 존재를 실제로 경험하게 하는 것이다. 즉, 자신의 역량을 충분히 자각하고 실존의 바탕에서 반응할 수 있는 자기 능력에 대해 자각을 하도록 한다. 그리고 치료 사태에서 실존적 심리 치료는 현장과 현재(here and now)에 초점을 둔다는 것이다.

20 정답 ①

의미요법(logotherapy)은 제2차 세계대전 때 프랭클(Frankl)이 나치 포로수용소에서 부모 형제가 죽어 가고 동료가 독가스실에서 죽어가는 가운데 생의 의미를 찾아 살아남으면서 고안해 낸 정신치료 방법이다. 이것은 철학적, 정신적 성격의 문제로 고통받는 사람을 도와주는 실존적 접근방법이다. 그리고 철학적, 정신적 성격의 문제는 생의 의미, 즉 죽음, 고통, 실존적 좌절이나 생의 무의미를 가져온다. 의미요법은 현대인들이 가치나 목표, 현재의 의미, 자유와 책임에 대한 의문으로 고통을 받고 있다고 보고, 이를 포괄하는 철학적 문제를 솔직하게 인식시키는 것이다. 즉, 의미요법이란 환자의 성격에서 무의식이고 정신적인 요인을 자각하게 하는 것이고, 실존의 분석은 환자로 하여금 그의 책임감을 의식하게 하는 노력이다.

[생활지도] 제3회 정답 및 해설

1 ①	2 ④	3 ①	4 ④	5 ②
6 ④	7 ①	8 ③	9 ②	10 ④
11 ①	12 ①	13 ②	14 ③	15 ④
16 ③	17 ④	18 ④	19 ①	20 ②
21 ③	22 ④	23 ①	24 ①	25 ②

1 정답 ①

실존주의 상담의 중심과제는 소외된 피상담자로 하여금 세계와의 관계 속에 있는 자신을 보게 하고, 그가 보는 것에 따라서 행동하고 선택할 수 있도록 하는 것이다. 답지 ②는 합리적-정서적-행동적 상담(REBT)이며, 답지 ③은 인간중심상담이다. 그리고 답지 ④는 정신분석적 상담이다.

2 정답 ④

실존주의 상담에서 실제 사용되는 기법에는 의미요법(logotherapy)과 현존분석(실존분석, Dasein-analysis)이 있다. 현존분석은 상담의 새로운 기법을 제시하기보다는 인간과 상담에 관하여 심각한 질문을 던짐으로써 인간의 실존이 지닌 문제를 분명하게 하였다. 즉, 불안, 절망, 고독 등을 극복하고 창의성과 사랑에 이르는 새로운 길을 제시하고 있다. 이 두 기법에서 사용되는 구체적인 방법을 제시하면 다음과 같다.

의미요법	역설적 의도	내담자가 갖는 예기적 불안을 역전 행동을 이용하여 제거함으로써 강박증이나 공포증과 같은 신경증적 행동들을 치료할 수 있는 기술의 하나이다.
	역반영	과잉된 주의를 피상담자 자신의 밖으로 돌릴 수 있게 함으로써 그 개인의 의식을 긍정적이고 생산적인 면으로 전환할 수 있게 하여 치료한다.
현존분석	비도구성	상담자는 수단이나 도구가 아니며, 생산자나 어떤 일이 이루어지게 하는 사람이 아니다.
	자아 중심성	내담자의 자아에 주된 초점을 두며, 피상담자의 자아 이외의 다른 측면을 분석하고 설명하는 일에 별다른 관심을 두지 않는다.
	만남	'지금', '여기'를 강조하며 카운슬러는 지금 여기에서 내담자의 감정, 판단, 생각 등을 직면한다. 참된 만남이란 이제까지 '알 수 있는 것이 아닌 것'들을 알게 되는 것이다.
	치료할 수 없는 위기	위기가 반드시 병적인 것이 아니라, 오히려 상담관계에서 경험하는 위기의식, 긴장, 스트레스, 불안, 두려움 같은 것이 상담에 필요한 것이다.

3 정답 ①

정신분석적 상담은 내담자로 하여금 무의식적 갈등을 의식화시켜서 행동의 동기를 각성·통찰할 수 있게 하여 의식수준에서 행동할 수 있게 도우려는 것이다. 무의식에 근거하고 있는 내담자의 문제 행동에 대한 각성과 통찰을 도와서 건설적인 성격으로 변화시킴으로써 잘 적응하는 개인으로서 성장과 발달을 돕는 데 있다. 답지 ②는 인간중심 상담, 답지 ③, ④는 지시적 상담에 해당된다.

4 정답 ④

문제의 답지 'ㄱ'은 심리교류분석, 'ㄴ'은 인간중심 상담에 해당한다. 정신분석 기법은 자유연상, 저항분석, 꿈의 분석, 전이분석 등을 통하여 내담자로 하여금 무의식적 갈등을 의식화시켜서 행동의 동기를 각성·통찰할 수 있게 하여 의식수준에서 행동할 수 있게 도우려는 것이다. 즉, 무의식에 근거하고 있는 내담자의 문제 행동에 대한 각성과 통찰을 도와서 건설적인 성격으로 변화시킴으로써 잘 적응하는 개인으로서 성장과 발달을 돕는 데 있다.

5 정답 ②

행동적 상담은 인간의 문제행동은 학습된다고 전제하고 있다. 행동적 상담은 학습 이론에 기초를 두고 있으며 부적응 행동을 약화시키거나 제거하고 적응 행동을 형성하거나 강화할 수 있도록 하는 체계화된 학습이론을 적용하고 있다.

6 정답 ④

문제의 답지 'ㄱ'은 인간중심상담, 'ㄴ'은 실존주의 상담이다. 행동주의 상담은 인간의 문제행동은 학습된다고 전제하고 있다. 행동적 상담은 학습 이론에 기초를 두고 있으며 부적응 행동을 약화시키거나 제거하고 적응 행동을 형성하거나 강화할 수 있도록 하는 체계화된 학습이론을 활용하는 기법이다.

7 정답 ①

주장적 훈련은 대인관계의 문제를 해결하는 데 사용되는 것으로 불쾌한 감정이나 분노를 제대로 표현하지 못하거나 거절을 잘 알지 못하는 사람, 또는 애정이나 호감을 제대로 표현하지 못하는 사람들에게 매우 효과적이다.

8 정답 ③

행동주의적 상담 가운데 월페(J. Wolpe)의 '체계적 둔감법'은 파블로프(I. Pavlov)의 '고전적 조건화'와 왓슨(J. Watson)의 '정서적 조건화이론'을 배경으로 발전시킨 '상호제지이론'이론 가운데 하나이다. 상호제지 이론은 '주장적 훈련'과 '체계적 둔감법'으로 나누는데 그 중에서 체계적 둔감법은 '불안위계작성'과 '근육이완훈련' 등으로 구성되어 있다. 답지 ①은 정신분석상담, 답지 ②는 지시적 상담, 답지 ④는 의사거래 상담이다.

9 정답 ②

1950년대 정신과 의사인 글래써(William Glasser)가 창시한 현실치료 접근은 상담과 심리 치료에서 새로운 접근법의 하나이다. 이는 인간은 누구나 기본적 욕구(소속, 능력, 자유, 재미, 생존)를 지니고 있으며, 이의 충족 통해 성공적인 정체감을 얻을 수 있다는 것이다. 따라서 사람은 누구나 욕구를 충족하기 위해 행동을 하는데, 그 행동이 성공적이면 정체감을 확립할 수 있다. 그러나 행동이 성공적이지 못하고 자신의 행동에 대해 책임회피적인 태도를 취하는 경우 문제행동이 발생한다. 글래써는 정신병도 책임회피라고 규정하고 있다. 따라서 상담의 목표는 현재와 행동에 초점을 두고 내담자가 자신을 정확하게 볼 수 있도록 하고 현실에 직면하게 하며 자신의 욕구(소속, 능력, 자유, 재미, 생존)를 충족시키도록 자신의 행동 결과에 책임을 지도록 하는 것이다.

10 정답 ④

문제에서 제시된 상담이론은 글래써(W. Llasser)가 개발한 「현실치료 상담」이다. 이 이론은 현재의 자기 행동에 대한 책임을 강조하며, 인간은 모두가 성장 할 수 있는 힘을 가지고 있으며 이 힘은 인간이 환경을 통제하고 자신의 욕구(소속, 능력, 자유, 즐거움, 생존 등)를 충족시키고 성공적인 정체감을 발전시킬 수 있다는 것이다. 상담의 절차는 상담관계형성(욕구파악)-현재행동 수집-수집된 행동의 평가-활동계획 짜기 등으로 진행된다.

11 정답 ①

형태주의 상담은 펄스(Frederich 5. Peris, 1893~970)에 의해서 창안 되었으며 상담자가 내담자로 하여금 어떻게 자신들이 현재를 느끼고 경험하는지를 알 수 있도록 도움으로써 '여기-지금(here and now)'을 완전히 경험할 수 있도록 돕는 치료 방법이다. 상담의 목표는 잘 통합된 인간이 되도록 한다. 이를 위해 개인적 각성의 향상과 여기 지금의 자신에게 진실되게 살아갈 수 있도록 한다.

12 정답 ①

문제에서 제시된 상담의 기법은 형태주의(Gestalt) 상담에서 사용되는 기법이다.

> - 자기 각성(self awareness) : 단순하고 직접적인 질문을 통해 그 각성을 촉진하는 방법이다. 상담자의 질문으로 내담자는 자신의 진실한 내면세계를 각성하는데 도움이 된다.
> - 빈의자 기법(empty chair) : 내담자의 감정의 갈등을 해결하는 데 도움이 되는 기술로 예컨대 어떤 내담자가 아버지에 대한 불만과 원망을 갖고 있다면 빈의자를 향해(아버지가 빈의자에 앉아 있다고 생각하고) 그 감정을 쏟아보게 하는 것이다.
> - 뜨거운 자리(hot seat) : 내담자의 자기 각성을 촉진시키기 위해 널리 사용되는 방법 중 하나로 내담자로 하여금 자기를 괴롭히는 어떤 구체적인 문제를 이야기하게 하고 그 후 상담자는 그것에 대하여 직접적으로 그리고 공격적으로 직면을 하게하는 기술이다.

- 대화게임(games of dialogue) : 내담자의 마음속에 갈등하는 마음을 대화로 엮어 보는 것이다.

13 정답 ②

아들러(A. Adler)의 개인 심리학(individual psychology)은 정신분석으로부터 발전된 것이다. 아들러가 그의 이론을 '개인 심리학'이라고 부른 것은 인간은 단일하며 분할할 수 없고 그 자체로써 모순이 없는 통합된 실체로 본 데서 연유하였다. 상담목적은 내담자로 하여금 자신의 열등 콤플렉스와 생활양식의 발달 과정을 이해하고 이것이 현재 그의 생활 과제들의 해결에 어떻게 영향을 미치고 있는지 이해하도록 하여 그의 생활 목표와 생활양식을 재구성하도록 도와주는 것이다.

14 정답 ③

개인심리학적 접근은 아들러(Alfred Adler)에 의해 창시된 방법으로 내담자로 하여금 자신의 열등 콤플렉스와 생활양식의 발달 과정을 이해하고 이것이 현재 그의 생활 과제들의 해결에 어떻게 영향을 미치고 있는지 이해하도록 하여 그의 생활 목표와 생활양식을 재구성하도록 도와주는 것이다. 여기서 열등감은 하나의 동기가 되어 각 개인은 이 열등한 면을 극복하려는 노력을 하게 되고 그 결과 진보하고 성장하며 발달한다는 것이다.

15 정답 ④

답지 ④의 심리교류분석은 의사거래 상담이론이라고도 하며 번(Eric Berne, 1910~1930)에 의해 주창된 이론이다. 정신과 신체를 통합하여 자신에게 진실 되게 살아갈 수 있도록 하는 것은 '형태주의 상담'의 목적이다. 심리교류분석이 추구하는 상담의 목적은 자율성의 성취이며, 특히 어른 자아를 충분히 활용할 수 있는 능력을 갖게 한다. 그리고 부적절하게 결정된 생활자세와 생활각본으로부터 해방될 수 있도록 도와주어서 자기 긍정과 타인 긍정의 생활자세와 생산적인 새로운 생활각본을 형성할 수 있게 한다.

16 정답 ③

문제의 답지 ㄷ은 아들러(Adler)의 개인심리상담의 상담기법이다. 의사거래 분석 상담 (transactional analysis : TA)는 에릭 번(Eric Berne)에 의하여 주창되고 해리스(Harris)와 같은 계승자들에 의하여 발전된 체계적 성격이론이며 혁신적 상담이론이다. 상담과정에서 주로 사용하는 기법은 다음과 같다.

구조분석	자아상태에 관한 분석으로 과거의 경험자료들 때문에 형성된 자아구조 파악한다.
심리교류 분석	PAC상호간의 관계에서 이루어지는 대인적 교류교환의 분석을 의미한다(P : 어버이자아, A : 어른자아, C : 아이자아).
게임분석	숨겨져 있는 동기를 가지고 있는 세련된 보상행동으로서, 일련의 암시적 혹은 이중적 의사거래를 분석한다.
생활각본 분석	생활각본은 생의 초기에 있어서 개인이 경험하는 외적 사태들에 대한 자신의 해석을 바탕으로 하여 형성·결정된 환경에 대한 반응행동 양식으로서 각 개인의 가장 기본적이고 사적인 생활양식을 의미한다.

17 정답 ④

심리교류(transaction)란 인간의 행동의 이면에 숨겨져서 그 행동에 동기를 부여하는 숨겨진 배경들과 그 배경들이 나타나는 과정을 분석한다. 사람의 성격적 특성에 따라 이루어지는 자극과 반응으로써 이는 의사소통의 기본 단위이다. 문제의 그림은 P → C는 교차적 의사거래 모형이다. 답지 ①은 C → C, 답지 ②는 A → A, 답지 ③은 P → A이다.

18 정답 ④

해결중심상담(Solution focused therapy)은 단기상담(Brief Counseling)의 한 종류이며, 학교상담에서 효과적인 상담방법으로 인정받아왔다. 이 상담기법은 비교적 짧고 해결중심적인 상담 접근방법으로써 문제의 원인, 역기능, 병리현상 등에 초점을 맞추기보다는 내담자의 강점과 자원을 탐색하고 구체적인 해결방안을 적극 모색함으로써 내담자의 변화를 돕는 것을 목적으로 한다. 이 상담의 특징은 목표지향적이고, 시간 제한적이며, 해결중심적이고, 실천을 토대로 이루어진다는 점이다. 상담은 주로 여러 형식의 질문을 통해 이루어진다. 답지 ④는 정신분석 상담에서 하는 질문이다. 이는 역기능 내지는 병리적인 부분에 대한 질문이므로 해결중심 상담에는 적합하지 않다. 답지 ①은 예외 질문, 답지 ②는 기적 질문, 답지 ③은 대처/극복 질문에 해당한다. 그 외 면담 방법으로 척도 질문, 악몽 질문, 관계성 질문 등이 있다.

19 정답 ①

욕구이론은 앤 로우(Ann Roe, 1956)에 의해 고안된 이론으로 부모의 양육방식이 자녀의 직업선택에 미치는 영향에 관한 것이다. 이 이론은 정신역동적 측면에서 접근하여 직업 선택과정이 인생 초기에 부모와의 관계에서 형성된 개인의 욕구 위계체계(needs hierarchy)에 의해서 결정된다는 것이다. 욕구 위계체계는 매슬로우(Maslow)의 욕구 위계체계의 개념을 따온 것으로써 부모로부터 받은 유전적인 특성을 토대로 부모와의 관계에서 경험하는 만족감과 좌절감을 통해 형성된다.

20 정답 ②

답지 ②에서 자아개념을 중시하는 학자는 수퍼(D. E. Super)이다. 홀랜드(J. L. Holland)는 진로발달에서 가장 중요하게 여기는 것이 성격이다. 홀랜드(J. L. Holland)가 제안하는 여섯 가지 성격유형은 관습적 유형, 현실적 유형, 탐구적 유형, 예술적 유형, 사회적 유형, 설득적(기업가적)유형 등이다.

21 정답 ③

문제의 답지 'ㄱ'에서 도널드 수퍼(Donald E. Super, 1953)가 고안한 발달이론은 자아개념이 직업발달에 매우 중요해서 직업의 선택은 자기의 표현이라고 볼 수 있다. 그는 일생의 단계를 통한 발달은 부분적으로 능력과 흥미를 촉진시키고, 현실 검증을 도우며, 자아개념을 발달시킴으로써 지도될 수 있다고 하였다. 답지 'ㄷ'에서 프랭크 파슨스(Frank W. Parsons, 1950)특성요인 이론은 본래 교육적이고 지시적이어서 상담자는 내담자의 특성, 즉 능력과 흥미를 각종 검사를 통해서 평가하고, 이에 적합한 진로 선택을 하게 하는 명료하고 합리적인 과정

이라고 하였다. 답지 'ㄴ'에서 홀랜드(J. Holland)의 인성이론에서는 성격유형과 직업 환경을 각각 6가지로 분류하고, 개인의 성격유형에 맞는 직업 환경을 찾아야 한다고 본다. 답지 'ㄹ'에서 블로(P. Blau)는 기능주의 사회학자로서 그의 사회학적 이론에 따르면 가정, 학교, 지역사회 등의 사회적 요인이 직업 선택에 큰 영향을 미친다는 것이다.

22 정답 ④

문제에서 ㉠은 현실형이고, ㉡은 사회형이다. 진로발달에 관한 성격이론(인성이론)은 진로발달에 있어서 성격적인 측면을 강조한 이론으로, 직업의 선택을 각 개인의 성격적 표현으로 보고, 성격 유형과 진로 선택의 관계를 제시한 이론이다. 이는 개인의 행동이 성격과 환경의 상호작용에 의해 결정되고 설명될 수 있다는 것이다(John Holland, 1966). 그 구체적인 성격유형을 제시하면 다음과 같다.

관습적 유형 (conventional type)	정확하고 빈틈이 없고 신중하고 세밀하며 계획성이 있다. 새로운 것이나 변화를 좋아하지 않으며 완고하고 책임감이 강하다. 창의적·자율적·모험적·비체계적인 활동은 회피한다.
현실적 유형 (realistic type)	솔직하고 성실하며 검소하고 단순하다. 지구력이 있으며 신체적 기술을 잘 활용하고 말이 적으며 고집이 있고 직선적이다. 교육적인 활동이나 치료적인 활동은 좋아하지 않는다.
탐구적 유형 (investigative type)	탐구심이 많고, 논리적·분석적·합리적이며, 정확하고 지적 호기심이 많다. 비판적이고 내성적이며 수줍음을 잘 타고 신중하다.
예술적 유형 (artistic)	상상력이 풍부하고 감수성이 강하며 자유분망하며, 개방적이고 감정이 풍부하다. 또한 독창적이며 개성이 강하다. 그러나 협동적이지 못한 편이다.
사회적 유형 (social type)	사람들과 어울리기를 좋아하고, 친절하고 이해심이 많으며, 남을 잘 도와주고, 봉사적이고 감정적이며 이상주의적이다. 반면에 기계, 도구, 물질이나 질서정연하고 체계적인 활동에는 별 흥미가 없다.

설득적 유형 (enterprising type)	지배적이고, 통솔력이나 지도력이 있다. 말을 잘하고 설득력 있고 경쟁적이고 야심적이다. 성격인 외향적·낙관적·열정적이다. 그러나 관찰적·상징적·체계적인 활동은 좋아하지 않는다.

23 정답 ①

답지 ①에서 머튼은 한 사회의 문화 목표(cultural goal : 예컨대 부와 권력)와 제도화된 수단(institionalized means)과의 괴리현상을 아노미라고 불렀다. 문화목표란 한 사회에서 거의 모든 성원이 바람직하다고 규정한 것이며 동시에 소유하기를 원하는 대상인 것이다. 문화목표는 강조되고 있으나 제도화된 수단은 결여되었을 때 사회적으로는 일탈행위가 대량으로 발생된다는 점이다. 이 이론은 범죄의 원인을 사회구조의 모순에서 찾으려 한 것이다. 특히 범죄 혹은 일탈행위가 왜 하층에 집중되어 있는가를 설명하려는 이론인 것이다. 답지 ②에서 봉건사회와 같이 계층별로 문화목표가 다를 경우에는 일탈행위가 그리 많지 않을 수 있다. 답지 ③은 허쉬(Hirschi)의 사회통제론의 기본가정이다. 답지 ④는 서덜랜드(Sutherland)의 차별접촉이론의 기본가정이다.

24 정답 ①

답지 ①에서 사회통제이론은 인간의 본성이 악하기 때문에 인간의 행동은 사회조직의 정상적인 조건하에서는 사회규범에 의해 규제되어 일탈이 극소화되지만 어떤 이유로든 사회조직이 와해되면 규범의 통제력이 약화되거나 붕괴되고, 규제되지 않아 인간은 일탈을 억제하지 못하는 상태가 된다는 가정으로부터 출발한다. 답지 ②는 낙인이론, 답지 ③은 하층문화론 답지 ④는 차별접촉이론이다.

25 정답 ②

낙인이론(labelling theory)은 1960년 미국에서 레머트(E. Lemert), 베커(H. Becker), 키추스(J. Kitsuse), 메차(D. Metza) 등을 중심으로 일탈행동을 다룬 이론이다. 이는 어떠한 행위가 범죄인가 아닌가는 그 행위의 내재적 속성에 따라 정의되는 것이 아니라 "사람들이 범죄자라는 낙인을 찍은 행위"하고 규정하였다. 따라서 비행자란 그러한 낙인이 성공적으로 적용된 자이며 그 집단에서 국외자(outsider)된다는 것이다. 이 이론은 상징적 상호작용이론 가운데 '거울 자아이론'에 근거한 것으로 1차 비행을 저지르는 사람이 왜 또 다시 비행을 저지르는가를 설명하는데 유용한 이론이다.

통계 · 연구
정답 및 해설

유길준 공무원 교육학
진도별 모의고사

[통계·연구] 제1회 정답 및 해설				
1 ②	2 ①	3 ②	4 ③	5 ③
6 ③	7 ①	8 ②	9 ③	10 ④
11 ④	12 ④	13 ③	14 ④	15 ③
16 ③	17 ③	18 ①	19 ②	20 ②

1 정답 ②

명명척도는 한 변인 상에서 관찰된 두 개체가 서로 다르거나 같다는 정도의 정보만을 갖고 있는 척도이다. 지시대상이 질적 차이만을 나타내며 가감승제는 불가능하다. 문제의 답지 ㄷ은 서열척도의 특징이다.

2 정답 ①

문제에서 제시한 속성을 지닌 척도는 명명척도(nominal scale)이다. 명명척도는 한 변인 상에서 관찰된 두 개체가 서로 다르거나 같다는 정도의 정보만을 갖고 있는 척도이다. 지시대상이 질적 차이만을 나타내며 가감승제는 불가능하다.

3 정답 ②

서열척도(ordinal scale)는 어떤 특성의 양에 순위를 부여하는 척도로서 등위 또는 순위척도라고도 하며, 분류, 서열, 크기 대소를 나타내는 척도이다. 등간성(等間性)이 없으므로 각 수치들 간의 거리가 일정치 않으며 가감승제가 불가능하다. 답지 ①은 명명척도, 답지 ③, ④는 동간척도에 해당된다.

4 정답 ③

동간척도(interval scale)는 일정한 측정의 단위를 갖고 있는 척도로서, 가장 중요한 특색은 소위 절대영점이 없거나, 있더라도 척도상의 영점과 일치하지 않는 척도이다. 가감은 가능하나 승제는 불가능한 척도이다.

5 정답 ③

비율척도(ratio scale)는 명명·서열·동간척도의 여러 원리를 다 만족시키며, 그 위에 절대영점을 갖고 있는 척도이다. 한 측정치는 다른 측정치의 두세 배 등의 비율에 관한 정보 갖고 있는 척도이며, 여러 척도 중에서 가장 완전하며, 이 척도로 나타내는 수치는 가감승제가 가능하다. 답지 ㄷ에서 비율척도가 사용하고 있는 1cm, 1 inch 등과 같은 것은 협약에 의하여 결정된 단위이므로 가상의 단위이다. 절대단위를 사용하는 척도는 절대척도(absolute scale)이며 사람 수, 자동차 수 등이 절대척도의 예이다.

6 정답 ③

문제의 답지 'ㄱ'에서 비율척도는 서열뿐만 아니라 동간성, 절대영점도 지니고 있다. 답지 'ㄴ'에서 온도계의 눈금은 '동간척도'에 해당한다. 답지 'ㄹ'에서 비율척도는 가감승제를 할 수 있다. 비율척도는 명명·서열 동간척도의 여러 원리를 다 만족시키며, 그 위에 절대영점을 갖고 있는 척도이다. 한 측정치는 다른 측정치의 두세 배 등의 비율에 관한 정보 갖고 있는 척도이며, 여러 척도 중에서 가장 완전하며, 이 척도로 나타내는 수치는 가감승제가 가능하다.

7 정답 ①

답지 ①에서 대표값 또는 집중경향(central tendency)이란 한 분포에 들어 있는 여러 수치를 종합적으로 대표하는 수치로 한 집단의 점수분포를 하나의 값으로 요약·기술해 주는 지수를 말한다. 답지 ②, ④는 변산도를 말하고, 답지 ③은 상관도를 의미한다.

8 정답 ②

문제의 답지 'ㄱ'에서 최빈치(mode)란 한 분포에서 가장 빈도가 높은 점수로서, 가장 자주 나타나는 수치를 의미한다. 답지 'ㄷ'에서 최빈치는 분포곡선의 정점에서 수직으로 내려온 척도상의 수치이다. 답지 'ㄴ'에서 최빈치는 명명척도, 서열척도, 동간척도, 비율척도에서 사용이 가능하다. 답지 'ㄹ'은 중앙값의 정의 이다.

9 정답 ③

중앙치(median)란 한 분포의 수치들을 대소의 순서로 배열했을 때 중간의 수치를 의미한다. 중앙치의 계산이 필요한 경우를 구체적으로 제시하면 다음과 같다.

- 평균치를 계산할 만한 충분한 시간이 없을 때 사용
- 서열적·동간적·비율적 측정치의 자료일 때 사용
- 편포되었거나 극단적인 점수를 배제하고 싶은 때 사용
- 분포가 불완전한 상태로 주어졌을 때 사용
- 측정단위의 동간성이 의심될 때 사용
- 분포의 순서상의 위치를 알고 싶을 때 사용

10 정답 ④

답지 ④에서 산술평균(arithmetic mean)은 극단적인 점수가 있을 때는 대푯값이 과대 혹은 과소 추정된다. 산술평균은 한 집단에 속하는 모든 점수(측정치)의 합을 이 집단의 사례수로 나눈 것으로 가장 신뢰할 만한 대표치이다. 산술평균의 특징을 구체적으로 제시하면 다음과 같다.

- 평균치로부터 모든 점수의 차의 합은 0이며, 평균은 점수 분포의 균형을 이루는 점이다.
- 평균을 중심으로 산출된 편차점수의 제곱의 합은 다른 어떤 값을 기준으로 산출된 편차점수의 제곱의 합보다 항상 적다(최소자승화의 원리).
- 가장 신뢰로운 집중 경향치이다.

11 정답 ④

문제의 답지 'ㄱ'에서 산술평균은 동간척도 이상에서 수집된 자료이어야 한다. 산술평균이 필요한 경우를 구체적으로 제시하면 다음과 같다.

- 동간적·비율적 측정치의 자료일 때 사용
- 가장 신뢰할 만한 집중경향(대표치)을 구할 때 사용
- 다른 통계치(변산도 또는 상관도)의 계산이 뒤따를 때 사용
- 분포가 좌우대칭(정상분포)일 때 사용
- 한 분포의 역률 또는 중력의 중심을 알고 싶을 때 사용

12 정답 ④

답지 ①에서 최빈값은 분포의 점수 가운데 가장 자주 나오는 값이므로 5이다. 답지 ②에서 중앙값은 분포의 점수를 순서대로 나열하였을 때 한 중앙에 오는 값이므로 5이다. 답지 ③에서 평균값은 분포의 모든 점수를 더하여 사례수로 나눈 값이므로 $M = \frac{50}{10} = 5$이다. 답지 ④에서 표준편차 $SD = \sqrt{\frac{\sum x^2}{N}}$ (여기서 x^2은 편차의 제곱)이므로, 표준편차 값은 대략 2.5정도 이다.

13 정답 ③

산술평균을 M 중앙치를 Mdn 최빈치를 Mo라 할 때 "M-Mdn"의 값이 "+"로 나오는 경우는 '정적편포'에 해당한다. 대표값의 관계 따른 분포 형태와 교육적 특징을 제시하면 다음과 같다.

정상분포	부적 편포	정적편포
• 조건 : M = Mdn = Mo • 점수수준과 관계없이 평균적으로 부적편포와 정적편포 보다 개인차 변별이 더 잘 되는 분포이다. • 검사결과를 기초로 개인차를 변별하는 것이 주된 목적인 경우에는 의도적으로 검사점수의 분포가 정상분포를 이루도록 하는 것이 바람직하다(적정수준의 곤란도유지).	• 조건 : M〈Mdn〈Mo • 검사내용이 대체로 쉬운 경우에 생길 수 있는 분포이다. • 낮은 점수수준에서는 개인차 변별이 잘 되지만, 높은 수준에서는 개인차 변별이 잘 되지 않는다.	• 조건 : Mo〈Mdn〈M • 검사내용이 상당히 어려운 검사 점수의 분포이다. • 낮은 점수수준에서는 개인차 변별이 어렵고, 높은 점수수준에서는 개인차 변별이 잘 되고 있다. • 이러한 경우의 검사는 극소수의 최우수자만을 엄격히 변별하여 선발하고자 할 때 적합하다.

14 정답 ④

답지 ①에서 A학교 학생들의 분포는 정적 편포이며, 답지 ②에서 평균점수가 가장 높은 집단은 C이고, 답지 ③에서 C학교 학생들의 집중경향값은 최빈값이 가장 크다. 답지 ④에서 C학교 학생들에게 부적 편포가 나왔다는 것은 A, B학교 학생들보다 C학교 학생들에게는 쉬운 시험이다.

15 정답 ③

변산도는 한 분포가 그 대표값 주변에 분산해 있는 정도 또는 밀집해 있는 정도를 의미한다. 그 중에서 표준편차는 각 사례들의 편차(점수-평균)를 기초로 하여 한 분포의 변산을 알려주며 가장 널리 쓰인다. 답지 ①에서 표준편차는 표집에 따른 변화 즉 표집오차가 가장 적다. 답지 ②에서 한 집단의 모든 점수에 일정한 상수 C를 곱하면 C배만큼 커진다. 답지 ③에서 표준편차는 그 분포상에 있는 모든 점수의 영향을 받는다. 답지 ④에서 평균으로부터의 편차점수의 자승합은 다른 어떤 기준으로부터의 자승합보다 최소가 된다. 그 밖에 표준편차는 한 집단의 점수에 일정한 점수를 더하거나 빼도 표준편차는 변화하지 않는다.

16 정답 ③

문제의 답지 'ㄴ'에서 표준편차는 동간척도 이상에서 사용할 수 있다. 표준편차는 평균을 중심으로 한 변산도로서 동간척도 이상에서 사용할 수 있다. 변산 정도를 이용하여 측정의 신뢰성을 추정할 수 있으며, 개인내의 성적 변산을 추정하는데도 활용이 된다.

17 정답 ③

표준편차는 평균을 중심으로 하는 변산도로서 한 분포의 모든 점수들이 평균치에서 떨어진 평균적인 편차를 의미한다. 답지 ①에서 표준편차 집단의 변산 정도(산포)를 나타내는 통계수치로서 학습자들의 서열을 직접 알려주지 않는다. 답지 ②에서 온도계의 눈금 그 자체는 표준편차와 관계가 없다. 답지 ③에서 표준편차는 집단 간의 이질성 또는 동질성 정도를 상대적으로 비교할 수 있다. 답지 ④에서 표준편차는 동간척도, 비율척도 수준에서 다루어지는 통계수치로 비율척도로 수집된 자료의 표준편차는 가감승제가 가능하다.

18 정답 ①

심리적 특성을 측정하는 데 있어서 정상분포를 가정하는 것은 인간의 키, 몸무게 등 직접적으로 측정할 수 있는 신체적 특성들이 대체로 정상분포를 이루므로 심리적인 특성도 직접적으로 측정이 가능하다면 신체적 특성과 마찬가지로 정상분포를 이룰 것이라는 유추를 통해 정상분포를 가정한다. 문제의 답지 'ㄹ'에서 정상분포를 이용하는 것은 양적 분석을 목적으로 하므로 내적 능력의 현상적 기술은 불가능하다.

19 정답 ②

오른쪽 정규분포에서 50점 이상은 전체 면적 50%이며, 50~65점 사이의 면적은 68%의 절반이므로 34%이다. 따라서 65점이상의 면적을 구하면 50% - 34% = 16%이다.

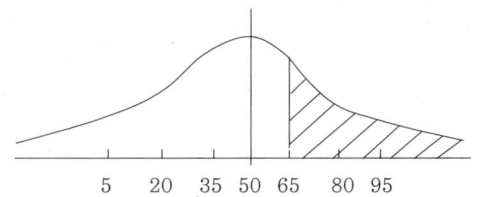

20 정답 ②

A(정상분포)는 B(첨용분포), C(부적편포)에 비해 정상분포에 가까운 분포로서 적절한 난이도(중간 정도)와 적절한 변별력을 지니게 된다. B, C는 A에 비해 상대적으로 개인차가(분산정도)가 적다. 따라서 중간정도 난이도와 개인차가 가장 큰 분포는 A이다.

[통계·연구] 제2회 정답 및 해설

1 ②	2 ②	3 ④	4 ④	5 ③
6 ②	7 ③	8 ②	9 ③	10 ③
11 ③	12 ③	13 ②	14 ④	15 ①
16 ①	17 ③	18 ③	19 ③	20 ③

1 정답 ②

평균 70점과 표준편차 5점에 따르는 정규분포는 오른쪽 〈그림〉과 같다. 이 정규분포에서 85점 이상은 대략 상위 0.5%(빗금친 부분)에 해당하는 성적이다.

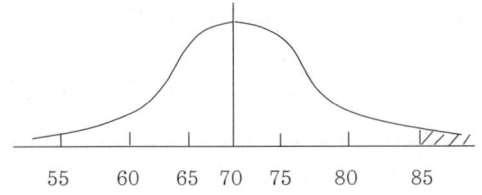

2 정답 ②

상관계수의 언어적 해석은 다음과 같은 기준으로 해석한다.

극고상관(0.90 ~ 1.00)	아주 상관이 높다.
고상관(0.70 ~ 0.90)	상관이 높다.
중상관(0.40 ~ 0.70)	확실히 상관이 있다.
저상관(0.20 ~ 0.40)	상관이 있으나 낮다.
극저상관(0.00 ~ 0.20)	거의 상관없다.

위의 기준에 따르면 〈보기〉의 답지 'ㄱ'에서 과학과 미술과목은 부적상관으로 확실히 상관이 있다. 답지 'ㄴ'에서 국어와 사회는 정적상관이지만 상관이 거의 없다. 답지 'ㄷ'에서 수학과 음악은 부적상관으로 확실히 상관이 있다. 답지 'ㄹ'에서 도덕과 사회는 정적상관으로 확실히 상관이 있다.

3 정답 ④

상관도표에서 상관이 높은 경우는 직선에 가까울수록 상관은 높고, 원에 가까울수록 상관이 낮다. 따라서 답지 ④에서 정적 상관과 부적 상관은 상관의 크기를 나타내는 것이 아니고 방향만 나타내기 때문에 답지 ④는 부적상관으로 상관이 가장 높은 그림이다.

4 정답 ④

고사나 검사를 치르고 채점되어 나오는 점수가 원점수(原點數) 또는 소점(素點)이다. 대개 가능한 만점이 100점으로 된 척도가 많이 이용되므로, 원점수는 출제된 문제 중에서 학생들이 몇 %나 바르게 답을 했는가를 지시해준다. 답지 ④에서 여러 가지 원점수 척도는 서로 비교될 수 없다. 예컨대 한 학생이 X검사와 Y검사에서 다같이 75점을 얻었다고 해서, 이 학생의 이 두 고사가 재는 두 가지 능력이 꼭 같다고 할 수 없을 것이다. 답지 ①에서 원점수 척도에는 의미 있는 의거점(依據點)이 없어서 비교 근거가 약한 점수이다. 답지 ②, ③, ④에서 원점수 척도의 0점은 절대영점과 일치되지 않기 때문에 의미 있고 유용한 의거점 구실을 거의 하지 못한다. 원점수 척도에는 단위의 동간성(同間性)이 유지되고 있지 않다. 원점수 척도는 측정척도의 종류 중 대개 서열척도에 속하며 서열척도 중에서도 조잡한 수준이다. 예컨대 한 고사에서 90-70점의 능력의 차이와 50-30점의 능력의 차이가 동일하지 않다. 또한 80점을 얻은 학생이 40점을 얻은 학생보다 어떤 능력이 두 배로 많다고 말할 수가 없다.

5 정답 ③

문제의 답지 'ㄱ'에서 원점수 척도의 0점은 임의의 영점이다. 따라서 원점수의 0점은 능력이 하나도 없는 절대영점의 구실을 하지 못한다. 답지 'ㄴ'과 'ㄷ'에서 원점수 척도에는 의거점이 없고 단위의 동간성(同間性)이 유지되지 않기 때문에 신뢰로운 점수라고 할 수 없다. 답지 'ㄹ'에서 여러 가지 원점수 척도는 서로 비교될 수 없다.

6 정답 ②

등위점수란 흔히 쓰는 서열, 석차, 순위와 같은 점수를 말한다. 이 등위점수는 근본적으로 원점수 척도의 약점을 보완하기 위해 사용한다. 문제의 답지 'ㄷ'에서 등위점수는 서열척도이다. 따라서 서열척도가 가지고 있는 일반적인 난점을 이 등위점수가 그대로 가지고 있다. 답지 'ㄹ'에서 등위 점수를 활용할 경우 주의해야할 것은 등위를 결정하게 된 집단의 사례수가 다르면 등위점수들을 직접 비교할 수가 없다는 사실이다.

7 정답 ③

답지 ①에서 백분위점수(percentile rank score)는 서열척도에 해당한다. 답지 ②는 백분위점수(percentile rank score)가 아니라 백분점수(percentile score)이다. 답지 ③에서 백분위점수는 등위점수와 같은 서열척도 수준이지만 등위점수와 달리 집단의 사례수가 달라도 능력을 비교할 수 있다는 점이다. 백분위점수란 점수분포에 어떤 사람의 점수 아래에 전체 사람의 몇 %가 있느냐를 나타내 주는 것이다. 예컨대 지능검사에서 철수의 백분위점수가 84라고 한다면 철수의 지능은 전체집단 중에서 철수보다 못한 사람이 84% 있고 철수보다 더 뛰어난 사람이 16% 있다는 것을 나타내 주게 된다.

8 정답 ②

표준점수는 분포의 변산도가 다르면 편차들을 직접 비교할 수 없으므로, 이 편차를 그 분포의 표준편차로 SD로 나누어, 여러 분포에서의 원점수들의 위치를 일정한 단위(평균 0, 표준편차 1)에 의거하여 해석할 수 있게 한 것이다.

9 정답 ③

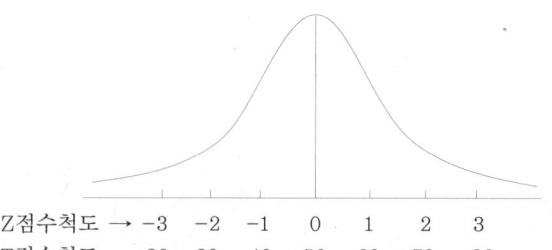

```
Z점수척도 →   -3    -2    -1    0    1    2    3
T점수척도 →   20    30    40   50   60   70   80
백분위 점수→ 0.5   2.5   16   50   84  97.5  99.5
```

답지 ①에서 백분위 점수 90점은 90%위치이고, 답지 ②의 C점수 5점은 50% 위치이다. 답지 ③의 T점수 70점이면 97.5%위치이다. 그리고 답지 ④ Z점수 1점이면 84%위치가 된다. 따라서 서열에서 가장 앞서는 것은 T점수 70점이다.

10 정답 ③

<보기>의 답지 'ㄹ'에서 평균점수에 미달한 과목은 T점수 48, 백분위 45인 사회과목이다. 답지 'ㄱ'에서 가장 우수한 성적은 국어과목이다. 답지 'ㄴ'에서 수학의 백분위 점수가 80점이므로 전체집단의 20%정도가 철수보다 앞선 성적이다. 답지 'ㄷ'에서 수학과 과학은 원점수로는 같지만 수학은 백분위수 80점, 과학은 백분위점수 60점이므로 수학이 상대적으로 앞선 성적이다.

11 정답 ③

문제의 통계치를 바탕으로 두 점수를 Z점수로 환산하면 국어는 $Z_{국} = \frac{75-60}{15} = 1$점이며, 수학은 $Z_{수} = \frac{40-20}{10} = 2$점이다. <보기>의 답지'ㄱ'에서 수학과목이 국어에 비해 앞선 성적이다. 답지 'ㄴ'에서 국어의 백분위점수는 84점이고, 수학은 97.5점으로 수학이 앞서있다. 답지 'ㄷ'에서 수학과목을 C점수로 전환하면 $C_{수} = 5 + (2 \times 2) = 9$점이므로 1등급에 해당한다. 답지 'ㄹ'에서 수학의 원점수와 평균점수가 낮게 나온 것은 시험문제가 국어에 비해 상대적으로 어려웠다는 것을 알 수 있다.

12 정답 ③

답지 ③에서 영어 과목의 표준점수는 $Z_{영} = \frac{90-80}{5} = 2$점이므로, T점수를 구하면 $T_{영} = 50 + (10 \times 2) = 70$점이 된다.

13 정답 ②

과목별 표준점수를 산출하면 국어는 $Z_{국} = \frac{95-80}{10} = 1.5$점이고, 영어는 $Z_{영} = \frac{84-69}{6} = 2.5$점이다. 수학은 $Z_{수} = \frac{74-60}{7} = 2$점이며, 과학은 $Z_{과} = \frac{75-64}{11} = 1$점이다. 따라서 영어과목이 가장 성적이 우수하다.

14 정답 ④

관찰법은 피관찰자에게 반응을 요구하지 않고 그 행동을 관찰하여 측정자료를 수집하는 방법이다. 또한 도구를 사용하지 않고 측정 받는 대상에게 전혀 영향을 주지 않는다. 측정방법 중 가장 오래된 방법이다. 답지 ④에서 피관찰자에게 반응을 요구하여 검사자가 반응자의 행동을 관찰하여 측정하는 것은 면접법이다.

15 정답 ①

참여관찰은 관찰자가 피관찰자와 같은 생활 속에 들어가서 피관찰자의 행동을 관찰하는 것을 말한다. 참여관찰의 장단점을 제시하면 다음과 같다.

장점	단점
• 참여관찰은 심층적인 연구가 가능하다. • 자연성과 연결되므로 포괄적인 연구를 할 수 있다. • 평소에는 관찰할 수 없는 특수한 행동에 관한 자료수집을 할 수 있다.	• 관찰자의 끈질긴 의지가 필요하다. • 감정적 요소의 영향을 받게 된다. • 관찰결과를 표준화할 수 없다.

16 정답 ①

질문지법은 연구하고자 하는 어떤 문제에 대해 필요한 사항을 알아보기 위하여 일련의 문항들을 체계적으로 조직하여 작성한 것이다. 피험자가 물음이나 사실에 대해서 자기의 의견이나 관계되는 사실에 대답을 기술하도록 하는 방법이다. 질문지법이 장단점을 구체적으로 제시하면 다음과 같다.

장점	단점
• 비용이 적게 들고 제작이 간편하다(경제적). • 응답자에 대한 연구자의 영향력을 최소화할 수 있다. • 다른 방법으로 조사하기 어려운 개인적 생활경험이나 심리적 특성을 질문지를 통해 알아볼 수 있다. • 연구자의 편견이 작용하지 않는다. • 표준화된 질문지를 제시하고, 객관화된 문항을 사용하므로 통계처리가 용이하다. • 반응에 시간적 여유가 있어서 정확한 응답을 기대할 수 있다.	• 문맹자에게는 실시가 곤란하다. • 질문지에 응답한 내용의 진위를 확인하기 어렵다 (사실과 의견의 구별 곤란). • 질문지의 회수율이 낮다. • 질문을 확실하게 통제할 수 없고, 자료를 엄격하게 다룰 수 없다.

17 정답 ③

사회성 측정법은 어떤 한 집단에서 그 집단 구성원들의 상호작용 양상이나 집단의 응집력을 알아보고자 할 때 이용되는 방법이다. 또한 특정한 어느 집단 내에서 개인의 사회적 위치나 비형식적인 집단의 구조를 파악할 경우에 적용된다. 한 개인이 그의 동료들에 의해서 어떻게 지각되고 받아들여지는가를 평가하는데 이용된다.

18 정답 ③

사회성 측정의 활용방법으로 우선 새로운 집단을 조직하거나, 기존의 집단구조를 재구성하고자 할 때 필요한 정보를 얻을 수 있다. 그리고 사회적 적응을 위하여 도움을 필요로 하는 아동을 찾아내고 그 원인을 진단하는 데 이용할 수 있다. 마지막으로 한 집단의 응집력과 집단 내 개인들 간의 수평적 및 수직적 인간관계를 분석하고자 할 때 이용할 수 있다.

19 정답 ③

사회성측정법은 한 학급이나 소집단의 역동적 사회 구조를 이해하기 위해 집단 내 개인의 사회적 위치, 비형식적 집단형성의 구조를 알기 위해 사용하는 방법으로, 학급에서 집단따돌림 발생과 같은 문제를 알아보는 데 매우 유용한 방법이다.

20 정답 ③

유층표집은 전집을 몇 개의 하위집단으로 나누어 그 하위집단의 내부는 균일하게 하고 하위집단간은 불균일하게 하여, 하위집단에서 표본을 추출하는 방법으로서 가장 많이 쓰이는 표집방법이다.

[통계·연구] 제3회 정답 및 해설

1 ①	2 ④	3 ③	4 ②	5 ①
6 ④	7 ②	8 ①	9 ③	10 ③
11 ②	12 ④	13 ③	14 ④	15 ③
16 ④	17 ②	18 ③	19 ①	20 ①
21 ④	22 ①	23 ①	24 ②	25 ④

1 정답 ①

유층표집방법은 전집을 몇 개의 하위집단으로 나누어 그 하위집단의 내부는 균일하게 하고 하위집단 간은 불균일하게 하여, 하위집단에서 표본을 추출하는 방법으로서 가장 많이 쓰이는 표집방법이다.

2 정답 ④

답지 ①에서 표집의 크기가 클수록 조사결과의 신뢰도가 높아진다. 답지 ②에서 무선에 가까울수록 연구의 대표성은 높아진다. 답지 ③에서 표집은 개인뿐만 아니라 집단단위로도 추출될 수 있다.

3 정답 ③

답지 ③에서 편의적 표집방법(convenience sampling)은 비확률적 표집의 한 종류이다. 이는 뽑기에 편리한 (주로 가까이에 있는) 표본을 추출하는 방법이다. 그리고 표본의 단위가 개인이 아니라 집단을 표집단위로 하는 것은 군집표집이다.

4 정답 ②

심리학, 행동심리학, 변인통제가능 등의 이론적 전제는 양적연구의 배경들이다. 질적 연구는 해석학적 접근을 총칭하는 기법으로 현상학, 상징적 상호작용론, 민속방법론 등이 여기에 속한다. 문제의 답지 'ㄴ', 'ㄹ', 'ㅂ'은 질적 연구에 해당하고 답지 'ㄱ', 'ㄷ', 'ㅁ'은 양적연구에 해당한다.

5 정답 ①

양적 연구는 실증주의 사상에 입각하여 관찰 가능한 자료에 입각하여 일반적인 법칙을 찾아내려는 연구방법을 의미하며, 질적 연구는 탈실증주의 사상에 근거하여 인간은 나름대로 독특성을 지니고 있어서 객관적이고 보편적인 법칙에 지배받지 않는다고 보는 연구방법론이다. 따라서 답지 ①에서 양적 연구는 실증주의 사상에 입각하여 이론의 검증을 강조하며, 질적 연구는 탈실증주의 사상인 현상학적, 해석적 접근을 통해 이론의 개발을 강조한 방법이다.

6 정답 ④

문제에서 제시된 특징을 지니고 있는 연구방법은 질적 연구의 한 방법인 '문화기술연구'이다. 문화기술연구는 인류학의 한 연구 분야로, 개인문화에 대하여 문자화되지 않은 원시문화를 과학적으로 연구하려는 현장연구의 한 형태이다. 교육에 있어서 문화기술연구는 교육이라는 특수한 상황을 구성하고 있는 교육 체제, 과정, 현상을 과학적으로 서술하는 과정이라고 할 수 있다.

7 정답 ②

답지 ①에서 문화기술연구는 현상학적 관점의 연구이므로 사전에 구체적인 가설을 설정하지 않는다. 답지 ②에서 문화기술연구는 구체적 연구가설을 설정하지 않고 가설은 연구하는 과정에서 형성되고, 그 형성된 가설이 검증되고, 다시 새로운 가설이 만들어지는 반복적 특성을 지닌다. 답지 ③에서 문화기술 연구는 연구 상황을 조작하지 않고 자연 그대로의 상태에서 연구를 실시한다. 답지 ④에서 문화기술연구는 자료수집에 있어서 면접이나 관찰(참여관찰)을 사용한다.

8 정답 ①

델파이 방법은 일반적으로 면밀하게 계획된 익명의 반복적 조사를 실시함으로써, 조사 참가자들이 직접 모여서 논쟁을 하지 않고서도 집단성원의 합의를 유도해 낼 수 있는 방법이다. 이 방법은 패널이나 위원회와 같은 접근방법에서 사용하는 직접적인 토론방법을 대신해서 체계적으로 구성된 일련의 질문지를 통하여 정보와 외견을 교환할 수 있도록 대치한 것이다. 델파이 방법은 질문지를 3~4회 동일 대상자에게 계속적으로 실시하는데, 각 질문은 개별응답자(전문가)로부터 도출된 정보와 함께 배포, 실시된다. 각각의 연속적인 질문은 전회의 질문결과에 대한 보고와 함께 실시되므로 질문의 횟수가 거듭될수록 예측이 서로 접근하게 된다.

9 정답 ③

문제에서 제시된 주제는 문화기술연구에 적합한 것이다. 문화 기술연구는 사회 상황뿐만 아니라 사회 상황에서 벌어지고 있는 문화, 즉 사람들이 어떻게 지각하고 '행동 하는가'에도 관심을 가진다. 그러므로 문화기술 연구는 문화를 창조하는 구성원간의 관계, 즉 구성원간의 의미구조에 관심을 두며 그것을 사회적 맥락에서 이해하려고 한다. 답지 ①, ②, ④는 양적 연구의 기법에서 주로 사용하는 방법이다.

10 정답 ③

문화기술 연구는 일반적으로 학급, 학교 혹은 교육과 관계된 어떤 자연적 집단을 연구대상으로 한다. 이는 다양한 문화 속에서 구성원들의 언어와 행동이 어떤 상황에서 어떻게 일어나고, 어떻게 상호작용을 하는지를 이해하고 기술하고자 한다.

11 정답 ②

문화기술지(ethnography)는 특정한 사회의 문화를 인류학적 관점에서 기술해놓은 보고서를 문화기술지라고 한다. 문화기술지는 현상학적 특성을 지니고 있으므로 연구자가 가능하면 순수의식 상태(연구자의 주관적 관점 배제)를 가정하고 구체적인 연구가설을 설정하지 않으며, 현장에서 자연적으로 일어나는 현상을 기술하는데 중점을 둔다. 자료수집의 방법으로는 참여관찰, 면접 등이 사용되며, 거시적인 접근법이 아니라 미시적인 접근방법이다.

12 정답 ④

문화기술지는 현상학적 특성을 지니고 있으므로 연구자가 구체적인 연구가설을 설정하지 않고 현장에서 자연적으로 일어나는 현상을 기술하는데 중점을 둔다. 자료수집의 방법으로는 참여관찰이나 면접 등이 사용되는 질적 연구방법이다.

13 정답 ③

메타분석이란 이미 나와 있는 각종 연구 결과와 자료들을 종합적으로 정리해 재평가 분석하는 방법으로 연구 결과의 누적을 단순화시킬 수 있는 경제적인 분석방법이다. 이는 통계적 방법을 활용하여 선행연구에서 밝힌 독립변인이 종속변인에 미치는 영향의 크기를 분석한다.

14 정답 ④

델파이 방법은 질문지를 이용하는데 일반적으로 3~4회를 동일 대상자에게 계속적으로 실시하는데, 각 질문은 개별응답자(전문가)로부터 도출된 정보와 함께 배포, 실시된다. 각각의 연속적인 질문은 전회의 질문결과에 대한 보고와 함께 실시되므로 질문의 횟수가 거듭될수록 예측이 서로 접근하게 된다.

15 정답 ③

기존 실증주의에서 연구하기 어려운 사람의 주관성(느낌, 감정, 가치 등)을 객관적으로 연구하기 위해 양자역학, 통계학, 수학 등을 바탕으로 스티븐슨(W. Stephenson)이 창안한 방법이다. Q방법론은 <u>인간의 가치나 태도, 신념과 같은 주관성을 과학적으로 측정하는 방법</u>이다. 연구자의 가정이 아니라 행위자의 정의로부터 시작하여, 가설을 검증하는 것이 아니라, 가설을 발견하는 것이다.

16 정답 ④

실험적 연구에서 조건통제란 실험군과 통제군의 독립변인 이외의 여타 자극변인을 동일하게 함을 말한다. 관련 자극변인을 동일하게 하면 양 집단의 관련 반응변인도 동일하게 될 것이다. 따라서 양 집단의 차이는 독립 자극변인과 종속반응 변인이 될 것이다. 이때 가설의 검증이란 결국 종속 반응변인의 차의 측정이 될 것이다.

17 정답 ②

검사(testing)란 사전검사를 받은 경험이 사후검사에 주는 영향을 말한다. 피험자가 이전에 사전 검사를 받은 경험이 있으므로, 사전검사 때보다 그 검사에 익숙해지거나 검사내용의 일부를 기억하고 있어서 사후검사의 결과에 영향을 미칠 수 있다. 답지 ②는 검사가 아니라 외적 타당도를 저해하는 요인 가운데 중다처치에 의한 간섭효과이다.

18 정답 ③
답지 ③에서 문제에서 제시된 실험설계는 통제집단 사전 사후 검사 설계이다. 답지 ①에서 실험자는 $O_2 > O_1$, $O_2 > O_4$가 나타날 것을 기대한다. 답지 ②에서 실험변인 외의 다른 조건은 두 집단이 같다고 본다(조건통제). 내적 타당도를 위협하는 요인들을 대부분 통제 할 수 있으나 '피험자의 탈락'은 주의해야 한다. 그리고 실험결과를 일반화하는데 있어서는 외적타당도를 저해하는 요소들에 의해 상당히 제한을 받는다. 답지 ③에서 실험처치 효과의 검증은 t-검증 또는 CR검증을 사용하는 것이 타당하다.

19 정답 ①
문제에서 제시된 사례의 연구방법은 실험적 연구이다. 실험적 연구는 양적연구의 대표적인 연구로서 변인들 간에 존재하는 인과관계를 밝혀 줄 수 있는 가장 강력한 연구이다. 또한 실험연구의 기본목적은 특정한 실험상황하에서 관심 있는 변인들을 조작하여 변인과 변인간의 관계를 명확하게 규명하는 것이다.

20 정답 ①
영가설은 통계적 가설로서 원가설 가운데 둘 또는 그 이상의 모수치들 사이에 「아무런 차이가 없다」라고 가정하는 것을 영가설(零假說)이라고 부른다. 영가설은 연구자가 기각을 전제로 한다.

21 정답 ④
문제의 답지 'ㄱ'에서 원가설에 대립시켜 설정한 가설은 '대립가설(HA)'이다. 답지 'ㄴ'에서 영가설은 둘 또는 그 이상이 모수치 사이에 '아무런 차이가 없다'라고 가정한 것을 말한다. 답지 'ㄷ'에서 영가설은 통계적 가설에 해당하며, 채택되는 것이 아니라 일반적으로 기각과는 것을 목적으로 한다. 답지 'ㄹ'에서 유의 수준 5%에서 영가설을 검증했을 경우 검증수치(예: Z검증, t-검증 등)가 지시하는 확률면적 p<0.05이면(검정수치>±1.96) 영가설은 기각되고, p>0.05이면(검정수치<±1.96) 영가설을 채택된다.

22 정답 ①
Z검정은 모수통계로 어떤 집단의 특성이 특정 수와 같은지 혹은 집단간의 차이가 있는지를 밝히는 통계적 방법이다. Z검정의 조건은 다음과 같다.

- 연구의 종속변수가 양적변수이어야 한다.
- 종속변수에 대한 모집단의 분포가 정규분포이어야 한다.
- 두 집단의 비교일 경우 두 모집단의 분산이 같아야 한다.
- 모집단의 분산을 알고 있어야 한다.

23 정답 ①
t-검정은 모집단의 분포가 정규분포이며 종속변수가 양적변수일 경우, 평균 혹은 집단 간의 비교를 위하여 사용하는 통계적 방법이다. 김 교사의 교육 연구는 단일집단을 대상으로 하는 실험이고, 모집단의 분산을 알지 못한 상태의 실험이다. 따라서 단일 표본 t-검정 방법이 적합하다. 단일표본 t검정은 단일표본 Z검정과 동일한 연구목적을 지닌 가설을 검증하되 모집단의 분산을 알지 못하는 경우에 사용되는 통계적 방법이다.

24 정답 ②
변량분석(analysis of variance, ANOVA)은 세 집단 이상의 집단 간에 차이가 있는지를 검증하는 통계적 방법이다. 변량분석의 조건은 다음과 같다.

- 종속변수가 양적변수여야 한다.
- 각 모집단의 모집단 분포가 정규분포이어야 한다.
- 모집단의 분산이 같아야 한다.

25 정답 ④
x^2(카이자승)검정은 종속변수가 질적 변수 혹은 범주변수(명명척도)일 때 집단 간의 두 변수간의 관계를 알아보기 위하여 사용한다. 즉, 집단의 관찰 빈도와 그 집단의 기대빈도를 비교하여 검증하는 방법이다.

교육과정
정답 및 해설

유길준 공무원 교육학
진도별 모의고사

[교육과정] 제1회 정답 및 해설

1 ①	2 ③	3 ①	4 ③	5 ③
6 ②	7 ④	8 ③	9 ③	10 ④
11 ①	12 ④	13 ②	14 ②	15 ③
16 ③	17 ②	18 ②	19 ③	20 ②

1 정답 ①

문제의 내용은 교육내용의 관점으로 교육과정을 정의하는 것으로, 교육과정은 교과들의 목록이나 교과들의 강의 요목인 교육내용으로 생각하는 입장으로 역사적으로 가장 오래 되었고 널리 알려져 있다. 그 외 교육과정의 여러 관점을 소개하면 다음과 같다.

학습경험의 관점	학습자의 관점을 강조하는 것으로 학교의 지원 또는 감독 아래 학생들에게 제공하는 모든 경험이라고 보는 관점이다.
의도된 학습성과 관점	수업을 통하여 달성하여야 할 학습 성과를 강조하는 교육과정의 정의이다.
문서 속에 담긴 교육계획의 관점	문서 속에 담긴 교육목적과 교육내용의 체계, 그리고 이를 효과적으로 전달하기 위한 교육방법, 교육평가, 교육운영 등에 대한 종합적이 계획을 가리킨다.

2 정답 ③

문제의 내용은 교육과정을 실존적 체험과 그 반성의 관점에서 접근하는 방법으로 교육과정을 교육자나 학습자가 살아오면서 갖게 된 체험들을 자신의 존재의 의미와 연관 지어 해석하고 그것을 통하여 자기 반성적인 삶을 살아가도록 하는 과정으로 보는 '재개념주의' 관점의 교육과정의 정의이다.

3 정답 ①

교육과정의 실질적 분류에서 문제의 내용은 공식적 교육과정이다. 공식적 교육과정은 문서 속에 담긴 교육계획을 의미하는 것으로 우리나라의 경우 국가 수준의 교육과정, 시·도 교육청의 교육과정 지침, 지역교육지원청의 장학자료, 학교 교육과정 등이 공식적 교육과정에 속한다. 그 외 교육과정의 정의는 다음과 같다.

영(零) 교육과정	공적인 문서에 포함되지 않지만 학생들이 도달해야할 교육목표나 배워야 할 교육내용들을 가리킨다.
실제적 교육과정	교사의 수업 속에 반영되는 교육과정으로 학생들에게 직접적으로 영향을 주는 교육과정 말한다.
잠재적 교육과정	학생들이 학교생활을 통해 얻는 경험 중에서 학교나 교사의 계획과는 무관한 것을 의미한다.

4 정답 ③

전통주의 교육과정은 보비트(F. Bobitt, 1918)의 영향을 받은 타일러(R. Tyler, 1949)가 교육목표-학습경험의 선정-학습경험의 조직-교육평가의 환경모형을 제시함으로써 교육과정에 관한 사고의 방법을 처음으로 체계화 것으로 '실용적인 입장', '체계적 접근', '행동주의적인 입장', '수단-목적론적 접근'을 취하고 있다.

5 정답 ③

전통주의 입장은 실증적 가치의 실천적 성과를 중시하는 미국의 실용주의적 전통을 이어받고 있다고 볼 수 있다. 그리고 교육의 목적을 표준화된 행동변화에 초점을 두고 있다. 이런 관점은 행동주의적 기초 즉 아동을 원하는 목적에 따라서 길러낼 수 있다는 전제를 숨기고 있다.

6 정답 ②

개념-경험주의자들은 1950년대 말 이후 미국의 교육개혁에 영향을 준 교육과정이론가들이다. 개념-경험주의자들은 교육이 더 이상 학문적 가치가 없거나 적은 지식을 지양하고 좀 더 생산적이며 경제적인 지식을 다루어야 한다고 주장하였다. 교육은 지식의 전달과정이 아니라 지식의 구조를 가르치며 이것이 다루어지는 과정 자체를 중시해야 한다고 주장하였다. 학습 방법도 자연히 이를 충족시킬 수 있는 탐구학습법이나 발견학습법 등이 강조되었으며 교육과정을 연구하는 데도 자연과학의 방법을 그대로 활용하고자 하였다. 이들의 연구방법은 주로 법칙을 찾아내고 예언하며 통제하는 분석과 통계 방법을 주로 활용하였다.

7 정답 ④

1970년대 초부터 나타나기 시작한 재개념주의적 접근은 종래의 전통주의자들과 개념적 경험주의자들이 다루는 문제 영역이 매우 제한적이며 그 방법도 적합하지 않다는 것이다. 특히 교육과정에 관한 이들의 입장은 종래의 접근들에서 간과하였거나 의도적으로 무시하였던 교육내용의 이데올로기성(형평성문제, 재생산, 권력 등)을 분석하는데 있어서 주목할 만하다. 여기서는 각급학교를 사회의 연장으로 본다. 그러기 때문에 교육과정의 목표는 반드시 학습자들의 삶을 해방시키거나 그에 도움이 되는 것이 되어야 한다고 본다.

8 정답 ③

교육과정의 이론적인 틀과 교육과정의 모형, 그리고 교육목표 달성을 위한 체계적 절차개발에 주력하는 것은 전통주의 입장이고, 재개념주의자들은 교육내용의 이데올로기 분석에 초점을 맞추고 있으며, <u>교육과정의 모형보다는 교육내용의 이해에 치중한다</u>.

9 정답 ③

재개념주의자들의 교육과정에 관한 입장은 종래의 접근들에서 간과하였거나 의도적으로 무시하였던 교육내용의 이데올로기성을 분석하는데 있어서 주목할 만하다. 답지 ①과 ②는 개념-경험주의, 답지 ③은 전통주의 교육과정 입장이다.

10 정답 ④

타일러(R. Tyler)의 교육과정 개발 이론에서 교육목표설정의 원천은 학습자에 관한 연구, 현대사회의 요구, 교과전문가의 조언은 교육목표 설정의 일차적인 기초자원이다. 답지 ④의 '학습 심리학'은 2차적인 자원으로 일차적인 기초자원을 바탕으로 설정된 잠재적인 교육목표를 걸러 주는 '여과지'의 역할을 한다.

11 정답 ①

타일러(R. Tyler)의 목표중심형 교육과정 개발모형에서 문제의 내용에 관련된 학습경험의 선정원칙은 '기회의 원칙'이다. 기회의 원칙은 학생들이 교육목표달성에 필요한 학습경험을 할 수 있는 기회를 제공하는 것이다. 그 외 원칙은 다음과 같다.

만족의 원칙	학생들이 학습함에 있어서 만족을 느끼는 경험이어야 한다.
학습가능성의 원칙	학습경험은 학생들이 현재 수준에서 경험이 가능한 것이어야 한다. 학습경험이 달성 가능한 것이고 학생들의 성장발달에 알맞은 학생 높이의 것이어야 한다.
일목표 다경험의 원칙	하나의 목표를 달성하기 위해서는 여러 가지 학습경험이 필요하다.
일경험 다성과의 원칙	동일한 학습경험을 통해 상이한 교육결과를 가져올 수 있다.

12 정답 ④

동경험 다성과의 원칙은 동일한 학습경험을 통해 상이한 교육결과를 가져올 수 있다. 예컨데 건강관련 학습을 통해 건강에 관한 지식뿐만 아니라 태도 및 흥미와 실천요령이 길러진다.

13 정답 ②

문제의 답지 'ㄱ'은 학습경험의 선정원리 가운데 '기회의 원리'이다. 답지 'ㄴ'은 학습경험의 조직원리 가운데 '계열성'에 해당한다. 답지 'ㄷ'은 학습경험의 조직원리 가운데 '계속성'이다. 답지 'ㄹ'은 학습경험의 선정원리 가운데 '일목표 다경험의 원리'이다. 타일러(R. Tyler)가 제시하는 학습경험의 조직 원리는 다음과 같다.

계속성 (continuity)	주요한 교육과정 요소를 시간을 두고 연습하고 개발할 수 있도록 여러 차례에 걸쳐 반복적으로 기회를 주는 것이다.
계열성 (sequence)	계열성은 계속성과 관련되지만 그 이상의 것으로 같은 수준이 아니라 이해, 기능, 태도, 흥미 등이 조금씩 다른 수준으로 단계적으로 깊어지고, 넓어지고, 높아지도록 조직하는 것이다.
통합성 (integration)	교육과정의 요소를 수평적으로 연관시키는 것이다. 예컨대, 수학에서 계산능력을 과학과 사회의 공부에 쓰이도록 조직하는 것이다.

14 정답 ②

문제에서 제시된 조직 원리 가운데 (ㄱ)은 다양성의 원리로 학생들의 다양한 흥미, 필요, 능력에 부합되어야 한다는 원리로 개인차를 존중하는 것을 의미한다. 조직원리(ㄴ)은 계열성의 원리, (ㄷ)은 통합성의 원리이다.

15 정답 ③

문제의 내용은 조직원리 가운데 통합성(integration)의 원리이다. 이것은 학습자들의 학습경험을 수평적으로 연관시키는 것이다

16 정답 ③

문제의 내용은 통합성(integration)의 원리이다. 통합성은 교육과정의 요소를 수평적으로 연관시키는 것이다. 예컨대, 수학에서 계산능력을 과학과 사회의 공부에 쓰이도록 조직하는 것이다.

17 정답 ②

문제의 내용은 타일러(R. Tyler)가 제안하는 학습경험의 조직원리 가운데 계열성(sequence)의 원리이다. 계열성은 계속성과 관련되지만 그 이상의 것으로 같은 수준이 아니라 이해, 기능, 태도, 흥미 등이 조금씩 다른 수준으로 단계적으로 깊어지고, 넓어지고, 높아지도록 조직하는 것이다.

18 정답 ②

문제의 내용은 교육내용의 조직원리 가운데 계열성(sequence)에 관한 것이다. 계열성은 계속성과 관련되지만 그 이상의 것으로 같은 수준이 아니라 이해, 기능, 태도, 흥미 등이 조금씩 다른 수준으로 단계적으로 깊어지고, 넓어지고, 높아지도록 조직하는 것이다(발달단계에 의한 방법, 단순에서 복잡한 방법, 논리적 선행요건 방법, 추상성의 증가에 의한 방법 등).

19 정답 ③

어떤 교과 어떤 수업수준에서도 활용, 적용할 수 있는 폭넓은 유용성이 있다. 또한 논리적이고 합리적인 일련의 절차를 제시하고 있어서 교육과정 개발자나 수업계획자가 이를 따라 하기가 비교적 쉽다. 그리고 경험적, 실증적으로 교육성과를 연구하는 경향을 촉발하였다. 답지 ①, ②, ④는 재개념주의자들이 비판한 내용으로 타일러(R. Tyler)가 고려하지 못한 부분이다.

20 정답 ②

답지 ②에서 단원개발에서 출발하여 교과구성으로 진행되는 귀납적 모형은 타바(H. Taba)의 모형이다. 타일러(R. Tyler)의 모형은 교과에서 단원을 개발하는 연역적 모형이며, 목표중심모형, 처방적 모형이 특징이다.

[교육과정] 제2회 정답 및 해설

1 ②	2 ②	3 ③	4 ④	5 ④
6 ①	7 ③	8 ③	9 ②	10 ①
11 ①	12 ④	13 ③	14 ②	15 ④
16 ①	17 ④	18 ②	19 ②	20 ③

1 정답 ②

워커(D. Walker)는 교육과정개발과정에서 교육과정 의사결정을 위한 숙의(熟議)를 있는 그대로의 자연스런 장면에서 조사하고 묘사하였다. 교육과정개발에 참여한 사람들은 교육과정의 기본 원천인 교과, 학습자, 사회에 대한 탐구를 철저히 하는 것도 아니고, 목표를 먼저 세우고 시작하는 타일러식으로 일을 진행하지 않는다는 점을 지적하였다. 답지 ①, ③은 타일러(R. Tyler)식 교육과정, 답지 ④는 아이즈너(E. Eisner)의 예술적 교육과정을 나타낸 것이다.

2 정답 ②

아이즈너(E. Eisner)는 1960년대 행동적 교육목표와 전통적 학문교과를 지나치게 강조했던 학교 교육과정의 풍토를 강력히 비판했다. 그는 교육과정에 대한 의사결정을 하는 사람은 실재에 대한 다양한 시각을 표현하는 예술가와 같은 사람이라고 말한다. "교육과정 계획의 과정은 매우 뒤얽혀 있고, 순환적이며, 또한 우발적이다"라고 주장하였다. 또한 표면적 교육과정, 잠재적 교육과정 외에 영교육과정(Null curriculum)을 고려할 것을 주장하였다.

3 정답 ③

문제의 답지 'ㄱ'과 'ㄷ'은 타일러(R. Tyler)의 목표중심형 교육과정의 특징이다. 아이즈너(E. Eisner)는 그의 저서 '교육적 상상력(The Educational Imagination, 1979)'에서 예술적 관점의 교육과정을 주장하였다. 그에 의하면 교육과정의 구성과 평가를 함에 있어서 교육과정 개발자는 교육과정 현상에 대한 풍부한 교육적 상상력을 지녀야 하며, 교육과정 평가자는 교육현상을 보고 교육활동의 질을 판단할 수 있는 '교육적 감식안'을 지녀야 한다고 주장하면서 평가에 있어서 비평적 평가를 제안하였다.

4 정답 ④

답지 ①은 지식, 답지 ②는 적용력, 답지 ③은 이해력, 답지 ④는 분석력이 된다. 인지적 영역의 위계 순과 그 의미는 다음과 같다.

인지적 영역	• 지식 : 정보나 아이디어를 기억해 내는 행동을 말한다. • 이해력 : 번역능력, 해석력, 추리 능력이 포함된다. • 적용력 : 새로운 사태에 방법, 원리, 학설, 개념을 적용하여 문제를 해결하는 능력을 의미한다. • 분석력 : 자료를 분석하여 부분간의 관계와 그것이 조직되어 있는 방식을 발견해 내는 것을 중요시 한다. • 종합력 : 여러 개의 요소나 부분을 전체로서의 하나가 되도록 묶는 능력이며, 창의적 능력을 내포하는 행동을 말한다. • 평가력 : 어떤 목적으로 아이디어, 작품, 해답, 방법, 소재 등의 가치를 판단하는 능력을 말한다.

5 정답 ④

이해력이란 어떤 추상개념을 알고 번역, 해석, 추론할 수 있는 능력을 의미한다. 문제의 답지 'ㄱ'은 이해력 가운데 해석이고, 'ㄹ'은 이해력 가운데 추론 능력이다. 그리고 'ㄴ'은 적용력이고, 'ㄷ'은 분석력이다. 이해력은 번역, 해석, 추론능력으로 되어 있다.

번역 (translation)	기호를 언어로, 언어를 기호로 변환, 비유법을 보통말로 표현
해석 (interpretation)	번역을 기초로 보다 고차적으로 상대적 적절성 정도를 구별
추론 (extrapolation)	번역, 해석을 토대로 추정 및 예측

6 정답 ①

문제의 내용은 이해력에 해당하는 능력이다. 이해력이란 어떤 추상개념을 알고 번역, 해석, 추론할 수 있는 능력을 의미한다.

7 정답 ③

정의적 특성이란 인간의 감정이나 정서를 내포한 행동이나 사고의 전형적인 속성을 말한다. 정의적 특성은 내면화 정도에 따라 감수 → 반응 → 가치화 → 조직화 → 인격화 순으로 분류할 수 있다. 문제의 내용은 태도와 감상 수준이므로 가치화에 해당한다. 가치화(valuing)는 사물, 현상 또는 행동이 가치가 있다는 의미로서 행동을 이끌고 있는 기초적인 가치에 대한 개인의 확신에 의해서 동기화 되어 있는 것을 말한다.

가치수용 (acceptance of a value)	같은 부류의 대상, 현상에 대한 신념 또는 태도를 확인할 수 있는 반응의 일관성
가치채택 (preference for a value)	어떤 가치를 보유하고 있음을 기꺼이 하는 정도의 단순한 가치수용이 아니라, 개인이 그 가치를 충분히 확인함으로써 그것을 추구하고 바라는 것
확신 (commitment)	행동을 실지로 해보려는 참다운 동기

8 정답 ③

답지 ①은 조직화, 답지 ②는 인격화, 답지 ④는 반응을 나타내며, 답지 ③은 가치화를 설명하고 있다. 정의적 특성의 위계관계는 다음과 같다.

정의적 영역	• 감수 : 자극을 감지하거나 주의집중 하는 것을 의미한다. • 반응 : 기대에 부응하거나 능동적으로 반응하려는 것을 의미한다. • 가치화 : 특정대상에 대해 가치를 부여하고 일관된 신념을 지닌다. • 조직화 : 여러 가치의 체계를 몇 가지 준거에 따라 묶거나 분류하는 것을 의미한다. • 인격화 : 철학적인 수준까지 가치체계를 올리는 것을 말한다.

9 정답 ②

교육과정을 계획하는데 있어서는 수직적인 면과 수평적인 면을 고려해야한다. 수직적인 면은 계열성, 수직적 연계성이고, 수평적인 면은 내용범위, 통합성이 있다. 문제의 답지 'ㄱ'은 통합성이고, 'ㄴ'은 계열성이며, 'ㄷ'은 수직적 연계성이다. 그리고 'ㄹ'은 내용범위에 대한 설명이다.

10 정답 ①

내용의 범위(scope)는 특정한 시점에서 학생들이 배우게 될 내용의 폭과 깊이를 말한다. 배워야 할 내용은 학교급, 학년, 교과과목에 따라 달라지고 깊이는 대체로 배울 내용에 할당된 시간 수로서 간접적으로 표현된다.

11 정답 ①

답지 ①은 계열성, 답지 ②는 통합성, 답지 ③, ④는 내용범위를 설명하고 있다.

12 정답 ④

통합성(integration)은 교육내용들의 관련성을 바탕으로 교육내용들을 하나의 교과나 단원으로 묶는 것을 말한다. 또는 통합성은 수업의 효과를 높이기 위하여 관련 있는 내용들을 동시에 혹은 비슷한 시간대에 배열하는 것이다.

13 정답 ③

수직적 연계성(vertical articulation)은 이전에 배운 내용과 앞으로 배울 내용의 관계에 초점을 둔 것이다. 예컨대 중학교 2학년(8학년) '식물의 구조와 기능'은 초등학교 3학년의 '여러 가지 잎 조사하기', '식물의 줄기 관찰하기', 4학년의 '식물의 뿌리', 5학년의 '꽃과 열매', '식물의 잎이 하는 일', 6학년의 '주변의 생물', 7학년의 '생물의 구성', 9학년의 '생식과 발생', 10학년의 '생명 단원'과 연계된다.

14 정답 ④

문제의 답지 'ㄱ'에서 국가에서 고시한 교육과정 기준과 시·도 교육청에서 제시한 교육과정 편성·운영 지침을 근거로 하여 지역의 특수성과 학교의 실정, 학생의 실태에 알맞게 각 학교별로 마련한 '당해 학교의 구체적인 실행 교육과정'을 의미한다. 답지 'ㄴ'과 'ㄷ'에서 지역수준의 교육과정은 국가 수준의 교육과정을 시 단위 혹은 시·군·구 단위에서 지역의 특성과 실정, 필요, 요구 등을 반영하여 지침의 형태로 구체화한 것으로 국가 수준과 학교수준의 교육과정을 연결하는 교량역할을 한다. 그러나 지역수준의 교육과정은 지역의 특성을 반영하며,

때로는 지역 간의 교육적 차이를 유발한다. 답지 'ㄹ'에서 국가수준의 교육과정은 전국의 모든 학교에서 편성·운영하여야 할 일반적이고 공통적인 기준을 제시한 것으로서 각 지역이나 학교의 특성을 반영하고 있지 않다.

15 정답 ④

답지 ④에서 국가수준의 교육과정이 필요한 이유는 우선 인구이동이 심한 현대사회에서 지방단위로 교육과정이 다르면 옮겨 다니는 학생들에게 불이익과 혼동을 줄 수 있다는 점이다. 그 다음으로 지역수준에서는 효율적인 교육과정을 작성할 수 있는 전문가가 부족하다는 점이다. 마지막으로 국가의 교육에 기대하는 목적이나 필요를 학교가 충분히 알지 못한다는 불신이 생길 수 있다는 점이다. 답지 ①, ②, ③은 지역수준의 교육과정이 필요한 이유이다.

16 정답 ①

문제의 답지 'ㄷ'과 'ㄹ'은 국가수준의 교육과정이 필요한 경우이다. 지역수준의 교육과정이 필요한 이유제시하면 다음과 같다.

- 자신들에게 필요한 교육내용을 스스로 작성할 수 있다는 민주주의적 신념이기 때문이다.
- 국가수준의 교육과정이 특정 소수집단의 이해에 치우칠 가능성이 있기 때문이다.
- 교사의 적극적 참여를 유도할 수 있고, 시대변화에 민감하게 대처할 수 있기 때문이다.
- 교육과정의 문제점을 쉽게 고칠 수 있고, 시간과 경비를 절약할 수 있다.

17 정답 ④

문제의 답지 'ㄷ'에서 중앙집권적 교육과정 개발방식은 전국적인 교육의 질을 균등화하는데 공헌할 수 있다. 답지 'ㄹ'에서 국가 수준의 교육과정 개발은 전국 모든 지역에 새로운 교육혁신을 전파하기에 용이하다. 문제의 답지 'ㄱ', 'ㄴ', 'ㅁ'은 국가수준의 교육과정개발의 단점이다.

18 정답 ②

중앙집권적 교육과정의 개발은 각 지방이 지니고 있는 다양한 특성을 교육과정에 반영하기가 쉽지 않다.

19 정답 ②

학교수준의 교육과정 개발이 필요성으로는 우선 교과서 중심이 아닌 '교육과정 중심' 학교 교육을 추구하기 위해 필요하다. 그리고 학교 교육과정은 학교 교육과정을 탄력적으로 운영하기 위해서 필요하다. 답지 ①에서 학교수준의 교육과정개발은 학교 간의 교육의 질적 차이를 유발할 수 있다. 답지 ④는 국가수준의 교육과정 개발의 특징이다.

20 정답 ③

답지 ①에서 교과서에 제시된 필수내용은 교사가 임의로 바꾸어서는 안 된다. 답지 ②에서 시간배당 기준은 연간최소 수업시간 이므로 수업시간 수는 반드시 확보해야 한다. 답지 ④에서 국가 수준의 교육과정 기준의 범위 안에서 학교특성을 고려할 수 있다. 학교수준이 교육과정 개발의 특징을 제시하면 다음과 같다.

기본원칙	국가 수준에서 고시한 교육과정에 제시된 공통적이고 일반적인 기준을 염두에 두어야 한다.
교육내용의 재구성	교과서에 제시된 내용 순서대로 가르치기보다는 교육과정상에 있는 내용 요소를 중심으로 교사가 그 순서와 내용의 양을 재조정하는 것을 말한다.
교과목의 탄력적 편성	주당 수업 시수가 적은 교과목들을 모든 학기에 펼쳐서 편성하는 것이 아니라 특정 학년 혹은 학기에 집중 편성(집중이수제)하거나 교체 편성하는 것을 말한다.
수업시간의 탄력적 편성	수업 시간표를 작성할 때 특정 요일에 특정 과목의 시간을 1시간씩 고정 배당하기보다는 필요에 따라 교과목 수업 시간을 융통성 있게 운영하는 것을 말한다.

[교육과정] 제3회 정답 및 해설

1 ①	2 ③	3 ①	4 ④	5 ③
6 ③	7 ②	8 ②	9 ③	10 ③
11 ③	12 ④	13 ③	14 ③	15 ④
16 ①	17 ③	18 ②	19 ②	20 ③

1 정답 ①

교과중심 교육과정은 7자유과에서 유래되었으며, 형식도야이론에 근거를 두고 있다. 교육의 목적은 아동들이 장차 성인이 되었을 때 정신적으로 책임감이 있는 훌륭한 시민을 기르는 것이다.

2 정답 ③

문제의 답지 'ㄷ'은 학문중심 교육과정의 특징이다. 그리고 답지 'ㅁ'에서 교과중심 교육과정은 상대주의적 사고보다는 절대주의적 사고에 적합하다. 교과중심교육과정의 특징을 제시하면 다음과 같다.

교육목적	장래생활에 대비하는 것이다.
교육내용	필수적인 문화유산의 전달이 주된 교육내용이다.
교육방법	교사중심의 교육(설명식 교수법, 수용학습)이 이루어진다.
교육평가	상대평가를 위주로 한다.
기 타	제한된 교과 영역 안에서만 학습활동이 이루어진다(분과주의).

3 정답 ①

교과중심 교육과정은 학습을 조직하고 새로운 지식이나 사실을 체계화하는데 논리적이며 효과적인 방법이다. 답지 ②, ④는 경험중심 교육과정이 특징이며, 답지 ③은 학문중심 교육과정이 특징이다. 교과중심 교육과정의 장단점을 제시하면 다음과 같다.

장 점	단 점
① 문화유산의 전달에 가장 알맞다. ② 경험을 효과적으로 해석하는데 꼭 필요하다. ③ 간명하고 알기 쉽다. ④ 평가 및 측정이 용이하다. ⑤ 중앙 집권적 통제가 쉽다. ⑥ 입시 지도에 도움이 된다.	① 학생들의 흥미, 능력, 필요가 무시당할 염려가 있다. ② 단편적인 지식의 주입이 되기 쉽다. ③ 경쟁심을 조장하고 비실용적인 지식을 획득할 우려가 있다. ④ 수동적인 학습태도를 형성하기 쉽다. ⑤ 고등정신기능(비판적, 창의력, 사고력 등) 함양이 어렵다. ⑥ 현대의 사회문제와 유리된다.

4 정답 ④

경험중심 교육과정은 진보주의 철학을 배경으로 변화하는 현실에 적응하는 것과 청소년의 바람직한 성장, 인간관계, 경제적 능력, 공민적 책임을 강조하는 교육과정이다. 문제의 답지 'ㄴ'은 교과중심 교육과정의 특징이다. 그리고 답지 'ㅁ'에서 전통적 교과과정을 철저히 배격 한다는 것 보다는 교과를 문제해결의 도구로서 활용한다.

5 정답 ③

문제의 답지 'ㄴ'과 'ㄷ'은 교과중심 교육과정의 특징이다. 경험중심 교육과정의 특징을 구체적으로 제시하면 다음과 같다.

사상적 배경	진보주의 철학을 배경으로 한다.
교육목적	변화하는 현실에 적응하고 생활인, 실천인(전인)육성을 목표로 한다.
교육내용	교과활동 외에 특별활동을 강조하며, 학습자들의 필요와 흥미를 중요한다.
교육방법	학습자들의 자발성을 중요시하며, 문제해결학습을 위주로 한다.
교육평가	발달적 교육관에 입각하여 준거지향평가를 한다.

6 정답 ③

현성(생성) 교육과정(Emerging curriculum)은 교사와 학생이 생활의 장에서 학생의 흥미를 중심으로 상호 협력하여 구성하는 것으로 교육 현장에서 학생의 흥미를 중심으로 이루어지므로 동적 교육과정이다.

7 정답 ②

교과 통합의 유형은 가운데 중핵형은 교과의 선을 없애고 아동의 흥미와 필요를 중심으로 통합의 양식을 띠는 형식을 말한다.

8 정답 ②

학문중심 교육과정은 학습의 논리적·심리적 접근을 강조하며 개인차를 존중한다. 발견학습을 통해 학습에서 창의성을 개발할 수 있는 기회를 제공한다.

9 정답 ②

'지식의 구조'란 학문의 이면에 숨어 있는(underline) 기본적인 아이디어, 지식의 기본개념, 지식의 핵심개념, 일반적 아이디어, 지식의 탐구과정 등과 동의어로 쓰이는 개념이다. 또한 각 학문을 이루고 있는 기본요소들 및 이 요소들이 서로 얽혀 있는 것을 나타낸다. 지식의 구조가 중요시되는 까닭은 지식의 구조가 학습의 전이를 용이하게 하고 또한 낱낱의 사실들을 구조화된 전체들에 비추어 볼 때 쉽게 이해할 수 있으며, 쉽게 잊어버리지도 않기 때문이다.

10 정답 ③

지식의 구조학습의 이점은 ㉠ 기억하기 쉽고 ㉡ 이해하기 쉬우며 ㉢ 적용하기 용이하다. 그리고 ㉣ 초등지식과 고등지식간의 간격을 좁힐 수 있는 것이다. 부르너(J. Bruner)는 이중에서 초등지식과 고등지식간의 간격을 좁힐 수 있다는 것은 <u>지식의 구조의 이점이자 정의</u>라고 하였다.

11 정답 ③

문제의 답지 'ㄴ'과 'ㄹ'에서 나선형 교육과정은 사회적 적합성과 아동의 흥미의 적합성에 대한 가정은 존재하지 않는다. 나선형 교육과정의 기본가정은 다음과 같다.

표현방식의 차이	어떤 발달 단계에 있는 아동에게도, 어떤 교과든 지적 성격에 충실한 형태로 가르친다면 효과적인 교육이 가능하다.
계속성	어떤 발달단계를 막론하고 가르쳐야 할 교육 내용은 동일하다. 동일한 내용은 바로 부르너(J. Bruner)가 '지식의 구조'와 동의어로 사용한 '기본 개념과 원리'인 것이다.
탐구	학자가 하는 일을 학생이 하게 한다. 학생이 교과에 관련된 현상을 이해하는 경우에는 학자가 사용하는 것과 동일한 종류의 아이디어(개념과 원리)를 사용한다는 점에서 학자들과 동일한 종류의 일을 한다.

12 정답 ④

문제의 답지 'ㄴ'은 교과중심교육과정의 장점이며, 답지 'ㄷ'은 경험중심교육과정의 장점이다. 학문중심 교육과정의 장단점을 제시하면 다음과 같다.

장 점	단 점
① 체계화된 지식을 교육하므로 수준 높은 교육이 가능하다.	① 정의적 교육에 소홀하기 쉽다.
② 기본개념 학습으로 새로운 지식을 생산할 수 있다.	② 지식의 구조만으로는 복잡한 사회 적응이 곤란하다.
③ 학문의 탐구방법 체득으로 높은 전이력을 유지할 수 있다.	③ 학습의 능력이 중상 이상 되는 학생에게는 적당하다.
④ 발견을 통한 강력한 내적 동기 유발로 효과적인 학습 활동이 가능하다.	④ 개인의 요구와 흥미 및 사회의 요구가 무시되기 쉽다.
⑤ 학습자의 과학적·분석적 사고력을 배양한다.	⑤ 단절된 교과목의 수가 늘어날 가능성이 많으며 그들 교과간에는 통합성이 상실되기 쉽다.

13 정답 ③

답지 ③에서 계열성을 이용한 중간언어는 교과중심 교육과정에서 사용하는 방법이다. 여기서 교과의 중간언어란 학자들의 탐구결과를 학생들에게 교사가 전달해 주는 언어를 가리킨다. 학문중심교육과정에서는 교과의 중간언어가 아닌 교과의 언어 즉, 학자들이 학문을 탐구할 때 하는 생각 그 자체를 가리킨다.

14 정답 ③

문제의 교육과정은 '학문중심 교육과정'의 특징이다. 학문중심 교육과정의 특징을 구체적으로 제시하면 다음과 같다.

교육목적	장래생활의 준비를 강조한다.
교육내용	• '지식의 구조를 핵심으로 구성'한다. • 교육내용은 나선형 교육과정으로 조직한다.
교육방법	발견 및 탐구중심 교수법을 강조한다.
교육평가	절충형(상대·절대평가)평가형태를 취한다.

15 정답 ④

문제에서 제시된 내용은 인간중심 교육과정의 특징이다. 그 구체적인 내용을 제시하면 다음과 같다.

교육목적	전인교육을 통한 자아실현을 추구함으로써 궁극적으로 인간성회복을 구현하는데 목표가 있다.
교육내용	통합적인 내용(교과, 경험, 학문)을 추구하며, 학생들의 흥미, 필요를 고려한다.
교육방법	열린교육 방법을 강조한다. 특히 학습에서 자기주도성, 창의성, 흥미 등을 중요시한다.
교육평가	자기평가, 절대평가, 수행평가를 지향한다.
기 타	• 학교환경의 인간화와 인간주의적 교사를 가장 필요로 한다. • 잠재적 교육과정(latent curriculum)을 표면적 교육과정과 똑같이, 경우에 따라서는 더 중시한다.

16 정답 ①

인간주의에서 모방학습은 예컨대 교사와 학생간의 인격적 감화(동일시)학습에 꼭 필요한 것이다. 문제의 답지 'ㄹ'에서 지적 탁월성을 강조하는 것이 아니라 전인적인 능력을 강조한다.

17 정답 ③

인간주의 교육과정 문제점 ① 개인의 성장을 지나치게 강조하여 사회와의 조화를 이루지 못했다는 점, ② 현실적으로 적용하기 쉽지 않다는 점, ③ 자아실현의 정도를 정확하게 측정하기 어렵다는 점, ④ 각 개인에게 알맞는 경험이 무엇인지에 대한 대안이 없다는 점 등이다. 문제의 답지 'ㄷ'은 경험중심 교육과정의 문제점이다.

18 정답 ②

잠재적 교육과정(latent curriculum)은 학교의 물리적 조건, 제도 및 행정조직, 사회적 및 심리적 상황을 통하여 학생들이 얻는 경험 가운데 학교에서는 계획한 바 없으나, 학교생활을 하는 동안에 학생들이 은연중에 가지게 되는 경험을 말한다. 잠재적 교육과정의 특징을 표면적 교육과정과 비교하면 다음과 같다.

구 분	표면적 교육과정	잠재적 교육과정
교육방법	학교의 의도적인 조직 및 지도	학교생활 중 은연중에 학습
영 역	지적영역	정의적 영역
학습경험	교과와 관련(이론·지식)	학교의 문화적 풍토
학습시간	단기·일시학습	장기·반복적·항구적
교사기능	교사의 지적·기능적 영향	인격적 감화(교사는 학생의 동일시 대상)
학습내용	바람직한 내용	바람직한 것과 바람직하지 못한 것도 포함됨
기 타	잠재적 교육과정과 표면적 교육과정은 상호보완적 관계가 있을 때 학생에게 강력한 영향을 미칠 수 있다.	

19 정답 ②

답지 ②에서 표면적 교육과정의 특징과 잠재적 교육과정의 특징이 바뀌었다. 즉, 표면적 교육과정은 지적·기능적 측면에 관련이 있고, 잠재적 교육과정은 문화풍토와 관련이 있다.

20 정답 ③

잠재적 교육과정의 보수적 관점을 취한 잭슨(Jackson)은 잠재적 교육과정이 원천을 군집성, 상찬, 권력으로 제안하였다. 문제의 내용은 군집성을 설명한 것이다. 즉 학교는 많은 학생들이 어울려서 배우는 곳이다.

[교육과정] 제4회 정답 및 해설

1 ③	2 ①	3 ③	4 ②	5 ④
6 ①	7 ③	8 ③	9 ③	10 ③
11 ④	12 ①	13 ③	14 ③	15 ④
16 ①	17 ④	18 ③	19 ④	20 ②

1 정답 ③
잠재적 교육과정의 인격적 감화 기능은 교사의 인격적 특징이 학생의 동일시 대상될 수 있다는 것이다.

2 정답 ①
문제의 내용은 잠재적 교육과정에 해당한다. 잠재적 교육과정은 학교의 물리적 조건, 제도 및 행정조직, 사회적 및 심리적 상황을 통하여 학생들이 얻는 경험 가운데 학교에서는 계획한 바 없으나, 학교생활을 하는 동안에 학생들이 은연중에 가지게 되는 경험을 말한다.

3 정답 ③
아이즈너(E. Eisner)는 잠재적 교육과정 외에 학교에서 가르쳐지지 않는 교육과정에 새롭게 관심을 가지면서 영교육과정(Null curriculum)을 제안하였다. 이것은 교육과정 문서에 포함되지 않은 교육과정이며, 학교에서 의도적으로 가르치지 않는 교육과정을 말한다. 예컨대 사회시간에 역사와 지리만 가르치고, 인류학, 경제학 사회학, 정치학은 가르치지 않는다면, 후자는 바로 영교육과정(Null curriculum)이 된다.

4 정답 ②
문제의 답지 'ㄱ'에서 영교육과정은 학교에서 가르쳐지지 않은 부분이지만 학생개인이나 국가적으로 큰 영향을 줄수 있는 부분을 말한다. 이것은 현대적 삶에 있어서 학생들에게 필요한 교육내용이 무엇인지에 대한 본질적인 문제를 제기한 것이다.

5 정답 ④
영교육과정(Null curriculum)은 교육과정 문서에 포함되지 않은 교육과정이며, 학교에서 소홀히 하거나 가르치지 않는 교과나 지식, 사고양식을 일컫는다.

6 정답 ①
구성주의는 지식사회학이나 사회재건주의 및 1970년대 교육과정 사회학은 지식의 상황구속성 및 상대성을 강조한 바 있었으며, 구성주의는 비교적 현대적 의미로 이러한 입장을 강조한 바 있다. 복잡하고 불확실한 현실 속에서 지식은 실용성이 반감되고 그 설명력이 떨어지고 하루가 멀다 하고 새로운 지식이 등장하는 가운데 학습자들은 이에 적응할 수 있는 적극적이고 자율적인 태도가 요구된다.

7 정답 ③
제6차 교육과정 시기는 '시·도 교육청 교육과정 편성·운영지침'의 작성권이 시·도 교육청에 부여된 시기로, 선택교과제도를 도입하였고, 교육과정 구조의 합리적 조정, 과학·기술교육 및 환경교육 강화, 연간수업 시간 수 축소 등의 특징을 보인 시기이다.

8 정답 ③
2015개정 교육과정은 우리나라 교육과정이 추구해 온 교육 이념과 인간상을 바탕으로, 미래 사회가 요구하는 핵심역량을 함양하여 바른 인성을 갖춘 <u>창의융합형 인재</u>를 양성하는 데에 중점을 둔다.

- 인문·사회·과학기술 기초 소양을 균형 있게 함양하고, 학생의 적성과 진로에 따른 선택학습을 강화한다.
- 교과의 핵심 개념을 중심으로 학습 내용을 구조화하고 학습량을 적정화하여 학습의 질을 개선한다.
- 교과 특성에 맞는 다양한 학생 참여형 수업을 활성화하여 자기주도적 학습 능력을 기르고 학습의 즐거움을 경험하도록 한다.
- 학습의 과정을 중시하는 평가를 강화하여 학생이 자신의 학습을 성찰하도록 하고, 평가 결과를 활용하여 교수·학습의 질을 개선한다.
- 교과의 교육 목표, 교육 내용, 교수·학습 및 평가의 일관성을 강화한다.

- 특성화 고등학교와 산업수요 맞춤형 고등학교에서는 국가직무능력표준을 활용하여 산업사회가 필요로 하는 기초 역량과 직무 능력을 함양한다.

9 정답 ③

2015 교육과정이 추구하는 인간상을 구현하기 위해 교과 교육을 포함한 학교 교육의 전 과정을 통해 중점적으로 기르고자 하는 핵심역량을 다음과 같다.

- 자아정체성과 자신감을 가지고 자신의 삶과 진로에 필요한 기초 능력과 자질을 갖추어 자기주도적으로 살아갈 수 있는 자기관리 역량
- 문제를 합리적으로 해결하기 위하여 다양한 영역의 지식과 정보를 처리하고 활용할 수 있는 지식정보처리 역량
- 폭넓은 기초 지식을 바탕으로 다양한 전문 분야의 지식, 기술, 경험을 융합적으로 활용하여 새로운 것을 창출하는 창의적 사고 역량
- 인간에 대한 공감적 이해와 문화적 감수성을 바탕으로 삶의 의미와 가치를 발견하고 향유하는 심미적 감성 역량
- 다양한 상황에서 자신의 생각과 감정을 효과적으로 표현하고 다른 사람의 의견을 경청하며 존중하는 의사소통 역량
- 지역·국가·세계 공동체의 구성원에게 요구되는 가치와 태도를 가지고 공동체 발전에 적극적으로 참여하는 공동체 역량

10 정답 ③

답지 ①에서 초등 1~2학년 수업시수를 주당 1시간 늘리되, 학생들의 추가적인 학습 부담이 생기지 않도록 창의적 체험 활동 시간을 활용해 체험 중심의 '안전한 생활'을 편성·운영하도록 하였다. 답지 ②에서 초등학교 1학년 입학초기 적응프로그램은 창의적 체험활동시간을 활용한다. 답지 ③에서 중학교의 자유학기는 중간고사·기말고사 등 일제식 지필평가를 실시하지 않으며, 학생의 학습과 성장을 지원하는 과정중심 평가를 실시하도록 하고 있다. 답지 ④에서 고등학교도 다른 학교급과 마찬가지로 창의적 체험활동은 자율활동, 동아리활동, 봉사활동, 진로활동으로 구성되어 있다.

11 정답 ④

답지 ④에서 수준별 수업의 체계는 7차 교육과정의 특징이다. 2022년 개정 교육과정에서는 "학생들이 자신의 진로와 학습을 주도적으로 설계하고, 적절한 시기에 학습할 수 있도록 학습자 맞춤형 교육과정 체제를 구축한다."고 규정하고 있다.

12 정답 ①

답지 ①에서 2022년 개정교육과정에서는 "교육과정 자율화·분권화를 기반으로 학교, 교사, 학부모, 시·도 교육청, 교육부 등 교육 주체들 간의 협조 체제를 구축하여 학습자의 특성과 학교 여건에 적합한 학습이 이루어질 수 있도록 한다."고 구성방향을 정하고 있다.

13 정답 ③

2022년 개정 교육과정에서 기르고자 하는 핵심역량으로는 자기관리역량, 지식정보처리 역량, 창의적 사고 역량, 심미적 감성 역량, 협력적 소통역량, 공동체 역량 등 여섯 가지로 제시하고 있다.

14 정답 ③

문제의 답지 ㄹ에서 2022년 개정교육과정의 설계와 운영의 기본원칙은 학교의 내외적 상황(세부원칙)을 적절히 고려하여 설계하고 운영하도록 하였다.

15 정답 ④

2022년 개정교육과정의 교수-학습설계와 운영상의 특징으로는 핵심역량 함양, 학생 참여형 수업, 학생 맞춤형 수업, 디지털 기반학습 등으로 포함하고 있다.

16 정답 ①

답지 ①에서 초등학교 1학년부터 중학교 3학년까지의 공통 교육과정과 고등학교 1학년부터 3학년까지의 학점 기반 선택 중심 교육과정으로 편성·운영하도록 하고 있다.

17 정답 ④

답지 ④에서 2022년 개정교육과정에서는 창의적 체험활동은 자율·자치 활동, 동아리 활동, 진로 활동으로 조정하였다.

18 정답 ③

답지 ③에서 중학교 과정 중 한 학기는 자유학기로 운영하되, 해당 학기의 교과 및 창의적 체험활동을 자유학기 취지에 부합하도록 편성·운영하며, 지역 및 학교 여건을 고려하여 자율적으로 학생 참여 중심의 주제선택 활동과 진로 탐색 활동으로 운영도록 하고 있다.

19 정답 ④

답지 ④에서 고등학교 1학년은 공통수학, 공통영어 외에 기본수학, 기본영어과목을 개설할 수 있도록 하였다.

20 정답 ②

답지 ② 학교 교육과정이 원활히 운영될 수 있도록 학교 시설 및 교원 수급 계획을 마련하여 제시하는 것은 지역교육청이 아니라 국가가 하는 역할이다.

교육평가
정답 및 해설

유길준 공무원 교육학
진도별 모의고사

[교육평가] 제1회 정답 및 해설

1 ①	2 ②	3 ③	4 ②	5 ①
6 ①	7 ①	8 ①	9 ③	10 ③
11 ②	12 ①	13 ①	14 ②	15 ①
16 ②	17 ④	18 ①	19 ①	20 ③

1 정답 ①

측정, 평가, 총평에 대한 구체적인 의미는 다음과 같다.

측정 (measurement)	인간의 행동특성은 변화하지 않는다는 가정 하에 인간의 행동 또는 교육된 결과를 적어도 분류하거나 수량화하는 것으로 신뢰성에 중점을 둔다.
평가 (evaluation)	측정보다도 더 광범위한 개념으로 양적 기술 뿐만 아니라 질적 기술포함하며, 나아가서 이러한 양적·질적 기술에 대한 가치 판단을 포함한다. 인간의 행동은 변화한다는 가정을 하며, 타당도에 역점을 둔다.
총평 (assessment)	개인의 행동 특성을 특별한 환경, 과업, 상황과 관련하여 의사결정을 하려는 총체적인 평가를 말한다. 인간의 행동변화를 이해하기 위해 개인과 환경에 관한 증거를 찾는데 역점을 둔다.

2 정답 ②

평가(Evaluation)는 측정보다도 더 광범위한 개념으로 양적기술 뿐만 아니라 질적 기술포함하며, 나아가서 이러한 양적·질적 기술에 대한 가치 판단을 포함한다. 답지 ①, ④는 측정의 개념에 해당되며, 답지 ③은 총평에 해당한다.

3 정답 ③

발달적 교육관은 모든 학습자에게 각각 적절한 학습방법과 시간이 제시될 수만 있다면 누구나 의도하는 바의 주어진 교육목표를 달성할 수 있다는 교육관이다. 평가활동은 모든 학생이 가능한 한 의도하는 바의 수업목표를 달성할 수 있도록 모든 학습자에게 적절한 학습방법을 제공하기 위한 평가를 하며, 수업목표 달성도의 평가에 중점을 둔다.

발달적 교육관과 선발적 교육관의 특징을 비교하면 다음과 같다.

발달적 교육관	선발적 교육관
• 학생은 잠재가능성이 무한하다고 가정 함 • 교육평가를 위한 자료와 대상 및 시간은 무한하다고 전제 함 • 종합적이고 계속적 교육평가를 강조 함 • 진보주의적 관점의 평가 • 학습의 결과에 대한 완전학습의 신념 • 준거지향평가(절대기준평가)를 강조하며, 부적 편포를 기대함 • 환경의 영향을 강조 • 학습의 실패의 원인 교사의 탓으로 간주 • 개인과 교수처치에 대한 의사결정의 자료를 제공하는데 중점	• 개인차 변별에 중점을 두는 교육관 • 규준지향의 평가(상대평가) 방법으로 정상분포 가정함 • 실패한 학생과 성공한 학생을 구분하며 성공과 실패는 학생의 능력의 탓으로 간주 함 • 인간의 능력에 대한 양적 판정에 중점을 둠 • 심리측정을 이론적 배경으로 함

4 정답 ②

선발적 교육관에 입각한 평가는 개인차 변별에 중점을 두며, 규준지향의 평가(상대평가)방법으로 정상분포 가정한다. 또한 실패한 학생과 성공한 학생을 구분하며 성공과 실패는 학생의 능력의 탓으로 간주한다. 이론적 배경은 전통적 사상과 심리측정이론이다.

5 정답 ①

타일러(R. Tyler)가 제안한 「목표중심형 평가모형」은 미리 설정하여 놓은 목표를 평가의 기준으로 삼아 그 목표가 실현된 정도를 판단하는 데에 초점을 두는 입장이다. 따라서 답지 ②, ③, ④에서 목표중심형 평가모형은 과정보다는 결과를 강조하는 평가이며, 학습과정에서 발생되는 부수적인 목표는 평가하기 어렵다. 그리고 주로 인지적 영역에 적합하도록 개발된 모형이다.

6 정답 ①

타일러(R. Tyler)는 자신의 「목표중심형 평가모형」에서 최초로 '교육평가'(educational evaluation)라는 용어를 공식적인 학문 용어로 사용하기 시작하였다. 타일러식의 평가의 관점은 최초로 교육의 전체적인 맥락 안에서 교육평가의 기능과 역할을 논의했을 뿐 아니라, 교육의 과정과 교육평가를 연계시켰다는 의의를 지닌다. 또한 「목표중심형 평가모형」은 관찰 가능한 목표를 중심으로 명확한 평가기준을 제시 할 수 있으며, 평가결과에 대한 판정도 정확하게 할 수 있다. 문제의 답지 'ㄷ'에서 관찰이 가능한 영역에 대해서만 평가가 가능하다. 그리고 답지 'ㄹ'에서 평가결과에 대한 양적인 기술이 가능하도록 하였다.

7 정답 ①

스터플빔(D. Stufflebeam)의 경영적 평가 모형(CIPP) 모형도 역시 교육목표와 학습의 결과간의 논리적인 일관성을 유지할 수 있다는 것은 타일러(R. Tyler)와 공통점이다. 다른 점은 목표 설정에서부터 설계, 실행, 결과에 이르기까지 전체 과정의 각 단계에 적절한 평가를 수행할 것을 제안하여 평가자의 임무를 의사결정자에게 도움을 주는 것으로까지 확대하였다. 답지 ②는 크론바흐(Cronbach)의 '연구적 접근'이며, 답지 ③은 평가의 '종합적 접근' 방식이다.

8 정답 ①

스터플빔(D. Stufflebeam)의 의사결정 촉진 평가모형(CIPP)은 평가를 '의사결정자에게 필요한 정보를 제공함으로써 의사결정을 돕는 과정'으로 본다. <u>상황평가는 요구분석을 통해 일반적 목표와 특별목표를 확인하는 단계라고 하여 요구평가단계라고도 한다.</u> 평가의 단계를 구체적으로 제시하면 다음과 같다.

1단계 : 상황평가 (Context evaluation)	계획 단계의 의사결정에 도움이 되는 정보를 제공하기 위한 평가로 주로 구체적인 상황이나 환경적 여건을 파악한다.
2단계 : 투입평가 (Input evaluation)	구조화 단계의 의사결정에 도움을 주기 위한 것으로 현재 어떠한 산물이 투입되고 있고 앞으로는 어떠한 산물이 투입되어야 하는가를 파악한다.
3단계 : 과정평가 (Process evaluation)	실행 단계의 의사결정에 도움을 주기 위한 것으로 구조화 단계에서 수립한 전략이 실행되는 과정에서 고려해야 할 점, 발생 가능한 사건 등을 파악한다.
4단계 : 산출평가 (Product evaluation)	결과단계에서의 활용을 위한 것으로 전체 과정을 통해 산출된 결과의 가치를 판단하는 데에 도움이 되는 정보를 수집한다.

9 정답 ③

스크리븐(M. Scriven)의 탈목표평가에서는 목표의 실현된 정도만을 판단하는 평가에서 벗어나서 교육의 과정에서 발생하는 기타 부수적인 결과의 가치까지도 판단해야 함을 주장한다. 답지 ①은 아이즈너(E. Eisner)의 비평적 평가이며, 답지 ②는 크로바흐(L. Cronbach)의 연구적 접근이다. 답지 ③은 스테이크(R. Stake)의 종합실상 평가이다.

10 정답 ③

평가의 판단적 접근 가운데 스크리븐(M. Scriven)은 판단을 평가자의 주요 역할로 보는 입장에서 판단의 준거, 평가의 기능, 평가의 방법 등에 관해 중요한 제안을 하고 있다. 첫째, 판단의 준거를 내재적 준거(intrinsic criteria)와 외재적 준거(extrinsic criteria)로 구별할 수 있다고 보면서 교육평가는 외재적 준거에 관심을 기울여야 한다고 주장하였다. 이때 외재적 준거는 의도된 효과뿐만 아니라 의도되지 않은 많은 부수적 효과까지 포함한다. 이런 점에서 스크리븐(M. Scriven)의 평가모형은 "탈목표평가모형(goal-free evaluation)"라고도 한다. 둘째, 평가의 기능을 형성평가와 총합평가로 구분하고 있다. 이는 평가가 최종결과의 확인에만 중점을 두기보다는 프로그램의 개선에도 관심을 두어야 함을 강조하는 것이다. 셋째, 비교평가(comparative evaluation)와 비비교평가(noncomparative evaluation)를 구별하여 제안하였다. 교육평가에서는 비비교평가도 중요하지만 여러 가지 교수프로그램, 교육목표 등의 대안들 사이에 어느 것이 보다 우수하며, 어떤 장점이 있는지, 또 그것의 효과는 무엇인지를 비교해서 제시해 주어야 할 필요가 있다는 것이다.

11 정답 ②

비평적 평가는 아이즈너(E. Eisner)에 의해 제안된 것으로 평가자는 마치 포도주를 맛보고 질을 판단하는 와인 감정가와 같이 교육현상을 보고 교육활동의 질을 판단할 수 있는 교육적 감식안을 지녀야 한다고 하였다. 평가자의 전문성이 평가결과의 타당성과 합리성을 확보해 주는 가장 중요한 요건인 것이다.

12 정답 ①

스크리븐(M. Scriven)의 탈목표평가에서는 목표의 실현된 정도만을 판단하는 평가에서 벗어나서 교육의 과정에서 발생하는 기타 부수적인 결과의 가치까지도 판단해야 함을 주장한다.

13 정답 ①

심리측정이론에서는 인간의 내적인 능력이 정규분포를 이룬다고 가정한다. 정규분포를 이용하면 개인차변별에 적합하고, 서열에 따른 선발배치가 용이하며, 통계처리가 용이하다는 이점이 있다. 문제의 답지 'ㄹ'은 전통적 평가에서는 상대적 서열을 가리는 규준지향평가(상대평가)를 위주로 하기 때문에 학습효과에 대한 판정이 분명하지 못하다.

14 정답 ②

문제의 'ㄷ'과 'ㅁ'은 준거지향 평가(Criterion-referenced evaluation ; 절대기준평가)의 장점이다. 규준지향평가(Norm- referenced evaluation ; 상대평가)의 장단점을 제시하면 다음과 같다.

장 점	단 점
• 개인차 변별에 적합한 평가방법이다. • 극히 객관적이며 교사의 주관성을 배제할 수 있다. • 경쟁을 통한 외발적 학습동기를 유발하는 데 적합한 평가이다. • 통계처리가 용이하다.	• 진정한 의미의 학습효과 판정이 불가능하다. • 경쟁심을 조장하고, 경쟁 자체를 학교교육의 당연한 윤리로 받아들이게 한다. • 평점 자체가 교육목표 달성에 대한 정보를 제공해 주지 못한다. • 교육 개선에 도움을 주지 못한다. • 교수 기능을 약화시킨다. • 학생의 정신위생에 나쁜 영향을 미친다. • 학습 심리에 맞지 않을 가능성이 있다. • 학교교육에서 지적계급의식 또는 지적 귀족주의 추구한다.

15 정답 ①

규준(Norm)이란 원점수의 상대적 위치를 설명하기 위하여 쓰이는 척도로써, 모집단을 대표하기 위하여 추출된 표본에서 산출된 평균과 표준편차로 만들어진다.

16 정답 ②

답지 ②에서 준거참조평가(criterion-referenced evaluation)는 절대기준 평가 또는 목표 지향적 평가라고도 하며, 주어진 교수 목표의 달성 정도에 따라 학습 결과가 결정되는 평가 체제이다. 답지 ③에서 능력참조평가(ability-referenced evaluation)는 학생이 지니고 있는 능력에 얼마나 최선을 다했는지에 초점을 두는 평가이다. 답지 ④의 성장참조평가(growth-referenced evaluation)는 교육평가를 상대적 서열이나 준거점수에 비추어 평가하는 것보다 교육의 진행과정을 통해 얼마나 성장하였는가에 비추어 평가하는 것을 말한다. 준거참조평가(criterion-referenced evaluation)평가의 특징을 구체적으로 제시하면 다음과 같다.

> • 교육목표 그 자체의 성취에 관심을 두는 평가이다.
> • 교육의 효과에 대한 적극적 신념하에 실시되는 평가이다.
> • 진보주의적인 관점에 의한 평가체제이다.
> • 평가의 기준은 수업목표 그 자체이다.
> • 완전학습의 결과를 기대(부적편포)한다.
> • 발달적 교육관에 입각한 평가체제이다.
> • 교수-학습과정의 개선에 정보를 제공한다.

17 정답 ④

준거참조평가(criterion-referenced evaluation)는 발달적 교육관에 입각한 평가체제이므로 모든 학생이 목표에 도달할 수 있다는 교육효과에 대한 적극적인 신념에 기초하고 있다. 그리고 평가도구의 타당성(내용타당도)에 역점을 두는 평가체제이다. 답지 ①, ②, ③은 규준참조평가의 특징에 해당된다.

18 정답 ①

준거참조평가(criterion-referenced evaluation)는 학습심리이론에 적합하고 완전학습(부적편포)을 기대한다. 또한 학습자들의 정신위생에도 좋은 영향을 준다. 답지 'ㄹ'에서 준거참조평가에서는 평가의 기준이 되는 준거와 수준의 정도를 정하는 것이 문제이다.

19 정답 ①

준거지향평가(criterion-referenced evaluation)에서 평가기준의 근거는 성취목표 그 자체이다.

20 정답 ③

문제의 답지 'ㄴ'은 규준참조평가의 단점이다. 준거지향평가(절대기준 평가)의 장단점을 구체적으로 제시하면 다음과 같다.

장 점	단 점
• 지적 성취의 평등성과 가능성을 강조하고 협동 학습을 중시한다. • 학습이론에 맞는 평가 방법이다. • 진정한 의미의 학습 효과 판정이 가능하다. • 학생들의 정신위생에 좋은 영향을 미친다. • 불필요한 지적능력 구분을 배제한다. • 교육환경에 도움을 준다.	• 평가의 기준이 되는 절대기준과 수준의 정도를 정하는 것이 문제이다. • 평가결과를 통계 처리하는 데 난점이 있다. • 외발적 동기를 유발하는 데 적합하지 못하다. • 개인차 변별이 용이하지 못하다.

[교육평가] 제2회 정답 및 해설

1	①	2	②	3	①	4	①	5	③
6	①	7	②	8	④	9	②	10	②
11	①	12	③	13	②	14	②	15	②
16	②	17	④	18	①	19	①	20	②

1 정답 ①

문제의 내용은 준거참조평가의 장점이다. 준거참조평가의 장점을 구체적으로 제시하면 다음과 같다.

• 지적 성취의 평등성과 가능성을 강조하고 협동 학습을 중시한다.
• 학습이론에 맞는 평가 방법이다.
• 진정한 의미의 학습 효과 판정이 가능하다.
• 학생들의 정신위생에 좋은 영향을 미친다.
• 불필요한 지적능력 구분을 배제한다.
• 교육환경에 도움을 준다.

2 정답 ②

성장참조평가(growth-referenced evaluation)는 교육평가를 상대적 서열이나 준거점수에 비추어 평가하는 것보다 교육의 진행과정을 통해 얼마나 성장하였는가에 비추어 평가하는 것을 말한다. 예컨대 최종 성취보다는 초기 능력 수준에 비추어 얼마만큼 능력이 향상되었는가를 기준으로 초기 능력 수준과 현재 능력 수준간의 차이를 참조하여 평가한다.

3 정답 ①

문제에서 제시된 내용은 진단평가의 기능이다. 진단평가는 교수-학습이 시작되기 전에 또는 학습 초기 상태에서 교수 계획을 수립하고 정보를 얻기 위해서 실시한다. 또한 교수 학습 과정에서 계속적인 학습실패의 근본적인 원인을 발견하고 이를 교정하기 위해 실시한다.

4 정답 ①

문제의 답지 ㄷ에서 교수-학습과정상에 목표의 성취, 미성취에 대한 판정은 형성평가의 기능이다.

5 정답 ③

문제의 사례는 선수학습기능을 진단한 것이다. 진단평가의 기능은 선수학습기능 진단, 수업하려는 내용의 이해여부확인, 학생의 특성파악, 수업도중 교육외적 요인에 의한 지속적 학습결손의 원인을 진단하는 기능을 지니고 있다.

6 정답 ①

문제의 답지 'ㄱ'과 'ㄴ'은 형성평가와 관련된 내용이고, 답지 'ㄹ'은 총합평가와 관련된 내용이다.

7 정답 ②

답지 ②에서 형성평가는 학습자들의 내적 동기에 의존하는 평가이다. 교수-학습이 진행되고 있는 유동적인 상태에서 학습자에게 피드백(Feed Back)을 주고, 교사에게는 교육과정 운영이나 수업방안을 개선하기 위해 실시하는 평가체제이다. 형성평가의 특징을 구체적으로 제시하면 다음과 같다.

- 평가결과의 송환(feedback)과 교정의 특징이다.
- 교수-학습이 아직 유동적인 시기에 교과내용, 교수-학습의 개선을 하기 위해 실시하는 평가체제이다.
- 평가도구는 교사제작 검사를 원칙으로 한다.
- 교육목표 성취에 기초한 평가체제이다.
- 학습의 진행과정에서 자주 실시한다.
- 평가결과를 누계하여 성적에 반영하지 않는다.
- 학습자의 내적 동기에 의존하는 평가체제이다.

8 정답 ④

답지 ④에서 성적을 결정하고 행정적인 의사결정을 하는 평가는 총합평가의 기능이다. 형성평가의 기능을 구체적으로 제시하면 다음과 같다.

- 학습지도를 원활하게 하는 기능
- 학습의 강화기능
- 학습의 진단과 교정기능
- 학습지도 방법의 개선기능
- 학습활동의 방향을 명시하는 기능

9 정답 ②

문제의 답지 'ㄴ'은 총합평가에 대한 설명이다. 답지 'ㄹ'에서 형성평가는 교사가 직접 제작한 검사문항의 사용을 원칙으로 한다.

10 정답 ②

문제의 답지 'ㄷ'에서 단기적 측면에서 교육과정을 개선하는 것은 형성평가의 기능이다. 총합평가는 장기적 측면에서 교육과정의 개선기능을 갖는다. 총합평가의 기능을 구체적으로 제시하면 다음과 같다.

- 성적을 결정하는 기능
- 다음 학습의 성공 여부를 예측 기능
- 집단 간의 학습효과를 비교할 수 있는 기능
- 장기적 측면에서 학습지도 방법 및 교육과정을 개선할 수 있는 기능

11 정답 ①

㉠에서 학생이 학습 진전 정도에 관한 피드백 정보 제공하는 것은 진단평가의 기능의 아니라 형성평가의 기능이다.

12 정답 ③

문제의 답지 'ㄷ'에서 선택형 검사는 과정에 대한 정보를 얻을 수 없으며, 인지적 특성을 측정하는데 많이 활용된다. 선택형 검사는 신뢰성과 객관성에 역점을 두는 검사문항으로 전통적인 평가체제에서 많이 활용되고 있다.

13 정답 ②

선다형 문항을 제작할 때 고려사항을 구체적으로 제시하면 다음과 같다.

- 문항을 작성함에 있어서 가능한 한 전문적인 용어를 사용하지 말 것.
- 문항작성에 있어서 가능한 한 부정문장을 사용하지 말 것.
- 교재(특히 교과서)내용 또는 학습한 내용을 그대로 문항으로 만들지 말 것.
- 문항의 내용이 지나치게 특수한 것을 다루지 않도록 할 것.

- 문항은 될 수 있는 대로 도표, 수표 등 구체적이고 실제적인 자료를 사용할 것.
- 검사문항의 설명내용 중 주요한 원리, 법칙에 해당되는 것을 포함시킬 것.
- 문항의 사태설정에서 거짓이 되는 내용을 포함시키지 말 것.
- 문항에 답하는 데 필요한 모든 조건의 누락이 없을 것.
- 정답의 길이나 위치가 주는 단서를 배제할 것.
- 정확한 의미를 가진 단어를 사용할 것(질적인 표현보다는 정확한 수량적 표현의 방법을 사용하도록 할 것)
- 문항작성에서는 '일반화'를 강조하는 말이나 '절대적인' 뜻을 가진 말을 사용하지 말 것.
- 선다형 문항에서 답지에 반복되는 말은 문두에 포함시켜 표현하도록 할 것.
- 선다형 문항의 답지 작성에 있어서 그 의미나 내용이 중복되지 않도록 하여야 한다.

14 정답 ②

답지 ②에서 선택형 문항을 제작할 때는 문항에 답하는 데 필요한 모든 조건의 누락이 없어야 한다. 답지 ①에서 문항은 쉬운 용어로 간결하고 분명하게 서술해야하며, 복잡한 어구의 배열은 피해야 한다(특히 종속절, 조건이 많이 붙은 복합문이나 긴 문장은 사용하지 말 것). 답지 ③에서 하나의 문항에 하나의 내용을 묻도록 해야 한다. 답지 ④에서 정확한 의미를 가진 단어를 사용해야 한다(질적인 표현보다는 정확한 수량적 표현의 방법을 사용하도록 할 것).

15 정답 ②

논술형에서는 질문의 요지가 분명해야 하지만, 채점기준을 고려하여 무제한 반응형은 피하도록 하는 것이 좋다. 그리고 채점의 기준은 사전에 명시하는 것이 바람직하다.

16 정답 ②

문제의 답지 'ㄷ'에서 학생단위의 채점보다 문항단위의 채점이 바람직하다. 주관식 검사에서 채점시 유의 사항을 구체적으로 제시하면 다음과 같다.

- 채점의 기준을 미리 정해야 한다.
- 모범 답안지를 만들어야 한다.
- 채점시에 편견이나 착오가 작용하는 것을 피한다.
- 답안지는 학생 단위로 채점하지 말고 문항단위로 채점해야 한다.
- 가능하면 혼자 채점하는 것보다 여러 사람이 채점해서 평균하는 것이 바람직하다.
- 문항에 따라 점수 비중을 달리 주어야 할 경우에는 미리 계획을 세워야 한다.

17 정답 ④

답지 ④에서 채점의 신뢰도를 높이기 위해 답안지를 답안 작성자 단위별로 채점하지 말고 문항 단위별로 채점하는 것이 바람직하다.

18 정답 ①

문제에서 제시된 내용은 주관식 검사를 사용하기에 적합한 상황이다. 객관식 검사와 주관식 검사의 활용방안을 구체적으로 제시하면 다음과 같다.

객관식 검사를 적용하는 것이 바람직한 경우	주관식 검사를 적용하는 것이 바람직한 경우
• 검사대상의 인원이 많을 때 • 동일한 검사를 다시 사용할 가능성이 있을 때 • 보다 신뢰성 있는 결과가 필요할 때 • 검사제작에 필요한 충분한 시간적 여유가 있을 때 • 검사결과가 시급히 요구될 때	• 고등정신기능을 평가하고자 할 때 • 학업성취의 결과보다는 피검사자의 태도나 의견에 많은 관심을 갖고 있을 때 • 검사대상의 인원이 적을 때 • 동일한 검사를 다시 사용할 필요가 없을 때 • 검사제작에 충분한 시간적 여유가 없을 때 • 채점에 자신감이 있을 때

19 정답 ①

문제의 답지 'ㄹ'은 전통적 선택형 평가에서 필요한 배경이다. 수행평가의 필요성을 구체적으로 제시하면 다음과 같다.

- 21세기 지식·정보화 사회가 요구하는 고등정신 능력 배양
- 교육본질에 대한 직접평가(전인평가)의 강조
- "아는 것"과 "행하는 것"의 차이 강조
- 교육상황 개선과 암기위주 교육의 해소

- 진리관, 지식관, 학습관의 변화에 따른 새로운 교육과정관 강조(포스트모더니즘, 현상학적 인식론)

20 정답 ②

문제에서 제시된 평가는 수행평가이다. 수행평가란 "학생들의 작품이나 활동을 직접 관찰하고, 관찰된 과정과 결과를 전문적으로 판단함으로써 이루어지는 평가"라고 할 수 있다.

[교육평가] 제3회 정답 및 해설

1 ③	2 ③	3 ④	4 ①	5 ①
6 ③	7 ①	8 ①	9 ①	10 ④
11 ②	12 ④	13 ④	14 ②	15 ③
16 ④	17 ②	18 ①	19 ④	20 ①

1 정답 ③

답지 ①의 심리측정학적 관점의 평가는 전통적 평가이다. 답지 ②에서 수행평가는 선택형 평가에 비해 절차가 복잡하고 신뢰성 있는 결과도 얻기가 쉽지 않다. 수행평가와 전통적 평가의 비교하면 다음과 같다.

비교 측면	기존의 평가방식	수행 평가방식
평가대상 (사고능력)	암기하고 있는 지식의 양(낮은 수준의 암기, 이해력)	비판적 창의적 사고력 (고등정신능력)
평가대상 (지식 유형)	결과로서의 지식	과정으로서의 지식·결과로서의 지식
평가방법	선택형 지필검사	그 외의 다양한 방법
평가상황	인위적인 시험 상황	실제 상황이나 유사 모의 상황
평가방법의 성격	간접적(검사 위주)	직접적 (관찰 위주)

2 정답 ③

수행평가란 "학생들의 작품이나 활동을 직접 관찰하고, 관찰된 과정과 결과를 전문적으로 판단함으로써 이루어지는 평가"라고 할 수 있다. 답지 ①과 ②는 전통적인 표준화 검사이다. 답지 ④에서 수행평가는 전인적인 평가를 중요시 한다.

3 정답 ④

답지 ①에서 수행평가의 신뢰도를 높이기 위해 채점자에게는 사전에 충분한 교육을 시켜야하며, 답지 ②에서 타당도를 높이기 위해 직접적인 평가방법을 사용해야 한다. 답지 ③에서 실용도를 높이 위해 수행과제를 적절하게 포함시켜야한다. 답지 ④에서 객관도를 높이기 위해 공동채점을 하는 것이 바람직하다.

4 정답 ①

루브릭(rubric)은 학생의 수행 수준을 기술적으로 진술해 놓은 평가방법이며 새로운 대안적인 평가방법(수행평가)의 대표적인 방법 중의 하나이다. 즉, 학습자가 수행과제에서 드러낸 수행의 결과물(작품, 글쓰기, 문제해결, 만들기, 토론)의 수준을 판단하기 위하여 수행평가에서 사용되는 평가척도를 의미하며 서술적 평가 척도라고도 한다. 평가준거가 표로 만들어졌을 때 표의 왼쪽 칸에 나와 있는 것이 기준이고, 오른쪽에 그 기준에 속한 단계별 설명이 간략하게 또는 상세하게 적혀있다. 이것은 수행과정 혹은 과제를 해결해서 얻은 결과를 평가하는데 사용되며, 반응의 방법과 수준을 구체적으로 제시하는 평가지침의 역할을 한다.

5 정답 ①

답지 ①에서 포트폴리오는 학생의 경험과 성취를 기록한 다양한 정보를 포함하는 서류철이다. 따라서 포트폴리오에는 성취기록의 요약, 공식 기록, 일지 따위를 포함하여 수행과정을 상세하게 기록한다.

6 정답 ③

타당도란 표준화된 검사 도구를 통해 설정된 교육목표나 내용 자체를 측정·평가하고자 할 때 측정·평가하고자 하는 요소를 얼마나 충실히 측정·평가를 하였느냐를 나타낸다. 그리고 타당성은 검사의 정확성(신뢰성)을 바탕으로 그 정당성을 나타낸다.

7 정답 ①

준거지향 검사는 발달적 교육관에 입각한 검사문항으로 문항제작 할 때 가장 중요시해야할 조건은 타당도이다.

8 정답 ①

효행은 말 그대로 효를 행한 사람을 말한다. 따라서 효에 대한 지식을 알아보는 지필 검사의 결과로 효행 학생을 선발하였다면 효행 학생 선발에 타당성이 낮을 가능성이 있다.

9 정답 ①

문제의 사례에서 하늘이가 문제 삼고 있는 것은 타당도이다. 타당도란 표준화된 검사 도구를 통해 설정된 교육목표나 내용 자체를 측정 평가하고자 할 때 그 하고자 하는 요소를 얼마나 충실히 측정평가를 하였느냐를 나타낸다.

10 정답 ④

내용타당도는 교과 타당도, 논리적 타당도라고 하는데 측정하려고 하는 내용을 명백히 정의함으로써 검사의 내용이 원래 목적한 바를 그대로 측정하고 있는지를 따지는 방법이다. 답지 ①에서 내용타당도의 검증의 전문가의 전문적 판단에 의해 이루어지며, 검사의 결과와 준거간의 상관계수 산출을 하지 않는 질적 타당도 이다. 답지 ②에서 내용타당도 절대기준 학력고사, 수행평가 등에서 주로 사용하며, 이들 평가에서 일차적으로 확보해야하는 타당도이다. 답지 ③에서 타당도를 검증하기 위해 내적 준거(internal criterion)를 활용한다. 답지 ④에서 내용타당도를 높이기 위한 구체적 방법으로 이원목적 분류표를 작성하고 문항을 제작하는 데, 이렇게 하면 교과내용의 포괄적 표집이 가능하며 타당도가 높아질 수 있다.

11 정답 ②

답지 ①과 ②에서 내용타당도는 단순히 내용분석을 하거나 논리적 사고에 의하여 판단되는 것이기 때문에 수량적으로 표시되지 않으며, 전문가에 의해 판단된다. 답지 ③에서 타당도를 판정하는 준거는 내적준거에 의해 판단한다. 답지 ④에서 학력검사를 제작할 때 많이 검토 되는 타당도이다.

12 정답 ④

문제에서 제시된 내용은 논리적 타당도(내용타당도)와 관련된 것이다. 내용타당도는 교과 타당도, 논리적 타당도'라고 하는데 측정하려고 하는 내용을 명백히 정의함으로써 검사의 내용이 원래 목적한 바를 그대로 측정하고 있는지를 따지는 방법이다.

13 정답 ④

내용타당도를 높이기 위한 구체적 방법으로 이원목적 분류표를 작성하고 문항을 제작하는 데, 이렇게 하면 교과내용의 포괄적 표집이 가능하며 타당도가 높아질 수 있다. 답지 ①은 재검사 신뢰도이며, 답지 ②는 요인타당도이고, 답지 ③은 구인타당도이다.

14 정답 ②

예언타당도는 한 검사가 얼마나 예언적인 능력을 가지고 있는가를 알아보는 방법으로 미래에 관계되는 것이다. 이때의 준거는 시간적으로 미래의 행동특성(외적준거 ; external criterion)이 된다.

15 정답 ③

예언타당도는 검사결과와 미래의 행동특성(준거) 간의 상관관계로서 타당도를 추정한다. 문제에서 제시된 내용에서 선발검사의 점수, 고등학교 학업성적, 면접 점수 등은 검사결과이고, 대학교에서의 학업성적은 미래행동특성(준거)이 된다.

16 정답 ④

문제의 사례에서 대학수학능력 시험이 대학에 입학한 학생들의 학업성취도에 미치는 영향이 거의 없었다는 것은 예언타당도가 낮은 경우이다. 예언타당도는 한 검사가 얼마나 예언적인 능력을 가지고 있는가를 알아보는 방법으로 미래에 관계되는 것이다. 이때의 준거는 시간적으로 미래의 행동특성(외적준거 ; external criterion)이 된다.

17 정답 ②

공인 타당도는 통계적으로 예언적 타당도의 의미와 같다. 그러나 공인타당도는 검사 X와 준거 Y(현재 실제적 준거)와의 상관 혹은 검사 X와 검사 Y와의 상관을 내어 그 사이에 어떤 정도의 상관관계를 다시 말하면, 공통요인이 있느냐를 따지는 타당도이다. 새로운 검사와 기존의 검사간의 상관관계의 산출은 두 검사간의 공통요인 정도를 따지는 것이다.

18 정답 ①

문제에서 제시된 내용은 공인타당도에 관한 것이다. 이것은 새로운 검사 X와 기존의 검사 Y(준거) 간의 공통요인을 찾아냄으로써 새로운 검사 X의 타당성을 검증하려고 하는 것이다.

19 정답 ④

구인타당도는 아직 조작적으로 정의되지 않고, 과학적으로 이론이 제대로 정립되지 않은 새로운 개념 혹은 구인을 측정하는 검사에 과학적 이론과 타당성을 부여하는 과정이라고 규정할 수 있다.

20 정답 ①

결과 타당도(consequence validity)는 비교적 최근 등장한 타당도 개념으로서 평가 결과를 교수-학습 과정에서 얼마나 의미 있게 활용하였는가하는 정도를 말하며, 수행평가에서 중요시하는 타당도이다. 수행평가는 학생들의 최종 성적을 산출하기보다는 오히려 교수-학습의 개선을 목적으로 하기 때문에 평가 결과가 얼마나 유용하고 가치 있는가를 판단하는 결과 타당도의 개념을 더욱 중시한다고 할 수 있다.

[교육평가] 제4회 정답 및 해설

1 ①	2 ④	3 ①	4 ②	5 ③
6 ③	7 ②	8 ②	9 ④	10 ③
11 ②	12 ④	13 ②	14 ④	15 ③
16 ③	17 ①	18 ②	19 ④	20 ③

1 정답 ①
신뢰도는 어떤 평가도구를 가지고 설정된 교육내용이나 목표를 얼마나 정확하게 측정 평가하였는가의 정도를 의미한다. 이는 측정의 정확성, 안정성을 나타낸다.

2 정답 ④
문제의 답지 'ㄱ'은 타당도와 관련된 개념이다. 신뢰도는 측정의 정확성, 안정성, 일관성을 나타내는 것으로 어떻게(How)재었은가에 대한 문제이다. 그리고 검사점수의 변산이 크면 신뢰도는 낮은 것이고, 검사점수의 변산이 작으면 신뢰도는 높다. 신뢰도는 문항의 표본수, 채점의 일관성, 문항의 동질성 등에 영향을 받으며, 타당도를 확보하기 위한 필요조건이다.

3 정답 ①
재검사 신뢰도는 '검사의 안정성 계수'라고도 하며 한 검사를 같은 집단에 일정한 시간적 간격을 두고 두 번 실시해서 전후 두 검사 결과의 상관계수를 산출하는 방법을 말한다. 답지 ②에서 재검사 신뢰도는 문항표본에서 파생하는 오차도 진짜변량으로 취급할 수 있다. 답지 ③에서 재검사신뢰도는 전후 검사실시에서 여러 조건을 쉽게 통제할 수 없는 방법이다. 답지 ④에서 재검사신뢰도는 연습효과, 기억효과가 비교적 크게 나타나는 단점이 있다.

4 정답 ②
같은 피험자 집단에 같은 검사로 일정한 시간간격을 두고 두 차례 시험을 실시한 후 그 결과가 얼마나 안정적으로 나오는가를 따지는 신뢰도는 재검사 신뢰도이다.

5 정답 ③
문제의 답지 'ㄴ'에서 동형검사 신뢰도는 '문항표집의 오차'에 초점을 두고 신뢰도를 검증한다. '동형성 계수'라하며, 검사의 문항이 동질적인 내용으로 구성된 두 개의 동형검사를 제작하여 그것을 같은 대상에게 실시하여 두 동형검사에서 얻은 점수 사이의 상관을 산출하는 방법이다.

6 정답 ③
문제의 사례는 신뢰도가 의심스럽다고 할 수 있다. 신뢰도란 하나의 검사에서 평가도구가 '얼마나 정확하게', '얼마나 오차 없이' 측정하고 있는가 하는 개념으로, 측정하고 있는 것이 일관성이 있는가 하는 문제에 초점을 둔다. 동형검사신뢰도의 특징은 다음과 같다.

- 미리 두 개의 동형검사를 제작하고, 그것을 같은 피험자에게 실시해서 두 동형검사에서 얻은 점수 사이의 상관을 산출하는 방법이다.
- 기억효과, 연습효과는 최소한으로 감소시키며 문항표본에서 파생하는 오차도 오차변량으로 취급하게 되어 이 점에서는 좋은 방법이다.
- 실제적으로는 두 검사를 측정이론에서 보아 거의 같거나 완전히 같은 동질적인 검사로 구성한다는 것이 문제점이 있다.

7 정답 ②
답지 ②에서 반분신뢰도는 한 검사를 두 부분으로 나누고, 그 두 부분을 따로 채점을 해서 그 득점간의 상관계수를 산출하는 방법이다. 재검사 신뢰도가 부적당하거나 동형검사를 제작하기 난해할 때 사용할 수 있는 편리한 방법이다. 또한 전체 검사의 신뢰도를 반쪽 검사에서 나온 계수로 수정해야 한다. 답지 ①, ③, ④에서 반분신뢰도의 특징과 문제점을 구체적으로 제시하면 다음과 같다.

- 하나의 평가도구나 검사를 갖고서 신뢰도를 측정한다는 점에서 편리한 방법이다.
- 검사실시에 있어서 가능한 특수한 조건이나 피검사자의 시간에 따른 우연적 변동 등을 통제할 수 없다는 문제가 있다.
- 검사문항이 동질적이지 못하면 신뢰도 계수가 과소평가 된다.

- 속도검사인 경우 신뢰도 계수가 과대평가되는 위험이 있다.

8 정답 ②

문항내적 합치도는 검사 속의 각각의 문항을 독립한 한 개의 검사 단위로 생각하고 합치성, 동질성, 일치성을 종합하려는 방법을 의미한다. 이는 검사문항의 변량을 기초로 산출하는 방법이다. 문제의 답지 'ㄴ'에서 검사가 속도를 지나치게 강조한 경우, 미달항(시간이 없어서 풀지 못한 문항)이 많은 경우에는 문항 내적합치도를 과대추정 할 위험이 있다. 답지 'ㄹ'에서 문항내적 합치도를 산출하는 쿠더-리처드슨 공식은 문항난이도가 거의 비슷하고 그 범위가 0.3~0.7정도, 아주 어려운 문항이나 아주 쉬운 문항이 별로 없을 때 적절하다. 문항내적 합치도의 특징을 구체적으로 제시하면 다음과 같다.

- 한 번의 검사로서 간단히 신뢰도를 계산할 수 있다.
- 문항내적 합치도를 높이려면 문항의 상호 상관도가 높아야 하며 한 검사가 한 가지 특성이나 능력을 재는 동질적인 검사이어야 한다.
- 쿠더-리처드슨 공식은 문항난이도가 거의 비슷하고 그 범위가 0.3~0.7정도, 아주 어려운 문항이나 아주 쉬운 문항이 별로 없을 때 적절하다.
- 검사가 속도를 지나치게 강조한 경우, 미달항(시간이 없어서 풀지 못한 문항)이 많은 경우에는 문항 내적합치도를 과대추정 할 위험이 있다. 학생의 약 90~95%가 검사에 다 손대어 보았을 경우에 사용하는 것이 바람직하다.

9 정답 ④

호이야트(Hoyt)신뢰도, 크론바하(Cronbach α)계수 등은 변량분석에 기초를 두고 개발된 방법으로 한 검사 속의 문항들 사이의 신뢰도 계수는 급내 상관계수로 나타낼 수 있다. 이분문항 뿐만 아니라 논문형 문항과 같이 한 개의 문항이 여러 단계의 점수로 채점되는 경우에도 사용할 수 있도록 그 제약에서 일반화 할 수 있는 계수로서 제시되었다.

10 정답 ③

답지 ③에서 신뢰도를 높이기 위해서는 오히려 시험에 포함될 범위를 좁히는 것이 좋다. 답지 ①, ②, ④는 신뢰도를 확보하기 위한 적절한 방법이다. 그 밖에 신뢰도를 높이는 방법으로는 검사시간이 충분한 경우(속도검사 보다 역량검사), 그리고 문항표본이 적절할수록, 검사환경이 동질적일수록 신뢰도 확보가 쉽다.

11 정답 ②

답지 ②에서 논문형과 같은 자유반응형을 많이 사용하면 채점의 객관성 확보가 쉽지 않다. 객관도란 평가 문항을 제작하여 평가를 실시한 채점자에 대한 신뢰도를 나타내는 것으로서 한 검사의 측정한 결과가 검사자 혹은 채점자간에 어느 정도 일치하는가의 정도이다. 채점의 객관도를 높이는 방안을 구체적으로 제시하면 다음과 같다.

- 평가도구를 객관화한다.
- 평가자의 자질을 향상시킨다.
- 명확한 평가기준을 설정한다.
- 선택형 평가문항을 지향한다.
- 여러 사람이 공동으로 제작 평가를 한다.

12 정답 ④

답지 ①은 문항반응분포를 말하며, 답지 ②에서 문항 곤란도(item difficulty)는 한 문항의 어려운 정도를 나타내는 통계적 수치를 의미하는 것으로 각 문항의 정답률을 토대로 산출한다. 곤란도 지수가 높은 수록 쉬운 문항이다. 예컨대 A문항에는 30%가 정답을 하였고, B문항에는 50%가 정답을 하였다면, A문항은 B문항보다 어려운 문항이라고 할 수 있다. 답지 ③과 ④에서 문항 곤란도는 문항 하나하나의 정답률로 표시한다.

13 정답 ②

문제의 답지 ②에서 곤란도가 적절한 경우 집단의 적절한 변산이 발생하여 정규분포(평균과 표준편차)를 이루게 된다. 집단의 분포가 정규분포를 이루면 통계처리가 용이해 진다. 답지 ①에서 문항 곤란도는 집단의 수준에 따라 달라진다. 답지 ③에서 문항 곤란도는 각 문항에 대한 전체집단의 정답률로 표시한다. 답지 ④에서 문항 곤란도는 규준지향평가(상대평가)에서 유용한 통계적 지수이다.

14 정답 ④
답지 ①에서 문항 곤란도는 규준지향평가(상대평가)에 유용하며, 답지 ②에서 엄밀한 검사에서는 필요에 따라 추측요인을 고려해야 한다. 답지 ③에서 문항 곤란도가 적정수준(30%~70%)을 유지할 경우에 적정수준의 변별력을 유지할 수 있다. 문항 곤란도의 활용방안을 구체적으로 제시하면 다음과 같다.

- 문제배열에 이용한다(쉬운 문제에서 어려운 문제로 배열).
- 교수민감도에 활용한다.

  | 교수민감도 = 교수후 곤란도 지수(P2) |
  | − 교수전 곤란도 지수(P1) |

- 규준지향평가(상대평가)에서는 매우 엄격히 적용한다.

양호수준	30%~70%
이상적 수준	50%
최대 범위	10%~90%

- 준거지향평가 : 곤란도로서 의미는 없으며, 목표성취 정도는 나타내는 지수이다.

15 정답 ③
검사문항을 배열할 때는 쉬운 문제로부터 점차 어려운 문제로 배열하는 것이 바람직하다.

16 정답 ③
문항변별도(item discrimination)란 학생의 능력을 어느 정도 변별해 내느냐의 정도를 말한다. 답지 ①에서 문항변별도를 문항타당도 지수라고도 한다. 답지 ②에서 각 문항별 정답률은 문항곤란도 이다. 문항변별도는 어떤 검사에서 총점을 성적순으로 차례로 배열했을 때, 중앙치를 중심으로 상하위부분으로 나누어 계산하는 것으로 상위부분의 학생이 하위부분의 학생보다 한 문항에 정답을 한 확률이 높아야 의미 있는 것이 될 것이다. 답지 ③에서 문항변별도는 규준지향평가에서 유용하게 사용된다. 규준지향평가에서는 0.2~0.29의 범위는 쓸수 있는 문항, 0.3~0.39범위는 양호한 문항, 0.4이상은 매우 양호한 문항으로 취급한다. 준거지향평가의 경우 음수가 나오지 않으면 된다. 답지 ④에서 문항변별도는 총점이라는 '내적준거'를 통해서 변별력이 검증되어진다.

17 정답 ①
다음의 문항변별도를 산출하는 공식을 이용하여 각 문항의 문항변별력을 계산하면 문항1이 가장 높다.

$$DI = \frac{R_H}{N_H} - \frac{R_L}{N_L}$$

R_H : 상위집단의 정답자
R_L : 하위집단의 정답자
N_H : 상위집단의 응답자
N_L : 하위집단의 응답자

- 문항1 $DI = \frac{2}{3} - \frac{0}{3} = 0.67$
- 문항2 $DI = \frac{1}{3} - \frac{3}{3} = -0.67$
- 문항9 $DI = \frac{3}{3} - \frac{2}{3} = 0.33$
- 문항10 $DI = \frac{0}{3} - \frac{3}{3} = -1$

18 정답 ②
답지 ①에서 변별도를 높이기 위해서는 시험문제를 적절히 어렵게(P=50%)만들어야 한다. 답지 ③에서 목표지향평가에서는 곤란도와 변별도를 그리 중요하지 않으며, 답지 ④에서 상위집단과 하위집단 간의 반응의 차이를 알아보기 위해서는 곤란도 보다 변별도를 알아보아야 한다.

19 정답 ④
답지 ①과 ③에서 위 문제의 문항곤란도 지수는 70%이며, 문항변별력은 0.4이므로 문제는 다소 쉬우나 변별력은 매우 양호한 편에 속한다. 답지 ②에서 반응분석표의 답지 ③은 전체에 비추어 오답지로서 반응이 약하다. 답지 ④에서 반응분석표의 ④는 반응이 약하므로 수정하는 것이 바람직하다.

20 정답 ③

문항반응이론(item response theory)은 문항 각각이 불변하는 고유한 속성을 지니고 있으므로 그 속성을 나타내는 문항특성곡선에 의해 문항을 분석하는 검사이론이다. 이것은 문항 특성 불변성 개념으로 문항 특성의 불변성 및 피험자능력의 불변성 개념이다. 여기서 문항특성의 불변성 개념은 문항난이도, 문항변별도, 문항추측도가 피험자 집단의 특성에 의해 변화되지 않는다는 것이다. 그리고 피험자능력의 불변성 개념은 피험자가 어떤 검사나 문항을 택하느냐에 의해 변화되지 않고 고유한 능력 수준이 있다는 것이다. 문제의 답지 ①은 문항을 맞출 확률 0.5에 해당하는 θ가 0에 가까우므로 난이도 지수(P)는 0으로 보는 것이 타당하다. 답지 ②에서 문항의 추측도는 능력의 값이 $-\infty$ 인 학생이 문항을 맞출 수 있는 확률이므로 문항2가 문항 1에 비해 추측도가 높다고 할 수 있다. 답지 ③에서 문항 변별도는 문항난이도(0.5) 점에서 문항특성 곡선의 기울기를 구하여 그 값을 문항 변별도로 사용하므로 문항2가 문항3보다 문항변별도가 낮다. 답지 ④에서 문항1은 문항2보다 변별도가 높다.

교육방법
정답 및 해설

유길준 공무원 교육학
진도별 모의고사

[교육방법] 제1회 정답 및 해설

1 ②	2 ④	3 ①	4 ②	5 ③
6 ②	7 ②	8 ②	9 ④	10 ②
11 ②	12 ④	13 ④	14 ②	15 ③
16 ①	17 ②	18 ①	19 ②	20 ①

1 정답 ②

미국교육공학회(AECT)는 1994년에 교육공학(교수공학)의 정의를 "교사 및 기타 교수자들이 학습을 발생시키기 위한 목적으로 설계, 개발, 적용, 관리, 평가를 위한 지식과 그 실행력을 의미 한다"고 하였다.

2 정답 ④

교수관리란 실행된 교수 프로그램의 활용을 관리하는 방법을 말한다. 적절한 시간의 활용, 각종 자료수집기법, 성적산출 절차, 프로그램 수정, 절차의 개선 등을 처방하고 활용하는 과정이다. 답지 ①은 교수평가활동, 답지 ②는 교수설계활동, 답지 ③은 교수개발활동이다. 교수방법의 하위영역을 구체적으로 제시하면 다음과 같다.

설계	• 특정 학습내용이나 학습 집단에 대하여 학습자의 지식과 기능면에서 기대되는 변화를 가져오기 위해 필요한 최적의 교수방법이 무엇인지를 결정하는 과정이다. • 교수체제설계, 메시지 디자인, 교수전략, 학습자 특성분석 등을 포함한다.
개발	• 청사진을 바탕으로 집을 직접 짓는 것이 비유될 수 있는 활동으로 교수자료, 강의노트, 그리고 교수계획들이 바로 활용될 수 있도록 개발하는 것을 말한다. • 인쇄물, 시청각 매체, 컴퓨터 기반매체, 통합매체의 제작활동을 포함한다.
적용	특정한 교수 프로그램이나 그 프로그램이 활용될 수업상황에서 최적의 수업결과를 얻기 위해 가장 적절한 교수절차들을 처방하고 활용하는 과정으로 수업의 과정으로 이해될 수 있다.
관리	실행된 교수 프로그램의 활용을 관리하는 방법을 말한다. 즉, 적절한 시간의 활용, 각종 자료수집기법, 성적산출 절차, 프로그램 수정, 절차의 개선 등을 처방하고 활용하는 과정이다.
평가	모든 활동들의 효과성, 효율성, 매력성, 안전성 등을 평가하기 위해 필요한 방법들을 이해하고 개선하고 적용하려는 활동을 말한다. 설계, 개발, 실행, 관리 등이 적절했는지를 판단하는 일련의 절차를 의미한다.

3 정답 ①

인본주의 학습은 현상학적 인식론을 택하므로 인간의 지각은 주관적이며 상대적인 실재를 강조한다.

4 정답 ②

구성주의에서 학습이란 학습자가 자신의 경험, 흥미에 따라 정한 학습내용을 자신이 스스로 구성해 나가는 과정이다. 즉, 구성주의에서 학습은 극히 개인적인 이해에서 출발하고 개인적 경험과 흥미에 따라 지식의 가치를 판단한다. 답지 ①, ③은 행동주의, ④는 인지주의적 관점이다.

5 정답 ③

문제의 답지 'ㄴ'에서 여러 자극과 반응간의 연합현상으로 학습을 설명하는 이론은 행동주의 이론이다. 인지주의적 관점에서 학습의 특징을 구체적으로 제시하면 다음과 같다.

- 학습자는 능동적이며 환경을 지배한다.
- 학습은 학습자가 환경을 능동적으로 이해하고 탐색함으로서 이루어진다.
- 지식은 정신적 구조 및 절차의 조작으로 이루어진다.
- 학습은 인지구조의 재구성이다.
- 학습은 목적-수단간의 관계 구조를 아는 것이다.

6 정답 ②

문제의 답지 'ㄱ'은 학습이 아닌 것에 해당하며, 답지 'ㄷ'에서 학습은 인간의 모든 행동변화 가운데 학습이 아닌 것, 즉 '생득적 경향의 반응', '자연적인 성숙', '약물, 피로, 물리적인 힘에 의한 일시적인 변화'는 제외한다.

7 정답 ②

학습은 환경과 상호작용 속에서 후천적으로 얻어지는 영속적이며 안정된 형태의 행동의 변화를 말한다. 따라서 학습이 아닌 것으로 생득적 경향의 반응, 자연적인 성숙, 약물, 피로, 물리적인 힘에 의한 일시적인 변화 등이다.

8 정답 ②

교화(indoctrination)는 특정신념을 수용하도록 가르치는 것을 말하는 것으로 가르치고자 하는 신념의 근거가 타당한가의 여부를 따지는 것이 아니라 그 신념을 어떻게 수용시키느냐에 있다.

9 정답 ④

문제의 답지 'ㄱ'에서 교수는 학습에 비해 의도적이고 학습은 의도적인 경우도 있고 무의도적인 경우도 있다. 교수와 학습을 비교하면 다음과 같다.

교수	학 습
• 일정한 목표가 있음 • 독립변수(작용) • 일의적 임 • 처방적 임 • 연구대상은 있는 그대로의 교육상황	• 목표가 있을 수도 있고, 없을 수도 있음 • 종속변수(작용의 결과) • 다의적 임 • 기술적 임 • 연구대상은 주로 동물

10 정답 ②

문제에서 제시된 교수-학습 원리는 사회화의 원리이다. 사회화의 원리는 인간관계에 중점을 두는 원리로 협동학습, 토의학습, 문제해결학습, 구안학습 등으로 구현할 수 있다. 답지 ①의 개별화의 원리는 학습자의 흥미, 필요, 능력에 적합한 교수-학습활동, 즉 개인차를 존중하는 원리를 말한다. 답지 ③의 자발성의 원리는 학습자의 흥미와 창조성, 내적 동기를 강조하여 학습자로 하여금 능동적인 참여를 유도하는 원리를 말한다. 답지 ④에서 직관의 원리는 언어적 방법보다는 구체적인 사물을 직접 제시하거나 경험시킴으로써 학습의 효과를 높이는 원리이다.

11 정답 ②

답지 ②의 자발성의 원리는 학습자의 흥미와 창조성, 내적동기를 강조하여 학습자로 하여금 능동적인 참여를 유도하는 원리를 말한다. 답지 ①의 개별화의 원리는 개인차를 존중하는 원리이며, 답지 ③의 직관의 원리는 언어보다는 구체적인 사물을 통한 학습의 원리를 말한다. 답지 ④의 통합의 원리는 지적·정서적·기능적 분야를 통합적으로 지도하는 원리로서 전인의 원리이기도 하다.

12 정답 ④

문제의 제시 내용에서 (ㄱ)은 개별화의 원리, (ㄴ)은 자발성의 원리, (ㄷ)은 사회화의 원리, (ㄹ)은 직관의 원리에 해당한다.

13 정답 ④

답지 ④에서 교사의 학생에 대한 긍정적인 신념이 학생의 학습성과에 좋은 영향을 준다.
로젠탈과 야콥슨(Rosenthal & Jacobson)의 기대효과(Pygmalion effect)에 관한 실험결과의 교육적 시사점을 다음과 같다.

- 교사의 학생관, 즉 학생의 가능성에 대한 신념에 따라 학생의 학습 성과는 영향을 받는다는 것을 확인할 수 있다.
- 나이가 어릴수록 기대표시에 민감하나, 상급학년의 경우는 한번 영향을 받으면 그 효과는 비교적 지속된다.
- 사회·경제적 수준이 낮을수록 교사의 기대가 더욱 큰 효과가 나타난다.

14 정답 ④

문제에서 제시된 사례는 '자기충족적 예언효과'이다. 자기충족적 예언효과(self-fulfilling prophecy effect)란 어떤 예언이 형성되면 그 예언이 인간행동에 구속력을 가하여 그 예언의 실현을 위한 강력한 수단기능을 하게 되는 사회·심리적 메커니즘을 말한다.

15 정답 ③

교수설계란 특정학습과제와 특정학습자가 주어졌을 때 기대하는 학습자의 변화를 일으킬 수 있는 최적의 교수방법이 무엇인가를 결정하는 것이다. 답지 ①은 교수실행, 답지 ②는 교수개발, 답지 ④는 교수평가이다.

16 정답 ①

라이거루스(C. Reigeluth)는 체제접근적이고 처방적인 교수설계이론에서 교수설계의 주요변인으로 '교수조건', '교수방법', '교수결과'를 제시하였다.

교수조건	교수방법의 효과와 상호작용하는 것으로 교수방법을 처방하는데 중요한 요소로, 이것은 교수설계자나 교사에 의해서 통제될 수 없는 제약조건을 말한다.
교수방법	각기 다른 조건하에서 다른 결과를 성취하기 위한 다양한 길을 말한다.
교수결과	서로 다른 교수조건하에서 사용된 교수방법들이 어느 정도의 효과가 있었는지를 나타내는 것을 의미한다.

17 정답 ②

문제의 답지 'ㄱ'에서 교사에 의해 통제될 수 있는 요소는 '교수방법'이다. 답지 'ㄷ'에서 단일한 개념이나 원리를 가르치고자 할 때 수업을 조직하는 것은 '교수방법'(조직전략, 전달전략, 관리전략)요소에 해당한다. 교수조건이란 교수방법의 효과와 상호작용 하는 것으로 교수방법을 처방하는데 중요한 요소로, 이것은 교수설계자나 교사에 의해서 통제될 수 없는 제약조건을 말한다. 만약 조건이 상황에 따라 교수설계자나 교사에 의해서 통제될 수 있다면 그것은 방법이 되는 것이다. 교수조건의 요소로서 학습자 특성, 교육내용 특성, 교육목표 특성, 기타 제약조건 등이 있다.

18 정답 ①

답지 ①에서 가치추구관점에서 서술적 이론(학습이론)은 가치중립적이며, 처방적 이론(교수이론)은 가치추구적이다. 서술적 이론과 처방적 이론의 비교하면 다음과 같다.

분 류	서술적 이론	처방적 이론
가치추구	가치중립	가치지향
연구의도	교수결과 기술	교수목적 성취
중점변인	교수결과	교수방법
결과기대	의도한 것 또는 의도되지 않은 것	의도한 결과

19 정답 ②

체제적 접근에서는 각 학습자의 적성, 학습동기, 선수지식, 태도 등을 충분히 고려하여 학습자 각자에게 최적의 학습조건을 마련한다.

20 정답 ①

문제에서 제시된 단계는 분석(Analysis)단계이다. 분석단계에서는 요구분석, 학습자분석, 환경 분석, 직무 및 과제 분석을 통해서 요구, 교육목적, 제한점, 학습과제 등을 분명하게 드러내게 한다. 교수설계(ADDIE)에 적용되는 일반적인 절차와 그 활동은 다음과 같다.

교수설계의 과정	역할(기능)	세부단계(활동)	산출결과
분 석	학습내용(what)을 정의하는 과정	요구, 학습자, 환경, 직무 및 과제분석	요구, 교육목적, 제한점, 학습 과제
설 계	교수방법(how)을 구체화하는 과정	성취행동목표 진술, 평가도구 개발, 교수 전략 및 매체 선정	성취행동목표, 교수전략 등을 포함한 설계명세서
개 발	교수자료를 제작하는 과정	교수자료 제작, 형성평가 실시, 및 교수자료 수정	완성된 교수자료
실 행	교수자료를 실제 상황에 적용하는 과정	교수자료의 사용 및 관리	실행된 교수자료
평 가	교수자료의 효과성을 결정하는 과정	총괄평가	프로그램의 가치와 평가보고서

[교육방법] 제2회 정답 및 해설

1 ①	2 ②	3 ②	4 ③	5 ①
6 ③	7 ①	8 ②	9 ③	10 ①
11 ①	12 ②	13 ①	14 ①	15 ③
16 ②	17 ①	18 ②	19 ②	20 ④

1 정답 ①

일반적인 교수설계모형(ADDIE)에서 설계(Design) 단계에서는 수행목표 명세화, 평가도구 개발, 계열화, 교수전략 및 매체선정 등을 통해 성취행동목표, 교수전략 등을 포함한 설계명세서를 작성한다.

2 정답 ②

교수체제설계(ADDIE)에서 개발(Development) 단계는 설계 명세서에 의해서 교수자료를 실제로 만드는 단계이다. 교수자료를 제작하는 과정에서 형성평가를 실시하고 수정 거쳐 교수자료 및 도구를 완성한다.

3 정답 ②

딕과 캐리의 체제적 교수설계모형에서 (가)는 교수전략 개발단계, (나)는 교수개발 및 선정단계이다. '교수전략 개발단계'는 수업을 전개할 방법과 절차를 개발하고 교수매체의 활용에 대한 계획을 세우는 단계이며, '교수자료 개발 및 선정단계'는 교수전략 개발단계에서 개발한 교수전략에 따라 교수자료를 실제로 만드는 단계이다. 구체적인 설계과정은 다음과 같다.

교수목적 설정	수업을 모두 끝마쳤을 때 학습자가 할 수 있기를 바라는 것이 무엇인지, 즉 최종 목적을 설정하는 단계이다.
학습과제 분석	학습자가 그 학습과제를 학습하기 위해서 필요한 하위기능 및 그 학습을 하는데 필요한 학습절차 등이 분석되고 결정하는 단계이다.
학습자 특성 분석	출발점 행동과 교수활동을 설계하는 데 중요하게 고려해야 될 학습자의 특성을 고려한다.
학습목표 진술	학습과제 분석의 결과와 학습자특성의 분석 결과를 기초하여 학습자들이 수업이 끝났을 때 성취해야 할 학습목표들을 구체적으로 진술한다.
평가문항 개발	앞 단계에서 설정된 학습목표들에 대응하는 평가문항을 개발한다.
교수전략 개발	수업을 전개할 방법과 절차를 개발하고 교수매체의 활용에 대한 계획을 세우는 단계이다.
교수개발 및 선정	• 앞 단계에서 개발한 교수전략에 따라 교수 프로그램을 실제로 만드는 단계이다. • 교사안내서와 기타 필요한 수업자료 그리고 교수매체도 학습목표와 내용, 학습자 특성을 고려해 선정 또는 개발한다.
평가	• 앞 단계까지 개발이 완료된 교수 프로그램은 형성평가를 통하여 그 결과를 검토하고 필요한 곳을 수정·보완한다. 형성평가는 일대일평가, 소집단평가, 현장평가 등으로 이루어진다. • 총괄평가는 개발된 교수프로그램의 효과를 검증하는 것이다.
교수 프로그램의 수정	• 형성평가 결과에 의하여, 학습목표를 달성하는데 있어서 학습자가 곤란을 겪은 점을 확인하여 수업상의 잘못된 곳을 수정한다. • 평가결과를 기반으로 하여 학습과제 분석의 타당성과 학습자의 출발점행동 및 학습자특성에 대한 가정을 재검토하고, 학습목표가 적절히 진술되고 평가문항이 타당하게 개발되었는지, 또한 교수전략이 효과적이었는지를 통합적으로 검토 수정함으로써 더욱 효과적인 교수프로그램을 이룬다.

4 정답 ③

딕과 캐리(W. Dick과 L. Carey)의 체제적 수업 설계모형에서 교수전략개발은 설계의 한 과정으로 교수를 전개할 방법과 절차를 개발하고 교수매체의 활용에 대한 계획을 세우는 단계이다. 교수전략에는 동기유발전략, 학습내용 제시전략, 연습, 피드백 등이 고려되어야 한다.

5 정답 ①

문제에서 제시한 특징을 지니고 있는 교수설계이론은 '구성주의 교수설계이론'이다. 구성주의 입장에서 수업설계는 수업을 구조화시키는 것이 아니라 학습이 일어날 수 있는 환경을 설계하는 일이며, 이 환경은 실제와 같은 복합적이고 역동적인 상황과 문제가 제시되어야 하고, 다양한 관점을 개발하고 평가하는 협조체제와 학습을 안내하는 지적 도제관계가 가능한 환경이어야 한다.

6 정답 ③

구성주의 교수설계에서는 일반적인 의미의 수업설계 전문가가 존재하지 않는다. 객관주의적 교수설계에서는 교사는 전문가로서 교수설계 활동에 중요한 역할을 한다.

7 정답 ①

답지 ①은 구성주의 수업의 사회적 측면을 말하는 것이고 답지 ②, ③, ④는 객관주의 수업을 말한다. 구성주의 수업의 사회적 측면(sociology)의 수업원리를 구체적으로 제시하면 다음과 같다.

상황에 기초한 학습	실생활에서의 유용성을 반영한 맥락 속에서 지식과 기능을 학습하는 것을 말한다.
전문가와 수행 연마	문제해결 과정에서 전문가와의 역동적인 상호작용을 강조한다.
내재적 동기유발	학습자 자신이 문제해결 과정을 통해 만족감, 성취감, 구성의 기쁨을 맛보고 이를 통해 후속적인 구성을 촉진하는 것을 말한다.
협동의식의 활용	구성원들 간의 사회적 상호작용을 촉진하며, 다른 사람의 경험을 통해 학습하고 자신이 구성한 지식을 테스트할 수 있는 기회를 제공함으로써 다양한 관점을 보다 깊이 있게 이해할 수 있게 해 준다.

8 정답 ③

문제의 답지 'ㄹ'에서 체계적인 완전학습은 객관주의 학습에 해당한다. 구성주의 학습의 원칙을 제시하면 다음과 같다.

체험학습	학습자 주도적으로 학습목표, 내용전개 및 평가에 참여한다.
자기성찰적 학습	메타인지(학습하는 방법을 배우는 것)의 습득 및 활용이 가능한 환경이다.
협동학습	학습자들이 서로 지식을 구성하고 공유할 수 있는 학습환경이다.
실제적 (authentic) 성격의 과제제시	통합교과목적인 성격의 과제를 다룬다. 그리고 특정 상황을 기반으로 하는 과제여야 한다(situated learning).
교사로서의 역할	교사는 촉진자, 동료학습자역할을 하며 인지적 도제학습환경을 제공한다.

9 정답 ③

문제의 답지 'ㄹ'은 객관주의 이론에서 교사의 역할이다. 구성주의 학습에서 교사의 역할은 촉진자, 동료학습자역할을 하며 인지적 도제학습 환경을 제공한다.

10 정답 ①

오늘날 정보화 사회의 교수-학습방법은 포스트모더니즘과 구성주의 사상에 영향을 받은 것들이다. 따라서 문제의 답지 'ㄱ'의 협동적 학습과 답지 'ㄴ'의 준거지향 평가(criterion referenced evaluation)가 합당하다. 답지 'ㄷ'에서 표준화된 교육과정이 아니라 다양한 실제상황에 따라 유연하게 대처할 수 있는 열린 교육과정이 필요하다. 답지 'ㄹ'에서 선발에 초점을 둔 수업 보다는 발달적 교육관에 입각한 교수-학습방법이 필요하다.

11 정답 ①

답지 ①의 해독(decoding)은 통신이론(객관주의)에서 사용되는 전략이다. 인지적 도제 이론(cognitive apprenticeship)은 비고츠키(L. Vygotsky)의 근접발달 영역을 이론적 배경으로 한다. 수업의 일반적인 절차는 1단계(시범보이기 → 코칭 → 비계 → 페이딩), 2단계(명료화 → 반성적 사고), 3단계(탐구)로 이루어져 있다.

12 정답 ①

상황적 학습모델은 그 이론적 중심을 「학생주도의 문제형성 및 해결학습(student-generated loaming)」이라고 본다. 이것은 상황 혹은 일련의 사건들이 있을 때 그것에 대한 학생들의 각기 다양한 해석과 접근방법을 이런 협동적 노력을 통해 접하게 되면서 그들의 개인적 견해와 사고의 틀을 넓히는 결과를 가져오도록 하는 전략으로 본다.

13 정답 ①

정착학습은 비고츠키(L. S. Vygotsky)의 사회적 구성주의 원리에 맞추어 반더빌트(Bandervilt) 대학교의 인지공학 연구팀의 브랜스포드(John Bransford, 1993)에 의해 개발되었다. 정착학습 또는 정황수업으로 번역되는데 이는 호환성 비디오디스크의 발달과 더불어 성장했는데 교사와 학생들로 하여금 복합적이고 실제적인 문제들을 설정하고 해결하는 것을 북돋우는 것이라 할 수 있다. 그 특징으로 비디오에 기반한 제시형식, 이야기 형식, 생성적 학습형식, 내재된 자료 설계, 문제의 복잡성 등을 특징으로 하며 주로 초등학교의 읽기, 쓰기, 수학의 수업에 많이 활용되고 있다.

14 정답 ①

인지적 유연성 모델은 '지식의 재현과 그 과정'에 최대 관심을 둔다. 이 모델의 가장 기본적인 전제는 지식은 단순한 일차원적 개념으로 표현될 수 있는 것이 아니고 복잡한 다차원적 개념으로 형성되어 있으며, 이 복잡하고 다원적 개념의 지식을 제대로 재현할 수 있도록 하기 위해서는 '상황의존적인 스키마(지식구조)의 연합체'(situation-dependent schema assembly)를 형성해야 한다는 것이다. 답지 ②는 라이거루스(C. Reigeluth)의 인지정교화 이론, 답지 ③은 메릴(M. Merrill)의 내용요소전시이론, 답지 ④는 가네와 브릭스(R. Gagne & L. Briggs)의 처방적 수업이론이다.

15 정답 ③

학습과제분석은 최종 학습목적을 성취하기 위해 학습자가 배워야 할 학습내용을 확인한다. 즉, 학습자가 그 학습과제를 학습하기 위해서 필요한 하위기능 및 그 학습을 하는데 필요한 학습절차 등이 분석되고 결정된다. 따라서 학습과제를 분석하는 우선적인 목적은 가르칠 개념, 원리, 기능 등을 확인하는 것이다.

16 정답 ②

학습과제분석은 최종 학습목적을 성취하기 위해 학습자가 배워야할 학습의 유형을 결정하고, 학습자가 그 학습과제를 학습하기 위해서 필요한 하위기능 및 그 학습을 하는 데 필요한 학습절차 등이 분석되고 결정된다. 문제의 답지 'ㄱ'과 'ㄹ'에서 위계분석법은 지적 기능의 목표(내용이 위계적으로 구성된 과목 ; 수학)를 분석하는데 사용한다. 위계적 분석을 할 때, 교수설계자는 목적의 각 단계에 대한 하위기능을 분석하면 된다. 답지 'ㄴ'에서 태도를 학습하는 목표는 학습자가 어떤 지적 기능이나 운동기능을 선택하도록 학습시키는 것이다. 그러므로 태도는 운동기능 또는 지적 기능이 그 하위기능으로서 분류되어진다. 따라서 태도목표를 분석하는 데는 여러 가지 분석방법들을 함께 사용하는 '통합적 분석 방법'이 적용된다. 답지 'ㄷ'의 각 나라와 그 수도를 연결하여 암기하는 학습과제는 언어정보 학습이다. 언어정보영역의 목표를 분석할 때 가장 좋은 방법은 그 언어정보의 목표가 의도하는 주된 정보를 찾아서 군집 분석을 하는 것이다.

17 정답 ①

문제의 답지 'ㄹ'에서 글래이서(R. Glaser)의 교수모형은 사전에 정해진 교육목표를 체계적으로 달성하고자 하는 객관주의 모형이다. 글래이서(R. Glaser)의 교수모형의 특징을 제시하면 다음과 같다.

- 학생의 개인차를 최대 고려하였다.
- 수업목표를 구체적·세분화하였다.
- 각 단계가 Feed Back에 의해 유기적 관련성을 띤다.
- 수업과정과 평가가 상호 밀접한 관계를 맺는다.

18 정답 ②

답지 ①은 브룸(B. Bloom)의 완전학습이론이며, 답지 ③은 플랜더스(N. Flanders)의 언어적 상호작용모형이고, 답지 ④는 가네(R. Gagne)의 목표별 수업이론이다. 캐롤(R. Carroll)의 학교학습모형의 기본전제는 학교학습의 정도는 어떤 학습자가 어떤 학습과제를 수행하는 데 필요로 하는 시간량에 비추어 그 학습에 실제로 사용한 시간이 얼마나 되는가의 비율에 따라 결정된다. 기본 가정은 다음과 같다.

- 학습의 정도 : 학습목표를 기준으로 학습자가 실제로 성취한 수준을 말한다.

$$학습의 정도 = f\left(\frac{학습에 사용한 시간}{학습에 필요한 시간}\right)$$

- 학습에 필요한 시간 : 과제를 완전히 학습하는 데 필요한 시간을 의미하며, 학습의 적성, 교수이해력, 교수의 질이 여기에 해당한다.
- 학습에 사용한 시간 : 학습자가 능동적으로 학습과제에 주의 집중시켜 열중하는 시간을 의미하며, 학습의 기회와 학습지구력이 여기에 해당한다.

19 정답 ②

캐롤(R. Carroll)은 학교학습의 변인을 학습자 변인과 교사변인으로 나누었다. 학습자 변인은 학습적성, 교수이해력, 학습지구력으로 제안하였고, 교사변인은 교수의 질, 학습의 기회로 제안하였다. 캐롤(R. Carroll)의 학교 학습의 변인을 구체적으로 제시하면 다음과 같다.

- 학습의 정도 $= f\left(\frac{지구력 \cdot 학습의 기회}{적성 \cdot 교수이해력 \cdot 교수의 질}\right)$
- 학습자 변인

학습적성	최적의 조건하에 학습과제 성취에 필요한 시간을 의미한다.
교수이해력	교사의 설명이나 교수내용을 이해하는 능력을 의미한다.
학습지구력	동기와 비슷한 개념이며 학습자의 내부로부터 얼마만큼 시간을 학습에 투입하기를 원하는가를 의미한다.

- 교사변인

학습의 기회	특정과제를 학습할 때 학습자에게 실제로 주어지는 시간을 의미한다.
교수의 질	교수의 질이 최적수준에 도달하면 학습에 필요한 시간을 절약할 수 있음을 의미한다.

20 정답 ④

교수이해력은 캐롤(R. Carroll)의 학교학습 모형의 주요소소이다. 부르너(J. Bruner)의 발견학습이론의 주요요소로는 선행경향성, 지식의 구조, 계열, 강화 등이다.

[교육방법] 제3회 정답 및 해설

1 ④	2 ①	3 ④	4 ①	5 ③
6 ③	7 ②	8 ④	9 ③	10 ②
11 ②	12 ①	13 ④	14 ①	15 ②
16 ①	17 ④	18 ①	19 ③	20 ①

1 정답 ④

부르너(J. Bruner)너의 발견학습은 학습자의 선행경향성에 근거를 두어야 한다. 선행경향성이란 학습하고자 하는 의욕이나 경향성을 의미한다. 학습은 교사의 조력을 받아 학습자가 자발적으로 학습을 진행한다.

2 정답 ①

지식이 구조는 기계적인 암기학습이 아닌 충분한 유의미 학습을 의미한다. 지식의 구조란 각 지식의 영역에서 가장 기본적이며 핵심적인 개념이나 법칙, 원리, 이론 및 아이디어 등을 말한다. 지식의 구조의 특징을 구체적으로 제시하면 다음과 같다.

표현양식	• 작동적(en-active) 표현법 : 일련의 행동을 통해서 모종의 결과를 얻는 것을 말한다. • 영상적(iconic) 표현법 : 어떤 개념을 충분히 정의하지 않은 채 일련의 이미지나 그래프로 표현하는 것을 의미한다. • 상징적(symbolic) 표현법 : 법칙이나 원리에 지배되는 상징적 체제로부터 나온 일련의 상징적이며 논리적인 명제로 표현하는 것을 의미한다.
경제성	• 머리에 저장시켰다가 내용을 이해하는 데 동원되는 정보의 양을 말한다. • 어떤 내용을 이해하는 데 더 많은 정보를 필요로 하거나, 혹은 결론에 이르는 데 더 많은 처리단계가 요구되는 지식은 비경제적 이다.
생성력	학습자가 학습한 명제들이 얼마나 응용력이 있으며 전이가가 높은가를 의미하는 것이다.

3 정답 ④

답지 ①에서 오수벨(D. Ausubel)은 학교교육에서 가장 중요한 것을 교과학습으로 보았다. 따라서 설명식 수업은 인지적 영역에 알맞은 수업모형이다. 답지 ②에서 오수벨(D. Ausubel)의 수업이론은 인지심리학을 배경으로 하고 있지만 부르너(J. Bruner)와 다른 입장을 취한다. 부르너(J. Bruner)의 이론이 발견학습에 초점을 맞춘 것이라면 오수벨(D. Ausubel)의 이론은 설명식 학습(혹은 유의미 언어학습)에 초점을 맞춘 것이다. 답지 ③과 ④에서 학습의 기본전제는 학습자의 인지구조가 새로운 학습과제를 어떤 형식으로든지 포섭할 수 있도록 형성되어 있는 상태라면 유의미 학습이 촉진될 가능성이 높다는 것이다. 여기서 포섭이란 새로운 학습과제가 학습자의 인지구조 속에 이미 조직되어 있는 보다 포괄적인 명제나 아이디어에 동화되거나 일체되는 것을 의미한다.

4 정답 ①

유의미 언어학습이론의 기본가정은 새로운 학습과제에 대해 학습자의 인지구조 속에 새로운 학습과제를 포섭할 수 있는 관련지식이 있다면 학습을 손쉽게 할 수 있다는 것이다. 유의미학습의 요소와 과정을 제시하면 다음과 같다.

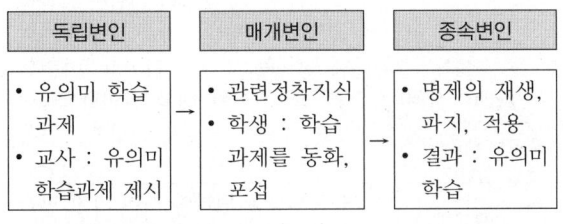

5 정답 ③

문제에서 제시된 (ㄱ)은 종속포섭 가운데 파생적 포섭이며, (ㄴ)은 상위포섭에 해당한다. 포섭(subsumption)이란 명제나 아이디어가 학습자의 포괄적인 인지구조 속으로 동화 과정을 말한다. 여기에는 상위포섭, 종속포섭, 병렬포섭이 있다. 상위포섭이란 포괄성이 높은 과제가 포괄성이 낮은 인지구조 속으로 동화되는 것을 말한다. 그리고 종속포섭이란 포괄성이 낮은 과제가 포괄성이 높은 인지구조 속으로 동화되는 것으로 파생적 포섭과 상관적 포섭이 있다. 파생적 포섭은 학습과제가 이전에 학습한 일반적 명제를 지지하거나 예시하는 것을 의미하고, 상관적 포섭은 기존의 개념이나 아이디어를 세련되게 하거나 수정해야만 포섭할 수 있는 경우를 말한다. 마지막으로 병렬포섭은 과제와 인지구조 속의 정착개념이 수평적으로 동화되는 것을 의미한다.

6 정답 ③

문제의 내용은 오수벨(Ausubel)의 설명식 수업에서 '선행조직자 원리'를 이용하고 있는 장면이다. 선행조직자란 학습해야할 과제에 비해 보다 포괄적이고 추상성이 높은 수준의 도입자료로서 인지구조에 새로운 학습과제를 관련시키고, 설명하며, 통합시키거나 변별시키는 일을 수행한다.

7 정답 ②

문제의 내용은 오수벨(D. Ausubell)의 유의미 언어학습이론(설명식 수업)에 대한 주장이다. 유의미 언어학습이론(설명식 수업)의 기본가정은 기계적인 암기가 되지 않고 유의미한 학습이 되려면 새로운 학습과제에 대해 학습자의 인지구조 속에 새로운 학습과제를 포섭할 수 있는 관련지식이 있다면 학습을 손쉽게 할 수 있다는 것이다.

8 정답 ④

크론바흐(L. J. Cronbach)와 스노우(R. E. Snow)가 주장한 적성-처치 상호작용 모형은 학습능력의 유형에 따라 주어지는 지도방법에 대한 학생의 반응양식이 다르게 나타나는 현상을 고려해서 학습지도의 최적화를 기하려는 방법이다. 즉, 적성-처치 상호작용이론은 학습자의 적성에 따라 최적한 수업방법이 제공될 때, 학습자의 적성과 수업방법(처치)간에 상호작용 효과가 있다고 본다.

9 정답 ③

가네와 브릭스(R. Gagne & L. Briggs)에 의하면 교수설계란 단순히 무엇을 가르칠 것인가에 대한 계획이 아니라 학습자가 어떻게 학습하는지에 기초를 두어 어떻게 학습의 조건을 충족시킬 것인가에 대한 계획과정이라고 하였다. 또한 학습을 돕기 위하여 어떻게 교수내용을 선택할 것인지와 선택된 내용을 어떻게 계열화할 것인지를 거시적·미시적 수준에서 설명하고 있다. 답지 ①은 발견학습이론, 답지 ②는 설명식수업이론, 답지 ④는 인지정교화 이론을 설명한 것이다.

10 정답 ②

문제의 내용은 가네와 브릭스(R. Gagne & L. Briggs)의 학습영역가운데 지적 기능영역이다. 가네와 브릭스(R. Gagne & L. Briggs)가 제안하는 학습의 영역을 구체적으로 제시하면 다음과 같다.

능력의 종류	예	기능	수행위 범주
언어정보	"물이 끓는 점은 100°C 이다."	학습을 위한 방향 또는 지침을 제공하며 학습의 전이를 돕는다.	정보의 진술, 혹은 정보에 대한 의사를 나타냄
지적기능	대상을 서술하기 위해 은유법을 사용한다.	발전된 학습과 사고의 요소가 된다.	방법적 또는 절차적 지식으로 여러 가지 기호나 상징을 사용하여 환경과 상호작용을 하는 능력을 의미함
인지전략	"파장"이라는 개념을 소개한다.	학습과 사고에 있어서 학습자의 행동을 조절한다.	효율적 수단을 사용하여 다양한 실제적 문제를 해결함
운동의 기능	글자를 인쇄체로 쓴다.	운동수행을 중재한다.	다양한 상황에서 운동 활동을 수행함
태도	여가활동으로 음악을 감상한다.	개인행동의 선택을 수정한다.	물건, 사람 혹은 사건에 대한 행동방향을 선택함

11 정답 ②

답지 ②에서 지적 기능(intelligence skill)이란 방법적 지식 또는 절차적 지식으로 여러 가지 기호나 상징(숫자, 문자, 단어, 그림, 도표)를 사용하여 환경과 상호작용할 수 있는 능력을 말한다. 답지 ①은 운동기능이 아니라 언어정보에 대한 설명이며, 답지 ③은 언어정보가 아니라 운동기능에 대한 설명이다. 답지 ④는 인지전략이 아니라 태도에 대한 설명이다.

12 정답 ①

지적기능이란 학습자가 어떤 특정 사실이나 정보를 단순히 암기만 하는 것이 아니라 그 사실이나 정보를 실제로 사용하고 적용할 수 있도록 하는 것이다. 예컨대, 삼각형의 넓이를 내는 공식이 '밑변×높이÷2'일 때, 이 공식을 적용해서 실제로 삼각형의 넓이를 낼 수 있는 능력을 말한다. 지적 기능의 유형은 다음과 같다.

변별 (discriminations)	가장 하위수준의 기능으로 학습자는 두 가지 사물이 같은지 다른지를 변별해 낼 수 있는 기능을 말한다.
개념 (concept)	개념은 이름이나 사물의 독특한 속성에 따라 사물을 분류할 수 있는 기능이다.
법칙 (rules: 원리)	법칙은 두 개 이상의 개념을 포함하고 있는 절차적 조작을 실제로 시범해 보이는 기능을 말한다. 예컨대 구두로 진술된 예를 풀이함으로써 양수·음수의 덧셈을 증명하는 것을 한다.
문제해결 (problem solving) 또는 고도법칙 학습	문제해결을 위하여 여러 가지 학습법칙들에 기초를 두고 새로운 법칙을 만들어 낼 수 있는 능력이라고 말 할 수 있다.

13 정답 ④

답지 ④에서 원리(법칙)학습은 두 개 이상의 개념을 포함하고 있는 절차적 조작을 실제로 시범해 보이는 기능을 말한다. 답지 ①은 언어정보 능력에 대한 예시이다. 답지 ②는 지적기능의 위계 중 변별학습에 해당한다. 답지 ③은 지적기능의 위계 중 언어연합에 해당하는 학습이다. 가네(R. Gagne)의 지적기능의 8단계 위계는 신호학습(고전적 조건화 반응) → 자극 반응 학습(조작적 조건화) → 운동연합(운동기능에서 자극반응의 결합) → 언어연합(언어를 사용하는 능력에서 연합) → 변별학습 → 개념학습 → 법칙(원리)학습 → 문제해결(고도법칙)학습의 순이다.

14 정답 ②

문제의 내용은 인지전략에 관한 것이다. 인지전략이란 학습자의 학습과정, 사고과정 및 학습행동을 규제 관리하는 학습자 내부의 조직전략이라고 할 수 있다. 인지전략 학습의 특징은 다음과 같다.

- 학습자가 주어진 문제에 대하여 새로운 해결방안을 창안하는 능력을 갖게 되는 것은 인지전략을 학습한 것이다.
- 정보를 기억하거나 어떤 과제에 주의를 기울이도록 하기 위한 개인적인 체제를 고안해 낼 수 있을 때 그 학습자는 인지전략을 학습한 것이다.
- 가네(R. Gagne)는 인지전략의 능력은 어떤 한 단위의 수업에서 학습되기 어려우며, 오랜 기간에 걸쳐 습득되어 진다고 하였다.

15 정답 ②

가네(R. Gagne)의 9단계 수업사태는 내적 정보처리는 도와주는 외적 교수활동이다. 문제에서 제시된 내용은 9단계 가운데 '학습안내를 제공하기(부호화 : 의미 있게 정보를 저장하는 단계)'이다. 9단계 수업사태는 다음과 같다.

단계	내적 학습과정	교수사태
학습 준비	① 주의 (Attending) ② 기대 (Expectancy) ③ 재생(Retrieval)	① 일상적이지 않은 사건, 질문이나 자극의 변화를 통해 학습자의 주의를 집중시킨다. ② 학습자에게 목표를 주지시킨다. ③ 선행학습의 기억을 자극시킨다.
정보/ 기술 획득과 학업 수행	④ 자극요소들의 선택적 지각 (Selective Perception) ⑤ 의미 있는 정보의 저장(Semantic Encoding) ⑥ 재생과 반응 (Retrieval & Responding) ⑦ 강화 (Reinforcement)	④ 자극자료를 제시한다. ⑤ 학습을 안내한다. ⑥ 학업수행을 격려한다. ⑦ 수행의 결과에 대한 피드백을 제공한다.
학습의 전이	⑧ 자극에 의한 재생 (Cueing Retrieval) ⑨ 일반화 (Generalizing)	⑧ 수행을 평가한다. ⑨ 기억과 전이를 격려한다.

16 정답 ①

라이거루스(C. Reigeluth)의 인지 정교화 이론(Elaboration Theory)은 내용을 "선택(Selection)"하고, "계열화(Sequencing)"하며 "종합(Synthesizing)", 요약하기(Summarizing)하기 위한 적절한 방법을 제공하려고 하는 거시적 수준(macro)의 조직이론이다. 일반적인 조직전략은 교수내용의 가장 기본적이고 간단하면서도 일반적인 전체개요(overview)로 부터 시작하여 전체개요의 한 부분에 구체성을 더해가는 형태로 조직할 것을 주장한다. 이론적 배경으로 '선행조직자이론(Ausubel)' '스키마이론(Mayer)' '기억구조 이론' 등이다. 정교화이론의 내용체제는 개념적 정교화, 절차적 정교화, 이론적 정교화로 구성되어 있다.

17 정답 ④

라이거루스(C. Reigeluth)의 인지정교화이론에서 개념, 원리, 등의 학습을 촉진시키기 위한 인지 정교화전략 요인은 '정교화 계열', '선행학습 능력의 계열화', '요약자', '종합자', '비유', '인지전략의 활성화', '학습자 통제' 등이다. 개념, 절차, 원리의 정교화에 적용되는 공통된 전략을 제시하면 다음과 같다.

정교화 계열	학습내용의 구조에 있어서 단순한 내용에서 복잡한 내용으로 조직하는 것이며 단순-복잡 계열은 사진기의 줌렌즈(zoom lens)기법처럼 전체와 세부 구성요소를 반복적으로 살펴보는 교수전략이다.
선수학습 능력의 계열화	학습의 구조(learning structure)에 기초를 둔 것으로 학습의 구조란 새로운 정보를 학습하기 전에 어떤 지식이나 정보를 먼저 학습해야 할지를 나타내는 구조를 말한다.
요약자	학습자가 학습한 것을 망각하지 않도록 하기 위해서 체계적으로 복습하는데 사용되는 전략요소를 말한다.
비유	새로운 정보를 학습자가 친숙한 아이디어에 연결시켜 좀 더 쉽게 이해할 수 있도록 도와주는 교수전략요소이다.
종합자	개개의 아이디어들을 서로 연결시키고 통합시키기 위하여 사용되는 전략요소이다.
인지전략 활성자	학습과정에서 학습자가 사용하는 학습기능과 사고기능으로서 심상(mental Image)을 만들어 내는 것이나 비유를 생각해 내는 능력 등이다.
학습자 통제	학습자가 학습내용, 학습속도, 학습자가 선택하는 특정의 교수전략 요소와 그 요소가 사용되는 순서(제시의 통제), 학습자가 수업을 받을 때 사용하는 특정의 인지전략(의식적 인지통제) 등을 선택하고 계열화할 수 있는 자유를 가지고 있는 것을 말한다.

18 정답 ①

라이거루스(C. Reigeluth)의 정교화이론은 나선형과 선행조직자 이론의 절충형으로 수업방법상 반복이 특징이다. 또한 학습과제를 학습하고, 이미 배운 것을 검토하며, 다음 단계의 학습내용과 이전의 것을 연결시키고, 또 다시 이들을 관련짓거나 재검토하는 줌렌즈기법을 사용한다.

19 정답 ③

메릴(M. Merrill)의 내용요소 전시이론(Component Display Theory)은 미시적 교수설계이론으로 교수설계 변인들 중 교수방법 변인의 범주를 다루며, 교수방법 변인을 다루는 조직전략 중에서 미시적 전략을 다루는 이론이다. 이것은 여러 가지 복잡한 학습대상물을 한 개씩의 내용요소들로 나누어 내고, 그것의 학습수준을 결정한 다음에 그 각각에 적절한 교수방법을 모형으로 제시하기 때문에 붙여진 이름이다.

20 정답 ①

Merrill의 내용전시이론(CDT)이론은 학습의 범주를 수행범주(3)와 내용범주(4)로 나누고 이들을 결합하여 12개의 범주로 나눈 다음 2개 범주(사실×활용, 사실×발견)를 제외한 10개의 학습대상 하나 하나에 교수처방을 하려는 전략이다. 내용-수행의 범주를 제시하면 다음과 같다.

수행 범주	기억	사실이나 개념, 절차, 원리를 그대로 기억하였다가 재생하는 것
	활용	학생들이 개념, 절차, 원리를 실제로 구체적인 상황에 적용해 보는 수행을 의미
	발견	새로운 개념이나 절차, 원리를 도출해 내거나 창안해 내는 수행을 의미
내용 범주	사실	적당한 이름, 날짜, 장소, 혹은 어떤 특정한 사물이나 사건을 지칭하기 위하여 사용한 기호들과 같이 임의적으로 연관을 지어 이름을 붙인 정보
	개념	모두가 공통적인 특성을 지니고 있고 똑같은 이름으로 불리워지는 사물, 사건, 기호들의 집합을 의미
	절차	어떤 목적을 달성한다든가, 혹은 어떤 특정한 문제를 푼다거나 또는 어떤 산출물을 만들어 내는 데에 필요한 단계들을 순서화한 계열을 의미
	원리	어떤 현상이 발생하는 이유에 대하여 설명하거나 또는 앞으로 일어나게 될 사태에 대하여 예측하는 것을 말한다. 그리고 원리는 사건이나 현상을 해석하기 위하여 사용한 인과관계나 상호관련성을 나타냄

[교육방법] 제4회 정답 및 해설

1 ③	2 ③	3 ②	4 ①	5 ②
6 ③	7 ④	8 ①	9 ③	10 ④
11 ③	12 ②	13 ①	14 ②	15 ①
16 ②	17 ②	18 ②	19 ②	20 ①

1 정답 ③

메릴(M. Merrill)의 내용전시이론(CDT)의 수행-내용 매트릭스수행의 첫 번째 수준인 '기억'은 인지심리학이 지칭하는 가장 기초적인 것으로써, 이미 저장되어 있는 정보를 재생 또는 재현시키기 위하여 기억된 것들 속을 탐색하는 작업을 뜻한다. 내용범주에서 '절차'란 어떤 목적을 달성한다거나, 특정한 문제를 푼다거나, 어떤 결과물을 만들어 내는 데에 필요한 단계들을 순서화한 것이다.

2 정답 ③

문제의 내용은 메릴(M. Merrill)의 내용전시이론(CDT)에서 절차×활용의 범주이다. 내용수준에서의 '절차'는 어떤 목적을 달성하거나 특정한 문제를 해결하거나, 산출물을 만드는 데 필요한 단계들을 순서화한 계열을 말하며, 수행수준에서의 '활용'은 학생들이 학습한 개념, 절차, 원리 등을 구체적인 실제 상황에 적용해 보는 수행을 말한다. 10개의 내용-수행 메트릭스의 예는 다음과 같다.

수행×내용	구체적인 예
기억×사실	지도를 그릴 때 교회는 어떤 기호로 나타내어지는가?
기억×개념	침엽수의 특성은 무엇인가?
활용×개념	다음 사진 중의 단층은 역단층인가?
발견×개념	능력, 성별, 사회경제적 배경을 고려하여 교실의 학생들을 몇 개의 분단으로 나누는 방법을 고안해 내시오.
기억×절차	양파의 세포를 관찰하는 데 필요한 현미경의 조작단계를 설명하시오.
활용×절차	현미경을 조작하여 양파를 관찰하시오.
발견×절차	피험자들이 실험실에 들어 설 때 실험처치 그룹에 무선적으로 배치되도록 하는 기법을 고안해 내시오.
기억×원리	세계지도를 만드는데 이용되는 세 가지 투사기술을 각각 설명하시오.
활용×원리	다음은 두 척의 선박 사진이다. 한 척은 파도에 민감하게 흔들리고 다른 한 척은 파도의 영향을 별로 받지 않는다. 이러한 차이점을 보이게 되는 이유를 세 개 이상 드시오.
발견×원리	담배연기가 식물의 성장에 미치는 효과를 측정하기 위한 실험을 설계하고 결과를 보고하시오.

3 정답 ②

답지 ①은 원리×발견하기, 답지 ②는 개념×활용하기, ③은 개념×기억하기, 답지 ④는 원리×기억하기 이다.

4 정답 ①

문제의 내용은 캘러(J. Keller)의 ARCS 단계 가운데 주의집중(Attention) 단계이다. ARCS이론은 켈러(J. Keller)가 제안한 미시적 교수설계인 이론으로서, 동기에 관한 기존의 각종 이론 및 연구들을 종합하여 체계화시킨 이론으로 교수-학습 상황에서 학습동기를 유발시키고 유지시키기 위한 동기설계의 전략들을 제공하고 있다. 주의집중의 다양한 전략을 구체적으로 제시하면 다음과 같다.

지각적 주의 환기의 전략	애니메이션, 삽화 및 그래프, 역상문자, 소리나 박짝거림 등을 이용한다.
탐구적 주의 환기전략	능동적 반응 유도, 문제해결 활동을 구상, 학습자에게 신비감을 주는 방법 등을 이용한다.
다양성 전략	교수사태의 전개 순서상의 변화를 의미하거나 정보가 조직되고 제시되는 방식의 측면을 활용한다.

5 정답 ②

문제의 내용은 캘러(J. Keller)의 ARCS이론에서 관련성 전략이다. 관련성(Relevance)전략은 교수를 주요한 필요와 가치에 관련시키는 전략이다. 관련성의 다양한 전략은 다음과 같다.

친밀성의 전략	학습자들에게 친밀한 인물, 이름, 그림, 예문을 사용한다.
목적 지향적 전략	목적의 실용성을 제시한다(게임, 시뮬레이션 등을 이용).
필요 또는 동기와의 부합성 강조 전략	학습의 목적을 다양한 난이도로 제시한다.

6 정답 ③

문제의 내용은 캘러(J. Keller)의 ARCS단계에서 자신감 전략에 해당한다. 자신감(Confidence)은 학습 성공에 대한 자신감과 긍정적 기대를 갖도록 하는 전략이다. 자신감을 높이기 위한 다양한 전략을 구체적으로 제시하면 다음과 같다.

학습의 필요조건 제시의 전략	학습자에게 수행의 필요조건과 평가기준을 제시한다.
성공의 기회제시의 전략	쉬운 내용에서 어려운 내용으로 제시, 가능한 한 성공의 경험을 제공한다.
개인적인 조절감의 증대	학업의 성공이 개인의 노력에 기인한다는 피드백과 조절의 기회를 제공한다.

7 정답 ④

문제의 내용은 캘러(J. Keller)의 ARCS단계에서 만족감 전략에 해당한다. 만족감(Satisfaction)은 학업성취에 대한 만족감을 지니게 함으로써 강화를 관리하고 자기통제가 가능하도록 한다. 만족감을 높이기 위한 다양한 전략은 다음과 같다.

자연적 결과 강조의 전략	새로 습득한 지식이나 기술을 실제 또는 모의 상황에 적용해 보는 기회를 제공한다.
긍정적 결과 강조의 전략	바람직한 행동을 유지시키기 위하여 성공적인 학습결과에 대한 긍정적인 피드백이나 보상을 제공하는 것을 의미한다(행동주의 외적 강화 반영).
공정성 강조의 전략	학습자의 학업 성취에 대한 기준과 결과가 일관성 있게 유지하고, 학업 수행에 대한 판단을 공정하며, 성공에 대한 보상이나 기타의 강화에 대한 공정성을 유지한다.

8 정답 ①

강의법은 대집단 수업 중에서 가장 보편적인 방법으로 교사중심 교수체제에서 적용되는 대표적인 방법이다. 지식이나 기능을 교사가 중심이 되어 설명을 통해 학습자에게 제시하는 방법이다. 강의법은 고대 희랍시대의 철학자들이 웅변을 통해 서로의 지식을 나누어 갖기 위해서 사용하였다. 그리고 중세시대에는 주로 대학에서 교수법으로 사용되었다. 19세기에 들어서 헤르바르트(Herbart)의 교수 4단계와 그의 제자들이 확대 발전시킨 5단 교수방법에 의해 강의법이 과학화 되었다.

9 정답 ③

답지 ③에서 강의법은 교사 중심의 수업방식이므로 학생의 참여가 필수적일 경우에는 적합하지 않다. 학생의 참여가 필수적인 경우는 학습자 중심의 수업방식을 택해야 한다. 강의법이 적합한 경우와 적합하지 않는 경우를 구체적으로 제시하면 다음과 같다.

적합한 경우	부적합한 경우
• 지식전수가 목표일 경우 • 교과서나 참고서에 없는 사실의 전달이나 이해하기 어려운 내용을 설명할 경우 • 단기파지에 적합 함 • 다른 방법의 수업전 단계에서 학습과제에 대한 전반적인 정보 및 방법을 제시할 경우	• 지식습득 이외의 목표가 강조될 때 • 장기 파지가 필요한 경우 • 학습과제가 고차적인 경우 • 학생의 참여가 필수적인 경우 • 지적능력이 평균이하인 경우

10 정답 ④

답지 ①에서 답이 분명하게 나오는 것뿐만 아니라 다양한 반응이 나올 수 있는 확산적 사고를 자극하는 질문도 해야 한다. 답지 ②에서 문답의 구조화 정도는 반쯤 구조화된 것이 가장 효과가 크다. 답지 ③에서 문답은 학습자의 지적활동을 개발하며 사고 작용을 자극하도록 전개되어야 한다. 단지 교과서에 나타난 사실을 반복하는 질문은 학습자의 능동적 사고를 자극하지 못한다.

11 정답 ③

토의 수업은 공통 주제를 논의하거나 문제를 풀어가기 위하여 교사와 학생, 혹은 학생들끼리 일정한 규칙과 단계에 따라 대화를 나누는 수업방법이다. 답지 ①에서 토의식 수업은 시간과 노력이 많이 소요된다. 답지 ②에서 토의식 수업은 학생들이 주도적으로 이끌어 가는 학생 참여형 수업이다. 답지 ③에서 토의식 수업은 창의력과 협동심을 배양할 수 있다. 답지 ④에서 토의 수업은 사회적인 과제뿐만 아니라 다양한 주제로 토의를 진행할 수 있다.

12 정답 ②

토의식 수업은 개방적인 의사소통과 협조적인 분위기가 선행되어야한다. 토의 수업의 조건을 제시하면 다음과 같다.

- 학습자들이 학습에 적극적 참여와 역할이 강조되어야 한다.
- 학습자 중심의 수업이 이루어지도록 하여야 한다.
- 학습자와 수업자의 창의력을 배양할 수 있어야 한다.
- 대인관계 태도 및 기능력을 배양할 수 있어야 한다.

13 정답 ①

문제의 답지 'ㄴ'에서 토의식 수업은 수업의 시간이 많이 소요된다. 답지 'ㅁ'에서 학습자의 자발적인 참여를 유도하는 것은 학습자를 학습에서 이탈할 가능성을 높게 한다. 토의식 수업의 장단점을 제시하면 다음과 같다.

장 점	단 점
집단의식과 공유능력의 향상	시간이 많이 소요
선입견과 편견의 수정	토의의 허용적 특성은 학습자의 이탈을 자극
자율성 향상	알려지지 않거나 완전히 이해하지 못한 사실과 개념에 대해 효과적인 토의를 하기 적합하지 않음
타인의 의견존중 및 협력하는 태도와 실천력 배양	
스스로 사고하는 능력과 의사표현력을 배양	저학년에게는 형식적인 토의가 되기 쉬움
타인을 통해 알지 못했던 사실을 자각	토의 전 충분한 준비를 갖추어야 함
민주적 태도와 가치관을 육성	인원이 제한 됨

14 정답 ②

원탁토의는 10명 정도의 인원이 고정적인 규칙에 구속되지 않으면서 자유로이 의견이나 태도를 표현하고 지식·정보를 상호 제공하고 교환함으로써 참가자 상호간의 의견이나 견해의 차이를 조정하여 집단으로서의 의견을 요약해 나가는 방법이다.

15 정답 ①

심포지엄(Symposium)은 토의 주제에 대해 권위 있는 전문가 몇 명이 각기 다른 의견을 공식 발표한 후, 이를 중심으로 해서 의장이나 사회자가 토의를 진행시킨다. 단상토의에 참가한 전문가와 사회자, 그리고 청중 모두는 특정 주제에 관한 전문적인 지식이나 정보, 경험 등을 지니고 있어야 한다는 점이 특징이다.

16 정답 ②

공개토의는 1~3인 정도의 전문가나 자원인사가 10~20분간 공개적인 연설을 한 후, 이를 중심으로 하여 청중과 질의 응답하는 방식으로 토의를 진행하는데, 청중이 직접 토의에 참가하여 공식적으로 발표한 연설자에게 질의를 하거나 받을 수 있다는 점이 특징이다. 사회자는 연설 및 질의 시간이나 발언 횟수를 조절해야 하며, 활발한 토의 진행을 위해 청중에게 질의를 유발시켜야 한다.

17 정답 ②

버즈토의(Buzz Session Method)에서 버즈(Buzz)란 벌이 붕붕 소리를 내면서 무리를 이루고 있는 상태를 말한다. 토의법의 하나로서 시간적 제약이나 다수인에서 오는 압박감으로 인해 일부 인원은 발언할 수가 없을 때, 여러 사람을 토의에 참가시키기 위하여 참가자들을 소집단으로 편성하여 특정한 주제나 문제점에 대하여 토론하도록 하는 교수법이다. 구체적인 학습 방법으로는 학습자 전원을 3~6명 정도씩 그룹으로 나누어 리더를 정하고 각 소그룹은 주어진 주제에 대해서 5~20분간 함께 자유로이 토의한다. 각 소그룹의 대표는 그룹의 결론을 전원에게 발표하고 리더는 그것을 참고로 해서 전체 토의를 진행한다.

18 정답 ②

협동학습(Cooperation Learning)은 고도의 경쟁심을 조장하는 전통적 교수환경에서 학습자들이 느끼는 소외감이나 적대감을 해소할 수 있으며, 전통적인 소집단학습에서 나타나는 무임승차를 집단보상을 통해 어느 정도 해소할 수 있는 방법이다.

19 정답 ②

(ㄱ)과 (ㄴ)의 학습의 모형은 협동학습 모형(Cooperation Learning)이다. 협동학습은 전통적인 학습에서 나타나는 지나친 경쟁의 문제점을 제거하기 위한 방법으로 고안된 기법으로 전통적 소집단 학습에 집단보상이 추가되었다. 협동학습은 동기론적 관점의 전제는 집단보상, 개별책무성, 학습참여의 균등 등이다.

20 정답 ①

직소(Jigsaw) 모형은 1978년 미국의 텍사스(Texas) 대학에서 아론슨(Elliot Aronson)과 그의 동료들에 의해서 개발된 협동학습모형이다. 학생들을 다섯 혹은 여섯 개의 이질집단으로 나누고 학습할 단원을 집단구성원의 수에 맞도록 쪼개서 각 구성원에게 한 부분씩을 할당한다. 한 학급은 여러 Jigsaw 집단으로 나누어지므로 각 집단에서 같은 부분을 담당한 학생들이 따로 모여 전문가 집단을 형성하여 분담된 내용을 토의하고 학습한다. 그런 다음 제각기 소속한 집단으로 돌아와서 학습한 내용을 집단구성원들에게 가르친다. 단원학습이 끝난 후 학생들은 시험을 보고 개인의 성적대로 점수를 받는다.

[교육방법] 제5회 정답 및 해설

1 ③	2 ①	3 ③	4 ①	5 ④
6 ①	7 ④	8 ③	9 ③	10 ④
11 ①	12 ②	13 ①	14 ③	15 ①
16 ③	17 ①	18 ④	19 ③	20 ①

1 정답 ③

슬라빈(R. Slavin, 1978)은 과제분담(Jigsaw)모형을 수정하여 과제분담모형Ⅱ를 제시하였다. 과제분담모형Ⅱ(JigsawⅡ)는 모든 학생이 전체 학습자료와 과제를 읽되 특별히 관심 있는 주제를 선택한 다음 그것을 전문가 집단에 가져가서 철저히 공부한 후 다시 자기 소속팀으로 돌아와 가르치는 것이다. 과제분담모형Ⅱ(JigsawⅡ)의 특징은 과제분담모형(Jigsaw)의 개별보상에 집단보상이 추가된 것으로 과제분담Ⅰ(JigsawⅠ)모형과 달리 인지적 정의적 학업성취의 영역에서 전통적 수업보다 효과적이라는 장점이 있다. 이모형에서 교사의 주요 역할은 세분화 될 수 있는 학습과제를 선정하는 것이다.

2 정답 ①

문제에서 제시된 학습과정을 지닌 협동학습모형은 성취과제분담모형(STAD)이다. 성취과제분담 학습은 슬라빈(R. Slavin, 1978)에 의해 개발된 협동학습 모형으로서 초·중·고등학교 수학과목에 주로 이용된다. 개인은 각자 자기 자신의 시험점수를 받지만 자신의 이전까지 시험의 평균점수를 초과한 점수만큼은 팀 점수에 기여하게 된다. 성취과제분담 학습모형은 집단구성원들의 역할이 분담되지 않은 공동학습구조이면서 동시에 개인의 성취에 대해 개별적으로 보상되는 개별보상구조이다.

3 정답 ③

팀경쟁(TGT) 학습은 비버리스와 에드워드(David Bevries & Keith Edwards, 1978)가 지난 1973년 개발한 모형으로 성취과제 분담학습과 동일한 팀, 수업방법, 연습문제지를 이용한 협동학습이며 우수한 팀의 인정 등을 포함한다. 매주 개별성취를 나타내는 토너먼트 게임을 활용하여 최우수 팀을 선정한다.

4 정답 ①

팀보조 개별학습(TAI ; Team Assisted Individualization)은 슬라빈(Slavin), 메든(Madden)과 레비(Leavey, 1974) 등이 1974년에 개발한 기법으로 수학과목에의 적용을 위한 협동 학습과 개별학습의 혼합모형이다. 이모형은 대부분의 협동학습모형이 정해진 학습 진도에 따라 이루어지는 것과는 달리 학습자 개개인이 각자의 학습 속도에 따라 학습을 진행해나가는 개별학습을 이용한다는 점에서 독특하다. 작업구조는 개별 작업과 작업분담구조의 혼합이라고 볼 수 있고 보상구조 역시 개별보상구조와 협동보상구조의 혼합구조이다.

5 정답 ④

답지 ④에서 버즈 훈련 학습방법은 토의학습의 한 유형이다. 답지 ①, ②, ③은 협동학습 유형이다.

6 정답 ①

문제중심학습(Problem-Based Learning)은 의과대학 교수인 벨로우즈(H. Barrows)에 의해 의과대학 수업모형으로부터 시작되었다. 문제중심 학습은 실제로 발생하는 문제와 상황을 중심으로 교수-학습을 구조화한 교육적 접근으로서, 학습자들이 문제를 협력적이고 자기주도적으로 해결해 가는 과정을 통해서 내용에 대한 학습, 비판적 사고력과 협력기능을 기르도록 하는 교수-학습 형태이다. 자기주도학습과 협력학습이 문제중심학습의 핵심적인 주요요소이다.

7 정답 ④

문제기반학습(PBL)은 단순히 일련의 과정을 통해 문제해결과정을 경험하는 데에서 그치지 않고 자기주도학습과 협력학습을 통해 '성찰적 사고와 활동'을 강조하며, 학습자 주도적 학습 환경을 강조하고 실제상황과 관련된 문제로 학습활동을 수행한다.

8 정답 ③

문제기반학습(PBL)은 단순히 일련의 과정을 통해 문제해결과정을 경험하는 데에서 그치지 않고 자기주도학습과 협력학습을 통해 '성찰적 사고와 활동'을 강조하며, 학습자 주도적 학습 환경을 강조하고 실제상황과 관련된 문제로 학습활동을 수행한다. 따라서 답지 ③에서 문제기반 학습은 학습문제 개발과 평가가 쉽지 않아서 보편화하기 어렵다.

9 정답 ③

자기주도 학습은 학습자 스스로에 의한 학습의 흥미, 관심 그리고 요구가 원동력이 되어 학습자 스스로의 뜻에 따라 행하는 학습을 말한다. 자기주도 학습은 1960년 중반 이후 주로 성인교육 분야의 방법으로 많이 활용되었다. 특히 노울즈(M. Knowles)는 성인교육 분야의 대표적인 학자이다.

10 정답 ④

노울즈(M. Knowles)의 자기주도적 학습(self-directed learning)은 지식을 교사에 의해 전달받는 것이 아니라 학습자가 능동적으로 지식을 해석하고 구성하는 과정, 즉 자기 주도적 학습에 의해서 이루어지는 것을 의미하며 평가도 학습자가 한다.

11 정답 ①

펠린사(A. Palincsar)와 브라운(A. Brown)이 독해력 지도를 위해 제안한 수업은 상호교수(reciprocal teaching)이다. 이들은 상호적 교수를 위해 3가지 지침을 제시하였다. 첫째, 교사 통제로부터 학생 책임으로 이동은 점진적이어야 한다(점진적 이동). 둘째, 과제의 난이도와 책임감은 각 학생의 능력과 맞아야만 하고 능력들의 발달에 맞추어 증가되어야 한다(요구와 능력짝짓기). 셋째, 교사는 어떻게 학생이 사고하고 학생에게 필요한 교수는 어떤 종류인지에 대한 단서를 찾기 위해 각 학생의 '교수활동'을 주의 깊게 관찰해야만 한다. 이 수업의 특징으로는 질문, 요약, 명료화, 예측 등의 학습활동에 새로운 모델을 제시하여 준다. 수업의 일반적인 절차는 ㉠ 1단계 : 안내단계 → ㉡ 2단계 : 교사의 시범 단계 → ㉢ 3단계 : 조력단계 → ㉣ 자기 학습단계 등으로 이루어진다.

12 정답 ④

답지 ①은 요약하기, 답지 ②는 명료화하기, 답지 ③은 질문하기, 답지 ④는 예측하기 이다. 상보적 수업의 구체적인 절차와 활동은 다음과 같다.

요 약	읽은 글의 내용을 학생 각자가 요약하기
질 문	교사와 학생, 학생과 학생이 번갈아 가며 질문을 만들고 대답하기
명료화	대답에 근거하여 요약을 명료화하기
예 측	다음에 이어질 내용을 예측하기

13 정답 ①

블렌디드 러닝(blended learning)이란 학습자의 수행성과를 높이기 위해 다양한 교수 설계전략, 미디어 개발 방식 등을 적절히 혼합하는 것을 말한다. 특히 e-러닝의 한계를 극복하고 교육효과를 향상시키기 위해 개발된 방법이다. 블렌디드 러닝은 학습효과를 극대화하기 위해 칵테일처럼 온라인과 오프라인 교육, 그리고 다양한 학습방법을 혼합하는 데서 착안됐다.

14 정답 ③

'플립드 러닝(Flipped Learning)'은 블렌디드 러닝의 한 종류이다. 이는 거꾸로 수업의 형태로 학습내용을 수업이전에 온라인으로 미리 학습하고, 학교 수업에서 학습자는 온라인으로 학습한 내용에 대해 질문, 토론, 모둠활동과 같은 형태로 수업에 적극적으로 참여 한다.

15 정답 ①

모바일 러닝(m-learning)은 이동시에도 학습할 수 있는(즉, 위치에 제약을 받지 않는 무선환경 네트워크)에서 이루어지는 전자학습을 말한다. 휴대용 통신기기가 발달함에 따라 모바일 학습이 가능하게 되었다. 마이크로 러닝(micro learning)은 짧고 심플한 컨텐츠를 의미하며 한입크기의 컨텐츠를 말한다. 즉 한 입 크기의 한 번에 소화할 수 있는 분량의 학습이란 5~7분 정도의 분량에, 한 가지개념으로 구성된 학습을 말한다.

16 정답 ③

문제에서 제시된 내용은 대화형 인공지능학습(Chat GPT learning)이다. 대화형 인공지능(Chat Generative Pre-trained Transformer)은 사용자와 주고받는 대화에서 인공지능에 따라서 질문에 답하도록 설계된 AI모델이다. 답지 ①에서 블렌디드 러닝(blended learning)이란 학습효과를 극대화하기 위해 칵테일처럼 온라인과 오프라인 교육, 그리고 다양한 학습방법을 혼합하는 데서 착안됐다. 대표적인 기법으로 '플립드 러닝(Flipped Learning ; 거꾸로 학습)이 있다. 답지 ②에서 메타버스(metaverse)란 현실세계를 의미하는 Universe와 가공, 추상을 의미하는 Meta의 합성어로 가상현실(virtual reality)를 말한다. 이는 물리적인 제한 없이 인간과 인간이 교류가 가능한 환경을 말한다. 따라서 메타버스를 활용한 학습에서 시공간을 초월하여 생생한 경험을 통해 학습에 몰입할 수 있다. 답지 ④에서 유비쿼터스 학습(Ubiquitous Learning)은 학생들이 시간, 장소, 환경 등에 구애 받지 않고 일상생활 속에서 언제, 어디서나 원하는 학습을 할 수 있는 교육형태 이다. 유비쿼터스 환경은 언제, 어디서나 원하는 학습이 이루어지고, 일생생활에서 접하는 다양한 문제해결에 필요한 학습을 즉시 할 수 있는 환경이 구현된다.

17 정답 ①

문제에서 제시된 교수매체의 선택 및 활용 절차는 하이니히(Heinich) 등의 ASSURE 모형이다. 이에 따르면 첫 번째 단계는 <u>학습자 분석의 단계</u>이다. 이 단계에서는 학습자의 일반적인 특성과 출발점 능력, 학습양식 등을 검사지나 인터뷰를 통해서 분석한다. ASSURE모형의 구체적인 절차와 활동은 다음과 같다.

단계 / 활동	주요활동
학습자 분석 (Analyze learners)	학습자의 일반적인 특성과 출발점 능력, 학습양식 등을 검사지나 인터뷰를 통해서 분석한다.
목표제시 (State objective)	목표를 제시하고 그 목표의 성취에 알맞는 교수매체를 선정하며 그를 위한 환경과 평가기준을 제시한다.

수업도구와 자료의 선정 (Select media and materials)	기존의 자료를 검색하고 목표에 맞게 수정하거나 새롭거나 새롭게 제작한다.
수업도구와 자료의 활용 (Utilize media and materials)	수업에 사용하기 전에 먼저 내용을 확인하고 연습한 후 학습자들에게 미리 매체에 대한 정보를 주어야 한다. 제시 후에는 토론이나 소집단 활동 및 개별보고서 등의 사후 학습을 계획한다.
학습자의 참여 이끌기 (Require learner participation)	학습자의 참여를 이끌어 낼 수 있는 토의, 퀴즈, 연습문제 등을 준비한다.
평가와 수정 (Evaluation and revise)	학습자의 성취도를 측정하고 매체와 방법에 대해 평가한 후 수정이 필요한 부분을 파악한다.

18 정답 ④

ASSURE 모형에서 '토의', '퀴즈', '연습문제' 등을 준비하는 단계는 '<u>학습자 참여 이끌기</u>' 이다. 수업 매체와 자료를 효과적이고 체계적으로 활용하기 위한 지침은 '문 17' 해설을 참고하면 된다.

19 정답 ③

하이니히(R. Heinich)가 제안한 ASSURE모형에서 '<u>매체와 자료 활용</u>'의 단계에서는 수업에 사용하기 전에 먼저 내용을 확인하고 연습한 후 학습자들에게 미리 매체에 대한 정보를 주어야 한다. 제시 후에는 토론이나 소집단 활동 및 개별보고서 등의 사후 학습을 계획한다.

20 정답 ①

답지 ①에서 인터넷을 기반으로 하는 원격교육체제는 학습자들의 개별화 요구를 충족시켜 줄 뿐만 아니라 언제 어디서든 누구에게나 열린 교육이 가능하다.

교육행정
정답 및 해설

유길준 공무원 교육학
진도별 모의고사

[교육행정] 제1회 정답 및 해설

1 ④	2 ④	3 ①	4 ②	5 ③
6 ②	7 ③	8 ②	9 ③	10 ④
11 ①	12 ②	13 ④	14 ④	15 ②
16 ④	17 ④	18 ②	19 ④	20 ①

1 정답 ④

답지 ①에서 사회과학이나 행동과학적 접근은 '경영설(행정행위설)'로서 법규적 통제 보다는 자율성을 강조한다. 답지 ②에서 '교육에 관한 행정'은 교육행정을 일반행정 속에 매몰시켜 교육행정의 전문성, 독자성, 특수성을 찾아 볼 수 없는 전통적 입장이다. 답지 ③에서 '정책실현설'은 입법기관이 교육목적달성을 위해 입안·수립한 교육계획 및 교육정책을 행정기관이 넘겨받아서 집행하는 것을 교육행정으로 본다. 답지 ④에서 '교육을 위한 행정'은 교육행정을 교육목표달성에 필요한 인적, 물적 조건을 정비하고 지원해 주는 전문적 봉사 활동으로 규정하고 교육행정의 특수성과 자율성 및 주체성과 행정의 전문성 및 기술적 수단을 강조하는 입장이다.

2 정답 ④

문제에서 제시된 글의 내용은 행정의 '법규해석적 관점(교육에 관한 행정)'에 대한 것이다. 이는 몽테스키외(Montesquieu)의 삼권분립의 사상에 근거를 둔 것으로 교육을 내무행정 분야의 보육행정으로 취급하며, 교육행정을 일반 행정과 마찬가지로 국가 공권작용의 하나로 보는 입장을 말한다.

3 정답 ①

문제의 답지 'ㄹ'은 독자적인 성격에 해당한다. 교육행정의 일반적 성격은 다음과 같다.

교육행정의 조장적 성격	• 교육이 사회공공의 복리증진에 기여함을 의미 • 정신적, 물질적 봉사에 역점을 두는 지도, 조언을 수단으로 하는 행정
수단적·기술적 성격	• 교육목적 달성을 위한 인적·물적·제조건을 정비·확립하는 조건정비적 성격 • 교육을 위한 행정으로 수단적·봉사적 성격을 강조
민주적·중립적 성격	• 교육행정은 정치, 종교, 파당으로부터 중립성을 띠어야 함 • 교육의 자주성 확보와 공정한 민의를 반영

4 정답 ②

문제의 답지 'ㄹ'에서 교육목표달성을 위한 지도·감독이 이루어지는 것은 일반행정에도 포함되어 있는 요소로 독자적인 성격이라고 볼 수 없다. 교육행정의 독자적인 성격을 제시하면 다음과 같다.

- 교육기관이 교육목표의 달성을 최대한 보장할 수 있는 여건을 조성한다.
- 교육행정은 다른 기관이나 지역사회와의 고도의 협력을 추구 한다.
- 교육행정이 지향하는 목표의 장기성과 비긴급적인 성격을 띤다.
- 교육은 일부 국민이 아닌 전체 국민을 대상으로 한다.
- 교육행정은 고도의 공개성과 여론에의 민감성의 성격을 띤다.
- 교육에 관여하는 사회집단의 독자성이 있다.
- 교육행정의 전문성을 강조한다.
- 교육평가의 곤란성을 특징으로 한다.

5 정답 ③

문제의 내용은 교육행정의 법규적 측면의 원리 가운데 '기회균등'의 원리이다. 교육행정의 법규적 측면의 기본원리들은 다음과 같다.

법치행정의 원리	모든 행정이 법에 의거하고 또한 법이 정하는 범위 내에서 이루어지는 것을 원칙으로 한다는 원리이다.
자주성 존중의 원리	교육의 자주 독립성, 정치·종교적 중립성, 전문성을 지켜야 함을 의미한다.
적도집권의 원리	중앙집권과 지방분권이 적절한 균형을 유지하여야 함을 의미한다.
기회균등의 원리	• 기회균등의 원리란 "모든 국민은 능력에 따라 균등하게 교육받을 권리를 가지며 이는 법률로써 보장한다" (헌법 제31조 1항)라는 사항을 의미한다.

	• 성별, 신분, 경제, 정치, 문화, 종교 등 모든 면에 차를 두지 아니하고 균등하게 교육의 혜택을 제공하는 교육행정의 원리이다.

6 정답 ②

문제의 내용은 기회균등의 원리이다. 기회균등의 원리란 "모든 국민은 능력에 따라 균등하게 교육받을 권리를 가지며 이는 법률로써 보장한다." 라는 「헌법」 31조 1항과 「교육기본법」 제4조(교육의 기회균등)에 따르는 법규적 측면의 원리를 말한다.

7 정답 ③

문제의 내용은 교육행정의 '자주성존중의 원리'이다. 이는 「헌법」 31조 4항과 「교육기본법」 제5조(교육의 자주성)와 제6조(교육의 중립성)와 관련이 있다. 교육행정의 자주성 존중의 원리란 교육의 자주 독립성, 정치·종교적 중립성, 전문성을 지켜야 함을 의미한다.

8 정답 ②

문제의 내용은 교육행정의 운영·실천상의 원리 가운데 '민주성의 원리'에 해당한다. 민주성의 원리란 교육행정을 수립·운영하는 데 있어서 광범위한 참여를 통하여 공정과 민의를 반영케 하며, 그 정책의 집행과정에 있어서도 명령이나 지시보다 협조와 이해를 추구하는 원리이다. 교육행정의 운영·실천상의 기본원리를 구체적으로 제시하면 다음과 같다.

민주성의 원리	교육행정을 수립하는 데 있어서 광범위한 참여를 통하여 공정과 민의를 반영케 하며 그 정책의 집행과정에 있어서도 명령이나 지시보다 협조와 이해를 추구하는 원리이다.
안정성의 원리	교육활동의 지속성, 일관성, 사회문화의 전통을 계승, 보전, 발전시키는 과정의 원리이다.
적응성의 원리	적응성의 원리란 시대·환경의 변화에 신축성 있게 대응해 나가는 조화적 관계의 원리이다.
타당성의 원리	합목적성의 원리 즉, 교육목표 달성에 필요충분한 조건을 구비·확립하여야 한다는 원리이다.
능률성의 원리	최소한의 비용과 노력으로 최대의 효과를 가져오는 것을 의미한다. 이는 교육목표달성을 위한 경제원리를 의미한다.
균형성의 원리	균형성의 원리란 교육정책 수립과정에 있어서 사물의 경중과 선후관계를 밝히고 자원의 공정한 분배를 기여하여야 함을 의미한다. 즉, 교육행정의 능률성과 민주성, 적응성과 안정성 원리 사이의 균형적 판단이 되도록 하는 원리이다.

9 정답 ③

문제의 내용은 교육행정의 운영·실천상의 원리 가운데 '민주성의 원리'이다. 민주성의 원리란 교육행정을 수립하는 데 있어서 광범위한 참여를 통하여 공정과 민의를 반영케 하며 그 정책의 집행과정에 있어서도 명령이나 지시보다 협조와 이해를 추구하는 원리이다.

10 정답 ④

답지 ④에서 공식적 조직은 합리성에 의한 대규모 조직이며, 비공식적 조직은 전체조직내의 부분적 조직에 해당한다. 공식적 조직과 비공식적 조직의 차이는 다음과 같다.

공식적 조직	비공식적 조직
• 인위적으로 조직 • 능률의 논리를 강조 • 외면적, 가시적 조직 • 논리적 합리성에 의한 대규모 조직	• 혈연, 지연의 자연발생적 조직 • 감정의 논리를 강조 • 내면적, 내향적, 불가시적 조직 • 내면적 현실적 인간관계에 의한 소집단

11 정답 ①

답지 ①에서 지방분권조직은 교육에 관한 지휘·감독권이 지방 기관에 상당히 부여된 상태를 의미한다. 따라서 지방분권화된 구조가 민주주의 이념에 부합된다. 중앙집권 조직과 지방분권조직을 비교하면 다음과 같다.

구분	중앙집권적 교육행정 조직	지방분권적 교육행정 조직
개념	교육에 관한 지휘·감독권이 중앙 기관에 집중되어 있는 상태를 의미한다.	교육에 관한 지휘·감독권이 지방 기관에 상당히 부여된 상태를 의미한다.
장점	• 행정의 능률성 추구 • 교육의 기회균등 추구 • 강력한 교육행정 수행 • 행정의 통일성 추구	• 지역사회의 특수성에 따른 교육실시 • 지역사회주민의 참여 증대 • 신축성 있는 교육행정 운영
단점	• 교육통제 강화로 자율성 저해 • 획일적 교육행정 실시 • 비민주적 교육행정 실시	• 행정의 통일성을 추구하지 못함 • 교육질의 균등화를 추구하지 못함 • 일관된 교육행정을 실시하지 못함

12 정답 ②

카츠와 칸(D. Katz & R. Kahn)은 본원적인 기능에 근거하여 사회조직을 분류하였을 때 학교를 유지기능적 조직이라고 하였다. 유지 기능적 조직은 조직생활에서 맡아야 할 각자의 역할을 감당할 수 있도록 사람들을 사회화시키는 기능을 수행하는 조직이며, 사회가 와해되지 않도록 규범적 통합을 보존하려는 조직(학교, 교회)이다.

13 정답 ④

블라우와 스콧(P. Blau & W. Scott)은 주요 수혜자를 기준으로 조직을 분류하였다. 봉사조직은 주요수혜자가 고객이며 주요 기능이 봉사를 제공하는 것이다. 대표적인 조직으로 사회복지기관, 법률상담소, 학교, 병원, 재활원 등이다.

14 정답 ④

에치오니(A. Etzioni)의 복종관계를 기초로 하여 사회조직을 강제적 조직(A), 공리적 조직(E), 규범적 조직(I)으로 분류하고 학교를 규범적 조직 속에 포함시켰다. 규범적 조직은 개인에게 위신과 의례적 상징을 조작하여 배분함으로써 규범적으로 통제하며, 개인은 조직에 헌신적·도덕적으로 관여한다. 여기에 속해 있는 조직으로 학교, 종교단체, 법원 등이다.

15 정답 ②

에치오니(A. Etzioni)의 사회조직의 분류는 권력과 참여에 따른 분류이다. 권력은 강제적 권력, 물질(보상)적 권력, 규범적 권력으로 나누고, 참여는 소외적 참여, 타산적 참여, 도덕(헌신)적 참여로 구분하고 사회조직을 강제적 조직(강제-소외), 공리적 조직(보상-타산), 규범적 조직(헌신-규범)으로 구분하였다. 여기서 학교는 규범적 조직에 속한다고 하였다.

강제적 조직	심리적으로 관여하지 않으면서 구성원으로서의 지위를 감수하기 위하여 소외적으로 관여하고 개인을 강제적으로 통제한다. 예) 형무소, 포로수용소 등
공리적 조직	보수에 의해 통제하고 개인은 조직에 깊이 관여하지 않으며, 주어지는 보수에 따라 타산적으로 관여한다. 예) 사기업체, 경제단체 등
규범적 조직	위신과 상징을 조작하여 배분함으로써 규범적으로 통제하고, 개인은 조직에 헌신적, 도덕적으로 관여한다. 예) 학교, 종교단체 등

16 정답 ④

파슨스(T. Parsons)의 목적추구기능을 기초로 하는 사회조직의 분류에서 학교를 유형유지 조직에 포함시켰다. 유형유지조직은 사회조직의 동기적·문화적 유형을 유지하고 새롭게 하는 문제에 관심을 두는 조직으로 한 사회의 문화를 창조하고 보존하며 전달하는 기능을 수행하는 조직이다.

17 정답 ④

칼슨(R. Carlson)은 고객선발방법을 중심으로 봉사조직을 4개의 유형으로 분류하였다.

		고객의 참여 결정권	
		있음	없음
조직의 고객 선택권	있음	유형 I	유형 III
	없음	유형 II	유형 IV

위 그림에서 우리나라 고교평준화 지역의 공립 고등학교는 유형 Ⅳ인 '사육조직 또는 온상조직'에 해당한다. 이 조직은 조직이 법에 의해서 고객을 받아들이지 않으면 안 되고, 고객도 참여하지 않으면 안 된다. 특히 고객확보를 위한 경쟁이 없으며, 재정지원의 수준도 고객의 질과 관계없고 오직 양에만 관계한다. 온상조직의 문제는 어떻게 하면 고객들의 동기를 유발시켜서 그 조직에 적응토록 하느냐 하는 것이 문제이다. 의무교육을 실시하는 공립초등 및 중등학교, 교도소, 국립정신병원 등이 해당한다.

18 정답 ②

문제의 설명은 칼슨(R. Carlson)의 봉사조직 가운데 사육조직에 해당하는 설명이다. 사육조직의 대표적인 교육기관은 의무교육을 실시하는 공립의 초등 및 중등교육기관이다. 사육조직은 조직이 법에 의해서 고객을 받아들이지 않으면 안 되고, 고객도 참여하지 않으면 안 된다. 특히 고객확보를 위한 경쟁이 없으며, 재정지원의 수준도 고객의 질과 관계없고 오직 양에만 관계한다. 온상조직의 문제는 어떻게 하면 고객들의 동기를 유발시켜서 그 조직에 적응토록 하느냐 하는 것이 문제이다.

19 정답 ④

답지 ④에서 에치오니(A. Etzioni)의 조직의 분류기준은 '지배, 복종의 관계'이다. 답지 ①에서 블라우(P. Blau)의 조직의 분류기준은 조직의 '주요수혜자'이다. 답지 ②에서 카츠(D. Katz)의 조직의 분류기준은 '사회의 필수적 기능'이며, 답지 ③에서 파슨스(T. Parsons)의 조직의 분류기준은 '목적추구 기능'을 중심으로 한다.

20 정답 ①

웨이크(K. Weick)는 학교를 이완체제(Loosely Coupled System)또는 느슨한 결합체제하고 하였다. 이것은 학교조직은 교원의 자율성과 전문성을 중요시하기 때문에 학교는 각 부서, 과정, 활동 및 개인 등 조직의 구성요소가 단단하게 결합되지 못하고, 조잡하고 느슨하게 연결된 조직이라는 것이다. 메이어(Meyer)와 로완(Rowan)은 학교조직이 가지는 이완결합성은 모든 참여주체들 간의 상호신뢰가 이루어진다는 것을 전제로 한다고 가정했고, 이것은 신뢰의 논리(logic of confidence)라고 하고, 학교는 신뢰논리만이 통용되는 조직이라고 하였다.

[교육행정] 제2회 정답 및 해설

1 ④	2 ②	3 ③	4 ①	5 ④
6 ①	7 ③	8 ②	9 ②	10 ②
11 ②	12 ④	13 ①	14 ③	15 ④
16 ③	17 ③	18 ③	19 ④	20 ①

1 정답 ④
이완체제(Loosely Coupled System)의 입장에서 학교조직은 교원의 자율성과 전문성을 중요시하기 때문에 횡적으로 잘 조정되고, 종적으로 지시·명령계통에 의해서 일사분란하게 움직일 수 있도록 결합된 조직이 아니라는 것이다.

2 정답 ②
조직화된 무질서 또는 무정부상태의 조직(organized anarchies)은 코헨과 마치 그리고 올센(M. Cohen & J. March, & S. Olsen) 등이 개념화한 것이다. 그들은 대학과 같은 조직은 늘 불안정하고, 유동적인 상황이며, 합리적이고 체계적이지 않기 때문에 무정부적이라는 것이다. 따라서 의사결정의 형태가 주먹구구식의 의사결정을 한다(쓰레기통모형). 학교조직의 불확실성의 속성을 구체적으로 제시하면 다음과 같다.

목표의 불확실성	많은 학교들은 학교의 목표가 무엇인지 명백히 모르는 애매모호한 상황에 있다.
방법, 기술의 불분명	교육목표가 불확실하기 때문에 목표를 달성하려고 하는 방법, 기술을 또한 불분명하다.
참여의 유동성	학교 구성원인 교사와 학생 및 학부모의 참여가 유동적이라는 것이다.

3 정답 ③
답지 ③에서 학교의 각 하위 체제들이 수직적인 위계 특성을 지니고 있는 것은 관료적 조직의 특징이다. 코헨과 마치(M. Cohen & J. March)가 주장한 교육 조직의 '조직화된 무질서(organized anarchy)'의 특징으로 목표의 불확실성, 방법, 기술의 불분명, 참여의 유동성 등이다.

4 정답 ①
조직화된 무질서의 개념은 코헨과 마치(M. Cohen & J. March)가 주장한 것으로 대학과 같은 조직은 늘 불안정하고 유동적인 상황이며, 합리적으로 체계적이 않기 때문에 붙여진 이름 이다. 따라서 대학의 조직은 늘 불안정하고 유동적인 상황이기 때문에 합리적이고 체계적인 의사결정이 어렵다. 따라서 무정부 상태에서의 의사결정은 마치 쓰레기통에서 무엇을 선택하는 상황에 처하게 된다고 하여 의사결정의 쓰레기통모형(garbage can model)으로 설명하고 있다.

5 정답 ④
문제의 답지 'ㄱ'에서 학교조직은 이완체제, 또는 조직화된 무질서 속성을 지니고 있기 때문에 일반적인 조직처럼 투입과 산출이 분명한 조직 아니다. 이완체제란 학교조직의 특수성은 관료제의 원칙처럼 분업화에 의해서, 권한의 계층관계에 의해서 횡적으로 잘 조정되고, 종적으로 지시·명령계통에 의해서 일사분란 하게 움직일 수 있도록 결합된 조직이 아니라는 것이다.

6 정답 ①
학교와 관련된 조직이론으로는 봉사조직, 순치조직, 유형유지조직, 규범적 조직, 이완결합조직, 복합적 조직, 전인구속적 조직 등이 있다.

7 정답 ③
민츠버그(H. Mintzberg)는 조직구조의 기본요소와 업무조정과 통제방법에 따라 조직의 유형은 단순구조형, 기계적 관료형, 전문적 관료형, 계열사조직, 임시조직으로 구분하였다. 문제에서 제시된 내용과 같은 특성을 보이는 학교조직은 민츠버그(H. Mintzberg)의 조직이론에 비추어 전문적 관료조직의 형태이다. 전문적 관료조직은 학교운영이 분권화되어 교사들 간의 민주적인 관계를 갖게 된다. 민츠버그가 학교조직에 적용가능하다고 주장한 조직은 '단순구조형', '기계적 관료형', '전문적 관료형'이며, 이 가운데 학교조직의 특성에 가장 잘 맞는 조직은 '전문적 관료제'라고 하였다.

단순 구조형	학교운영이 집권화 되어 학교장이 규칙이나 규정에 얽매이지 않고 강력한 지도성을 발휘할 수 있다.
기계적 관료형	기술 관료층에서 학교의 업무를 표준화하여 교사들의 업무내용이 표준화된다.
전문적 관료형	학교의 운영이 분권화 되어 교사들 간에 민주적인 관계를 갖게 된다.

8 정답 ②

학습 조직(learning organization)이란 일상적으로 학습을 계속 진행해나가며 스스로 발전하여, 환경 변화에 빠르게 적응할 수 있는 조직이다. 구조조정, 직무 재설계 등 기존의 경영혁신 전략들이 단발성으로 끝나는 한계를 지니고 있었다는 점을 비판하고, 지속적인 혁신의 필요성이 높아짐에 따라 학습조직이라는 개념이 등장하였다. <u>학습조직의 구축 요소로 '개인적 숙련', '정신모형', '공유된 비전', '시스템적 사고', '팀 학습' 등이 있다.</u>

9 정답 ②

문제의 답지 'ㄷ'에서 과학적 관리의 원칙에 의하면 노동자에게 주어지는 과업은 일류 노동자만이 달성할 수 있을 만큼 어려운 것이어야 한다. 답지 'ㅁ'에서 과학적 관리의 원칙에 의하면 노동자가 과업을 성공적으로 수행할 수 있도록 작업조건과 도구를 표준화하여야 한다. 과학적 관리 이론은 작업과 노동자 관리에 중점을 둔 이론이다. 19세기말에서 20세기 초 까지 미국에서 격화된 기업 간의 경쟁 및 공황을 타개하기 위한 경영합리화의 요청에서 대두하였다(F. W. Taylor). 최소의 노동과 비용으로 최대의 효과를 낳을 수 있는 최선의 방법을 발견하여 노동자와 자본가의 공동번영을 도모하기 위하여 성립되었다. 과학적 관리의 원칙은 다음과 같다.

최대의 1일 작업량	모든 노동자에게 명확하게 규정된 충분한 1일 작업량을 주어야 한다.
표준화된 조건	노동자가 과업을 성공적으로 수행할 수 있도록 작업조건과 도구를 표준화하여야 한다.
성공에 대한 높은 보상	노동자가 과업을 성공적으로 완수할 경우에는 높은 보상주어야 한다.
실패에 대한 손실보상	노동자가 과업을 달성하지 못한 경우에는 실패에 대한 손해를 감수하도록 해야 한다.
과업의 고숙련도	노동자에게 주어지는 과업은 일류 노동자만이 달성할 수 있을 만큼 어려운 것이어야 한다.

10 정답 ②

답지 ②에서 과학적 관리이론은 인간관에 경제인관을 상정하여 동기유발의 요인으로 보상이나 처벌의 위협에서 동기를 얻는다고 가정한다. 답지 ①, ③, ④는 인간관계론에 해당한다.

11 정답 ②

행정과정이란 교육행정의 목표를 합리적으로 달성하기 위해 교육행정이 어떤 절차를 거쳐서 수행되느냐 하는 것이다. 이것은 교육행정작용의 구성요소를 의미하는 것으로, 교육행정가의 기능이며 과업일 수 있다. 행정과정의 최초의 연구는 프랑스의 페이욜(H. Fayol)에 의해 시작되었다. 시어즈(J. B. Sears)는 패이욜(H. Fayol)의 행정과정이론을 최초로 교육행정과정에 적용하였다. 문제의 내용은 교육행정과정의 단계 가운데 '조직'의 단계이다. 시어즈(J. B Sears)의 교육행정과정을 단계적으로 제시하면 다음과 같다.

기 획 (Planning)	일정의 과업수행을 위해 준비하는 단계를 지칭한다. ① 행정과정의 독립된 것이 아닌 행정전체의 일부 ② 관리의 모든 기능을 유지하는데 필요한 조직, 지시, 조정, 통제, 등과 서로 작용
조 직 (Organizing)	과업달성을 위해 인적·물적 자원의 조직 배치, 구조화하는 단계이다. ① 사람 : 교수회, 학교, 학급, 학년위원회 ② 물자 : 학교건물, 시설, 매체 ③ 규칙, 원리 : 경영방침, 학습지도안, 성적기준, 일과표
지 시 (지휘, Drirction)	의사결정을 위해 조직 구성원들이 행동할 수 있도록 명령을 내리고 지시사항을 부여하는 일이다. ① 의사결정한 내용을 구성원을 수행하도록 명령, 지시 ② 여러 과정의 활동이 목적을 향하여 일관성을 유지하는데 공헌

조정 (Coordinating)	행정이 관여하는 여러 가지 측면 즉, 부서 간의 서로 다른 의사를 통합·조정하는 단계이다. ① 조직의 모든 운영을 조화시키고 분산된 노력을 통합 ② 조직, 인사, 재정, 시설, 사무, 수업 등을 학교 목적달성에 최적할 수 있도록 조화
통제 (Controlling)	부과된 과업을 각 성원이 바람직하게 잘 달성하고 있는지 지휘·감독하는 단계이다. ① 결과검토 및 평가 ② 목적성취를 위한 직접통제 ③ 통제수단 : 명령, 규칙, 지시, 계획, 전통, 태도, 직업윤리, 보수, 상벌

12 정답 ④

프랑스의 학자 페이욜(H. Fayol)에 의해 시작된 행정과정 절차와 요소는 여러 학자들에 의해 다양하게 발전하였다. 각 학자들의 행정과정과 요소를 구체적으로 제시하면 다음과 같다.

페이욜(H. Fayol)	기획-조직-명령-조정-통제
굴릭과 루익 (L. Gulick & L. Urwick)	기획-조직-인사-지시-조정-보고-예산편성
그레그 (R. Gregg)	의사결정-기획-조직-의사소통-영향-조정-평가
캠벨 (R. Campbell)	의사결정-프로그램작성-자극-조정-평가
김종철	기획-결심-조직-교신-지도-조정-통제-평가

13 정답 ①

문제의 답지 'ㄹ'에서 학교관료제는 권위의 계층화를 강조함으로써 의사소통이 봉쇄될 가능성이 있다. 관료제의 이점을 제시하면 다음과 같다.

기술적 우월성	주어진 목적을 가장 능률적으로 달성하기 위한 합리적인 제도적 장치이다.
반응의 신뢰성	관료의 행동은 일정한 자극반응의 패턴에 의해 확립되어 있다.
전문화	직무의 전문화와 전문가에 의한 행정은 전문성과 합리성을 촉진한다.
집권성	인적 물적 자원을 집중 관리함으로써 능률성이 촉진된다.

14 정답 ③

학교관료제는 분업화, 몰인정지향성, 권위의 계층화, 규칙과 규정강조, 경력지향성 등을 특징으로 한다. 답지 ③번은 이완체제적 관점에서 특징이 된다. 학교관료제의 특징을 요약하면 다음과 같다.

역 기 능	관료적 특징	순 기 능
㉠ 권태감	← 분 업 →	숙련된 기술
㉡ 사기저하	← 몰인정지향성 →	합리성
㉢ 의사소통 봉쇄	← 권위의 계층 →	훈련된 준수와 조정
㉣ 경직성과 목표전환	← 규칙과 규정 →	계속성과 통일성
㉤ 업적성과 연공제간의 갈등	← 경력지향성 →	유 인

15 정답 ④

문제의 답지 'ㄱ'은 과학적 관리이론이 기본 전제이다. 메이요(E. Mayo)와 뢰슬리스버거(F. Roethlisberger)의 인간 관계론은 과학적 관리이론을 비판하면서 등장하였다. 특히 과학적 관리이론이 지나치게 합리적인 경험을 강조한데서 인간의 감정적·정서적인 비합리적 요소가 오히려 역작용을 하여 구성원간의 상호협력이 이루어지지 않고 사기·자발적 창의성 등이 저하되어 작업능률을 떨어뜨렸다고 지적하고 있다. 인간관계 이론의 기본전제를 구체적으로 제시하면 다음과 같다.

- 고도의 전문화는 결코 가장 능률적인 분업 형태와 생산의 향상성을 추구하지 못한다.
- 노동자는 개인으로서가 아니라 집단의 구성원으로서, 관리와 그 규범과 보수에 반응한다.
- 노동자가 하는 일의 양은 그의 육체적 능력에 의해서가 아니라 사회적 능력에 의해서 결정된다.
- 비경제적 보수가 노동자의 동기와 행복을 결정하는 데 중심적 역할을 한다.
- 비공식적 지도의 중요성을 입증하였다.
- 의사소통과 의사결정에 있어서 참여적·민주적 지도성의 중요성을 강조한다.

16 정답 ③

인간 관계론은 학교조직의 운영에 있어서 의사소통의 중요성을 고취, 사회적 능률관을 성립, 민주적 지도성을 형성, 자생집단(비공식적 조직)의 중요성을 고취, 사기부여를 통한 생산성향상 등 학교조직 운영의 민주화에 공헌하였다.

17 정답 ③

행동과학적 접근은 과학적 관리론과 인간관계론에 대한 변증법적 발전 논리에 따라 양이론간의 갈등을 해소하면서 개인과 조직 간의 조화로운 관계를 이해하려는 입장의 접근이라고 할 수 있다. 행동과학이 등장하게 된 배경은 과학적 관리론은 지나치게 조직의 생산성 향상을 위한 직무분석과 과업의 능률성을 강조한 나머지 사회적 존재로서의 인간을 무시하는 경향이 있고, 인간관계론은 개인의 감정이나 태도 비공식 집단의 사기를 중요시한 나머지 조직을 또한 지나치게 무시하였다는 단점을 극복하기 위함이다. 행동과학의 대표적인 학자로는 버나드(C. I. Bnrnard)와 사이몬(H. A. Simon)이다.

18 정답 ③

답지 ③에서 행동과학적 접근은 고전적 조직론과 인간관계론에 대한 변증법적 발전 논리에 따라 양이론간의 갈등을 해소하면서 개인과 조직 간의 조화로운 관계를 이해하려는 입장의 접근이라고 할 수 있다. 이는 행동의 개념과 이론, 연구설계, 통계적 특정 기법 등을 이용하여 개념을 조작하고 이론적 가설을 실증적 자료에 의해 검증하여 일반화할 수 있는 이론을 수립하려는 운동이다. 답지 ①은 '인간 관계론'이며, 답지 ②는 '과학적 관리이론'이고, 답지 ④는 '체제이론'이다.

19 정답 ④

겟젤스와 구바(J. Getzels & E. Guba)의 사회체제 모형은 사회심리학적 차원에서 접근(행동과학)하는 이론이며, 개인의 행동은 역할과 인성간의 상호작용의 결과이다. 답지 ①과 ②에서 사회체제 이론의 배경이 행동과학이론이므로 인간의 행동은 심리적 차원(개인적 차원) 및 조직적인 차원의 양면에서 설명할 수 있다. 답지 ③에서 사회체제 내에서 역할이 강조되면 자율성이 줄어든다. 답지 ④에서 개인의 행동 $B = f(R \cdot P)$ (B:행동, R:역할, P:인성) 즉, 역할과 인성간의 상호작용의 결과이다.

20 정답 ①

과업평가검토기법(PERT)법은 기획과 통제를 기반으로 발전된 기법으로 사업수행에 필요한 활동, 소요시간, 비용, 활동간의 관련성을 망(network)으로 나타내고 사업진행 중에 평가와 조정을 통해 정해진 기간 내에 경제적으로 사업을 완수하기 위한 기법이다. 과업평가검토기법의 특징은 다음과 같다.

- 사전에 문제점을 예측할 수 있다.
- 실정에 맞는 계획을 선택할 수 있다.
- 계획의 입안자, 집행자, 감독자가 모두 참여할 수 있다.
- 계획을 수시로 보완, 조정, 수정할 수 있다.
- 시간과 비용을 절감할 수 있다.

[교육행정] 제3회 정답 및 해설

1 ①	2 ②	3 ③	4 ①	5 ①
6 ①	7 ③	8 ①	9 ①	10 ①
11 ③	12 ④	13 ②	14 ①	15 ③
16 ④	17 ①	18 ③	19 ②	20 ②

1 정답 ①

답지 ①에서 목표관리기법은 1954년 드러커(P. Drucker)가 「경영의 실제」에서 기업의 성패는 명확한 목표설정과 경영자의 목표관리여하에 따라서 결정된다고 강조한데서 비롯되었다. 목표관리(Management by Objectives)란 구성원의 참여를 통해서 활동목표를 명료화하고 체계화하여 관리의 효율성을 높이는 관리기법이다. 따라서 교직원들이 적극적인 참여로 사기와 직무만족도를 높일 수 있다. 답지 ②에서 조직의 상위관리자와 하위관리자가 공동목표를 함께 규정하고, 기대되는 결과의 측면에서 각 개인의 주요 책임영역을 설정하며, 거기에서 정해진 기준에 따라 부서활동과 각 구성원의 기여도를 측정하고 평가하는 총체적인 과정이다. 답지 ③에서 목표관리기법의 교육적 성과의 계량적인 측정에 치우쳐서 교육을 오도할 위험성도 있다. 즉, 교육은 과정도 매우 중요함에도 불구하고 목표의 달성에 집착하여 부작용을 초래할 가능성도 있게 된다. 답지 ④에서 목표관리기법은 교직원의 참여가 업무부담의 가중을 초래하여 불만의 원인이 될 수 있다.

2 정답 ②

정보관리체제(Management Information System)란 의사결정자가 합리적인 결정을 내릴 수 있도록 필요한 정보를 즉각적으로 제공하는 체제이다. 정보관리체제가 필요한 이유는 의사결정의 질은 다양하고 질적 수준이 높은 정보에 좌우되기 때문이다. 초등학교와 중등학교에서도 유용하게 사용될 수 있다. 예를 들면 예산과 경비의 내역, 학생관련 정보, 시설목록, 성적관리 등과 같은 자료를 정보화하면 학교관리를 보다 효율적으로 행할 수 있다.

3 정답 ③

조직개발(organization development)이란 행동과학적인 지식과 기술을 활용하여 교육조직의 목적과 개인의 욕구를 결부시켜서 조직전체의 변화와 발전을 도모하려는 노력이다. 조직개발은 새롭고, 급격히 변화하는 교육기술 시장 도전에 잘 적응할 수 있도록 조직의 태도·가치·신념·구조 등을 변화시키기 위해 고안된 복합적인 교육전략이다.

4 정답 ①

기업의 TQM(Total Quality Management)철학과 방법은 1980년대 말부터 영국, 캐나다, 미국을 중심으로 학교조직에도 적용되기 시작하였다. 교육비에 따른 교육 투자 수익에 대해 관심의 증대와 함께 행정가는 그들이 책임지고 있는 학교의 질과 성과를 지속적으로 개선하기 위하여 TQM을 학교에 적용하게 되었다. TQM 의 주요 개념 '질 보증', '계약적합', '수요자 주도의 질' 등이 있다.

질보증 (quality assurance)	전문가 집단이 기준과 적절한 방법 및 질 요건을 결정하고 실제 이들 기준을 어느 정도 충족시켰는지를 조사하는 감독 또는 평가과정이 수반되는 것을 말한다.
계약적합 (contract conformance)	어떤 질 기준이 계약을 형성하는 교섭 중에 일을 맡은 사람이나 서비스를 제공하는 사람에 의해 상세화 된다. 계약에 대한 적합성은 작업 진행 과정에 기초를 두어 평가되고 질은 계약 요건을 충족 했는가 또는 초과 했는가로 규정된다.
수요자(고객) 주도의 질 (customer-driven quality)	제품이나 서비스를 받는 사람들이 그것들에 대한 그들의 기대를 표명하는 질의 개념이다. 수요자 주도의 질은 수요자의 기대를 충족 했는가 또는 초과 했는가로 규정된다.

5 정답 ①

헬핀과 크로프트(A. W. Halpin & D. B. Crofts)는 행동과학이론에 근거하여 조직풍토기술질문지(OCDQ)를 만들어 조직풍토를 연구하였다. 조직풍토란 학교구성원(교사, 교장) 상호간의 공식적 비공식적 인간관계에 의하여 조성되는 것으로 의식적

무의식적인 심리적 유대 현상을 말한다. 학교의 조직풍토의 유형은 다음과 같다.

풍토	특징
개방적 풍토	• 목표달성과 구성원의 사회적 욕구를 동시에 추구하는 매우 활기차고 생기 있는 조직분위기이다. • 이 풍토의 주된 특성은 구성원 행동에 대한 진실성(authenticity)이다.
자율적 풍토	교장이 교사들에게 통제위주로 접근하기보다는 친밀감이 높은 분위기 속에서 상호 활동구조를 마련하여 사회적 욕구만족에 비중을 둔다.
통제적 풍토	• 업무수행을 지나치게 중시하고 교사들의 사회적 욕구에는 비중을 두지 않는다. • 교장의 행동은 위압적이고, 지배적이며, 조직체 내에서 융통성은 거의 용납되지 않는다.
친교적 풍토	조직 내 구성원들은 우호적인 관계에서 사회적 욕구가 충족되지만 과업성취를 위한 관리나 통제는 부족하다.
간섭적 풍토	• 교장은 교사들의 다양한 요구를 억누르며, 교장 자신이 독단적으로 학교운영을 주도하려 한다. • 교사들도 실제 과업을 달성하는 데 있어 협력하기보다는 서로의 행동에 대해 자기중심적인 입장에서 비방과 잔소리를 보인다.
폐쇄적 풍토	• 과업성취와 사회적 욕구가 모두 만족할 만한 상태가 아니다. • 교장은 일상적인 사소한 일과 불필요한 일을 강요하고, 교사들은 최소한으로 반응하여 단순히 일하는 시늉만 하고, 교사들의 사기도 낮다.

6 정답 ①

호이와 미스켈(W. Hoy & C. Miskel)은 조직풍토기술질문지를 행동과학적으로 분석하여 개방적 풍토, 헌신적 풍토(몰입적 풍토), 폐쇄적 풍토, 일탈적 풍토 등으로 분류하였다. 문제에서 제시된 (가)는 헌신적 풍토이다. 헌신적 풍토의 특징은 교장은 통제적이어서 비효과적인데 반해 교사들은 높은 전문적 성과를 보여 준다. 답지 ②는 일탈(방관)풍토, 답지 ③은 폐쇄적 풍토, 답지 ④는 개방적 풍토 이다. 호이와 미스켈(Hoy & Miskel, 1996)의 조직풍토를 구체적으로 제시하면 다음과 같다.

유형 특징	주요 특징
개방적 풍토	• 교장과 교사 사이나 교사들 간에 협동과 존경이 존재한다. • 상호작용이 친밀하고 우호적이며, 온정적이다. • 교사들은 서로간에 상호존중하며 다양한 생각과 행동에 대하여 수용적이다.
헌신적 풍토	• 교장은 통제적이어서 비효과적인데 반해 교사들은 높은 전문적 성과를 보여 준다. • 교장은 엄격하고 규제적이며 교사들의 개인적 요구도 반영하지 않고, 오히려 사소한 활동이나 바쁘지만 성과 없는 일로 교사를 방해한다.
방관적 풍토	• 이 풍토는 헌신적 풍토와 매우 대조적인 입장이다. • 교사들은 교장의 지도성 행동을 무력화시키고 방해한다. • 교사들은 교장을 무시한다. 교장의 지도성에도 불구하고 교사들은 주어진 과업에 열중하지 않는다.
폐쇄적 풍토	• 이 풍토는 개방적 풍토와 정반대이다. • 교장은 일상적인 하찮은 일이나 불필요한 일을 강조하고, 교사들은 최소한으로 반응하고 거의 헌신을 보이지 않는다.

7 정답 ③

문제의 답지 'ㄷ'에서 교사들의 개인별 차이를 충분히 고려하여 욕구계층이론을 적용해야 한다. 즉 생리적 욕구가 충족되지 않은 교직원들이 있다면 이들에게는 생리적욕구가 잠재적인 동기요인으로 고려되어야 한다. 그리고 안정의 욕구는 학교구성원들이 변화에 저항하고, 직업안정과 상해-보상 및 퇴직프로그램 등의 운영을 요구하는 것에 해당한다. 소속의 욕구는 교직원들의 인간관계에 관련되며 우정, 비공식조직, 전문위원회 활동 등의 의하여 충족될 수 있다.

8 정답 ①

문제의 답지 'ㄹ'에서 매슬로(A. Maslow)가 욕구계층이론에서 주장한 것과 같이 일반적으로 인간의 욕구가 하급의 욕구로부터 상급의 요구로 이행하면서 순차적으로 발로되지만 그러한 순차적 계층성이 항상 고정적인 것은 아니다. 이것은 인간의 행동은 단일의 배타적인 욕구에 의해 이루어지는 것이 아니라 여러 욕구요인이 상호 복합적으로 작용하여 행동을 결정한다. 또한 인간의 욕구와 동기를 정태적으로 파악하였다는 한계가 있다. 욕구요인의 상대적 중요성은 사람에 따라 다를 뿐 아니라, 개인에게 있어서도 상황에 따라 다른 것이 사실이다.

9 정답 ①

맥그리거(D. McGregor)는 인간은 어떤 존재이고, 이들을 어떻게 관리 할 것인가에 대한 연구에서 인간을 X형 인간(성악설)과 Y형 인간(성선설)로 나누고 여기에 적절한 관리전략을 제시하였다. 여기서 X전략은 전제형 관리이고, Y전략은 민주형 전략이 된다. 문제의 답지 'ㄴ'과 'ㄷ'은 X형 관리전략이다. Y이론의 관리전략을 구체적으로 제시하면 다음과 같다.

- 교사들을 후원하고 근무조건을 용이하게 하면 조직의 목적 달성을 효과적으로 이끌어 갈 수 있다.
- 동태적이고 조직의 상황에 따라 다양한 전략을 사용한다.
- 교사들의 협력이 부족한 경우가 발생하면 그것은 인간의 본질 때문이 아니라 인간의 잠재능력을 충분히 활용할 줄 모르는 교장 때문에 기인한 것이다.

10 정답 ①

맥그리거(D. McGregor)의 Y이론에서는 성선설과 매슬로(A. Maslow)의 욕구계층이론에서 고층욕구(소속과 사랑욕구, 자존의 욕구, 자아실현)에 근거한 인간관과 민주형 관리전략을 제시하고 있다.

11 정답 ③

헤즈버그(F. Herzberg)는 그 동안 대부분은 위생요인의 개선에만 관심을 집중하는 경향이 있었으나 동기요인의 중요성을 부각 시켰다. 위생요인만으로는 교직상의 불만은 줄일 수 있을지 모르나 교원들에게 적극적인 동기를 유발하기는 어렵다는 점을 제시해 주고 있다. 답지 ①에서 만족과 불만족은 별개의 차원이라는 점에서 교직원들에게 불만족 요인을 제거가 만족을 증가시키지는 못한다. ②의 교원의 임금 인상도 불만족 요인을 예방하는 위생요인에 해당한다. 답지 ④에서 교직원들의 근무환경개선도 위생요인에 해당한다. 동기요인과 위생요인을 제시하면 다음과 같다.

위생요인(환경적 요인)	동기요인(작업요인)
• 회사정책과 행정 • 감독 • 임금 • 대인관계 • 작업조건	• 성취 • 인정 • 작업자체 • 책임 • 발전

12 정답 ④

문제의 내용은 헤즈버그(F. Herzberg)의 동기-위생이론이다. 답지 ④에서는 자아실현이 결과로서 만족과 불만족을 구분하는 것이 아니라 일 자체요인(동기요인)과 환경적 요인(위생요인)으로 만족과 불만족을 구분한다.

13 정답 ②

앨더퍼(C. P. Alderfer)는 매슬로(A. Maslow)의 욕구 위계의 문제점을 개선하기 위해 이론의 기반을 조직의 실제를 다루는 현장에 두었다. 매슬로의 5단계의 욕구를 존재의 욕구(existence needs), 관계의 욕구(relatedness needs), 성장의 욕구(growth needs)의 3단계 욕구로 구분하고 있다. 문제의 답지 'ㄱ'에서 매슬로의 욕구 5단계 이론과 다른 점은 매슬로의 만족-진행접근법(하층욕구의 충족이 차 상급욕구로 이행)에 더하여, 좌절-퇴행접근을 추가 하였다. 즉 상층 욕구가 충족되지 않으면 하층욕구의 중요성이 더 커지는 상황에 이른다는 것이다. 답지 'ㄴ'에서 매슬로는 하위수준에서 상위수준으로 순차적으로 욕구충족이 이루어진다고 한 데 비해서, 앨더퍼는 한 가지 이상의 욕구가 동시에 작용될 수 있다고 하였다. 답지 'ㄷ'에서 앨더퍼는 상위수준의 욕구가 인간의 행동에 영향을 주기 전에 반드시 하위수준의 욕구가 충족되어야 함을 배제했다. 상위수준의 욕구가 인간의 행동에 영향을 주기 전에 반드시 하위수준의 욕구가 충족되어야 함을 강조한 학자는 매슬로(A. Maslow)이다.

14 정답 ①
문제의 내용은 앨더퍼(C. P. Alderfer)의 ERG이론으로 매슬로(A. Maslow)의 욕구 위계의 문제점을 개선하기 위해 이론의 기반을 조직의 실제를 다루는 현장에 두고 연구한 이론이다.

15 정답 ③
아지리스(C. Argyris)의 성숙, 미성숙이론의 연구과제는 개인의 인간적 발달이 그 개인이 작업하는 상황에 의해 어떻게 영향을 받고 있는가 하는 문제이다. 이는 조직풍토의 측면에서 발전된 이론으로 각 개인은 완전히 실현될 수 있는 어떤 잠재능력의 소유자로 생각한다.

16 정답 ④
브룸(V. H. Vroom)의 기대이론은 인지심리학의 정보처리이론에 근거를 둔 이론으로 동기의 강도는 기대·유인가·수단의 결합과 강도가 동기 정도를 결정한다. 사람들은 조직에서의 자기 행동에 대해 결정한다. 그 사람들은 어떤 행동이 바람직한 성과를 가져오리라는 기대의 정도에 비추어 행동 대안을 결정한다. 답지 ①에서 사람에 따라 욕구·원망 및 목표의 유형이 다르다. 따라서 교사들의 보상에 대한 기대치는 일반적으로 다르다. 답지 ②는 포터와 롤러(Porter & Lawler)의 기대이론이다. 답지 ③에서 행동은 개인의 힘과 환경의 힘의 조합으로 결정된다.

17 정답 ①
아담스(J. S. Adams)는 동기유발에서 있어서 공정성이론을 제안하고 동기란 개인이 자기가 작업 상황에서 지각한 공정성 정도에 영향을 받는 것이라고 하였다. 즉 공정성을 회복하도록 노력하는 것이 "작업동기"이다. 문제의 답지 ①에서 인사상의 공정성과 투명성을 보장하는 정책은 바람직한 것이다.

18 정답 ③
답지 ③에서 아담스(Adams)의 공정성 이론의 기본 전제는 동기란 개인이 자기가 작업 상황에서 지각한 공정성 정도에 따라 영향을 받는다. 여기서 공정성 정도는 자기와 타인의 투입과 노력에 대한 성과, 즉 급료의 비율을 비교하여 같은 경우는 공정하지만 불균등하면 불공정하다고 느낀다. 따라서 사람이 다른 사람과 비교해서 과소보상을 느끼면 직무에 시간과 노력을 덜 투입 하게 된다(동기가 떨어짐). 답지 ②에서 로크(Locke)의 목표설정이론의 기본 가정은 목표를 성취하려는 의도가 제일 중요한 동기의 힘이 되며, 목표는 개인의 정신활동 및 신체활동 모두의 방향을 결정한다. 따라서 대부분의 인간 행동은 유목적적이며 행위는 목표와 의도에 따라 통제되고 유지된다고 본다. 구체적으로는 목표의 구체성, 목표의 곤란성, 목표설정에 참여, 노력에 대한 피드백, 목표달성에 대한동료들 간의 경쟁, 목표의 수용성 등이 동기에 영향을 준다.

19 정답 ②
직무 풍요화(job enrichment)는 작업상의 책임을 높이고 능력발휘의 여지를 마련하고 도전적이고 보람 있는 일이 되도록 하는 것을 뜻한다. 이것은 교사에게 단순히 일을 더 하게 하는 것이 아니고 그의 재능과 기술을 더 발휘할 수 있게 하여 자기실현의 기회를 제공하자는 데 있다. 현재 우리나라 교육행정 번역서에는 "job enrichment"를 직무충실, 직무풍요, 직무확장 등으로 번역하고 있다.

20 정답 ②
1950년대까지의 지도성 연구를 주도해 왔던 지도성에 대한 특성이론은 비지도자와 구별되는 지도자 개인의 육체적, 심리적, 또는 사회적 특성을 확인하는 데 주로 관심을 갖는 접근 방법이다.

[교육행정] 제4회 정답 및 해설

1 ②	2 ③	3 ②	4 ④	5 ②
6 ①	7 ④	8 ④	9 ③	10 ④
11 ④	12 ③	13 ②	14 ①	15 ④
16 ③	17 ③	18 ④	19 ④	20 ④

1 정답 ②

답지 ①에서 자율적 의사결정은 민주형이 가장 좋았다. 답지 ②에서 생산성 면에서 민주형과 전제형이 비슷하였다. 답지 ③에서 구성원들의 만족도 면에서 민주형이 가장 높았다. 답지 ④에서 방임형 지도자 하에 구성원들의 불만이 가장 많았다. 리피트와 화이트(R. Lippitt & R. White)의 지도성과 집단생활에 관한 연구결과를 구체적으로 제시하면 다음과 같다.

민주형	구성원의 만족도가 가장 높으며, 공작품의 질이나 작업에 대한 관심도, 생산성이 가장 높은 지도유형이다.
전제형	• 구성원의 만족도는 민주형과 방임형의 중간 정도이고, 현시적·공격성의 정도가 가장 높고, 표면상 무관심자도 많았다. • 공격성은 전제적 지도자 앞에서만 억제되었고, 비전제적 지도자로 교체되었을 때는 난폭해졌다. • 생산성은 민주적 지도자와 비슷하나 공작품의 질이나 작업에 대한 관심도는 민주형 지도자에 비해 낮다.
방임형	구성원의 불만이 가장 많고 작업의 양과 질이 모두 낮으며, 마치 공작시간을 노는 시간으로 생각한다.

2 정답 ③

리커트(R. Likert)는 생산성이 높은 조직과 생산성이 낮은 조직으로 나누어 지도성을 연구하였다. 생산성이 높은 조직의 지도성은 종업원중심형(민주형)이며, 생산성이 낮은 조직의 지도성은 직무중심형(전제형)이다. 답지 ①, ②, ④는 직무중심형 지도성이다.

3 정답 ②

핼핀(A. W. Halpin)은 행동과학 이론에 근거하여 「지도자 행동 기술 질문지(LBDQ)」를 이용하여 조사해본 결과 조직의 '상층부는 구조성 차원(조직의 목적 달성)'을 선호하는 경향이 있고, 조직의 하층부는 '배려성 차원(인간적인 배려)'을 선호하는 경향이 있다. 가장 효과적인 지도자는 조직의 상층부와 하층부 간의 갈등을 잘 조절할 수 있는 지도자가 효과적인 지도자이다. 답지 ①에서 핼핀의 지도성 이론은 인화 과업의 2차원적 이론이며, 상황이론은 아니다. 답지 ③에서 인화성 차원에 낮은 점수를 받은 지도자는 조직구성원의 사기에 나쁜 영향을 준다. 답지 ④에서 우수한 지도자는 인화차원과 조직차원을 충분히 고려하는 지도자 이다.

4 정답 ④

답지 ①에서 교사들의 직무에 대한 불만을 인정하지 않는 지도자는 과업형이다. 답지 ②에서 교사들의 교육적 성과에 비교적 관심을 많이 갖는 지도자는 과업형이다. 답지 ③에서 학교의 목표와 교사의 욕구를 최적으로 충족시켜 주는 지도자는 통합형이다. 블래크와 머튼(R. Blake & J. Mouton)의 관리망 연구에서 제시하는 지도자와 그 특징은 다음과 같다.

1-1형 (무기력형)	교육적 성과에 대한 관심과 인간에 대한 관심이 모두 적은 상태이다.
9-1형 (과업형)	생산에 대한 관심은 매우 많으나, 인간에 대한 관심은 아주 적은 상태이다.
1-9형 (관계형)	생산에 대한 관심은 아주 적고, 인간에 대한 관심은 매우 많다.
5-5형 (균형형)	생산에 대한 관심과 인간에 대한 관심이 모두 중간정도이다.
9-9형 (통합형)	생산에 대한 관심과 인간에 대한 관심이 모두 매우 많은 상태의 지도성이다.

5 정답 ②

상황이론에서는 지도자의 특성이나 인화 및 과업은 상황의 적절성과 관계를 맺을 때 그 의미가 살아난다. 상황이론의 기본가정을 구체적으로 제시하면 다음과 같다.

- 지도성은 집단에 관련한 지도자의 행위에 의하여 묘사될 수 있다.
- 지도성의 핵심적인 문제는 과업지향성과 관계지향성의 정도이다.
- 모든 상황에 효과적일 수 있는 일반적인 최선의 지도성은 없다. 효과적인 지도성을 확인하기 위해서는 지도성과 상황의 적합성을 사정하기 위한 체계가 필요하다.
- 적절한 지도성 유형을 선택하는데 적용될 수 있는 준거는 효과성이다.

6 정답 ①

피들러(F. Fiedler)는 자신의 「상황적합적 지도성이론」에서 지도성에 대한 기본적인 가설을 제시하였다. 이는 집단성과는 지도자의 동기구조와 지도자의 상황에 대한 통제와 영향력에 의해 결정된다는 것이다. 따라서 지도성의 결정요인은 지도자와 부하와의 관계, 과업구조, 지위권력 등이다.

7 정답 ④

레딘(W. Reddin)의 3차원은 2차원의 과업과 인화 차원에 상황을 고려한 효과성 차원을 추가하여 3차원의 지도자 모형을 다음과 같이 고안하였다.

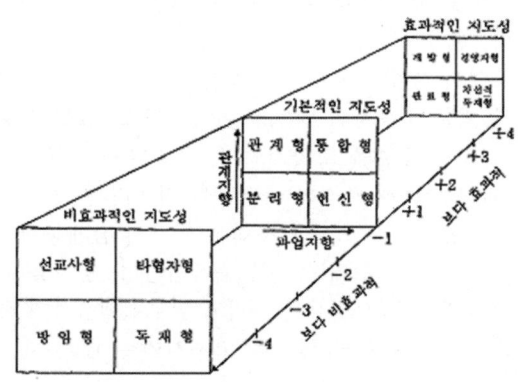

문제에서 제시한 지도자 유형은 관료형이다. 관료형은 낮은 관계성과 낮은 과업지향성을 행사하나 이러한 것이 상황의 요구에 적절하게 수용되어 효과적인 유형이다. 관료형은 규칙, 규정, 절차에 관심이 지대하고 이것을 통한 현상유지 및 환경통제를 추구한다. 지도자 유형을 구체적으로 제시하면 다음과 같다.

통합형	경영자형	높은 과업지향성과 높은 관계지향성을 수용하는 상황에서 지도성을 발휘하는 효과적인 유형으로 높은 과업수준을 설정하고, 조직구성원의 개인차를 인정하면서 동기유발을 시도한다.
	타협자형	높은 과업지향성과 높은 관계지향성을 보이나 상황적 요구에 적절하지 못한 경우로서 비효과적인 유형이다. 장기적인 관점에서 생산의 극대화를 기하지 못하고 외부의 압력에 의해서 너무 흔들리는 줏대 없는 의사결정을 한다.
헌신형	자선독재형	상황적 요구에 적절하게 높은 과업과 낮은 관계성을 지향하는 효과적인 유형으로서 조직구성원들의 원망을 사지 않으면서도 수행해야 할 과업의 내용이나 방법을 알고 있는 지도자이다.
	독재형	상황적 요구에 적절하지 못하게 과업과 낮은 관계성을 지향하는 비효과적인 유형으로서 조직구성원들로부터 신뢰를 받지 못하고 즐거운 작업분위기를 조성하지도 못하며, 오직 당면한 과업에만 관심을 보이는 지도자이다.
분리형	관료형	낮은 관계성과 낮은 과업지향성을 행사하나 이러한 것이 상황의 요구에 적절하게 수용되어 효과적인 유형으로 인정되며, 규칙, 규정, 절차에 관심이 지대하고 이것을 통한 현상유지 및 환경통제를 추구한다.
	방임형	상황적 요구에 어울리지 않게 낮은 관계성과 낮은 과업지향적인 성향을 띠는 비효과적인 유형으로서 조직에 헌신(몰두)하지 않고 책임회피적이며 피동적이고 소극적이다.
관계형	개발형	상황적 요구에 적절하게 높은 관계성과 낮은 과업지향성을 발휘하는 효과적인 유형으로서 조직구성원에 대한 신뢰를 바탕으로 개개인의 발전에 관심을 기울인다.
	선교사형	상황적 요구에 부적절하게 높은 관계성과 낮은 과업지향성을 구사는 비효과적인 유형으로서 오직 조직구성원들과의 조화에만 관심을 기울인다.

8 정답 ④

레딘(W. Reddin)의 3차원의 지도자 모형에서 관계형에서 효과적인 지도자가 개발형이며, 비효과적인 지도자는 선교사형이다(67번 해설과 그림참조).

9 정답 ③

허시(P. Hersey)와 블랜차드(K. H. Blanchard)의 '상황적 지도성 이론'은 교사들의 성숙수준(상황)에 따라 지도유형 지시형(Q1)→설득형(Q2)→참여형(Q3)→위임형(Q4)의 순으로 지도유형의 변화되어야 한다. 답지 ①에서 교사들의 성숙 수준이 M1인 경우 교장의 적극적인 지도력이 필요하다. 답지 ②에서 교사들이 의욕과 능력 가운데 어느 하나가 저조하면 Q1(지시형) 또는 Q3(참여형)의 지도력을 보이는 것이 좋다. 답지 ④에서 교사들의 능력과 의욕이 최고조에 달할 때는 위임형(Q4)을 사용하는 것이 좋다.

10 정답 ④

허시(P. Hersey)와 블랜차드(K. H. Blanchard)의 '상황적 지도성 이론'은 교사들의 성숙수준(상황)에 따라 지도유형 지시형(Q1)→설득형(Q2)→참여형(Q3)→위임형(Q4)의 순으로 지도유형의 변화되어야 한다. 따라서 (ㄱ)은 위임형, (ㄴ)은 참여형, (ㄷ)은 설득형, (ㄹ)은 지시형에 해당한다.

11 정답 ④

변화지향적 지도성은 1970년대 후기부터 학교가 개방체제로서 교육체제의 내적 요구와 외적 요구를 효과적으로 연계시키는 지도성 이론으로서 변화지향적 지도성 이론이 등장하였다. 번즈(Burns)에 의해 처음 제시되었고, 바쓰(Bass)에 의해 가장 명료하게 주장되었다. 답지 ①은 교환적 지도성을 의미하며 이는 전통적인 지도자이다. 답지 ②에서 변화지향적 지도성은 상황에 맞추어 교사들을 의사결정에 참여시킨다. 답지 ③에서 변화지향적 지도자는 카리스마를 지니고 있으나 초자연적 목적(자신의 우상화)이나 권력욕은 지니지 않고 있으며, 오직 탁월한 능력을 기반으로 한다. 답지 ④에서 변화지향적 지도자는 지도자가 지닌 탁월한 능력으로 교직원들의 태도를 변화시키며, 도덕성을 고양시킨다. 학교장이 지녀야할 변화지향적 지도성은 다음과 같다.

카리스마·영감·비전	교사들에게 장기간에 걸쳐 추구되어질 기본적인 목적의식을 갖도록 한다.
목적 합의	비전을 지향하기 위하여 성취하여야 할 목표를 설정한다.
높은 성과 기대	교사들에게 질 높은 교육을 하도록 기대한다.
개인적 배려	교사들을 존중하고, 그들의 개인감정과 욕구에 관심을 가진다.
지적 자극	교사들에게 자신의 수행에 대해 항시 반성하고 평가하도록 하여 창의적으로 사고하게 한다.
솔선수범	언행일치를 통해 교사들에게 모범을 보인다.
수시 보상	교사들이 성취한 바람직한 결과에 대해서 수시로 보상을 제공한다.
구조화	교사들에게 영향을 줄 중요한 의사결정에 참여하도록 기회를 제공한다.
문화 형성	학교 구성원들로 하여금 규범, 가치, 신념, 가정 등을 공유하도록 한다.

12 정답 ②

문제에서 제시된 내용은 변화지향적 지도자의 특징이다. 변화지향적 지도성이란 비록 지도자가 권력을 사용하여 추종자의 행위에 영향을 미치지만 지도자의 능력은 추종자의 태도를 변화시키고, 그들의 동기와 도덕 수준을 고양시키며, 추종자와의 통합적인 과정을 통해 조직의 사명감을 형성하는 것이다. 변화지향적인 지도성의 초점은 인간의 잠재능력을 각성시키고, 고위의 욕구를 충족시키며, 동기를 유발하여 고도의 사명감을 가지고 업무수행을 하도록 지도자와 추종자의 기대를 고조시키는 데 있다.

13 정답 ②

문제에서 제시된 요건을 강조하는 학교장의 지도성 유형은 '변화지향적 지도자'이다. 변화지향적 지도성 가운데 문제에서 제시된 내용은 교장의 솔선수범, 개별적 배려, 카리스마·영감·비전, 지적 자극 등이다.

14 정답 ①

문제에서 제시된 내용은 문화적 지도성이다. 문화적 지도성이란 인간의 의미추구 욕구를 만족시킴으로써 그 구성원을 조직의 주인으로 만들고, 조직의 제도적 통합을 가능하게 하는 효과적 지도성이다. 서지오바니(T. Sergiovanni)는 유능한 학교 학교의 지도성으로 기술적 지도성(사무적 기술), 인간적 지도성(인간관리자), 교육적 지도성(교육전문가)을 제시하고 이들 가운데 어느 것 하나라고 결여되면 학교경영이 비효과적이 된다고 하였다. 그리고 이 세 지도력만으로 학교의 수월성이 보장되지 못하기 때문에 상징적 지도성(최고책임자), 문화적 지도성(고위성직자)이 더 필요하다고 하였다.

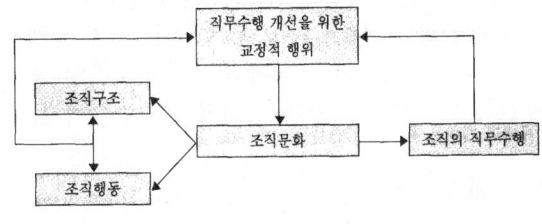

15 정답 ④

문제에서 제시된 지도성은 서지오바니(T. Sergiovanni)의 교육지도성 가운데 문화적 지도성에 해당한다. 서지오바니(T. Sergiovanni)는 학교의 지도성으로 기술적 지도성(사무적 기술) → 인간적 지도성(인간관리자) → 교육적 지도성(교육전문가) → 상징적 지도성(최고책임자) → 문화적 지도성(고위성직자)제안하였다. 문화적 지도자는 고위성직자로서의 역할을 한다. 학교가 추구하는 영속적 가치와 신념 및 문화의 맥을 규정하고 강조하며 표현하도록 한다. 그리고 전통을 수립하고 조직의 역사를 창조하고 배양하며 가르치는 일에 열중하는 지도자이다.

16 정답 ③

초우량 지도자는 추종자들로 하여금 스스로 자율적 지도자가 되도록 교육하는 시스템을 개발하고 실행하는 지도성을 말한다. 답지 ①은 도덕적 지도성이며, 답지 ②는 교환적 지도성 답지 ④는 문화적 지도성을 말한다.

17 정답 ③

문제의 제시문은 분산적 지도성에 대한 설명이다. 분산적 지도성 이론은 제임스 스필란(J. Spillane, 2006)이 제안한 최근 지도성 이론이다. 이는 전통적 지도성이론을 집중된 지도성이론으로 명명하고 이를 타파하기 위해 분산적 지도성의 필요성을 강조하였다. 분산적 지도성에서는 지도성 또한 한 개인의 특성이나 소유물이 아닌 조직 구성원들과 안팎의 환경에 분산되어 있다는 관점에서 출발하고 있다. 따라서 분산적 지도성이론에서는 지도자와 구성원들이 조직의 상황과 맥락에서 조직이 직면한 문제와 이슈에 대한 의사결정의 공유를 통해 조직 역량과 개인의 전문성을 극대화하기 위한 지도성을 의미한다. 분산적 지도성은 공유적·협동적·민주적·참여적 지도성의 개념 등이 혼재되어 있다.

18 정답 ③

답지 ③에서 조직의 갈등은 조직의 효과성에 영향을 미친다. 그리고 갈등의 수준이 너무 높거나 낮을 때 조직의 효과성에 부정적으로 영향을 미친다. 갈등이 적정한 정도일 때 조직구성원들은 자극을 받고 활력을 갖게 되어 침체에서 벗어난다.

19 정답 ④

동조(수용형)적 갈등관리 유형은 주장하지 않는 대신에 협력하는 방법으로, 행정가는 조직구성원의 필요에 양보한다. 쌍방 간에 관계가 계속 유지되도록 하기 위해서 한쪽 당사자가 기꺼이 자기를 희생하는 행동이다.

20 정답 ④

토마스(K. Thomas)의 상황적 갈등관리 모형에서 '비교적 신속한 결정이 요구되는 긴급한 상황'에 유용한 갈등관리 전략은 '경쟁형'이다. 경쟁에 적절한 상황은 다음과 같다.

- 신속한 결정이 요구되는 긴급상황
- 중요한 사항이지만 인기 없는 조치가 요구되는 경우
- 조직의 성장에 매우 중요한 문제일 때
- 타인을 부당하게 이용하는 사람에게 대항할 때

[교육행정] 제5회 정답 및 해설

1 ③	2 ①	3 ③	4 ①	5 ③
6 ④	7 ①	8 ②	9 ②	10 ④
11 ④	12 ④	13 ②	14 ③	15 ④
16 ③	17 ①	18 ③	19 ④	20 ②

1 정답 ③

협력형은 주장하면서 협력하는 문제해결 접근방식이다. 그리고 갈등 당사자들 각자가 모두 목적을 달성할 수 있도록 하는 행동이다. 이것은 승승접근의 사고를 가진 갈등관리방법이다.

2 정답 ①

'회피형'은 조직의 목표를 강조하지도 않고 구성원들의 관심사항에 대해 협력하지도 않는다. 행정가는 갈등을 무시함으로써 저절로 해결되기를 바란다. 갈등이 있는 것을 알고 있지만 갈등이 표면화되는 것을 억제하는 행동이다. 조직에 발생된 갈등이 실제 해결되기 어렵거나 해결하기 위해 소요되는 자원이 과다하여 비경제적인 경우에 활용될 수 있다. 그러나 갈등이 유발된 문제가 그대로 남아 있어 더욱 심각한 갈등으로 발전될 수 있다.

3 정답 ③

인력수요접근법(manpower demand approach)은 미래의 산업체에서 필요로 할 가능인력을 예측한 후, 그와 같은 양과 종류의 인력을 교육하도록 교육계획을 수립하는 접근방법이다. 교육계획의 단계는 ① 기초년도의 인력 현황조사(산업별 직업별 및 연령별 인력 현황), ② 추정년도의 총노동력 추정, ③ 추정년도의 산업부문별 총고용자수 추정, ④ 직종별 인력수요 자료의 교육자격별 인력수요 자료로 전환, ⑤ 추정된 노동력의 교육자격별 구조와 현재 노동력이 교육자격별 구조의 비교, ⑥ 교육자격별로 노동력의 보충분 계산, ⑦ 감모율(減耗率)을 고려하여 각 수준별 부문별 소요졸업생수를 배출하기 위한 재적자수 계산, ⑧ 소요재적자수를 고려하여 교육·시설·재정면의 증가소요자료 산출 과정을 거친다.

4 정답 ①

답지 ①에서 교육을 받고자 하는 모든 사람에게 교육기회를 부여해야 한다는 원칙에 가장 부합하여 이루어지는 교육기획 접근은 사회수요에 의한 접근방법이다. 이 방법은 가장 일반적으로 사용하는 방법으로 교육 받고자 하는 모든 사람에게 교육의 기회를 보장해주는 원칙을 기초로 취학률과 진급률을 추정하여 교육에 대한 사회적 수요를 추정한다. 답지 ②에서 인력 수요에 의한 접근은 미래의 산업체에서 필요로 할 가능인력을 예측한 후, 그와 같은 양과 종류의 인력을 교육하도록 교육계획을 수립하는 접근방법이다. 답지 ③에서 수익률에 의한 접근은 교육에 소요되는 비용과 이로 인한 경제적 효과를 측정하여 비교함으로써 모든 형태의 교육투자에 대한 생산성을 균등하게 하는 것이다. 답지 ④에서 그 나라의 발전단계를 국제적으로 비교하여 보다 발전된 나라의 교육기획을 선택하는 방법이다.

5 정답 ③

문제의 <그림>에서 (ㄴ)의 단계는 '정치적 운동의 단계'이다. 이 단계에서는 정책결정에 선행되는 공공 토의나 논쟁을 하는 단계이다. 답지 ①은 '입법화 단계', 답지 ②는 '기본적인 힘의 단계', 답지 ④는 '선행운동의 단계'이다. 캠벨(R. Campbell)의 교육정책 결정과정을 4단계의 흐름으로 모형화 하였다. 그 구체적인 절차를 제시하면 다음가 같다.

1. 기본적 힘의 작용단계	교육정책 결정은 전국적 전 세계적 범위에서 발생하는 중요한 정치적 경제적 사회적 기술공학적 힘의 작용으로서 비로소 출발한다.
2. 선행운동의 단계	존경받는 개인 및 전문가 집단이 주도하는 교육개혁에 대한 건의와 같이 기본적 힘에 대한 일종의 반응으로 나타난다.
3. 정치적 활동의 단계	정책결정에 선행되는 공공 토의나 논쟁을 과정을 의미한다.
4. 입법의 단계	행정부나 입법부에 의한 정책형성의 최종단계이다.

6 정답 ④

'합리성 모형'은 지나치게 이상적이고 규범적이기 때문에 사실세계의 정책결정 상황에는 잘 부합되지 않는다. 또한 합리성 모형은 일상적이고 반복적인 정형적 문제해결에는 적용될 수 있을지 모르지만, 선례가 없는 새롭고 비구조적인 비정형적 문제해결에는 적용가능성이 매우 희박하다.

7 정답 ①

마치와 사이몬(J. March & H. Simon)은 인간의 제한된 합리성(bounded rationality)에 주의를 환기시키면서 합리성 모형을 수정하는 만족화(satisfying model)을 제시하였다. 만족화 모형은 행동과학적 접근방법으로, 정책결정자의 사회·심리적 측면을 중요시하는 기술적이고 실증적인 모형이다.

8 정답 ②

점증모형은 린드브롬(C. E. Lindblom)에 의해 제안된 것으로 정책결정에서 선택되는 대안은 기존의 정책을 점진적으로 수정해 나아가는 것이므로 정책결정의 과정에서 대안의 선택과 분석의 범위는 큰 제약을 받으며, 따라서 정책결정은 부분적이고 순차적으로 진행된다고 보았기 때문에 그의 모형은 흔히 점증적 모형이라고 한다.

9 정답 ②

점증모형은 린드브롬(C. E. Lindblom)에 의해 제안된 것으로 정책결정에서 선택되는 대안은 기존의 정책을 점진적으로 수정해 나아가는 것이므로 정책결정은 부분적이고 순차적으로 진행된다. 답지 ①은 합리적 모형, 답지 ③은 쓰레기통모형, 답지 ④는 만족화 모형이다.

10 정답 ④

최적모형(optimal model)은 만족화 모형이나 점증적 모형과 같은 보수적인 정책결정 모형에 대한 비판으로 드로어(Y. Dror)가 주장한 모형이다. 최적(optimum)이란 정책결정 과정에 있어서 모든 것이 고려되었다는 점에서 가장 좋음을 뜻한다. 여기서 최적은 진정한 최량을 의미하는 것이 아니라 어떤 주어진 목표에 도움이 되는 가장 호적(好適)한 상태를 뜻한다. 최적 모형은 초합리적인 요인도 정책결정에 고려되어야 한다는 것을 지적하였고, 연구와 노력의 여하에 따라서는 보수성을 탈피하고 최적수준에 이를 수 있다는 발전가능성을 제시하였다. 또한 정책결정방법에 대한 관심, 정책의 집행 후의 평가의 반송을 중요시한다.

11 정답 ④

답지 ④에서 혼합모형은 단순하고 확실한 결과를 가진 문제를 해결하기 위해 합리적 모형과 점증모형을 혼합하여 사용한다. 이모형은 순수 합리성에 의한 정책결정은 비현실적이고, 점증적 모형은 너무 보수성이 짙다는 점을 비판하며, 이 두 모형을 혼합시켜 만든 이론이다.

12 정답 ④

답지 ①의 두뇌한국(BK)21 사업은 분배정책에 해당한다. 분배정책은 특정 집단에 편익을 배분해 주는 정책이다. 로위(Lowi)는 강제력의 적용범위와 강제력의 행사방법에 따라서 다음과 같이 정책유형을 분류하였다.

강제력 행사방법		강제력 적용범위	
		개별행위	모든 행위
강제력 행사방법	간접	분배정책	구성정책
	직접	규제정책	재분배정책

분배(배분) 정책	• 정부가 특수한 대상집단에게 각종 서비스, 지위, 이익, 기회 등을 분배하는 정책(국고보조금, 주택자금대출, 국유지 불하, 피해보상 등) • 포크배럴 : 그때그때 필요에 따라 지역, 집단을 챙기는 자원배분으로 승자만 있고 패자는 없는 현상 발생 • 로그롤링(logrolling) : 서로 눈감고 밀어주는 '품앗이' 등의 현상이 발생
구성정책	• 정부기관의 신설 및 변경 또는 정치체계의 조직변경 등에 관한 정책 • 선거구조정, 정부조직의 기구신설, 공직자의 보수, 연금 결정 등

규제정책	일부의 개인 또는 집단에 대하여 그들의 특정 활동을 규제함으로서 다수의 사람들을 보호하려는 정책(국민활동 제한 또는 의무 부과)
재분배 정책	• 소득, 권리 등을 상대적으로 많이 가진 계층 또는 집단으로부터 적게 가진 계층 또는 집단으로 그 일부를 이전시키는 정책 • 계층 간의 치열한 갈등 발생 가능성

13 정답 ②

문제에서 제시된 관점은 참여적 관점이다. 공동의 목표가 있고 이를 달성하기 위해 최선의 선택을 하며, 체제 내의 적용에 의해 의사결정이 이루어지고, 당위적인 결과를 기대할 수 있다는 가정을 하고 있다. 이 관점은 관료제적 조직보다 관련자의 능력과 자율성이 보장되는 전문적인 조직에 적합하다. 소규모조직이나 대규모 조직 내의 산하전문가 집단 등의 결정행위를 분석하는 데에 적합한 의사결정 모형이다.

합리적 관점 (합리적 판단으로서의 의사결정)	• 의사결정이란 목표달성을 위한 수많은 대안들 중에서 최적의 대안을 선택하는 것이라고 본다. • 과학적이고 합리적인 의사결정의 절차, 즉 목표의 세분화, 대안의 확인, 대안의 선택에 따른 결과 평가, 목표달성을 극대화하는 대안의 선택 등과 같은 일련의 체계화된 단계를 거치면 최적의 대안이 언제나 선택될 수 있다고 보고 있다. • 관료제 조직과 체계화된 조직 구조를 가지고 계선제에 의해 운영되는 중앙집권적 조직에 적합한 의사결정 모형이라고 할 수 있다.
참여적 관점 (참여로서의 의사결정)	• 합리적 관점과 많은 공통점을 가지고 있다. 공동의 목표가 있고 이를 달성하기 위해 최선이 선택을 하며, 체제 내의 적용에 의해 의사결정이 이루어지고, 당위적인 결과를 기대할 수 있다는 가정을 하고 있는 점이 그러하다. • 관료제적 조직보다 관련자의 능력과 자율성이 보장되는 전문적인 조직에 적합하다. 소규모조직이나 대규모 조직 내의 산하전문가 집단 등의 결정행위를 분석하는 데에 적합한 의사결정 모형이다.
정치적 관점 (타협으로서 의 의사결정)	• 조직에 대하여 영향력을 행사하려는 수많은 이익집단들의 존재를 전제하고 의사결정이란 이러한 이해집단들 간의 타협의 결과라고 보는 특징이 있다. • 조직이 달성하고자 하는 목표가 특정하게 존재하는 것이 아니라 이익집단의 이질적이 목표들이 경쟁하고 타협하여 특정한 목표를 지향하게 되며 폐쇄체제가 아닌 개방체제를 전제한다는 점에서 합리적이나 참여적 관점과 다르다.
우연적 관점 (우연적 선택으로서 의사결정)	• 의사결정의 목표 달성을 위한 체계적인 과정에 의해서가 아니라 필연적인 결과와는 무관한 수많은 요소들이 우연히 동시에 한곳에서 모여질 때 이루어진다는 것이다. • 이 관점의 특징은 의사결정이 목표의 달성을 지향한다는 기존의 합리적 관점을 무시한다는 점이다. • 비록 다른 관점과 같이 목표 조직의 구조, 합리적 절차, 관련 당사자 등의 의사결정요소들이 사용되기는 하지만 이 관점은 의사결정이 목표를 달성하기 위한 과정이라는 가정을 부정하고 여러 가지 요인들이 복잡하게 조합된 결과로 나타난 하나의 우연적인 현상이라는 점을 강조하고 있다.

14 정답 ③

던(Dunn, 1981)은 정책평가의 기준으로 효과성, 능률성, 충족성, 형평성, 적합성을 제시하였다.

효과성	정책집행의 결과가 조직의 목표를 얼마나 달성하였는가를 판단한다.
능률성	최소의 비용으로 최대의 성과를 올렸는가를 판단한다.
충족성	교육수요자의 요구를 충족시켰는가, 또는 정책 목표의 달성이 문제해결에 어느 정도 공헌하고 있는가를 판단한다.
형평성	모든 사람에게 교육의 기회가 얼마나 고르게 제공되었는가를 판단한다.
적합성	교육정책이 사회적 요구와 부합되는 정책이었는가를 판단한다.

답지 ①은 능률성이 아니라 효과성을 설명하는 것이고, 답지 ②는 효과성이 아니라 능률성을 설명하고 있다. 답지 ④에서 특정 집단의 요구, 선호, 가치

등에 부합하느냐는 형평성에 어긋나는 것이다. 적합성은 교육정책이 사회적 요구와 부합되는 정책이었는가를 판단하는 것이다.

15 정답 ④

답지 ④에서 교육공무원은 국립 또는 공립의 교육기관에 근무하는 교원(강사는 전임강사에 한한다), 장학관, 장학사, 교육연구관, 교육연구사 등을 말한다. 교육직원의 구체적으로 분류하면 다음과 같다.

교육직원	국·공·사립학교에서 직접 교육활동 등에 종사하는 자(사무직원 등 포함)와 교육행정기관이나 교육연구기관에서 근무하고 있는 자들을 모두 포함해서 광의로 해석할 때 사용되는 용어이다.
교원	각급학교에서 원아, 학생을 직접 지도하는 자를 말한다.
교육 공무원	국립 또는 공립의 교육기관에 근무하는 교원(강사는 전임강사에 한한다), 장학관, 장학사 교육연구관, 교육연구사 등을 말한다.
교사	교사란 교원의 한 종류로 교장, 교감 등 관리직에 대응되는 개념이거나 대학의 교수, 부교수, 조교수, 전임강사 등 교수 직렬에 대한 초·중·고등학교 교원의 개념으로 국·공·사립을 막론하고 사용되는 법률상의 용어이다.

16 정답 ③

교원은 교장, 교감, 교사, 총장, 부총장, 학장, 부교수, 조교수, 전임강사, 강사, 조교, 원장, 원감 등을 말한다. 장학사와 교육연구사는 교육전문직에 해당된다.

17 정답 ①

직무연수는 교육의 이론·방법 및 직무수행에 필요한 능력배양하기 위해 실시하는 연수이며, 직무연수의 기간은 당해 연수원장이 정한다. 위탁연수는 연수의 종류가 아니라 연수의 방법에 해당한다. 연수원장은 필요하다고 인정할 때에는 연수의 일부를 다른 연수기관이나 교육기관 또는 교육행정기관에 위탁하여 실시할 수 있다.

18 정답 ③

문제의 답지 'ㄷ'에서 수석교사는 임기 중에 교장·원장 또는 교감·원감 자격을 취득할 수 없다(교육공무원법 제29조의4 수석교사의 임용 등). 답지 'ㄱ'에서 교장·원장은 교육부장관의 제청으로 대통령이 임용하며, 교장·원장의 임기는 4년으로 한다. 또한 교장·원장은 한 번만 중임할 수 있다(교육공무원법 제29조의2: 교장 등의 임용). 답지 'ㄴ'에서 교원이 장학사가 되는 경우 전직에 해당한다. "전직(轉職)"이란 직렬을 달리하는 임명을 말한다(국가공무원법 제5조). 답지 ㄹ에서 실기교사도 자격증이 필요하다(초중등교육 제21조 교원자격).

19 정답 ④

문제의 답지 'ㄱ'에서 수석교사는 최초로 임용된 때부터 <u>4년마다 대통령령으로 정하는 업적평가</u> 및 연수실적 등을 반영한 재심사를 받아야 하며, 심사기준을 충족하지 못한 경우 대통령령으로 정하는 바에 따라 수석교사로서의 직무 및 수당 등을 제한할 수 있다(교육공무원법 제 29조의 4 수석교사임용). 답지 'ㄴ'에서 수석교사는 임기 중에 교장·원장 또는 교감·원감 자격을 취득할 수 없다(교육공무원법 제29조의4 수석교사의 임용 등). 답지 'ㄷ'에서 수석교사는 교사의 교수·연구 활동을 지원하며, 학생을 교육한다(초·중등교육법 제20조 교직원의 임무). 답지 'ㄹ'에서 수석교사가 되려면 15년 이상의 교육경력(교육전문직 근무경력포함)을 필요로 한다(초·중등교육법 제21조 교원의 자격).

20 정답 ②

답지 ②에서 전직이란 교육공무원의 종별과 자격을 달리하는 임용을 말한다. 예컨대 교사, 교감, 교장이 교육전문직으로 진출한다든지, 초등교원이 중등교원으로 자리를 옮기는 것을 전직에 해당한다. 답지 ①에서 승진이란 공개시험이나 경력, 근무성적, 연수성적 등을 통해 보다 높은 직급으로 이동하는 것을 말한다. 답지 ③에서 전보(轉補)"란 같은 직급 내에서의 보직 변경 또는 고위공무원단 직위 간의 보직 변경을 말한다. 답지 ④에서 "강임(降任)"이란 같은 직렬 내에서 하위 직급에 임명하거나 하위 직급이 없어 다른 직렬의 하위 직급으로 임명하는 것을 말한다.

[교육행정] 제6회 정답 및 해설

1 ④	2 ②	3 ②	4 ①	5 ④
6 ③	7 ③	8 ②	9 ②	10 ①
11 ②	12 ②	13 ②	14 ④	15 ②
16 ①	17 ③	18 ①	19 ②	20 ②

1 정답 ④

답지 ①, ②, ③은 전직에 해당하고 답지 ④는 전보에 해당한다. 전보는 동일직의 계열 안에서 현 직위를 유지하면서 그 근무지를 변경하는 임용행위로 이를 전근, 전출, 전입 또는 이동이라 부르기도 한다.

2 정답 ②

문제의 답지 'ㄷ'는 시말서(전말서) 3회 이상 제출은 국가 공무법과 관계가 없다. 국가공무원법 제78조에 규정된 공무원 징계사유를 제시하면 다음과 같다.

- 이 법 및 이 법에 따른 명령을 위반한 경우
- 직무상의 의무(다른 법령에서 공무원의 신분으로 인하여 부과된 의무를 포함한다)를 위반하거나 직무를 태만히 한 때
- 직무의 내외를 불문하고 그 체면 또는 위신을 손상하는 행위를 한 때

3 정답 ②

답지 ①에서 정직은 신분은 보유하나 직무에 종사할 수 없으며, 보수의 전액을 감액한다. 답지 ②에서 견책은 가벼운 훈계로 6개월간 승진 및 승급이 제한되며, 보수는 전액 지급된다. 답지 ③에서 파면은 면직되며, 5년간 공무원에 임용될 수 없다. 그리고 재직기간이 5년 미만인자는 퇴직 급여액의 1/4을 감액하고 5년 이상인자는 1/2를 감액한다. 답지 ④에서 해임은 면직되며, 3년간 공무원에 임용될 수 없다. 퇴직급여는 전액 지급한다. 다만 금품 및 향응 수수, 공금횡령 및 유용으로 징계 해임된 경우 재직기간 5년 미만인자는 퇴직금의 1/8, 재직기간 5년 이상인 자는 퇴직금의 1/4을 감액한다. 징계의 종류는 다음과 같다.

종류		기간	신분	보수, 퇴직급여 등
중징계	파면	-	• 공무원 관계로부터 배제 • 5년간 공무원에 임용될 수 없음.	재직기간 5년 미만자 퇴직 급여액의 1/4, 5년 이상인 자 1/2감액 지급, 퇴직수당의 1/2감액
	해임	-	• 공무원 관계로부터 배제 • 3년간 공무원에 임용될 수 없음.	• 퇴직금 전액지급 • <u>금품 및 향응 수수, 공금의 횡령·유용의 경우</u> 재직기간이 5년 미만인 자 퇴직급여의 1/8, 재직기간이 5년 이상인 자 퇴직급여 1/4 감액, 퇴직수당의 1/4 감액
	강등	3월	계급 아래로 직급을 내리고 공무원신분은 보유하나 3개월간 직무에 종사하지 못하면 그 기간 중 보수의 전액을 감함	18개월간 승급제한
	정직	1월~3월	• 신분은 보유하나 직무에 종사하지 못함 • 18월+정직처분 기간 승진제한 • 처분기간 경력평정에서 제외	• 18월+정직처분 기간 승진제한 • 보수 전액을 감액
경징계	감봉	1월~3월	12월+감봉처분 기간 승진 제한	• 12월+감봉처분 기간 승진제한 • 보수의 1/3감액
	견책	-	6월간 승진제한	6월간 승급제한

4 정답 ①

답지 ①에서 교육공무원의 징계에는 파면, 해임, 정직은 중징계에 해당하며, 감봉과 견책은 경징계에 해당된다. 답지 ②와 ③에서 정직기간은 경력평정에서 제외되며 정직하는 동안 보수의 전액이 감액된다. 답지 ④에서 견책은 6개월간 승진, 승급의 제한을 받는다.

5 정답 ④

답지 ④에서 직위해제는 직위를 부여하지 않는 것으로 다음과 같은 사유가 있으면 해당된다.

- 직무수행 능력이 부족하거나 직무성적이 극히 불량한 자
- 징계의결을 요구 중인 자
- 형사사건으로 기소된 자(약식명령이 청구된 자는 제외)

6 정답 ③

공무원이 재직 중 일정한 사유로 직무에 종사할 수 없는 경우에 면직시키지 아니하고 일정기간 동안 신분을 유치하면서 직무에 종사하지 않고 질병 치료, 법률상 의무이행, 능력 개발을 위한 연수기회를 부여하는 등 공무원 신분을 보장하기 위한 제도이다. 휴직에 종류에는 직권휴직과 청원휴직이 있다. 답지 ①에서 병역의 복무를 위하여 징집 또는 소집되었을 때는 직권 휴직 사유가 된다. 답지 ②에서 공무원의 육아휴직 기간은 1자녀 당 3년(유급 1년+무급 2년)이다. 여교사의 출산 및 육아를 위해 휴직할 경우 경력평정에 최초 1년 범위 내에서 10할을 산입한다. 그리고 급여는 시작일 부터 1년 유급 휴직일 경우 봉급의 80%(상한 150만원/하한 70만원)이다. 답지 ③에서 학위취득을 목적으로 휴직할 경우 경력평정에 5할을 산입하며, 봉급의 5할을 지급한다. 답지 ④에서 교원노동조합의 전임자로 종사하게 되면 직권휴직의 사유가 되며 경력평정에는 산입이 되지만 보수는 지급하지 않는다.

7 정답 ③

공정성의 원리는 학생 개인의 능력이나 다른 정당한 차이로 인정되는 특징들을 설정하고, 이에 따라 재정배분이나 지출에 있어서 차등을 두어 지원하는 것이 보다 공정하다는 원리이다. 차이를 인정하는 특징에는 학생의 학습상의 장애, 신체적인 장애, 학교구의 교육환경에 따른 차이, 학교단계, 교육프로그램, 정책목표 등이 있다. 교육재정의 원리는 다음과 같다.

충족성	어느 정도 적정 수준의 재화와 용역이 확보되어야 하는 원리를 의미한다.
평등성	다른 조건이 동일한 경우 배분의 목적물이 지역별, 성별, 사회경제적 계층별, 학교설립별 등의 요인으로 인해 불평등하게 지출되어서는 안 된다.
공정성	학생 개인의 능력이나 다른 정당한 차이로 인정되는 특징들을 설정하고, 이에 따라 재정배분이나 지출에 있어서 차등을 두어 지원하는 것이 보다 공정하다는 원리이다.
효율성	효율성이란 최소의 비용으로 최대의 효과를 얻으려는 원리를 말한다.
자율성	자율성은 단위학교 또는 교육구에서 재정운영에 있어서 선택할 수 있는 원리를 의미한다.

8 정답 ②

직접교육비는 교육목적을 달성하기 위하여 교육활동에 직접적으로 투입되는 경비를 말한다. 문제의 답지 'ㅂ'에서 교육기관의 면세혜택은 간접교육비이다. 직접교육비의 종류는 다음과 같다.

공교육비	공교육비는 공공회계절차를 거쳐서 교육활동에 투입되는 비용을 말하며 교육활동을 위해 국가, 지방자치단체, 각급학교에서 지출하는 모든 비용과 학생납입금이 포함된다. 여기에는 국가와 지방자치단체, 그리고 학교에서 부담하는 공부담교육비와 입학금 수업료, 학교운영지원비 등 학부모가 부담하는 사부담교육비가 있다.
사교육비	교재비, 부교재비, 학용품비, 교통비, 학원비, 과외비 등 자녀를 교육시킴으로써 공교육비 이외에 추가적으로 학부모가 부담하는 모든 비용이 포함된다.

9 정답 ②

답지 ①에서 사교육비는 직접교육비에 해당되며 입학금과 수업료는 사부담 공교육비에 해당한다. 답지 ②에서 입학금과 수업료는 학부모가 부담하는 경우 사부담 공교육비에 해당한다. 답지 ③에서 공교육비란 공부담교육비와 사부담 공교육비를 합친 것을 의미한다. 답지 ④에서 학교시설에 대한 감가상각비는 간접교육비에 해당한다.

10 정답 ①

지방교육재정교부금은 지방자치단체가 교육기관 및 교육행정기관을 설치·경영하는 데 필요한 재원의 전부 또는 일부를 국가가 교부하여 교육의 균형 있는 발전을 도모하기 위하여 운영되고 있다.

11 정답 ②

지방교육재정 교부금은 보통교부금과 특별교부금으로 나눈다. 보통교부금은 당해 연도의 「교육세법」에 의한 교육세 세입액 중 「유아교육지원특별회계법」과 「고등·평생교육지원 특별회계법」에서 정하는 금액을 제외한 금액과 당해 연도의 내국세(목적세, 종합부동산세, 담배소비세에 부과하는 개별소비세 총액의 100분의 20 및 다른 법률에 의하여 특별회계의 재원으로 사용되는 세목의 당해 금액을 제외) 총액의 <u>100분의 20.79</u>에 해당하는 금액의 100분의 97에 해당하는 금액을 합한 금액으로 한다.

보통 교부금	당해 연도의 「교육세법」에 의한 교육세 세입액 중 「유아교육지원특별회계법」과 「고등·평생교육지원특별회계법」에서 정하는 금액을 제외한 금액과 당해 연도의 내국세(목적세, 종합부동산세, 담배소비세에 부과하는 개별소비세 총액의 100분의 20 및 다른 법률에 의하여 특별회계의 재원으로 사용되는 세목의 당해 금액을 제외) 총액의 <u>100분의 20.79</u>에 해당하는 금액의 <u>100분의 97</u>에 해당하는 금액을 합한 금액
특별 교부금	당해 연도의 내국세(목적세, 종합부동산세, 담배소비세에 부과하는 개별소비세 총액의 100분의 20 및 다른 법률에 의하여 특별회계의 재원으로 사용되는 세목의 당해 금액을 제외) 총액의 <u>100분의 20.79</u>에 해당하는 금액의 <u>100분의 3</u>에 해당하는 금액

12 정답 ②

특별교부금의 재원은 내국세 총액(단, 목적세, 종합부동산세, 담배에 부과하는 개별소비세 총액의 100분의 20 및 다른 법률에 의하여 특별회계의 재원으로 사용되는 세목의 당해 금액을 제외)의 <u>20.79%의 100분의 3(3%)</u>에 해당하는 금액을 교부한다. 답지 ①에서 "기준재정수입액"이란 교육·과학·기술·체육, 그 밖의 학예(이하 "교육·학예"라 한다)에 관한 모든 재정수입으로서 일반회계 전입금 등 교육·학예에 관한 지방자치단체 교육비특별회계의 수입예상액으로 한다(지방교육재정교부금법 제2조, 7조). 답지 ②에서 "측정단위"란 지방교육행정을 부문별로 설정하여 그 부문별 양(量)을 측정하기 위한 단위를 말한다. 그리고 "단위비용"이란 <u>기준재정수요액</u>을 산정하기 위한 각 측정단위의 단위당 금액을 말한다(지방교육재정 교부금법 제2조). 답지 ③에서 교육부장관은 기준재정수입액이 기준재정수요액에 미치지 못하는 지방자치단체에 대해서는 그 부족한 금액을 기준으로 하여 보통교부금을 총액으로 교부한다(지방교육재정교부금법 제5조). 답지 ④에서 특별교부금의 교부는 다음과 같다.

> **제5조의2(특별교부금의 교부)** ① 교육부장관은 다음 각 호의 구분에 따라 특별교부금을 교부한다.
> 1. <u>「지방재정법」제58조에 따라 전국에 걸쳐 시행하는 교육 관련 국가시책사업으로 따로 재정지원계획을 수립하여 지원하여야 할 특별한 재정수요가 있거나 지방교육행정 및 지방교육재정의 운용실적이 우수한 지방자치단체에 대한 재정지원이 필요할 때: 특별교부금 재원의 100분의 60(60%)</u>
> 2. 기준재정수요액의 산정방법으로 파악할 수 없는 특별한 지역교육현안에 대한 재정수요가 있을 때: 특별교부금 재원의 100분의 30(30%)
> 3. 보통교부금의 산정기일 후에 발생한 재해로 인하여 특별한 재정수요가 생기거나 재정수입이 감소하였을 때 또는 재해를 예방하기 위한 특별한 재정수요가 있는 때: 특별교부금 재원의 100분의 10(10%)

13 정답 ②

답지 ①에서 특별교부금은 기준재정수요액의 산정방법으로 포착할 수 없는 특별한 지역교육현안수요가 있을 때 특별교부금 재원의 100분의 30에 해당하는 금액을 교부하도록 규정하고 있다. 답지 ②에서 교육부장관은 시·도의 교육행정기관의 장이 제3항의 규정에 의한 조건이나 용도를 위반하여 특별교부금을 사용하거나 2년 이상 사용하지 아니하는 경우에는 그 반환을 명하거나 다음에 교부할 특별교부금에서 이를 감액할 수 있다고 규정하고 있다. 답지 ③은 보통교부금의 교부에 관한 규정이다. 답지 ④에서 특별교부금은 그 사용에 관하여 조건을 붙이거나 용도를 제한할 수 있다. 시·도의 교육행정기관의 장은 조건이나 용도를 변경하여 특별교부금을 사용하고자 하는 때에는 미리 교육부장관의 승인을 얻어야 한다.

14 정답 ④

시·도의 교육·학예에 소요되는 경비는 당해 지방자치단체의 교육비특별회계에서 부담하되, 의무교육에 관련되는 경비는 교육비특별회계의 재원 중 교부금과 일반회계로부터의 전입금으로 충당하고, 의무교육외의 교육에 관련되는 경비는 교육비특별회계의 재원 중 교부금, 일반회계로부터의 전입금, 수업료 및 입학금 등으로 충당한다. 일반회계로부터 전입금은 다음과 같다.

- 지방세법 규정에 의한 지방교육세에 해당하는 금액
- 담배소비세의 100분의 45에 해당하는 금액(도는 제외)
- 서울특별시는 특별시세 총액(지방세법 규정에 의한 목적세에 해당하는 금액을 제외)의 100분의 10, 광역시 및 경기도는 광역시세 또는 도세 총액(지방세법규정에 의한 목적세에 해당하는 금액을 제외)의 100분의 5에 해당하는 금액, 그 밖의 도 및 특별자치도는 도세 또는 특별자치도세 총액의 1천분의 36에 해당하는 금액

15 정답 ②

품목별 예산(LIBS : Line-Item Budgeting System)은 예산과목을 경비의 성격과 위계에 따라 관, 항, 목, 세목 등으로 제도화하는 것으로 예산편성과정이 전년도의 기준에 인원 증가 및 물가인상 등을 감안한 점증주의에 기초하기 때문에 간편한 이점을 가지며, 또한 한정된 재정규모 내에서 효율적인 배분을 강조하기 때문에 능률적이라고 할 수 있다. 그러나 업무분장에 따른 담당자와 그 부서의 입장과 편의를 우선시하기 때문에 행정편의만을 강조하고 경비지출의 궁극적 목적과의 연계가 부족하며, 각 부서의 재정손실을 방지하기 위한 관료 통제적 방법과 절차에 얽매이는 경향이 있다.

16 정답 ①

성과주의 예산(PBS : Performance Budgeting System)은 정부의 사업, 활동, 기능을 중심으로 편성하는 예산제도이다. 즉, 정부가 지출하는 목적에 중점을 두는 예산제도이다. 예산과목을 사업계획별, 활동별로 분류한 다음 각 세부 사업별로 단위원가에 업무량을 곱하여 예산액을 표시하고, 그 집행의 성과를 측정·분석하여 재정 통제를 하는 것이다. 달성하려는 목표와 사업이 무엇인지를 표시하고 이를 달성하는 데 필요한 소요비용을 명시해 준다. 성과주의 예산제도는 행정수반의 관리의 편의와 수단을 중심으로 발달한 기법이다. 답지 ②는 품목별 예산관리기법, 답지 ③은 계획예산제도, 답지 ④는 영기준예산제도에 해당한다.

17 정답 ③

계획예산제도(PPBS : Planning Programming Budgeting System)는 계획지향적인 예산제도로 예산편성과 집행과정에 중점을 두고 있다. 합리적인 조직목표를 설정하고 이를 성취하기 위한 계획과 행동과정 자원배분을 계획적으로 수립함으로써 조직의 목표달성을 효율적으로 하려는 제도이다. 예산과정은 계획, 프로그램의 체계화, 중장기 계획의 수립, 예산편성, 평가의 단계를 거친다. 이제도는 학교목표의 우선순위에 따라 자원을 합리적으로 사용할 수 있기 때문에 예산의 지출과 효율화를 가져올 수 있다. 또한 학교의 목표와 교육 프로그램, 그리고 예산을 체계적으로 연결시킬 수 있다. 단점으로는 교육활동의 성과가 장기적인 점을 고려할 때 실적평가가 너무 성급하게 이루어질 가능성이 있으며 예산운영의 집권화를 조장시킬 수 있는 가능성이 있다.

18 정답 ①

계획예산제도(PPBS : Planning Programming Budgeting System)는 계획지향적인 예산제도로 예산편성과 집행과정에 중점을 두고 있다. 합리적인 조직목표를 설정하고 이를 성취하기 위한 계획과 행동과정 자원배분을 계획적으로 수립함으로써 조직의 목표달성을 효율적으로 하려는 제도이다.

19 정답 ②

교육구에서 일반적으로 관장하던 재정권을 단위학교에 이양함으로써 단위학교의 자율성과 책무성 및 효과성을 향상시키고자 하는 제도이다. 과거에 교육청 수준에서 예산과정을 주도한 것에서 단위학교가 예산과정의 중심적인 역할을 담당하는 분권화된 예산제도이다. 단위학교 예산제도하에서는 학교예산의 편성과정에 있어서 교육청에서 총액배분된 예산을 학교운영위원회와 같은 기구를 중심으로 학교경영계획과 이에 따른 실행예산을 편성한다.

20 정답 ②

영기준 예산제도(ZBBS : Zero-Base Bugeting System)는 전년도 사업을 그대로 인정하지 않고 학교목표에 따라 새롭게 재평가함으로써 우선순위를 정하고, 한정된 예산을 우선순위 별 사업에 배분하여 결정하는 제도이다. 이 기법은 예산을 편성할 때 기본 계획서를 작성하고, 사업 간의 우선순위를 결정한다. 또한 교직원들이 공동으로 참여하여 학교에서 수행하게 될 사업내용과 실행예산을 작성한다. 장점은 학교경영계획과 실행예산이 일치함으로써 학교경영이 보다 합리적이고 효율적으로 이루어질 수 있다.

[교육행정] 제7회 정답 및 해설

1	2	3	4	5
③	④	④	②	②
6	7	8	9	10
③	②	③	③	②
11	12	13	14	15
②	④	①	③	①
16	17	18	19	20
③	③	①	④	③

1 정답 ③

바우처(voucher)제도는 신자유주의 경제학자인 프리드만(M. Friedman)에 의해 주장된 개념으로 학교의 선택권을 교육수요자에게 보장하자는 것이다. 영국과 미국에서 고안된 이 기법은 학부모에게 그들 자녀의 교육을 위해 자기들이 선택하는 학교에서 교육을 구매할 수 있도록 바우처가 주어진다. 학교는 수업료를 부가할 것이고, 바우처는 그 교육비의 전부 또는 일부를 충당하는데 사용된다. 정부의 역할은 학교교육에 관한 실제 지원보다 기관과 기관의 경쟁을 자극하고 학부모의 선택권을 보장하는데 그 장점이 있다. 문제의 답지 'ㄱ', 'ㄷ'은 협약학교에 해당된다.

2 정답 ④

「초·중등 교육법 제30조의 2」에 규정되어 있는 학교회계의 세입에 포함되는 수입은 다음과 같다.

1. 국가의 일반회계나 지방자치단체의 교육비특별회계로부터 받은 전입금
2. 학교운영위원회 심의를 거쳐 학부모가 부담하는 경비
3. 학교발전기금으로부터 받은 전입금
4. 국가나 지방자치단체의 보조금 및 지원금
5. 사용료 및 수수료
6. 이월금
7. 물품매각대금
8. 그 밖의 수입

3 정답 ④

문제의 답지 'ㄱ'에서 학교회계년도는 매년 3월 1일부터 2월말까지이다. 답지 'ㄴ'에서 학교회계는 국·공립의 초·중·고·특수학교에 설치한다. 그리고 답지 'ㄷ'에서 학교의 장은 회계연도마다 학교회계 세입세출예산안을 편성하여 회계연도 개시 30일전

까지 학교운영위원회에 제출하여야 하며, 학교운영위원회는 학교회계세입세출예산안을 회계연도 개시 5일전까지 심의하여야 한다. 이것은 학교장과 학교운영위원회의 기능을 강화하기 위한 것이다. 답지 'ㄹ'에서 학교회계는 학교운영 및 학교시설의 설치 등을 위하여 필요한 일체의 경비를 세출로 한다.

4 정답 ②

문제의 답지들은 「초·중등교육법」 제30조의3 (학교회계의 운영)에 규정되어 있다. 답지 ①에서 학교 회계의 회계 연도는 매년 3월 1일에 시작하여 당해 연도 2월 말에 종료되도록 하여 학년도와 일치하도록 하였다. 답지 ②에서 학교운영위원회는 학교회계세입세출예산안을 회계연도 개시 5일전까지 심의하도록 되어 있다. 답지 ③에서 학교의 장은 회계연도마다 학교회계세입세출예산안을 편성하여 회계연도 개시 30일전까지 학교운영위원회에 제출해야한다. 답지 ④에서 학교의 장은 회계연마다 결산서를 작성하여 회계연도 종료 후 2개월 이내에 학교운영 위원회에 제출하여야한다.

5 정답 ②

문제에서 제시된 내용은 과학적 관리장학이다. 과학적 관리장학(1900~1930년)은 과학적 관리운동의 영향을 크게 받았다. 과학적 관리론은 교육의 생산성과 효율성을 위한 교육원리와 수단의 개발을 강조하는 이론이다. 과학적 관리장학은 새로운 형태의 시학을 강조하는 결과를 가져왔으며 새로운 갈등이 생겨나게 하였다.

6 정답 ③

문제에서 제시된 내용은 인간관계장학이다. 인간관계장학 (협동적 장학 : 1930~1955년)은 인간관계를 강조하는 장학으로 장학은 민주적이어야 하며, 교사와 장학담당자는 수업개선을 위해서 협동적으로 일(협력자, 조력자)을 해야 한다는 것이다. 이에 따라 장학활동의 핵심도 장학담당자로부터 교사에게로 전환되었으며, 최소한의 장학이 최선의 장학으로 간주되었다.

7 정답 ②

임상장학은 코간(M. Cogan)에 의해 개발된 것으로 교실현장에서 장학자와 교사가 1 : 1의 친밀한 관계 속에서 교사의 교수기술 향상과 계속적인 전문적 성장을 위하여 계획협의회, 수업관찰, 피드백협의회의 과정을 거치는 특별한 하나의 장학대안이다. 1957년 소련의 인공위성 스푸트니크 충격으로 교육과정이 학문중심교육과정으로 변화하고 장학도 교육과정의 개발과 수업효과 증진이라는 본연의 목표에 대한 강조로 등장하게 되었는데 그 대표적인 장학의 방법이 임상장학이다.

8 정답 ③

인간자원장학(1970~현재)은 교사의 효능감, 참여, 열성 등 내적 만족을 강조하고 매슬로우(A. Maslow)의 욕구위계에서 상층욕구인 존경에의 욕구, 자율의 욕구, 자아실현의 욕구를 충족시켜 주는 장학이다. 교사의 능력을 최대한 발휘하게 하여 교사를 행복하게 하고, 교사를 수단시하지 않고 목적시 하자는 데 초점을 맞춘 장학이다. 인간자원 장학은 인간의 가능성을 신봉하며, 인간이 안락만을 추구하는 존재가 아니라 일을 통한 자아실현을 추구한다는 가정 하에 학교과업의 성취를 통한 직무만족에 초점을 둔 인본주의적 장학이다

9 정답 ③

동료장학은 전문적 동료간의 협동적으로 진행되는 장학을 의미한다. 교직도 전문직이라면 전문 동료 교사끼리 장학적 기능을 할 수 있고 또 실제로 교사들은 동료장학을 좋아한다. 장학의 형식은 같은 관심을 지닌 3~4명의 교사들이 팀을 구성하여 협동적으로 문제를 해결한다든지, 또는 같은 과목의 교사들이 팀을 이루어 협동적으로 문제를 해결할 수 있다.

10 정답 ②

원래 장학은 상급자가 감독한다는 데서 출발했지만 동기유발이 잘된 유능한 교사들은 자기 혼자서도 교수기술의 향상을 위해서 노력하여 장학적 기능을 발휘할 수 있다고 강조하는 장학이 자기장학이다.

장학의 방법은 다음과 같다.

- 자기 스스로 자신의 수업을 녹화 또는 녹음하였다가 분석한다.
- 학생이나 학부모, 동료교사들로부터 수업에 대한 피드백을 수용한다.
- 상급과정 대학원에 진학하여 전문 과목을 수강한다.
- 각종 학술세미나와 학회에 참여한다.
- 전문서적을 구독하여 스스로 전문성을 향상시킨다.

11 정답 ②

전통적 장학은 장학사나 교장, 교감이 잠깐 교실에 들러 수업을 관찰하고 평을 하는 형식을 취한다. 장학진의 수적 제약과 시간적 제약 때문에 어쩔 수 없이 이런 장학을 할 수밖에 없고 현재도 대부분 이런 전통적 장학에 의존할 수밖에 없는 실정이다.

12 정답 ④

선택적 장학은 학생들에게 개별화 학습이 필요하듯이 교사들이야말로 개별화 장학(individualized supervision)의 필요에 의해 개발되었다. 한편, 교사 개개인에 맞는 개별화 장학을 할 만한 장학인력과 시간이 없다. 그래서 실행 가능한 몇 개의 장학대안을 마련해 놓고 교사들로 하여금 자신에게 맞는 장학방법을 경력 주기에 따라 선택하게 하는 장학방법이 선택적 장학이다.

13 정답 ①

선택적 장학은 교사들의 경력주기에 따라 장학 방법을 선택할 수 있도록 한 것으로 초임 3년간은 임상장학, 갱신기 3년간 임상장학, 정착기는 동료장학, 완숙기는 자기장학 그리고 이들 중에서 아무것도 택하지 않는 교사는 전통적 장학을 하도록 하는 장학이다.

14 정답 ③

요청장학은 학교가 자율장학을 통하여 취약점이 들어난 영역이나 어떤 교과에 전문적 도움이 필요하다고 판단될 때, 교육청에 요청하여 전문적인 장학요원의 협조를 받는 장학이다. 교육청은 학교장이 학교운영 전반에 대한 요청장학의 요구가 있을 경우에는 장학반을 편성하여 지원하며, 특정 장학 담당자를 요청할 경우에는 당해 장학 담당자가 협조한다.

15 정답 ①

컨설팅 장학은 교원의 자발적 의뢰를 바탕으로 교수-학습과 관련된 전문성을 계발하기 위해 교내외의 전문가들이 교원에게 제공하는 조언 활동을 의미한다. 따라서 주요장학활동은 교원의 의뢰에 따라 전문성을 갖춘 장학요원(교육청 전문직, 외부인사, 지역장학요원)들이 교원들의 직무상 문제를 진단하고 해결을 위한 대안 마련 및 실행 과정을 지원한다. 문제의 답지 'ㄷ'은 학교 자율장학 가운데 '요청장학'이며, 'ㄹ'은 선택적 장학이다.

16 정답 ③

답지 ③에서 컨설팅장학은 '일시성의 원리'에 입각하여 의뢰하는 교사와 컨설턴트의 관계는 특정 과제해결을 위한 일시적 관계이어야 한다. 컨설팅장학은 학교교육을 개선하기 위해서 일정한 전문성을 갖춘 사람들이 학교와 학교 구성원의 요청에 따라 제공되는 독립적인 자문활동을 의미하는 것으로 학교경영과 교육의 문제를 진단하고 대안을 마련하며, 문제해결과정을 지원하고, 교육훈련을 실시하며, 문제해결에 필요한 인적 물적 자원을 발굴하여 조직화하는 일이다. 특히 컨설팅장학은 학교를 지원하는 다양한 형태의 활동으로 동등한 관계에 기초하여 학교 구성원에게 제공되는 모든 형태의 지원활동을 의미하며, 다음과 같은 원리로 운영된다.

- 일시성의 원리 : 의뢰하는 교사와 컨설턴트의 관계는 특정 과제해결을 위한 일시적 관계이어야 한다.
- 교육성의 원리 : 학교 컨설팅을 통해 컨설턴트는 의뢰한 교사에게 컨설팅에 관한 교육적 영향력을 행사해야한다.
- 자발성의 원리 : 학교장이나 교사가 자발적으로 나서서 컨설턴트의 도움을 요청해야 한다는 것이다.
- 전문성의 원리 : 학교경영과 교육에 대한 전문적 지식과 기술체계를 갖춘 사람에 의해 이루어지는 지도와 조언활동이 되어야 한다.
- 독립성의 원리 : 컨설턴트가 의뢰한 교사와 상급자와 하급자 관계여서는 안 되며, 독립된 개체로서 서로 인정하고, 도와주는 관계이어야 한다.

- 자문성의 원리 : 컨설팅은 본질적으로 자문활동이 어야 한다는 것이다. 즉, 컨설턴트가 의뢰한 교사를 대신해서 교육을 담당하거나 학교를 경영하는 것이 아니며, 그 컨설팅을 선택함으로 발생하는 모든 책임을 의뢰한 교사에게 있다.

17 정답 ③

담임장학의 목적은 교육활동 전반에 대한 전문적, 지속적 협의·지원으로 학교 자율장학 기능을 강화하고 교육시책의 효율적 구현을 위한 것이다. 담임장학의 협의 내용은 학교 교육계획의 추진 상황, 교육과정 편성운영, 교수-학습 및 평가 방법, 생활지도, 학교자체 평가, 기타 학교의 현안 문제 등이다.

18 정답 ①

현재 우리나라의 지방교육자치제는 교육의 자주성 및 전문성과 지방교육의 특수성을 살려 지방교육의 발전에 이바지하는 것을 그 실시목적으로 규정하고 있다. 우리나라 교육 자치는 사무의 집행을 위해 교육감을 두고 있으며, 일반지방의회 내에 심의·의결기구로서의 교육·학예 상임위원회를 두고 있다. 교육자치단위는 광역자치단위인 17개 시·도 단위에서만 실시하고 있어, 시·군·구의 기초단위까지 자치를 실시하고 있는 일반지방자치와는 다르게 운영되고 있다.

19 정답 ④

문제의 내용은 교육자치제의 기본원리 가운데 전문적 관리의 원리이다. 교육자치제의 기본원리를 구체적으로 제시하면 다음과 같다.

지방분권의 원리	중앙정부에 의한 획일적인 지시와 통제를 지양하고, 지방의 실정과 특수성을 고려하여 지방교육을 위한 정책이 수립되어야 한다.
주민통제의 원리	일정한 지역의 주민이 그들의 대표를 통하여 교육정책을 심의·결정한다는 것을 의미한다.
일반 행정으로부터 분리 독립의 원리	교육행정이 일반 행정으로부터 분리되어 나와야 한다는 것을 의미한다.
전문적 관리의 원리	교육의 전문성과 특수성 때문에 이를 지원, 조장해 주는 교육행정도 고려해야 한다는 의미이다.

20 정답 ③

답지 ①에서 교육학예 상임위원회는 지방의회에 소속되어 있다. 답지 ②에서 교육감은 과거 1년 동안 정당원이 아닌 사람이여야 하며, 정당의 추천을 받을 수 없다. 답지 ③에서 교육감의 임기는 4년으로 하며, 교육감의 계속 재임은 3기에 한한다. 답지 ④에서 교육상임위원회 의원은 지방의회 의원 가운데서 배정이 된다.

[교육행정] 제8회 정답 및 해설

1 ③	2 ④	3 ③	4 ①	5 ④
6 ③	7 ④	8 ④	9 ③	10 ④
11 ①	12 ②	13 ②	14 ④	15 ④
16 ④	17 ④	18 ②	19 ②	20 ②

1 정답 ③

답지 'ㄷ'에서 현행 지방교육자치제에서는 "교육감의 임기는 4년으로 하며, 교육감의 계속 재임은 3기에 한한다."규정하고 있다. 답지 'ㄱ'에서 교육지원청에 교육장을 두되 장학관으로 보한다(지방교육자치법 제34조). 답지 'ㄴ'에서 교육감은 시·도의 교육·학예에 관한 사무의 집행기관이다(지방교육자치법 제 18조). 답지 'ㄹ'에서 부교육감은 고위공무원단에 속하는 일반직 공무원 또는 장학관으로 보하되, 당해 시·도의 교육감이 추천한 자를 교육부장관의 제청으로 국무총리를 거쳐 대통령이 임명한다(지방교육자치법 제 30조).

2 정답 ④

답지 ①에서 교육감후보자가 되고자 하는 자는 당해 시·도지사의 피선거권이 있는 사람으로서 후보자등록신청개시일부터 과거 1년 동안 정당의 당원이 아닌 사람이어야 한다. 답지 ②에서 교육감은 집행기관의 성격으로서 시·도의 교육 및 학예에 관한 사무의 집행권을 행사하고 있다. 소관사무로 인한 소송이나 재산의 등기 등에 대하여 시·도 대표권 등을 행사하고 있다. 답지 ③에서 교육감은 주민의 보통·평등·직접·비밀선거에 따라 선출한다. <u>답지 ④에서 교육감의 임기는 4년으로 하며, 교육감의 계속 재임은 3기에 한한다.</u>

3 정답 ③

답지 ③에서 교육규칙을 제정하는 것은 교육감의 권한에 해당된다. 답지 ①에서 교육감은 주민의 보통·평등·직접·비밀선거에 따라 선출한다. 답지 ②에서 교육감에 입후보하고자 하는 사람은 3년 이상이 교육 경력 또는 교육행정 경력 있거나 양 경력을 합하여 3년 이상 이어야 한다. 답지 ④에서 교육감의 임기는 4년으로 하며, 교육감의 계속 재임은 3기에 한한다.

4 정답 ①

답지 ①에서「초·중등 교육법 제31조」에 의거하여 국공립학교 및 사립학교는 학교운영위원회를 의무적으로 설치하여야 한다. 따라서 학교운영위원회는 법정위원회이다. 답지 ②에서 학교운영위원회는 단위학교 학칙의 제·개정 사항, 예·결산에 관한 사항, 교육과정운영에 관한 사항 등 학교의 중요한 운영사항들에 대하여, <u>국·공립은 심의기구로, 사립은 심의 및 자문기구</u>로 그 설치가 의무화되었다. 답지 ③에서 위원장과 부위원장은 교원위원이 아닌 위원 중에서 무기명 투표로 선출한다. 답지 ④에서 학교운영위원회는 학교운영에 대한 심의 및 자문기구이지 학교장의 하위기구는 아니다.

5 정답 ④

답지 ①에서 학교운영위원회 구성에서 교감은 당연직 위원이 아니다. 답지 ②에서 지역위원은 학부모위원 또는 교원위원의 추천을 받아 학부모위원 및 교원위원이 무기명투표로 선출한다. 답지 ③에서 학부모위원은 40~50%범위에서 선출하게 되어있다. 답지 ④에서 위원회의 정수는 5인 이상 15인 이내의 범위 안에서 학교의 규모 등을 고려하여 당해 학교의 학교운영위원회규정으로 정한다(초중등교육법 제31조).

6 정답 ③

문제의 답지 'ㄱ'는 학교운영위원회 기능과 관련이 없다. 학교운영위원회 기능을 구체적으로 제시하면 다음과 같다(초·중등교육법 제32조).

> 1. 학교헌장과 학칙의 제정 또는 개정(사립학교는 자문)
> 2. 학교의 예산안과 결산
> 3. 학교교육과정의 운영방법
> 4. 교과용 도서와 교육 자료의 선정
> 5. 교복·체육복·졸업앨범 등 학부모 경비 부담 사항
> 6. 정규학습시간 종료 후 또는 방학기간 중의 교육활동 및 수련활동
> 7. 「교육공무원법」 따른 공모 교장의 공모 방법, 임용, 평가 등(사립학교 제외)

8. 「교육공무원법」 따른 초빙교사의 추천(사립학교 제외)
9. 학교운영지원비의 조성·운용 및 사용
10. 학교급식
11. 대학입학 특별전형 중 학교장 추천
12. 학교운동부의 구성·운영
13. 학교운영에 대한 제안 및 건의 사항
14. 그 밖에 대통령령이나 시·도의 조례로 정하는 사항

7 정답 ④

학교발전 기금은 학교운영위원회를 중심을 조성된 기금으로서 '학교교육시설의 보수 및 확충', '교육용 기자재 및 도서의 구입', '학생복지 및 학생자치활동', '학교체육활동 기타 학예활동의 지원' 등에 사용이 된다(초·중등교육법 시행령 제64조).

8 정답 ④

교직단체와 교육부장관(또는 교육감)과의 교섭·협의 사항에는 교원의 처우 개선과 교원의 전문성 신장에 관한 사항은 주요 교섭·협의 사항이지만 문제의 답지 'ㄴ'와 'ㄷ'에서와 같은 교육과정이나 교육기관 운영 및 교육행정기관 운영에 관한 사항은 협의 대상이 아니다(교원지위향상 및 교육활동 보호를 위한 특별법 제12조).

9 정답 ③

교육의 기본법에 명시된 교육당사자는 학습자, 보호자, 교원, 교육단체, 학교설립·경영자, 국가·지방자치단체 등이다. 기본법에 명시된 교육당사자에 대한 규정은 다음과 같다.

학습자	학생을 포함한 학습자의 기본적 인권은 학교교육 또는 평생교육의 과정에서 존중되고 보호된다.
학부모	부모 등 보호자는 그 보호하는 자녀 또는 아동이 바른 인성을 가지고 건강하게 성장하도록 교육할 권리와 책임을 가진다.
교원	학교교육에서 교원의 전문성은 존중되며, 교원의 경제적·사회적 지위는 우대되고 그 신분은 보장된다. 교원은 법률이 정하는 바에 의하여 다른 공직에 취임할 수 있다.
국가 및 지방자치단체	국가 및 지방자치단체는 학교 및 사회교육 시설을 지도·감독한다.

10 정답 ④

교육의 기본법 총칙에 제시된 사항은 다음과 같다(제1조~11조).

교육의 기회균등 (제4조)	모든 국민은 성별, 종교, 신념, 사회적 신분, 경제적 지위 또는 신체적 조건 등을 이유로 교육에 있어서 차별을 받지 아니한다.
학습권 (제3조)	모든 국민은 평생에 걸쳐 학습하고, 능력과 적성에 따라 교육받을 권리를 가진다.
교육의 중립성 (제6조)	국가 및 지방자치단체가 설립한 학교에서는 특정한 종교를 위한 종교교육을 하여서는 아니 된다(기본법 제6조 2항).
교육의 자주성 (제5조)	국가 및 지방자치단체는 교육의 자주성 및 전문성을 보장하여야 하며, 지역의 실정에 맞는 교육의 실시를 위한 시책을 수립하고 실시하여야 한다(기본법 제5조 1항). 학교운영의 자율성은 존중되며, 교직원·학생·학부모 및 지역주민 등은 법령이 정하는 바에 의하여 학교운영에 참여할 수 있다.

11 정답 ①

답지 ①에서 교원은 학교교육에서 교원의 전문성은 존중되며, 교원의 경제적·사회적 지위는 우대되고 그 신분은 보장된다. 교원은 법률이 정하는 바에 의하여 다른 공직에 취임할 수 있다(교육기본법 제14조).

12 정답 ②

답지 ②에서 사립학교를 설립하고자 하는 자는 특별시·광역시 또는 도 교육감의 인가를 받아야 한다(초·중등 교육법 제4조 학교의 설립). 답지 ①에서 국립학교는 교육부장관의 지도·감독을 받으며, 공립·사립학교는 교육감의 지도감독을 받는다(초·중등교육법 제6조). 답지 ③에서 교육감은 관할 구역의 학교를 대상으로 교육과정과 교수·학습방법에 대한 장학지도를 할 수 있다(초·중등교육법 제7조). 답지 ④에서 교육부장관은 학교에 재학 중인 학생을 대상으로 학업성취도를 측정하기 위한 평가를 할 수 있다(초·중등교육법 제9조).

13 정답 ②

답지 ②에서 초·중등교육법 제18조(학생의 징계)에 의하면 학교의 장은 교육상 필요한 때에는 법령 및 학칙이 정하는 바에 의하여 학생을 징계하거나 기타의 방법으로 지도할 수 있다. 다만, 의무교육 과정에 있는 학생을 퇴학시킬 수 없다. 그리고 학교의 장은 학생을 징계하고자 하는 경우 해당 학생 또는 학부모에게 의견진술의 기회를 부여하는 등 적정한 절차를 거쳐야 한다.

14 정답 ④

초중등 교육법 제10조2 (고등학교 등 무상교육)의 ①항에 "고등학교·고등기술학교 및 이에 준하는 각종학교의 교육에 필요한 다음 강호의 비용은 무상으로 한다"고 규정하고 있다.

> 1. 입학금
> 2. 수업료
> 3. 학교운영지원비
> 4. 교과용 도서 구입비

15 정답 ④

답지 ④의 행정직원 등에 대한 임무가 잘못 설명되었다. 초·중등 교육법 제 20조(교직원의 임무)의 5항에 "행정직원 등 직원은 법령에서 정하는 바에 따라 학교의 행정사무와 그 밖의 사무를 담당한다."고 규정하고 있다.

> **제20조(교직원의 임무)**
> ① 교장은 교무를 총괄하고, 소속 교직원을 지도·감독하며, 학생을 교육한다.
> ② 교감은 교장을 보좌하여 교무를 관리하고 학생을 교육하며, 교장이 부득이한 사유로 직무를 수행할 수 없을 때에는 교장의 직무를 대행한다. 다만, 교감이 없는 학교에서는 교장이 미리 지명한 교사(수석교사를 포함한다)가 교장의 직무를 대행한다.
> ③ 수석교사는 교사의 교수·연구 활동을 지원하며, 학생을 교육한다.
> ④ 교사는 법령에서 정하는 바에 따라 학생을 교육한다.
> ⑤ 행정직원 등 직원은 법령에서 정하는 바에 따라 학교의 행정사무와 그 밖의 사무를 담당한다.

16 정답 ④

답지 ④에서 성매매방지 및 피해자 보호 등에 관한 법률에 따른 성매매 예방교육도 안전교육에 포함된다(법률 제8조). 답지 ①에서 「학교안전사고 예방 및 보상에 관한 법률」 제8조(학교안전교육의 실시) ①항에 "학교장은 학교안전사고를 예방하기 위해 학생·교직원 및 교육활동참여자에게 학교안전사고 예방에 관한 교육을 실시하도록 하고 있다. 답지 ②에서 「학교안전사고 예방 및 보상에 관한 법률」 제8조(학교안전교육의 실시)에 다음의 각호의 교육을 실시하고 그 결과를 학기별로 교육감에게 보고해야 한다"고 규정하고 있다.

> 1. 아동복지법에 따른 교통안전교육, 감염병 및 약물의 오남용 예방 등 보건위생교육 및 재난대비 안전교육
> 2. 학교폭력 예방 및 그 대책에 관한 법률에 따른 학교폭력 예방교육
> 3. 성폭력 방지 및 피해자보호 등에 관한 법률에 따른 성폭력 예방에 필요한 교육
> 4. 성매매방지 및 피해자 보호 등에 관한 법률에 따른 성매매 예방교육
> 5. 초·중등교육법에 따른 교육과정이 체험중심 교육활동으로 운영되는 경우 이에 관한 안전사고 예방교육
> 6. 그 밖에 안전사고 관련 법률에 따른 안전교육

답지 ③에서 「학교안전사고 예방 및 보상에 관한 법률」 제8조(학교안전교육의 실시) ④항에 "학교장은 필요에 따라 안전교육을 이론교육과 실습교육으로 병행하여 실시하되, 안전교육을 효율적으로 실시하기 위하여 교원 또는 교육활동참여자로 하여금 담당하게 하거나 교육부령으로 정하는 바에 따라 전문교육기관·단체 또는 전문가에 위탁하여 실시할 수 있다"고 규정하고 있다.

17 정답 ④

답지 ①은 학교폭력예방 및 대책에 관한 법률 제20조(학교폭력의 신고의무) ①항에 "학교폭력 현장을 보거나 그 사실을 알게 된 자는 학교 등 관계 기관에 이를 즉시 신고하여야 한다."고 규정하고 있다. 답지 ②는 학교폭력예방 및 대책에 관한 법률 제20조의6(학교전담경찰관) ①항에 "국가는 학교폭력 예방 및 근절을 위하여 학교폭력 업무 등을 전담하는 경찰관을 둘 수 있다."고 규정하고 있다. 답지

③은 제17조(가해학생에 대한 조치)⑨항에 "심의위원회는 가해학생이 특별교육을 이수할 경우 해당 학생의 보호자도 함께 교육을 받게 하여야 한다."고 규정하고 있다. 답지 ④는 학교폭력 예방 및 대책에 관한 법률 제17조(가해학생에 대한 조치) ① 항에 "학교폭력대책심의위원회는 가해학생에 대한 퇴학처분을 교육장에게 요청할 수 있다."고 규정하고 있다.

18 정답 ②

답지 ②에서 「학교폭력예방 및 대책에 관한 법률」 제17조(가해학생에 대한 조치)1항에 "심의위원회는 피해학생의 보호와 가해학생의 선도·교육을 위하여 가해학생에 대하여 다음 각 호(1. 피해학생에 대한 서면사과, 2. 피해학생 및 신고·고발 학생에 대한 접촉, 협박 및 보복행위의 금지, 3. 학교에서의 봉사, 4. 사회봉사, 5. 학내외 전문가에 의한 특별교육이수 또는 심리치료, 6. 출석정지, 7. 학급교체, 8. 전학, 9. 퇴학처분)의 어느 하나에 해당하는 조치(수 개의 조치를 병과하는 경우를 포함한다)를 할 것을 교육장에게 요청하여야 하며, 각 조치별 적용기준은 대통령령으로 정한다. 다만, 퇴학처분은 의무교육과정에 있는 가해학생에 대하여는 적용하지 아니한다."고 규정하고 있다. 답지 ①은 동법 제6조(기본계획의 수립)2항의 규정이다. 답지 ③은 동법 제11조(교육감의 임무)1항에 규정되어 있다. 답지 ④는 동법 제7조(학교폭력 대책위원회의 설치·기능)의 규정이다.

19 정답 ②

답지 ②에서 「학교폭력예방 및 대책에 관한 법률」 제13조의2(학교의 장의 자체해결)에 "피해학생 및 그 보호자가 심의위원회의 개최를 원하지 아니하는 다음 각 호에 모두 해당하는 경미한 학교폭력의 경우 학교의 장은 학교폭력사건을 자체적으로 해결할 수 있다."고 규정하고 있다. 답지 ①에서 「학교폭력예방 및 대책에 관한 법률」 제2조(정의)에 "학교폭력"이란 학교 내외에서 학생을 대상으로 발생한 상해, 폭행, 감금, 협박, 약취·유인, 명예훼손·모욕, 공갈, 강요·강제적인 심부름 및 성폭력, 따돌림, 사이버 따돌림, 정보통신망을 이용한 음란·폭력 정보 등에 의하여 신체·정신 또는 재산상의 피해를 수반하는 행위를 말한다."고 규정하고 있다. 답지 ③에서 「학교폭력예방 및 대책에 관한 법률」 제15조(학교폭력 예방교육 등)에 "학교의 장은 학교폭력의 예방 및 대책 등을 위한 교직원 및 학부모에 대한 교육을 학기별로 1회 이상 실시하여야 한다."고 규정하고 있다. 답지 ④에서 「학교폭력예방 및 대책에 관한 법률」 제16조(피해학생의 보호)에 "1. 학내외 전문가에 의한 심리상담 및 조언, 2. 일시보호, 3. 치료 및 치료를 위한 요양, 4. 학급교체, 5. 삭제, 6. 그 밖에 피해학생의 보호를 위하여 필요한 조치"로 규정하고 있다.

20 정답 ②

교육공무원법 제29조의4(수석교사의 임용 등)에 다음과 같이 규정되어 있다.

> ① 수석교사는 교육부장관이 임용한다.
> ② 수석교사는 최초로 임용된 때부터 4년마다 대통령령으로 정하는 업적평가 및 연수실적 등을 반영한 재심사를 받아야 하며, 심사기준을 충족하지 못한 경우 대통령령으로 정하는 바에 따라 수석교사로서의 직무 및 수당 등을 제한할 수 있다.
> ③ 수석교사는 대통령령으로 정하는 바에 따라 수업부담 경감, 수당 지급 등에 대하여 우대할 수 있다.
> ④ 수석교사는 임기 중에 교장·원장 또는 교감·원감 자격을 취득할 수 없다.
> ⑤ 수석교사의 운영 등 그 밖에 필요한 사항은 대통령령으로 정한다.

2024 유길준 공무원 교육학 진도별모의고사 (문제편, 해설편)	
발 행 일 : 2024년 01월 08일	**인 쇄 일** : 2024년 01월 08일
저　　자 : 유 길 준	**발 행 인** : 금 병 희
발 행 처 : 멘토링	**등　　록** : 319-26-60호
주　　소 : 서울시 동작구 만양로 84 삼익주상복합아파트 상가 162호	
주 문(FAX) : 02-825-0606 / 02-6499-3195	

저자와의
협의하에
인지생략

이 책의 무단 전재, 복제행위는 저작권법에 의거하여 처벌을 받습니다.

정가. 21,000원　　　　　　　　　　　　　　　　　　ISBN 979-11-6049-298-9